# LA JEUNESSE
# DANS LA
# LITTERATURE

## ET LES

# INSTITUTIONS

## DE LA

# ROME REPUBLICAINE

**COLLECTION D'ÉTUDES ANCIENNES**

*publiée sous le patronage de l'ASSOCIATION GUILLAUME BUDÉ*

Jean-Pierre NERAUDAU

WITHDRAWN

# LA JEUNESSE
# DANS LA LITTERATURE

## ET LES

# INSTITUTIONS

## DE LA

# ROME REPUBLICAINE

PARIS

SOCIÉTÉ D'ÉDITION « *LES BELLES LETTRES* »

95, BOULEVARD RASPAIL

1979

© Société d'édition *LES BELLES LETTRES*, 1979

.ISBN : 2-251-32826-2

*A Gabriel Lourdeau, l'ami trop tôt disparu.*

*« Pour moi Scipion, s'il nous a été enlevé sou-
dainement, est encore vivant et sera toujours
vivant ».*

(Cicéron, *De amicitia*)

> *Quand j'ai été rappelé à l'antiquité, j'ai cherché à en prendre l'esprit pour ne pas regarder comme semblables des cas réellement différents, et ne pas manquer les différences de ceux qui paraissent semblables.*

Montesquieu, Préface de l'*Esprit des Lois*.

Qui s'attache aujourd'hui à l'étude de la jeunesse d'une société, fût-elle antique, ne peut totalement s'abstraire du monde où il vit. Même s'il s'efforce d'échapper à l'emprise d'un vocabulaire à la mode ou des thèmes multiples de la contestation, quand il lit les désordres causés dans la Rome antique par de jeunes citoyens et leur tumultueux engagement politique, le latiniste croit parfois relire son journal quotidien ; inversement il évoque, par delà les désirs de la jeunesse contemporaine, les revendications des *adulescentes Romani*.

En un temps où la jeunesse est au centre des préoccupations de notre civilisation, nous nous sentons comme plus aptes à entrevoir les implications diverses des agitations de toute jeunesse. Et il y a là, assurément, un aspect positif, dont, toutefois, on saisit immédiatement la contrepartie : l'actualité risque de déformer la vision du passé. Notre propos illustre la difficulté du dilemme préliminaire : échapper à son temps pour faire œuvre d'impartialité, et risquer le dessèchement de la pensée, ou écouter les suggestions du monde contemporain pour faire revivre un monde politiquement, économiquement et socialement différent. Entre la soumission de Clio à la mode et le refus du présent, nous avons cherché une voie moyenne que nous espérons avoir suivie sans défaillance.

Ce que, de toute façon, l'époque implique de totalement positif pour notre étude, c'est une grande exigence ; elle montre, en effet, que parler de la jeunesse c'est parler de la civilisation tout entière. Elle interdit que sur un tel sujet on se contente d'une étude thématique ou littéraire ; elle nécessite l'engagement dans les domaines politiques et sociaux. Elle voue à n'être plus que d'élégantes dissertations les monographies naguère consacrées aux jeunes gens du théâtre latin, ou à des portraits académiques de jeunes célébrités de l'histoire (1). L'orientation de cette enquête ne sera donc point principalement littéraire ; il n'y faut pas chercher un catalogue des formules dont toute culture dispose pour définir les jeunes gens ; on n'y trouvera pas davantage de savantes évaluations entre les mérites et les torts des *adulescentes* de Plaute et de Térence, ou de tous ces jeunes gens qui, dans les derniers temps de la République, croiseront brièvement l'histoire de Rome. Tout cela apparaîtra bien sûr dans nos recherches, mais dans la seule mesure où l'on pourra par là mieux comprendre la mentalité et la culture romaines dont on ne saurait séparer le système politique et social.

C'est, en effet, dans un sens historique et sociologique que nous nous sommes orienté, et cela encore sur la sollicitation de l'époque où nous sommes. Les problèmes de la jeunesse se sont rencontrés avec les sciences modernes et en particulier avec la sociologie. Le XXe siècle, en ses débuts, grâce surtout à Durkheim, s'est largement ouvert à cette science ; et nous n'inaugurons rien en appliquant au monde antique les méthodes de la recherche sociologique (2). Dans le même temps a commencé de se développer l'étude des sociétés dites primitives dont aujourd'hui encore la vogue est grande. Et il y a là, plus qu'une curiosité intellectuelle et un champ scientifique nouveau, une sorte de fascination exercée sur une civilisation qu'angoissent l'idée de sa décadence et les artifices de ses raffinements par les forces vives d'un primitivisme plus ou moins mythique (3). Or ces sociétés sont fondées souvent sur le principe des classes d'âge, et la vie des individus y est rythmée par des « rites de passage » (4), qui déterminent et solennisent l'entrée des jeunes classes dans la vie du groupe et sont, en eux-mêmes, une manière de concevoir la vie de l'individu et de la collectivité. L'ethnologie a multiplié les témoignages ; des savants, comme C. Lévi-Strauss (5) ou E. Benvéniste (6), par des voies différentes, s'attachent à définir les grandes structures « primitives » et les sociétés antiques. Si l'engouement de Sir J. Frazer ou de H. Jeanmaire (7) a fait place à plus de circonspection, il a néanmoins ouvert la voie à une recherche sérieuse et fructueuse : derrière les mythes grecs et les récits historicisés des Romains, la tendance est aujourd'hui à chercher le souvenir de rituels et de pratiques d'encadrement inhérents à une société fondée sur les classes d'âge.

Dans un autre sens, les sociologues modernes étudient certains aspects de la contestation des jeunes à la lumière des rites primitifs ; ils les retrouvent dans les pratiques des « bandes d'adolescents » qui aujourd'hui se créent spontanément, en particulier aux Etats-Unis. Là renaissent des rites séculaires comme si, à travers les siècles, n'avait jamais disparu l'obscure nostalgie — ou le besoin instinctif — d'une organisation hiérarchisée et quasi-rituelle où la jeunesse trouve à exprimer et à sublimer ses virtualités profondes (8). Tout un monde s'est ouvert à la recherche et, si demeurent des incertitudes de vocabulaire (9), si des rites bien définis sont vus différemment selon qu'on est historien, sociologue ou psychologue, structuraliste ou non, marxiste ou non (10), la méthode est singulièrement féconde quand elle est utilisée avec prudence.

Toutes ces directions montrent l'ampleur d'une étude consacrée à la jeunesse, et indiquent qu'en l'abordant on doit s'apprêter à toucher au fondement même de la destinée d'une société face à elle-même, au monde, au temps, aux hommes et à l'homme.

La nature propre de la civilisation romaine et la qualité spécifique des sources qu'elle nous a transmises ont orienté naturellement les recherches et le choix des méthodes. La jeunesse dont nous nous occupons est celle de la période républicaine. Mais nous nous trouvons devant une civilisation où le passé ne s'abolit jamais totalement. S'il est pensable d'étudier la jeunesse française en 1978, sans bien connaître les pratiques de l'adoubement médiéval, il est impossible d'expliquer la politique augustéenne de la jeunesse sans définir les réalités archaïques auxquelles le prince dit avoir redonné vie. L'idée virgilienne que l'histoire procède par répétitions, que le passé renaîtra pour durer, n'est pas une spéculation de chantre inspiré ; c'est une pensée profonde de Rome. Les écrivains de la République finissante tendaient vers le passé leur pensée inquiète. Cicéron incitait ses jeunes contemporains à se souvenir des exemples des *iuuenes* d'autrefois ; Salluste cherchait le moment où la décadence avait commencé, et Varron collectionnait les archaïsmes. Le passé était tout prêt à revivre, et on ne le sentait pas même éloigné de soi (11).

Pures conceptions intellectuelles et reconstructions factices, dira-t-on. Mais l'hyper-critique, qui fut en son temps une réaction salutaire à une crédulité excessive, a dû céder le pas aujourd'hui à plus de mesure. On parvient de mieux en mieux, grâce en particulier à l'archéologie, à discerner dans la tradition le fait de sa mise en forme littéraire, rhétorique ou idéologique. On apprend à interroger Tite-Live et Virgile comme témoins dignes de foi. D'ailleurs, pour décrire la quête mystérieuse du rameau d'or dans son chant VI de l'*Enéide,* Virgile pouvait, au prix d'un petit déplacement à Aricie, observer le *Rex Nemorensis,* témoin fossile d'un mode de royauté et de succession archaïques, auquel Caligula encore s'intéressera (12). Et César choisit le jour des Lupercales de 44 pour laisser entrevoir au peuple ses rêves monarchiques comme s'il se souvenait que cette antique fête, plus ancienne que la cité, avait jadis été liée à la royauté.

Aussi nous a-t-il paru nécessaire de faire comme ont fait Caton, Atticus et Tite-Live (13), et de commencer par les commencements. Non pas cependant en 753, encore que nous ayons à regarder de près les mythes des origines et les œuvres royales. Mais cette période est trop empreinte de mythologie et de poésie pour qu'on puisse lui consacrer une étude historique. Et nous n'avons pas l'ambition de mieux faire en ce domaine que G. Dumézil.

Une étude historique sur les premiers siècles républicains ! N'est-ce pas pour échapper à Charybde, se livrer à Scylla ? Echapperons-nous aux incertitudes de ces premiers siècles sur lesquelles dissertait en 1738 L. de Beaufort (14) ? Conjurerons-nous cette sorte de malédiction qui a longtemps pesé sur ce Moyen-Age romain, réputé inaccessible ? Si rien de démontrable ne doit sortir de nos études, à quoi bon s'y consacrer ! Se décourager serait méconnaître les travaux d'A. Alföldi, d'A. Momigliano, d'A. Magdelain, d'E. Gjerstad, de J. Gagé, de J. Heurgon et de bien d'autres, qui d'incertitude en hésitation, d'affirmations en palinodies, ont peu à peu donné à ces siècles une physionomie, sinon définitive, du moins de plus en plus cohérente. Et les synthèses que l'on commence à faire, les bilans où participent les plus grands savants sont une invite à s'engager sur la voie qu'ils ont débroussaillée. Et toutes les disciplines actuelles, dont un ouvrage récent de M. Meslin a montré comment elles pouvaient se conjuguer pour une approche d'un phénomène aussi complexe que celui de la religion (15), nous seront bonnes pour tenter de découvrir quelques aspects de la jeunesse romaine.

Notre recherche se propose de déterminer

*d'une part, la place de la jeunesse dans l'organisation de la cité romaine des premiers temps et de déceler, d'autre part, les survivances des réalités anciennes dans la Rome classique.*

Il s'agit de se demander par exemple si *iuuentus* désigne simplement les jeunes gens, dans une acception vague et générale, ou s'il est un terme technique précis. Ainsi pour Servius la *iuuentus* est une *multitudo iuuenum* ; et *multitudo* dit assez que toute idée d'organisation est exclue : le mot ne serait alors qu'un collectif pour *iuuenes* (16). Ce sens limité ne rend pas compte de la majorité des emplois. Chez Tite-Live, la *iuuentus* c'est l'ensemble des mobilisables, la force en hommes d'une cité. Avec cette précision la question reste encore posée : les mobilisables constituent-ils une classe d'âge, dotée, en proportion de son rôle militaire, de fonctions politiques, et, en proportion de son potentiel de forces et d'énergie vitale, de fonctions religieuses ? Les *iuuenes* ont-ils pu par l'âge dépasser les facteurs politiques et sociaux ? La jeunesse a-t-elle constitué une classe officiellement encadrée ou anarchiquement unie et désunie au gré d'intérêts immédiats et éphémères ?

La notion de jeunesse est inséparable de deux autres notions essentielles à la vie et à la mort d'un peuple : la fécondité et la capacité militaire. Les jeunes hommes assurent la continuité de la race et la défense du territoire. Les rites d'initiation sexuelle qui signalent le passage dans la confrérie, ou la classe, des guerriers, définissent une classe détentrice de salut et d'éternité. Les sociétés indo-européennes ont connu les classes d'âge ; Sparte et Athènes en ont gardé des traces manifestes ; et on ne peut guère nier, après les travaux de G. Dumézil, qu'elles sont visibles aussi dans les récits des enfances romaines (17).

Le recul de la classe guerrière caractérise l'histoire athénienne, par exemple ; son maintien et sa transformation signalent la société spartiate. N'allons pas croire cependant qu'en Grèce attique elle disparaisse totalement : en pleine période classique, on peut soupçonner encore sa présence latente. Qu'en fut-il à Rome ? Dans une cité si longtemps tournée vers l'activité guerrière, chez un peuple que Tite-Live définit, après Varron, comme un *bellicosus populus* (18), quelles ambitions a pu nourrir une jeunesse, si fréquemment utilisée et si consciente de son irremplaçable nécessité ?

L'organisation sociale détermine le contenu humain de cette notion encore vague de classe d'âge. Autre chose sera dans un régime monarchique ou aristocratique une organisation de la jeunesse, et autre chose dans un régime démocratique (19). Les premiers distingueront une élite, le troisième s'intéressera à la jeunesse tout entière. Encore faut-il nuancer cette affirmation pour l'antiquité : longtemps la guerre y fut un privilège réservé en même temps qu'imposé à ceux qui pouvaient s'équiper, ou, pour dire la chose autrement, à ceux qui avaient quelque intérêt matériel et moral à défendre le territoire (20). Rome, quand nous la prenons, passe d'un régime monarchique à une république et d'un pouvoir étranger à un pouvoir national. Le patriciat rapidement doit se défendre contre les ambitions d'une plèbe, forte de son pouvoir militaire et destinée à conquérir un jour l'égalité des droits. On conçoit comme ces événements ont dû influer sur le comportement de la jeunesse et sur les conceptions qu'on pouvait avoir de sa place dans la cité. On conçoit aussi la difficulté de déterminer cette place, dans un régime politique qui se glorifie d'équilibrer trois formes de constitution : la monarchie, l'oligarchie et la démocratie.

Ajoutons une autre difficulté : quand nous parlons de la jeunesse, ce n'est pas, à Rome, cette époque de la vie mal délimitée que nous confondons aujourd'hui souvent avec la période des études universitaires, c'est, en principe, la longue période qui va de la puberté à 45 ans. C'est dire qu'aux divers chapitres que comporterait une étude sur la jeunesse d'aujourd'hui, il faudrait en ajouter d'autres, consacrés à des hommes que nous n'appelons plus de jeunes hommes. Mais cette difficulté même nous ouvre une voie ; car, si les *iuniores* ont de 17 à 45 ans, c'est bien évidemment que leur jeunesse se confond avec leur pleine aptitude au port des armes et que leur rassemblement sous un même vocable — un comparatif qui les oppose aux *seniores* — répond à une place fonctionnelle dans la cité. Il va sans dire que nous consacrerons une longue étude à ce fait.

Voilà donc une constatation encourageante ; elle va nous permettre d'affronter le dernier obstacle auquel nous nous heurtons, l'essentiel à dire vrai, et qui est le silence des sources. Les historiens anciens ont pu raconter le déroulement des premiers siècles républicains, sans mentionner explicitement la présence d'une classe d'âge. Tite-Live, nous le verrons, a pensé, et probablement su, que les *iuuenes* du passé constituaient une classe ; mais il ne le dit pas et ne permet pas, à sa seule lecture, de suivre le processus d'élimination, de transformation ou d'intégration de cette classe. Et si, pour nous rassurer, nous nous disons que tout cela aurait été dans la deuxième décade, nous ne nous expliquons pas le même mutisme des compilateurs ultérieurs, qui disposaient de l'ensemble des décades. Pourtant ce silence, très relatif finalement comme nous espérons le montrer, est explicable : l'idéal romain s'appuie sur des valeurs qui sont précisément antithétiques avec les mentalités inhérentes à une répartition par classes d'âge. L'idéal familial, celui du soldat-citoyen et de la *disciplina* sont une négation de ce genre de système.

De plus ces valeurs se sont en partie constituées en réaction contre des pratiques étrangères, et c'est très net en particulier dans l'attitude envers la civilisation étrusque.

Il faut s'intéresser de près à ces civilisations que Rome combattit. Les Romains, en effet, présentent, après Polybe, leur histoire comme un phénomène original ; il est évident que Rome s'est bâti un destin extraordinaire sur des valeurs propres. Cependant il faut nuancer cette belle idée si grandement illustrée par le *De republica* de Cicéron. Rome ne fut pas isolée et originale au milieu d'une Italie vouée de toute éternité à succomber sous sa domination. Réticents sur la jeunesse romaine, les auteurs parlent plus volontiers de la jeunesse des autres peuples. Cicéron, dans le *De senectute,* a cette réflexion péremptoire :

*Quodsi legere aut audire uoletis externa, maxumas res publicas ab adulescentibus labefactas, a senibus sustentatas reperietis* (21).

Ce n'est pas tant ici l'idée qui nous importe — le sujet du dialogue se prête à des critiques si rapides sur la jeunesse — que le recours à des exemples étrangers, comme si Rome avait, une fois pour toutes, évité de tels risques.

Et de fait, il serait plus facile de traiter notre sujet en l'appliquant à l'Italie ou à la Grèce. On peut, en effet, définir en Grèce, en Grande-Grèce, chez les Ligures et les Germains, chez les peuples sabelliens une classe d'âge, qui, plus ou moins clairement, s'impose à l'attention. Et c'est une incitation à entreprendre cette enquête sur Rome. La recherche moderne a défini en Italie une *koinè* institutionnelle (22) ; si, chez plusieurs peuples, nous trouvons l'assurance, ou la probabilité, d'un système fondé sur les âges, nous ne tiendrons, certes pas, la preuve que Rome l'a nécessairement pratiqué, mais du moins il paraîtra logique que la question soit posée et qu'on s'étonne d'une semblable originalité.

Une seconde incitation peut encore justifier notre recherche : c'est l'œuvre d'Auguste. Quand il la présente comme une rénovation des valeurs et des pratiques passées, nous ne pensons pas qu'il masque systématiquement des innovations despotiques et, souvent, nous avons tendance à lui faire confiance. Nous verrons qu'il est clair qu'il a trouvé en Italie et même à Rome un terrain où reconstruire l'antique *iuuentus*.

Entre ces deux termes, les peuples étrangers — grecs et italiques — et l'œuvre impériale, s'inscrira notre étude. Toutes ces remarques déterminent l'esprit et souvent la conduite des recherches qui vont suivre. Faute d'une abondance de textes précisément consacrés à la jeunesse, il faut faire appel à tous les domaines. Il faut chercher une cohérence entre les résultats obtenus par l'étymologie et la sémantique, par l'épigraphie et l'archéologie, par l'histoire des institutions et des faits religieux. Il faut expliquer le passé par le futur, le moyen-âge romain par les survivances dans l'œuvre d'Auguste et inversement. Il faut confronter les faits romains et les faits grecs et italiques.

Ainsi conçue, cette recherche ne saurait être exhaustive. Confronté à des questions aussi ardues que celle du statut de la cavalerie archaïque ou celle de la constitution « servienne », nous n'avons pu entreprendre d'examiner la civilisation et l'histoire de toute l'Antiquité. A Rome même il est des faits ou des directions que nous avons écartés, quitte à y revenir plus tard. Comme de plus il n'existe pas de monographie sur la jeunesse romaine, nous avons développé des points particuliers afin que ce travail, en même temps qu'un essai de démonstration, permette de se faire une idée de la vie quotidienne du jeune romain : comment il accédait aux droits politiques et aux devoirs militaires... Nous espérons, par ce souci du concret, avoir donné aux *adulescentes* et aux *iuuenes* un peu de cette vie et de cette vérité sans quoi l'histoire risque d'oublier qu'elle ne parle pas seulement de lois ou de structures mais aussi des hommes.

Nos diverses remarques ont donné déjà une idée de la démarche générale de ce livre. Après des études, brèves, consacrées à des exemples extérieurs à la civilisation romaine — les faits grecs et italiques qui permettent de situer les questions et de préciser les notions — nous partirons d'une étude des mots latins dans les différents secteurs de la civilisation où ils définissent l'échelle des âges. Nous analyserons ensuite le moment où, à Rome, l'enfance cède la place à la jeunesse ou à l'adolescence, avant d'étudier certains faits religieux et politiques. Nous avons dit comment il fallait aller chercher à travers les siècles les indices complémentaires ; nous nous sommes cependant plus spécialement attaché à une période qui de l'instauration de la République nous conduira au début du IIᵉ siècle. Alors, en effet, apparaissent des lois spécifiquement consacrées à la jeunesse, alors nous saisissons le moment où un effort est fait pour modifier les structures anciennes et organiser un nouvel avenir. A nos résultats nous apporterons comme une confirmation en les appliquant à deux périodes qui dépassent ce cadre chronologique que nous avons défini : la République aux IIᵉ et Iᵉʳ siècles et le principat d'Auguste. Ainsi se fermera la boucle, quand nous verrons renaître dans nos dernières pages ce qui était l'objet des premières.

## BIBLIOGRAPHIE

L. DE BEAUFORT : *Dissertation sur l'incertitude des cinq premiers siècles de Rome*, 1738.

D. VAN BERCHEM : *Rome et le monde grec au VIᵉ siècle avant notre ère*, in *Mél. Piganiol*, 1966, II, 739-748.

A. BERNARDI : *L'interesse di Caligola per la successione del Rex Nemorensis e l'arcaica regalità nel Lazio*, in *Athenaeum* (Pavie), 1953, XXXI, 273-287.

E. BERTIN : *De Plautinis et Terentianis adolescentibus amatoribus*, Paris, 1879.

H. BLOCH, A. NIEDERHOFFER : *Les bandes d'adolescents*, Petite Biblio. Payot, n° 48.

G. BOISSIER : *Cicéron et ses amis*, Paris, 1865 (13ᵉ éd., 1905).

A. BRELICH : *Paides et Parthenoi*, Rome, 1969.

G. CAMPOREALE : *La terminologia magistratuale nelle lingue osco-umbre*, in *Atti Acc. Toscana*, « La Colombaria », 1956.

E. DURKHEIM : *Les règles de la méthode sociologique* (1894).

E. DURKHEIM: *Les formes élémentaires de la vie religieuse* (1912).

G. LAPASSADE : *L'entrée dans la vie*, col. 10-18, 1963.

C. LÉVI-STRAUSS : *Anthropologie structurale*, Paris, 1958, 1973.

M. MESLIN : *Pour une science des religions*, Paris, 1973.

F. MÜNZER : *Atticus als Geschichtsschreiber, in Hermès*, 40, 1905.

M. RAMBAUD : *Cicéron et l'histoire romaine*, Paris, 1952.

H. TAINE : *Essais de critique et d'histoire*, 1858.

*Cf.* aussi, B.G. n°s 16, 20, 23, 31, 59.


## NOTES

(1) *Cf.* G. Boissier : *Caelius, la jeunesse romaine au temps de César, in Cicéron et ses amis*, p. 167 *sq* ; — Bertin : *De Plautinis et Terentianis adolescentibus amatoribus*, Paris, 1879 ; — pour un équivalent sur la Grèce, *cf.* H. Taine, *Les jeunes gens de Platon, in Essais de critique et d'histoire*, 1858.

(2) *Cf.* d'E. Durkheim (1858-1917) en particulier : *Les règles de la méthode sociologique* (1894) et *Les formes élémentaires de la vie religieuse* (le système totémique en Australie) 1912. La méthode sociologique a beaucoup attiré A. Piganiol et plus récemment J. Gagé.

(3) Les Romains ont connu aussi cette fascination, surtout à partir de Néron : la reine Phèdre aime la rudesse scythe d'Hippolyte (« *in ore Graio Scythicus apparet uigor* » Sénèque, *Ph.* 660), et par la suite, *cf.* Tacite, *Germanie*, sp. 16 et 19.

(4) L'expression est d'A. Van Gennep : *Les rites de passage*.

(5) *Cf.* entre autres : *L'anthropologie structurale*, 1958.

(6) Surtout le *Vocabulaire des institutions indo-européennes*.

(7) Entre autres : *Le dieu qui meurt*, trad. fr. Paris, 1931 ; — *Esprit des Blés et des bois*, trad. fr. 1935. d'H. Jeanmaire, *cf. Couroi et Courètes*.

(8) *Cf.* H. Bloch et A. Niederhoffer, *Les bandes d'adolescents*.

(9) *Cf.* Les mises au point d'A. Brelich : *Paides e parthenoi*.

(10) *Cf.* un historique de la question et une explication marxiste dans L'*Entrée dans la vie* de G. Lapassade.

(11) Sur la continuité des générations dans les dialogues cicéroniens, *cf.* M. Rambaud : *Cicéron et l'histoire romaine*, p. 104-105 ; *cf.* chez Tacite, *Dialogue des orateurs*, XVI, 4, l'exemple du vieillard de Grande-Bretagne.

(12) *Cf.* A. Bernardi : *L'interesse di Caligola per la successione del Rex Nemorensis e l'arcaica regalità nel Lazio*.

(13) *Cf.* Cornelius Nepos, *Cato*, III, 3 ; *Atticus*, XVIII, 1 et Münzer, *Atticus als Geschichtsschreiber, in Hermès*, 40, 1905.

(14) L. de Beaufort : *Dissertation sur l'incertitude des cinq premiers siècles de Rome*, 1738.

(15) M. Meslin : *Pour une science des religions*, Paris, 1973.

(16) *Cf. Thesaurus, sv. Iuuentus*, 743, 11. 38-42.

(17) De G. Dumézil, *cf.* entre bien d'autres ouvrages : *Horace et les Curiaces ; Heur et malheur du guerrier*.

(18) Tite-Live, VII, 2, 3 ; *cf.* aussi Suétone, *De gram.* qui définit la Rome archaïque : *rudis ac bellicosa ciuitas*.

(19) *Cf.* A. Rosenberg : *Der Staat der alten Italiker*, p. 51 *sq*.

(20) *Cf.* J.P. Brisson : *Problèmes de la guerre à Rome*, public. de l'EPHE, VIᵉ section, 1969, p. 9-11.

(21) Cicéron, *De sen.*, 20 : « en lisant ou en apprenant l'histoire étrangère vous verrez que les plus grands Etats ont été renversés par des jeunes gens, soutenus ou redressés par des vieillards » (trad. P. Wuilleumier, col. Budé).

(22) *Cf.* S. Mazzarino : *Dalla monarchia allo stato repubblicano*, Catane, 1946, p. 5 *sq* ; 10 ; 69 ; 76 ; 85 et *passim* ; — F. Sartori : *Problemi di storia costituzionale*, Rome, 1953 ; — G. Camporeale : *La terminologia magistratuale nelle lingue osco-umbre, in Atti Acc. Toscana*, « La Colombaria », 1956 ; — D. Van Berchem : *Rome et le monde grec au VIᵉ siècle avant notre ère, in Mél. Piganiol*, Paris, 1966, II, p. 739-748.

PREMIERE PARTIE

# LES AUTRES PEUPLES

## LA JEUNESSE EN GRECE

# PREAMBULE

*— La société de l'épopée, le monde des Argonautes, le monde d'Homère,
— La tactique hoplitique et ses conséquences.*

Il n'est pas indifférent, nous l'avons dit, de regarder comment les Grecs ont conçu les problèmes de la jeunesse, quelles institutions ils ont adoptées à son sujet, comment et pourquoi elles ont évolué. Les sources sur les faits grecs sont plus immédiatement utilisables que celles dont nous disposons pour Rome. Nous ne pourrons longuement développer des questions qui sont de mieux en mieux connues et qui ont donné lieu à une vaste bibliographie. L'exposé, aussi sommaire que possible, tend à définir des directions de recherches et à élucider les éléments généraux et essentiels des comparaisons qu'il nous faudra souvent faire, à propos de Rome, avec les données du monde grec.

*Les Argonautes :*

Lorsque Circé énumère devant Ulysse les périls de la mer, elle évoque les Planctes, invincibles, sauf pour

« la seule Argo, l'objet de tous les chants, Argo, qui traçant un sillon si hardi sur la mer... passa d'un essor heureux entre ces rocs » (1).

Ainsi il existait des *Argonautiques* pré-homériques : ces chants retraçaient les explorations de navigateurs minyens à l'époque mycénienne (2). La légende fut largement traitée — par Pindare et les tragiques en particulier — avant qu'Apollonios de Rhodes se fît le compilateur de ses devanciers (3). S'il n'a pas connu les chants pré-homériques, du moins est-il, pour l'essentiel, resté proche de ses sources. Le monde qu'il nous décrit se prête volontiers aux perspectives modernes que nous évoquions pour commencer. D'abord le mythe en lui-même conserve certainement le souvenir de rituels initiatiques : le jeune Jason de retour à Iôlcos, à l'âge d'homme, après avoir suivi l'enseignement du centaure Chiron, va conquérir par une longue expédition sa maturité et sa royauté. Héraklès, compagnon de la jeunesse (4), est là, parmi ces *couroi,* dont la société rappelle celle des *courètes* crétois (5). Le monde grec a gardé la trace d'un pouvoir courétique (6) ou d'antiques hétairies, que certains rituels perpétuent (7). Ainsi le monde des Argonautes révèle une société de jeunes gens qui accomplissent les grandes épreuves initiatiques préliminaires à l'âge adulte (8). Mais nous sommes là aux portes du mythe, *illo tempore ;* pour entrer dans le temps historique, l'épopée homérique nous sera plus précieuse.

### La société homérique :

Elle permet, en effet, de définir une société archaïque fondée sur le double principe de la distinction des classes d'âge et des classes sociales. Les *gerontes* et les *couroi* y participent à la vie publique. Ces derniers sont des guerriers, voués au métier des armes, soumis à un chef, liés à lui et entre eux par un système de relations personnelles, un compagnonnage que traduit le mot *hetairoi.* Il ne s'agit pas de soudards, mais vraiment de chevaliers — analogues en bien des points à ceux de l'Europe féodale antérieure à l'an 1000 (9) — qui rendent au souverain ou au suzerain un service de cour, organisent des jeux raffinés où se mêlent la danse et les chants et prennent part aux rites religieux, aux jeux solennels dont on accompagne par exemple les funérailles. Cette classe n'a pas, à l'origine, les caractères d'une véritable noblesse ni d'une aristocratie de grandes familles (10). Et, si les *couroi* peuvent être des fils de chefs, ils peuvent aussi être des aventuriers. C'est donc une société où l'idée de noblesse est plus attachée à la profession guerrière qu'à l'ancienneté de la race (11).

Ces jeunes hommes constituent le *laos,* seul mot homérique pour désigner le peuple en tant que communauté politique. Il y avait donc un rapport entre la participation à l'assemblée et l'aptitude militaire. Il fut sans doute un temps où l'assemblée fut d'abord assemblée de guerriers, réunis par exemple pour le partage du butin ; il fut un temps où « l'activité guerrière fut modèle » (12). H. Jeanmaire résume ainsi les termes de ce rapport :

« ou bien le terme qui désigne le peuple s'est étendu à l'armée, parce qu'en fait l'armée, comme il est arrivé dans les démocraties antiques, n'est autre chose que le peuple sous les armes ; ou bien le terme qui désigne primitivement l'armée a pris un sens politique, parce qu'en fait la communauté politique s'est modelée à l'image de l'armée » (13). C'est vraisemblablement la seconde hypothèse qui est à retenir, si l'on en juge par l'influence qu'eut sur la politique la grande réforme militaire qui introduisit la tactique hoplitique.

### La tactique hoplitique :

En effet la société archaïque s'est modifiée par le jeu de trois facteurs : « transformation de la noblesse militaire en une aristocratie foncière, fortifiée d'un puissant esprit de famille ; décadence ou disparition de la monarchie ; conceptions tactiques nouvelles » (14). Le compagnonnage a duré jusqu'au moment où l'octroi d'un fief, devenu peu à peu héréditaire, a transformé ces chevaliers en seigneurs, qui bientôt s'opposeront à la monarchie affaiblie. Qu'elle subsiste, comme à Sparte, mais contenue par la constitution, ou qu'elle soit abolie du monde politique, comme à Athènes, la monarchie va disparaître de fait. Cela se fera sans heurt et n'aura rien de la spectaculaire révolution qui chassera de Rome les Tarquins (15). L'aristocratie triomphante va être confrontée à l'évolution des tactiques militaires. Les répercussions politiques en furent sans doute déterminantes, et la disparition de la langue courante du mot *laos* en est un signe.

Aristote en a déjà conscience quand il écrit :

« La première république qui s'établit chez les Grecs, après l'abolition de la royauté, était une république de guerriers et même, à l'origine, de cavaliers. C'était alors la cavalerie qui faisait la force et la supériorité d'une armée ; tant qu'on ne connut pas les formations régulières, l'infanterie fut inutilisable ; or les anciens manquaient sur ce point d'expérience et ne savaient pas ranger l'infanterie ; aussi toute la force était dans la cavalerie. Mais lorsque les Etats se furent agrandis et que l'infanterie eut pris un plus grand développement, on admit un plus grand nombre à participer aux affaires » (16).

S'il ne précise pas l'aspect technique du changement de tactique, c'est l'essor de l'infanterie, lié à l'introduction de la phalange, qu'il fait intervenir aux origines de l'évolution politique. A cela s'ajoute un accroissement démographique.

Ce qu'indique aussi Aristote c'est l'aspect évolutif du processus. On a cru, après les travaux de Miss H. Lorimer, publiés en 1947, que le monde grec avait connu simultanément, au cours du VII<sup>e</sup> siècle, une rupture totale. L'étude de la technique des armements étayait apparemment cette thèse. De récentes découvertes archéologiques ont contraint de la nuancer (17) : dès l'époque mycénienne, apparaissent des pièces d'armement qui figureront dans l'équipement hoplitique. Dès lors on doit concevoir la mutation, non plus comme une brutale révolution, mais, à la manière d'Aristote, comme une longue évolution. Amorcée au VII<sup>e</sup> siècle, pendant une période encore royale ou du moins aristocratique, elle a lentement conduit à la promotion d'une nouvelle force politique, le *dèmos*. Bien plus, l'origine de la réforme militaire serait à chercher au sein même des confréries militaires, et ne serait pas, d'entrée de jeu, dirigée contre la spécialisation guerrière des temps anciens (18).

L'adoption de la nouvelle tactique eut, à plus ou moins longue échéance, des conséquences profondes, tant sur le plan moral que sur le plan social. On a souvent défini le type du guerrier archaïque, un être d'*hybris*, ou de *furor*, comme on dira à Rome, à la recherche d'un héroïsme personnel, intégré à une collectivité guerrière, elle-même diversement intégrée au corps social (19). Avec la phalange va refluer la morale guerrière de l'exploit et de la démesure (20). La place du soldat, l'efficacité d'une action non plus individuelle et héroïque mais collective et, le plus souvent, anonyme, apportent une nouvelle conception des rapports sociaux. Il y a dans la phalange l'esquisse d'un esprit communautaire, voire égalitaire, la promesse du sacrifice de soi à l'intérêt commun. L'opposition archaïque fonctionnelle entre la ville, siège des guerriers, et la campagne va s'estomper et disparaître avec l'intégration dans la phalange des éléments ruraux. La voie s'ouvre à la *polis,* siège commun des citoyens, qu'ils soient de la ville ou de la campagne. Cela, du moins, est vrai d'Athènes, où sont athéniens tous les hommes libres de l'Attique (21). L'activité militaire a acquis toutes les vertus de l'activité politique et l'armée pourra s'intégrer à l'ordre politique, elle est devenue une *polis.* « Nouvelle tactique militaire, et, en même temps, représentation neuve des rapports sociaux, la phalange pèse de tout son poids sur le devenir de la société grecque » (22). En même temps que l'hoplite, paraît le gymnase, où l'éducation collective préparera le futur soldat-citoyen ; et le joueur de flûte apparaît aussi en tête de l'armée, comme on le voit sur le vase Chigi rythmer la marche des combattants.

Ce survol rapide donne un schéma dont l'intérêt est capital pour nous. L'évolution militaire, en effet, n'est pas un phénomène purement hellénique ; aussi bien verrons-nous l'histoire des premiers siècles romains dominée par les mêmes bouleversements. Il faut certes éviter de transposer simplement les faits grecs à Rome ; mais les causes profondes restent identiques, si les effets peuvent changer. Songeons aussi que des Grecs iront un jour fonder des colonies en terre italienne et y apporteront des techniques de combat et des modes de pensée capables d'influencer les faits indigènes.

Nous pouvons ainsi résumer l'évolution grecque : en un premier temps, un souverain s'entoure d'une troupe de jeunes gens qui constituent son armée et son assemblée, et d'un groupe d'anciens qui le conseillent. Puis, la monarchie, affaiblie par des pouvoirs qu'elle a, elle-même, octroyés, s'efface devant la classe des seigneurs-propriétaires. C'est alors la domination d'une aristocratie foncière, issue des guerriers d'antan ; à son tour elle sera supplantée par le *dèmos.* Mais les termes de ce schéma demeurent imprécis : que sont en particulier ces *hippeis,* dont Aristote nous dit qu'ils ont d'abord dominé ? Pour préciser ces notions, nous étudierons successivement l'Etat dorien, Sparte, et l'Etat de type ionien-attique, Athènes. H. Jeanmaire les a distingués en ces termes :

« La République des Doriens est demeurée dans ses types les plus caractérisés une république de guerriers, c'est-à-dire où l'armée constituait le corps des citoyens et où la plénitude des droits du citoyen n'était acquise qu'à ceux qui faisaient partie de l'armée, tandis que les cités ioniennes ont fait, à l'inverse, découler de la possession des droits politiques l'obligation du service, et, au lieu de composer un état de guerriers, ont composé leur armée de citoyens. Le signe extérieur de cette transformation fut l'abandon en temps de paix du port usuel des armes » (23).

## NOTES

(1) *Odyssée*, XII, 70 *sq.*

(2) *Cf.* l'édition des *Argonautiques* d'Apollonios de Rhodes (col. Erasme, 1961) par F. Vian, p. 4-6.

(3) Pindare, *Pythiques*, IV, strophes, 4 sq. *cf.* F. Vian, *ibid.*

(4) Justin, II, 19.

(5) Diodore, V, 65.

(6) *Iliade*, IX, 532, 544, 547 (à propos de l'Acarnanie).

(7) Hétairidies de Magnésie ; Kubernisies d'Athènes ; *cf.* Athénée, XIII, p. 527 et Plutarque, *Thésée*, 24.

(8) *Cf.* R. Roux, *Le problème des Argonautes, passim* (parfois aventureux).

(9) H.I. Marrou, *Histoire de l'éducation dans l'antiquité,* 6ᵉ éd., 1965, p. 33.

(10) H. Jeanmaire, *Couroi et courètes,* p. 493, n. 1 ; *cf.* le compte-rendu de L. Gernet ; *Structures sociales et rites d'adolescence dans la Grèce antique.*

(11) G. Calhoun (*Classes and masses in Homer,* p. 192) a pu soutenir que la société homérique ignorait la notion de noblesse ; *cf.* aussi F. Vian, *Les origines de Thèbes : Cadmos et les Spartes,* et P. Vidal-Naquet : *La tradition de l'hoplite athénien, in Problèmes de la guerre en Grèce,* p. 161.

(12) P. Vidal-Naquet, *ibid.* p. 162.

(13) H. Jeanmaire, *Couroi...,* p. 54.

(14) *Id.*

(15) M.I. Finley, *Les premiers temps de la Grèce,* p. 109-110.

(16) Aristote, *Pol.* IV, 13, 1297b.

(17) Après Miss Lorimer (*in Annual of the British school of Athens,* 1947, p. 76-138), *cf.* A.M. Snodgrass : *The hoplite reform and history,* et M. Détienne, *La Phalange, in Problèmes de la guerre,* sp. p. 120-121.

(18) M. Détienne, *ibid.* p. 140.

(19) Pour le type du guerrier dans la mythologie, *cf.* F. Vian : *La fonction guerrière dans la mythologie grecque, in Problèmes de la guerre,* p. 53-68 ; pour l'épopée homérique : G.S. Kirk : *War and the warrior in the homeric poem, ibid.* p. 93-117, sp. 105 *sq.*

(20) H.I. Marrou, *Hist. de l'éd.* p. 47.

(21) Plutarque, *Pelop.* 18-19 : autrefois les acropoles étaient dites *poleis ; cf.* M.I. Finley, *Les premiers temps,* p. 143.

(22) *Cf.* M. Détienne, *La phalange,* p. 141 ; *id. Les maîtres de vérité,* p. 81 *sq.*

(23) H. Jeanmaire, *Couroi,* p. 130 *sq.*

# CHAPITRE I

# SPARTE

— *L'agogè,*
— *Les Hippeis.*

*L'agogè :*

A Sparte, l'évolution que nous venons de définir rapidement, s'est amorcée probablement aux alentours de la première guerre de Messénie (735-716), à une époque sur laquelle nos connaissances sont bien incertaines (1). Pausanias note la volonté des Lacédémoniens de ne pas briser leur front, face aux Messéniens qui mènent une lutte désespérée et héroïque (2). L'importance acquise par l'infanterie des hoplites rend peu à peu caduque l'inégalité entre le *laos* et le *démos*. Tous les soldats de la nouvelle armée reçoivent les privilèges jusque-là réservés aux fidèles des rois. L'ancienne aristocratie va se fondre dans une oligarchie nouvelle, qui reconstitue une classe dominante. Celle-ci neutralise le pouvoir royal, en retournant contre lui les éphores, magistrats qu'il avait créés pour le surveiller (3). Les origines chevaleresques de cette société transparaissent dans l'éducation, militaire d'une part, mais aussi sportive et musicale. Les fragments de Tyrtée et d'Alcman, aujourd'hui complétés par les découvertes, dans les fouilles du temple d'Artémis Orthia (4), d'innombrables statuettes déposées en ex-voto au milieu du VIIIᵉ siècle, révèlent une cité brillante, une métropole culturelle. Les mêmes textes montrent aussi qu'il y avait alors à Sparte, comme ailleurs en Grèce, des luttes politiques, autour du problème des terres en particulier (5). En bref, la ville de cette époque semble vivre au rythme de l'histoire.

A la fin du VIᵉ siècle, la guerre recommencée contre les Messéniens provoque des troubles intérieurs à Sparte. Entre 600 et 550, la guerre étant finie, la ville se ferme au monde et se fige en un Etat guerrier et totalitaire. C'est ce que M.I. Finley appelle « the sixth century revolution » (6). Désormais les Spartiates seront uniquement des soldats de métier.

Un système d'éducation est conçu en fonction de l'organisation nouvelle : il est exclusivement militaire. La vie des garçons est déterminée par un système de classes d'âge, qui, dès leur huitième année, les enlève à leur famille pour les dresser à être de parfaits soldats-citoyens. L'antiquité a analysé avec une précision étonnée et parfois admirative ce système d'une austérité virile. Dans les *Lois* de Platon, Mégillos, un Spartiate, expose les cinq points du programme éducatif de sa patrie : repas en commun, exercices physiques, chasse, endurcissement à la douleur, gymnopédie (7). A cela s'ajoutent des pratiques pédérastiques institutionnalisées, par lesquelles les aînés protègent et initient leurs cadets. Cette option spartiate ressemble à celle de la Crète, demeurée longtemps aussi à un stade d'archaïsme conservateur. Là, analogues aux *Homoioi* de Sparte — les Egaux — les *Hetairoi* dominent la société et la soumettent à une *paideia* analogue en bien des points à l'*agogè* lacédémonienne. D'autres analogies, soulignées par Aristote, rapprochent les institutions carthaginoises du modèle éducatif de Sparte et de la Crète (9). La Grèce n'avait certes pas à s'étonner d'une classification par âges : toute civilisation archaïque semble la pratiquer (10), et Athènes même en a gardé des traces, comme nous le verrons. Ce qui, à Sparte, a surpris et continue de surprendre, c'est la multiplicité des étapes — il y en a treize, une par an entre la huitième et la vingtième année (11) — leur maintien à une époque où d'autres cités les avaient depuis longtemps abandonnées ou réformées, et aussi la barbarie des rites qui ponctuaient l'éducation. Ainsi demeurent les combats rituels, les séances de flagellation (12), qui transposent d'anciens sacrifices humains (13). La mainmise des intérêts de l'Etat sur ceux des individus y était en tout cas si parfaite que Plutarque évoque, à propos de Sparte, la société des abeilles (14), et que les autres cités, plus libres, en subissaient parfois, dans leurs périodes de crise, la fascination.

Cette organisation n'a pas rompu avec le passé : s'il y a révolution, c'est dans l'esprit qui réutilise des pratiques manifestement archaïques et en modifie la signification. D'ailleurs, les Spartiates avaient conscience d'être fidèles à un passé confinant aux temps mythiques, quand ils faisaient remonter leur système à la sagesse de Lycurgue, dont la Pythie disait qu'il était « un dieu plutôt qu'un homme » (15). Même si, comme c'est probable, ce personnage a servi à donner un passé à certaines innovations de l'éphore Chilon (16), l'artifice politique pouvait se recommander d'une continuité rituelle. Le nom de Lycurgue est en effet caractéristique d'un univers rituel primitif ; formé sans doute sur le nom du loup, il est porté, dans l'*Iliade*, par le fils de Dryas qui poursuit, armé d'une hache, ou d'un bâton de bouvier (βουπλή ξ) les nourrices de Dionysos (17). Cette arme, qui lui vaut sans doute le nom de Boutès que lui donne Diodore de Sicile (18), rappelle les lanières des Luperques romains (19). Détail curieux — et qui le paraîtra bien davantage quand on lira notre étude sur les Luperques (20) : Pindare ne connaît pas Lycurgue, mais un législateur dorien, dans le nom duquel, Aigimios, on croit reconnaître celui de la chèvre (21). Quoi qu'il en soit des significations rituelles de ces remarques, elles peuvent nous conduire à soupçonner l'existence d'une confrérie, d'hommes-loups peut-être, sur la trace de laquelle nous entraîne aussi la cryptie, pratique cruelle par quoi s'achevait l'*agogè*. Le moment le plus dramatique en était le meurtre d'hilotes par de jeunes postulants à la pleine citoyenneté. H. Jeanmaire propose d'interpréter cette violence comme la survivance d'une lycanthropie jadis pratiquée par une confrérie d'initiés (22).

La tendance, aujourd'hui, est à considérer l'*agogè* spartiate comme une initiation de type primitif qui s'est modifiée (23). Il semble rester trace d'une ségrégation à la campagne de jeunes garçons pubères, jusqu'à ce que, devenus des hommes — *uiri* — ils soient jugés dignes d'entrer dans la communauté (24). Ce que l'on sait des garçons a son équivalent pour les filles (25). Au moment des mutations du vi⁰ siècle, ces pratiques se sont modifiées : elles ont pu signifier par exemple la suprématie des *Homoioi* sur les autres habitants de la ville ; la cryptie confirmait peut-être cette suprématie au moment de l'entrée des jeunes gens dans le monde des maîtres. Il y a longtemps qu'on a proposé de voir dans les mystères grecs une dérivation des initiations primitives (26) : le modèle se serait mieux conservé à Sparte qu'ailleurs par la volonté conservatrice du régime. Les combats violents qui opposent les éphèbes sont une survivance des *agones* rituels de la plus haute antiquité (27). Pausanias décrit une place, *Platanistas,* ombragée de platanes qui lui donnaient son nom ; elle était entourée d'eau et on y accédait par deux ponts. Sur l'un était la statue d'Hercule et sur l'autre celle de Lycurgue. Les éphèbes célébraient un sacrifice à Enyalios, dieu de la guerre, et, le lendemain, vers midi, ils se présentaient, en deux formations, sur celui des ponts que le sort leur avait désigné et chaque troupe luttait pour précipiter l'autre dans l'eau (28). Sur la même place il y avait un autel dédié à Cynisca, fille d'Archidamus, roi de Sparte ; elle était la première femme à avoir élevé des chevaux et elle avait remporté à Olympie une victoire en char (29). Le combat est en relation claire avec le culte des héros (30), et semble opposer les fidèles de chacun d'eux sous le patronage d'une figure féminine. Cette lutte rituelle devait exprimer les conflits dont la communauté des *Homoioi* n'était peut-être pas aussi protégée qu'il paraît ; elle devait aussi permettre aux tensions vitales de s'exprimer en se sublimant. Par là on évitait l'éclatement d'un monde clos (31).

C'est à une lutte de ce genre que Cicéron, de passage à Sparte, assista (32) ; mais ce n'est pas nécessairement à celle-là : il y avait, en effet, d'autres affrontements, où s'opposaient des jeunes gens, appelés *coroi* ou *hippeis* (33). Comme leur organisation passera pour avoir été le modèle de celle des *Celeres* de Romulus, elle mérite une attention particulière (34).

### Les Hippeis

Les *Hippeis* forment un corps d'élite de 300 membres dont les vertus font l'admiration de Xénophon à qui nous devons l'essentiel de nos informations.

Seuls des jeunes gens y ont accès (ἡϐῶντες), des mobilisables entre 20 ans —
l'âge de l'*hèbè* à Sparte (35) - et 30 ans - âge qui faisait passer dans une autre
catégorie (36) —. Ils sont donc la force vive de la cité. En temps de guerre, ils
combattent à pied ou à cheval et protègent la personne du roi ; en temps de
paix, leur rôle, mal connu, semble avoir été un service de police (37). Ils
n'ont, en tout cas, rien d'une véritable cavalerie fonctionnelle (38). C'est
Lycurgue qui aurait créé ce corps prestigieux, pour susciter parmi les jeunes
gens une saine émulation. Les Ephores choisissent trois jeunes hommes, qui
seront les *Hippagrètes ;* à leur tour, ceux-ci dressent une liste de 100 membres. Les 300 élus seront désormais soumis aux jalousies et à la surveillance
de tous ceux qui n'ont pas eu leur chance. De là, chez les *Hippeis,* le désir de
perfection, de là aussi, entre les élus et les postulants de fréquents pugilats
que tout citoyen peut interrompre, car cette jeunesse est soumise à l'arbitrage
des adultes. L'appartenance à ce corps spécial est sans cesse remise en question, et la liste de ses membres sujette à d'incessants remaniements (39).

Il est remarquable que le titre de cavalier ait désigné l'idéal du jeune
homme, de ce *couros* qui a tant contribué au mirage spartiate, et dont toute la
sculpture grecque devait faire connaître au monde la grâce puissante (40). Il
est surprenant de trouver, honoré dans cette république d'hoplites, un groupement de cavaliers, dont, pour comble d'étrangeté, le cheval ne semble pas la
spécialisation guerrière. Il faut voir en eux, selon H. Jeanmaire, une survivance de l'antique classe des *couroi* homériques : l'ancien compagnonnage
du *laos* aurait ainsi subsisté, ou se serait reconstitué dans ce corps d'élite
(41). On pense aussi à d'autres groupements analogues dans les autres cités
grecques (42), dont le nom remonte aussi à un lointain passé. A Sparte,
comme ailleurs, ils constituent comme une seconde cité, un groupe d'Egaux
parmi les Egaux (43). Même s'ils se rattachent aux *Hippeis* de l'épopée, la
réciprocité des privilèges militaires et des droits politiques qui fonde la république lacédémonienne permet de voir en eux les plus anciens témoins de la
cité des hoplites. Déjà dans l'*Iliade,* dans les moments critiques, les
ἄριστοι, écartant la piétaille, se rangent sur un front solide,
φάλαγγες καρτεραί, et créent, avant la lettre, une phalange hoplitique (44).
C'est dans les confréries guerrières qu'a pu se former la technique qui
devait sécréter cette volonté égalitaire dont allaient finalement périr les classes guerrières. Si, enfin, on rapproche le corps des cavaliers, ceux de Sparte
du moins, des pratiques de la *cryptie,* on se demandera si l'entrée dans leur
confrérie n'était pas soumise à une initiation, et même, si les 300 n'étaient pas
ces hommes-loups dont nous parlions (45).

Les *Hippeis* spartiates posent encore le problème général de la cavalerie
dans la Grèce archaïque. De ce problème, les termes sont clairs : d'une part,
ils combattent indifféremment à pied et à cheval, si toutefois à l'époque historique ils ont encore un cheval ; d'autre part, leur titre invite à les identifier
aux oligarches qui, après la disparition de la monarchie, ont dirigé les cités

grecques (46). Peut-être représentent-ils la survivance d'une aristocratie d'éleveurs de chevaux, dont se seraient perpétuées les traditions, sous les adaptations à la structure de l'Etat hoplitique. Le rôle militaire de la cavalerie archaïque est encore mal connu. On a tendance, malgré Aristote et malgré les représentations de cavaliers et de chevaux sur les poteries peintes de l'Attique dès le VI^e siècle, malgré la frise de Prinias en Crète (VII^e siècle), malgré enfin l'importance de la cavalerie de Tarente, colonie spartiate, à minimiser son rôle. Pour Sparte on n'a pas de mention historique d'une véritable cavalerie avant 424 (47) ; et Xénophon parle de la médiocrité de la cavalerie des Spartiates et de leur mépris pour cette forme de combat (48). Ces données, peut-être valables seulement pour le temps de Xénophon, s'accordent cependant avec le manque de documents montrant une influence de la cavalerie à quelque occasion que ce soit. Le reste de la Grèce semble aussi mal disposé envers le combat équestre. La Thessalie est la seule exception, mais fort importante, puisque sa cavalerie, célèbre dans tout le monde antique apparaît dès le VII^e siècle et fournit des troupes d'appoint aux autres cités. Importante encore si l'on pense qu'en Thessalie la montée des hoplites fut particulièrement lente, comme si la présence de cavaliers faisait obstacle à la promotion du *dèmos* (49).

Sur ces incertitudes W. Helbig a fondé sa théorie des hoplites montés, très connue et souvent adoptée (50). Au risque de faire un mauvais jeu de mots, nous parlerions plus volontiers de cavaliers descendus à propos de ces soldats choisis. Cette formulation ne change rien naturellement à l'essentiel : les cavaliers viennent à cheval sur le champ de bataille et se comportent ensuite comme des hoplites, si la situation l'exige. Elle préserve cependant des éléments qui nous paraissent essentiels. C'est d'abord une précision chronologique : dans la guerre homérique, la cavalerie intervient sous forme de charrerie et on appelle ἱππῆες les guerriers qui viennent combattre sur leur char (51). L'appellation préexiste à l'hoplite. Nous avons dit d'ailleurs que la tactique nouvelle était née dans les confréries de guerriers : ce sont des *hippeis* qui les premiers ont combattu en hoplites. Le cheval peut, de plus, rendre d'autres services que le seul transport sur le terrain, par exemple pour les reconnaissances. C'est ensuite une exactitude à la fois sociale et religieuse : le cheval est un élément de prestige et de domination, qui définit une classe, dès le monde homérique (52), et la distingue de la piétaille qu'on appelle à Epidaure du nom méprisant de *conipedes* (53). D'autre part, nous verrons à Rome un jeu sacré, le *lusus Troiae,* attesté très tôt en Etrurie (54), reposer sur des exercices équestres et tirer sa signification des valeurs religieuses attachées au cheval. Enfin, à Sparte même, sont honorés les Dioscures, dont l'un patronne la cavalerie et lui confère ailleurs sa cohésion religieuse (55). Il nous semble donc qu'il a existé une classe de guerriers complets, formant une caste liée par une morale propre et ancestrale. Descendus de cheval, ils restent des *hippeis.* C'est cette classe que Sparte, selon l'esprit de sa « révolution », réemploie ou recrée, en modifiant les modalités de son recrutement qui désormais fonde sur le mérite ce qui peut ailleurs se fonder sur la naissance.

L'étonnante réaction qui, au vi⁰ siècle, fixe un système politique et social, et le condamne à ne plus évoluer, permet la connaissance privilégiée des institutions spartiates. Mais la ville s'est ainsi mise en marge du monde grec, dont le choix, souvent différent, comportait l'acceptation d'inévitables évolutions. Totalitaire, sévère et rébarbative, Sparte était stable. Elle est devenue de ce fait une sorte de modèle auquel se sont référés les réactionnaires, ceux d'Athènes en particulier, qui, par opposition au régime démocratique, et, parfois, par snobisme, ont affecté un laconisme tapageur, représenté surtout par la jeunesse dorée qui oubliait en cela le principe essentiel du laconisme. Moins rigide et essentiellement différente, Athènes a eu avec sa jeunesse des difficultés que Sparte avait une fois pour toutes réglées. C'est vers Athènes que nous allons nous tourner, et nous commencerons par nous intéresser à ses cavaliers, puisque aussi bien ce sont eux que Sparte a le plus séduits.

## BIBLIOGRAPHIE

H. BENGSTON : *Griechische Geschichte*, Munich, 1965.

W. DEN BOER : *Laconian studies*, Amsterdam, 1954.

A. BRELICH : *Gli eroi Greci, un problema storico-religioso*, Rome, 1958,

A. BRELICH : *Guerre, agoni e culti nella Grecia antica*, Bonn, 1961.

G. BUSOLT : *Griechische Staatskunde*, Munich, 1926.

G. CALHOUN : *Classes and masses in Homer, in Class. Phil.*, 1934.

F. CHAPOUTHIER : *Les Dioscures au service d'une déesse*, Bibliothèque des Ec. fr. d'Athènes et de Rome, fasc. 137, 1935.

K. M. T. CHRIMES : *Ancient Sparta*, Manchester, 1949.

E. DELEBECQUE : *Le cheval dans l'Iliade*, Paris, 1951.

M. DÉTIENNE : *La Phalange, in Problèmes de la guerre en Grèce*, Ec. des htes. Et. Paris, 1963.

M. DÉTIENNE : *Les maîtres de vérité dans la Grèce archaïque*, Paris, 1973.

M. I. FINLEY : *Early Greece: the bronze and archaic ages*, Londres, 1970 (trad. fr. *Les premiers temps de la Grèce*, 1973).

M. I. FINLEY : *Sparta, in Problèmes de la guerre en Grèce*, 143-160.

L. GERNET : *Structures sociales et rites d'adolescence dans la Grèce antique, in REG*, 1944, p. 242-248.

W. HELBIG : *Les Hippeis athéniens, in Mém. de l'Inst. nat. de France*, XXXVII, 1904, p. 156-264.

H. I. MARROU : *Les classes d'âge de la jeunesse spartiate, in REA*, 48, 1946, p. 216-230.

H. MICHELL : *Sparta*, Cambridge, 1952.

F. OLLIER : *La république des Lacédémoniens de Xénophon* (édition commentée), Paris, 1933.

G. C. PICARD : *Hannibal*, Paris, 1967.

J. PRZYLUSKI : *Les confréries de loups-garous dans les sociétés indo-européennes, in RHR*, CXXI, 1940, p. 128 *sq.*

G. RICHTER : *Kouroi*, Londres, 1959.

G. RICHTER : *Korai*, Londres, 1968.

P. Roussel : *Sparte*, Paris, 1939.

R. Roux : *Le problème des Argonautes*, Paris, 1951.

A. M. Snodgrass : *The hoplitic reform and history, in The Journal of hellenic studies*, LXXXV, 1965, p. 110-122.

M. Sordi : *La lega Tessala*, Rome, 1958.

C. G. Starr : *The credibility of the early Spartan history, in Historia*, XIV, 1965, p. 257-272.

F. Vian : *Les origines de Thèbes : Cadmos et les Spartes* (Et. et commentaires, XLVIII), Paris, 1963.

F. Vian : *La fonction guerrière dans la mythologie grecque, in Problèmes de la guerre en Grèce*, p. 53-68.

P. Vidal-Naquet : *La tradition de l'hoplite athénien, in Problèmes de la guerre en Grèce*, p. 161-181.

*Cf.* également : BG n° 31.


## NOTES

(1) *Cf.* C.G. Starr : *The credibility of the early Spartan history*, M.I. Finley, *Sparta, in Problèmes de la guerre*, 143-160.
(2) Pausanias, IV, 8, 1-11.
(3) H. Jeanmaire, *Couroi...*, p. 493 *sq.*
(4) *Cf. Artémis Orthia and chronology, in Annals of the British School of Athens*, 1963, LVIII, p. 1-70.
(5) M.I. Finley, *Les premiers temps*, p. 134.
(6) M.I. Finley, *in Problèmes de la guerre*, p. 134.
(7) Platon, *Lois*, 1, 633, a-c ; — *cf.* Justin (Trogue-Pompée) *Hist. Phil.* III, 3.
(8) Strabon, X, 480-484.
(9) Sur l'éducation laconisante d'Hannibal, *cf.* G.C. Picard, *Hannibal*, p. 113.
(10) Il y a une éphébie en Perse (Xénophon, *Cyropédie*) ; *cf.* les exemples cités *supra*, p. 2 et 6.
(11) H.I. Marrou, *Hist. de l'éd.*, p. 53 et *Les classes d'âge de la jeunesse spartiate*.
(12) Pausanias, III, 16, 9 ; — Plutarque, *Lycurgue*, 18 ; — Lucien, *Anacharsis, 38*.
(13) A. Brelich, *Paides e parthenoi*, Rome, 1969, p. 130 *sq.*
(14) Plutarque, *Lyc.* 25, 3.
(15) Hérodote, 1, 65, repris par Plutarque, *Lyc.* préambule ; critique rationnelle de Justin, III, 3, 10.
(16) *Cf.* Plutarque, *Lyc.* éd. R. Flacelière (col. Budé), p. 109-111. Mais P. Roussel (*Sparte*, Paris, 1939, p. 52-53), K.M.T. Chrimes *(Ancient Sparta)* et W. Den Boer (*Laconian studies*, Amsterdam, 1954) admettent l'existence historique de Lycurgue et de sa réforme.
(17) *Iliade*, VI, 132 *sq.*
(18) Diodore, V, 50.
(19) *Cf. infra*, p. 200 *sq* et A. Grenier, *Les religions étrusque et romaine (Mana, introduction à l'histoire des religions, 2. Les religions de l'Europe ancienne*, III, Paris, 1949, p. 113) et Ernout-Meillet, *Dict. étym. sv. Lupercus*.
(20) *Cf. infra*, p. 200 *sq.*
(21) Pindare, *Pythiques*, I, 64.
(22) H. Jeanmaire, *Couroi...*, p. 574 *sq.*
(23) A. Brelich, *Paides...*, p. 114 et 193 ; — *cf.* aussi, Przyluski, *Les confréries de loups-garous dans les sociétés indo-européennes*.
(24) Justin, III, 3.
(25) A Sparte (*cf.* R. Merkelbach, *in Phil.* 101, 1957, 1/2) comme à Athènes (Aristophane, *Lysistrata*, 638-645 et A. Brelich, *Paides...*, p. 229 *sq*).
(26) H. Michell, *Sparta*, p. 116 *sq* et A. Brelich, *Gli eroi Greci, un problema storico-religioso*, p. 124 *sq* avec la bibliographie ancienne.
(27) A. Brelich, *Guerre, agoni e culti nella Grecia antica*, Bonn, 1961 ; sur les *agones, cf.* aussi J. Huizinga, *Homo ludens*, p. 151-175.
(28) Pausanias, III 14, 8 *sq.*
(29) Le commentaire de J.G. Frazer (*Pausanias*, Londres, 1898, III, p. 335) renvoie à Lucien (*Anacharsis, 38*) et à Cicéron (*Tusculanes*, V, 27, 77).

(30) *Cf.* A. Brelich, *Gli eroi...*

(31) Le maintien des deux familles royales (les Agides et les Eurypontides) est peut-être à expliquer en ce sens.

(32) Cicéron, *Tusc.* V, 27, 77.

(33) *I.G.* V, 457 (inscription du VIe siècle portant *koroi*).

(34) Denys, II, 13, 3 et *infra,* pp. 263-264.

(35) Xénophon, *Hell.* II, 4.

(36) Plutarque, *Lyc.* 25, 1.

(37) H.I. Marrou, *Hist. de l'éd.,* p. 47.

(38) *Cf.* R. Cagnat, *in Daremberg-Saglio, sv. equites,* p. 767.

(39) Cette description est à lire dans Xénophon : *République des Lacédémoniens,* 1-4, éditée par F. Ollier, avec commentaire, *ad loc.* p. 34 *sq.*

(40) L'expression « mirage spartiate » est empruntée au titre de l'étude de F. Ollier, Paris, 1933 ; sur l'iconographie des *couroi, cf.* G. Richter, *Kouroi, cf.* aussi *id. Korai.*

(41) C'est la thèse d'H. Jeanmaire, *Couroi...*

(42) *Heniochoi* et *Parabatai* à Thèbes (Diodore, XII, 70) ; bataillon sacré (Plutarque, *Pelop.* 18-19) ; il y a 300 *dilecti* en Elide (*Thucydide,* II, 25, 3) ; 300 ou 1 000 à Argos (Hérodote, I, 82 ; — Pausanias, II, 20, 1-2 ; II, 38, 4-5 ; — Diodore, XII, 75 ; — Thucydide, V, 67).

(43) *Cf.* M. Détienne, *La phalange,* dans *Prob. de la guerre,* p. 135.

(44) *Iliade,* XIII, 126-127.

(45) H. Jeanmaire, *Couroi...,* p. 510 *sq.*

(46) Appelés Géomores à Argos et dans les colonies siciliennes, ils sont à Chalcis les Hippobates (Hérodote, V, 77 ; — VI, 100 ; *cf.* G. Glotz : *La cité grecque* Paris, 1953, p. 74-76 ; — H. Bengston, *Griechische Geschichte,* p. 105, 108 et 121 ; — G. Busolt, *Griechische Staatskunde,* 1926).

(47) Thucydide, IV, 55, 2 et V, 67.

(48) Xénophon, *Hell.* VI, 4, 10-11 ; — Pausanias, IV, 8, 1-11.

(49) *Cf.* M. Sordi, *La lega Tessala,* p. 58 *sq.*

(50) W. Helbig, *Les hippeis athéniens.*

(51) *Cf.* F. Chamoux, *La civilisation grecque,* p. 153.

(52) E. Delebecque, *Le cheval dans l'Iliade,* Paris, 1951, p. 37 *sq.*

(53) Plutarque, *Moralia,* 291 e.

(54) *Cf. infra,* p. 227 *sq.*

(55) *Cf.* F. Chapouthier, *Les Dioscures au service d'une déesse,* p. 3-4.

# CHAPITRE II

# ATHENES

— Les *Hippeis*,
— L'*éphébie*.

*Les Hippeis :*

> *Hors cela, nous ne demandons rien, rien qu'une petite faveur : si jamais la paix revient et met un terme à nos peines, ne nous enviez point nos longs cheveux et nos corps frottés au strigile.*
>
> Aristophane, les *Cavaliers*, 578-580.

C'est dans un monde politique différent donc que nous retrouvons des *Hippeis*. Dans l'Athènes classique, le cheval confère encore un privilège aristocratique. On sait les mésaventures de Strepsiade avec son fils Phidippide, dont le nom fut un compromis entre un nom en « hippos » voulu par sa mère, née d'une grande famille, et Phidonide, « le parcimonieux » que désirait le père, paysan de naissance (1). Les *Cavaliers* (joués en 424) montrent l'hostilité des *Hippeis* athéniens à Cléon et à ses pratiques démagogiques (2). Les Trente trouveront en eux un soutien, lorsqu'à la manière spartiate, ils entreprendront de restreindre les droits politiques à un nombre étroit de 5 000 citoyens. L'engagement des Chevaliers fut tel qu'après l'échec de cette éphémère révolution oligarchique ce sera un opprobre d'avoir été Cavalier sous les Trente (3).

Ces *Hippeis,* si actifs, formèrent d'abord un corps de 300 membres sans doute, recrutés parmi les jeunes gens de l'aristocratie. Une inscription datée d'environ 457 rappelle la dédicace qu'ils firent sur l'Acropole des dépouilles remportées lors d'une victoire (4). Trois commandants y sont nommés, ce qui a conduit à supposer qu'il y avait 300 chevaliers. Entre 445 et 431 — à cette date on a la première mention d'une cavalerie véritable (5) et on a pu y voir l'indice de sa création à cette époque, sous l'influence de Périclès (6) — leur nombre est porté à 1 000. Ce que fut pour la cité sa cavalerie, la frise des Panathénées, vers 440, le montre magnifiquement et orgueilleusement (7).

Il s'agit alors d'un corps de cavalerie véritable et bien organisé. Pour ce qui est des temps antérieurs, les mêmes incertitudes que nous avons dites à propos de Sparte réapparaissent. Plusieurs témoignages plaident pour l'existence de cavaliers avant 457. Ainsi les 48 *naucraries,* établies au milieu du vii<sup>e</sup> siècle, auraient eu à fournir deux *hippeis* chacune (8). De plus, à l'époque de Pisistrate, il y avait dans l'armée des chevaux (9), et, des deux fils du tyran, l'un s'appelait Hippias et l'autre Hipparque, « le commandant des cavaliers ». Cette charge existait, selon Aristote, à l'époque de Dracon (10). W. Helbig a appliqué à ces textes sa théorie des hoplites montés : il conclut que la charge d'hipparque est, dans l'Athènes classique, une survivance et une transformation de l'ancienne fonction de chef des hoplites montés. Il nous semble que là encore on peut isoler un corps spécial, avec son commandement propre, défini socialement et rituellement par la possession du cheval.

La constitution de Solon (11), datée de 594-593, a dû tenir compte d'un corps d'*Hippeis* antérieur à elle. Il est remarquable, en effet, que dans la division du peuple en classes, trois d'entre elles soient désignées par l'importance de leur revenu, quand seuls les *Hippeis* le sont par le nom de leur fonction. Ils semblent occuper dans le système une place à part, comme marginale. Le plus surprenant est qu'ils ne forment pas la première mais la seconde classe. S'agit-il de l'intégration dans la constitution solonienne d'un corps très restreint (12) ? On connaît trop mal les motivations de Solon pour en décider : a-t-il voulu faire cette concession au peuple qui, au moment de son arrivée au pouvoir, malmenait l'aristocratie (13) ? A la fin du v<sup>e</sup> siècle, en tout cas, les Cavaliers, issus de la première ou de la seconde classe (14), constituent une classe sociale en même temps qu'une classe d'âge.

L'absence de stabilité politique rend évidemment notre tâche plus difficile pour Athènes que pour Sparte. Il est toutefois possible de deviner une continuité reliant la cavalerie classique aux temps anciens. En tête de ce chapitre, nous avons cité un passage des *Cavaliers* d'Aristophane ; la pièce tout entière est significative de ce qu'ils représentaient alors dans la cité. En revendiquant le droit aux cheveux longs, ils font montre, comme le fait encore aujourd'hui la jeunesse, d'une volonté politique. En l'occurrence, parce qu'ils sont guerriers, ils demandent le droit à être immédiatement signalés dans la rue par une manière d'être foncièrement originale et différente. Et cela, en temps de paix, comme s'ils demeuraient encore marqués de leur spécialisation guerrière, comme s'ils avaient conscience de former une classe. Qu'il y ait dans cette attitude l'affirmation d'une idéologie ancienne, l'âpre critique qu'ils font de la démocratie et de ses hoplites le montre bien. Ils veulent recréer la morale aristocratique selon laquelle ils sont le type accompli du guerrier et de l'homme. Et il est naturel que Sparte, plus proche de ce genre d'idéologie que de la démocratie, ait exercé sur eux une véritable fascination. Là était exaltée la supériorité du guerrier, là les *Homoioi* fondaient leur égalité sur la virilité guerrière et non sur l'égalitarisme démocratique. La vogue du laconisme à Athènes exprime la nostalgie du guerrier pour un paradis perdu.

Ce que suggère la comédie d'Aristophane se confirme par ailleurs. Dans le même temps, en effet, le développement de la technique militaire rend nécessaire la spécialisation. On le constate tant dans la réalité d'Athènes que dans l'utopie platonicienne. La *République,* en effet, prévoit une classe de guerriers (15), et les *Hippeis* se comportent comme s'ils étaient une résurgence d'une antique classe spécialisée dans le métier de la guerre que divers textes évoquent, fondés sur un souvenir peut-être erroné dans le détail mais sans doute fondamentalement juste (16). Athènes a dû avoir pleine conscience de ce problème et de ses implications : on voit Platon renoncer dans les *Lois* à la conception qu'il avait définie dans la *République* (17) et la cité prendre une position analogue en réorganisant l'éphébie.


*L'éphébie :*

C'est, dans sa forme classique, une institution démocratique, ouverte à tous les citoyens entre 18 et 20 ans et essentiellement destinée à la préparation militaire. Elle n'est bien attestée qu'à la fin du IVe siècle (18), et on s'accorde à penser qu'elle doit quelque chose à l'influence de Sparte que les guerres du Ve siècle ont développée (19) : elle serait une adaptation aux mœurs et au régime démocratique du « dressage » spartiate de l'hoplite (20).

Pendant deux ans les jeunes gens sont pris en charge par l'Etat : ils mènent, en marge de la société, une vie exempte de toute autre charge et ne peuvent agir en justice puisque c'est précisément le terme de l'éphébie qui leur donne la pleine citoyenneté (21). Le caractère militaire est prépondérant, mais l'éphébie est aussi « une sorte de noviciat civique et de préparation morale et religieuse » (22). Ce stage biennal commence par une tournée des sanctuaires ; puis le corps éphébique, divisé en deux groupes, s'installe en garnison à Municie et à Acté, deux forteresses du Pirée. La deuxième année, après une revue au théâtre de Dionysos, devant le peuple, après avoir prêté le fameux serment et reçu leurs armes, les éphèbes sont affectés à la garde du pays (23).

Presque tous les historiens qui ont étudié cette forme d'éphébie lui reconnaissent une origine ancienne. Athènes n'a pas créé artificiellement, sur le modèle de Sparte, une telle institution : elle a réutilisé des pratiques anciennes que leur aspect cultuel gardait vivaces et a puisé dans cette composante religieuse la ferveur solennelle de la prestation de serment. Deux légendes conservent particulièrement le souvenir des origines archaïques de l'éphébie ; elles tentent de rendre compte de la couleur noire de la chlamyde que les éphèbes portèrent longtemps, en certaines circonstances, dont sans doute les processions à Eleusis (24). L'une évoque le meurtre du héraut argien, Coprée ; envoyé à Athènes par Eurysthée pour demander l'expulsion des Héraclides, il les brutalisa au pied même de l'autel qu'ils tenaient en suppliants. Les Athéniens le tuèrent mais durent expier ce crime en faisant revêtir à leurs éphèbes la chlamyde noire. L'autre évoque la voile noire que Thésée oublia de changer à son retour de Crète, et qui fut pour Egée le signal du suicide. La mention de Thésée est la plus intéressante (25) : on sait en effet comment H. Jeanmaire a vu dans sa geste le récit mythique d'une initiation de jeunes gens (26). Le même Thésée serait revenu de Crète le sept du mois de *Pyanepsion,* le jour même où, dit Plutarque, on porte une branche d'olivier (εἰρεσιώνη), garnie des prémices des fruits, pour rappeler la fin de la stérilité. Ce « talisman de fertilité » qu'on porte en chantant est à rapprocher des branches, des bouquets ou des animaux qui dans divers folklores signalent le retour du printemps ou de l'été. Dans les fêtes qui accompagnent le retour de la fertilité, les jeunes gens jouent le rôle principal, qui leur revient de droit, puisqu'ils sont eux-mêmes porteurs de fertilité et de durée (27).

La légende de Thésée nous montre la voie, sinon d'une interprétation rigoureuse, du moins d'hypothèses vraisemblables. La vie à l'écart des éphèbes, dont témoigne le nom *peripoloi* qu'ils portent avant le v^e siècle (28), rappelle les rites de passage des tribus primitives. Le culte des héros, inséparable des pratiques initiatiques, est manifeste : comme les *couroi* homériques, qui célèbrent des sacrifices à Erechtée (29), les éphèbes participent en procession aux grandes cérémonies religieuses, aux Panathénées et peut-être au transfert des ἱερά d'Eleusis. D'autre part, Thésée eut une adolescence tourmentée, ses affrontements, sur le chemin d'Athènes, avec des brigands (30) ressemblent aux luttes rituelles des jeunes gens laissés dans les forêts avant leur admission dans le corps social de certaines tribus. Arrivé à Athènes et reconnu, Thésée aurait reçu son nom (31), comme si les épreuves surmontées ouvraient en même temps que la succession paternelle l'accès à un destin autonome et à une individualité définie par son nom publiquement décerné (32). L'oblation de la chevelure à Delphes (33) est en liaison manifeste avec un rite de passage, affirmé en ce cas sur le plan individuel comme la reconnaissance publique l'affirmait sur le plan civique. Ces légendes et d'autres (34) traduisent le haut archaïsme de pratiques inhérentes à un système de classes d'âge que l'éphébie a héritées en partie. Ajoutons à cela la présence d'une protectrice, Graulos, fille de Cécrops : c'est devant son sanctuaire que les éphèbes prêtaient serment (35).

L'évidence de ces mentalités archaïques interdit de penser que l'éphébie fut organisée en 336-335, de manière artificielle (36). Le souvenir de rites initiatiques plaide en faveur de l'existence de classes d'âge dans l'Athènes archaïque ; et cette probabilité vaut aussi pour d'autres cités, Sicyone en particulier (37), Corinthe et Delphes (38). Mais pour rester à Athènes, le vocabulaire confirme l'existence d'une échelle des âges sans doute très détaillée (39) : les mobilisables sont divisés en 42 classes d'âge, dont chacune avait son héros éponyme (40). Mais les principes, conservés à Sparte et en Crète, se sont, à Athènes, estompés. La supériorité écrasante de la collectivité sur l'individu est un facteur fondamental de la survie des institutions initiatiques ; ainsi à Sparte le repliement sur soi des *homoioi* en confrérie guerrière n'a pu que les fortifier. Dès qu'apparaît l'individualisme ou un quelconque particularisme, gentilice par exemple, les rites s'estompent. Si, inversement, les rites de passage se diluent et en viennent à intéresser non plus une élite mais tous les mobilisables, on aboutit aussi à la détérioration de l'institution. C'est ce qui se passe à Athènes, comme on le constate en notant que les mots ἔφηβος et ἐφηβάω ont déjà chez Eschyle (41) et Hérodote (42) perdu toute référence catégorielle. Le principe était toutefois assez fortement ancré dans la mentalité grecque pour pouvoir, encore à l'époque hellénistique, se manifester dans les nombreux collèges de jeunes gens répandus à travers tout le monde grec (43).

L'indice le plus clair de l'existence d'une classe d'âge dans l'Athènes au Vᵉ siècle encore nous est donné par le mot ἥβη. Il signale à la fois la puberté et l'adolescence. Les lois des cités fixaient soigneusement cet âge qui marquait l'entrée dans une classe d'âge bien déterminée : Solon avait fixé la majorité deux ans après l'ἥβη, elle-même fixée à 16 ans ; Clisthène conserve cet âge et lui donne valeur officielle en exigeant l'inscription sur les registres des dèmes dès qu'il est atteint. Le même souci de définir l'âge de l'ἥβη se retrouve ailleurs (38) ; partout, comme à Athènes, on décèle dans la pensée du législateur une hésitation entre la reconnaissance de la puberté — manifestation physique et individuelle — et celle, plus grave, de la majorité politique. L'expression ἐπὶ διετὲς ἡβῆσαι semble attester à l'époque archaïque une adolescence biennale (44), une éphébie qui aurait survécu en marge de l'éphébie classique (45). Il y avait, semble-t-il, deux formes de reconnaissance : l'une, au sein de la phratrie, était signalée par l'oblation de la chevelure accomplie à 16 ans par les futurs éphèbes (46) ; l'autre, deux ans plus tard, ouvrait à la vie civique. Enfin sur ἥβη s'est constitué, en ionien, un adverbe, désuet en langue classique, ἡβηδόν (47). Il est difficile de le traduire : il semble, en effet, désigner la classe des adultes ; mais on n'a pas assez défini cette classe en disant qu'elle groupe les adultes, car, être adulte, c'est précisément être sorti de cette adolescence, que désigne plus précisément le mot ἥβη. De plus quand le mot figure dans les textes, il a peut-être déjà perdu sa valeur propre. Nous laissons cette question, pour la reprendre à propos du latin *pubes,* qui pose les mêmes problèmes (48).

L'éphébie attique nous paraît ainsi marquer le terme d'une évolution. Si maintenant on considère l'ordre politique, on pourra dire que cette évolution progressive se fit dans le sens d'une démocratisation à partir d'une institution à l'origine sans doute aristocratique. L'ancienne éphébie n'était probablement pas ouverte à tous les citoyens, peut-être seulement aux trois premières classes (49). De cette tendance limitative, on a un premier indice avec le pétase, ce chapeau à larges bords des pèlerins et des cavaliers, que portaient aussi les éphèbes (50). La culture même que l'on prodiguait aux éphèbes gardait encore au $v^e$ siècle des marques d'une origine noble, malgré sa vulgarisation progressive (51) au fur et à mesure de l'accession du peuple à la responsabilité politique. L'ancien idéal n'était pas centré sur l'éducation militaire, ou, du moins, considérait-on que la gymnastique était la meilleure formation du bon soldat. L'équitation et la chasse demeureront toujours aristocratiques et feront rêver les bourgeois gentilhommes (52) ; c'est par l'athlétisme que s'accomplira la démocratisation. Nous pouvons conclure qu'Athènes a connu une éducation fondée sur le principe des classes d'âge qui n'a cessé d'évoluer en se limitant, en perdant une partie de son caractère strictement militaire et en se démocratisant.

Une autre trace de la tradition aristocratique apparaît dans la survivance de l'hétairie (53). On se souvient que le mot έτάρος, έταῖρος définissait les relations de compagnonnage des *couroi*. Il impliquait une relation entre chevaliers du même âge, qui participaient à des banquets pris en commun. Ces relations se sont recréées et resserrées en milieu aristocratique quand un compagnonnage étroit était nécessaire pour défendre les ambitions d'une famille contre celles d'une autre, ou pour regrouper les intérêts de toutes contre la montée du peuple (54). On connaît une autre forme d'hétairie fondée, semble-t-il, sur un rapport analogue à celui qui, à Rome, lie le client à son patron (55) ; la naissance et l'égalité d'âge n'entrent pas en jeu ici. Mais généralement les hétairies sont des organisations politiques et aristocratiques dirigées contre la démocratie, ou parfois contre la tyrannie (56). Les jeunes n'avaient pas l'exclusivité de telles associations : les adultes en formaient aussi, selon leur communauté d'âge et leurs affinités politiques. Mais ce sont les jeunes qui sont le plus souvent concernés. Aristophane met en relation les cavaliers et les sociétés secrètes (57), formées sans doute pour une bonne part de jeunes soldats (58). Dans les *Guêpes*, Phrynikos fait partie d'un groupe qui est peut-être un « gang » de jeunes gens (59). Enfin Alcibiade appartient à une hétairie (60). Autour des tyrans se constituèrent des hétairies qui formaient, surtout à la cour macédonienne, une sorte de garde du corps (61). Ajoutons enfin une dernière acception du terme pour désigner les disciples qui entourent un maître à penser : on parle de l'hétairie de Pythagore à Crotone comme on parle en latin, à propos du même philosophe, du *coetus iuuenum aemulantium studia* (62).

D'une façon générale, donc, la solidarité, anciennement fondée sur l'âge et la naissance, s'est poursuivie dans des factions politiques, surtout aristocratiques. Cette tendance reprit à son compte l'éphébie une fois qu'elle se fut affaiblie. A peine recréée, celle-ci, en effet, est devenue inutile : Athènes vaincue n'a plus à exercer ses soldats. On voit alors l'éphébie, au début du $III^e$ siècle, devenue sans doute annuelle et payante, perdre sa vocation militaire et constituer un « collège pacifique où une minorité de jeunes gens riches vient s'initier aux raffinements de la vie élégante » (63). De l'éphébie sont issus ces collèges de *néoi* dont la plus ancienne mention remonte au $IV^e$ siècle, à Trézène, et qui offrent des ressemblances avec les *collegia iuuenum* italiens. L'éphébie démocratique n'aura été qu'un passage, qu'un accident éphémère : aristocratique au départ, l'éphébie le redevient à l'époque hellénistique.

Ce bref exposé de la vie politique de Sparte et d'Athènes a côtoyé d'importantes questions, et nous avons regretté de ne pas approfondir les détails d'une enquête qu'on devine passionnante. Il est tentant en particulier d'entreprendre de réduire la dualité entre l'organisation des *hippeis* et celle des éphèbes. Nous pouvons pressentir, en effet, qu'à l'origine ces deux organisations n'en ont formé qu'une : l'éphébie devait être une préparation du guerrier complet, du cavalier apte au combat équestre comme au combat hoplitique (64). Nous nous serions, en abordant cette recherche, écarté de notre propos qui cherche seulement à définir, à partir d'un monde mieux connu sur ce plan que celui de la République romaine, des directions de recherches et à décrire des institutions qu'à divers moments de son histoire, par des chemins divers, le monde italien, Rome y compris, a pu connaître, imiter ou refuser.

Plusieurs enseignements se dégagent de ces réflexions, même si elles furent sommaires. On a vu la place importante que tient la jeunesse dans la cité antique et les rapports qu'elle entretient avec l'évolution historique et la nature des régimes politiques. On a vu aussi que l'idée institutionnelle de la jeunesse se définit par l'activité guerrière. Le fait le plus intéressant est la résistance d'une mentalité archaïque : l'idéologie guerrière demeure à Sparte, qui la cultive ; mais, même à Athènes, qui lui résiste, elle se maintient, latente et comme exaspérée des résistances qu'on lui oppose, en conservant toutes ses composantes et surtout sa vocation militaire et aristocratique. Que les *Hippeis* athéniens, dans la période classique, sauvegardent ou recréent un esprit de caste guerrière, c'est un fait dont nous devrons nous souvenir quand nous nous occuperons des *equites Romani* (65). Nous avons constaté aussi combien la fonction religieuse des jeunes gens est un facteur déterminant de la survie des rituels initiatiques. Que vienne à chanceler la démocratie, et l'on voit s'apprêter à renaître au grand jour les espoirs et les mentalités d'une caste que définissent son âge et ses aptitudes guerrières.

L'importance de la jeunesse au sein de la cité explique que toute pensée politique se soit souciée d'elle et que les grands réformateurs et les théoriciens politiques aient tenté par les faits et les écrits de lui assigner une place dans l'Etat. C'est par un examen de ces réflexions que nous achèverons notre enquête dans le monde grec.

## BIBLIOGRAPHIE

J. K. ANDERSON : *Ancient Greek horsemanship*, Berkeley, 1961.
F. CHAMOUX : *La civilisation grecque*, Arthaud, 1965.
V. EHRENBERG : *The people of Aristophanes*, Oxford, 1951.

C. A. FORBES : *Neoi, a contribution to the study of Greek associations*, *Philological monographies*, Middletown, 1933.

P. FOUCART : *Les grands mystères d'Eleusis, in Mém. de l'Inst. Nat. de France*, XXXVII, 1904, p. 1-156.

P. GIRARD : *L'éducation athénienne*, 1ʳᵉ éd. Paris, 1889.

J. HATZFELD : *Alcibiade, étude sur l'histoire d'Athènes à la fin du Vᵉ siècle*, Paris, 1951.

G. S. KIRK : *War and the warrior in the homeric poems, in Prob. de la guerre en Grèce*, 93-117.

J. LABARBE : *L'âge correspondant au sacrifice du* κούρειον *et les données historiques du VIᵉ discours d'Isée, in BAB*, 39, 1953, 358-394.

A. MARTIN : *Les cavaliers athéniens*, Rome-Paris, 1887.

G. MÉAUTIS : *L'aristocratie athénienne*, Paris, 1927.

C. PÉLÉKIDIS : *L'histoire de l'éphébie attique des origines à 31 av. J.-C.*, Paris, 1962.

A. PIGANIOL : *Les origines de l'éphébie attique, in AHES*, II, 1939, 239 *sq.*

F. SARTORI : *Le eterie nella vita politica ateniese del VIᵉ e Vᵉ secolo A.C.*, Padoue-Rome, 1957.

P. VIDAL-NAQUET : *Le chasseur noir et l'origine de l'éphébie athénienne, in Annales*, juillet-août 1968 (23), p. 947-964.

P. VIDAL-NAQUET : *Le Philoctète de Sophocle et l'éphébie, in* J. P. Vernant-Vidal-Naquet, *Mythe et tragédie dans la Grèce ancienne*, Paris, 1972, 159-189.

U. von WILAMOWITZ : *Aristoteles und Athens*, Berlin, 1893.

*Cf.* aussi: B.G. nᵒˢ 19, 31, 45.

## NOTES

(1) Aristophane, *Nuées* (la pièce est de 423).
(2) *Cavaliers*, à rapprocher des *Acharniens*, en 425, vers 6-8.
(3) Lysias, *Pour Mantithéos*, XVI, 13.
(4) *Cf.* Raubitschek : *Dedications from the Athenian Acropolis*, nᵒ 135 et com.
(5) Thucydide, II, 13.
(6) A. Martin, *Les Cavaliers athéniens*.
(7) *Cf.* J.K. Anderson : *Ancient Greek horsemanship*, Berkeley, 1961.
(8) Pollux, VIII, 108.
(9) Hérodote, I, 63.
(10) Aristote, *Const. d'Athènes, 1.*
(11) *id., ibid.*, VII, 3.
(12) A. Martin, *op.* cité.
(13) Aristote, *Const. d'Ath.*, V, 1.
(14) C. Nicolet : *L'ordre équestre à l'époque rép.*, p. 32-33.
(15) Platon : *République*, II, 374 a-d.
(16) Platon, *Timée*, 24b (6 classes) ; − *Critias*, 110c (3 classes) ; − Hérodote, V, 66 ; − Plutarque, *Solon*, 23 (4 tribus fonctionnelles) ; − *Peri politeias* (attribué à Hippodamos) *ap.* Stobée, *Flor.* 43, 92, 93, 94 et 98.
(17) Platon, *Lois*, VII, 794d-795d.
(18) Pas avant la guerre du Péloponnèse (Marrou, *Hist. de l'éd.*, p. 75) ; − 1ʳᵉ moitié du vᵉ siècle (Pélékidis, *Hist. de l'éphébie attique*, p. 78).
(19) H. Jeanmaire, *Couroi...*, p. 308.
(20) H.I. Marrou, *Hist. de l'éd.*, p. 65.
(21) *Cf.* P. Roussel, *in REG*, 44, 1931, p. 459.
(22) H.I. Marrou, *op.* cité, p. 66.
(23) Aristote, *Const. d'Ath.*, 42.
(24) Hérode Atticus remplacera la chlamyde noire par un manteau blanc qu'il offrit aux éphèbes (*I.G.* II², 3606, et Philostrate, *Hérode*, 8).
(25) A noter que Thésée alterne avec les Héraclides dans la légende étiologique de la fête du 7 de *Pyanepsion* (*cf.* ci-dessous, n. 27). C'est un exemple d'imbrication de légendes fréquente en Attique.

(26) H. Jeanmaire, *Couroi...* ch. IV.

(27) Sur l'*eiresiônè*, *cf.* J. et L. Robert, *in REG*, 62, 1949, p. 106 ; Nilsson, *Geschichte*, I, 113 *sq* ; M. Eliade, *Traité d'hist. des religions*, nelle éd. 1968, p. 270 ; sur les légendes : Philostrate, *Hérode*, 8 ; — P. Foucart, *Les grands mystères d'Eleusis, sp.* 86-87 ; — A. Piganiol : *Les origines de l'éphébie attique*, et P. Roussel, *in REA*, 43, 1941, p. 163.

(28) Thucydide, IV, 67 et VIII, 92 ; — Aristophane, *Les Oiseaux*, 1176.

(29) *Iliade*, II, 550 *sq.*

(30) Plutarque, *Thésée*, 8-11.

(31) *id., ibid.* 4.

(32) *Cf. infra.*, p. 157 *sq.*

(33) Plutarque, *Thésée*, 4.

(34) En particulier celles qui évoquent les écoles initiatiques, celle surtout du centaure Chiron, que fréquenta Jason (Pindare, *Pythiques,* IV, 104 et 119), l'époux de cette Médée, que l'on retrouve aux côtés d'Egée prête à empoisonner Thésée (Plutarque, *Thésée*, 12, 3).

(35) Pollux, VIII, 105 ; — Stobée, *Flor.* 43, 48 ; — Plutarque, *Alcibiade*, 15. Sur le sanctuaire, *cf.* J. Bousquet, *Bull. de cor. hell.* 1964, p. 664.

(36) *Cf.* Wilamowitz, *Aristoteles und Athens*, 1, p. 193-194 et les critiques de C. Pélékidis, *op.* cité, p. 17.

(37) Sur la possibilité d'une éphébie à Sicyone dès le VIIe siècle, *cf.* Pélékidis.

(38) *Cf.* A. Brelich, *Paides e parthenoi.* L'importance de l'ήδη, dans les constitutions de Pittakos à Mytilène et de Charondas à Catane laisse penser que ces cités connaissaient l'éphébie.

(39) *Cf.* C. Pélékidis, p. 47 νέοι, νεώτεροι, νέοτατοι, νεανίσκοι, οἱ ἐν ἥλικιᾳ, πρεσϐύτεροι, πρεσϐύτατοι.

(40) Aristote, *Const. d'Ath.* 53, 3 et 7 ; — Thucydide, 1, 105, 11, 13.

(41) Eschyle, *Sept contre Thèbes*, 665.

(42) Hérodote, VI, 83.

(43) *Cf.* A. Forbes, *Neoi, a contribution to the study of Greek associations*, et C. Pélékidis, *op.* cité, p. 69 *sq.*

(44) Pélékidis, *ibid.*, p. 56 *sq.*

(45) *Cf.* P. Vidal-Naquet : *Le chasseur noir et l'origine de l'éphébie athén. ; — id. Le Philoctète de Sophocle et l'éphébie.*

(46) *Cf.* J. Labarbe : *L'âge correspondant au sacrifice du* κούρειον *et les données hist. du VIe discours d'Isée.*

(47) Hérodote, I, 172 ; — VI, 21 ; — Diodore, III, 54 ; Lucien : *Les sectes à l'encan*, 14.

(48) *Cf.* E. Benvéniste : *Pubes et publicus, in Revue de philologie*, XXIX, 1955, p. 7-10 et *infra*, p. 327 *sq, sp.* 337.

(49) P. Girard : *L'éducation athénienne* [2], p. 287, suppose que le collège éphébique comportait un contingent de chevaliers où servaient les deux premières classes, et un contingent d'hoplites.

(50) Pollux, *Onomast.* X, 16. *Cf.* la frise du Parthénon : les cavaliers ont le pétase et la chlamyde, (F. Chamoux : *La civilisation grecque*, p. 153.)

(51) H.I. Marrou, *Hist.*, p. 76-78.

(52) Aristophane, *Les Nuées.*

(53) *Cf.* F. Sartori : *Le eterie nella vita politica ateniese del VIe e Ve secolo A.C. ; — cf.* aussi Bengston (*Griechische Geschichte*), p. 234-239 (à Athènes) ; 298, 300, 307, 420 (en Macédoine) ; 336 *sq* (hétairie d'Alexandre).

(54) Outre F. Sartori, *cf.* les définitions de Pollux, V, 114 et de Platon, *Def.* 413 c.

(55) Démocrite : fg. 255, *in* H. Diels-W. Kranz : *Die Fragmente der Vorsokratiker*, Berlin, 1952, II, p. 196.

(56) Aristote, *Pol.* V, 11, 1313 a ; — *cf.* H. Bengston, p. 234 et 239.

(57) Aristophane, *Acharniens*, sp. 515 *sq* ; 600 *sq* ; 715 *sq.*

(58) *Cf.* Méautis, *L'aristocratie athénienne*, Paris, 1927, p. 43.

(59) Aristophane : *Les Guêpes*, 1299-1303 ; — *cf.* Ehrenberg : *The people of Aristophanes*, p. 109-111.

(60) *Cf.* J. Hatzfeld : *Alcibiade : Etude sur l'histoire d'Athènes à la fin du Ve siècle*, p. 110-113.

(61) Sur les Ἑταῖροι ἱππεῖς de l'armée d'Antiochus Magnus, *cf.* Polybe, V, 53, 4 et XVI, 18, 7.

(62) Tite-Live, 1, 18, 2.

(63) *Cf.* Forbes, *Neoi...* et H.I. Marrou, *Hist.* p. 167-168 d'où est tirée la citation.

(64) Nous avons évoqué les indices de cette unité originelle, p. 28 (n. 49-51).

(65) *Cf. infra*, p. 268 *sq.*

CHAPITRE III

# THÉORIE ET PRATIQUE ;

# PHILOSOPHIE ET POLITIQUE :

— *La puberté,*
— *Les âges de la vie,*
— *Le « principe d'ancienneté ».*

*La puberté :*

> *C'est ici la seconde naissance dont j'ai parlé ; c'est ici que l'homme naît véritablement à la vie, et que rien d'humain n'est étranger à lui.*
>
> J.J. Rousseau (I)

Rousseau s'inspire ici de Térence pour traduire ce moment privilégié qu'est la puberté, re-naissance ou naissance de l'homme. Pour cet admirateur de l'antiquité, la réminiscence latine traduit la solennité de ce passage d'âge, qui sera dans son système d'éducation un tournant capital. Le choix de Térence est bon, car il fut le peintre — lui-même jeune — le plus compréhensif de la jeunesse. Ce qui davantage ici nous importe, c'est plus généralement la référence à l'antiquité, car la puberté dans le monde antique est le phénomène physique le plus déterminant pour la vie civique. Rousseau, cependant, se place sur un plan individuel ; les sociétés antiques se placent surtout, à un certain stade de leur évolution, sur le plan collectif et se comportent en cela comme toutes les sociétés « primitives ». Là, en effet, la naissance physique n'est pas le moment essentiel de la vie : « l'individu à sa naissance est socialement inexistant. Les rites l'appellent à l'existence » (2). Au moment même de la naissance donc, l'acte physique n'est rien au regard des rites qui consacrent l'entrée du nouvel individu dans le groupe où il se présente : « à la naissance de fait on substitue la naissance rituelle » (3). Mais tout cela se passe dans la famille ; pour le groupe politique, cette naissance n'est que promesse. Et cette dualité de l'être qui vient au monde : enfant d'une famille et futur citoyen, s'exprime par les incertitudes qui entourent l'attribution du nom. L'imposition d'un nom est le moment le plus décisif de l'entrée dans le groupe : « recevoir un nom, c'est commencer d'exister en tant qu'être humain » (4). Mais nous avons vu ci-dessus qu'à propos de Thésée une légende disait qu'il avait reçu son nom lors de son arrivée à Athènes ; une autre forme de la légende plaçait au contraire à sa naissance l'attribution du nom. Hésitation significative, dans les termes que nous retrouverons à Rome (5), et qu'explique l'ethnologie moderne. Les rites pubertaires sanctionnent une seconde naissance qui, au regard du corps social, est en fait la première et la seule véritable. C'est au moment de la puberté que le garçon — comme, pour d'autres raisons, la fille — devient enfin un élément utilisable de protection du groupe et de durée. Rousseau a raison, on le voit : la puberté est une naissance ; on est tenté de dire *la* naissance. Sa fonction est de faire accéder le jeune homme, ou la jeune fille, non pas directement à l'existence sociale, mais aux rites qui inscrivent dans l'ordre du monde l'accession d'un nouveau citoyen à la vie collective, ou la disponibilité d'une jeune fille à la vie conjugale.

Même quand a disparu la structure sociale fondée sur eux, les rituels de passage demeurent vivaces et sont accomplis religieusement : nous l'avons constaté à Athènes. Il est naturel que la puberté ait été un sujet d'études chez les anciens ; mais ces études n'ont pas été d'abord psychologiques ou pédagogiques, elles visaient surtout à déterminer le moment où la société pouvait compter sur de nouveaux individus. Les garçons et les filles sont désormais aptes à la procréation, les garçons, de plus, peuvent servir comme soldats. Mais, d'un individu à l'autre, l'âge de la puberté est variable, sans grands écarts sans doute, mais suffisants pour qu'une cité organisée cherche à dépasser les cas particuliers par une législation générale. Celle-ci déterminera un âge légal, le même pour tous, et suffisamment élevé pour éviter les effets de la disparité naturelle. Il y a donc deux rituels, celui qui sanctionne la puberté véritable, en général constatée dans la famille et limitée à elle, et celui qui signifie que la majorité légale est atteinte, ou que le temps est venu d'entreprendre les épreuves préparatoires à l'entrée dans le corps social. C'est pour ces raisons que nous avons vu les législateurs s'efforcer de fixer l'âge de l'*hèbè* (6). Dans leurs recherches se croisent les conceptions philosophiques et les nécessités politiques. Cela est vrai aussi pour la suite de la vie, car on voudra établir à quel âge on est apte à telle charge ou telle autre, à quel moment les facultés humaines sont à leur point le plus efficace, à quel âge enfin on doit se mettre à la retraite. La division de la vie en âges répond à cette nécessité.

*Les âges de la vie :*

Ἐρατοσθένης τῆς ἡλικίας ἔφη τὸ μὲν ἀκμάζον ἔαρ εἶναι· τὸ δὲ μετὰ τὴν ἀκμήν, θέρος καὶ μετόπωρον· χειμῶνα δὲ τὸ γῆρας.

Eratosthène de Cyrène (7)

On trouve établis les âges de la vie dans la science ancienne. Mais la science de l'antiquité n'est pas divisée en disciplines strictes ; la physique ne se conçoit pas sans une métaphysique et une morale. Aussi les médecins qui ont étudié le phénomène physique de la puberté et le déroulement ultérieur de la vie l'ont-ils fait dans le cadre d'une vision générale de l'univers (8). Galien voit dans l'homme un microcosme dont la formation est analogue à celle du macrocosme. L'ensemble du *Corpus Hippocratique* distingue dans la vie humaine des saisons ; il y en a quatre, comme dans l'année. Elles sont définies par la combinaison des quatre éléments fondamentaux : le chaud, l'humide, le sec et le froid. Ainsi l'âge de l'enfant est-il, comme le printemps, caractérisé par l'association chaud-humide ; la combinaison du chaud et du sec caractérise l'adolescence, l'adulte est, comme l'automne, froid et sec, tandis que le vieillard partage avec l'hiver l'alliance du froid et de l'humide (9).

L'humorisme permet une interprétation voisine : chaque âge combine différemment les quatre humeurs fondamentales, le sang, la lymphe, la bile et la pituite. La philosophie s'est intéressée à l'évolution de la vie : si l'on veut voir dans la croissance le jeu mécanique des éléments, on est épicurien, mais on peut préférer, en stoïcien, la rapporter à l'activité du *pneuma*. Toutes ces réflexions sont très répandues dans l'antiquité ; elles portent en germes des élargissements psychologiques que la langue courante à faits, et nous retrouverons en latin des métaphores héritant de ces conceptions (10).

On voit ce qu'est la puberté : le passage du printemps à l'été, le moment où l'équilibre des éléments se modifie, et beaucoup plus profondément que pour les autres passage. Mais ces quatre saisons n'ont pas paru suffisantes pour rendre compte des âges de la vie ; on a voulu y introduire des nuances et une symbolique numérique. L'école hippocratique en donne un exemple : à des fins thérapeutiques, elle étudie la vie humaine, et croit s'apercevoir que le nombre 7 y est déterminant. Il y a donc 7 saisons dans une vie : on est petit enfant jusqu'à 7 ans, enfant jusqu'à 14 ans, adolescent jusqu'à 21 ans et jeune homme jusqu'à 28, homme fait jusqu'à 49 ans et homme âgé jusqu'à 56, et, enfin, vieillard jusqu'à un âge indéterminé, car la science a dû reculer devant le simple fait qu'il est des vieillards qui meurent à 57 ans ou à 82 ans ou à tout autre âge qui n'est pas nécessairement multiple de 7 (11). La date du *Traité des Hebdomades,* où cette division est proposée, est incertaine, peut-être date-t-il du Ve siècle (12). En tout cas, avant lui, on attribuait déjà à Solon une division proche. Poète en même temps que législateur, il aurait divisé la vie en 10 moments de 7 ans, dédoublant les 3e, 6e et 7e périodes hippocratiques (ou, pour mieux respecter la chronologie, il faut dire que le *Traité* a simplifié la division de Solon). Pour lui le moment privilégié où s'équilibrent la vigueur du corps et celle de l'esprit se place à la 6e hebdomade (13). On attribuait encore à Solon une division en 4 saisons de 20 ans (14). Diverses théories donc circulaient. Peu importe, d'ailleurs ; ce qui est à noter, c'est que Solon, le législateur, s'est intéressé aux classes d'âge. A Rome, de même, le roi Servius Tullius, qui eut, semble-t-il, à affronter un climat politique analogue à celui d'Athènes avant Solon — un perpétuel conflit entre une noblesse ambitieuse et un peuple en mutation — passe pour avoir divisé l'ensemble des citoyens en classes d'âge. L'idée d'une grande réforme politique impliquait une prise de position sur ce sujet. Nous retrouvons ainsi l'interférence du philosophique et du politique.

Après Solon, et se référant à lui, Staséas, le péripatéticien, Platon et Aristote réfléchissent encore à cette question. On sait l'importance, dans la *République* platonicienne, des âges : à 50 ans, on accède aux charges suprêmes (15) et 50 ans est un âge qui figure dans la loi de Chalcis (16). Chez Platon toujours, les magistratures sont accessibles à 30 ans (17) et cet âge figure dans la loi athénienne. De l'utopie à la vie, il y a va-et-vient, comme de la réflexion à la constitution. Aristote semble aussi suivre une division par 7 ; il fixe l'*acmè* du corps et de l'esprit : entre 30 et 35 ans pour le corps, à 49 ans pour l'esprit (18). L'apport essentiel d'Aristote et de son école fut le développement de la caractérologie : elle applique les résultats de la recherche scientifique au domaine psychologique et établit des catégories. Chaque âge se définit par des caractères distinctifs (19) : ainsi y-a-t-il dans le jeune homme des promesses à encourager et des faiblesses à combattre, qui passeront avec l'âge. Aristote précise les ressources propres à chaque âge et définit, pour l'orateur et l'homme politique, un art de convaincre chacun selon les ressorts profonds de sa psychologie. Là encore, la théorie est tournée vers la pratique.

La première application pratique est la pédagogie : les sophistes, Socrate et Platon, Aristote, Aristophane s'y intéressent. On connaît, dans les *Nuées,* la querelle du Raisonnement Juste et du Raisonnement Injuste sur l'ancienne et la nouvelle éducation (20). La formation du jeune homme est capitale pour la cité ; en particulier, une éducation bien menée doit préparer à la vie collective et situer chaque âge, afin que vivent en harmonie jeunes et vieux (21).

### Le « principe d'ancienneté » (22)

La mentalité antique est dominée par l'idée que l'âge confère des prérogatives, et cette idée est si forte qu'on a pu parler d'un « principe d'ancienneté ». Platon, Aristote et Plutarque ont des pensées convergentes pour affirmer la méfiance envers la jeunesse et exprimer la tendance générale à donner le pouvoir aux hommes d'âge. Mais cette position à l'égard de la vieillesse n'est pas la seule que les Grecs aient adoptée. Dès Homère, Nestor est un vieillard sage et honoré, mais Laerte, sage aussi et honoré, doit dépouiller son pouvoir en faveur d'Ulysse comme le fait Pélée en faveur d'Achille. Le vieillard, gardien de la sagesse, est aussi la preuve vivante de la chute de l'homme, précipité hors de l'âge d'or dans le déroulement du temps et ses détériorations ; et cette idée, Hésiode déjà la développe (23). La grandeur et l'impuissance du vieillard sont traitées de pair par les tragiques. Les sophistes, en face de la

sérénité du Céphale de Platon (24), accentuent la désaffection envers la vieillesse. La dualité de ces pensées vient du fait qu'elles ne cherchent pas seulement à définir la nature humaine pour le plaisir de toucher à l'universel ; elles
sont engagées dans le siècle et sont des prises de position politiques. Dans
l'Athènes classique, la jeunesse se heurte à de nombreuses résistances. La
démocratie ne souhaite pas son émancipation (25). En 415, au moment de
l'expédition de Sicile, les démocrates crient à la manœuvre politique et attaquent le parti de l'agitation où sont de nombreux jeunes gens (26). Le conflit
entre Alcibiade et Nicias, en même temps qu'une opposition politique, est un
heurt de générations (27). La philosophie et le théâtre font donc écho à des
réalités vécues. La question est posée aussi bien par Euripide et Aristophane
que par les philosophes (28). Les assauts de la jeunesse aristocratique se
heurtent à une démocratie qui ne veut pas d'agitation et à une philosophie,
souvent hostile à la démocratie mais qui veut situer la jeunesse à une place
bien déterminée et subordonnée à celle des anciens. En revanche la sophistique refuse l'éthique archaïque : son héros est le jeune politicien, rompu à la
rhétorique, sans grands scrupules, tel que l'incarne parfaitement Alcibiade
(29).

Les divisions archaïques de la vie humaine, le souvenir d'une société divisée en classes d'âge, le caractère fonctionnel de l'opposition jeunes — vieux
qu'exprime Plutarque, en citant un vers de Pindare :

« C'est pour obéir qu'est faite la jeunesse et pour commander la vieillesse ; une cité est en sa plus grande sécurité quand y excellent les conseils
des anciens et les armes des jeunes hommes » (30), tout cela est présent aux
esprits quand les *Hippeis* affirment leur droit à être une classe autonome et
privilégiée. Il a manqué à Athènes le temps de résoudre ces tensions ou du
moins de les mener au terme de leur évolution ; mais toutes ces réflexions ne
sont pas perdues ni les institutions. Rome, devant des problèmes analogues,
saura tirer la leçon donnée en théorie mais mal appliquée. Nous verrons plus
tard le parti qu'en tirera Auguste.

La pensée grecque fournira aux Romains des thèmes de réflexion et des
principes d'explication de l'histoire. En cela elle est pour nous une arme à
double tranchant : quel crédit devrons-nous accorder par exemple à Denys
d'Halicarnasse, quand il nous parle de l'histoire de Rome ? mais en retour
quelle netteté présentent les faits grecs ! Et si nous devons nous garder de
transposer à Rome tout ce que nous venons de dire, du moins avons-nous
trouvé des réponses à des situations que Rome connaît aussi. Ville royale,
puis patricienne, elle eut à faire face aux problèmes de la révolution tactique
et de la promotion des nouvelles forces politiques. L'importance de la jeunesse dans ses institutions, dans sa pensée, dans sa religion n'est pas une imitation tardive de topiques helléniques. Ainsi pourrons-nous comprendre
mieux ce qu'elle a accepté et refusé du monde grec.

Le moment cependant n'est pas venu de passer directement à Rome.

Entre Rome et la Grèce il y a d'abord eu la Grande-Grèce, il y eut aussi les Etrusques, il y eut enfin tout ce que les colons grecs d'Italie du sud ont pu apporter aux populations indigènes. C'est par là donc qu'il nous faut passer. Et nous y sommes conduit directement par ce dernier chapitre que nous avons consacré aux âges de la vie. Il est, en effet, inévitable qu'on ait pensé, devant les divisions de la vie en nombres multiples de 7, à Pythagore. Il fut effectivement en ce domaine, comme en d'autres, un maître à penser. La Grèce classique s'est inspirée de lui et la logique géographique que nous avons choisie perturbe un peu la logique chronologique. Notre propos n'est pas toutefois d'analyser l'influence de Pythagore sur les penseurs grecs, mais bien plutôt d'examiner sur le terrain, si l'on peut dire, les effets pratiques de son enseignement. C'est d'abord sur place, que nous les verrons, dans la métropole de sa pensée : Crotone.

## BIBLIOGRAPHIE

J. CAZENEUVE : *Les rites et la condition humaine*, 1958.

M. ELIADE : *Birth and rebirth*, New York, 1958.

E. EYBEN : *Antiquity's view of puberty*, in Latomus, oct., déc. 1972, XXXI, 677-697.

R. JOLY : *Le niveau de la science hippocratique*, Paris, 1966.

G. S. KIRK : *Old age and maturity in Greece*, in Eranos, 1971, vol. 40, p. 123-158.

M. LEENHARDT : *La religion des peuples archaïques*.

L. LEVY-BRUHL : *L'âme primitive*, Paris, 1927.

P. ROUSSEL : *Etude sur le principe d'ancienneté dans le monde hellénique du Vᵉ siècle av. J.-C. à l'époque romaine*, in Mém. de l'Inst. Nat. de France, XLIII, 2ᵉ partie, 1951.

M. J. VERDENIUS : *Science grecque et science moderne*, in Rev. Philosophique, 77, 1962, p. 319-336.

E. ZELLER-R. MONDOLFO : *La filosofia dei Greci nel suo sviluppo storico*, Florence, 1967.

## NOTES

(1) J.J. Rousseau : *Emile*, IVᵉ partie (clas. Garnier, p. 246).
(2) Leenhardt : *La religion des peuples archaïques*, p. 120.
(3) J. Cazeneuve, *Les rites et la condition humaine*, p. 130.
(4) *ibid.*, p. 131 ; – *cf*. Levy-Bruhl : *L'âme primitive*, p. 233-266 ; – M. Eliade : *Birth and rebirth*, p. 28 et *passim*.
(5) *Cf. infra*, p. 157 *sq*.
(6) *Cf. supra*, p. 28.
(7) Eratosthène, *ap*. Stobée, *Flor*. CXVI, 43 : « la plénitude de l'âge, c'est le printemps ; après l'*akmè*, c'est l'été et l'automne, et la vieillesse, c'est l'hiver. »
(8) Sur la science antique, *cf*. M.J. Verdenius : *Science grecque et science moderne*, –R. Joly, *Le niveau de la science hippocratique*.
(9) Hippocrate, *Diaet*. I, 33, 1-2 ; – Galien, XV, 186 ; – XVI, 101-102 ; – XIX, 374 ; – cf. E. Eyben : *Antiquity's view of puberty*.
(10) *Cf. infra*, p. 91.
(11) Censorinus, *De die natali*, XIV ; – Pseudo-Galien : *Les hebdomades*, édité dans les œuvres complètes d'Hippocrate, texte et trad. d'E. Littré, Paris, 1853, tome VIII.

(12) Sur la date du Traité, *cf.* E. Zeller-R. Mondolfo : *La filosofia dei Greci nel suo sviluppo storico,* I, 2, p. 239-250.

(13) *Cf.* P. Roussel : *Etude sur le principe de l'ancienneté dans le monde hellénique, du V^e siècle avt. J.C. à l'époque romaine* et *Gnomici Graeci,* de Boissonade fg. 14.

(14) Aristote divise en 3 : croissance, apogée, décroissance (*Rhet.* II, 1388 b) ainsi que Pindare (*Néméennes,* III, *in fine*). Sur une possible influence des Pythagoriciens *(tetractys), cf. infra,* p. 48 *sq.*

(15) Platon, *Rep. VII,* 539 et 540 a.

(16) Héraclide, *Fr. Hist. Gr.* II, p. 22 : « Νόμος δὲ ἢ Χαλκιδεῦσι μὴ ἄρξαι μηδὲ πρεσβεῦσαι, νεώτερον ἐτῶν πεντήκοντα »

(17) Platon, *Lois,* XI, 932 b-c ; − VIII, 845 b-c ; − 914 c.

(18) Aristote, *Rhet.* II, 14, 1390 b.

(19) *id.* II, 12-14.

(20) Aristophane, *Nuées,* 961 *sq.*

(21) Aristote, *Pol.* III, 1-4, 1275 a.

(22) P. Roussel, art. cité.

(23) Hésiode, *Les travaux et les jours,* 109 *sq.*

(24) *République,* I, 329 b.

(25) *Cf. supra,* pp. 29-30.

(26) Thucydide, VI, 36 ; *cf.* P. Roussel, art. cité.

(27) *Cf.* Stobée, *Flor.* CXVII, 9 : Τί γὰρ με δεῖ λέγειν τὴν Ἀλκιβιάδου νεότητα καὶ τὸ γῆρας τοῦ Νικίου·

(28) *Cf.* en particulier, *Alceste,* d'Euripide : le conflit entre Admète et son père sur les droits à la vie des jeunes et des vieux.

(29) *Cf.* G.S. Kirk : *Old age and maturity in Greece,* p. 152.

(30) Plutarque, *An seni,* X, 5 ; *cf.* Platon (*Rep.* III, 412 c) : « Les plus âgés doivent commander ; les plus jeunes obéir, c'est l'évidence même » et Aristote (*Pol.* VII, 13, 3) : « C'est la nature elle-même qui a tracé la ligne de démarcation, en créant dans une espèce identique les classes de jeunes et de vieux, les uns destinés à obéir, les autres capables de commander ».

DEUXIÈME PARTIE

# LES AUTRES PEUPLES

## LA JEUNESSE EN ITALIE

# LA ROME ARCHAIQUE ET L'ITALIE.

Les réflexions de la pensée grecque ne seront directement connues de Rome que tardivement. Nous les avons mentionnées pour leur fidélité à des traditions ancestrales et pour l'influence qu'elles auront sur les penseurs latins. Nous avons entrevu toutefois qu'elles ont pu être influencées de leur côté par le pythagorisme : ainsi entre le continent italien et la Grèce, il y a eu échange, et cela à date ancienne. D'autre part, le pythagorisme a pu se propager, oralement au moins, très tôt et très rapidement dans l'Italie archaïque et parvenir jusqu'au Latium. Avec la grande doctrine du philosophe, nous tenons un lien entre les divers peuples de l'occident méditerranéen.

Peut-être ne fut-il pas le seul. En effet, si l'on en croit la tradition, des relations furent établies directement entre Rome et la Grèce, dès le vᵉ siècle, quand, pour élaborer leur législation, les *decemuiri* envoyèrent une ambassade en Grèce (1). Cette tradition mérite certes toute la circonspection qu'on mit à l'analyser (2) ; les progrès de la recherche, surtout archéologique, ont apporté des nuances aux tentations de scepticisme. On peut continuer de s'étonner avec A Momigliano que l'ambassade romaine ait rapporté de l'Athènes de Périclès une législation de tonalité solonienne (3), il n'en demeure pas moins que les XII *Tables* — leurs stipulations sur les cultes funéraires et le luxe en particulier — ressemblent à des législations grecques (4). Tite-Live pense que l'emprunt a été fait à Solon, mais Denys parle plus généralement d'une ambassade dans les villes grecques d'Italie, et Cicéron semble aussi penser à la Grande-Grèce (5). Il est vrai qu'on trouve des ressemblances entre la protection de la famille et de l'héritage, prônée par la législation de Charondas (6) et les préoccupations analogues des XII *Tables*. Le même Charondas aurait été puni pour s'être présenté en armes à l'assemblée du peuple : une loi, antérieure sans doute à son œuvre, l'interdisait, qui répondait au même souci de distinguer la guerre et la politique que l'on trouve tant à Athènes qu'à Rome. On a fait remarquer que la propagande athénienne était active au vᵉ siècle en Italie méridionale, aussi est-il particulièrement séduisant de penser que les Romains ont pu trouver là des lois d'inspiration attique (8). Ils n'avaient donc pas besoin de faire le voyage jusqu'en Grèce ; mais cette hypothèse même ne suffit pas à condamner formellement la tradition livienne de l'ambassade. La tendance est donc aujourd'hui tournée non plus vers la négation mais plutôt vers le doute, voire vers la tentation de faire confiance à Tite-Live (9).

Quoi qu'il en soit, Rome est connue des historiens grecs qui, dès le IVᵉ siècle, relatent la catastrophe gauloise (10). Pour eux, Rome est une ville grecque ; sans doute pensaient-ils déjà à la tradition arcadienne (11) ou, plutôt au grand culte d'Hercule à Rome (12), pour ainsi faire entrer la ville dans la grande famille grecque. Sans doute pour eux la connaissance de Rome passait-elle aussi pour une bonne part par les colonies d'Italie du sud. C'est là que toujours nous sommes ramené : l'influence grecque, que des relations commerciales rendaient possible (13), a dû pour l'époque ancienne passer surtout par la Grande-Grèce.

Depuis le milieu du VIIIᵉ siècle, des cités grecques y avaient envoyé des colons. La rencontre avec les indigènes fut certainement d'abord violente (14), mais, en Sicile par exemple, il semble qu'il y ait eu des rapports privilégiés qui ont abouti à une civilisation originale. On a pu parler d'une civilisation de la Grande-Grèce (15), faite de la fusion d'éléments indigènes et d'apports grecs. Ce qui a sans doute contribué à cette originalité, c'est pour les colons la nécessité d'adapter des formes politiques importées de leur pays natal à un milieu géographique, politique et social nouveau. Les difficultés du voyage, la dureté des conquêtes et de leur maintien, le sentiment commun de l'exil ont dû créer des mentalités et des modes de vie différents. A cela s'ajoute la disparité de ces colons : on signale parfois la dualité de nationalité des fondateurs d'une même ville (16), mais, à l'intérieur d'une expédition issue d'une même cité, les individus ont dû s'affirmer avec plus de licence que ne le permettait l'état de civilisation de la patrie. Un autre facteur d'originalité vint aussi de la naissance et de la diffusion sur cette terre du pythagorisme.

La physionomie de ces cités, qu'on ne peut appeler « colonies » qu'après avoir pensé que le mot n'a pas en ce cas le sens que nous lui donnons aujourd'hui, n'est pas celle des cités-mères. Politiquement et économiquement, elles sont souvent indépendantes de leur métropole. C'est par la religion qu'elles lui sont le plus attachées : la présence des divinités helléniques en Grande-Grèce et la diffusion de leur culte en sont les plus sûrs indices (17). Pour les institutions et les formes de pensée l'héritage paraît plus ténu ; nous pouvons cependant relever la présence de l'esprit grec — mais adapté peut-être et transformé — dans la fréquence des palestres et des gymnases inséparables d'une certaine conception de l'éducation. Avec des réserves — inévitable adaptation des colons à leur nouvelle terre, relative indépendance vis-à-vis des villes-mères — nous pouvons dire que la Grande-Grèce a acclimaté en terre italienne l'esprit grec, pas nécessairement attique d'ailleurs, et en a assuré la propagation parmi les peuples italiques.

Le récit traditionnel sur les XII *Tables,* même s'il simplifie les faits, même s'il anticipe, est vrai pour l'essentiel : Rome a sans doute connu très tôt l'hellénisme, et il est vraisemblable que les ressemblances entre les lois décemvirales et certaines lois grecques ne sont pas fortuites.

Un autre récit va nous retenir maintenant, qui concerne le même sujet quelque soixante ans plus tard. Pendant le siège de Véies, à la suite du prodige du Lac Albain, on envoie consulter l'oracle de Delphes (18). Un devin étrusque, tandis qu'on attend la réponse du dieu, révèle le sens du prodige, mais les Pères préfèrent attendre le retour de leur délégation. De Delphes la réponse est la même que celle du devin (19). Après la prise de Véies, Rome envoie un ex-voto à Delphes pour le déposer dans le trésor de Marseille. Le vaisseau qui emporte les ambassadeurs romains est saisi par les pirates Liparotes, mais le magistrat suprême de l'île, Timasithée, respectueux du nom romain et du précieux dépôt, fait escorter le navire jusqu'à Delphes et assure la sécurité de son retour (20). Ce récit qui s'unifie autour de l'oracle delphique s'articule en deux actes, l'un et l'autre riches d'enseignements. Le recours à l'oracle confirme d'abord l'importance de la Grèce dans les relations diplomatiques de Rome et dans ses préoccupations religieuses. Nous laissons de côté Marseille, qui nous éloigne de notre horizon géographique, mais avec Lipari nous y sommes tout à fait et on sait que l'île avait avec Rome des relations privilégiées (21). Avec le devin, le récit fait intervenir un nouveau peuple : les Etrusques. Il est significatif de l'esprit de l'annalistique et de Tite-Live lui-même que les Pères se méfient de la science étrusque et préfèrent s'en tenir à l'oracle pythien. Le livre V de Tite-Live montre l'attirance de la plèbe pour l'Etrurie et l'opposition patricienne à ce penchant qui s'affirme dramatiquement dans le projet plébéien d'un transfert à Véies de la population romaine. Le rôle des Etrusques, ici mis en évidence, sera constamment sur le chemin de nos recherches. Qu'il suffise pour le moment de noter qu'ils eurent sur la propagation de la civilisation de Grande-Grèce une part prépondérante. Leur langue même porte les traces des relations qu'ils eurent avec le monde grec (22) ; leur art s'est souvent inspiré d'originaux grecs, et leurs tombes souvent racontent, dès l'époque archaïque, des épisodes empruntés à Homère ou aux Tragiques. Caere, qui accueille les vestales et les *sacra* chassés de Rome par l'approche gauloise, est dite grecque (23) : il est vrai qu'elle avait un trésor à Delphes (24) et pouvait passer pour favorable aux Grecs. Les Romains connaissaient d'ailleurs leur dette (25) et savaient qu'à une certaine époque la culture étrusque avait eu pour leur aristocratie l'attrait qu'exercera plus tard la culture hellénique (26). Même si le récit de Tite-Live témoigne de la méfiance de Rome envers les Etrusques — méfiance amplifiée par l'annalistique — il reste que leur civilisation fut un jour pour elle un modèle fascinant.

Une civilisation aussi brillante avait su transformer les formes grecques en fonction d'une originalité qui parvint à se préserver, pendant la grande période de sa domination du moins, du mimétisme comme du refus systéma-

tique. En Italie, les Etrusques assurèrent la montée de l'hellénisme et léguè-
rent à Rome les richesses d'une culture, où s'étaient déjà métamorphosées, en
s'y rencontrant, les formes de pensée grecques et les mentalités originales de
leur peuple.

Rome bénéficia de cet apport, et sans doute aussi l'Italie, car les Etrusques eurent avec les autres peuples italiques des liens culturels et institutionnels (27). Et ces autres peuples méritent aussi notre attention. Nous n'avons
pas l'ambition de les passer tous en revue, et nous nous contenterons d'une
étude attentive des peuples sabelliens. Les Romains rencontreront un jour sur
le chemin de leur puissance les Samnites et leur livreront de longs combats.
Dans la guerre se rencontrent les jeunes hommes de deux peuples, et cette
rencontre est celle qui, peut-être, nécessite et entraîne le plus grand effort
d'adaptation. La guerre est, certes, un facteur de progrès technique, mais elle
n'est pas sans marquer profondément les mentalités : qu'en sera-t-il de l'esprit
disciplinaire, qui devait faire la grandeur et l'originalité de Rome, devant la
magie guerrière des Samnites ? Les rencontres belliqueuses ne font qu'accentuer, en une époque où les institutions politiques se cherchent en hésitant,
cette *koinè* institutionnelle, dont nous parlions pour commencer (28).

On le voit, nous ne nous engageons pas dans un univers étroitement com-
partimenté, mais dans un vaste mouvement d'idées, politiques, philosophiques, religieuses, d'attirances et d'affrontements, d'emprunts et de refus, et
dans un mouvement où Rome n'est pas une citadelle que contournent les
diverses tensions, mais une cité active et un rouage dynamique.

## BIBLIOGRAPHIE

J. BAYET : *Etrusques et italiques, position de quelques problèmes, in S.E.*
sér. II, XXIV, 1955-1956, 3-17.

J. BÉRARD : *La colonisation grecque de l'Italie méridionale et de la Sicile
dans l'antiquité, l'histoire et la légende*, Paris, 1941, 2e éd. 1957.

E. CIACERI : *Storia della Magna Grecia*, Milan, Genève, Rome, 1927.

G. CRIFO : *La legge delle XII Tavole, in Aufstieg und Niedergang der römischen Welt*, Berlin-New York, 1972, II, 115-133.

G. DEVOTO : *Gli Etruschi nel quadro dei popoli antichi, in Historia*, Band VI,
1957, 23-33.

S. MAZZARINO : *Metropoli e coloni, in Atti del III Convegno sulla Magna
Grecia*, 1963, 51-85.

S. MAZZARINO : *Il pensiero storico classico*, Bari, 1966.

A. MOMIGLIANO : *Solon und die XII Tafeln, in Studi E. Volterra*, Milan, 1967.

C. MOSSÉ : *La colonisation dans l'antiquité*, Paris, 1970.

L. PARETI : *Sicilia antica*, Palumbo, 1959.

C. DE SIMONE : *Die griechischen Entlehnungen im Etruskischen, Wiesbaden*,
1968-1970.

C. DE SIMONE : *Per la storia degli imprestiti Greci in Etrusco, in Aufstieg*, II, 1972, 490-521.

G. VALLET : *Métropoles et colonies, leurs rapports jusque vers la fin du VI^e siècle, in Atti del III Convegno sulla Magna Grecia*, 1963, 51-85.

E. VOLTERRA : *Diritto Romano e diritti orientali*, 1937.

F. WIEACKER : *Die XII Tafeln in Ihrem Jahrhundert*, Fond. Hardt, XIII, 293-356.

*Cf.* aussi B.G. n^os 26, 29, 41, 47.

# NOTES

(1) Tite-Live, III, 31, 8 ; — Denys, X, 56.

(2) E. Païs, *Storia di Roma*, III, p. 283 *sq* ; *cf.* aussi E. Volterra : *Diritto Romano e diritti orientali*, 1937, p. 173-222.

(3) A. Momigliano, *Osservazioni sulla distinzione fra patrizi e plebei, in Entretiens* XIII, Fond. Hardt, Vandœuvres-Genève, 1966, p. 199-221 ; — *Id. Solon und die XII Tafeln, in Studi E. Volterra*, Milan, 1967.

(4) Santo Mazzarino : *Il pensiero storico classico*, I, Bari, 1966, p. 202 et G. Crifo *La legge delle XII Tavole, in Aufstieg und Niedergang der römischen Welt*, Berlin-New-York, 1972, II, p. 115-133.

(5) Cicéron, *De leg*, II, 23, 59 et 25, 64 ; Denys, X, 51, 5 et 56 ; — Aulu-Gelle, *N.A.* XX, 1, 4.

(6) Diodore, XII, 11-19 ; — Stobée, *Flor.* IV, p. 149 *sq* ; — Aristote, *Pol.* I, 1, 6.

(7) Diodore, XII, 19, 2 ; — *cf.* L. Pareti, *Sicilia antica*, p. 102.

(8) *Cf. Entretiens XIII*, Fond. Hardt, intervention de M. Reverdin, après la communication de F. Wieacker (citée ci-dessous, n. 9), p. 358.

(9) F. Wieacker, *Die XII Tafeln in Ihrem Jahrhundert*, Fond. Hardt, XIII, sp. 330 *sq* et 338 *sq.*

(10) Camille, *Plutarque*, 22, 3.

(11) Varron, *L.L.* V, 21.

(12) Strabon, V, 3, 3.

(13) *Cf.* E. Gjerstad : *The origins of the Roman republic, in Ent.* XIII, Fond. Hardt, p. 6-7.

(14) J. Heurgon, *Rome et la Méditerranée occidentale*, p. 165 *sq.*

(15) *Cf.* E. Ciaceri : *Storia della Magna Grecia*, II, 1927, p. 3-5.

(16) Cumes est fondée par des Erétriens et des Chalcidiens (Strabon, V, 247 ; — J. Bérard : *La colonisation grecque de l'Italie méridionale et de la Sicile dans l'antiquité, l'histoire et la légende*, 2^e éd. 1957, p. 37. *sq.)*

(17) Par exemple Hercule, les Dioscures... *Cf.* C. Mossé : *La colonisation dans l'antiquité ; — Id.* l'article *colonisation grecque in Encyclopedia Universalis ; —* S. Mazzarino, *Metropoli e coloni, in Atti del III Convegno sulla Magna Grecia*, 1963, 51-85 ; — G. Vallet : *Métropoles et colonies, leurs rapports jusque vers la fin du VI^e siècle, ibid.*, p. 209-229.

(18) Tite-Live, V, 15, 3.

(19) *id.*, 16, 8 *sq.*

(20) *id.*, 28, 2 *sq.*

(21) *id.*, 28, 5.

(22) *Cf.* C. de Simone, *Die griechischen Entlehnungen im Etruskischen*, Wiesbaden, 1968-70 et *Id. Per la storia degli imprestiti Greci in Etrusco, in Aufstieg...* II, p. 490-521.

(23) Plutarque, *Camille*, 21, 2 ; — Servius, *ad Aen.* VIII, 597.

(24) Strabon, V, 220.

(25) *Cf. Ineditum Vaticanum*, publié par H. Von Arnim, *in Hermès*, 1891, p. 119-122.

(26) Tite-Live, IX, 36.

(27) *Cf.* J. Bayet, *Etrusques et italiques, position de quelques problèmes ; —* G. Devoto, *Gli Etruschi nel quadro dei popoli antichi.*

(28) *Cf. supra*, p. 6.

# CHAPITRE PREMIER

# LA GRANDE-GRECE :

- *Crotone et le pythagorisme,*
- *Tarente et Sparte,*
- *La présence de la jeunesse en Grande-Grèce.*

## Crotone et le pythagorisme.

La spiritualité antique atteint avec Pythagore un de ses plus hauts sommets ; la doctrine du maître eut un retentissement universel dont la pensée grecque·répercuta les échos (1). C'est en Grande-Grèce qu'apparut la doctrine, et rapidement on s'en réclama un peu partout. Une tradition, critiquée par Cicéron (2) et par Tite-Live (3), faisait du roi Numa un élève de Pythagore. Cicéron, pour refuser cette tradition, invoque des raisons de datation, et sans doute a-t-il raison. Tite-Live se demande comment Numa, un Sabin, aurait pu entendre parler de Pythagore de si loin, comment, si cela avait été, il aurait pu comprendre une langue inconnue, comment enfin il aurait pu entreprendre un aussi long voyage. Tout cela est naturellement impossible si Pythagore vivait un siècle au moins après la date traditionnelle du règne de Numa ; mais tout cela eût été possible : Tite-Live ignore qu'il y avait des Etrusques parmi les premiers pythagoriciens (4), et qu'il n'est pas de distance que ne franchisse, même à une époque aussi ancienne, une pensée aussi prestigieuse. Historiquement fausse, cette tradition reflète l'extraordinaire diffusion du pythagorisme dans le monde ancien. De même l'invérifiable tradition du voyage de Pythagore à Sparte (5) révèle les rapports moraux entre sa doctrine et les institutions lacédémoniennes, qu'on liait aussi à la rudesse traditionnellement attribuée aux Sabins (6).

Fuyant Samos et la tyrannie de Polycrate (7), vers 530 (8), Pythagore vint à Crotone, qu'avaient fondée à la fin du viii$^e$ siècle, en même temps que Sybaris, des colons venus des bords du Golfe de Corinthe, de l'Achaïe (9). Lorsque Pythagore y arriva, la ville venait d'être battue par Locres, à la bataille de la Sagra, vers 540-535 (10). Elle était totalement démoralisée. Or, soudain, on la voit redresser la tête et conquérir rapidement en Grande-Grèce une suprématie qu'elle conservera jusque vers 460 ; et ce redressement, on l'attribue à l'influence de Pythagore (11). Il aurait, dès son arrivée, prononcé quatre discours : pour les enfants, pour les jeunes gens, pour les femmes et pour le Sénat des Mille (12). A tous il recommandait la concorde — familiale et civique — qu'il rapprochait de l'harmonie universelle. Une société se forma de 300 jeunes gens, issus des meilleures familles, et assura sa cohésion par une prestation de serment (13). Il semble que de Crotone la doctrine se répandit et qu'il y eut des sociétés analogues dans plusieurs cités (14).

L'enseignement pythagoricien est une initiation qui implique une hiérarchie des âges et des fonctions. Le néophyte, admis dans cette sorte d'hétairie après un examen, approchait lentement des vérités qu'un jour le maître lui révélerait (15). L'éducation est ainsi un problème fondamental inhérent à la doctrine. Aussi les pythagoriciens ont-ils étudié selon des méthodes scientifiques les ressources de la pédagogie (16) et ont-ils fait passer de la physique à la morale les théories de l'échelle des âges. A Pythagore on attribue tantôt la division de la vie en 4 périodes de 20 ans — tétractys —, tantôt celle par périodes de 7 ans, qu'aurait professée Alcméon (17), utilisant le nombre le plus célèbre de la mathématique pythagoricienne (18).

L'éducation, prônée par le maître, est une véritable *agogè* (19). En tenant compte des passages d'âges qui sont des crises délicates (20), elle tend à être complète. Physique et intellectuelle, scientifique et littéraire, elle sera aussi civique et politique (21). Elle a bien des caractéristiques de l'éducation de type dorien — celle de Sparte et de la Crète — avec ses pratiques collectives de compagnonnage et ses repas en commun. Le Περὶ πολιτείας, traité d'inspiration pythagoricienne, recommande la création de groupements civiques et semble s'inspirer de l'organisation des Etats doriens (22).

On le voit, ces principes proposent des faits concrets et engagés dans les réalités politiques. Pythagore ne semble pas avoir été lui-même un homme politique : il n'a pas créé à Crotone le gouvernement oligarchique qui régit la ville (23). Cependant sa pensée a des applications positives. Ce contenu politique et le recrutement aristocratique des sociétés conduisirent progressivement les adeptes à un conservatisme qui s'engagea finalement dans la lutte contre les ambitions de la démocratie. Du vivant même de Pythagore, la société de Crotone fut attaquée dans la maison où elle vivait par des citoyens qui croyaient qu'elle conspirait. La maison fut incendiée ; environ 60 jeunes gens y périrent, les autres s'enfuirent, tandis que le maître devait s'exiler à Métaponte (24). C'est une annonce des persécutions qui, au milieu du Ve siècle, mettront fin aux activités politiques des pythagoriciens, les contraignant à n'être plus que ces sages un peu excentriques et ridicules dont on se moque : dès lors c'en est fait du pouvoir pythagoricien (25).

Pendant plus d'un siècle ce pouvoir fut en Grande-Grèce immense et immense aussi la vocation de la doctrine à se propager. Par ses aspects religieux elle est proche de l'orphisme, bien implanté dans les populations indigènes (26), et qui sera un véhicule de la civilisation italiote dans sa montée vers le nord. Nous en prendrons un seul exemple, significatif, celui d'Héraclès. Certaines recherches modernes tendent à montrer que les Phéniciens ont directement fondé l'*Ara Maxima* en l'honneur d'un Hercule-Melqart (27). Cependant un Héraclès grec est venu de la Grande-Grèce, selon un itinéraire qu'a fait connaître J. Bayet (28), pour se confondre avec le Melqart du Forum Boarium. Or Milon de Crotone, gendre de Pythagore selon certaines traditions (29), mène, en 510, ses troupes contre Sybaris, portant la peau de lion et la massue, à la manière du Héros (30). D'Héraclès, populaire en Grande-Grèce (31), les pythagoriciens ont fait une sorte de « juste souffrant » (32), mais en même temps un combattant initié au service de leur cause. Milon, avant son alliance avec Pythagore, était prêtre d'Héra Lacinienne, divinité poliade de Crotone (33), qui entretient des relations cultuelles avec Héraclès (34). Le pythagorisme a collaboré donc à la formation de la personnalité d'Héraclès.

Mais cette transformation en Héraclès du guerrier Milon est surprenante. Le nom de Crotone est dans l'antiquité lié à celui de Pythagore en même temps qu'il est le symbole de la force physique, cette force qui s'exerçait sans doute dans les gymnases importants dans la ville au vIe siècle(35). Il semble qu'il y ait eu deux attitudes, l'une contemplative, représentée par le maître, l'autre, active et belliqueuse, représentée par son gendre, Milon (36), comme si l'ancien pensait quand le jeune agissait. Et cette seconde tendance développe des traditions militaristes et guerrières qui appartiennent apparemment aussi au pythagorisme. Le Περὶ πολιτείας prévoit une société divisée en 3 classes : les délibérants, les défenseurs et les artisans. Les deux premières ont la citoyenneté qui est refusée à la troisième. La classe des défenseurs est elle-même divisée en 3 : les officiers, les soldats d'élite et le reste de l'armée. Il y a dans les fragments pythagoriciens de curieuses sentences :

« il est noble de mourir à la suite de blessures reçues de face » (37) « il faut combattre non pas en paroles mais en actes, car il est juste de faire la guerre, quand on la fait homme contre homme » (38),

qui défendent une morale chevaleresque du combat singulier et de la guerre juste et ont une tonalité antique et spartiate (39). Cette sacralité de la guerre légitime s'accorde mal à une pensée qui par ailleurs défend l'ascèse personnelle et les hautes vertus de la concorde. Pourtant les Crotoniates, livrés à la débauche, perdirent une bataille, et gagnèrent la guerre quand Pythagore les eut ramenés à la frugalité. Dans la cité se rencontrent deux allégories : τρυφή contre πόνος ; la défaite de la première assure le retour de la vertu militaire (40). Le guerrier, qui semble une négation de la sagesse ascétique, a sa place et sa fonction dans la cité pythagoricienne. Les 300 jeunes gens qui se défendent au ve siècle contre les persécutions continuent, dans leur sursaut désespéré, ces traditions guerrières. Et ils sont 300, et ce sont des aristocrates, analogues aux *hippeis* de Sparte ou à ces corps d'élite que nous avons signalés dans diverses cités grecques (41).

On voit l'importance de ce phénomène religieux et politique dans les mentalités de la Grande-Grèce d'abord, et sans doute de tout le monde antique. Et toutes les théories sur l'éducation, et leur mise en pratique, ont dû peser, jusqu'à Rome, où, même si Numa ne put être un disciple de Pythagore, même si J. Carcopino a grandi à l'excès la présence du pythagorisme (42), nous les verrons plusieurs fois se profiler.

*Tarente et Sparte :*

Quittons Crotone, et non tout à fait le pythagorisme que nous y retrouverons, pour Tarente, autre exemple privilégié, par où ont pu arriver en Italie les modèles spartiates.

La légende de la fondation de Tarente est bien connue dans l'antiquité et bien établie dans ses grandes lignes (43). Durant la première guerre de Messénie, les jeunes Spartiates étaient retenus hors de leur ville et le renouvellement de la race était compromis. Aussi fit-on aller à Sparte un certain nombre de soldats chargés de féconder assidûment et en toute liberté les vierges spartiates. De ces unions naquirent des enfants ; lorsque la guerre fut finie, on s'avisa qu'ils ne pouvaient nommer leurs parents, qu'ils étaient des bâtards, et on stigmatisa leur naissance en les appelant les *Partheniai*. Après des événements diversement interprétés dans les sources anciennes, ils partirent fonder une colonie : c'est de cette manière de *uer sacrum* que naquit, vers 706-705, en Italie du sud, la ville de Tarente (44).

On n'a pas d'indice certain que la colonie ait transporté les institutions de sa métropole. Il semble qu'il y ait eu seulement un roi (45) ; les éphores, si caractéristiques de Sparte, n'y sont pas directement attestés, mais ils le sont à Héraclée, colonie tarentine, et on peut en déduire que Tarente aussi connaissait ces magistrats (46). Pour ce qui concerne la jeunesse, les sources manquent aussi, et rien ne révèle à l'évidence l'importation du système complexe de l'*agogè* spartiate. Tarente avait toutefois plusieurs gymnases que Pyrrhus, en 281, aurait fait fermer pour la plupart, parce qu'il les jugeait seulement propres au bavardage (47). Y avait-il parmi la jeunesse tarentine un foyer d'opposition au conquérant, localisé dans les gymnases ? C'est une supposition qu'on peut faire en songeant au rôle de la jeunesse lors de la prise de Tarente par Hannibal. Cinq jeunes gens (*nobiles iuuenes*) (48) qu'il avait faits prisonniers puis renvoyés chez eux, lui annoncent que la plèbe est maîtresse de l'Etat, mais qu'elle est elle-même au pouvoir des jeunes gens (*in potestate iuniorum*). Les cinq jeunes hommes ont réussi à faire partager aux *iuniores* leur sentiment pro-carthaginois. Nous trouvons donc là le schéma politique d'une masse populaire menée par l'armée, dirigée elle-même par l'élément noble. Deux ans plus tard, un complot de jeunes nobles encore (*tredecim fere nobiles iuuenes*) livrera la ville à Hannibal. L'un des conjurés, Philemenus, est un enragé chasseur et semble représenter le type du noble italien (49). Ces exemples tardifs n'apportent rien d'assuré sur les faits archaïques ; ils témoignent d'une cité troublée, déchirée entre deux alliances et où l'armée a pris le pouvoir. La prépondérance de la jeunesse noble est peut-être la continuation de traditions d'une caste assimilable aux cavaliers. Cette hypothèse nous semble plausible, encore que nous devions renoncer à la démontrer en toute assurance.

Si cependant il est possible de la cerner de plus près, ce sera par l'étude des cultes religieux, qui le mieux font soupçonner les liens entre Sparte et Tarente. Le culte spartiate d'Achille est attesté à Tarente ; comme il l'est aussi à Crotone, l'exemple n'est pas spécifique (50). Plus intéressant pour nous, le culte des Dioscures est vivace et il est lié à la cavalerie. On sait que l'antiquité connaissait et célébrait la cavalerie tarentine (51) dont les monnaies attestent et la présence et l'importance : on y voit fréquemment, sous l'apparence d'un cavalier une figure héroïque qui est peut-être un des Dioscures, ou un Apollon Hyakinthos, dont l'épithète, parfois interprétée comme un synonyme de *iuuenis* (52), rappelle le jeune amant du dieu et les Hyakinthies qu'on lui offrait à Sparte. Dans la deuxième moitié du IVe siècle, le cavalier est aux côtés d'une déesse en qui on reconnaît généralement Héra, devenue « le symbole de la civilisation grecque en lutte contre la barbarie » (53). Le corps des cavaliers est ainsi lié à des pratiques cultuelles, dont l'une au moins, le culte d'un Dioscure, a pu venir de Sparte.

Sur le plan militaire l'influence des cavaliers fut grande. Plus importants en Italie qu'ils ne paraissent l'être en Grèce (54), ils influenceront l'organisation militaire des Samnites et de la Campanie (55) et par là seront connus du Latium et de Rome. En effet, lorsque les Romains réorganisent leur cavalerie, au moment des guerres samnites (56), ils le font en fonction des institutions qu'ils ont vues chez leurs ennemis. Avant même cette époque où s'organise la *Transuectio equitum* romaine, il existait probablement à Rome une parade antique imitée peut-être de Tarente ; en tout cas l'origine des *desultores* est clairement tarentine (57). La tradition, quand elle parle d'un emprunt direct à Sparte, néglige le rôle d'intermédiaire qu'a dû jouer sa colonie.

Nous parlons ici du rôle militaire de la cavalerie ; il reste à évoquer son importance politique. Elle fut considérable. Liée sans doute à l'oligarchie (58), la cavalerie fut réorganisée, comme l'ensemble de l'armée, par Archytas, sept fois stratège de 367 à 361 (59). Ami de Platon et pythagoricien, celui-ci a sûrement appliqué les principes politiques de son maître à penser, en recherchant l'harmonie politique. Sous sa direction, Tarente commence sa montée spectaculaire vers la suprématie sur toute l'Italie méridionale, comme autrefois, au temps de Pythagore, avait grandi soudain la puissance de Crotone. L'œuvre d'Archytas a peut-être influencé la politique romaine au IVe siècle, quand, en 312, Ap. Claudius, qu'on disait pythagoricien, entreprend des réformes controversées. Quelle place y tenaient les *equites Romani,* que le successeur et adversaire d'Ap. Claudius, Q. Fabius, dote de la grande parade annuelle qu'est la *transuectio* ? Nous tenterons plus tard une réponse à cette question (60).

*La présence de la jeunesse en Grande-Grèce :*

Pour finir cette enquête sur la Grande-Grèce, il reste à évoquer quelques exemples, que des informations rares et éparses permettent d'isoler. Ils sont de deux sortes : les uns laissent soupçonner des influences grecques caractéristiques d'un mode d'éducation attesté dans les métropoles, les autres permettent de saisir la jeunesse dans ses activités politiques et c'est par eux que nous commencerons.

Prenons d'abord l'exemple de *Thurii,* colonie panhellénique établie en 445 à l'emplacement de Sybaris. Là, comme à Tarente, on trouve une jeunesse politiquement influente. Aristote raconte que quelques jeunes gens belliqueux ( Τινες πολεμικοὶ τῶν νεωτέρων ), qui jouissaient d'une grande estime auprès des soldats et qui, dans leur mépris des hommes en place, croyaient pouvoir les supplanter, entreprirent de faire abroger une loi empêchant la réélection avant 5 ans au poste de stratège. Ils parvinrent à obtenir des suffrages populaires la perpétuité des emplois militaires. Dès lors fut instaurée une oligarchie violente aux mains de ceux qui avaient réussi ce coup de force (61). La loi tendait, semble-t-il, à éviter une tentative de tyrannie ou de restauration aristocratique. Depuis le début de son histoire la ville était agitée de troubles et de discordes entre les anciens habitants, de souche sybarite, et les nouveaux colons (62). Les derniers arrivés, tenus en infériorité par les premiers, firent une révolution pour les supplanter. Il est possible que l'action des jeunes gens pour l'abrogation de la loi ait été une tentative de restauration aristocratique (63). En ce cas on peut imaginer une jeunesse aristocratique, officiellement ou officieusement organisée, luttant pour les intérêts de sa caste.

A *Syracuse,* la jeunesse est aussi particulièrement active lors des événements qui suivent la mort du roi Hiéron et l'assassinat de son jeune successeur, Hiéronyme. Une ambassade des Siciliens, à Rome, résume cette situation devant le Sénat :

« *Hieronymum ac postea Hippocraten atque Epicyden tyrannos cum ob alia, tum propter defectionem a Romanis ad Hannibalem inuisos fuisse sibi. Ob eam causam et Hieronymum a principibus iuuentutis prope publico consilio interfectum, et in Epicydis Hippocratisque caedem septuaginta nobilissimorum iuuenum coniurationem factam.. »* *(64)*

Qui sont ces *principes iuuentutis,* dont le titre, évoquant naturellement la dignité des petits-fils d'Auguste, est aussi mentionné par Tite-Live à propos des Ausones ? Le récit de Tite-Live évoque un complot militaire ; celui de Polybe, incomplet, n'apporte aucune indication (66). Il peut s'agir d'une expression technique désignant les chefs d'une *iuuentus,* à laquelle appartiendraient les 70 jeunes gens conjurés contre les tyrans, dont le rôle évoque celui des *nobilissimi adulescentes* d'Agrigente que Zénon d'Elée encourage à lutter contre Phalaris (67). Mais peut-être est-ce plus simplement une précision sociale désignant les premiers parmi les jeunes gens, les plus connus. Quoi qu'il en soit, cette période de l'histoire syracusaine est marquée par l'action d'une partie de la jeunesse, qui agit avec autonomie, comme le révèle le *prope publico consilio* de Tite-Live.

Voilà donc deux exemples qui peuvent justifier l'inquiétude de Cicéron sur le rôle politique des jeunes gens (68), et qui ont suscité, par réaction, l'idéal romain de la *disciplina.* La qualité de ces jeunes gens, leur nombre restreint et leur entente laissent penser que, pour le moins, l'habitude grecque des hétairies s'est transmise à la Grande-Grèce. D'autre part, leur influence sur le peuple, et plus précisément, si l'on se rappelle l'exemple de Tarente, sur les *iuniores,* semble recréer, au sein de l'armée, la prépondérance d'une classe d'âge militaire et aristocratique, comme nous avons vu que les *Hippeis* grecs en formaient une au sein de la cité.

La deuxième série d'exemples permet de déceler sur le sol italien la présence de palestres ou de gymnases, qui sont inséparables de l'éducation grecque. C'était, nous l'avons dit, le cas de Crotone et de Tarente. Pour la Sicile, où nous venons de voir une jeunesse active et où les traces d'hellénisation sont par ailleurs manifestes, deux textes de Cicéron signalent l'existence de gymnases : il y en a un à *Leontium* où les habitants avaient, par précaution, fait dresser une statue de Verrès (69), et un autre à *Aetna* (70). Et Valère-Maxime rapporte qu'en Sicile Scipion fréquentait le gymnase et s'habillait à la grecque pour se concilier la faveur des alliés, en affectant du goût pour leur mode de vie.

*Naples,* où arriva le culte tarentin des Dioscures, est, jusqu'à l'époque impériale, une ville typiquement grecque, qui a résisté aux influences samnites, si fortes ailleurs en Campanie. Quand Strabon veut démontrer l'origine grecque de la ville, il rappelle qu'elle conservait encore, au 1e siècle avant notre ère, plusieurs traces de l'éducation grecque : des gymnases, une éphébie, des phratries (72).

*Cumes,* sa métropole, la plus ancienne des colonies de la Grande-Grèce, fondée vers 740 par des colons chalcidiens (73), est au confluent de deux courants de civilisation. Pendant toute son histoire elle garde de nombreuses traces de l'organisation hellénique dans les domaines religieux et juridique (74). Nous la verrons tout à l'heure, à propos de la *vereiia,* marquée aussi des influences samnites. Quand Aristodème entreprend de déviriliser la jeunesse cumaine, la jeunesse noble surtout, il supprime, dit Denys, les gymnases et la pratique des armes (75). Cumes avait peut-être à cette époque une éphébie aristocratique. Le détail est en tout cas intéressant, car il peut venir des chroniques cumaines dont on connaît aujourd'hui l'existence (76).

Capoue a peut-être possédé une palestre antérieure à 210 : elle faisait partie de thermes semblables aux Thermes de Stabies à Pompéi (77). Par Suétone, on sait qu'Auguste suivit fréquemment les exercices des éphèbes, qui étaient nombreux à Capri, en vertu d'une ancienne coutume (78).

Ces quelques exemples montrent la présence et la permanence sur le sol italien d'éléments institutionnels et d'installations d'urbanisme caractéristiques de l'éducation grecque. Mais nous avons dit que les colonies n'avaient pas transféré simplement les institutions métropolitaines. Qu'il se raidisse dans son altérité ou s'ouvre à la collaboration, le colon n'est pas semblable au métropolitain. On peut donc parler d'une diffusion de l'esprit grec, mais non d'imitation, point par point, de pratiques grecques. D'autre part ces exemples ont montré que la jeunesse est étroitement dépendante du régime politique ; chaque régime comporte sa conception de la jeunesse et de sa place dans le corps social. Les difficultés paraissent quand une jeunesse trouve mal à s'intégrer dans un régime : soit qu'un régime oligarchique fasse faire antichambre à des mobilisables actifs en temps de guerre, soit que la démocratie tente d'écarter ou d'inclure une caste à vocation guerrière. Ces difficultés s'aggravent en pays colonisé de la présence d'une jeunesse indigène. L'exemple de Sparte montre clairement la nécessité d'un corps social homogène pour que fonctionne parfaitement une technique « de caractère collectif et égalitaire » (79) ; inversement cette technique sera limitée par l'hétérogénéité du corps social. Le renforcement de la notion d'Etat assure la cohésion qu'assuraient avant elle les pratiques d'encadrement. Aussi voit-on, dans ces cités italiennes, si l'Etat vient à manquer de fermeté ou de cohésion, si des luttes sociales ou ethniques le divisent, la jeunesse retrouver ses mentalités et ses ambitions. Les choses d'une ville à l'autre changent : quand pèse le risque d'une tyrannie militaire, la jeunesse peut, comme à Thurii, en souhaiter le succès ; à Agrigente, la tyrannie de Phalaris — mal connue (80) — suscite contre elle la jeunesse noble. Divers facteurs se dégagent donc de ces remarques — ethnique, politique, social et historique — ; nous devrons en tenir compte pour étudier une institution que désigne un mot osque, la vereiia.


## BIBLIOGRAPHIE

J. Bayet : La Sicile grecque, Paris, 1930.

D. Van Berchem : Hercule-Melqart à l'Ara Maxima, RPAA, 32, 1959-1960, 61-68.

P. Boyancé : L'influence pythagoricienne sur Platon, in Filosofia e scienze in Magna Grecia, Tarente, 1965 (Atti del V Convegno di studi sulla Magna Grecia), 73-113.

J. Carcopino : La basilique pythagoricienne de la Porte Majeure, Paris, 1944.

A. Delatte : *Essai sur la politique pythagoricienne*, Bibliothèque de la fac. de philosophie et de lettres de l'univ. de Liège, XXIX, 1922.

J. Delorme : *Gymnasion, étude sur les monuments consacrés à l'éducation en Grèce*, Paris, 1960.

M. Détienne : *Héraclès, héros pythagoricien, in RHR*, 1960.

M. Détienne : *Les jardins d'Adonis*, Paris, 1972.

A. J. Evans : *The horsemen of Tarentum, in Num. Chronicle*, sér. IX, III, 1889, 1-228.

L. Ferrero : *Storia del pitagorismo nel mondo Romano*, Turin, 1955.

K. von Fritz : *Pythagorean politics*, New York, 1950.

Y. Garlan : *La guerre dans l'antiquité*, Paris, 1972.

G. Giannelli : *Culti e miti della Magna Grecia*, Florence, 1922 (2ᵉ éd. 1963).

G. Giannelli : *La Magna Grecia da Pitagora a Pirro*, Milan, 1928.

G. Glotz : *Histoire grecque*, III, 1941.

J. Heurgon : *Recherches sur l'histoire, la religion et la civilisation de Capoue pré-romaine, des origines à 211 av. J.-C.*, Paris, 1942.

E. Lepore : *Classi e ordini in Magna Grecia, in Recherches sur les structures sociales dans l'antiquité classique*, CNRS, 1970, 43-62.

E. Meyer : *Geschichte der Altertums*, Stuttgart, 1884-1902.

C. Mossé : *La tyrannie dans la Grèce antique*, Paris, 1969.

A. Olivieri : *Civiltà nell' Italia Meridionale*, Naples, 1931.

J. Poucet : *Les origines mythiques des Sabins, à travers l'œuvre de Caton, Cn. Gellius, de Varron, d'Hygin et de Strabon, in Etudes étrusco-italiques du recueil de travaux d'histoire et de philologie*, IVᵉ sér. 31, Louvain, 1963.

R. Rebuffat : *Les Phéniciens à Rome, in MEFR*, 78, 1966, 7-48.

F. Sartori : *Problemi di storia costituzionale italiota*, Univ. *degli studi di* Padova (Public. dell'Istituto di storia antica, I, 1953).

P. Wuilleumier : *Tarente des origines à la conquête romaine*, Paris, 1939.
*Cf.* aussi : B.G. nᵒˢ 1, 2, 7, 29.

## NOTES

(1) Sur la dette de Platon envers le pythagorisme, *cf.* P. Boyancé : *L'influence pythagoricienne sur Platon.*

(2) Cicéron, *De rep.* II, 28-29.

(3) Tite-Live, I, 18, 3.

(4) *Cf.* Jamblique, Diels, *Vorsokratiker*, I, 45, A.

(5) Justin, XX, 4, 3, d'après Timée ; — Jamb. 25 ; — Valère-Maxime, VIII, 7.

(6) Caton rapportait l'origine lacédémonienne de Sabus, héros éponyme des Sabins (Servius, *Ad. Aen.* VIII, 638). La croyance en leur origine spartiate remonte sans doute aux relations de leurs descendants, les Samnites, avec Tarente (E. Meyer, *Geschichte des Altertums*, Stuttgart, 1884-1902, II, p. 498 ; — *cf.* aussi J. Poucet : *Les origines mythiques des Sabins à travers l'œuvre de Caton, Cn. Gellius, de Varron, d'Hygin et de Strabon.)*

(7) Apulée, *Florides*, XV, 2.

(8) *Cf.* F. Altheim, *Röm. Geschichte*, Francfort, 1951-1953, I, p. 129 *sq.*

(9) J. Bérard : *La colonisation grecque de l'Italie méridionale et de la Sicile dans l'antiquité : l'histoire et la légende*, 2ᵉ éd. 1957, p. 151.

(10) *ibid.* p. 158.

(11) G. Giannelli : *La Magna Grecia da Pitagora a Pirro*, ch. I.-Justin, XX, 4, 1 et 5.

(12) Jamblique, *Vie de Pythagore*, 37-57.

(13) Timée, *in* Jamb. V, p. 254 *sq* et Justin, XX, 4, 14.

(14) Polybe, II, 39 ; — G. Giannelli, *La Magna Grecia*, p. 12, n. 1 ; — L. Pareti : *La Sicilia*

*antica*, p. *306 ;* — *contra :* A. Delatte, *Essai sur la politique pythagoricienne*, p. 34, qui croit qu'il y eut qu'une société, à Crotone, où venaient s'inscrire des jeunes gens de toute la Grande Grèce.

(15) L. Ferrero : *Storia del Pitagorismo nel mondo Romano*, p. 37 *sq.*

(16) *Cf.* A. Delatte, *op.* cité, p. 50-51.

(17) Aristote, *Histoire des animaux*, VII, 1, 581 a et *Schol. in Platon, Alcibiade, 1, 121 c ;* — *cf.* aussi F. Boll : *Die Lebensalter*, p. 14 *sq.*

(18) Philolaus, fg. 20 de Diels ; — *cf.* E. Zeller-R. Mondolfo : *La filosofia dei Greci nel suo sviluppo storico*, Firenze, 1967, 1, 2, p. 323.

(19) *Cf.* M. Détienne : brève intervention après la communication de P. Boyancé, citée ci-dessus, *in Atti del V Convegno sulla Magna Grecia*, p. 149-156.

(20) Jamblique, 201-202 ; — Stobée, *Flor.* 43, 49.

(21) Jamb. 209 ; — Stobée, *ibid. ;* — et *Préambules de Charondas*, analysés *in* Delatte, *Essai*, p. 177 *sq* et 195.

(22) Delatte, *ibid.,* p. 124 *sq.*

(23) E. Ciaceri : *Storia della Magna Grecia*, II, 1927, p. 98 : « non era Pitagora uomo politico » ; — Delatte, *ibid.,* p. 18 ; — K. Von Fritz : *Pythagorean politics.*

(24) Justin, XX, 4, 14.

(25) *Cf.* M. Détienne, *in Encyclopedia universalis, sv. Pythagore*, p. 849.

(26) E. Ciaceri, *Storia*, II, p. 475.

(27) D. Van Berchem : *Hercule-Melqart à l'Ara Maxima ;* R. Rebuffat, *Les Phéniciens à Rome.*

(28) J. Bayet : *Les origines de l'Hercule Romain*, p. 10 *sq.*

(29) Jamb. *V.P.* 267 et les critiques de A. Olivieri : *Civiltà nell'Italia Meridionale*, Naples, 1931, p. 83-98 ; — *cf.* aussi, Modrze, *in RE, sv. Milon*, 1932, col. 1672 *sq.*

(30) Diodore, XII, 9, 2 *sq.*

(31) *Cf.* J. Bérard, *La colonisation...* p. 402 *sq.*

(32) M. Détienne, *Héraclès, Héros pythagoricien*, et *id. in Encyclopedia Universalis.*

(33) Philostrate, *Vit. Apoll.* IV, 28 ; — J. Bayet, *op.* cité, p. 157-159.

(34) G. Giannelli : *Culti e miti della Magna Grecia*, 2e éd. 1963, p. 137-138 ; *cf. infra*, p. 193-194.

(35) Cicéron, *de Inv.* II, 1, 2 ; — Strabon, VI, 262 ; Ciaceri, *Storia*, p. 59 et M. Détienne *in Atti del V. Convegno...*

(36) M. Détienne : *Les jardins d'Adonis*, p. 85.

(37) *Catéchisme des Acousmatiques.*

(38) Aristoxène, *cf.* M. Détienne, *in Atti...*

(39) *Cf.* M. Détienne, *ibid.*

(40) *Cf.* l'histoire de Zalmoxis, disciple légendaire de Pythagore, qui construit chez les Thraces, ses concitoyens, une « maison d'hommes » où il leur enseigne que leur âme est immortelle, chez Hérodote, IV, 94-96.

(41) *Cf. supra*, p. 19-20.

(42) *Cf.* de J. Carcopino surtout *La basilique pythagoricienne de la Porte Majeure.*

(43) Justin, III, IV ; — Strabon, VI, 278-279 et 282 d'après Ephore ; — Diodore, VIII, 21 ; — Servius, *Ad Aen*, III, 551.

(44) *Cf.* J. Heurgon : *Rome et la Méditerranée occidentale*, p. 159.

(45) P. Wuilleumier : *Tarente des origines à la conquête romaine*, p. 176.

(46) *Id.*

(47) Plutarque, *Pyr.* 16, 2 ; — Strabon, VI, 278 ; — P. Wuilleumier, *ibid.* p. 234 *sq.*

(48) Tite-Live, XXIV, 13.

(49) Tite-Live, XXV, 8 *sq ;* — Polybe, VI, 24 *sq.*

(50) G. Gianelli, *Culti...* p. 42 et 148.

(51) *Cf.* Evans : *The horsemen of Tarentum, in Num. Chronicle*, sér. IX, III, 1889, p. 1-228.

(52) G. Giannelli, *Culti*, p. 28 et p. 38.

(53) *id.*, p. 35.

(54) Pour la cavalerie en Sicile, *cf.* J. Bayet, *La Sicile grecque*, p. 12, 14 et 27 ; — L. Pareti, *Sicilia antica*, p. 119-121.

(55) E. Ciaceri, *Storia...*, p. 474.

(56) *Ineditum Vaticanum*, publié par H. Von Arnim, *in Hermès*, 1891.

(57) Tite-Live, XXXV, 28, 8 ; — Festus, *sv. Paribus equis.*, p. 247L. Tarente a vraisemblablement été l'intermédiaire entre Rome et Sparte, malgré Licinianus Granus, éd. Scamozzi, p. 3 ; — Caton, *Orig.* (*cf.* Cicéron, *De rep.* II, 1, 3).

(58) *Cf.* A. Alföldi : *Der frührömische Reiteradel und seine Ehrenabzeichen*, Baden-Baden, 1952.

(59) *Cf.* G. Glotz : *Histoire grecque,* III, 1941, p. 419, n. 44 ; — L. Ferrero : *Storia del pitagorismo...,* p. 108-126. Sur la carrière d'Archytas, *cf.* P. Wuilleumier, p. 68 *sq.*

(60) *Cf. infra,* p. 294 *sq.*

(61) Aristote, *Pol.* V, 6, 6-8, p. 1307 a-b.

(62) Diodore, XII, 2, 1.

(63) *Cf.* F. Sartori : *Problemi di storia costituzionale italiota,* p. 110-115 ; — E. Lepore : *Classi e ordini in Magna Grecia.*

(64) Tite-Live, XXVI, 30, 2-3 : « Hiéronyme, puis les tyrans Hippocrate et Epicydès, leur avaient été, disaient-ils, odieux pour diverses raisons, mais surtout à cause de leur abandon du parti romain en faveur d'Hannibal. Voilà pourquoi Hiéronyme avait été tué par les chefs de la jeunesse à la suite d'une résolution du peuple, ou à peu près, pourquoi pour le meurtre d'Epicydès et d'Hippocrate, 70 jeunes gens des plus nobles avaient formé un complot » (trad. E. Lasserre, Garnier).

(65) Tite-Live, IX, 25.

(66) Tite-Live, XXIV, 7, 3, *sq ;* — Polybe, VII, 5.

(67) Valère-Maxime, III, 3, ext. 2.

(68) *Cf. supra,* p. 6.

(69) Cicéron, *Verrines,* II, 66.

(70) Cicéron, *ibid.* III, 61.

(71) Valère-Maxime, III, 6, 1.

(72) Strabon, V, 4, 7.

(73) J. Bérard : *La colonisation...,* p. 37 *sq.*

(74) Strabon, V, 4, 4.

(75) Denys, VII, 9, 3 *sq.*

(76) Sur les chroniques cumaines, *cf.* A. Alföldi : *Early Rome and the Latins,* Ann Arbor, 1963, p. 56.

(77) *Cf.* J. Heurgon : *Recherches sur l'histoire, la religion et la civilisation de Capoue pré-romaine, des origines à 211 avt. J.C.,* Paris, 1942, 126-127 ; — J. Delorme : *Gymnasion,* p. 141 *sq.*

(78) Suétone, *Aug.* 98, 5.

(79) Y. Garlan : *La guerre dans l'antiquité,* p. 16.

(80) *Cf.* C. Mossé : *La tyrannie dans la Grèce antique,* p. 80.

# CHAPITRE II

# LA VEREIIA OSQUE :

*Le monde sabellique,*
*Le « dossier » de la vereiia,*
*Etude du mot,*
*Le contenu des inscriptions.*

Si la *vereiia* (1) nous intéresse ici particulièrement, c'est qu'on lui donne en général pour traduction latine le mot *iuuentus*. Traduction à laquelle M. Della Corte a donné sa vraisemblance en étudiant les *iuuenes Pompeiani* (2), une organisation florissante sous l'Empire. Comme à Pompéi une *vereiia* est attestée, M. Della Corte rapporte à cette institution samnite l'importance toute particulière des *iuuenes* dans la ville romanisée, et il montre qu'ils constituent une sodalité. Trois inscriptions, trouvées dans la région du temple d'Isis, sur le Forum Triangulaire, permettent d'établir la continuité. La première inscription, en langue osque, mentionne la *vereiia pumpaiana ;* une autre, sur la base de la statue de Marcellus, le désigne comme le *patronus* de la *iuuentus* locale ; sur la troisième enfin un certain M. Satrius est célébré par la reconnaissance de 60 *iuuenes*. Le rapport semble aller de soi entre la *vereiia* et la *iuuentus,* et les arguments de M. Della Corte sont assez convaincants pour faire, sur ce point, une quasi-unanimité (3). Il n'est d'ailleurs pas surprenant qu'on trouve une organisation de la jeunesse dans la Pompéi préromaine, dans une cité samnite.

*Le monde sabellique :*

Strabon rapporte, en effet, l'origine des Samnites à l'accomplissement d'un *uer sacrum* consacré par les Sabins au dieu Mars. Le lien que la légende établit entre les deux peuples est confirmé par la linguistique qui rapproche *Samnium* (de *\*Saf-nio-m*) et *Sabini* (de *\*Saf-i-noi*) (4). En sabine, sous l'empire, les *iuuenes* sont particulièrement florissants, et le titre de *magister iuuenum* que porte leur magistrat à Trebula Mutuesca, Norcia et Amiterne (5), paraît continuer des pratiques ancestrales (6). L'institution sabine aurait comme équivalent, en Campanie samnite, la *vereiia*. Par ailleurs le *uer* *sacrum,* consécration rituelle d'une génération qu'on expulse lorsqu'elle atteint la puberté (7), implique que la société qui le pratique soit fondée sur des classes d'âge, puisque c'est une classe entière que le rite isole. C'est par la tradition des organisations de *iuuenes* dans le monde osque que J. Heurgon explique l'épithète *Iuuenalis* dans le nom complet de Cirta : *Colonia Iulia Iuuenalis Honoris et Virtutis Cirta ;* et ce lui est un argument de plus pour supposer à la confédération cirtéenne des origines campaniennes (8).

Rappelons encore l'étrange cérémonie d'initiation des armées samnites que décrit Tite-Live : dans un climat de terreur religieuse, les hommes les plus connus par leur famille et leurs exploits (*nobilissimus quisque genere factisque)* (9) prêtent un redoutable serment, qui est en réalité une *deuotio* collective. Puis, à partir de ce recrutement déjà sélectif, est constituée la *legio linteata* (10). Le prêtre qui préside à ces cérémonies les présente comme des pratiques connues des Samnites depuis longtemps, et déjà mises en œuvre à la fin du v^e siècle, lors de la prise de Capoue (11). Elles sont effectivement caractéristiques d'un monde primitif, guerrier, connaissant des rites initiatiques et isolant, par la sélection de l'âge et de la naissance, une classe vouée à la mort si elle ne réalise pas la fin suprême qui justifie son existence et fonde sa cohésion, le salut de la collectivité menacée.

Les Osques enfin ont légué à Rome l'atellane, une forme de théâtre que la *iuuentus Romana* se réservera quand apparaîtra, avec Livius Andronicus, un théâtre qu'elle jugera indigne d'elle (12). Ainsi, pour préserver sa vocation au jeu théâtral, elle empruntera un divertissement aux Osques, chez qui, sans doute, les spécialisations de la *iuuentus* étaient suffisamment fortes et respectées pour servir de modèle à la jeunesse des autres peuples. C'est dans ce monde, proche encore des mentalités archaïques, que nous trouvons la *vereiia.*

### Le « dossier » de la *vereiia*

Son existence est clairement attestée par trois inscriptions, en langue osque.

L'une vient de Cumes, et doit dater du iii^e siècle ; c'est, en effet, la deuxième guerre punique qui marque, à Cumes, la fin de la langue osque *(terminus ante quem) :*

...*iúvei flagiúi pr(u) vereiiad : duneís : dedens* (13).

La seconde est classée parmi les inscriptions des Frentaniens ; elle date peut-être des iii^e - ii^e siècles (?) :

*vereias : lúv-kanateís. aapas : kaías...palanúd* (14).

La troisième, enfin, vient de Pompéi ; elle est sans doute du ii^e siècle (15), antérieure en tout cas à 89, date de la reddition de la ville aux Romains :

*V (iibis). aadirans : V (iibiieis). eítiuvam.paam vereiiaí púmpaiianaí. tris-
taa-mentud. deded.eísak.eitiuvad V. Viínikíis. m(a)r(aheis).kvaísstur. púmp-
aiians tríibúm ekak. kúmben nieis. tanginud úpsannam deded isídum prúfa-
ted (16).*

Il faut ajouter à ces trois témoignages, deux inscriptions qui, sans mentionner la *vereiia,* comportent des mots qu'on peut en rapprocher. C'est,
d'une part, une inscription fort ancienne (viᵉ siècle), venant de Sicile :

*iam akaram eh p_as k aagies geped
touto veregaies hekad _ ard (17),*

et, d'autre part, la *Tabula Agnonensis* où Jupiter est qualifié de l'épithète
*verehasiui* (18). Signalons, enfin, sur une tablette de Velitrae, le mot volsque
*co-vehriu,* dont le second élément est comparable peut-être à *vereiia* (19).
Ainsi est complété le pauvre dossier sur lequel il nous faut réfléchir.

La traduction par *iuuentus* semble aujourd'hui ne pas soulever d'objections fondamentales (20), cependant, la rareté de nos informations montre
que le mot latin constitue inévitablement plus un expédient de transposition
qu'un équivalent conceptuel et institutionnel. Nous serons plus prudent que
M. Della Corte quand il établit une similitude entre ce que les Romains
appellent *iuuentus,* les Grecs, éphébie, et les Osques, *vereiia* (21), et quand il
fait intervenir, pour comprendre la *vereiia,* la *iuuentus Romana,* réorganisée
par Auguste et groupant les fils de sénateurs et de chevaliers dans un corps
d'élite. Nous verrons qu'en effet Auguste a pu s'inspirer d'exemples italiens
anciens pour mener à bien sa restauration de la jeunesse de Rome, mais les
temps n'étaient plus les mêmes, ni l'esprit de l'institution. La prudence la plus
grande est donc recommandée par le laconisme des inscriptions, et par l'écart
chronologique entre la Rome d'Auguste et les iiiᵉ iiᵉ siècles auxquels remontent nos trois principales inscriptions, ou le viᵉ siècle, si l'on admet que celle
de Mendolito en Sicile signale une institution analogue à la *vereiia.* A Cumes,
il est vrai, où l'existence d'institutions helléniques est concevable (22), la
*vereiia* a pu subir l'influence de l'éphébie, sans aller jusqu'à se modeler totalement sur elle. Les traditions guerrières des populations de langue osque ont
pu garder plus longtemps intactes les virtualités militaires, si rapidement étiolées dans l'éphébie attique. Les *iuuenes* de Pompéi, même si la ville est fraî-
chement romanisée et s'ils gardent des réminiscences de leur passé, portent la
marque de la volonté impériale. A supposer qu'on puisse légitimement
remonter au viᵉ siècle et soupçonner une continuité institutionnelle jusqu'au
iᵉʳ siècle de notre ère, peut-être faut-il refaire tout l'itinéraire qui conduit de
l'éphébie attique aux collèges de *néoi,* et imaginer l'histoire de la *vereiia*
comme une longue évolution menant d'une confrérie guerrière à un élégant
collège, évolution ralentie parfois, à Pompéi, par l'activité militaire qui tend à

resserrer les structures anciennes, accélérée à Cumes, plus pacifique et plus hellénisée.

## L'étude du mot

Sur ces bases prudentes, nous pouvons nous attacher à l'étude du mot *vereiia*, et d'abord à son analyse. Les solutions jusqu'ici proposées sont à revoir si l'on veut faire intervenir l'inscription de Sicile, la Table d'Agnone et la tablette de Velitrae. On isole aisément un suffixe d'adjectif *\*eiios*, généralement considéré comme d'origine osco-ombrienne : il serait issu de *\* aiio* et aurait donné en latin la forme simplifiée *\*ēius*, qui entre dans la formation des gentilices Tarpēius et Pompēius (23). La forme *vereia*, avec un seul *i*, sur l'inscription des Frentaniens, peut résulter d'une suffixation en *\*- yo*, à partir du degré *e* du thème (*\*were-yo*), sur le modèle de *\*ferre-yo*, ou plus vraisemblablement représenter la forme syncopée du suffixe *\*eiio*. Cette analyse reste valable ; c'est pour l'interprétation de l'élément-radical que les questions surviennent.

On y voit d'ordinaire un thème *\*wer-*, qui ne rend pas compte de *verehasiui* ni de *veregaies*. On est tenté de rapprocher ces deux mots de *vereiia* et de traduire par *Iupiter Iuuentus*, attesté par plusieurs inscriptions latines (24), le nom de la divinité mentionnée par la *Tabula Agnonensis*. Le rapprochement a été accepté (25), mais des hésitations demeurent : ainsi E. Vetter traduit par Jupiter « *Vergarius*, protecteur des changements de saisons », tout en acceptant la possibilité d'un rapport entre *vereiia* et *verehasiui* (26). G. Devoto rapproche l'adjectif d'une racine *\*wergh-*, qui a donné le latin *uirga* et *uirgo*, dans le sens de « forza vegetativo » (27), et fait du dieu une sorte de Jupiter *Frugifer*. M. Lejeune.remarque que l'usage de la lettre *h* comme marque d'hiatus — ce qu'elle devrait être si *verehasiui* se rattache à *vereiia* — n'est attesté en osque et en ombrien que pour deux voyelles, dont la première est de timbre *a*. La lettre *h* de *verehasiui* n'entre pas dans cette catégorie ; elle n'est pas non plus utilisée, selon le procédé ombrien de notation des longues *a*, *e*, *i*, par *aha*, *ehe,ihi* (28). De ces remarques il conclut à la nécessité d'être circonspect : il traduit l'épithète de Jupiter par *Vergario* (29), et fait entrer le dieu ainsi défini dans le cercle « cérérien » qui est symétrique dans le répertoire des divinités osques d'un cercle « jovien », auquel participe aussi Jupiter quand il est qualifié de *regaturei*.

Peut-être le *g* de *veregaieso* apporte-t-il à ce débat l'espoir d'un pas en avant. Il semble confirmer l'hypothèse de G. Devoto : on peut supposer au départ une occlusive sonore *gh*, dont l'évolution, en italique, par l'intermédiaire de *kh*, puis de *x*, aboutit à *h* qui, pour finir, s'amuit (30), supposition fragile naturellement, car nous savons peu de choses de l'osque au vi[e] siècle — si l'on peut parler d'osque pour cette époque (31).

Il semble admis en tout état de fait que *vereiia* est un adjectif, employé substantivement. Pour l'étymologie, ce que nous venons de dire est déjà une interprétation. La rareté des sources permet mal d'établir une connotation exacte du vocable ; en l'occurrence, ce n'est pas de l'étymologie que dépend l'interprétation, mais de l'interprétation que dépend plutôt l'étymologie. Toutes les explications qui ont été proposées sont défendables. Comme nous croyons vraisemblable le rapprochement *vereiia-verehasiui-veregaies*, nous avons une préférence, que nous exposerons après avoir rappelé les solutions proposées.

L'étymologie qui a le plus de faveur rattache le mot à l'osque *veru*, latin *portam*, bien connu par les inscriptions de Pompéi dites de carrefours (32), et par l'ombrien *verofe*, lat. *in portas* (33). *Veru* repose « sur un ancien neutre *werom*, « fermeture », dérivé de la racine *wer* — skr. *vrnoti*, « il referme, il clôt », (allemand Wehr), terme localisé et qui, en dehors de l'osque et de l'ombrien, n'a de correspondant qu'en slave et en baltique » (34). La racine *wer* a donné le latin *aperio* (*ap-o-uerio) et *operio* (*op-i-uerio), le grec ἀείρω (*a-verio) (35). E. Vetter propose de traduire *vereiia* par *portariae* (*custodiae*), ce que Buck appelle « Landwehr », comme nous dirions « la territoriale ». Ce serait une formation de jeunes hommes affectés à la garde des portes (36), qui ferait penser aux éphèbes accomplissant un stage biennal aux portes du territoire et de la ville, ou encore aux milices que furent dans certaines provinces impériales les *iuuentutes* (37). Si c'est bien à la *vereiia* qu'il convient de rattacher le *veregaieso* de Mendolito, le fait que l'inscription ait été retrouvée à proximité de la porte de l'Acropole peut être un argument supplémentaire au rapprochement du mot avec *veru*. Cependant l'inscription infirme ce rapprochement qu'elle semble confirmer : si l'on y lit comme M. Durante, dans les dernières lettres le mot *doara*, lat. *fores*, on croira moins volontiers à un rapport étymologique avec *veru*, en trouvant à côté de la *vereiia* le mot « porte », mais tiré d'une autre racine.

T. Mommsen avait établi un rapprochement avec *uir*, et traduisait par *Res publica* (38). La comparaison avec le volsque *covehriu* va dans le même sens, si l'on accepte l'analogie avec le latin *curia* de *co-uiria, l'ensemble des *uiri* (39). Le flottement, assez fréquent en osque, entre *i* qui tend à s'ouvrir et *e* qui tend à se fermer rend le rapprochement phonétiquement plausible. Nous serions alors en présence de l'assemblée des hommes, des guerriers, formant dans le corps social une classe particulière, vouée au fil des temps à l'intégration et à la transformation. G.O. Onorato, suivant cette étymologie, voit dans la *vereiia* une association politico-municipale militaire de *uiri* ou de *milites*, plutôt qu'une sodalité agonistique d'athlètes ou d'éphèbes (40). On aurait les jeunes par opposition aux anciens, les *iovie* que les Tables Eugubines opposent aux *nerf*, les *iuniores* que le système centuriate romain oppose aux *seniores* (41). P. Kretschmer propose de traduire *vereiiai pumpaiianai* par *ciuitati Pompeianae*. La *vereiia* pourrait être ce qu'est à Rome la classe des mobilisables, la *pubes Romana,* et témoignerait d'un temps où la capacité militaire conférait la citoyenneté (42). C'est une interprétation possible ; mais sur l'inscription de Mendolito *teuto,* latin *ciuitas,* est défini par *veregaieso,* et l'on pourrait traduire l'ensemble par *ciuitas iuuenalis.* C'est dire que l'idée de cité n'est pas contenue dans l'adjectif.

Le rapprochement avec *uir* est plus séduisant que celui qui recourt au mot *veru,* car il permet de faire intervenir des éléments constitutionnels, connus ailleurs et cohérents. Ces éléments nous semblent devoir être conservés, et une troisième étymologie possible ne les remet pas en cause. C'est celle que G. Devoto propose pour *verehasiui.* Combien on aimerait que soit définitive la lecture de l'inscription de Capoue, sur laquelle la forme *verehia* permettrait d'incliner sérieusement pour un élément radical *wergh - ! Quoi qu'il en soit, à Rome, le mot *pubes* définit une classe d'âge par sa jeunesse, ce que peut-être faisait aussi à l'origine *populus ;* on peut imaginer, en langue osque, une classe définie par la force qu'elle détient, par ses virtualités « végétatives », comme le *iuuenis* se rapproche par l'étymologie de *iuuencus* et de *iunix* (43) pour les forces de vie communes aux jeunes hommes et aux jeunes animaux.

Ces considérations s'achèvent sur une incertitude, pour le moment insurmontable. Mais il est remarquable que les diverses étymologies possibles, déterminées, il faut bien le dire, par une traduction *a priori,* proposent de la *vereiia* trois aspects qu'on peut conserver tous trois en les situant à des moments différents de l'histoire. Ensemble des *uiri :* c'est aussi bien la définition d'une classe guerrière que d'une armée civique ; groupement des jeunes, au cours de leur stade marginal aux portes de la cité et de la citoyenneté, ce peut être aussi bien l'éphébie spartiate qu'athénienne, à un stade ancien, s'ils sont guerriers, ou plus récent, s'ils forment un collège plutôt mondain ; classe détentrice de la force vitale de la société, là encore elle peut exercer ses activités à divers moments et dans des domaines différents. Puisque les dés de l'étymologie sont pipés, il nous reste à tenter une étude des inscriptions elles-mêmes ; elle ne résoudra pas tout, mais nous pourrons rapprocher quelques faits, religieux et politiques, de nos rares connaissances sur la *vereiia.* Ainsi nous n'éluciderons pas le mystère, mais nous en cernerons mieux les inconnues.

*Le contenu des inscriptions*

Nous n'insisterons pas sur l'inscription de Mendolito dont la traduction reste incertaine (44). Celle de Cumes est plus intéressante. Le voisinage osque, écrit Velleius Paterculus, a changé les Cumains (45) ; peut-être la *vereiia* est-elle un exemple de cette influence. Le régime politique à Cumes paraît avoir été constamment aristocratique, mis à part la brève parenthèse démocratique, puis tyrannique, d'Aristodème, dont le premier soin fut d'ailleurs de réformer la jeunesse (46). On sait, par le récit de Denys, que l'aristocratie fournissait une cavalerie de 600 hommes qui se battaient brillamment. S'il est vrai, comme on l'a dit (47), que cette cavalerie remontait, avant les Samnites, aux premiers colons grecs, on peut saisir une continuité historique qui va de la fondation de la ville à l'interruption d'Aristodème et reprend ensuite son cours. C'est contre elle en tout cas que le tyran dut se battre, puisque, dit Denys, malgré les exploits qu'il accomplit au début de sa carrière militaire, il fut supplanté au moment des récompenses par le chef de la cavalerie, auquel fut décernée la couronne de la valeur que méritait Aristodème (48). Ces cavaliers sont 600, comme les *equites Romani* au temps de Tarquin. Le gymnase que fit fermer Aristodème leur était-il réservé ? Etaient-ils, comme à Athènes et dans d'autres villes, une classe guerrière, qu'un régime constamment oligarchique aurait mieux conservée que ne l'avaient fait les démocraties grecques ? C'est possible, et c'est peut-être sur cette base que les Osques ont pu développer la *vereiia*, qui, à Cumes, a donc de fortes chances d'avoir été une association aristocratique et guerrière.

C'est à l'occasion d'un acte religieux qu'elle est citée : en son nom, on offre à Jupiter Flagien un don, un temple peut-être. La traduction ne présente aucune difficulté :

*Ioui Flagio pro iuuentute dederunt,*

mais la divinité concernée est plus énigmatique. On connaît un culte de Jupiter Flagien à Capoue (49), et peut-être à Pouzzoles (50), où une inscription mentionne un Jupiter Flazzus (51). La nature du dieu est incertaine. L'hypothèse de Von Planta, qui l'identifie avec Dis Pater et le regarde comme une divinité chtonienne, n'a pas emporté l'adhésion (52), et depuis Bücheler (53) on apparente l'épithète *Flagius Flazzus* au latin *flagrare, fulgere,* au grec φλέγω, Φλόξ, et au skr. *bhraj,* et on la traduit par *Fulgur* ou *Fulgurator,* en faisant de Jupiter une divinité du ciel brillant (54), un dieu Porte-Foudre, ou encore le dieu des Champs Phlégréens (55).

L'inscription trouvée dans le territoire des Frentaniens — peuple de langue osque établi sur les bords de l'Adriatique — signale du moins la diffusion géographique de la *vereiia ;* pour le reste, elle est mystérieuse. T. Mommsen pensait que *Luvkanatéis* faisait allusion à une communauté de Lucaniens. Le mot serait formé, avec un suffixe — *at,* à partir de *Lucani* ou du nom *Lucanum* d'une ville hypothétique (56). R. S. Conway suppose que la tablette désignait une propriété de la *vereiia ;* tout en reconnaissant les difficultés phonétiques de ses hypothèses, il propose de comparer *aapas* au latin *aqua.* V. Pisani le suit dans cette voie et explique le redoublement du *a* comme la marque de la longue produite sous l'accent. Dans le même sens, mais avec précaution, il traduit *kaias* par *fontanae.* Quant à *palanud,* ce serait l'ablatif-locatif du nom *Pallanum* d'une localité que la *Tabula*

*Peutingeriana* signale dans un territoire que deux sources du xı<sup>e</sup> siècle, relevées par Mommsen, appellent *Lucania*. On aurait donc un point d'eau — source ou puits — appartenant à la *vereiia* locale ou gardée par elle au nom de la cité. La traduction se doit d'être prudente :

*Iuuentutis Lucanatis aquae fontanae Pallani* (Pisani) ou *Iuuentutis Lucanatis..............ex Palano* (Vetter).

L'inscription pompéienne permet des approches plus précises, grâce à la connaissance que nous avons de l'histoire de la ville, de sa topographie et de ses institutions. Comme Cumes, mais dans des circonstances très différentes, Pompéi a vu se superposer sur son territoire des civilisations diverses. Si l'on exclut une fondation grecque, il semble que très tôt des commerçants grecs soient venus se mêler au noyau primitif de la population, formé sans doute d'Osques. Le temple dorique du vı<sup>e</sup> siècle atteste la présence d'une colonie grecque. A deux reprises sans doute les Grecs exercèrent leur domination sur la ville. De la fin du vı<sup>e</sup> siècle à 474, les Etrusques en furent maîtres. Trois courants de civilisation ont donc fusionné , le courant étrusque étant déjà lui-même probablement teinté d'hellénisme (57).

L'inscription n'offre pas de difficultés de traduction :

*V(ibius) Atranus V(ibi f.) pecuniam quam iuuentuti Pompeianae testamento dedit ea pecunia V.Vinicius M (a)r(aei f.) quaestor Pompeianus domum hanc de conuentu sententia faciendam dedit, idem probauit.*

Elle provient du mur du fond de la *Curia Isiaca*. A l'ouest du temple d'Isis, entre ce temple et le forum triangulaire, se trouve un édifice que l'on a appelé palestre. Il est fort exigu, sans rapport de dimensions avec la grande palestre destinée à la *iuuentus Pompeiana,* et qui est de l'époque d'Auguste (58). Et l'on peut difficilement croire que ce fut une palestre publique. M. Della Corte y voit une salle de distribution des prix, complétant un ensemble plus vaste. Le savant italien interprète, il est vrai, ce qu'il découvre à Pompéi à la lumière de la politique mussolinienne de la jeunesse dont il est le témoin (59). Dans une Italie où défilent en uniforme les Balillas et les Avant-gardistes (60), il a tendance à voir grand. L'étude de l'édifice a été récemment reprise (61). On veut bien admettre que l'inscription est la dédicace de la palestre. Pour la date, la langue osque permet d'affirmer qu'elle est antérieure à la fondation de la colonie romaine, et le style architectural fait penser au ıı<sup>e</sup> siècle avant notre ère. La liaison de cette palestre avec un ensemble plus vaste est une hypothèse peut-être inutile : la petite palestre osque, dans son état actuel, représente un fragment de la palestre initiale, qui a été tronquée au profit du temple voisin. Les *iuuenes* n'y ont rien perdu, puisqu'on leur construisait, sans doute entre 37 et 5 avant notre ère, la grande palestre de l'amphithéâtre. Et la nouvelle construction a pu faire accepter la mutilation de l'ancienne. L'espace entre le temple d'Isis et le forum triangulaire est cependant singulièrement étroit pour un terrain où devait se pratiquer un entraînement sportif, et il faut admettre une mutilation importante pour conclure qu'il a pu servir aux exercices de la *vereiia* (62). Cette discussion, malheureusement sans conclusion décisive, importe, on le voit, à l'idée qu'on peut se faire du nombre de *iuuenes* encadrés par l'institution osque.

C'est par testament que la *vereiia* reçut l'argent nécessaire à cette construction ; on songe plus à une personne morale — une organisation assez restreinte analogue aux *collegia iuuenum* de l'empire — qu'à la totalité des mobilisables. On admet généralement que cette organisation était aristocratique, réservée à la jeunesse dorée (63). Elle a pu, en effet, se recruter dans l'aristocratie locale ou dans la bourgeoisie riche ; mais, plus qu'une déduction immédiate de l'inscription, il s'agit d'une conception qui procède par analogie et transpose dans la Pompéi samnite les réalités du siècle d'Auguste. Elle a toutefois pour elle d'être fidèle aux traditions aristocratiques que nous avons cru deviner dans le recrutement de la *legio linteata,* et qui sont le fait des sociétés guerrières. Il est probable que la palestre qui nous intéresse n'était pas l'équivalent du Champ de Mars à Rome et ne s'ouvrait pas à tous les jeunes hommes.

Si les *iuuenes Venerii* de Pompéi sont bien dans la continuité de la *vereiia,* on comprend que, le terrain étant là particulièrement propice, on leur ait, dès le règne d'Auguste, construit une palestre, et qu'ils soient parmi les toutes premières associations de *iuuenes* attestées en Italie. Extérieurement c'est une sodalité qui se comporte comme toutes les autres : organisée à la manière de l'administration municipale, elle a ses magistrats, un *aedilis iuuenalium,* un *procurator,* un *magister* (64). Ce sont des notables qui occupent ces magistratures, des notables parfois chargés aussi de hautes fonctions municipales.

Sur un certain nombre d'inscriptions électorales les candidats mettent au titre de leurs mérites — ou leurs partisans le font pour eux — d'être des *iuuenes.* Par là, ils n'insistent pas tant sur leur âge (65), que sur leur appartenance au collège. Et il existe une solidarité entre les *iuuenes :* les partisans du candidat — un *iuuenis* — se présentent à l'occasion comme membres de la même classe d'âge, des *iuuenes Venerii* ou simplement des *Veneri* (66). Ainsi le collège, à l'époque impériale, est une sorte de pépinière de magistrats ; il confère à ses membres la garantie d'une formation sélective. En allait-il de même pour la *vereiia* ? Elle pouvait être, à l'époque samnite, une promotion de jeunes hommes préparés à l'accomplissement des plus hautes fonctions civiles auxquelles leur donnait accès leur participation militaire. Dans une cité encore indépendante, dans une société où les valeurs guerrières devaient s'être maintenues, la fonction de la jeunesse devait être très clairement déterminée.

Survivance aussi et récupération par l'administration impériale, la vocation ludique des jeunes gens est encore sensible à Pompéi. Une inscription, qui se déroule en ondulations imitatives, restitue le souvenir d'une parade équestre, le *lusus serpentis* (67). La cité pouvait admirer sa jeunesse dans des parades et des jeux, qui, sous le règne de la *pax Romana,* transposaient les pratiques anciennes. La place de l'entraînement militaire dans les occupations des *iuuenes* est un point controversé. M. Della Corte lui voyait une place prépondérante, mais on a tendance aujourd'hui à la restreindre pour l'ensemble des *collegia iuuenum :* tout dépendait sans doute de la situation géographique et, dans les villes frontalières, les associations de jeunes hommes ont pu prendre un tour plus militaire que là où ne pesait aucune menace étrangère (68). Cette situation, vraie pour l'époque impériale, ne l'était pas à l'époque samnite et la *vereiia* dut avoir des fonctions militaires importantes. Si nous pouvions remonter en toute assurance jusqu'au VIᵉ siècle, sur la foi de l'inscription de Mendolito, nous imaginerions pour les temps anciens une véritable classe guerrière, peu à peu estompée, jusqu'à sa renaissance — mais transformée et sublimée — par la volonté des empereurs.

Ce que dit enfin l'inscription pompéienne, c'est que la *vereiia* était placée sous le contrôle de l'Etat. C'est le questeur Vibius Vinicius qui dispose du legs et se charge de la construction de la palestre. La fonction de questeur figure parmi les magistratures particulières aux *collegia iuuenum* (69), mais ici il s'agit d'un magistrat de la cité, magistrat de second ordre par rapport au *meddix* et dont les compétences, essentiellement financières, sont supervisées par le sénat local. En l'occurrence cette assemblée s'est prononcée avant que le magistrat pût, au nom de la *vereiia,* disposer de la somme (70).

Comment, au terme de ces remarques, se représenter la *vereiia ?* Il faut renoncer, pour l'instant, à répondre définitivement à cette question tant les éléments dont nous disposons sont insuffisants. C'est une institution sans doute vivace, mais soumise à une évolution entre le VIᵉ siècle, où peut-être elle existe à Mendolito, en Sicile, et le IIᵉ siècle, où nous la trouvons à Pompéi. Replacée dans le contexte des populations campaniennes pré-romaines, elle semble être un corps d'élite de jeunes hommes. La date tardive de la soumission de Pompéi a permis la survie de traditions ancestrales, mieux qu'ailleurs. A Cumes, elle peut s'être modifiée au contact de l'éphébie. Mais la *vereiia* n'est sans doute pas tout à fait semblable à l'éphébie attique tardive, qui, vers 168, quand la Grèce perd son indépendance, achève son évolution vers un collège destiné à la jeunesse dorée. L'influence grecque sur les Osques ne doit être ni oubliée, ni sous-estimée : l'osque a transcrit le grec παστάς, παστάδα, portique, en *passtata* (71), désignant par un terme emprunté l'édifice le plus caractéristique de la *paideia* grecque. Mais il ne faut pas nécessairement penser à une influence de l'éphébie attique ; le système spartiate convenait mieux à la rudesse des Samnites que la tradition met d'ailleurs en rapport avec celle qui faisait la réputation de Sparte (72).

De toutes les incertitudes qui pèsent encore sur le sujet, il ressort cependant quelque chose de positif : il est plus que probable que la jeunesse osque occupait dans le corps social la place privilégiée qui revient à une classe d'âge apte à la guerre. Et il est plus que possible que nous ayons côtoyé, sans pouvoir en être parfaitement sûr, tous les problèmes institutionnels, que nous avons évoqués à propos de la Grèce et que nous retrouverons à Rome, relatifs à la place de la jeunesse dans la société.

Si l'influence grecque est probable sur les méthodes d'entraînement ou d'encadrement de la jeunesse osque, elle a pu se manifester soit directement — les Grecs ont été maîtres de Pompéi, Cumes est une de leurs colonies — soit par l'intermédiaire des Etrusques, maîtres de Pompéi jusqu'en 474, et tout puissants dans l'ensemble de la Campanie. En tout cas, la rencontre des civilisations grecque et étrusque ne pouvait qu'être particulièrement féconde dans tous les domaines touchant à la jeunesse et allant de sa fonction dans la cité à sa formation intellectuelle et physique. C'est donc aux Etrusques que nous allons consacrer un moment d'attention.

## BIBLIOGRAPHIE

G. Bottiglioni : *Manuale dei dialetti italici*, Bologne, 1954.

C. Buck : *A Grammar of Oscan and Umbrian*, 1904 (2ᵉ éd. 1928).

C. Buck : *Elementarbuch der oskisch-umbrischen Dialekte*, 1905.

R. S. Conway : *The Italic dialects*, 1897, Cambridge (rééed. Hildesheim, 1967).

M. Della Corte : *Iuuentus*, Arpinum, 1924.

M. Della Corte : *Scoperte epigrafiche Pestane*, in *Athenaeum*, XII, 1934, 337-367.

M. Della Corte : *Case ed abitanti di Pompéi*, 2ᵉ éd., Rome, 1958.

H. Demoulin : *Les collegia iuuenum dans l'Empire romain*, in *Musée Belge*, I, 1897.

G. Devoto : *Gli antichi Italici*, Florence, 2ᵉ éd., 1951, 3 éd., 1968.

G. Devoto : *Il panteon di Agnone*, in *SE*, XXXV, 1967.

M. Durante : *Il Siculo e la sua documentazione*, in *Kokalos*, 10-11, 1964-1965, 417-450.

A. Ernout : *Le dialecte ombrien*, Paris, 1961.

R. Etienne : *La vie quotidienne à Pompéi*, Paris, 1966.

E. C. Evans : *The cults of the Sabine territory* (Papers and monographs of the American academy in Rome, XI, 1939).

M. W. Frederiksen : *Equites Campani*, in *Dialoghi di archeologia*, II, 1968, 3-31.

P. Guichonnet : *Mussolini et le fascisme*, Que sais-je? 1276, 4ᵉ éd., 1974.

J. Heurgon : *Étude sur les inscriptions osques de Capoue, dites iuvilas*, Paris, 1942.

J. Heurgon : *Trois études sur le uer sacrum*, Latomus, vol. XVI, Bruxelles, 1957.

J. Heurgon : *Les origines campaniennes de la confédération cirtéenne*, Libyca, 1957, 7-24.

P. Kretschmer : *Lat. quirites und quiritare*, in *Glotta*, X, 1920, 147-157.

M. Lejeune : *Notes de linguistique italique*, in *REL*, XLV, 1967, 194-231.

M. Lejeune : *Note sur la stèle archaïque du forum*, in *Hom. A. Grenier*, Latomus, LVIII, 1962.

L. Leschi : *Les iuuenes de Saldae*, Alger, 1928.

R. Merle Peterson : *The cults of Campania* (Papers and monographs of the Amer. acad. in Rome, vol. I, 1919).

T. Mommsen : *Unteritalische Dialekte*, Leipzig, 1850.

T. Mommsen : *De collegiis et sodaliciis*, 1843.

F. Muller Jzn : *Altitalische Wörterbuch:* Göttingen, 1926.

G. O. Onorato : *La sistemazione stradale del quartiere del Foro triangolare di Pompei, in Atti Acc. Lincei*, sér. 8, VI, 1951, 250-264.

G. N. Onorato : *Iscrizioni Pompeiane, La vita pubblica*, Florence, 1947.

O. Parlangéli : *Il sostrato linguistico in Sicilia. in Kokalos*, 10-11, 1964-1965, p. 211-258.

V. Pisani : *Manuale storico della lingua Latina*, vol. IV : *Le lingue dell'Italia antica oltre il Latino*, Turin, 1953 (2ᵉ éd., 1964).

R. von Planta : *Grammatik d. oskischen-umbrischen Dialekte*, Strasbourg-Trübner, 1892-1897.

H. W. Poultney : *The bronze Tables of Iguvium*, Baltimore, 1959.

H. Rix : *Sabin, Sabelli, Samnium, in Beiträge zur Namenforschung*, VIII, 1957, 127-143.

E. T. Salmon : *Samnium and the Samnites*, Cambridge, 1967.

E. Sereni : *Comunità rurali nell'Italia antica* (Nuova biblioteca di cultura) Rome, 1955.

L. R. Taylor : *Seuiri equitum and municipal seuiri*, in JRS, 1924.

E. Vetter : *Handbuch der italischen Dialekte*, Heidelberg, 1953.

J. P. Waltzing : *Étude historique sur les corporations*, Louvain, 1895.

*Cf.* aussi: B. G. nᵒˢ 9, 37, 57.

## NOTES

(1) La forme *vereiia* que nous utilisons dans cette étude est une restitution latine du mot osque, attesté seulement aux cas obliques : *vereias*, gén. sing. ; — *vereiiai*, dat. ; — *vereiiad*, abl. Le nom serait *vereiiu* (=*vereiio*). G. Onorato *(in Rend. acc. Linc.* VI, 1951, p. 260 *sq)* écrit plus exactement *vereiiu*. Pour *vereiia*, nous nous sommes autorisé de l'exemple de M. Della Corte, de Buck (*A grammar of Oscan and Umbrian*, p. 240), de G. Devoto, qui écrit *verehia* (à tort, semble-t-il, pour la lettre *h*) dans *Gli Antichi Italici* ³, 1968, p. 222, et d'E.T. Salmon (*Samnium and the Samnites*, p. 94) qui écrit aussi *verehia*.

(2) M. Della Corte, *Iuuentus*, Arpinum, 1924.

(3) C'est un accord de principe ; sur les nuances, *cf. infra*, dans le chapitre.

(4) Strabon, V, 4, 12, p. 250. Sur le rapprochement linguistique, *cf.* E.C. Evans : *The cults of the Sabine territory*, p. 17 ; et surtout H. Rix : *Sabin, Sabelli, Samnium, in Beiträge zur Namenforschung*, VIII, 1957, p. 127-143.

(5) *Cf. CIL.* IX, 4883-85-88-89 ; — 4543-46-49 ; 4457.

(6) *Cf.* A. Rosenberg : *Der Staat d. alten Italiker*, Berlin, 1913, p. 95 et G. Devoto : *Gli antichi Italici* .

(7) Sur le *uer sacrum, cf.* J. Heurgon : *Trois études sur le uer sacrum ;* — sur les rapports avec les classes d'âge, *cf.* E. Sereni : *Comunità rurali nell'Italia antica*, p. 189.

(8) J. Heurgon : *Les origines campaniennes de la confédération cirtéenne*, Alger, 1958 (extrait de *Libyca*, 1957, p. 7-24).

(9) Tite-Live, X, 38, 7.

(10) Tite-Live, *ibid.*

(11) Tite-Live, *ibid.* et Festus, p. 102 L.

(12) *Cf. infra*, p. 240.

(13) Inscription provenant du temple d'Apollon : E. Vetter (*Handbuch der italischen Dialekte*, 1953) 108 ; — V. Pisani (*Manuale storico della lingua Latina*, vol. IV : *Le lingue dell'Italia antica oltre il Latino*, p. 16.)

(14) Tablette de provenance imprécise, rangée dans les inscriptions du peuple des Frentaniens : Vetter, 173 ; — Conway *(The italic dialects)* 193 ; — Von Planta (*Grammatik d.*

*oskischen-umbrischen Dialekte) 209 ; − Buck (Elementarbuch der oskisch-umbrischen)* 61 ; − Pisani, 42.

(15) Inscription provenant du mur du fond d'une cour dite *Curia Isiaca :* Vetter, 11 ; − Planta, 29 ; - Conway, 42 ; − Buck, 4 ; − Pisani, 11.
Nous laissons de côté, à cause des incertitudes qui pèsent sur elles, deux inscriptions :

− l'une figurant sur un bloc de tuf provenant de Capoue et conservé au Musée de Naples : Planta, 134 et Buck, 30, y lisent le mot *verehias.* Sur cette lecture A. Rosenberg (*Der Staat,* p. 99) et Ribezzo (*Riv. indo-greca-italica,* 1922, VI, p. 311) fondent une comparaison entre le *meddix verehias* et le *princeps iuuentutis.* Cependant Conway, 114, lit autrement, et J. Heurgon (*Etude sur les inscriptions osques de Capoue, dites iuvilas,* 17) défend avec de solides arguments une lecture en *minivere.* Voici donc la lecture de J Heurgon (le litige, souligné, se trouve à la ligne 7) :

*upil vi pak tantrnnaium iuvil sakrann pumperiais sull eikviaris pum medd pis minivere... ad fust sakrid s krafir*

− *l'autre, en latin, (CIL,* IX, 5699= *CIL²,* 1, 2, 382), sur une patère en cuivre comporte le mot *veheia.* La construction d'ensemble de l'inscription laisse les épigraphistes perplexes. Quant à *veheia,* il est mal expliqué : une seule voix pour proposer une lecture *vereia,* celle de Z. Zmigry-Konopka, *in Eos,* XXXI, 1928, p. 557-560 : *A propos de CIL,* IX, 5699. *Cf.* aussi A. Ernout : *Textes latins archaïques,* p. 43.

(16) Sur la datation de l'inscription, *cf.* p. 61-62.

(17) *Cf.* O. Parlangéli : *Il sostrato linguistico in Sicilia, in Kokalos,* 10-11, 1964-65, p. 211-258, sp. 222-226 et M. Durante : *Il Siculo e la sua documentazione, ibid.,* p. 417-450, sp. 439.

(18) Tablette de bronze trouvée à Agnone, en territoire samnite : Vetter, 147 ; Conway, 175 ; − Planta, 200 ; − Buck, 45 ; − Pisani, 34. L'ensemble *diuvei verehasiui* est en a 11 et en b 14. Sur Agnone, *cf. CIL,* IX, p. 257.

(19) Planta, 240 ; − Conway, 262 ; − Vetter, 222.

(20) Elle est acceptée par Vetter ; J. Heurgon (*Les origines de la confédération cirtéenne,* p. 20, n. 79) ; L.R. Taylor *(Seuiri equitum and municipal seuiri) ;* J. Delorme (*Gymnasion,* p. 228).

/(21) M. Della Corte, *Iuuentus,* p. 8.

(22) *Cf. supra,* p. 54.

(23) *Cf.* Pisani, p. 99, et G. Bottiglioni (*Manuale dei dialetti italici,* p. 97). La formation de *plebeius* est différente (de *\*pleb-es-io*).

(24) *Cf. CIL,* IX, 5574 ; − XI, 3245.

(25) *Cf.* E.T. Salmon, *Samnium and the Samnites,* p. 160, n. 4 ; − G. Bottiglioni, p. 97 ; Pisani ; Conway.

(26) E. Vetter, *in Glotta,* XXIX, p. 240.

(27) G. Devoto : *Il Panteon di Agnone,* p. 192. Sur Jupiter *Frugifer, cf. CIL,* XII, 336.

(28) M. Lejeune : *Note sur la stèle archaïque du forum,* p. 1037.

(29) M. Lejeune : *Notes de linguistique italique,* sp. 222 et 230-231.

(30) *Cf.* Meillet-Vendryès : *Grammaire comp. des langues clas.* 3ᵉ éd. Paris, 1960, p. 100 et 105.

(31) L'hypothèse proposée par O. Parlangéli, *in Kokalos,* selon laquelle aurait pu intervenir dans *vereiia* un processus de palatalisation du *gh* au contact du suffixe, se heurte à nos ignorances des faits linguistiques du VIᵉ siècle.

(32) Vetter, 23 *sq.*

(33) *Cf.* A. Ernout : *Le dialecte ombrien.*

(34) E. Benvéniste : *Le voc. des inst. indo-eur, 1, 311.*

(35) *Cf.* F. Muller Jzn : *Altitalisches Wörterbuch,* Göttingen, 1926, p. 536 ; − J.W. Poultney : *The bronze tables of Iguvium,* p. 331 ; − Ernout-Meillet : *Dict. Etym.,* p. 68 et 1289.

(36) Etymologie acceptée par Bücheler, suivi de Buck (*Osk. Vokal,* p. 76) et finalement par Vetter (*in Glotta,* XXIX, p. 241), F. Muller Jzn, J.W. Poultney, E.T. Salmon et Pisani. A noter une comparaison de Rozwadowski, *in Eos,* VIII, p. 101, avec le tchèque *verejny* (« qui se tient hors de la porte »), commentée par Pisani qui, songeant au rapport *fores-forum,* suggère que la *vereiia* était en relation avec le forum (forum triangulaire de Pompéi).

(37) *Cf.* L. Leschi : *Les iuuenes de Saldae,* p. 9 ; − Mommsen : *De collegiis et sodaliciis.*

(38) Mommsen : *Unteritalische Dialekte,* p. 183 et 258.

(39) P. Kretschmer : *Lat. quirites und quiritare.*

(40) G.O. Onorato : *La sistemazione stradale del quartiere del Foro triangolare di Pompéi.*

(41) *Cf. infra*, p. 299 *sq*, 322 *sq*.
(42) *Cf. infra*, p. 327 *sq*.
(43) *Cf. infra*, p. 99 *sq*.
(44) M. Durante propose : *illam arcem expians (ehpiias) K. Ahuis habuit. ciuitas uerehasia hac porta (doara) transeat.*
(45) Velleius Paterculus, 1, 4, 2 : « *Cumanos Osca mutauit uicinia* ».
(46) Denys, VII, 4. Sur la vie politique de Cumes, *cf.* F. Sartori ; *Problemi di storia costituzionale*, p. 31-42.
(47) M.W. Frederiksen, *in Dialoghi di Archeol.* II : *Equites Campani*, 1968, p. 3-31.
(48) Denys, VII, 4.
(49) Planta, 138 ; — Conway, 108 ; — Heurgon, 12 ; — Buck, 25.
(50) Dubois, *Pouzzoles antique*, p. 138.
(51) *CIL*, X, 1571.
(52) Von Planta : *Gram. der oskisch-umbrischen Dialekte*, II, p. 635.
(53) *Lex. ital.* XI b.
(54) *Cf.* R. Merle Peterson : *The cults of Campania*, p. 329-331.
(55) *Cf.* J. Heurgon, *Recherches... sur Capoue*, p. 363.
(56) Mommsen, *Die unteritalischen*, p. 169 et V. Pisani, *Manuale...*
(57) Sur l'histoire de Pompéi, *cf.* Sartori, *op.* cité, p. 69-75 et R. Etienne, *La vie quotidienne à Pompéi*, Paris, 1966.
(58) *Cf.* Maiuri, *Not. scavi*, 1939, p. 203 *sq*.
(59) *Cf.* surtout, M. Della Corte : *Scoperte epigrafiche Pestane*, sp. 337-339.
(60) *Cf.* P. Guichonnet : *Mussolini et le fascisme (Que sais-je ?* 1225, 4ᵉ éd. 1974), p. 69-70.
(61) *Cf.* Nissen, *Pomp. Stud.*, p. 159-168 ; Mau, *Pompéi*, trad. anglaise, p. 159 ; — Maiuri, *Pompei*, trad. ang., p. 26 ; et J. Delorme, *Gymnasion*, p. 224 *sq*.
(62) *Cf.* R. Etienne, *Vie quot.*, p. 405.
(63) E.T. Salmon : *Samnium...*, p. 94 ; — *Cf.* aussi, H. Marrou, *Hist. de l'éd.*, p. 357.
(64) M. Della Corte : *Case ed abitanti di Pompei.* Sur l'organisation d'ensemble des collèges, *cf.* J.P. Waltzing : *Etude historique sur les corporations*, p. 425 *sq*, et, sur les collèges de jeunes gens : H. Demoulin : *Les collegia iuuenum dans l'empire romain.*
(65) A noter cependant qu'à Pompéi un même candidat est appelé *iuuenis* ici, et là *adulescens* (M. Della Corte, *Iuuentus*, 39-45).
(66) M. Della Corte, *Case...* 822 ; 832.
(67) *CIL*, IV, tab. XXXVIII, 1.
(68) *Cf. supra*, p. 63.
(69) H. Demoulin, *op.* cité.
(70) Sur le groupe *Kumennieis tanginud*, *cf.* Vetter, 12-18 ; — Conway, 43-52 ; — Planta, 30-31 ; — Buck, 5-6. Sur les fonctions de cette assemblée : E.T. Salmon, *op.* eité, p. 92-94 et G. Camporeale : *La terminologia magistratuale nelle lingue osco-umbre.*
(71) Conway, 44 ; — Bottiglioni, 64 ; — *cf.* G.O. Onorato, *Iscrizioni Pompeiane, La vita pubblica*, Florence, 1957, 41.
(72) *Cf. supra*, p. 59 et note *ad loc.*

# CHAPITRE III

# LES ETRUSQUES :

*— Les etera,*
*— L'« éphébie » étrusque : hypothè-*
*ses et incertitudes,*
*— La jeunesse étrusque d'après les*
*représentations artistiques.*

Médiateurs entre la Grande-Grèce et l'Italie du centre, maîtres de Rome dans la dernière époque monarchique, ennemis de la République qu'ils menacent et fascinent longtemps, les Etrusques ont une influence profonde sur le devenir de Rome. Nous les retrouverons à chaque pas de nos recherches, soit que la tradition romaine connaisse précisément tel ou tel emprunt, soit que l'onomastique l'implique ou l'archéologie, soit encore que la présence de sources étrusques soit manifeste derrière tel ou tel récit - songeons en particulier à toute la mystique dont s'entoure la lutte contre Véies. Curieusement nous ne trouverons cependant rien de directement positif dans leurs institutions : ou les textes manquent, ou nous ne savons pas encore les utiliser. Pourquoi dès lors ne pas en rester là ? Faut-il entreprendre un catalogue de nos ignorances ? Si quelques pages suivent ce constat pessimiste, c'est parce que certaines incertitudes peuvent, en s'accumulant s'ouvrir sur des possibilités, voire des probabilités. C'est aussi parce que, faute de textes, c'est à travers le musée étrusque qu'il nous faut surtout promener notre curiosité. Peut-être aurions-nous résisté au charme de cette promenade, si elle ne devait pas nous faire découvrir un univers où la jeunesse est présente, un univers dont les Romains ont pu voir l'original. Et nous comprendrons mieux la surprise de Rome, quand en 364 elle fait venir des « ludions » étrusques (1), si nous pensons qu'ils portaient peut-être ces étoffes chatoyantes que nous montrent les fresques funéraires.

*Les etera :*

Le seul point qui, appuyé sur des inscriptions, concerne directement la jeunesse, est malheureusement trop controversé pour qu'on puisse en tirer des arguments. En comparant la double magistrature romaine —*magister populi* et *magister equitum* — dont nous verrons comment elle intéresse le statut de la jeunesse (2), avec deux titres de magistrats étrusques, le *zilath parxis* et le *zilath eterau*, F. Leifer crut déceler une analogie et pensa trouver avec le second de ces magistrats le responsable, le chef d'une organisation de la jeunesse (3). Cinq inscriptions, dont l'une remonte au IV<sup>e</sup> siècle, provenant de Tarquinies, de l'Ager Tarquiniensis et d'Orvieto, mentionnent trois *zilath eterau* et deux *camthi eterau* (4). Un même *cursus* pouvait comporter l'une et l'autre des deux charges de *zilath* (5). Le *zilath eterau* serait, selon F. Leifer, analogue au *magister equitum* de Rome et cette hypothèse lui semblait s'enrichir du rapprochement qu'il faisait entre le mot *celusa* et le latin *celeres* (6). Nous verrons que les *Celeres,* créés par Romulus, paraissent avoir joué un grand rôle sous le règne des Tarquins (7) et qu'il n'y aurait rien de surprenant à trouver le prototype de leur fonction et de leur nom en Etrurie. Dans un sens voisin A. Rosenberg voyait dans le *zilath eterau* un *praetor iuuentutis* ou *iuuenum,* ce qu'encore récemment soutenait K. Olzscha (8).

Ces théories, que la tradition pourrait corroborer, résistent cependant mal aux critiques qu'on leur a faites. La lecture de *celusa* d'abord est contestée, mais l'objection essentielle vient de l'étude des *etera* eux-mêmes (9). Pour la mener à bien, aux inscriptions que nous venons de citer et qui révèlent la magistrature sans donner le nom d'aucun de ses titulaires, il faut joindre quatorze inscriptions de Pérouse, datées des II<sup>e</sup> et I<sup>er</sup> siècles, qui mentionnent, non la magistrature, mais des *etera* (10). Dans des sépultures, on trouve en bonne place, parmi les urnes des membres de la famille, à côté par exemple de celle du fils, celle d'un *etera* (11). Situation privilégiée donc, mais semble-t-il, dépendante, car « on n'est pas *etera* tout court ; on est l'*etera* de quelqu'un comme on est son fils » (12). La traduction par *eques* ou par *iuuenis* convient mal ici. Que faire dès lors de ces *etera,* assez nombreux à Tarquinies pour justifier une magistrature, chargée sans doute de défendre leur statut, occupée par un noble, et qui est l'expression institutionnelle d'une sorte de protection paternaliste ? On a proposé diverses traductions exprimant toutes la dépendance et allant de *seruus* à *cliens.* Dans tous les cas, il s'agit d'une approximation et non d'une équivalence avec les institutions romaines : nous sommes dans un monde de maîtres, où les esclaves pouvaient s'élever jusqu'à la situation enviable d'*etera,* plus qu'affranchis et moins que nobles (13). S. Mazzarino défend la première traduction et voit dans le *zilath eterau* un « principe dei servi », charge qui ne serait pas surprenante dans une société où les esclaves sont nombreux (14). J. Heurgon préfère la seconde explication (15).

On a cherché du côté de l'étymologie une manière de solution. Une première hypothèse rapproche le mot du grec ἕτερος, omb. *etru,* lat. *alter ;* on imagine alors en face du *zilath parxis, praetor* des *pares,* un *praetor* des *adiecti,* des autres (16). Mais cette supposition rend mal compte des liens d'affectivité que suggère dans les tombes de Pérouse la place de l'*etera.* Plus séduisante, parce qu'elle s'applique mieux aux faits et ouvre de plus vastes aperçus, une hypothèse de J. Heurgon, jusqu'à présent demeurée sans grand écho, évoque le grec ἑταῖρος (17). Servius Tullius, ξένος καὶ ἄπολις, était pour Caelius Vibenna un *sodalis* et un *comes* (18). On peut imaginer alors que l'*etera* était un étranger, hôte d'une famille. Aucune difficulté phonétique ne s'oppose à cette supposition (19), aucune objection sémantique non plus : on a vu, en effet, ἑταῖρος désigner, à l'occasion, en grec, une manière de client (20), et c'est par ce mot que les historiens grecs traduisent l'idée romaine de clientèle. Le mot connote un ensemble de liens qui varient d'un contexte politique à l'autre et selon les temps. En effet, entre les temps archaïques où la société étrusque est imprégnée de l'épopée homérique et du monde tragique grec, et l'époque où, dans la Pérouse assoupie et embourgeoisée, nous connaissons des *etera,* les mœurs ont changé et le contenu du mot a pu évoluer. Si la catégorie sociale et l'institution existaient à l'époque archaïque, on peut supposer un compagnonnage, peut-être patronal, qui privilégiait les rapports entre un jeune homme et un homme mûr — quelque chose d'analogue à ce qu'était à Rome le *tirocinium fori* ou *militiae* — ou encore un lien d'amitié dont la légende grecque donne des exemples. Servius Tullius était-il le Pylade d'un Oreste qui se serait appelé Caelius Vibenna, ou le Patrocle d'un Achille ? Les héros grecs sont curieusement parents par les femmes (21) ; dans la société étrusque, où la parenté par la mère est importante, l'*etera* du maître était-il son cousin, son neveu, du côté maternel ? Le maître lui était-il un équivalent de l'*auunculus* dont fait mention le récit du complot pro-étrusque de 509 à Rome (22) ?

On voit dans quelles obscurités ces questions sont encore plongées quand la thèse de l'*etera* - client, la plus répandue, soulève de vives critiques (23). Ainsi disparaît le seul espoir d'utiliser actuellement les inscriptions et d'avoir sur la jeunesse étrusque autre chose que des présomptions. Même le nom qui désigne le jeune homme n'est pas sûr (24). La première approche de ce que put être la jeunesse en Etrurie nous vient des récits de l'annalistique romaine auxquels on peut accorder quelque crédit si, comme l'écrit J. Heurgon, l'histoire romaine primitive est elle-même une partie des *Historiae Tuscae* (25).

### L'« éphébie » étrusque :

Certains de ces récits sont orientés vers une critique de la jeunesse étrusque, destinée à exalter les méthodes d'éducation romaines. Ils sont donc historiquement déformés ; cependant on peut faire quelques hypothèses sur leur substance. Le plus important est le récit du complot de 509 dont nous parlions tout à l'heure. Il est fomenté par des *adulescentes,* fidèles à Tarquin et soutenus par leur oncle maternel (26). Ces jeunes gens sont soumis aux jeunes fils du roi, « comme si » écrit J. Gagé, « la monarchie étrusque avait inventé, cinq siècles avant Auguste, le principat de la jeunesse et ses parades équestres » (27). Cette remarque s'accorde avec le fait que le commandement de la cavalerie est confié à Tarquin l'Ancien et à Servius Tullius avant leur accession au trône (28). La tradition a retenu aussi les rapports entre le père et le fils à l'occasion de l'affaire de Gabies : le jeune Tarquin *(adulescens)* (29) répond avec une ruse juvénile *(iuuenili calliditate,* 30) à l'habileté sournoise de son père. Cette complicité autour d'un mauvais coup choque la morale de la famille, telle qu'elle est conçue à Rome (31). On ne s'étonnera pas de voir Tite-Live exposer longuement les intrigues de palais et mettre en scène le jeu cruel de Tullia qui veut amener son jeune époux au parricide, si on saisit la volonté d'opposer deux civilisations divergentes, sur les problèmes de l'éducation en particulier (32). Les jeunes Etrusques semblent avoir eu un rôle plus important et plus officiel que la jeunesse romaine ; d'ailleurs ils accédaient jeunes aux magistratures (33).

Il est possible que cette importance repose sur des principes d'encadrement analogues à l'éphébie ou à la *vereiia.* Sur les monuments grecs, les cavaliers sont accompagnés souvent de valets jeunes et beaux, avec qui ils avaient peut-être des relations érotiques. On peut supposer que ces pratiques se sont continuées en Etrurie, attirant la réprobation des Romains, hostiles à la pédérastie (34). La morale romaine aurait réagi en prêtant aux Etrusques toutes les turpitudes. Quand Tarquin le Superbe prépare son coup d'état, il s'appuie d'une part sur les *minores gentes* et d'autre part il séduit les jeunes gens par des dons *(allicere donis iuuenes)* (35). C'est sans doute là le souvenir d'une politique de la jeunesse menée par les rois étrusques. Le dernier roi se concilie les jeunes gens par leur côté le moins noble, la cupidité. Attachés à des privilèges inséparables de cette monarchie, les jeunes gens regrettent en 509 les temps heureux de la licence, quand leurs dérèglements étaient pardonnés, voire encouragés. On reconnaît dans le récit de Tite-Live la déformation partielle, dont sans doute il n'est pas responsable, d'une vérité. Et la vérité, les textes la suggèrent, quand ils disent que les jeunes gens de 509 sont des *sodales,* soit en grec ἡλικιῶται (36) : Tarquin a voulu promouvoir à Rome une hétairie politique, et, peut-être, un véritable système éphébique.

On trouve un écho de la dépravation de la jeunesse par la faute des Etrusques dans la politique d'Aristodème de Cumes, dont nous avons déjà parlé (37). Il dévirilise systématiquement la jeunesse, l'éloigne de la palestre et des exercices militaires, encourage une coquetterie jugée de mauvais aloi (38). M. Pallottino a donné de ces événements une interprétation habile et séduisante : Aristodème, après avoir mené, comme général, une politique anti-étrusque, conforma ensuite son attitude sur les mœurs étrusques. Le portrait que donne Denys des jeunes hommes tels que les a voulus Aristodème est puisé à des sources sans doute locales (39) ; il correspond sans doute, sinon à une vérité totale, du moins à un souvenir précis. Or, ce portrait correspond aux jeunes gens qu'on voit sur les peintures à peu près contemporaines d'Aristodème, selon la chronologie officielle, qui ornent les chambres funéraires de Tarquinies. Les hommes y sont vêtus somptueusement, quand ils n'offrent pas au regard une totale nudité ; leurs occupations traduisent le raffinement d'une société qui, sans doute, éblouit les Romains (40). De plus, Aristodème, vainqueur d'Arruns devant Aricie, transforme ses prisonniers en gardes du corps, et organise ainsi un corps spécialisé caractéristique des tyrannies traditionnelles, comme le sont les *Celeres* que créa Romulus en trahissant ainsi ses aspirations (41).

Dès l'époque archaïque, l'épopée grecque est connue des Etrusques, comme le montre la représentation, dans la tombe des Taureaux, d'Achille et de Troïlos ; ils ne cesseront par la suite d'en donner une sorte d'anthologie sur les murs de leurs tombes et dans tout leur art. Y eut-il seulement imitation artistique de thèmes qui ne correspondaient en rien aux réalités étrusques et n'étaient que des motifs littéraires et culturels, ou, plutôt, le choix des sujets ne répondait-il pas à quelque analogie dans les mentalités religieuses ou dans les structures politiques ? Il est difficile d'en décider, mais nous penchons pour la seconde hypothèse, du fait de la nature même des fresques et de leur destination : elles devaient recréer dans le tombeau le monde de la vie que le mort avait connue, et les emprunts aux modèles grecs fournissaient surtout, nous semble-t-il, un mode d'idéalisation ou de stylisation de la réalité qui la faisait échapper au quotidien, pour entrer, affranchie du temps humain, dans l'universalité du mythe. Le milieu dirigeant avait une culture grecque qui à l'épopée ajouta très tôt la connaissance de la tragédie (42). Dans ce monde aristocratique, on devait vivre un peu à la manière des potentats homériques, et l'on savait se délecter des raffinements de la vie courtoise. La structure de la société étrusque l'apparentait aux *Homoioi* spartiates ou aux *Hétairoi* crétois ; dans le milieu fermé de la noblesse se perpétuaient les traditions chevaleresques de bravoure et de savoir-vivre. Dès le vi<sup>e</sup> siècle, les *couroi* grecs sont attestés en Etrurie ; le type en est un peu modifié, dans un esprit sans doute religieux (43), mais il est présent et largement diffusé (44). Sans doute symbolisait-il la jeunesse du peuple étrusque, plus que tout autre angoissé par l'écoulement des temps.

Il est troublant de voir se répandre très tôt jusqu'à devenir un lieu commun de l'art funéraire, le thème homérique de la mort de Troïlos (45). A Tarquinies, dans la Tombe des Taureaux, on voit Troïlos, perché sur un haut cheval, s'en aller vers la fontaine où l'attend, pour le tuer, Achille. Cette peinture du vi<sup>e</sup> siècle ignore encore la perfection des proportions, de sorte qu'on ne peut affirmer que le héros troyen est tout jeune comme il le paraît. Il ressemble en effet bien plus au jeune homme qu'il est devenu dans les Chants Cypriens qu'au guerrier accompli qu'évoque l'*Iliade* (46). On ne peut pas davantage décider si le thème est ici chargé des développements érotiques qui se sont superposés aux composantes épiques et guerrières. J. Gagé le suppose et, après avoir rapproché du nom d'Achille celui des Aquilii, les mauvais oncles des conjurés de 509 (47), propose qu'on tienne pour possible l'existence de pratiques éphébiques en Etrurie : sur Troïlos on aurait de plus formé

le nom des Trossuli, un groupement éphébique rival de celui des Aquilii (48).
On peut soulever des questions analogues à propos de Philoctète, dont les
aventures, liées en Grèce aux éphèbes archaïques (59), sont connues en Etrurie.

On dira que ces hypothèses sont bien aventureuses, et c'est vrai. Ce qui,
du moins, est sûr, c'est que l'univers figuratif du monde des tombes est en
grande partie un univers de la jeunesse. Tout y célèbre la grâce et la force
d'un âge qui représente les vertus inégalables de la vie et de la survie (50).

C'est bien une tension entre la force et la grâce que nous admirons dans
la série de scènes où deux éphèbes encadrent une peinture féminine, peut-être
une divinité tutélaire (51). Il est difficile de dire s'il s'agit de tableaux familiers, de représentations mythologiques ou de scènes rituelles. Cependant la
trilogie des personnages rappelle une autre trilogie attestée dans le culte grec
des Dioscures. Et F. Chapouthier a rapproché des thèmes dioscuriques certaines des représentations étrusques (52). Une amphore de Vulci montre une
femme debout, encadrée par deux jeunes hommes imberbes (53) ; scène analogue sur le lécythe Campana, où la femme tient deux lions par leurs pattes
arrière (54) ; scène voisine encore sur une amphore tarquinienne où deux
guerriers sont prêts à engager le combat, la figure féminine est au centre et
deux hommes barbus assistent à la scène ; à Tarquinies enfin, dans la Tombe
du Baron, deux jeunes gens nus, tenant leur monture par la bride, encadrent
une femme. Cette présence féminine est peut-être celle d'une déesse, celle par
exemple que les Romains évoqueront un jour de Véies sous le nom de Junon
et qui suivra les *iuuenes* chargés de l'escorter (55). Dans la Tarquinies impériale, c'est Junon qui patronnera les *iuuenes* locaux (56).

Quoi qu'il en soit de ces représentations, elles sont différentes certes de
celles des Dioscures, mais elles les rappellent, d'autant que les jumeaux sont
les protecteurs des athlètes et leurs modèles (57) et qu'ils ne seraient pas
dépaysés dans la Tombe des Biges, inspirée de l'agonistique et dans laquelle
des tableaux gymniques, souvenir peut-être des qualités athlétiques du défunt,
évoquent des *agones* rituels, en l'occurrence funéraires.

Allant plus loin, J. Gagé s'interroge sur les mêmes scènes (58). Il devine
dans la déesse une « sorte de Minerve », patronne d'un groupement éphébique, dont à l'occasion des *seniores,* les personnages barbus, contemplent les
exploits. Ces « patrons-précepteurs », (59) nous ramènent par une voie imprévue au couple des Dioscures. Un L. Domitius, ancêtre de Néron, aurait rencontré deux jumeaux, qui lui touchent la barbe et celle-ci, de noire qu'elle
était, devient rousse, d'où le surnom Ahenobarbus (60). Ce serait, selon J.
Gagé, la transposition de l'hommage d'un couple éphébique à la barbe patronale (61).

D'autres représentations orientent encore sur la voie de la jeunesse étrusque ; ce sont celles où l'on voit Hercule associé à un ou deux chevaux (62),
ou celles qui montrent l'alliance d'Hercule avec une Junon guerrière (63),

alliance que symbolise parfois l'allaitement du héros par la déesse (64). Il y a aussi celles où paraît Hercule avec son frère Iolaos ; ils sont les « Dioscures argiens » et, à Athènes, les dieux de la jeunesse avec Alcmène, Athéna et Hèbè (65). Entre la Grèce et Rome, où nous verrons ce que fut Hercule pour les *iuuenes* (66), les Etrusques ont peut-être été, sur ce point aussi, des intermédiaires.

N'oublions pas enfin le dieu guerrier Mars, qu'un miroir de Bolsena, un miroir de Chiusi et le coffret de Palestrina montrent alors qu'il subit une mystérieuse opération. *Sur le miroir de Bolsena,* Turms tient d'une main un enfant (Mariśisminthians), tandis que Minerva, casquée, baigne dans une amphore un autre enfant (Mariŝhusrnana), et qu'une femme, Amatutun, tient un troisième enfant (Mariśhalna) ; assistent à cette scène Turan, un jeune homme en chlamyde, appuyé sur une lance, et Hercle. *Sur le miroir de Chiusi* un jeune homme nu tient une lance dans sa main gauche et soutient du bras droit un enfant (Mariśhalna), tandis que Minerva, casquée, tire d'une amphore Mariśhusrnana, en présence de Turan et d'un jeune homme nu appuyé sur une lance. *Le coffret de Palestrina* enfin montre Minerva soutenant Mars nu mais casqué et armé qui s'est accroupi au-dessus d'un récipient d'où s'échappe de la vapeur ; diverses divinités, nommées en latin, assistent à la scène, Hercule est parmi elles. G. Hermansen a proposé de comparer ces scènes curieuses avec le fait de plonger ses enfants dans le feu, ou l'eau du Styx, par lequel Thétis espérait leur conférer l'invulnérabilité. Mars serait ainsi soumis à un rite d'initiation juvénile, ou guerrière, comme préfère le dire G. Dumézil (67). Les jeunes hommes nus ou en chlamyde seraient déjà initiés et de ce fait admis à assister ou à participer aux scènes initiatiques qui vont conférer à Mars — saisi sans doute à divers moments de l'initiation sur les deux miroirs où il apparaît sous deux et trois noms — la vertu guerrière de l'invulnérabilité. Ces pratiques ressortissant à la magie permettent de supposer l'existence d'une classe guerrière, évidemment formée des *iuuenes.*

On voit l'étendue de l'ignorance, en ces domaines, de la science actuelle. L'accumulation des résultats intuitifs de J. Gagé et des diverses hypothèses que nous avons évoquées laisse pressentir quelque chose que l'on est impuissant à définir et à confirmer. Pour finir, renonçant aux constructions incertaines, laissons-nous aller au plaisir de contempler l'univers des fresques et de simplement le décrire, en notant à l'occasion quelques rapprochements qu'elles peuvent inspirer. La jeunesse, nous l'avons dit, y est représentée dans ses diverses activités, comme elle l'est aussi par toutes les autres formes d'expression artistique.

*La jeunesse étrusque :*

Et d'abord, la *guerre,* dans ses divers moments, y est représentée : préparatifs — on voit souvent un guerrier prêt à sauter sur son char — ; le don des armes — une femme les offre au guerrier — ; et le combat lui-même (68). Un autre aspect de l'ambiance guerrière est la danse, une sorte de pyrrhique, dont une représentation, sur une oenochoé de Tragliatella, illustrera plus tard notre étude sur le *lusus troiae* romain (69). On y voit sortir d'un labyrinthe, en dansant, des fantassins que suivent des cavaliers ; tous participent à un même rituel. Et il faut noter dans ces scènes guerrières la présence fréquente d'un cavalier, et cela dès l'époque archaïque (70). La cavalerie, dont nous avons dit la pauvreté apparente en Grèce (71), semble ici importante. Et cette impression est confirmée par des découvertes de mors de chevaux, datés du VII<sup>e</sup> siècle, à une époque où commence à se manifester une classe privilégiée (72).

Si le cheval est une monture de guerre, il sert aussi à la *chasse*. Dans la grotte Campana de Véies (73), un minuscule cavalier sur un grand cheval — faute de proportion (?), comme le Troïlos de Tarquinies — tient un félin en laisse ; un autre personnage tient un cheval par les rênes. Même si cette scène est symbolique du voyage de l'âme dans l'autre monde, elle emprunte le détail de sa représentation à l'activité cynégétique, souvent évoquée ailleurs (74). C'est un goût des Etrusques, d'influence orientale peut-être. On sait que la chasse est inséparable de toute une mentalité que les Romains ont longtemps refusée en méprisant la chasse comme un *seruile officium* (75). Elle est liée mystérieusement à l'activité guerrière, aux cultes de certaines divinités et à toute une ambiance de luxe princier (76). Elle fait aussi partie d'une éthique de l'éducation, vantée par Xénophon et Polybe (77). Méprisée de Rome, elle est répandue en Italie, et toutes ses virtualités renaîtront à l'époque impériale dans certains collèges de jeunes hommes. Il est probable qu'en Etrurie, dans ce monde de potentats, elle avait toute sa signification.

Les *sports* sont aussi largement représentés. Ils étaient pratiqués par des amateurs de haute naissance : on connaît, en effet, Ratumenna, le noble cocher, qui fut, au sortir d'une course qu'il avait gagnée, emporté par l'emballement de ses chevaux jusqu'à la porte de Rome qui lui prit son nom (78). Pensons aussi au nom d'un des lutteurs de la Tombe des Augures, Lati-the, qui est porté par d'honorables familles de Cortone et de Chiusi (79). La tombe dite des Jeux olympiques et celle des Biges, à Tarquinies toutes deux, juxtaposent les diverses épreuves des jeux, l'athlétisme, les courses de chars et l'équitation. La Tombe des Biges, en plus, montre, de chaque côté de la frise centrale des jeux, deux tribunes. Les Etrusques aimaient les jeux en public, et quand la tradition romaine attribue à Tarquin la construction des premiers théâtres en bois de Rome, elle se trompe car il ne semble pas y avoir eu de construction même provisoire à Rome avant 329, mais elle montre qu'elle se souvient du goût des Etrusques pour le spectacle. La jeunesse noble, qui fait montre de ses dons, fait penser à ce que nous voyons dans les *collegia* de l'empire : les *iuuenes* — nous l'avons dit à propos de Pompéi — sont entraînés à des exhibitions qui sont pour tout un peuple le témoignage le plus rassurant de sa vigueur et qui vont des jeux athlétiques à des chasses dans l'amphithéâtre. Nous avons à Tarquinies l'assurance que la jeunesse se montre en public ; et ce public juxtapose sans contrainte des hommes et des femmes, des hommes d'âge et de jeunes hommes. Tous contemplent et commentent en connaisseurs les exploits des athlètes. Sous le plancher des tribunes, à même le sol, comme pour caricaturer la bonne tenue des spectateurs du haut, les esclaves s'entassent et oublient, quand ils sont mal placés, le spectacle et la décence (80).

Enfin cette jeunesse, le moment venu des *banquets,* quitte les jeux virils. Dans d'aimables jardins, on voit se glisser entre de grandes fleurs stylisées, dont les inflexions soulignent celles de leur corps, des jouvenceaux légèrement vêtus. Ils semblent assurer le service de la table et ajoutent, pour les convives, au plaisir de la table, celui d'un spectacle de danse. Ils ont quitté la pyrrhique martiale pour des danses bacchiques endiablées. Ces Ganymèdes, souvent nus, ont sans doute une fonction érotique dans ce déploiement de luxe sensuel. Dans la Tombe des Léopards, un couple de convives se détourne pour regarder le jeune porteur de cruche, et il y a quelque malice du peintre à montrer l'homme et la femme accompagner d'un même regard l'élégante silhouette du jeune garçon (81). Il est vrai que là, les jeunes gens ne sont pas les acteurs du spectacle qui entoure le banquet, ils sont les banqueteurs et la joie de vivre, le marivaudage et le flirt ont remplacé la sérénité qu'on voit aux couples plus âgés (82).

Il est donc bien difficile de définir la jeunesse étrusque : l'imitation de l'art grec, d'une part, et la déformation malveillante des témoignages romains, d'autre part, incitent à la prudence, d'autant plus que les textes étrusques ne nous apportent rien. Les Etrusques ont-ils emprunté des scènes de genre sans rapport avec leur civilisation ? Nous ne le pensons pas, et, si pour les institutions nous ne pouvons rien avancer, la vie quotidienne nous paraît sortir en partie des représentations picturales. Les jeunes gens étaient-ils tous, sur le modèle des fils de Tarquin, des fourbes violents et voluptueux ? Il est évident qu'on ne peut le croire ; ils étaient simplement élevés d'une autre manière que les jeunes Romains et sans doute plus libres de propos et d'attitudes. Telle qu'elle nous apparaît, cette jeunesse ressemble à la jeunesse homérique : forte et virile à la guerre et dans les jeux, elle retrouve sa grâce — un peu languissante il est vrai — dans la vie en société. On devine ses fonctions rituelles dans les *agones* auxquels elle participe. Guerrier et chasseur, éphèbe et jouvenceau, le jeune étrusque nous semble un parfait chevalier. Si l'on voulait médire, « à la romaine », on dirait que la coquetterie des hommes, l'harmonie de leurs gestes, la mollesse de leur maintien sur le lit de table, aux côtés de jeunes femmes, toute cette facilité orientale enfin que l'on voit dans les scènes de banquet sentent quelque peu la décadence. Mais, après tout, entre deux banquets, les Etrusques ont été les maîtres d'un vaste empire ; ils font songer aux soldats de César, avec leurs cheveux longs et parfumés, et qui conquéraient les Gaules (83). Telle qu'elle était, la jeunesse étrusque a provoqué chez les Romains un refus vertueux, comme si les jeunes Romains, qui allaient se frotter à la culture étrusque, revenaient à Rome avec leur idéal de soldat-paysan intact. Ce refus, peut-être hypocrite, en tout cas amplifié par la tradition, fut pour beaucoup dans la politique que Rome eut envers sa propre jeunesse.

## BIBLIOGRAPHIE

J. AYMARD : *Essai sur les chasses romaines des origines à la fin du siècle des Antonins*, Paris, 1951.

J. BAYET : *Herclé, étude critique des principaux monuments relatifs à l'Hercule étrusque*, Paris, 1926.

S. P. CORTSEN : *Die etruskischen Standes und Beamtentitel, durch die Inschriften beleuchtet in Kgl. Danske Videnskabernes Selskab, Historisk-filologiske Meddelelser*, XI, I, Copenhague, 1925.

P. DUCATI : *Storia dell'arte etrusca*, Florence, 1927.

G. DUMÉZIL : *Pères et fils dans la légende de Tarquin le Superbe, in Hom. J. Bidez et F. Cumont, Latomus*, II, 1949, 77-84.

S. FERRI : *La Iuno Regina de Véies, in SE*, XXIV, sér. 2, 1955-1956, 107-113.

Th. FRANKFORT : *Les classes serviles en Etrurie, Latomus*, XVIII, 1959, 13 *sq.*

J. GAGÉ : *Huit recherches sur les origines italiques et romaines*, Paris, 1950.

J. GAGÉ : *Les traditions des Papirii et quelques-unes des origines de l'« equitatus » latin et romain, in Revue historique de droit fr. et étr.* XXXIII, 1955, 20-50 et 165-194.

J. GRANAROLO : *La jeunesse au siècle de César, d'après Catulle et Cicéron, Actes du Congrès G. Budé*, 1958, 483-519.

W. V. HARRIS : *Rome in Etruria and Umbria*, Oxford, 1971.

W. HELBIG : *Sur les attributs des Saliens, in Mem. de l'Inst. nat. de France*, 37, 1906, 265 *sq.*

G. HERMANSEN : *Studien über den italischen und den römischen Mars*, 1950.

J. HEURGON : *Tite-Live et les Tarquins, in Infom. litt.*, 1955, 56-64.

J. HEURGON : *L'État étrusque, in Historia*, VI, 1957, 63-97.

J. HEURGON : *La vie quotidienne chez les Etrusques*, Paris, 1961.

J. HEURGON : *Magistratures romaines et magistratures étrusques, in Entretiens XIII, Fond. Hardt*, Vandœuvres-Genève, 1966, 99-132.

J. HEURGON : *Classes et ordres chez les Etrusques, in Recherches sur les structures sociales dans l'antiquité classique*, CNRS, 1970.

R. LAMBRECHTS : *Essai sur les magistratures étrusques*, Bruxelles-Rome, 1959.

R. LAMBRECHTS : *Un miroir étrusque inédit et le mythe de Philoctète, in Bull. inst. hist. belge*, 39, 1968, 1-29.

F. LEIFER : *Studien zum antiken Anterwesen, II, Etruskische Standes und Beamteninschriften, Klio, Beiträge*, XXIII, Leipzig, 1931.

S. MAZZARINO : *Sociologia del mondo etrusco e problemi della tarda etruscità, in Historia* VI, 1957, 98-122.

G. MONACO : *Uno specchio del Museo arch. di Firenze colla representazione di Herakles allatato da Hera, in Rend. Ac. rom. di arch.* VIII, 1931.

K. OLZSCHA : *Etruskischen Lautn und etera, in Glotta*, XLVI, 1968.

H. PAIRAULT : *Recherches sur quelques séries d'urnes de Volterra à représentations mythologiques*, École française de Rome, 1972.

M. PALLOTTINO : *Elementi di lingua etrusca*, Florence, 1936.

M. PALLOTTINO : *La peinture étrusque*, Skira, 1952.
M. PALLOTTINO : *Novi spunti di ricerca sul tema delle magistrature etrusche*, in *SE*, XXIV, sér. 2, 1955-1956, 45-72.
M. PALLOTTINO : *Il filoetruschismo di Aristodemo e la date della fondazioni di Capua*, in *La Parola del passato*, XLVII, 1966-1967, 81-88.
R. REBUFFAT : *Le meurtre de Troïlos sur les urnes étrusques : la nuit et l'aurore*, V, in *MEFR*, 84, 1972, I, 514-542.
M. RENARD : *Hercule allaité par Junon*, in Hom, *J. Bayet, Latomus*, 1964, 611-618.
H. RIX : *Das etruskische Cognomen, Wiesbaden*, 1963.
W. SCHOLZ : *Studien zum italischen und altrömischen Marskult*, Heidelberg, 1970.
H. H. SCULLARD : *Etruscan cities and Rome*, Londres, 1967.
*Cf.* aussi: B. G. nᵒˢ 57, 58.

## NOTES

(1) Tite-Live, VII, 2.
(2) *Cf. infra*, p. 281 *sq.*
(3) F. Leifer : *Studien zum antiken Amterwesen*, II, *Etruskische Standes und Beamteninschriften*.
(4) *zilath parxis : CIE* 5816, *TLE* 169 ; − *CIE* 5874, *TLE* 165 ;
*zilath eterau : CIE* 5816, *TLE* 169 ;
*zilath eteraias* ou *eterais : CIE* 5451 ; *TLE* 122 (Tarquinies)
*zilethi eter : TLE* 255 (Tarquinies)
*camthi eterau : CIE* 5512 ; *TLE* 145 (Tarquinies) et *TLE* 897 (Tarquinies).
(5) *TLE*, 169.
(6) *TLE*, 169 : *zilaxnu thelusa*.
(7) *Cf. infra*, p. 252 ; 286 *sq.*
(8) A. Rosenberg : *Der Staat d. alten Italiker*, p. 98 ; − K. Olzscha, *Etruskisch lautn und etera*, in *Gl.* XLVI, 1968, p. 219.
(9) *Cf.* M. Pallottino : *Novi spunti di ricerca sul tema delle magistrature etrusche*.
(10) *Cf.* S.P. Cortsen, *Die etruskischen Standes und Beamtentitel, durch die Inschriften beleuchtet*, p. 3-76.
(11) Par exemple dans la Tombe des Petronii, *CIE*, 3854.
(12) J. Heurgon, in *Recherches sur les structures sociales dans l'antiquité classique*, p. 40 ; *cf.* aussi *id. : l'Etat étrusque ; − Magistratures romaines et magistratures étrusques*, sp. 112 ; − *La vie quotidienne chez les Etrusques*, p. 93-94 ; et R. Lambrechts : *Essai sur les magistratures des républiques étrusques*.
(13) *Cf.* H.H. Scullard, *Etruscan cities and Rome*, p. 239 *sq* et W.V. Harris, *Rome in Etruria and Umbria*, p. 114 *sq.*
(14) S. Mazzarino : *Sociologia del mondo etrusco e problemi della tarda etruscità ; −* Th. Frankfort : *Les classes serviles en Etrurie*.
(15) J. Heurgon, in *La vie quotidienne, l'Etat étrusque*, et *Recherches sur les structures soc.*
(16) *Cf.* S. Mazzarino, *Sociologia*, p. 103, et G. Devoto, in *S.E.* XII, 1938, p. 146, et *Gli Etruschi nel quadro dei popoli Italici antichi*, sp 29.
(17) J. Heurgon, in *l'Etat étrusque*.
(18) Denys, III, 65, 6 et Discours de l'empereur Claude, *CIL*, XIII, 1628.
(19) J. Heurgon, *ibid.*
(20) Démocrite, fg. 255 ; *cf. supra*, p. 29 et n. 55 *ad loc.*
(21) *Cf.* P. Grimal, *Dict. de la mythologie*, Paris, 4ᵉ éd. 1969.
(22) Tite-Live, II, 3-4.
(23) *Cf.* H. Rix : *Das etruskische Cognomen*, p. 139 *sq.*
(24) C'est peut-être le mot *hus, cf.* M. Pallottino, *Elementi di lingua etrusca*, p. 92.
(25) J. Heurgon, *l'Etat étrusque ; cf.* aussi, W.V. Harris : *Rome in Etruria...*, p. 4-40 (The historiography of Etruria).
(26) Tite-Live, II, 3-4.

(27) J. Gagé : *Huit recherches sur les origines italiques et romaines, Recherche VI : La chute des Tarquins à Rome et les conjurations éphébiques de type étrusque*, sp. 123.

(28) Cn. Gellius et C. Licinius Macer, *ap.* Denys, IV, 6 ; Frontin, II, 8, 1.

(29) Frontin, IV, 1, 4.

(30) Valère-Maxime, VII, 4, 2.

(31) *Cf.* G. Dumézil : *Pères et fils dans la légende de Tarquin le Superbe ; cf.* aussi l'appendice de Tite-Live II, p. 110-112 (col. Budé).

(32) *Cf.* J. Heurgon : *Tite-Live et les Tarquins.*

(33) J. Heurgon, *Vie quot.*, p. 70.

(34) Cicéron : *De republica*, IV, 4. Sur les relations érotiques, *cf.* W. Helbig : *Sur les attributs des Saliens.*

(35) Tite-Live, I, 47, 7.

(36) Tite-Live : II, 3-4 : « *aequales sodalesque adulescentium Tarquiniorum* » et Dion C. 11, 13, à propos des fils de Tarquin et de Brutus : « ἅτε καὶ ἡλικιῶται καὶ συγγενεῖς αὐτῶν ὄντες »

(37) *Cf. supra*, p. 54.

(38) Denys, VII, 3-11 ; Plutarque : *De mul. virt.* 261 f (ch. 26).

(39) *Cf. supra*, p. 54 et n. *ad loc.* Par l'intermédiaire de l'historien Hyperochos de Cumes, qui disposait au IIIᵉ siècle de sources locales, Denys a pu en avoir connaissance (*cf.* G. de Sanctis : *Storia dei Romani, I²*, p. 438).

(40) M. Pallottino : *Il filoetruschismo di Aristodemo e la date della fondazioni di Capua ;* — sur Aristodème, *cf.* aussi E. Manni, *in Klearchos*, VII, 25-28, 1965, p. 63-78 et H.H. Scullard, *The Etruscan cities...*, p. 194-195.

(41) *Cf. infra*, p. 260 *sq.*

(42) Elle apparaît comme le thème de Philoctète, connu dès le vᵉ siècle : *cf.* R. Lambrechts : *Un miroir étrusque inédit et le mythe de Philoctète.*

(43) *Cf.* H.H. Scullard, *The Etruscan cities...*, p. 203.

(44) *Cf.* P. Ducati, *Storia dell'arte etrusca*, p. 184-185, fig. 194-198.

(45) Sur la tombe des Taureaux, *cf.* P. Ducati, p. 222-223, fig. 224 ; — M. Pallottino, *La peinture étrusque* (Skira 1952), p. 29-32 ; — L. Bauti, *in S.E.* 24, 1955-56, p. 143 *sq.* Sur le développement du thème, *cf.* H. Pairault : *Recherches sur quelques séries d'urnes de Volterra à représentations mythologiques.*

(46) *Iliade*, XXIV, 257 : sur Troïlos, *cf. Scholie à Iliade, ibid. ;* - E. Paribeni : *Troïlus, in Encyclopedia dell'arte antica*, 1966 ; — *Mayer, in Lexicon* de Roscher, P. Grimal, *Dict. de la myth. ;* — Dion Chrysostome, *Orat.* XI, 77 (éd. Dindorf, p. 189) ; — *Epitome d'Apollodore, III, 32.*

(47) Tite-Live, II, 3-4.

(48) Cette interprétation (dans *Huit Recherches*)peut se superposer aux exégèses traditionnelles : le geste d'Achille symbolise l'emprise de la mort, ou rappelle la mort prématurée du défunt (R. Rebuffat : *Le meurtre de Troïlos sur les urnes étrusques.)*

(49) Si l'on suit l'interprétation de P. Vidal-Naquet, *cf. supra*, p. 28 et n. 45 *ad loc.*

(50) Sur l'angoisse de la mort chez les Etrusques, *cf. infra*, p. 92 .

(51) P. Ducati, p. 231, fig. 234-235 ; p. 279, fig. 287 ; descriptions et références aussi dans F. Chapouthier : *Les Dioscures au service d'une déesse*, p. 200-201.

(52) F. Chapouthier, *ibid.*

(53) Amphore à figures noires, vIᵉ siècle.

(54) Fin vIᵉ siècle.

(55) *Cf. infra*, p. 191. Sur la déesse de Véies, *cf.* S. Ferri : *La « Iuno Regina » de Véies.*

(56) *Cf. infra*, p. 191 *sq.*

(57) Euripide, *Hippolyte*, 228-229 ; *Hélène*, 205-209.

(58) Récemment encore dans *Mettius Fufétius : un nom ou un double titre ? Remarques sur l'ancienne société albaine*, à paraître.

(59) *Huit Recherches (Recherche VI).*

(60) Suétone, *Néron*, I.

(61) *Cf. Les traditions des Papirii et quelques-unes des origines de « l'equitatus » romain et latin.*

(62) *Cf.* J. Bayet : *Herclé, étude critique des principaux monuments relatifs à l'Hercule étrusque*, p. 122.

(63) *ibid.*, p. 217 *sq.*

(64) *Cf.* M. Renard : *Hercule allaité par Junon :* il reprend l'étude de J. Bayet (*Herclé*, p. 150-154). *Cf.* aussi G. Monaco : *Uno specchio del Museo arch. di Firenze colla representazione di Herakles allattato da Hera*, p. 167, fig. 2.

(65) J. Bayet : *Herclé*, p. 170.

(66) *Cf. infra*, p. 193 *sq* et ch. sur les Luperques, p. 200 *sq.*

(67) *Cf.* G. Hermansen : *Studien über den italischen und den römischen Mars*, et les commentaires de G. Dumézil, *in RRA*, p. 243-244 et 643-645 ; — W. Scholz : *Studien zum italischen und altrömischen Marskult*.

(68) P. Ducati : fig. 181 ; — 200-201, fig. 221-222 (tombe d'Isis à Vulci) ; — fig. 209 ; — fig. 133 (fibule de Vulci, entre 700 et 625).

(69) P. Ducati, p. 177, fig. 178 et *infra*, p. 230 *sq.*

(70) P. Ducati, p. 117, 176-177...

(71) *Cf. supra*, p. 19.

(72) H.H. Scullard : *Etruscan cities and Rome*, p. 23.

(73) P. Ducati, p. 197-198, fig. 218-219.

(74) Par exemple, à Tarquinies, la tombe de la Chasse et de la Pêche.

(75) Salluste, *Catilina*, IV, 1.

(76) *Cf.* les chasses hellénistiques qui séduiront tant Paul-Emile et Scipion Emilien.

(77) *Cf.* J. Aymard : *Essai sur les chasses romaines des origines à la fin du siècle des Antonins*, p. 484 *sq.*

(78) Plutarque, *Publ.* 13, 4 ; — Festus, p. 340 L.

(79) J. Heurgon : *La vie quotidienne*, p. 258.

(80) *ibid.*, p. 259 *sq.*

(81) J. Heurgon : *La vie quotidienne*, p. 238.

(82) Outre la tombe des Léopards, *cf.* la tombe de la Chasse et de la Pêche et la tombe du Triclinium.

(83) *Cf.* J. Granarolo : *La jeunesse au siècle de César, d'après Catulle et Cicéron*.

# CONCLUSION :

Malgré tous les points obscurs que, dans ces trois essais sur la jeunesse en Italie, nous avons signalés, quelques convictions se dégagent et quelques indications méthodologiques.

L'Italie n'a pas échappé au système des classes d'âge, et le contraire eût été étonnant. Quand les Ligures les connaissent, et les Germains, encore au temps où Tacite les décrit (1), et les Grecs et les Perses, et toute société de type archaïque, les Italiens, directement touchés par l'hellénisme — ionien ou dorien —, figés souvent dans leur résistance à Rome en une organisation militaire qui promouvait la jeunesse, en ont conservé longtemps le principe. On le sent encore affleurer à l'époque augustéenne quand se développent des *collegia iuuenum* que nous étudierons plus tard. A Pompéi, nous avons vu se continuer sans interruption une association de *iuuenes* issue sans doute de la *vereiia* osque. Ces collèges seront comme la leçon qu'Auguste et ses successeurs tireront des institutions italiques et comme la solution du drame qui mena la République à sa perte. Ce que nous avons aussi pressenti, c'est l'importance politique et sociale, et la gravité de l'intégration des jeunes dans la collectivité. Et par « jeunes » nous avons vu qu'il ne fallait pas entendre, comme on le fait aujourd'hui, seulement une catégorie définie par l'âge, mais une classe, voire une caste, fondée surtout sur la participation militaire. Avec la guerre, la religion assure une cohésion, et les cultes d'Hercule et des Dioscures en particulier encadraient et liaient la jeunesse. Comme en Grèce, c'est la vitalité de la religion qui assura la durée — au niveau des mentalités du moins — de la classe des *iuuenes*. Quand apparaît la guerre, la cohésion se manifeste ; et, aux premiers troubles que suscite une présence étrangère — celle de Pyrrhus ou d'Hannibal — les jeunes gens prennent les choses en mains. Et toute cette activité guerrière, cette présence — au sein de la politique — des *iuuenes* ont, dès l'époque archaïque, une éthique qui pouvait se réclamer de la sagesse pythagoricienne.

La recherche que nous allons entreprendre sur Rome a sa voie tracée : elle doit déterminer la présence des classes d'âge et en définir les composantes, puis en traquer la persistance obstinée dans le contexte politique et social particulier à Rome au cours de son histoire. Ce que fut la réaction de Rome face à l'Italie, nous avons jusqu'à présent évité d'en faire état, pour faire surtout appel aux données objectives de l'épigraphie, de l'art, de l'archéologie... Cette réaction est toutefois accessible grâce aux indications de la tradition historiographique. Rome est prise dans une contradiction : d'une part, elle ne peut que désapprouver le *prope publico consilio* par lequel Tite-Live définit l'action presque illégale des jeunes Syracusains (2), mais, d'autre part, elle admire la vigueur de la race italienne, au contact de laquelle elle a conscience d'avoir trempé ses propres forces. Le mépris de la Grèce et de l'Asie proclamé par d'austères historiens amènera à dissocier la civilisation grecque et la civilisation italienne, et par suite à ignorer la *koinè* profonde que nous avons à plusieurs reprises constatée. C'est vers l'Italie qu'on se tourne au moment des guerres civiles, pour retrouver des accents martiaux, vers elle que le principat naissant cherche des sursauts de virilité. Ecoutons Turnus définir l'Italie :

> *Non hic Atridae nec fandi fictor Ulixes :*
> *durum a stirpe genus natos ad flumina primum*
> *deferimus saeuoque gelu duramus et undis ;*
> *uenatu inuigilant pueri siluasque fatigant ;*
> *flectere ludus equos et spicula tendere cornu.*
> *At patiens operum paruoque adsueta iuuentus*
> *aut rastris terram domat aut quatit oppida bello... (3)*

Et si nous rapprochons ce texte — qu'on peut craindre enflé par la fureur de Turnus — de la description, celle-là objective, de la jeunesse qui s'exerce devant la ville des Latins (4), nous voyons que Virgile présente la jeunesse italique de manière très cohérente : elle possède tous les dons que le principat espère faire renaître chez les jeunes Romains. De plus, Virgile se représente la structure de la société italique fondée sur les classes d'âges, ce qui, nous venons de le voir dans les trois essais qui précèdent, est certainement une réalité. Aussi sommes-nous fort tenté de traiter les textes virgiliens en documents plus qu'en reconstructions poétiques et anachroniques. De son côté, Horace emprunte à Tyrtée et à Simonide des thèmes guerriers :

> *Dulce et decorum est pro patria mori :*
> *mors et fugacem persequitur uirum*
> *nec parcit inbellis iuuentae*
> *poplitibus timidoue tergo (5),*

qui rappellent les accents des textes pythagoriciens que nous avons cités plus haut (6). Cet appel à la vertu guerrière, d'autres *Odes* le complètent par des incitations aux exercices d'entraînement militaire (7), où figure, en bonne place, la chasse dont nous avons dit qu'elle avait longtemps rebuté les Romains. Aux abords du renouveau augustéen, les poètes font revivre une Italie bien proche de celle que nous avons cru pouvoir définir.

Et l'ambiguïté de l'attitude romaine est sensible chez Virgile : Turnus incarne une éthique guerrière, totalement virile, mais a-t-il tort ? a-t-il raison ? Nous répondrons en son temps à cette question (8), mais le fait même qu'on doive la poser est significatif de la pensée romaine au sujet de la jeunesse. On voit bien que Turnus n'est pas le jeune Romain idéal, mais on voit aussi qu'il a des vertus. En les sublimant, on pourra parvenir au héros parfaitement romain. Cette sublimation des vertus italiques sera finalement l'idéal de Rome, et l'on comprend mieux ainsi que, s'il y eut dans le passé des héros romains à la manière de Turnus, la tradition, centrée sur la grande œuvre de sublimation du *furor,* ait peu parlé d'eux. On peut par là répondre aussi à une objection qui se présente : si Rome a dû chercher en Italie des exemples d'encadrement ou d'entraînement de la jeunesse, c'est que, peut-être, elle n'avait rien dans son patrimoine qu'elle pût faire revivre. Nous verrons que la tradition, en fait, évoque des souvenirs de *iuuenes* proprement romains ; l'attitude d'Horace et de Virgile s'explique par l'idée qu'on se faisait alors d'une Rome prise entre son passé troyen, donc asiatique, et son passé italien. Il fallait, pour retrouver le second, dépouiller le premier ; c'est ce que dit Junon, au terme de son combat contre Enée :

> *Ne uetus indigenas nomen mutare Latinos*
> *neu Troas fieri iubeas Teucrosque uocari*
> *aut uocem mutare uiros aut uertere uestem.*
> *Sit Latium, sint Albani per saecula reges,*
> *sit Romana potens Itala uirtute propago... (9)*

L'Italie qui « peut-être...plus que Rome,...l'emporta dans la guerre d'Actium » (10) est honorée par la poésie officielle, mais ce n'est pas seulement pour son rôle dans la guerre, mais parce qu'elle maintenait « avec une conscience de supériorité, avec orgueil et irritation » les valeurs anciennes, « la piété et la sobriété antiques, le respect pour la famille et la fidélité aux liens du sentiment et du devoir » (11).

Et il est remarquable que, pour retrouver dans le passé italien les impulsions du renouveau, Rome ait d'abord songé à ses *iuuenes.*

## NOTES

(1) Tacite, *Germanie,* XIII.

(2) *Cf. supra,* p. 53-54 et n. 64, *ad loc.*

(3) *Énéide,* IX, 602-608 : « Point d'Atrides ici ; point d'Ulysse beau parleur. Nous sommes une race de souche dure ; nos enfants à peine nés, nous les plongeons dans les fleuves où la cruelle glace des eaux les endurcit. Jeunes, ils passent les nuits à la chasse et sans cesse battent les forêts. Leurs jeux, c'est de dompter les chevaux, de tendre l'arc et de lancer la flèche. Notre jeunesse endurante, accoutumée à vivre de peu, dompte la terre sous son hoyau ou ébranle les places fortes à la guerre » (trad. A. Bellessort, col. Budé).

(4) *Énéide,* VII, *162* sq : « Devant la ville, des adolescents, toute une jeunesse en fleur, s'exercent à monter des chevaux et à maîtriser des chars dans la poussière, à tendre des arcs puissants, lancent d'un bras robuste les souples javelots, se provoquent à la course ou à la lutte » (trad. A. Bellessort).

(5) Horace, *Odes,* III, 2, 13-16 : « il est doux de mourir pour la patrie. La mort rejoint tout aussi bien le lâche dans sa fuite, elle n'épargne ni les jarrets ni le dos craintif d'une jeunesse sans courage » (Trad. F. Villeneuve, col. Budé). Le premier vers évoque Tyrtée (fg. 10) ; les autres, Simonide (fg. 65).

(6) *Cf. supra,* p. 50.

(7) Horace, *Odes,* III, 24, 54 ; — 7, 25-26 ; — 12, 7-12 ; — 1, 9, 3-7.

(8) *Cf. infra,* p. 250 sq.

(9) *Énéide,* XII, 823-827 : « Ne force pas les Latins indigènes à changer de nom, à devenir des Troyens, à être appelés les descendants de Teucer ; que ces hommes gardent leur langue et leur costume ; qu'il y ait un Latium, qu'il y ait à travers les siècles des rois albains ; qu'il y ait une race romaine que les vertus italiennes rendront puissante » (trad. Bellessort).

(10) R. Syme : *La révolution romaine,* Oxford 1952 (trad. franç. Paris, 1967), p. 428.

(11) *Id., ibid.*

TROISIEME PARTIE

# ROME

# ET LES AGES DE LA VIE

# PREAMBULE

*— Position des problèmes,*
*— Les textes théoriques.*

Ce que nous avons dit des réflexions de la pensée grecque sur la jeunesse s'applique aussi à Rome. Les cadres de la pensée y ont été adaptés aux réalités romaines. L'humorisme et les autres interprétations scientifiques de la vie humaine (1) invitaient à des élargissements psychologiques : la langue latine les a faits et les métaphores qui parlent du *feruor adulescentiae* ou de la sève qui rend possibles encore les jeux amoureux (2) héritent de ces conceptions. A Rome, c'est le théâtre comique d'abord qui a placé le problème de la jeunesse au premier rang des préoccupations littéraires, et c'est surtout Térence qui lui a donné tout son poids. A la suite d'Aristote, de Théophraste et de Ménandre, Térence médite sur la coexistence des générations, et ce n'est pas pour lui seulement un thème traditionnel : on sent dans toute son œuvre une civilisation qui réfléchit sur sa grande mutation. On a dit que la comédie latine montrait l'inverse de la réalité : si les jeunes assurent parfois leur domination sur les anciens, « cette contestation fictive des hiérarchies est le miroir des rêves, voire des remords obscurs de la société » (3). Et cette pensée éclaire le sens historique et social de la présence, dans la comédie, de deux générations en conflit et fait mieux comprendre la différence entre Plaute et Térence, dont P. Grimal a montré la signification (4).

Plaute, réactionnaire à la manière du vieux Caton, défend les valeurs ancestrales de l'éducation à la maison, dans le sillage du père, et caricature les formes de vie que Térence, sans totalement les approuver, tente d'adapter aux traditions romaines. La sévérité de Plaute ne va pas cependant sans indulgence, comme celle de Caton : ils concèdent aux jeunes gens quelques libertés, en particulier dans leurs amours pour les courtisanes, et ils admettent une conciliation entre les devoirs civiques et la nature. Ils doivent bien tenir compte de l'évolution des mœurs romaines. Le statut de l'individu a commencé d'évoluer à partir de la *Lex Hortensia* (287) qui, en reconnaissant à la plèbe l'égalité avec les patriciens, a porté un coup décisif à la cité patricienne. Dans celle-ci, l'individu était défini par toute une série d'appartenances (familiales, politiques, sociales) ; après 287, l'individu commence à compter pour lui-même, comme une personne. Les philosophes grecs, surtout Aristote et Théophraste, accentuent cette évolution et lui donnent sa signification ontologique : la vie devient une aventure individuelle. Et l'on voit ce que la notion de jeunesse eut à gagner à ce processus : elle s'individualisa, s'approfondit, se poétisa (4 bis). L'environnement historique de cette mutation est déterminant dans l'histoire romaine : la guerre avec Carthage et ses lendemains d'une part, la floraison de l'hellénisme et son prestige auprès de la jeunesse d'autre part, préparent un avenir nouveau. Les quelques années qui séparent Térence de Plaute sont une charnière entre la Rome archaïque et la ville moderne, bientôt maîtresse de l'univers ; les tiraillements multiples entre le passé et le futur intéressent en premier lieu la jeunesse. Plus tard, tandis que s'accroît l'agitation intérieure et qu'achèvent de se détériorer les cadres anciens de la morale et de la famille, Cicéron reprend la méditation de Térence qu'il connaît bien (5) et l'engage plus profondément dans la politique. En 56, le *Pro Caelio* est la prise de conscience de l'ampleur des problèmes qui, à propos de la jeunesse, touchent à la civilisation républicaine tout entière. Les barrières dressées devant la jeunesse se sont effondrées ; les jeunes gens, en effervescence, profitent du désarroi des adultes pour tenter de se tailler dans le monde politique une place de choix. La situation n'est pas sans analogies avec le temps où, à Athènes, s'agitaient les jeunes gens, tandis que les philosophes s'employaient à situer leur place dans la cité.

Dans notre étude, les années qui vont de la fin de la guerre contre Hannibal à Térence marqueront un grand tournant car nous voyons s'y rencontrer les souvenirs du passé et les promesses de l'avenir. Les questions que la jeunesse pose à Rome à cette époque ne sont pas nouvelles : elles réapparaissent après une période où, semble-t-il, on avait trouvé dans la pratique une certaine harmonie. Le passé est présent dans la méditation cicéronienne, comme il l'est dans les sombres réflexions de Salluste sur la jeunesse de son temps (6) ; tous deux, en nous révélant la nostalgie du passé, intéressent notre propos, d'autant qu'ils ouvrent en même temps les perspectives du principat. Si les guerres puniques sont pour beaucoup dans l'ère des perturbations qui commence pour Rome après elles, la tradition situe plus haut l'origine des problèmes de la jeunesse. Et elle a raison, sur le plan théorique du moins, où, pour le moment, nous nous plaçons. Il y avait longtemps que le monde antique s'était interrogé sur le rôle des jeunes gens dans la cité, et Rome a pu connaître très tôt les leçons pythagoriciennes (7), les solutions grecques et italiennes et enfin les réflexions des Etrusques dont nous avons évoqué le rôle d'intermédiaires (8). Ils le remplirent dans tous les domaines de la culture et de la politique, et l'intérêt qu'ils portèrent aux âges de la vie (9), qu'ils firent rapidement passer de l'observation scientifique des faits biologiques à l'angoisse métaphysique de la durée, ne laissa pas les Romains insensibles.

Pas plus qu'en Grèce, les spéculations philosophiques ne sont à Rome limitées à l'abstraction : les âges que la réflexion philosophique définit se retrouvent dans les lois. Dans ce domaine encore, il semble que la pensée grecque a paru apporter à des attitudes pratiques spontanées la garantie de son élévation spirituelle. La crise des deux derniers siècles républicains vient en partie de l'éclatement, au terme d'un long cheminement, de cadres moraux et constitutionnels, soigneusement élaborés et remis sans cesse en question, destinés à situer dans la cité la place d'un ensemble de jeunes hommes comprenant à la fois ceux que nous appelons les adolescents et les mobilisables.

Ces considérations permettent d'aborder maintenant les deux textes qui définissent les âges de la vie, en y distinguant plusieurs niveaux de lecture. Ces textes sont, en effet, le lieu de rencontre de toute la culture romaine — elle-même lieu de rencontre des cultures grecque et étrusque — avec une tradition vécue ; et, là encore, les Romains ont cimenté de leur génie propre la multitude des apports extérieurs.

* — *Varron, chez Censorinus et Servius.*

L'exemple le meilleur de la fusion des traditions diverses est la culture de Varron. On sait son obsession du nombre : il applique le nombre 3 aux tribus originelles et même aux Muses, ou le nombre 12 à divers phénomènes historiques, religieux ou linguistiques (10). Il définit enfin les périodes dangereuses de la vie — *climacterica* — auxquelles s'intéressera toujours la superstition romaine (11). L'éclectisme varronien explique que Censorinus et Servius ne concordent pas sur la division de la vie qu'ils disent emprunter à Varron : dans son œuvre, ils ont dû choisir, pour s'en inspirer, deux ouvrages différents.

Servius, brièvement, énumère cinq âges définis par Varron :

> *aetates omnes Varro sic diuidit : infantiam, pueritiam, adulescentiam, iuuentam, senectam (12).*

Beaucoup plus longuement, Censorinus explique et commente ; ses informations se résument dans le tableau suivant où nous avons fait suivre l'expression latine des trois manières de la transcrire en chiffres.

Censorinus précise clairement que l'idée première de ce classement est de découper la vie en tranches de durée égale à 15 ans. Les deux premiers âges que cite Servius (*infantia* et *pueritia*) sont ici resserrés en une seule période, dans le désir sans doute d'obtenir le même chiffre 15. La disparition de la petite enfance, qui caractérise généralement la négligence des sociétés primi-

| Pueritia | Adulescentia | Iuuenta |
|---|---|---|
| usque ad annum XV | ad tricesimum annum | usque quinque et quadraginta |
| 0-15 ans jour des 15 ans = 15 ans accomplis | 15 ans-30ᵉ année jour des 30 ans = 30 ans accomplis | 30-45 ans jour des 45 ans = 45 ans accomplis |

| Aetas seniorum | Senecta |
|---|---|
| usque sexagesimum annum | usque ad finem uitae |
| 45-60 ans = jour des 60 ans = 60 ans accomplis | (13) |

tives envers une période de la vie peu intéressante pour le corps social, est peu conforme à l'habitude romaine, qui distingue nettement l'âge du *puer* de celui de l'*infans*. Inversement, la présence, entre la jeunesse et la vieillesse, de l'*aetas seniorum*, qui, notons-le, n'a pas de nom spécifique, est fidèle aux réalités politiques romaines. La volonté de toujours retrouver le chiffre 15, bien qu'elle soit superficielle et qu'elle risque de conduire à des remaniements suspects, permet toutefois de préciser si dans les âges qui limitent chaque période Censorinus tient compte ou non de l'année écoulée. Ainsi, on voit que, si la première période dure bien 15 ans, il faut entendre qu'elle va jusqu'au jour des 15 ans : le *puer* alors a effectivement vécu 15 années ; le même calcul vaut pour les autres périodes.

### Isidore de Séville

Censorinus écrivait dans la première moitié du IIIᵉ siècle de notre ère ; c'est au début du VIIᵉ siècle qu'Isidore de Séville écrit ses œuvres et recueille « une foule de connaissances qui, au milieu de toutes les destructions accumulées dans la gestation des nouveaux royaumes, apparurent un des legs les plus précieux de l'antiquité » (14). C'est ainsi qu'il faut prendre le classement des âges qu'il développe longuement, en illustrant d'exemples chrétiens une pensée venue du paganisme (15). Un tableau, ici encore, simplifiera l'analyse :

| *Infantia* | *Pueritia* | *Adulescentia* |
|:---:|:---:|:---:|
| *quae porrigitur* | *usque ad quartum* | *usque ad viginti* |
| *in septem annis* | *decimum annum* | *octo annos* |
| jour des 7 ans | jour des 14 ans | jour des 28 ans |
| = 7 ans accomplis | = 14 ans accomplis | = 28 ans accomplis |
| 0-7 ans | 7-14 ans | 14-28 ans |

| *Iuuentus* | *Aetas senioris* | *Senectus* |
|:---:|:---:|:---:|
| *finiens* | *a quinquagesimo anno* | *a septuagesimo anno* |
| *in quinquagesimo anno* | *incipiens septuagesimo* | *nullo tempore annorum* |
| | *terminatur* | *finitur* |
| jour des 50 ans | jour des 70 ans | |
| = 50 ans accomplis | = 70 ans accomplis | |
| 28-50 ans | 50-70 ans | de 70 ans... |

Les premières périodes ressortissent à une spéculation philosophique différente de celle de Varron, mais identique à la théorie hippocratique des hebdomades. L'*infantia* dure 7 ans, ainsi que la *pueritia*. Celle-ci s'achève avec la puberté, dont Isidore dit un peu plus bas qu'elle commence à 14 ans pleins (16). La troisième période dure deux fois 7 ans. En vertu du nombre fixe 7, nous devons interpréter de manière arithmétique les limites de chaque période. A partir de la *iuuentus,* Isidore se sépare de l'école hippocratique et suit d'autres leçons. Entre la jeunesse et la vieillesse, figure, comme dans le texte de Censorinus, l'âge intermédiaire du *senior,* appelé par Isidore soit *grauitas* (17), soit *senectus* (18). Son travail sur les âges de la vie est un compromis entre diverses traditions ; il n'a d'ailleurs rien inventé ; après Ambroise (19) et Augustin (20), il médite sur la symbolique des nombres et hésite entre une division de la vie en 6 moments — c'est celle que nous avons commentée — ou en 4 (21), ou encore en 7 moments (22).

De même que l'étude varronienne des âges de la vie résultait d'une élaboration philosophique, celle d'Isidore se réfère aux philosophes ; il dit lui-même : *in his igitur sex spatiis philosophi uitam descripserunt,* et il se souvient que l'habitude était de fixer l'acmè de la vie — il choisit l'âge de 30 ans (23) — et que le vieillard se définit par la dominance de l'élément froid (24).

La diversité de ces renseignements apparaîtra comme un élément positif, si l'on pose comme hypothèse qu'elle provient de la rencontre de spéculations abstraites et de faits concrets. Avant de développer cette hypothèse, nous étudierons les mots soumis à notre analyse par nos deux informateurs.

## BIBLIOGRAPHIE

J. Fontaine : *Isidore de Séville et la culture classique dans l'Espagne wisigothique*, Paris, 1959.

P. Grimal : *Le siècle des Scipions*, Paris, 1953 (rééd. 1974).

P. Grimal : *Existe-t-il une « morale » de Plaute ?* in Bull. Ass. G. Budé, 1975, n° 4, 485 sq.

G. Serbat : *Les comédies de Térence sont-elles un « miroir de la vie »*, in *Inf. Litt.* XXIV, 1972, n° 5, 213-219; repris avec quelques modifications dans *Théâtre et société au second siècle av. J.-C.* in *Actes du IX<sup>e</sup> congrès G. Budé*, 1973, I, 394 sq.

R. P. Testard : *Le fils de Cicéron, destinataire du De officiis*, in Bull. Ass. G. Budé, 2, 1962, 196-213.

R. P. Testard : *Cicéron, lecteur de Térence*, in Caesarodunum, 1969, 4, 157-169.

Cf. aussi : B.G. n° 60.

## NOTES

(1) *Cf. supra*, p. 35.

(2) *Cf.* Lucrèce, III, 117 sq, 355, 424 ; — Sénèque, *Epist.* 68, 13 ; — Plaute, *Miles, 640.*

(3) *Cf.* G. Serbat : *Les comédies de Térence sont-elles un « miroir de la vie »*, in *Inf. litt.* XXIV, 1972, n° 5, p. 213-219.

(4) P. Grimal, *Le siècle des Scipions*, Paris, 1953 (réed. 1974).

(4bis) *Cf.* P. Grimal : *Existe-t-il une « morale » de Plaute ?*

(5) *Cf.* R.P. Testard : *Cicéron, lecteur de Térence* (résumé, in REL, 1970, p. 8) et *id. Le fils de Cicéron, destinataire du De officiis.*

(6) Salluste, *Catilina, passim.*

(7) *Cf.* J. Carcopino, *La basilique pythagoricienne de la Porte Majeure*, p. 161 sq.

(8) *Cf. supra*, p. 45 et 69.

(9) Censorinus, *De die Natali*, XIV, développant un texte perdu de Varron, explique que les *Libri Fatales* divisaient la vie en 12 semaines. Le nombre avait une valeur sacrée : les Etrusques avaient remarqué que l'on pouvait, par des prières, obtenir des dieux le sursis de deux semaines ajoutées au 10 premières.

(10) *Cf.* Servius, ad Ecl. 7, 21 ; — *Georg.* 1, 34 ; — Varron, *L.L.* V, 164-165 ; — Aulu-Gelle, *N.A.* III, 10.

(11) Aulu-Gelle, *ibid.* et XV, 7, où il rapporte une lettre d'Auguste à Gaius Caesar : le prince s'y félicite d'avoir franchi l'âge de 63 ans ; — Pline, *N.H. XLIX, 161 (54<sup>e</sup> année) ;* — Pline le J. *Ep.* II, 20, 3 (années divisibles par 3, 7, 9).

(12) Servius, *Ad Aen.* V, 295.

(13) Censorinus, XIV, 2.

(14) J. Bayet, *Lit. Latine* (rééd. 1965, col. U, p. 509) ; *cf.* J. Fontaine : *Isidore de Séville et la culture classique dans l'Espagne wisigothique*, p. 376-378.

(15) Isidore, *Etym.* XI, 2, 1 et *Diff.* II, 75.

(16) Isidore, *Etym. ibid. : qui expleuerit quattuordecim annos.*

(17) *Etym. ibid.*

(18) *Libri num.* 7, 31, ML, Ib.c. 185 b : en ce cas la vieillesse est appelée *senium : sex enim aetatibus cursus mortalium consummatur, hoc est infantia, pueritia, adolescentia, iuuentute, senectute, senio.*

(19) Ambroise : *Abr.* 2, 9, 65, CSEL, t. 32, 1, p. 620, 8 = ML, t. 14, c. 487 c : *quattuor quoque aetates sunt hominis : pueritia, adulescentia, iuuentus, maturitas.*

(20) Augustin, *Quaest. Simpl.* 58, 2, BA, t. 10, p. 172 = ML, t. 40, c. 43 : *sunt enim sex aetates etiam in uno homine : infantia, pueritia, adolescentia, iuuentus, grauitas et senectus.*

(21) Isidore, *Lib. num.* 5, 24, ML, ib. c. 184 a.

(22) *id., ibid.,* 8, 45-46, ML, ib. c. 188 c.

(24) Isidore, *Etym.* XI, 2.

(25) *Cf. supra*, p. 35.

# CHAPITRE PREMIER

# LE VOCABULAIRE ;
# ETUDE ETYMOLOGIQUE ET SEMANTIQUE.

L'étymologie de *infantia* est trop évidente pour avoir échappé à la connaissance étymologique des anciens, si souvent fantaisistes par ailleurs en ce domaine. C'est la seule période de la vie qui soit désignée par un mot négatif ; c'est l'âge antérieur à la parole : *in-fari,* un âge donc d'attente et qui compte peu dans l'histoire familiale et sociale de l'individu. On peut s'étonner que dure 7 ans une période désignée par l'absence de la parole. Isidore l'explique par les difficultés d'élocution qui caractérisent la petite enfance et qui cessent avec le remplacement des premières dents. Explication insuffisante peut-être ; mais avant d'en juger, notons que l'âge de 7 ans est encore considéré par la psychologie moderne comme un passage : il achève la « seconde enfance » qui a succédé, à l'âge de 3 ans, à la première enfance (1). La psychologie intuitive des Romains est moins précise, mais elle sent l'importance de ce cap : c'est alors que les enfants commençaient de participer à la vie, cultuelle surtout, en assistant leur père dans la célébration des cultes privés ou même les prêtres dans le culte public. La science moderne montre qu'à 7 ans l'enfant commence à acquérir les premières opérations « concrètes » (2) de la logique et, ce qui surtout nous intéresse ici, la première cohérence du langage (3) ; c'est le début de l'âge de raison. On peut dès lors penser que le mot *in-fantia* définit non point tant l'âge où l'enfant a des difficultés matérielles pour parler que celui où sa pensée n'étant pas logique, sa parole n'est pas encore la traduction d'une structure mentale. Et sa participation aux cultes exigeait peut-être ce degré d'évolution.

Ce monde du sacré où l'enfant pénètre à 7 ans a déterminé l'étymologie qui rattachait *puer* à *purus* et caractérisait l'enfance par la pureté. C'est une étymologie subjective dont la philologie moderne a écarté les données pour une explication plus scientifique : on pense à un thème *pu–*(skr. *puman,* homme, et latin, *putus,* petit garçon) (4). Même si elle est fautive, l'étymologie ancienne a le mérite de justifier le respect dont l'enfant était entouré et d'expliquer certains des rites célébrés lors des *Liberalia* (5).

Le terme de l'enfance, c'est la puberté (6), qui marque le début de l'*adulescentia*. Les explications anciennes du mot sont exactes, ou à peu près (7). Abstraction faite du préfixe *ad* —, il reste un verbe suffixé, où l'on doit reconnaître certainement *alescere* de *alo* (8), plutôt qu'une forme *olescere* supputée par Festus (9). Le suffixe inchoatif traduit bien la nature de cet âge qui est à la fois un devenir et une transition. C'est la croissance physique qui est en cause , et le développement individuel. Sur la durée de cette période l'habitude moderne se sépare de celle des anciens. On considère aujourd'hui qu'un garçon entre dans l'adolescence à 13-14 ans, et en sort à 18-20 ans, selon les cas ; et même la langue courante limite encore plus cette période en appelant « adolescent » le jeune garçon de 13-15 ans, dont la gaucherie, l'incertitude de la voix et la pauvreté de la barbe trahissent la grande mutation physiologique. Quand ces phénomènes ne sont plus apparents, on parle plus facilement de « jeune homme » (10). A Rome, le garçon reste adolescent selon les époques et les circonstances de la vie sociale jusqu'à 25 ans ou encore 28-30 ans. Nous pouvons dès maintenant deviner que ces âges surprenants ont été déterminés, non par la vérité biologique, mais plutôt par des usages politiques relativement tardifs (11).

Au terme de cette période intermédiaire, l'adolescent devient un *iuuenis*. Les étymologies anciennes rapprochent le mot de *iuuare*, comme elles en rapprochent aussi *iuuencus* (12). Cette explication, abandonnée aujourd'hui, présente un double intérêt. Elle signale, d'une part, une interférence entre le biologique et la vie du groupe : le *iuuenis* est celui qui peut « aider » la cité, surtout par sa capacité guerrière. Elle compare, d'autre part, le monde humain du *iuuenis* et le monde animal du *iuuencus*, comparaison qui situe la jeunesse de l'homme dans l'ordre naturel du monde et ramène à un état de pensée où l'homme et l'animal étaient désignés par leur commune aptitude à servir l'intérêt général. De plus la comparaison est étymologiquement juste car les deux mots appartiennent sans doute à la même famille. Cependant l'étymologie par *iuuare* suscite un étonnement : est-ce à partir de 28 ou de 30 ans seulement qu'un homme peut servir sa patrie ? Etonnement sur lequel nous reviendrons.

La famille de *iuuenis* peut s'enrichir encore à partir des balbutiements anciens. Varron explique ainsi le nom de Junon : *et ea dicta quod una iuuat cum Ioue*, et, implicitement, invite à faire entrer le nom de la déesse dans la famille de *iuuenis*, expliqué lui-aussi par *iuuare* (13). Il en va de même pour le nom du mois de juin ; Varron l'explique ainsi : *tertius a maioribus Maius, quartus a iunioribus dictus Iunius* (14), et Ovide propose de rattacher le nom du mois soit à *iuuenis* soit à *Iuno* (15). Plutarque rappelle les deux étymologies (16) et les concilie en rapprochant *Iunius* de *iuniores* (17) et en précisant que le nom de Junon vient du renouvellement de la lune et de la jeunesse (18). Le mois de juin, consacré à Junon, à Rome et ailleurs en Italie, mettait les savants anciens sur cette piste (19).

Les philologues modernes ont écarté l'étymologie par *iuuare*, mais ils ont corroboré tous les rapprochements des anciens. Pour l'étymologie, nous nous rallions à la brillante démonstration d'E. Benvéniste (20), continuée par G. Dumézil (21). Le mot *iuuenis* est rattaché à un thème dont une forme : * $ə_2$ ei—w (= ai—w) donne *aeuum*, et une autre : * $ə_2$ y—ew (= y—eu) donne *y—u (w). Un élargissement —*en* mène à *y—u (w) en, d'où *iuuenis*. Le même élargissement à partir du thème I donne : * $ə_2$ ei—w—en (= ai—w—en), d'où le grec αἰών, âge, vie, éternité, dont l'adverbe ἀεί garde aussi le sens. Le skr. *juvaçah* laisse penser que la gutturale de *iuuencus* est ancienne.

Le *iuuenis* est un gage de durée pour une société ; et, si sa jeunesse est transitoire, il a le pouvoir d'engendrer d'autres êtres qui, à leur tour, seront des *iuuenes*. Comme ἀεί passe du sens d'un perpétuel recommencement à celui d'une permanence dans le passé, puis dans le futur (22), de même le *iuuenis* devient un gage d'éternité, et sa jeunesse, l'éternité même. L'étymologie éclaire des mentalités qui sont perceptibles du début à la fin de l'histoire romaine, tant dans les cultes les plus anciens que dans la mystique de la jeunesse à l'époque augustéenne. Elle s'impose avec acuité à la Rome guerrière des premiers siècles, puis à la ville, qui, sous Auguste, se bâtit de marbre pour l'éternité.

Sur le rapprochement avec Junon, pour curieux qu'il puisse paraître, la critique moderne a fini par presque s'entendre. Certes le débat n'est pas clos, et nous n'avons pas l'ambition d'apporter ici, après tant d'autres, une solution. Nous ne pouvons qu'en retracer brièvement l'historique. On a cru longtemps que le nom de Junon se comportait étymologiquement vis-à-vis de Jupiter comme Διώνη vis-à-vis de Ζεῦς. C'était supputer l'existence d'une forme archaïque *Iouino* ou *Diouino*. Or deux inscriptions (du $II^e$ siècle) publiées en 1903, provenant du temple de Junon à Norba, donnent, l'une une forme *Iuno-nei*, l'autre une forme *Iunone* (23). La seconde, à côté de *Iunone*, donne *Loucina* et *Diouos*. Ainsi le nom de Junon ne comporte ni diphtongue, ni *D* initial, dans un état de la langue qui connaît encore la diphtongue de *Loucina* et le *D* initial de *Diouos*. Les formes escomptées n'ont jamais été découvertes depuis. Deux thèses, indépendantes mais proches dans le temps et l'intention, se sont appuyées sur ces deux inscriptions. W. Otto fait de *Iuno* une forme féminine de *iuuenis* : Junon serait dans le monde féminin ce qu'est le *Genius* pour les hommes, une protection individuelle (24). W. Schulze, d'autre part, rapproche *Iuno*, *iuuenis* et le gentilice *Iunius* (25). Les démonstrations philologiques ont des répercussions profondes sur la conception de la divinité : Junon serait sortie des *Iunones* individuelles et son association avec Jupiter serait dérivée ainsi que ses fonctions célestes. Mais restons-en aux questions étymologiques : un accord presque unanime (26) s'est manifesté, dont M. Renard défend les bases en soutenant que le nom de la déesse est lié à la série *iunix*, *iuuencus* et *iuuenis* (27). Deux voix se sont élevées contre ces conclusions, celle de R. Zimmerman (28) et celle de J. Whatmough (29) ; mais elles n'ont pas eu grand écho, car aux données linguistiques s'ajoutent bien des faits religieux qui signalent d'étroites relations entre Junon et les *iuuenes* (30). Le débat, bloqué sur le plan philologique par l'absence d'inscriptions nouvelles et le manque de données latines archaïques, qui confirmeraient l'hypothèse de la syncope — nécessaire pour passer de *Iouino* à *Iuno* — rebondit grâce à l'histoire de la religion.

La famille de *iuuenis* n'est pas close avec les quelques mots que nous venons de rapprocher. Détenteur de la puissance vitale, mais momentanément, le *iuuenis* n'est pas tant intéressant en lui-même que par la force qui l'habite, la *iuuenta*. Parmi les abstraits formés sur le thème, ce mot est le seul à avoir une origine incertaine. Il forme un couple antithétique avec *senecta*, qui est le féminin d'un adjectif substantivé après la simplification de l'expression encore en usage chez Plaute (31), *senecta aetas*. Le seul emploi attesté de *iuuenta* comme adjectif ne permet pas d'affirmer que son histoire est analogue à celle de *senecta* ; aussi n'est-il pas à exclure qu'il s'agisse d'un substantif. En ce cas, sa formation (*y u w n̥—ta) (33) serait très ancienne : en effet, le suffixe —*ta, qui servait en indo-européen à former des substantifs abstraits à partir d'adjectifs, est peu représenté en grec et en latin sous sa forme simple mais plus largement sous sa forme élargie *ta—t* (34). Cette survivance rare peut s'expliquer plus par le fait que le mot forme un couple avec *senecta* que par un éventuel usage institutionnel.

En effet, *iuuenta*, l'âge de la jeunesse, est divinisée sous le nom de *Iuuentas*, protectrice de la *iuuentus*, et ce sont ces deux mots que la langue officielle a retenus. Ils ont tous deux une égale ancienneté et une formation analogue : le premier est formé avec le suffixe élargi *ta—t—* comme son correspondant grec νεότης (35), tandis que le second utilise le suffixe parallèle —*teu]tu*, élargi en *tu—t* (36). *Iuuentus* s'oppose à *senectus* et on pourrait avoir la tentation de penser qu'ils désignent les deux rouages essentiels de l'État, correspondant au couple *iuniores-seniores* de l'organisation centuriate. Mais il n'en est rien ; *senectus* signifie seulement l'âge où l'on est vieux, tandis que *iuuentus* a un sens collectif et désigne l'ensemble des jeunes gens. Cette différence prouve que la *iuuentus* est une classe d'âge ; formée des *iuniores* depuis la réforme « servienne », elle ne s'oppose pas à une *senectus* qui désignerait les *seniores*, car ceux-ci ne sont pas des *senes*. Le plus surprenant est qu'aucun mot n'existe pour désigner les *seniores* ; cela s'explique par le fait que leur création est relativement récente (37).

De cette étude nous tirons donc la conclusion que le vocabulaire désignant la jeunesse a connu dans la Rome ancienne une extension de sens qui dépasse les implications biologiques et temporelles de la notion de jeunesse. C'est la famille de *iuuenis* surtout qui témoigne de cette extension, une famille bien plus prestigieuse et féconde que celle d'*adulescens* ou celle d'*infans* : que sont, en face du thème si riche de sens de *iuuenis*, ces deux participes, dont l'un, inchoatif indique un passage physiologique quand l'autre ne désigne rien d'autre qu'une absence ? Le « non-parlant » et le « grandis-sant » font figure de parents pauvres devant le détenteur de la puissance vitale. De plus, l'emploi au singulier de *iuuenis* est attesté si tard — par Catulle (38) —, ses emplois comme adjectif et le genre féminin qu'il a parfois sont si rares qu'on est amené à penser qu'à l'origine seul était d'usage le subs-tantif pluriel, *iuuenes*. Il devait désigner, comme le fait aussi *iuuentus,* un ensemble de jeunes gens, ou mieux l'ensemble des jeunes gens (39), formant une classe d'âge.

Ce n'était sans doute pas la seule classe que Rome distinguait. Si *adules-cens* et *infans* nous ont paru presque en marge du système conceptuel auquel appartient *iuuenes, puer* et *senex* peuvent parfaitement y entrer. Les sociétés archaïques sont parfois formées seulement de trois classes d'âge : les enfants, les guerriers et les anciens (40) ; on peut supposer que ce fut, à un certain moment de son histoire, cette structure que connut Rome, en distinguant les *pueri*, les *iuuenes* (ou *iuniores*, ou *uiri*) et les *senes* (ou *seniores* ). C'est la classe intermédiaire qui est, cela se comprend bien, la plus efficiente et la plus importante ; mais si *senectus* n'a pas le même emploi institutionnel que *iuuentus,* c'est que peut-être *senatus* avait à l'origine le sens antithétique d'ensemble des *senes*.

Dernière remarque enfin qui donnera encore quelque crédit à l'idée d'une Rome ainsi structurée : ce vocabulaire est surtout masculin. Ne parlons pas des participes *adulescens* et *infans* (41), mais *iuuenis* et *senex* n'ont pas de féminin ; seuls les hommes sont définis par leur âge. Les femmes, désignées par leur condition physique jusqu'à leur mariage (*uirgo),* le sont ensuite par leur état civil (*uxor)* et leur maternité (*matrona) ;* seule leur vieillesse est signalée, par le mot *anus*. Pour désigner la petite fille, il a fallu recourir au diminutif *puella* (42) et l'habitude d'utiliser pour la jeune fille *adulescens, adulescentula* et encore *iuuenis* est secondaire (43) : on a calqué un lexique à l'origine exclusivement viril. Ce qui intéresse la cité, c'est, pour les femmes, leur aptitude physique, légalisée par le mariage, à la procréation, et pour les hommes, l'âge, qui les rend aptes à la procréation aussi et à la défense du groupe. De même que le mariage et la naissance des enfants donnent à la femme une place fonctionnelle dans la famille et dans la cité, de même l'âge fixe pour les hommes leur fonction dans la cité, et à un degré moindre, dans la famille (44).

Avant que la puberté ait différencié les fonctions sociales des garçons et des filles, ils peuvent être désignés par le même nom. La langue ancienne dis-posait de *\*puerus* dont Plaute a conservé l'ancien vocatif *puere* (45), et de *puera* (46). Suivant l'évolution habituelle des mots à thème en *\*—ro, puer* s'impose à la place de *\*puerus*. Ce mot désigne à l'occasion aussi bien les garçons que les filles (47). Il s'y attache de plus une connotation de dépen-dance qui a caractérisé l'enfance ; c'est ainsi que *puer* désigne, déjà chez Plaute, le jeune esclave (48).

Le vocabulaire nous oriente donc vers la conclusion provisoire et encore vague que Rome a connu trois classes d'âge. On voit cependant les questions qui se posent : pourquoi avons-nous tant de termes pour désigner la classe principale, celle des jeunes hommes ? Pourquoi des *iuuenes* et des *iuniores* ? Pourquoi des *adulescentes* ? Et d'autre part, pourquoi, pour déterminer la jeunesse, des âges si élevés par rapport à nos habitudes et à la vérité physiologique ? Autant d'étonnements qui nous dirigent vers une enquête à travers les institutions.

## BIBLIOGRAPHIE

P. Ariès : *L'enfant et la vie familiale sous l'ancien régime*, Le Seuil, 1973.

V. Basanoff : *Euocatio*, Paris, 1947.

E. Benvéniste : *Expression indo-européenne de l'éternité*, in *BSL*, XXXVIII, 1937, 103-112.

M. Debesse : *L'adolescence*, Que sais-je? 102, 3e éd., 1971.

G. Dumézil : *Jeunesse, éternité, aube*, in *AHES*, X, 1938, 289-301.

G. Dumézil : *Juno SMSR*, in *Eranos*, 52, 1954, 118-119.

A. Ernout : *Philologica*, I, Paris, 1946.

B. Inhelder et J. Piaget : *De la logique de l'enfant à la logique de l'adolescent*, Paris, 1955.

W. Otto, *Juno*, in *Philologus*, LXIV, nelle sér. XVIII, 1905, 117 *sq.*

M. Renard : *Le nom de Junon*, in *Phoibos*, V, 1950-1951, 141-143.

W. Schulze : *Zur Gesch. lat. Eigennamen*, Göttinge, 1904.

B. L. Shields : *Juno, a study in early Roman religion*, 1926.

H. Wallon : *Les origines de la pensée chez l'enfant*, 1945.

*Cf.* aussi: B.G. nos 17, 62, 63.

## NOTES

(1) *Cf.* M. Debesse : *L'adolescence*.
(2) *Cf.* H. Wallon : *Les origines de la pensée chez l'enfant*.
(3) *Cf.* B. Inhelder et J. Piaget : *De la logique de l'enfant à la logique de l'adolescent*.
(4) *Cf.* Ernout-Meillet : *Dict. Etym. Sv.*
(5) *Cf. infra*, p.147 *sq.*
(6) Sur les problèmes posés par *pubes, cf. infra*, p. 327 *sq.*
(7) Isidore, *Etym.* XI, 2 : *adulescens dictus eo, quod sit ad gignendum adultus siue a crescere et augere ; —* Censorinus, *ab alescendo nominatos.*
(8) Ernout-Meillet, *sv. alo.*
(9) Festus, p. 402, 19, L.
(10) *Cf. infra*, p. 127-128.
(11) *Cf. infra*, p. 106 *sq.* et 124-125.
(12) Isidore, *Etym*, XI, 2 ; — Censorinus, XIV ; — Varron, *L.L.* V, 96.
(13) Varron, *L.L.* V, 67 : « c'est justement parce qu'en compagnie de Jupiter, elle accorde son secours qu'on l'a nommée *Iuno* » (trad. J. Collart, éd. *L.L.* V, Paris, 1954) ; *cf.* aussi *L.L.* VI, 33.
(14) Varron, *L.L.* VI, 33 : « le troisième mois est appelé « mai » d'après les plus âgés ; le quatrième « juin », d'après les plus jeunes ».
(15) Ovide, *Fastes*, VI, 26 et 56.
(16) Plutarque, *Numa*, 19, 5.
(17) *id., Q.R.* 86.
(18) *id., ibid.*, 77.

(19) *Fastes*, VI, 59, Préneste, Tibur, Lanuvium, Aricie, en territoire laurente.
(20) E. Benvéniste : *Expression indo-eur. de l'éternité.*
(21) G. Dumézil : *Jeunesse, éternité, aube ;* étym. acceptée par Ernout-Meillet.
(22) G. Dumézil : *Jeunesse...*
(23) Trouvées par Savignoni et Mengarelli, *cf. Not. d. Scavi,* 1903, p. 255 *sq ;* A. Ernout : *Textes lat. arch.* 60 et 61 = *CIL,* I² 372 (=XI, 6294), et I² 360 = *ILLRP,* 162, 164 :

*Iunone Locina dono pro C. Rutilio P.f.*
*P. Rutilius M.f. Iunonei Loucina dedit meretod Diouos castud*

*cf.* une inscription plus ancienne (III^e siècle), *in CIL,* I²361, VI, 357 = *ILLRP,* 161 :

*Iunone Loucinai Diouis castud facitud.*

(24) W. Otto, *in Philologus.*
(25) W. Schulze : *Zur Gesch. lat. Eigennamen,* p. 470 *sq.*
(26) *Cf.* Ehrlich, *in Zeitschrift f. vergl. Sprachforsch,* XLI, 1907, p. 470 *sq ;* Brugmann, *in Archiv f. lat. Lex.* XV, 1906, p. 4 *sq ;* — G. Wissowa, qui corrige dans sa 2^e édition de *Rel. u. Kult der Römer* (1912), p. 181-182, l'ancienne théorie que soutenait la première ; — Giannelli, *in Minor R. Ist. Lombardo,* XXIII = XIV, 1915, p. 174 ; — Thulin, *in R.E.* X, 1917, *sv. Iuno,* col. 1114 ; — Turchi : *La religione di Roma antica,* Bologne, 1939, p. 168 ; — Walde-Hofmann : *Lat. Etym. Wört.*1930 (éd. Heidelberg, 1954),*sv. Iuno ;* — V. Basanoff : *Euocatio,* p̂. 69 ; — G. Dumézil, *in RRA,* p. 289 *sq,* et *id. Iuno SMSR.*
(27) M. Renard : *Le nom de Junon.*
(28) *Cf.* R. Zimmerman, *in Wochenschr. f. klass. Phil.* 1905, p. 990 *sq.*
(29) Whatmough, *in Class. Quart.* XVI, 1922, p. 181 *sq :* il montre que le culte de Junon est influencé par l'Etrurie et que son nom a pu être prononcé à l'étrusque, qui ne connaît pas de *o ;* le passage de *ou* à *u,* comme dans *Uni,* a pu se faire très tôt. Le *D* initial aurait pu tomber avant celui de *Diouos.*
(30) *Cf.* Shields : *Juno, a study in early roman religion,* et *infra,* p.191 *sq.*
(31) Plaute, *Amp.* 1032... *cf.* aussi Lucrèce, V, 886... *Cf.* Ernout-Meillet, *Dict. étym.* et A. Ernout : *Philologica,* I, Paris, 1946, p. 227 *sq.*
(32) *CIL,* X, 4362.
(33) Ernout, *Philologica, op.* cité.
(34) Meillet-Vendryès : *Traité de gram. comparée des langues classiques,* § 569.
(35) *id. : ibid.,* p. 418, § 626.
(36) *id.*
(37) Sur les *seniores, cf. infra,* p.301-303.
(38) Catulle, 64, 58.
(39) Le sens nous semble plutôt défini (*les* jeunes gens) qu'indéfini (*des* jeunes gens), car, si *iuuenis* n'était pas employé, c'est qu'on ne distinguait pas d'individualité dans le groupe.
(40) *Cf.* A. Brelich : *Paides e parthenoi,* p. 99.
(41) Leur nature participiale ne permet pas d'affirmer qu'ils ont été d'abord masculins ; c'est cependant probable, car la *Lex Laetoria* qui fait entrer le mot dans le vocabulaire juridique (*cf.* p.106 ) concerne les jeunes hommes. On trouve chez Térence *optuma adulescens* (*And.* 488), mais le mot n'a aucune autre connotation que celle de l'âge.
(42) Suétone, *Caligula,* 8 : « les anciens appelaient les filles *(puellas) pueras* de même qu'ils disaient *puellos* pour *pueros* ».
(43) Pour *adulescens, cf.* note. 41. *Iuuenis* au féminin n'est pas attesté avant l'époque impériale (*Thesaurus, sv. Iuuenis,* 736, 1. 47 *sq)* et, d'autre part, des exemples opposent *iuuenis/iuuenes* au sexe féminin : Virgile, *Enéide,* VI, 448 :

*iuuenis quondam, nunc femina Caeneus ;*

Horace, *Odes,* III, 14, 9 :

*uirginum matres iuuenumque.*

Pour le recours aux diminutifs, *cf.* en grec παιδίσχη, féminin de παῖς.
(44) L'âge dans la vie familiale de l'homme compte moins ; si son père est vivant, il reste toujours *filius familias, cf. infra,* p.169 .
(45) *Plaute, Pseudolus,* 241. Térence ne connaît plus que le vocatif *puer.*
(46) A Suétone, *Caligula,* VIII, ajouter Livius Andronicus, *Odissia : Mea puera... ap.* Priscien *G.L.* II, 230 K qui commente : « *puer, pueri,* dont les anciens, il y a très longtemps *(antiquissimi),* employaient le féminin *puera » ;* Varron, *Mén.* 87, *ap.* Nonius, p. 156, 17.
(47) Naevius, commenté par Priscien, *G.L.* II, 232 K, *hic et haec puer.*
(48) Plaute, *Pseudolus,* 241. Même phénomène en français médiéval avec les mots fils, valet, garçon : *cf.* P. Ariès : *L'enfant et la vie familiale sous l'Ancien Régime,* p. 42 *sq.*

# CHAPITRE II

# LE DOMAINE JURIDIQUE :

— *Les XII Tables,*
— *La Lex Laetoria et son développement.*

## Les XII Tables.

L'ancien droit civil ignore les catégories d'âge complexes et divise les citoyens simplement en deux classes, fondées sur l'âge : les impubères et les pubères.

La première source de notre information est ici la loi des XII *Tables* qui, en dépit des critiques qu'on en a faites (1), semble bien fournir un témoignage valable. Les *Xuiri* ont fixé un moment juridique et ont enregistré le droit dans son état présent et dans son devenir prévisible. C'est un droit formaliste, où compte bien plus la rigueur des formules que l'analyse des intentions. Il témoigne d'une mentalité attachée encore à la loi du talion, mais il marque différents passages : celui du *fas* au *ius*, dont P. Noailles a montré le cheminement (2), celui du *ius priuatum* au *ius publicum*. Il cherche un équilibre entre la liberté des particuliers et la souveraineté du *populus* (3).

Si pour les temps antérieurs à 450, date que la tradition assigne à la rédaction décemvirale, on cherche des informations, on se heurte à des notices plus légendaires qu'historiques. Les XII *Tables* ont dû codifier des coutumes, sans doute peu marquées de traces étrangères et résultant de la fusion des coutumes de différentes peuplades (4). C'est ce que la tradition appelle, pour en faire le critère de la moralité, le *mos maiorum*. Plus qu'un principe de conservatisme, c'est une sorte de poussée dynamique impliquant une orientation et des limites (5). C'est en ce sens que la concevront Térence et Cicéron. L'esprit qui a présidé à la fusion des particularismes a pu, par ailleurs, aller se nourrir d'exemples grecs (6).

C'est dans cette perspective que nous allons analyser les dispositions de la *Tabula VIII* :

« *frugem quidem aratro quaesitam furtim noctu pauisse ac secuisse puberi tabulis capital erat, suspensumque Cereri necari iubebant, grauius quam in homicidio conuictum ; impubem (praetoris) arbitratu uerberari noxiamue duplione decerni »* (7).

Nous laissons de côté l'aspect surprenant du délit et de son châtiment (8). Ce qui nous intéresse, c'est que l'impubère est livré à la coercition du magistrat et soustrait à la répression pénale proprement dite. Il est possible que l'impubère ait joui de l'impunité, chaque fois qu'était exigée, à propos d'un délit, la perpétration *sciens prudensque* (9). Cette disposition est en tout cas caractéristique de l'esprit des *XII Tables* : elle montre leur effort pour substituer à la justice privée une justice rendue sous le contrôle de l'Etat et pour introduire dans l'appréciation d'un délit un critère autre que le fait accompli. Elle est, d'une part, fidèle à une tradition ancienne qui fait de la puberté le passage capital de la vie, non seulement physique mais politique et juridique ; d'autre part, elle introduit un adoucissement qui peut-être vient de l'humanisme grec (10).

Cette prise en considération de l'âge nous semble encore cependant bien timide : elle garde quelque chose de la sévérité des sociétés anciennes envers les faibles et les incapables. En effet, si l'âge est une cause d'incapacité, il faut songer que dans l'ancien droit la puberté est placée très tôt. Les jurisconsultes de l'Empire discutent encore de la détermination de la puberté ; la querelle oppose les Sabiniens — ou Cassiens — et les Proculéiens. Les premiers ont tendance à demeurer généralement attachés aux règles anciennes : en l'occurrence, ils souhaitent que l'on s'en tienne aux constations faites par le père sur la personne de l'enfant (11). L'apparition des poils du pubis, qui a donné sans doute son nom à toute une classe d'âge, la *pubes* (12), est la principale manifestation de la puberté ; c'est elle que les pères doivent constater. Les Proculéiens veulent adopter un âge commun à tous et proposent 14 ans (13). Pour les filles la règle unique était depuis longtemps 12 ans : c'est alors que le mariage était légal, même s'il était parfois conclu plus tôt (14). Plutarque et Macrobe précisent nettement ce point (15), qui est sans doute l'héritage du temps lointain, « l'une des traditions de ce *mos maiorum*, la coutume des ancêtres, qu'il eût été criminel de vouloir modifier » (16).

C'est certainement à la même antiquité que remontait le rôle du père dans la surveillance puis la constatation de la puberté chez son fils ; il devait prendre son rôle d'autant plus au sérieux que c'était pour l'enfant un grand moment de sa vie. E. Benvéniste a insisté sur l'importance juridique et sociale de la naissance, qui, seule, fixe la place de l'individu dans la société. Nous avons dit plus haut que la puberté était une seconde naissance (17), considérée bien plus sous son aspect social que sous ses manifestations physiques et psychologiques (18).

En théorie, la puberté confère au garçon la plénitude de la capacité juridique. Il est dès lors réputé responsable de ses actes (19) ; s'il est encore sous puissance paternelle, il peut contracter des dettes (20) et il a l'âge du mariage, sous réserve de l'accord paternel. S'il est sous tutelle, il en est libéré. Il peut même faire son testament (21).

On peut s'étonner aujourd'hui de voir la majorité pénale fixée à 14 ans et en trouver l'usage barbare. Il est vrai que la protection de l'individu dans l'ancien droit et encore dans les XII *Tables* est moins importante que celle du patrimoine. Cela se conçoit dans une société patriarcale et se vérifie dans l'institution de la tutelle qui est, en apparence seulement, protectrice du faible (22). Notre Moyen-Age fixera à 14 ans la majorité des rois de France (en 1374), sans d'ailleurs préciser s'il s'agissait de 14 ans révolus ou du début de la 14ᵉ année ; au xvıᵉ siècle, on discutera encore sur le délicat problème de la majorité. C'est le fait d'un monde encore archaïque, où l'espérance de vie est faible, que de faire entrer très tôt les jeunes gens dans la vie active. La loi romaine ne semble pas toutefois avoir une excessive rigueur : à l'époque ancienne, la puissance paternelle tempérait cette liberté prématurée, la loi s'emploiera plus tard à la restreindre. A côté de l'âge de 14 ans, bien attesté (23), on trouve, en matière juridique, par contamination avec des réalités politiques (24), l'âge de 17 ans, exigé par le préteur de celui qui veut agir devant lui (25). La coexistence de ces deux âges et le soin des jurisconsultes à préciser s'il faut entendre l'année commencée ou achevée dans la détermination des âges montrent qu'il y a rencontre entre un héritage de traditions anciennes et une évolution nécessaire. Jadis, on donnait très tôt des responsabilités et on respectait le particularisme familial ; en évoluant, la société a tendance à repousser les âges limites, d'autant que la structure familiale perd de sa cohésion, et elle crée une classe intermédiaire, les adolescents (26).

Et cela s'amorça, à Rome, sur le plan juridique, vers l'année 191, avec :

## La Lex (P) Laetoria de circumscriptione adulescentium (27).

Elle est mentionnée par quelques textes républicains et l'importance qu'elle garde dans tout le droit impérial est manifeste. La date exacte de sa promulgation n'est pas connue ; elle semble récente lorsque les personnages de Plaute l'évoquent (28), et c'est par la date du *Pseudolus* qu'on parvient à la situer aux alentours de 191 (29). Elle a peut-être été un plébiscite (30). Elle est destinée à protéger le mineur de moins de 25 ans contre ceux qui tenteraient d'abuser de son inexpérience (31). Sans équivalent en Grèce, elle place à 25 ans la plénitude de la capacité et, pour la première fois dans le monde antique, considère que le développement intellectuel n'est pas complet avant cet âge.

La raison d'être de cette loi est ambiguë ; elle s'inscrit dans un contexte de protection des faibles et d'adoucissement du droit traditionnel dont témoignent à la même époque la loi Cincia et la loi Atilia (32). Le relâchement des liens familiaux et le développement des relations économiques nécessitaient une telle politique de protection. La *Lex Laetoria* concerne seulement les pupilles arrivés à l'âge de la puberté, mais elle est ressentie par toute la jeunesse comme une limitation. Dans le *Pseudolus*, le jeune Calidore, dont le père est en vie, a ce cri pitoyable :

« Je suis mort ; c'est la loi des 25 ans qui me tue ; tout le monde a peur de me faire crédit » (33).

La sévérité de la loi inquiétait assez les éventuels prêteurs pour les rendre méfiants à l'égard de tous les adolescents.

D'autre part, la loi coïncide curieusement avec certaines restrictions apportées aux ambitions manifestées par la jeunesse après la seconde guerre punique, et elle semble annoncer la *Lex Villia Annalis* qui, en 180, introduira des limites d'âge pour le *cursus honorum* (34). On peut donc se demander si le prolongement de la minorité jusqu'à 25 ans ne conjugue pas le désir de protéger la jeunesse et celui de dresser une barrière devant ses impatiences.

Que ce soit volontairement ou par un développement imprévu de ses postulations, il reste en tout cas que la Lex Laetoria, vers l'année 191, a introduit dans l'échelle des âges une classe méconnue des XII *Tables*, l'adolescence. A partir de cette époque, une fois franchi le cap de la puberté, avant d'entrer dans la catégorie vaste et indifférenciée des pubères, le jeune homme est reconnu comme adolescent et astreint, sur certains points, à une vie marginale. Dans le système simple de jadis, la loi introduit une perturbation dont le vocabulaire juridique impérial témoigne encore. Le jeune homme est appelé *minor* (35), ou *adulescens* (36), ou encore il est défini par sa *iuuenilis facilitas* (37). Le droit impérial a reçu en héritage la loi républicaine et ses conséquences. La plus importante, perceptible dès la République (38), est la cohésion d'une classe d'*adulescentes*, qui appuiera sa turbulence sur les protections que lui accorde la loi. A l'époque de Julien, il faudra modifier la loi pour remédier à l'activité dolosive et maligne de jeunes gens qui dépassent les limites permises à leur faiblesse théorique (39). Le droit distinguera, après l'*infans*, le *proximus pubertati*, intermédiaire entre l'*admodum impubes* et le pubère. Il est assimilé à l'adulte sur le plan de la responsabilité pénale. Si l'apparition du *proximus pubertati* est tardivement inscrite dans les textes, elle était présente dans les idées bien avant le temps de Julien. Selon Tite-Live, le roi Tarquin l'Ancien, lorsqu'il brigue le trône, écarte des comices les jeunes fils d'Ancus Martius, qui pourraient être des concurrents, car ils sont déjà presque pubères (*iam... prope puberem aetatem*, 40). Tite-Live commet sans doute un anachronisme, mais témoigne qu'il connaît déjà un âge intermédiaire entre le *puer*, juridiquement incapable, et le pubère.

La *Lex Laetoria* ajoute aux deux catégories connues de l'ancien droit, les pubères et les impubères, la catégorie des *adulescentes*. Le statut de la jeunesse se compliquera singulièrement lorsqu'une limite sera fixée à la capacité politique et que cette limite ne coïncidera ni avec l'âge de la puberté, ni avec celui de 25 ans.

De plus, la *Lex Laetoria* différencie de l'ensemble des mobilisables un certain nombre de jeunes gens que les circonstances politiques amèneront comme naturellement à se grouper pour faire front contre les entraves que la constitution tente de leur imposer. Réputés incapables sur le plan juridique, ils vont être, à peine onze ans plus tard, voués par la *Lex Villia* à une inactivité impatiente aux abords de la carrière politique. D'autant plus concernés par les restrictions légales opposées à leurs ambitions qu'ils sont de famille noble, ces *adulescentes* vont reconstituer une classe d'âge, ce que précisément voulait éviter la *Lex Villia* (41). Ce sont ces jeunes gens dont Plaute fait le portrait désabusé et qui ne tardent pas à manifester leur cohésion dans la vie politique.

La jeunesse fut, dans la même période, contrainte de deux côtés à la fois à l'attente en marge de la participation totale aux affaires politiques et juridiques. Nous venons de voir ce qu'il en fut dans le domaine du droit privé, il reste à préciser la nature et les effets des tentatives des gouvernants pour réglementer l'accès aux magistratures.

## BIBLIOGRAPHIE

E. Benvéniste : *Liber et liberi, in REL,* 1936, p. 51-58.

A. Burdese : *Sulla capacità intellettuale degli impuberes in diritto classico, in AGCL,* fasc. 1-2, 1956, 10-66.

U. Coli : *Regnum, in SDHI,* XVII, 1951.

G. Crifo : *La legge delle XII Tavole, in Aufstieg und Niedergang des röm. Welt,* Berlin-New York, 1972, 115-133.

G. Dumézil : *Ordre, fantaisie, et changement dans la pensée archaïque de l'Inde et de Rome, in REL,* 1955, 139-160.

M. Durry : *Le mariage des filles impubères à Rome, in Mélanges M. Durry, REL,* XLVII bis, 1970, 17-25.

P. F. Girard : *Textes de droit romain,* 6ᵉ éd. Paris, 1937 (1889-1890).

P. F. Girard : *La loi des XII Tables,* Londres, 1914.

Imbert-G. Sautel-M. Boulet-Sautel : *Histoire des institutions et des faits sociaux* (col. Thémis), 1957.

H. Le Bonniec : *Le culte de Cérès,* Paris, 1958.

P. Noailles : *Fas et ius, études de droit romain,* Paris, 1948.

B. Perrin : *Le caractère subjectif de la répression pénale dans les XII Tables, in Revue historique de droit français et étranger,* 1951, 383-305.

B. Perrin : *Le délit décemviral de destruction des récoltes sur pied, in Annales Universitatis Saraviensis, droit-économie,* 1953, 34-49 et 174-194.

B. Perrin : *L'apparition du proximus pubertati en droit romain classique, in Synteleia Arangio-Ruiz,* Naples, 1964, 469-474.

B. Perrin : *L'installation et le baptême du proximus pubertati en droit pénal romain classique, in Mélanges R. Savatier,* 1964, 763-778.

B. Perrin : *La responsabilité pénale du mineur de 25 ans en droit romain, in Mélanges Piganiol,* 1966, III, 1455-1465.

G. Rotondi : *Leges publicae Populi Romani,* Milan, 1922 (réimp. 1966).

A. Tumedei : *Distinzioni post-classiche riguardo all'età infanti proximus et proximus pubertati,* Bologne, 1922.

*Cf.* aussi B.G. nᵒˢ 36, 44, 47, 55, 58.

(1) E. Pais : *Storia d'Italia dai tempi più antichi alla fine delle guerre puniche*, IIᵉ partie, *Storia di Roma*, 1, 1, 1898, p. 550-605 et 2, 1899, p. 546-570 et 631-635 ; — E. Lambert, *in Rev. générale de droit*, Paris, 1902, p. 385-421, 480-497, 1903, p. 15-22 ; — la tradition est défendue par G. Crifo : *La legge delle XII Tavole*.

(2) P. Noailles : *Fas et ius, études de droit romain*.

(3) U. Coli : *Regnum*, p. 142.

(4) Monier-Cardascia-Imbert : *Hist. des institutions et des faits sociaux des origines à l'aube du Moyen-Age*, 1955.

(5) *Cf.* G. Dumézil : *Ordre, fantaisie et changement dans la pensée archaïque de l'Inde et de Rome*, sp 157.

(6) *Cf. supra*, p. 43 .

(7) Aulu-Gelle, *N.A.* XI, 18, 8 et Pline, *N.H.* XVIII, 3, 12 : « Faire paître ou couper clandestinement de nuit une récolte obtenue par le travail de la charrue, c'était, selon les *XII Tables*, un crime capital pour un coupable pubère : elles ordonnaient que le coupable fût suspendu (à un poteau) et mis à mort pour satisfaire à Cérès — peine plus lourde que pour l'homicide — ; le coupable impubère devait être battu de verge, selon la décision du préteur, et la réparation du dommage ou du double du dommage était prononcée ». Commentaire d'H. Le Bonniec : *Le culte de Cérès*, p. 165 *sq* ; — *cf.* aussi Imbert-Sautel-M. Boulet-Sautel : *Histoire des institutions et des faits sociaux*, col. Thémis, 1, 1957, p. 155 *sq*.

(8) *Cf.* B. Perrin : *Le délit décemviral de destruction des récoltes sur pied*.

(9) B. Perrin : *La responsabilité pénale du mineur de 25 ans en droit romain*, et *id. Le caractère subjectif de la répression pénale dans les XII Tables*.

(10) *Cf. supra*, p. 43 .

(11) Isidore de Séville, *Etym.* IX, 3, 36.

(12) *Cf. infra*, p. 329 *sq*.

(13) « Les Cassianiens de leur côté disent qu'est pubère celui qui apparaît tel par son état physique, c'est-à-dire, celui qui est capable de procréer ; les Proculéiens disent qu'est pubère celui qui a 14 ans pleins ; mais selon l'avis de Priscus est pubère celui chez qui les deux facteurs concourent, l'état physique et le nombre des années. »*(Puberem autem Cassiani quidem eum esse dicunt, qui habitu corporis pubes apparet, id est, qui generare possit ; Proculeiani autem eum, qui quattuordecim annos expleuit ; uerum Prisco uisum, eum puberem esse in quem utrumque concurrit, et habitus corporis et numerus annorum)*, Ulpien, fg. XI, 28 ; dans le même sens : Gaius, *Inst.* 1, 196, et Quintilien, IV, 2, 5.

(14) M. Durry : *Le mariage des filles impubères à Rome*, in *REL*, XLVII bis, et *ibid. Autocritique*, p. 27 *sq*.

(15) Plutarque, *Numa*, 26, 1, 3 ; Macrobe : *Commentaire du songe de Scipion*, 1, 6, 71.

(16) P. Grimal : *L'amour à Rome*, p. 97.

(17) *Cf. supra*, p. 33 *sq*.

(18) E. Benvéniste : *Liber et liberi, cf.* G. de Sanctis : *Storia dei Romani*, IV (2), 1, 1953, p. 199.

(19) Cicéron, *Ad Att.* VII, 8, 5.

(20) Horace, *Sat.* 1, 2, 16 : (Fufidius) « recherche les créances des mineurs qui viennent de prendre la toge virile et font leurs premières armes sous des pères rigoureux » (trad. F. Villeneuve, col. Budé).

(21) Gaius, II, 113.

(22) *Cf.* L. Beauchet : *Tutela*, in *Daremberg-Saglio*.

(23) Références in J. Marquardt : *La vie privée des Romains (Manuel des antiquités romaines*, XIV), p. 144-157.

(24) *Cf. infra*, p. 114 *sq*.

(25) *Dig.* III, 1, 1, 3 (Ulp) : la *postulatio actionis* (demande de l'action à intenter) est interdite aux enfants, c'est-à-dire à ceux qui n'ont pas 17 ans *(minor annis decem et septem)*. Mais il faut encore distinguer *l'actor sui iuris* de *l'actor alieni iuris* : ce dernier ne peut agir que dans les cas définis (par exemple, *per pecule castrense)*.

(26) *Cf. infra*, p. 361 *sq*, sur l'importance politique des *adulescentes*.

(27) On hésite entre *Plaetoria* et *Laetoria*, plus probable.

(28) Plaute l'appelle *Lex quinauicenaria* (loi des 25 ans), in *Pseudolus*, 303-304, et la mentionne *in Rudens*, 1380-82 ; — *cf.* Cicéron : *De off.* III, 15, 61 ; — *De nat. deor.* III, 30, 74 ; — G. Rotondi : *Leges publicae Populi Romani*, Milan, 1922 (réimp. 1966), p. 271 ; — E. Pais : *Ricerche sulla storia...* p. 158 ; — *Thesaurus, sv. circumscriptio*.

(29) *Cf.* Costa : *in Bull. dell'Istituto di dir. rom.* II, 1889, p. 72.

(30) G. Niccolini : *Il tribunato della plebe*, Milan, 1932 (*Fasti*, p. 400).
(31) Table d'Héraclée (C.I.L. I² 583) appelée improprement *Lex Iulia Municipalis*, II, 2.
(32) *Cf.* Monier, Cardascia..., p. 508 *sq ;* — A. Piganiol, *La conquête romaine*, 1927
(5ᵉ éd. 1967, p. 394 et 403-404) : la *Lex Cincia* en 204 restreignait les donations et protégeait
les clients ; la *Lex Atilia*, vers 190, organise une nouvelle forme de tutelle dans l'intérêt des
impubères.
(33) *Pseudolus*, 303-304.
(34) *Cf. infra*, p. 116 *sq* et 358 *sq.*
(35) *Dig.* IV, 4, 28 ; — XLVIII, 5, 16, 6 ; — *cf.* A. Berger : *Minores, in RE*, XV, 2 (1932),
col. 1860-69.
(36) *Dig. ibid.*
(37) *Dig.* XLVIII, 5, 16, 6.
(38) *Cf. infra*, p. 361 *sq.*
(39) *Cf.* B. Perrin : *L'apparition du proximus pubertati en droit romain clas. ; — id.*
*L'installation et le baptême du proximus pubertati en droit pénal romain clas. ; — Burdese :*
*Sulla capacità intellettuale degli impuberes in dir. clas. ; —* Tumedei : *Distinzioni post-*
*classiche riguardo all'età infanti proximus et proximus pubertati*, Bologne, 1922.
(40) Tite-Live, I, 35, 1.
(41) *Cf. infra*, p. 116 *sq.*

# CHAPITRE III

# LE DOMAINE POLITIQUE :

— *Le tirocinium,*
— *Les âges « serviens »*
— *La Lex Villia Annalis, les Decem stipendia et le cursus honorum.*

> *C'est un vice des loix mesmes d'avoir cette fauce imagination ; elles
> ne veulent pas qu'un homme soit capable du maniement de ses biens,
> qu'il n'ait vingt et cinq ans ; et à peine conservera-t-il jusques lors le
> maniement de sa vie. Auguste retrancha cinq ans des anciennes ordon-
> nances Romaines, et déclara qu'il suffisait à ceux qui prenoient charge
> de judicature d'avoir trente ans. Servius Tullius dispensa les chevaliers
> qui avoient passé quarante sept ans des courvées de la guerre ; Auguste
> les remit à quarante et cinq. De renvoyer les hommes au séjour avant
> cinquante cinq ou soixante ans, il me semble n'y avoir pas grande
> apparence. Je serois d'avis qu'on estandit nostre vacation et occupation
> autant qu'on pourroit, pour la commodité publique ; mais je trouve la
> faute en l'austre costé, de ne nous y embesongner pas assez tost.
> Cettuy-cy avoit esté juge universel du monde à dix et neuf ans, et veut
> que, pour juger de la place d'une goutiere, on en ait trente.*
>
> Montaigne, *Essais,* I, LVII.

Pour Montaigne, homme du XVIᵉ siècle, l'espérance de vie est brève : à
33 ans, pense-t-il, est atteint le terme normal de l'existence (1). Dès lors, a-t-
on le temps d'attendre aux portes de la vie active que la loi en ouvre les
battants ? Son étonnement et sa critique des lois romaines sont tout à fait
légitimes. Ce que nous venons de dire de la *Lex Laetoria* y répond : c'est relativement tard que la loi romaine instaure cette surprenante minorité juridique
et, dans l'ancien temps, la puberté permettait l'accession aux droits politiques. L'âge de 14 ans est cité en effet comme le grand passage (2), ce que
Montaigne trouverait excessif aussi, dans l'autre sens, lui qui écrit :

« Quant à moy, j'estime que nos asmes sont denoüées à vingt ans de ce
qu'elles doivent estre... » (3)

Et de fait il est difficile de croire qu'à 14 ans un jeune garçon ait pu être
intégré au monde des adultes. C'est pour compenser une entrée aussi prématurée dans la vie que fut sans doute pratiqué l'usage, bien attesté, du *tirocinium,* stage préparatoire à l'entrée dans le monde politique et militaire.

*Le tirocinium :*

Le mot s'analyse aisément en *tiro-cinium* et la suffixation, analogue à celle de *tubicinium*, qui lui a peut-être servi de modèle, indique une origine militaire. C'est un terme familier, voire argotique, qui signifie d'abord : sonnerie pour les recrues. La distinction classique entre *tirocinium militiae* et *fori* doit être secondaire, et dater d'une époque où le service militaire, ayant perdu de sa force contraignante, pouvait être remplacé par un stage préparatoire à l'éloquence politique. La teneur primitive du mot s'est détériorée et il finit par désigner la portion de temps comprise entre la prise de la toge virile et l'entrée dans la vie active (4). Il y a eu passage d'une institution militaire, ancienne, si l'on se fie à la forme du mot (5), à un apprentissage qui pouvait être civil et qui était laissé au choix de chacun.

Du sens de recrue, le mot simple *tiro* est passé à celui, plus vague, de débutant (6). On connaît bien, en grec comme en latin, la suffixation —*e/on* qui sert, en particulier dans la langue populaire, à créer des sobriquets et des surnoms. *Tiro* a peut-être ce caractère populaire et péjoratif qu'on reconnaît à *latro* et à *praedo* (7) ; il appartient sans doute à l'argot militaire qui désigne toujours de manière dérisoire le nouveau, le bleu. Quant au thème*tir-*, il est tenu pour inconnu par Ernout-Meillet (8).

La meilleure connaissance qu'on ait du *tirocinium* républicain, on la doit au *Pro Caelio*. Cicéron évoque ce qu'était cette coutume au temps de sa jeunesse :

*nobis olim quidem annus erat unus ad cohibendum bracchium toga constitutus, et ut exercitatione ludoque campestri tunicati uteremur, eademque erat si statim merere stipendia coeperamus, castrensis ratio ac militaris... Sed qui prima illa initia aetatis integra atque inuiolata praestitisset, de eius fama ac pudicitia, cum is iam corroborauisset ac uir inter uiros esset, nemo loquebatur* (9).

Dans les années 90, quand Cicéron avait 16 ans, le *tirocinium* durait seulement un an ; mais il pouvait être prolongé d'un an (10) voire davantage (11). Cette pratique, le mot *constitutus* invite à la considérer comme une institution ou une coutume fermement établie. C'est ce que confirme la définition que donne Isidore de Séville des *tirones* :

*Tirones dicuntur fortes pueri, qui ad militiam delegantur atque armis gerendis habiles existunt... Unde et tirones dicti quique antequam sacramento probati sint, milites non sunt. Romanae autem militiae mos fuit puberes primos exercere armis. Nam sexto decimo tirones militabant, quo etiam solo sub custodibus agebant, de quibus Vergilius (Aen. VII, 162) « et primo flore iuuentus »* (12).

La référence à Virgile est bien venue, car c'est lui qui a donné à la pratique du *tirocinium* ses lettres d'antiquité, en plaçant Pallas sous la protection d'Enée et Iule sous celle d'un compagnon-guide. Servius commente ainsi *Enéide*, V, 546 :

*Secundum Tullium, qui dicit ad militiam euntibus dari solitos esse custodes, a quibus primo anno regantur :unde ait de Pallante* (VIII, 515) *sub te tolerare magistro militiam et graue Martis opus.* (13)

Le drapé particulier de la toge, encore évoqué par Sénèque l'ancien :

*apud patres nostros, qui forensia stipendia auspicabantur, nefas putabatur bracchium toga exserere* (13 bis),

entrave les mouvements et donne à l'attitude, tant dans la vie que dans l'éloquence, de la tenue et de la rigueur. L'étude des monuments figurés laisse penser que les Romains avaient le choix entre deux drapés. Celui qui entrave le bras correspond sans doute au temps où la toge n'avait pas encore libéré le torse (14). Pour les jeunes gens, il n'y a pas de choix : une véritable obligation morale les contraint à la décence et le bras entravé est aussi nécessaire que le port de la tunique dans les exercices. Mais c'est aussi une obligation religieuse : il s'agit de préserver un certain état de grâce, propre à l'enfance, et de protéger, un an encore ou deux, cette *pudicitia* qu'on attend de lui. Sénèque insiste sur la valeur religieuse de l'interdit : si *auspicari* a perdu dans la langue impériale son sens fort, il bénéficie par récurrence de l'atmosphère cultuelle qui entoure le *nefas*.

Selon Cicéron, deux possibilités s'offraient aux jeunes hommes : ou bien ils restaient en ville et se livraient aux exercices du Champ de Mars, tout en s'initiant aux méthodes politiques, ou ils partaient tout de suite à l'armée, auréolés, le temps d'une année, des prestiges encore vénérés d'une enfance à peine quittée.

Le *tirocinium* assurait le passage d'un âge à l'autre, en ménageant une transition morale et religieuse. En général, le père confiait son fils à un ami ou à un parent prestigieux. Patronné dans sa jeunesse par Q. Mucius Scaevola Augur (15), Cicéron patronnera à son tour la jeunesse de Caelius, de Pansa, de Dolabella et de Hirtius (16). A l'armée, le jeune homme était parrainé par un général, dont la mission était de le diriger et de le protéger (17), et qui le traitait en aide de camp (18).

Ce *tirocinium* est réservé à une classe sociale aisée et qui touche aux sphères du pouvoir. Par cette pratique, l'écart entre les âges traditionnels de la puberté et de la majorité politique était comblé. Le *tiro* pouvait attendre l'âge légal dans cette situation de stagiaire. Ainsi, sans doute, s'expliquent les exemples d'enfants encore vêtus de la prétexte et qui accomplissent des exploits guerriers ; ils assistaient leur père ou un protecteur choisi par lui (19).

Mais ces jeunes privilégiés sont une élite parmi les *iuniores* mobilisés pour la première fois. Lorsque Végèce, au IV<sup>e</sup> siècle de notre ère, cherche dans le passé des remèdes aux échecs de son époque, il s'intéresse tout particulièrement à la formation des recrues. Inspiré sans doute par le témoignage de Salluste (20), il rappelle que, selon l'antique coutume, les jeunes gens, recrutés dès leur puberté, étaient entraînés à la technique guerrière dans les camps militaires (21). Il existait donc apparemment une préparation accomplie avant la participation effective à la guerre, et cela n'est pas surprenant. Cependant les textes ne disent pas comment elle était organisée, pour la foule anonyme des mobilisables du moins, car, nous venons de le voir, le *tirocinium* à l'époque classique est restreint aux jeunes gens de bonne famille. Le système centuriate avait dû prévoir une préparation militaire. Tant que la guerre fut saisonnière, et que l'armée, engagée pour six mois, de mars à octobre, fut constituée par des citoyens qui n'étaient pas du métier et qu'on n'enrôlait pas nécessairement deux années de suite, il n'était pas possible de lancer dans des combats, auxquels ils n'étaient techniquement pas préparés, des *tirones* de 17 ans. Peut-être, quand l'armée fut régulièrement maintenue sous les armes une année entière au moins, était-il plus facile de consacrer à l'entraînement des recrues une période d'initiation préalable. Quoi qu'il en soit, au I<sup>o</sup> siècle avant notre ère, le *tirocinium* s'est transformé au point de concerner seulement une élite sociale.

Ce sont les *tirones* de bonne famille que signale dans la cité le port particulier de la toge. Ils sont des adolescents attendant leur entrée dans la vie civique. Et Cicéron a un mot révélateur quand il écrit : *cum iam corroborauisset ac uir inter uiros esset ;* Justin recourt aussi au mot *uir* pour désigner le nouveau titre des jeunes spartiates confinés à la campagne le temps de leur apprentissage lorsqu'ils reviennent en ville (22). Ce mot a une tonalité ancienne ; il indique la trace d'un passage, d'une entrée, après un apprentissage, dans le corps des hommes, des guerriers. Le mot *tiro*, avec ses airs argotiques, suggère des pratiques de bizutage, qui, jusqu'à nos jours, dans le service militaire en particulier, transposent d'anciennes pratiques initiatiques. Ces jeunes gens, que Végèce appelle indifféremment *tirones*, *adulescentes*, ou *iuniores*, ce qu'ils sont à vrai dire tout à la fois (23), forment dans la cité une classe d'âge. Ils sont entre les *pueri* et les *adulescentes*, ou, plus exactement, entre les *pueri* et les *iuniores*. Et par ce dernier mot, nous évoquons le système centuriate et son initiateur légendaire, le roi Servius Tullius.

## Les âges « serviens »

Les hésitations sur les âges, la liberté des grandes familles, justifient une réforme unificatrice ; elle fut faite grâce, dit-on, à l'œuvre de Servius. Nous en avons une seule mention, empruntée par Aulu-Gelle à Tubéron :

*Tubero, in Historiarum primo, scripsit Seruium Tullium, regem populi Romani, cum illas quinque classes seniorum et iuniorum census faciendi gratia institueret, « pueros » esse existimasse qui minores essent annis septem decem, atque inde ab anno septimo decimo, quos idoneos iam esse rei publicae arbitraretur, milites scripsisse, eosque ad annum quadragesimum sextum « iuniores » supraque eum annum « seniores » appellasse* (24).

Il s'agit d'abord d'une réforme de vocabulaire : Servius *a appelé iuniores* et *seniores* deux catégories de citoyens. On peut supposer que cette nomenclature simplifie un champ sémantique plus varié et supprime certains mots et les catégories qu'ils définissaient. De 17 à 46 ans, les hommes appartiennent à une même classe, que nous appellerons la *iuuentus* et qui schématise peut-être une organisation plus complexe. Quant à la *pueritia*, le roi en a précisé — et sans doute modifié — les limites.

La décision, attribuée ici à Servius, si elle ne lui est pas effectivement due, est conforme toutefois à ce qu'on sait de sa politique. Elle entre dans le grand mouvement de transformation qui accompagne la réforme hoplitique. La critique contemporaine tend à souscrire aux données de la tradition et reconnaît que Servius a pu être l'initiateur de la constitution qui porte son nom. S'il a substitué à la hiérarchie, qu'une partie ambitieuse de l'aristocratie tendait à fonder sur la naissance, une hiérarchie fondée sur la fortune, s'il a sanctionné la transformation de l'armée et des cadres archaïques de la cité, on comprend qu'il a dû uniformiser l'âge où s'achève la *pueritia* et déterminer l'entrée des jeunes hommes dans la classe des *iuniores*. Cette mesure est inséparable de l'habitude, attribuée aussi à Servius par L. Calpurnius Piso (25) : tout garçon, accédant à l'âge d'homme, devait déposer une pièce de monnaie dans le trésor de Juventas de sorte que l'Etat pût connaître de quel contingent il disposerait. La fixation des âges et le recensement des *iuniores* sont des mesures qui sanctionnent un moment où l'ancienne liberté en ce domaine était devenue une entrave au fonctionnement d'une armée civique.

L'autonomie des *gentes* a peut-être été compromise ; mais elles ont dû s'obstiner à la conserver en continuant de suivre leurs usages particuliers. La réforme visait peut-être à établir une égalité entre les classes sociales et à identifier la déclaration de puberté et la majorité politique. Mais les témoignages anciens donnent l'impression d'une grande anarchie dans la détermination des âges : ainsi les *Liberalia*, dont nous verrons plus loin le déroulement et la signification (26), sont célébrés à des âges très divers. Il est vrai que les textes les plus clairs concernent la fin de la République et l'Empire — presque uniquement les empereurs — et ne permettent pas de conclusions générales. L'âge de 14 ans restera toujours l'âge légal du mariage, même si les garçons se marient généralement plus tard. Il fut un temps où la toge virile, signe extérieur de la capacité civique, était prise à

17 ans, alors que le mariage était légal à 14 ans ; notre étude des *Liberalia* montrera à quel point cette situation était absurde et d'une absurdité que ne connaissait certainement pas l'époque archaïque (27). Le *tirocinium* évitait une telle confusion. Sous l'Empire, la liberté familiale est encore totale, si bien que la décision « servienne » a toujours été mal suivie, comme si elle concernait seulement les *iuniores* du peuple et non l'élite sociale de la jeunesse.

L'âge de 17 ans est bien attesté : il est entré dans les institutions. C'est alors que le jeune homme accède à la vie civique (28), et peut, s'il veut se faire connaître, intenter un procès retentissant. C'est ce que fit ce M. Cotta qui, au sortir du Capitole, le jour même où il déposa sa toge prétexte, accusa Cn. Carbon, accusateur de son père (29) ; c'est ce que fit aussi, au dire de Cicéron, le jeune Atratinus qui, pour venger son père, accusa Caelius (30). La *pietas* cache dans ces exemples un désir de publicité. L'âge de 17 ans, appelé plus tard *plena pubertas*, eut toujours une grande importance juridique (31).

On voit que le problème des âges est lié aux grands mouvements politiques. L'aristocratie a défendu son autonomie, mais la lente accession de la plèbe à l'égalité politique fit entrer, pour un temps, les grandes familles dans un usage commun. Servius n'est sans doute pas l'auteur de cette décision, mais elle est dans la logique de son œuvre traditionnelle. C'est peut-être au moment où les lois de Licinius et de Sextius tentent de sanctionner la réconciliation entre le patriciat et la plèbe que l'effort fut fait pour normaliser les âges de la participation militaire et politique (32).

### La Lex Villia Annalis, les decem stipendia et le cursus honorum

Nous n'en avons pas fini naturellement avec le vaste sujet de la réforme « servienne » ; mais, pour le traiter, il faut faire appel à des faits historiques qui dépassent le cadre de notre recherche immédiate, consacrée aux âges de la vie dans la constitution. Nous y reviendrons donc. Pour l'instant, il nous faut préciser les âges évoqués par le texte de Tubéron. Ce texte ne dit pas s'il faut entendre 17 ans accomplis ou la 17ᵉ année accomplie, ou, pour le dire autrement, si le jeune romain cesse d'être *puer* le jour de ses 17 ans ou la veille de ses 18 ans. L'ambiguïté est analogue pour l'autre limite, celle de la *iuuentus*.

Un texte d'Ulpien considère comme *minor annis XVII* un jeune homme jusqu'à son 18ᵉ anniversaire (33). T. Mommsen s'est réclamé de ce texte pour supposer que la limite « servienne » était 17 ans accomplis (34). A part ce témoignage, qui concerne le droit privé, à une époque tardive, et sans préciser s'il s'agit d'une innovation ou d'une tradition, les autres documents sont vagues (35). Cependant, il nous paraît plus conforme à l'ensemble des textes de penser que la capacité militaire commençait le jour des 17 ans. De même, à l'autre extrêmité, quand Mommsen opte pour 46 ans accomplis, on peut lui objecter un texte où Cicéron remarque qu'entre le premier et le dernier consulat de M. Valerius Corvus il s'est passé 46 ans : c'est, dit-il, précisément le temps fixé par les ancêtres avant d'atteindre l'âge des *seniores* (36). Le calcul est mathématique : 46 années effectives mènent un homme au jour où il atteint 46 ans, et Denys d'Halicarnasse confirme cette conclusion, quand il fixe à 45 ans accomplis la fin de la période active (37).

Si nous cherchons à préciser ces âges, c'est qu'ils déterminent ceux du *cursus honorum*. En effet, au temps de Polybe, il faut avoir accompli 10 ans de service dans la cavalerie avant de pouvoir occuper une magistrature. Un jeune homme qui commence son service à 17 ans peut briguer une fonction politique à partir de 27 ans. Sans doute fallait-il, comme le dit Mommsen, remplir déjà les conditions d'éligibilité pour être candidat : un jeune homme avait donc 27 ans lors de la *petitio* et 28 lors de la *gestio*.

L'exigence des *decem stipendia* a suscité de longs débats, ainsi que la *Lex Villia annalis*, qui, en 180, fixe un certain nombre de conditions visant à réglementer l'accès aux magistratures. De son contenu on sait peu de choses ; les textes parlent simplement d'une définition des âges légaux, et ils sont, sur ce point, unanimes (38). Malgré leur accord, Mommsen doute de leur témoignage et imagine un système dont la simplicité est assez séduisante pour avoir longtemps fait l'unanimité. Il fait dépendre la loi annale des *decem stipendia* : comme l'enrôlement est obligatoire à partir de 17 ans, on ne peut briguer la questure avant 27 ans. A la même loi se rattacherait, selon Mommsen le *biennium*, qui rend obligatoire un intervalle de trois ans entre chaque magistrature patricienne. Ainsi semble se créer un automatisme qui rend inutile toute fixation des âges légaux : il dépend seulement de la logique des chiffres qu'on ne puisse être préteur avant 30 ans, ni consul avant 33 ans.

Ces âges supposent que l'édilité n'avait pas encore été exercée : en général on veut bien faire cette concession au système de Mommsen ; on admet que l'édilité n'était pas — et ne pouvait pas être — obligatoire (39). Mais c'est l'ensemble du système qui est aujourd'hui contesté, car il implique aussi que les années de service accomplies avant l'âge de 17 ans n'entrent pas en ligne de compte (40). Or il est certain que l'enrôlement prématuré se pratique, par option personnelle ou sous l'effet de circonstances critiques (41) : les Gracques furent encore à l'armée avant l'âge légal, et Tiberius commença sa carrière en étant, au cours de sa 26e année, candidat à la questure. Son frère Caius opposa à ces dérogations une loi qui interdisait l'enrôlement au-dessous de 17 ans (42), et qui sans doute était dirigée contre une certaine jeunesse impatiente d'accéder aux affaires. On pense aujourd'hui que l'âge de la questure n'intervenait pas dans l'établissement des âges requis pour les autres magistratures. On pouvait sans doute, sans enfreindre la loi, être questeur avant 27 ans, si l'on s'était enrôlé avant l'âge légal de 17 ans.

La *Lex Villia*, selon toute vraisemblance, ne s'est pas intéressée à la questure. Si pour cette magistrature un âge minimum — inférieur en tout cas à 27 ans — était fixé, ce devait être 26 ans (43) ou 25 ans (44). C'est ce second âge qui nous paraît le plus vraisemblable : c'est celui que la *Lex Laetoria* introduit dans le droit privé, et nous pensons qu'elle ne l'a pas déterminé arbitrairement, mais plutôt qu'elle l'a emprunté à la loi — ou à l'habitude — en cours dans les institutions politiques.

25 ans, c'est l'âge auquel reviendra Auguste pour rétablir une identité entre le terme de l'adolescence juridique et le début de la capacité politique (45), et nous écrivons « rétablir » car il nous semble que cette identité existait déjà au temps de la *Lex Laetoria*. A partir de C. Gracchus — et, avant son intervention, fréquemment sans doute — l'enrôlement à 17 ans amenait à postuler sa première fonction politique à 27 ans et à la remplir à 28. Et cet âge de 28 ans, dépendant de l'âge de 17 ans que l'on savait ancien, a été conçu, contrairement à toute vérité physiologique, comme le terme de l'adolescence (46). Le divorce a commencé à se manifester entre le terme de l'adolescence juridique et celui de l'adolescence politique, et il va s'aggraver encore à l'époque de Sylla. La questure devient la voie normale pour entrer au sénat ; aussi est-elle soumise à la limitation légale. C'est l'âge de 30 ans qui est désormais exigé des questeurs (47), et c'est le terme *nouveau* de l'adolescence, plus éloigné encore du véritable développement physique et encore plus distant de l'âge fixé par la *Lex Laetoria*.

Il n'y a pas davantage de vérité physiologique dans la limite de la période que Varron et Isidore de Séville appellent *iuuentus* ou *iuuenta*. Elle se termine, depuis la réforme « servienne » à 45 ans, quand les *iuniores* passent dans les centuries de *seniores*. L'âge que donne Isidore, 50 ans, n'est pas sans écho institutionnel. En effet, selon Denys d'Halicarnasse, qui se réfère à Varron, les curions doivent être âgés de plus de 50 ans et sont exempts du service à cause de leur âge. Mommsen pense que cette limite a été choisie parce que c'est alors seulement que la sécurité contre l'enrôlement est acquise (48) : en effet, le citoyen qui, lors du recensement quinquennal, se trouve âgé de 44 ans, doit peut-être, puisqu'il lui reste théoriquement une année à accomplir dans une centurie de *iuniores*, attendre le prochain recensement pour être rayé de la liste des *iuniores* (49). Il est toutefois possible qu'à l'origine le *lustrum* ait été annuel et qu'il ait relevé du magistrat suprême, mais y avait-il alors des *seniores* ? On peut poser cette question car l'âge de 45 ans paraît singulièrement bas pour limiter la période de participation active à la guerre (50), et il est probable que cette limite n'est pas originelle. Si le citoyen, à l'époque historique, risque d'être appelé au-delà de 45 ans, c'est sûrement un cas d'exception, insuffisant pour justifier le souvenir dans la rhétorique universitaire tardive d'une exemption à 50 ans (51).

Pour ce qui est de l'âge des *senes*, celui qu'indique Isidore n'éveille aucun écho ; celui que propose Varron, 60 ans, est au contraire bien connu. C'est un tournant important de la vie civique et militaire : les sénateurs sont dès lors autorisés à ne plus assister aux délibérations (52), les *seniores* sont démobilisés et les *senes* sexagénaires peuvent être désormais l'objet de railleries, voire de violences (53). C'est à 60 ans que primitivement on devait quitter la *classis*.

De toute cette étude il ressort que la détermination des âges a de tout temps posé des problèmes et qu'il n'est pas de contexte politique qui ne débouche sur une recherche en ce domaine. De là, une grande disparité paraît dans les textes et dans les institutions, sensible surtout pour la définition de l'adolescence. Il est clair enfin qu'en dix ans environ, entre 191 et 180, la catégorie des *adulescentes* a été définie de deux côtés qui ne se sont pas accordés et qui ne s'accorderont pas avant Auguste.

La proximité dans le temps des deux lois *Laetoria* et *Villia* traduit peut-être une tendance politique propre à cette époque. Pour en bien juger il faudrait savoir ce qui se passait auparavant. Si l'on en croit Cicéron (54), et Tacite, la loi de 180 aurait innové. Tacite, en effet, écrit : « du temps de nos ancêtres... aucune prescription d'âge n'empêchait que dès la première jeunesse on revêtit le consulat et les dictatures » (55). Il est vrai que les sociétés anciennes font volontiers appel aux hommes jeunes ; cependant il est difficile d'affirmer qu'aucune clause d'âge n'ait réglementé l'accès aux magistratures avant 180. Tacite et Cicéron pensent, ou veulent donner à penser, que les anciens n'avaient pas besoin de lois annales pour éviter les abus et les ambitions des jeunes gens ; ils se souviennent des investitures antiques, dues, nous dit la tradition, au seul mérite, et ils pensent sans doute à Valerius Corvus, consul à 23 ans, ou à Scipion l'Africain, édile à 22 ans (56). Leur vision idéalisée du passé simplifie sans doute les faits, et, s'il n'y eut pas de lois annales dans l'ancien temps, il dut y avoir au moins des coutumes contraignantes (57).

Deux textes de Tite-Live peuvent étayer cette hypothèse ; l'un raconte l'élection à l'édilité de Scipion (58), l'autre, celle de Flamininus au consulat (59). Scipion était trop jeune, et Flamininus avait seulement été questeur. Les tribuns, dans les deux cas, font opposition, mais se rangent pour finir à l'avis du peuple ou du sénat (60). Mommsen en conclut que le magistrat qui présidait l'élection avait le droit d'écarter un candidat qui ne remplissait pas les conditions d'éligibilité. Mais le danger, qui apparaît dans les textes, est double : on peut, grâce à la faveur du peuple, accéder très jeune aux magistratures, et, d'autre part, le sénat peut favoriser l'élection illégale d'un candidat qui lui agrée. L'opposition vient des tribuns de la plèbe, et elle semble indiquer qu'il y avait des normes, avant même la loi de 180, auxquelles les magistrats plébéiens se montrent très attachés. Rappelons-nous que la *Lex Villia* est un plébiscite, que la *Lex Laetoria* en est peut-être un aussi, et nous pourrons nous demander si le problème des lois annales n'est pas un thème de contestation politique. L'année précédente, les consuls

Baebius et Cornelius avaient proposé une *Lex de ambitu* qui, semble-t-il, prévoyait la peine de mort en cas de corruption électorale. Notons que le remaniement des conditions électorales coïncide avec le *lustrum* de Caton, *homo nouus*, et les consulats d'*homines noui* : s'agirait-il d'aménager l'accès au pouvoir d'un nouveau personnel politique ? (61).

Mais c'est pour tenter de donner raison à Cicéron et à Tacite que nous supposons l'existence de simples coutumes ; Tite-Live, en fait, permet de soupçonner l'existence de lois. Lors de l'élection de Flamininus le sénat répond en ces termes aux tribuns :

*Qui honorem quem sibi capere per leges liceret peteret, in eo populo creandi quem uelit potestatem fieri aequum esse* (62).

Le mot est employé : il y a des *leges*. Tite-Live, à propos de Scipion, parle de *l'aetas legitima* qu'il n'a pas encore atteinte (63). On en conclut généralement que, si on ne lui reproche pas de ne pas avoir accompli ses dix ans de service, c'est que l'obligation des *decem stipendia* n'existait pas encore, mais il reste que, selon le récit de Tite-Live, les limites d'âge existaient. Ces indices sont cependant faibles : le même Tite-Live dit ailleurs que la *Lex Villia* a fixé les âges légaux pour la première fois (64) Il a pu mal interpréter le droit d'opposition du magistrat qui présidait à l'élection, en tout cas, pour lui, il y a une législation, plus incertaine peut-être que celle de 180, mais enfin réelle.

Toujours selon Tite-Live, en 212, lors d'un *dilectus* particulièrement difficile, le sénat ordonna que « les tribuns de la plèbe devaient, s'il leur plaisait, proposer au peuple que, pour les jeunes gens qui prêteraient serment à moins de 17 ans, les années de service comptassent à partir de ce moment, comme s'ils étaient devenus soldats âgés de 17 ans » (65). Ce texte suggère qu'avant cette loi, les *stipendia* anticipés ne comptaient pas et l'actualité de la question à l'époque des Gracques encore montre que la loi n'avait pas été abrogée à la fin de la guerre contre Hannibal (66). La date de 212 est à rapprocher de l'année 213, pendant laquelle se déroule l'élection de Scipion : on sent que le problème des âges se pose alors avec une particulière acuité.

Il faut se souvenir de ces deux dates pour comprendre comment la nécessité d'une loi annale a pu se faire sentir en 180. Il nous semble que cette loi a tenté de faire obstacle à la fougue et à l'ambition des jeunes gens (67). C'est ce que dit Cicéron (68), c'est ce que suggère Denys d'Halicarnasse quand il rapporte que les consuls menacent leurs jeunes collègues de modifier les âges d'accès aux magistratures (69). La jeunesse plus directement concernée est de haute naissance et ce sont des tribuns de la plèbe qui mènent l'opposition à leurs désirs de puissance. Et les exemples que nous avons empruntés à Tite-Live montrent que le réveil de la volonté de puissance de la jeunesse date de la seconde guerre punique : elle avait permis, à la faveur de vicissitudes extraordinaires, aux jeunes gens d'accomplir de grandes carrières, à la guerre puis au forum. Scipion joue le rôle d'initiateur. Une fois terminé l'état d'exception, l'exemple reste vivant, et il est difficile de revenir en arrière. La *Lex Villia* qui le tenta fut insuffisante : des Gracques à Auguste les carrières prématurées seront possibles (70).

La plus importante direction qui s'ouvre à notre recherche au terme de cette étude est d'ordre politique. Mais nous avons constaté une grande confusion dans la définition des âges. Aussi convient-il de chercher ce que la langue écrite a fait de ce lexique divers, à la fois précis et vague.

## BIBLIOGRAPHIE

A. Afzelius : *Lex annalis, in Classica et Mediaevalia,* VIII, 1946, 263 *sq.*

A. E. Astin : *The Lex annalis before Sylla, in Latomus,* XVI, 1957, 588-613 et XVII, 1958, 49-64.

J. Carcopino : *La naissance de Jules César, in Annuaire de l'institut de philologie et d'histoire orientales,* II, 1934, 35-69.

P. Fraccaro : *I decem stipendia e le leges annales repubblicani, in Opuscula,* II, 1957, 207-234.

J. Harmand : *L'armée et le soldat à Rome de 107 à 50 avant notre ère,* Paris, 1967.

L. Lange : *Römische Alterthümer,* Berlin, 1876-1879.

C. Nicolet : *Les Gracques,* col. Archives Julliard, 1967.

A. Piganiol : *Recherches sur les jeux romains,* Strasbourg, 1923.

E. Hill Richardson-L. Richardson Jr. : *Ad cohibendum bracchium toga, an archaelogical examination of Cicero, Pro Caelio, V, 11, in Yale classical studies,* XIX, 1966, New-Haven and London, 251-268.

M. Rostovtsew : *Röm. Bleitesserae, in Klio,* Beiheft III, 1905, 59 *sq.*

H. H. Scullard : *Roman politics, 220-150 B.C.* Oxford, 1951 (2ᵉ éd. 1973).

G. Tibiletti : *The comitia during the decline of the Roman republic, in SDHI,* Rome, 1959, 94-127.

P. Willems : *Le sénat de la république romaine,* Louvain, 1878-1885.

L. W. Wilson : *The roman toga,* Baltimore, John Hopkins, 1924.

*Cf.* aussi : B.G. nᵒˢ 22, 30, 36, 38, 43.

## NOTES

(1) Montaigne, *Essais,* 1, 20.

(2) Références chez Marquardt : *La vie privée des Romains* (*Manuel des ant. rom.,* p. 144-157).

(3) Montaigne, 1, 57.

(4) *Cf.* Valère-Maxime, V, 4, 2 ; — Suétone, *Aug.* 26 ; *Tib.* 54 ; *Cal.* 10 ; *Nero,* 7 ; — Cicéron, *Pro Murena,* 33, 69 ; — Sénèque, *Epist.* 4, 2 ; — Regner, *Tirocinium fori, in RE.* et R. Cagnat, *Tirocinium, in* Daremberg-Saglio.

(5) *Cf.* A. Ernout : *Philologica,* 1, 1946, p. 73-82, sp. 78 et 81 : des composés latins en -cen, cinium et cino = *Mél. J. Vendryès,* Paris, 1925, p. 141 *sq.*

(6) Ernout-Meillet, *sv. Tiro.*

(7) *ibid., sv. Latro.*

(8) *Cf. Etymologicum Magnum* (éd. T. Gaisford, Amsterdam, 1967) ; sur le rapport

éventuel avec le sabin *terenus*, *cf.* Liddel-Scott : *A Greek-English lexicon* (éd. 1940 ; réed. 1966) et E. Vetter, *Handbuch*, p. 376.

(9) *Pro Caelio*, V, 11 : « Pour nous, autrefois, il n'y avait guère qu'une année où nous devions tenir le bras caché sous la toge, et, pour les exercices et les jeux du Champ-de-Mars, garder la tunique ; et si nous commencions immédiatement le service militaire, on observait la même règle dans les camps et à l'armée... Mais s'il pouvait dépasser cette période initiale de sa vie, en restant à l'abri du vice et de la corruption, quand il avait pris de la maturité et qu'il était devenu un homme parmi les hommes, personne ne parlait ni de sa réputation ni de sa moralité » (trad. J. Cousin, col. Budé).

(10) *Cf.* Rostovtsew : *Röm. Bleitesserae, Klio*, Beiheft III, 1905, p. 59 *sq.*

*(11) Cf.* R.G. Austin : *Pro Caelio oratio*, 3e éd. 1960, Oxford, *ad loc.*

(12) Isidore de Séville, *Etym.* IX, 3, 36-37 : « On appelle *tirones* (stagiaires) les enfants courageux qui sont envoyés au service militaire et qui sont aptes au port des armes... Par suite on appelle aussi *tirones* ceux qui, avant d'avoir subi l'épreuve du serment, ne sont pas encore des soldats. C'était une habitude du service militaire romain d'exercer aux armes les jeunes gens dès la puberté. De fait, les stagiaires faisaient leur service au cours de leur 16e année ; c'était la seule année qu'ils passaient sous la surveillance de gouverneurs ; c'est de ces jeunes gens que Virgile dit « et la jeunesse dans sa première fleur ».

(13) Servius : « Selon Tullius (Cicéron), qui dit que des gouverneurs étaient habituellement attribués à ceux qui allaient au service pour les diriger pendant la première année ; par suite, il dit à propos de Pallas : « qu'il s'accoutume sous tes ordres au dur métier des armes et aux lourds travaux de Mars » (trad. de Virgile, par A. Bellessort, col. Budé).

(13bis) Sénèque, *Contr. Excerpt.* V, 6 : « Chez nos ancêtres, on jugeait sacrilège de la part de ceux qui faisaient leur initiation au forum de sortir le bras de la toge » ; — *cf.* aussi Quintilien : XII, 10, 21.

(14) *Cf.* L.W. Wilson : *The Roman toga*, et E. Hill Richardson-L. Richardson Jr. : *Ad cohibendum bracchium toga, an archaelogical examination of Cicero, Pro Caelio*, V, 11.

(15) Cicéron, *De amicitia*, I.

(16) Quintilien, XII, 11, 6.

(17) *Cf.* J. Harmand : *L'armée et le soldat à Rome de* 107 *à* 50 *avt. notre ère*, Paris, 1967.

(18) A 17 ans, le jeune Cicéron sert à Pharsale.

(19) *Cf. infra*, p. 168 .

(20) Salluste, *Cat.* VII, 4 : « Tout d'abord la jeunesse, dès qu'elle était en âge de supporter les fatigues de la guerre, apprenait dans les camps par la pratique et l'exercice le métier militaire » (trad. A. Ernout, col. Budé).

(21) Végèce, I, 4, 1 : « s'il faut conserver l'ancienne coutume, nul n'ignore qu'on enrôlait dès le début de la puberté. »

(22) Justin, III, 3 ; *supra*, p. 18 — *cf.* aussi, Sénèque, *Epist.* 4, 2 : la pratique de la philosophie fait passer au rang des hommes *(in uiros philosophia transcripserit)*.

(23) Végèce, 1, 4 et 1, 9.

(24) Aulu-Gelle, *N.A.* X, 28 ; *cf. Veterum hist. Rom. fragm.* éd. H. Peter, 1870, p. 312, fg. 4 : « D'après Tubéron, au 1er livre de son *Histoire*, le roi du peuple romain, Servius Tullius, instituant en vue du cens les 5 classes fameuses de citoyens, anciens et jeunes, estima comme enfants ceux qui avaient moins de 17 ans ; à partir de cet âge, ceux qu'il pensait être désormais capables de servir l'Etat, il les inscrivit comme soldats, et il les désigna du nom de *iuniores* (les plus jeunes) jusqu'à leur quarante sixième année ; au-delà de cet âge, il leur donna le nom de *seniores* (les plus âgés). »

(25) *Ap.* Denys, IV, 14.

(26) *Cf. infra*, p. 141 *sq*.

(27) *Cf. infra*, p. 152 *sq*.

(28) Pline, *NH.* VIII, 14.

(29) Valère-Maxime, V, 4, 4.

(30) Cicéron, *Pro Caelio.*

(31) *Cf.* J. Marquardt, *La vie privée des Romains*, ch. III.

(32) *Cf.* A. Piganiol : *Recherches sur les jeux Romains*, p. 84 *sq*, et *infra*, p.

(33) *Digest.* 3, 1, 1, 3.

(34) Mommsen, *Le droit public romain* (trad. F. Girard), II, p. 155-165 ; Becker *(Handbuch*, II, 1, p. 215) opte pour 17 ans commencés.

(35) Tite-Live, XXII, 57, 9 : enrôlement des *iuniores* depuis l'âge de 17 ans *(ab annis septemdecim)* ; XXV, 5, 8 : *minores septem decem annorum* ; XXVII, 11, 15 : *septemdecim annos nati* ; Plutarque, *C. Gracchus*, 5 ; *Cato M*.1.

(36) Cicéron, *De sen.*, XVII, 60.

(37) Denys, IV, 16 et Tite-Live, XLIII, 14, 6 ; *cf.* aussi Polybe, VI, 19, 2.

(38) Tite-Live, XLIV, 1 ; Festus, *sv. Annaria* p. 25 *L.* ; Cicéron, *De leg.* III, 3, 9 ; Ovide, *Fastes*, V, 65.

(39) Bouché-Leclercq : *Manuel des institutions romaines*, Paris, 1886, p. 48 : il y avait deux édiles curules et deux édiles plébéiens pour, depuis 197, six préteurs.

(40) *Cf.* A. Afzelius : *Lex annalis ;* Willems, *Droit public rom.* (5), p. 248 ; Kübler, *in R.E.* XIV, col. 405 ; F. de Martino, *Storia della costituzione*, II, p. 362 *sq ;* A.E. Astin, *The lex annalis before Sylla ;* P. Fraccaro : *I decem stipendia e le leges annales repubblicani.*

(41) Tite-Live, XXV, 5, 8.

(42) Plutarque, . *Grac.* 5, 23-26 : *cf.* C. Nicolet, *Les Gracques*, p. 169 *sq.*

(43) P. Fraccaro, *I decem stipendia.*

(44) *Cf.* G. Humbert, *in Dict. ant. grecques et romaines*, I, 271, *sv. annales ;* J. Carcopino : *La naissance de Jules César ;* — J. Gaudemet : *Institutions de l'antiquité ;* — Niccolini, *Fasti*, p. 120.

(45) Sur le vigintivirat, nécessaire avant la questure, *cf.* R. Bloch : *L'épigraphie latine*, Que sais-je ? 534 (4ᵉ éd. 1969), p. 37.

(46) Cicéron, *De* rep. I, 12, 18 : *doctos adulescentes aetate quaestorios ;* — Tite-Live, IV, 54, 3 : les candidats à la questure sont des *iuuenes ;* — Plutarque, *Publ.* 12 , 3 : les questeurs sont δύο τῶν νέων ; — Valère-Maxime, VII, 5, 2, mettent l'âge de la questure en relation avec l'adolescence, ou plus largement la jeunesse.

(47) C'est l'âge proposé par Varron, dans sa classification théorique.

(48) Denys, II, 21 ; — Tite-Live, XLII, 33, 4 *(non maior annis L.).*

(49) C'est aussi l'avis de Lange : *Röm. Alterthümer*, I (3), p. 474-475

(50) *Cf.* G. Tibiletti : *The comitia during the decline of the Roman republic*, sp. 108.

(51) Quintilien, IX, 2, 85 : *qui aliquando fortiter fecerat, et alio bello petierat, ut militia uacaret ex lege, quod quinquagenarius esset ;* et Sénèque, *De breu. uitae*, 20.

, (52) Cornelius Nepos, *Atticus*, VII, 1 : *usus est aetatis uacatione... ;* — Varron *ap.* Nonius, p. 523-24 : *cum habebant sexaginta annos, tum denique erant a publicis negotiis liberi ;* — *Lex Coloniae Genetiuae*, in P.F. Girard : *Textes de droit romain*, XCVIII, p. 91. Avant cet âge on n'est pas encore *senex* Val.-Max. IX, 3, 8 (à propos de Sylla) : *Nec senio iam prolapsus, utpote sexagesimum ingrediens annum.*

(53) Sur les *Sexagenarii de ponte*, *cf. infra*, p. 318 *sq.*

(54) Cicéron, *Phil.* V, 17, 47.

(55) Tacite, *Annales*, XI, 22.

(56) Sur Valerius Corvus, *cf.* Tite-Live, VII, 26, 12 ; sur Scipion, *infra*, p. 359 *sq.*

(57) *Cf.* Bouché-Leclercq : *Manuel*, p. 48 ; — L. Homo : *Les institutions politiques romaines* (réed. 1970), p. 85 ; — Willems : *Le sénat de la république romaine*, p. 164.

(58) Tite-Live, XXV, 2, 6.

(59) *id.*, XXXII, 10, 9.

(60) *Cf.* Mommsen : *Droit public*, II, p. 224-240.

(61) *Cf.* H.H. Scullard : *Roman politics*, p. 172 *sq.*

(62) Tite-Live, XXXII, 7, 11 : (voici la décision du sénat) : il est juste que revienne au peuple le pouvoir d'élire le candidat qu'il veut, si ce candidat brigue une charge que les lois lui permettent d'exercer.

(63) Tite-Live, XXV, 2, 6, et Val-Max. VIII, 5, 1 : *consulatus citerior legitimo tempore.*

(64) Tite-Live, XL, 44, 1.

(65) *id.*, XXV, 5, 8.

(66) *Cf.* A.E. Astin, *op.* cité ; — Niccolini, *Fasti*, p. 120 ; — Plutarque, *C. Grac.* 5 , 1.

(67) Malgré Mommsen, II, 155-165, nous suivons P. Fraccaro : *I decem stipendia...*, p. 481 *sq.*

(68) Cicéron, *Phil.* V, 17, 47.

(69) Denys, VI, 66.

(70) *Cf. infra*, p. 359 *sq.*

CHAPITRE IV

# USAGES LITTERAIRES :

— *Les confusions d'emploi,*
— *Iuuenis et adulescens,*
— *L'exemple de Tite-Live.*

*Les confusions d'emploi :*

Le thème des âges de la vie est un lieu commun très répandu dans la littérature romaine. Nous en prendrons seulement trois exemples.

Cicéron, pour démontrer les vertus de la vieillesse, esquisse une histoire de la vie, du *cursus... certus aetatis,* où s'enchaînent quatre périodes que définit une particularité : *infirmitas puerorum et ferocitas iuuenum et grauitas iam constantis aetatis et senectutis maturitas* (1).

Horace, après Aristote, conseille aux artistes dramatiques de donner à chaque âge les caractères qui lui sont propres. Aussi énumère-t-il l'âge du *puer,* celui de l'*imberbis iuuenis,* l'*aetas uirilis* et l'âge du *senex.* Aristote avait négligé l'enfant ; Horace le mentionne parce qu'à Rome c'est un être vénérable (2), dont la psychologie et l'évolution intellectuelle intéressent les pédagogues et les philosophes, en particulier les stoïciens (3).

Le thème est appliqué à la vie de Rome. Ainsi Florus (4), inspiré sans doute par Sénèque le Père (5), commence-t-il son abrégé de l'histoire romaine par la définition des âges : la royauté est l'*infantia* ; les 250 premières années républicaines sont l'*adulescentia* ; puis vient, pour 200 ans, la *iuuentas,* synonyme de *robusta maturitas,* qui précède la *senectus,* dont il espère que Trajan conjurera le déclin.

Ces trois exemples montrent à quel point le tableau que nous avons dressé à partir des textes de Varron et d'Isidore est théorique ; à peine dressé, il demande à être nuancé. Ici, l'adolescence n'est pas mentionnée (1) ; là, c'est non seulement l'absence de l'adolescence qui attire notre attention, mais encore l'épithète *imberbis* curieusement appliquée au *iuuenis,* théoriquement âgé d'au moins 30 ans (2). Florus enfin passe, sans la transition de la *pueritia,* de l'*infantia* à l'*adulescentia.* Et ces trois textes ne sont pas trois exceptions à un usage courant qui serait fidèle aux normes définies par Varron ou Isidore de Séville : ils sont caractéristiques d'une confusion dans l'emploi des mots définissant la jeunesse, confusion qui est générale.

C'eat d'abord *iuuenis* et *adulescens* qui sont employés indifféremment pour désigner le jeune homme. Le *iuuenis* d'Horace, s'il est imberbe, est un *adulescens*, voire un *adulescentulus*. Pour Cicéron, les *adulescentes* sont des *iuuenes*, quand il écrit :

*alia (officia) sunt iuuenum, alia seniorum... Est igitur adulescentis maiores natu uereri* (6),

ou quand il juxtapose l'*infirmitas puerorum* et la *ferocitas iuuenum* (7). La confusion n'est pas le fait de Cicéron ou de son époque, on la trouve déjà dans l'apostrophe cinglante de C. Gracchus à L. Calpurnius Piso :

*pueritia tua adulescentiae tuae inhonestamentum fuit, adulescentia senectuti dedecoramentum, senectus rei publicae flagitium* (8).

Et l'on ne conclura pas que les mots s'emploient si confusément à l'époque républicaine parce que les institutions qui leur avaient donné cours s'étaient étiolées : quand, avec l'Empire, la jeunesse réorganisée redevient un corps bien défini dans l'Etat, et que les mots se précisent dans la langue officielle, l'usage, sans en tenir compte, continue à confondre *adulescens* et *iuuenis*. Ainsi Valère-Maxime écrit :

*senectuti iuuenta ita cumulatum et circumspectum honorem reddebat, tamquam maiores natu adolescentium communes patres essent... Pubertas canis suum decus reddebat* (9).

Les mots de la famille de *iuuenis* sont employés indifféremment. On savait cependant les distinguer : Servius réserve le nom de Iuuentas à la déesse protectrice de la jeunesse, celui de *iuuentus* à un ensemble de jeunes gens (*multitudo iuuenum*), celui enfin de *iuuenta* à l'âge de la jeunesse (10). Mais, dit Servius, les poètes confondent les trois mots souvent. La confusion à vrai dire n'est pas le seul fait des poètes : des inscriptions impériales appellent *Iuuentus* la déesse dont ils assimilent le nom à celui de l'institution promue par Auguste (11). On trouve tout aussi bien *Iuuenta*, comme si la déesse était assimilée à l'âge et non plus à la classe d'âge.

Il est encore une autre confusion, qui apparaît en poésie, entre *iuuenis* et *puer*. Servius la relève chez Virgile :

*confundit nomina ; nam et puerum et iuuenem nonnumquam indiscrete ponit Vergilius, ut hoc loco : nam Almonem, quem modo iuuenem dicit, paulo post ait puerum* (12).

Ajoutons un autre exemple à celui que commente Servius : dans le livre VI de l'*Enéide*, Marcellus apparaît d'abord dans tout l'éclat de sa jeunesse *egregium forma iuuenem et fulgentibus armis,* puis l'évocation de sa mort fait naître la plainte bien connue : *heu miserande puer* ! (13).

Les exemples analogues pourraient s'accumuler. Nous en avons donné assez pour apercevoir une première explication à ces divergences et à ces confusions d'emploi. Cette explication sera stylistique. L'exemple de Marcellus est clair : il apparaît dans la lignée des héros qui ont fait la grandeur de Rome, comme un *iuuenis* ; puis, le poète évoque la mort prématurée du jeune homme, sa voix se brise, le ton devient élégiaque, vibrant de piété et d'émotion. Marcellus, dans le style affectif est un *puer,* trop tôt disparu, arraché trop tôt aux gloires qui, dans le style épique, faisaient de lui un *iuuenis.*

Cicéron et Valère-Maxime recherchent, dans les textes que nous avons cités, un style formulaire, qui soit frappant. Ils recourent au procédé qu'on retrouve dans les sentences, dans celles de Publilius Syrus, par exemple, quand il écrit :

> *Mors infanti felix, iuueni acerba, nimis serast seni,* ou encore : *Amare iuueni fructus est, crimen seni* (14).

La comédie avait aussi de ces formules rapides (15), pour opposer les jeunes et les vieux, sans préciser les nuances de sens.

### *Iuuenis et adulescens.*

Nous ne devons pas, parce que l'usage confond les mots, renoncer à une enquête plus précise à travers les textes. Il faudra d'abord choisir des textes plus techniques, historiques ou politiques, puis les étudier en tenant compte de deux faits que nous avons rencontrés. Il est clair que l'usage ne se modèle pas nécessairement sur les faits institutionnels (16) ; d'autre part nous pouvons pressentir dès maintenant une explication à la confusion entre *adulescens* et *iuuenis.* Nous avons, en effet, évoqué la réforme « servienne » aux termes de laquelle les hommes de 17 à 45 ans, les *adulescentes* et les *iuuenes,* constituent la *iuuentus,* et sont tous des *iuniores.* Il est donc normal qu'on appelle parfois *iuuenis* ou *adulescens,* le même homme, et c'est d'autant plus normal qu'à *iuuenis* correspond le collectif *iuuentus,* alors qu'aucun collectif ne correspond à *adulescens* (17). La confusion, facilitée par les lacunes du vocabulaire et encouragée par les emplois officiels, est ainsi explicable.

Nous pouvons, aidé des remarques précédentes, reprendre, pour l'approfondir l'histoire des emplois de *iuuenis* et d'*adulescens.* Nous noterons d'abord qu'en prose *iuuenis* est plus rare qu'*adulescens,* jusqu'à Cornelius Nepos (18), et devient prédominant à partir de Tite-Live. Le mot est rare, en effet, dans les fragments des annalistes et des orateurs (19). Pour Cicéron, le calcul a été fait très précisément et montre une préférence manifeste pour *adulescens* (20). En poésie, au contraire, *adulescens* est presque absent, sauf de la comédie. On trouve *adulescens* et son diminutif *adulescentulus* chez Naevius (21), Caecilius Statius (22) et Afranius (23), dans la satire de Lucilius et le mime de Laberius (24). Chez Publilius Syrus, on trouve *adulescentia* et par ailleurs *iuuenis* (25). *Adulescens* n'est pas attesté chez Ennius, qui emploie deux fois *iuuenis* (26). Ni Plaute ni Térence n'emploient *iuuenis*, mais on trouve chez Plaute quelques emplois de *iuuentus.*

La promotion de *iuuenis* date de Tite-Live, dans la prose ; inversement *adulescens* subit un discrédit. Il apparaît que le langage poétique néglige *adulescens*. C'est que peut-être la longueur du mot s'intègre mal aux mètres classiques. Mais ce genre d'explication n'est pas suffisant ; la raison essentielle, c'est que les deux mots n'appartiennent pas au même registre.

Nous avons gardé en français une distinction entre adolescence et jeunesse qui continue la distinction latine. Tentant de préciser le sens des mots français désignant la jeunesse, M. Debesse écrit :

« On emploie chez nous, souvent au petit bonheur, les mots puberté, adolescence et jeunesse. Ils ne sont cependant pas synonymes. *Adolescence* paraît le terme le plus général et désigne d'habitude l'ensemble des transformations corporelles et psychologiques qui se produisent entre l'enfance et l'âge adulte. Lorsqu'on parle de la *puberté*, on pense surtout au côté organique de l'adolescence et en particulier à l'installation de la fonction sexuelle. La *jeunesse* est l'aspect social de l'adolescence : elle se définit par opposition à la génération parvenue à la pleine maturité... Vous comprenez maintenant pourquoi les médecins et les biologistes parlent surtout de *puberté*, les moralistes de *jeunesse* et pourquoi le mot *adolescence* dont se servent habituellement les psychologues français et anglo-saxons me paraît préférable » (27).

En latin, l'adolescence se poursuit jusqu'à 28-30 ans et le mot qui la désigne a une plus grande extension qu'en français. Mais c'est souvent quand ils parlent en moralistes que les Romains recourent à *adulescens*, qui est le jeune homme saisi sur le plan personnel et physiologique, placé dans sa chronologie individuelle. Le *iuuenis*, c'est le jeune homme en tant que guerrier ou citoyen, défini sur le plan social et politique. La formule de M. Debesse : « la jeunesse est l'aspect social de l'adolescence » est particulièrement applicable aux réalités latines : l'*adulescentia* n'est rien d'autre que l'âge, la *iuuentus* en est l'aspect social ; de même *iuuenis*, dans l'usage, est souvent l'aspect social d'*adulescens*. D'ailleurs, quand, dans les textes, on peut préciser l'âge d'un *iuuenis*, on s'aperçoit qu'il n'a pas entre 28 et 45 ans mais qu'il est beaucoup plus jeune (28).

Il faut ajouter que, détenteur d'un potentiel de forces, le *iuuenis* paraît détenir les chances de survie du peuple, et sa *iuuenta* est divinisée. Le mot donc, chargé de ces implications et dépouillé des facteurs personnels, a dans la langue latine une tenue et une noblesse qui manquent à *adulescens*. La comédie, au langage familier, montre des *adulescentes*, dont le problème est précisément de n'être pas au terme de leur évolution et que tourmentent les difficultés qu'ils éprouvent à s'entendre avec la génération des pères. La poésie épique désigne ses héros du mot *iuuenis*, même s'ils sont adolescents. L'*adulescens* de Plaute, ou de Térence, qui se querelle avec son père et court les amourettes, n'a pas la même grandeur que le *iuuenis* héroïque. Même si, chez Virgile, il se bat par amour, comme Turnus, il est impliqué dans un univers différent : le premier évolue dans le quotidien, dans un genre littéraire où le rire doit prévaloir, dans des aventures individuelles où rien d'essentiel n'est compromis, le second, chargé des symbolismes virgiliens, évolue dans le tragique et compromet sans cesse sa vie et la civilisation qu'il incarne (29). Tite-Live éclaire bien la différence entre les deux mots par des expressions comme :

> *tum erat in castris inter primores iuuenum Cn. Marcius adulescens* (30).

Ailleurs, Mucius Scaevola est, dans le même chapitre, *adulescens nobilis* et *iuuenis* (31). On connaît l'exploit du jeune homme devant Porsenna : au roi, il dit : *hoc tibi iuuentus Romana indicimus bellum* (31), puis en réponse à la générosité de Porsenna, il précise la vérité : *trecenti coniurauimus principes iuuentutis Romanae*. Mucius Scaevola et Coriolan sont donc des *adulescentes* qui font partie de la *iuuentus Romana* ; ils sont parmi les *principes iuuentutis*. On peut être *adulescens* par son âge et *iuuenis* par son appartenance à la *iuuentus*. Les deux mots s'appliquent à la même période de la vie, et, sur ce plan, ils sont synonymes. Mais la synonymie ne va pas plus loin : ce sont des mots d'un ordre différent (32).

Il est rare, dans la langue classique, que *iuuenis* puisse se traduire par « jeune homme » ou *iuuenes* par « jeunes gens ». On imagine mal Pallas apostrophant Enée et ses compagnons, lorsqu'ils abordent dans son territoire, d'un familier « jeunes gens », comme le propose A. Bellessort (33). Cette appellation nous plonge dans l'atmosphère de la comédie, où *adulescens* traduit le grec μειράκιον (34). Il y a naturellement dans *iuuenis* l'idée de jeunesse, mais compliquée d'autres notions, politiques et militaires, religieuses et mystiques. C'est un terme laudatif dans la propagande électorale pompéienne. On trouve la meilleure définition du *iuuenis* dans une page où Tite-Live raconte la *deuotio* de Marcus Curtius. Ce *iuuenis bello egregius*, en se jetant dans la terre béante, offre aux dieux ce qu'ils demandent : la principale force du peuple romain (*quo plurimum populus Romanus posset*), le gage de la perpétuité de Rome (*si rem publicam Romanam perpetuam esse uellent*). Denys d'Halicarnasse, dans le récit du même événement, précise que le jeune homme, ἐν τοῖς πρώτοις τῶν νέων ἀριθμούμενος, fait aux divinités le sacrifice de sa vie pour que demeure la valeur des guerriers romains, ἀνδρῶν ἀρετή (35). Toutes ces notions sont difficiles à rendre dans une traduction qui veut éviter les longues périphrases. Une traduction par « jeunes guerriers » conviendrait mieux dans le vers de Virgile que nous évoquions que le simple « jeunes gens ». On pourrait recourir à un terme plus noble, inspiré de la langue médiévale, comme « chevaliers » (36).

Le mot *iuuenis* s'applique donc souvent aux héros, aux hommes illustres ; il désignera les princes de la famille impériale, même quand ils sont enfants. Les premiers *iuuenes* de l'histoire romaine sont Romulus et Rémus ; les Luperques sont régulièrement qualifiés de *iuuenes*, comme parfois les Saliens. Les *equites* enfin sont souvent appelés ainsi, et le mot tend à se spécialiser pour les désigner. Ainsi chez Tite-Live, quand le consul Valerius exhorte ses troupes, il rappelle à l'infanterie, confondue avec la plèbe, le Mont-Sacré et l'Aventin où elle conquit sa liberté, puis il se tourne vers la cavalerie et l'apostrophe ainsi :

*agite, iuuenes, inquit, praestate uirtute peditem ut honore atque ordine praestatis* (37).

## L'exemple de Tite-Live.

Tite-Live, on le voit, ouvre des horizons politiques et permet d'inscrire l'étude du vocabulaire dans une recherche historique. Nous allons lui consacrer quelques pages, dans lesquelles nous étudierons la fréquence et la répartition des mots au travers de son œuvre.

Commençons par *iuuenis*, employé au singulier et pour désigner un personnage romain. Le compte de ses emplois aboutit à ces résultats :

| 1re décade | 3e décade | 4e décade | 5e décade |
|:---:|:---:|:---:|:---:|
| 36 | 12 | 0 | 0 |

La répartition est trop caractéristique pour s'expliquer par le hasard. Et elle est d'autant plus remarquable que *iuuenis*, quand il désigne un étranger, ne subit pas l'éclipse brutale et totale qu'indique le précédent tableau ; sa fréquence, irrégulière aussi, se maintient dans la quatrième décade. Voyons les chiffres précis :

| 1re décade | 3e décade | 4e décade | 5e décade |
|:---:|:---:|:---:|:---:|
| 6 | 29 | 12 | 0 |

Quant aux emplois de *iuuenes*, pour une fréquence faible et régulière lorsqu'il s'agit d'étrangers, leur fréquence, quand le mot désigne des Romains se traduit numériquement ainsi :

| *1ʳᵉ décade* | *3ᵉ décade* | *4ᵉ décade* | *5ᵉ décade* |
|:---:|:---:|:---:|:---:|
| 39 | 8 | 2 | 7 |

C'est la première décade — et plus spécialement le livre 1 (10 exemples de *iuuenis* et 17 de *iuuenes*) — qui évoque le plus fréquemment le rôle des jeunes gens. Ils n'y constituent pas l'ensemble des mobilisables, ils ne sont pas même des mobilisables, mais souvent ils forment un groupe agissant de lui-même ou se livrant à des exploits guerriers sous le commandement d'un chef. Leur rôle s'estompe progressivement jusqu'à être négligeable dans les livres de la quatrième décade. Les *iuuenes* sont rarement des *milites* : s'il arrive à Tite-Live de confondre *iuuenes* et *iuniores* (*seniores ad urbis custodiam ut praesto essent, iuuenes ut foris bella gererent* 38), l'opposition se fait généralement entre *iuniores* et *seniores* (39). Les *iuniores* ne sont pas non plus exactement des *milites*, mais des mobilisables, et le mot, militaire sans doute à l'origine, est employé surtout pour désigner les membres des centuries de mobilisables par rapport aux réservistes. Le comparatif *iunior* est à dissocier de *iuuenis* pour le sens, car il a pris une valeur technique presque exclusivement réservée au vocabulaire des comices centuriates.

Il reste enfin à étudier chez Tite-Live les emplois de *iuuentus*. Les *iuuenes* ne se confondent pas avec la *iuuentus*, malgré deux expressions de Tite-Live : inter *primores iuuenum* et *primores iuuenum Romanorum* (40), équivalentes de *principes iuuentutis*, plus fréquente. Cette équivalence n'implique pas une totale synonymie : on peut entendre dans les deux premières expressions que dans la catégorie des *iuuenes*, distingués de l'ensemble des mobilisables, quelques éléments se détachent et sont l'élite de l'élite. Quant à la dernière expression, son interprétation dépend de l'usage que nous allons définir maintenant.

L'œuvre de Tite-Live donne 135 exemples de *iuuentus* (41). Le sens le plus fréquent est celui de forces militaires d'une cité. Dans cette acception technique, il recouvre tous les hommes d'âge militaire : *quicumque aetate militari essent* (42), soit tous les *iuniores* (43). On trouve 92 emplois dans ce sens : le mot, vidé de son contenu humain, est placé sur le même plan que *arma, uires, moenia, robur* pour désigner la force en hommes d'une cité. Il est en général engagé dans un contexte militaire de combat, d'entraînement ou de conscription. Il est proche de *milites* et d'*exercitus*, sans leur être totalement synonymes (44). *Exercitus* insiste sur l'organisation des soldats en un corps structuré, alors que *iuuentus* marque la cohérence par l'âge d'un ensemble d'hommes. Cette *iuuentus* a peu d'autonomie : le mot est souvent sujet d'un ablatif absolu à verbe passif, ou complément au génitif partitif dans des expressions qui distinguent de l'ensemble un contingent ou un homme (45). Il est fréquemment complété par un adjectif ou un complément au génitif qui précisent la nationalité des troupes. On trouve, groupés dans les neuf premiers livres, neuf exemples de l'expression *Romana iuuentus* (46), et sur ces neuf exemples, cinq intéressent les *equites*, qui sont *primores, principes, nobilissimi Romanae iuuentutis*. L'appellation *Romana iuuentus* a dû d'abord avoir valeur officielle, du moins convient-elle au style épique et suggère-t-elle les mêmes valeurs qu'implique le mot *iuuenes*. Elles est certainement ancienne et déjà solennelle lorsqu'elle apparaît dans les *Annales* d'Ennius (47) ; dans l'*Enéide*, la *Troiana iuuentus* est mentionnée à diverses reprises (48). L'épithète *Romana* a sans doute la même valeur que celle de *Romanus* qui accompagne le titre d'*eques* : Mommsen suppose que, dès l'époque ancienne, on disait *equites Romani*, pour distinguer les cavaliers romains des étrangers ; plus tard l'*eques Romanus* est à l'*eques* ce qu'est le chevalier au cavalier (49). La *iuuentus Romana*, chez Tite-Live, est tantôt la jeunesse romaine par rapport à celle des autres peuples, et tantôt l'élite de la jeunesse, les *equites* (50).

La répartition du mot à l'intérieur des décades est caractéristique de la pensée de Tite-Live. Sur les 135 exemples, 91 concernent l'étranger et sont également répartis d'une décade à l'autre :

| *1re décade* | *3e décade* | *4e décade* | *5e décade* |
|---|---|---|---|
| 27 | 25 | 27 | 12 |

Les 44 exemples, qui concernent Rome, sont au contraire inégalement répartis :

| *1re décade* | *3e décade* | *4e décade* | *5e décade* |
|---|---|---|---|
| 38 | 4 | 0 | 2 |

C'est encore la première décade qui révèle la plus grande fréquence. A l'intérieur même de cette décade la fréquence est irrégulière :

| L. I 3 | L. II 7 | L. III 12 | L. IV 2 | L. V 3 | L. VI 2 | L. VII 4 |
|---|---|---|---|---|---|---|

| L. VIII 3 | L. IX 1 | L. X 1 |
|---|---|---|

Aux trois exemples du livre I il faut ajouter quatre emplois de *pubes* dans des expressions *Romana pubes* et *Albana pubes*. L'emploi de ce mot, devenu désuet à l'époque classique et sauvé de l'oubli par la poésie, convient bien au style et au sujet archaïque du livre. *Pubes*, après ces quatre apparitions, est remplacé par *iuuentus* (51). Cette substitution pose diverses questions institutionnelles sur lesquelles nous reviendrons (52).

Dans le livre III, où la fréquence du mot est la plus haute, Tite-Live raconte l'affaire de la *Lex Terentilia* qui provoqua le procès et l'exil de Kaeso Quinctius. Dans ce contexte *iuuentus* désigne soit Kaeso et ses amis, qui sont des *iuniores patrum* et font partie de la *nobilium iuuentus* ou plus simplement de la *iuuentus*, soit les *iuniores* plébéiens. Dans les livres IV et V, quand la plèbe refuse l'enrôlement, elle est dite seulement *iuuentus*. Tite-Live hésite donc entre une acception restreinte selon laquelle *iuuentus* désigne l'élite de la jeunesse et une acception large qui englobe l'ensemble des mobilisables.

Lorsque après une longue éclipse le mot réapparaît dans la cinquième décade il est en rapport avec la jeunesse équestre. Les deux exemples, situés dans le livre XLII (53), sont extraits de discours prononcés par des étrangers. Persée définit en ces termes la cavalerie romaine :

*equites enim illis principes iuuentutis, equites seminarium senatus ; inde lectos in patrum numerum consules, inde imperatores creant.*

Le mot désigne encore ici, pour en définir la classe supérieure, l'ensemble des mobilisables. Dans le second exemple, c'est cette frange supérieure qui est seule concernée : Antiochus, par l'intermédiaire de son légat Apollonius, remercie Rome de l'accueil qu'elle lui fit autrefois :

*ea merita in se senatus fuisse, cum Romae esset, eam comitatem iuuentutis, ut pro rege, non pro obside, omnibus ordinibus fuerit.*

Le lien établi entre le sénat et la *iuuentus*, le fait que l'un et l'autre donnent le ton à l'attitude de tous envers le roi, permettent de penser que la *iuuentus* est un groupe influent formé, non de tous les mobilisables, mais des jeunes *equites*.

Cet emploi est fréquent chez Cicéron aussi ; on le retrouve chez Valère-

Maxime, quand, concluant le récit d'un combat où la cavalerie mit pied à terre pour charger l'ennemi, il écrit :

*reddendus est nunc Romanae iuuentuti debitus honos...* (54).

Ailleurs il raconte que la cavalerie est venue au secours de Fabius, qui avait engagé la bataille malgré les ordres du dictateur Papirius, et il désigne ces cavaliers par l'expression :

*flos ordinis equestris... iuuentus optimae indolis* (55).

Les usages littéraires permettent de confirmer deux faits que nos études antérieures nous avaient déjà fait pressentir : d'une part, le vocabulaire est flottant, d'autre part, la famille de *iuuenis* occupe dans le lexique consacré à la jeunesse une place primordiale que lui assignent la noblesse et l'antiquité de ses significations. En outre, nous venons de préciser une histoire des mots, sans doute tributaire d'une histoire des institutions. En effet, nous avons déjà remarqué que la réforme « servienne » peut expliquer les confusions d'emploi que nous avons relevées ; d'autre part, la préférence, dans la prose antérieure à Tite-Live, pour *adulescens* correspond au développement d'une classe d'*adulescentes*, à partir de la *Lex Laetoria*, qui la définit juridiquement vers 191, jusqu'à la fin de la République. C'est elle, formée des jeunes gens de rang équestre, que nous verrons, après la deuxième guerre punique et la renaissance occasionnelle de comportements archaïques, jouer un grand rôle sur l'échiquier politique romain. C'est elle encore qu'Auguste met en honneur quand il réorganise la *iuuentus Romana*. Parallèlement au retour de *iuuentus* dans les institutions, Tite-Live assure sa promotion littéraire, en tendant à réserver le mot à la jeunesse équestre, continuant ainsi un mouvement esquissé chez Cicéron et suivi par les écrivains de l'époque impériale.

Ce sont là des faits, mais qui nous renseignent mal sur les réalités archaïques. Pour retrouver celles-ci, il semble qu'il suffise de suivre les indications de Tite-Live ; mais parviendrons-nous, ce faisant, à une image exacte du monde ancien ou à l'idée que s'en faisait l'historien ? Nous laissons de côté, pour le moment, cette question — capitale —, nous réservant de lui chercher une réponse à travers l'analyse des faits religieux, historiques et politiques, et, nous nous laissons guider par Tite-Live pour esquisser une histoire de la jeunesse romaine. La société archaïque connaissait une classe d'âge, la *iuuentus*, formée de *iuuenes* actifs, autonomes et recrutés parmi les *equites*. La réforme « servienne » entreprend d'avoir raison de cette classe spécialisée et, en élargissant les bases du recrutement, veut remplacer par une armée de citoyens l'ancienne classe guerrière. Des rivalités se manifestent ; le mot *iuuentus* hésite à désigner tous les *iuniores* ou les seuls *equites* ; dans les rues, la plèbe affronte la jeunesse patricienne. De ci de là, dans la première décade, apparaissent des résurgences de la mentalité ancienne des *iuuenes*, et, toujours, dans l'ensemble de la jeunesse on distingue l'élite sociale et guerrière qu'est la jeunesse équestre. Les conflits s'apaisent, mais la jeunesse reste toujours une force vive ; la deuxième guerre punique l'entraîne, derrière Scipion l'Africain, dans de grands rêves d'héroïsme, que les lois tentent de ramener à une plus juste raison ; vaine tentative, puisque nous retrouverons les *adulescentes* formant la *iuuentus* équestre mêlés aux troubles politiques de la République.

Telle est l'histoire, simple, cyclique, cohérente que nous pouvons imaginer après avoir lu Tite-Live en commentant ses indications grâce aux

*Tableau récapitulatif*

|  | | A partir de *14* ans...<br>*Puber* (XII Tables) | |
|---|---|---|---|
| de 0 à *7* ans<br>tous *sauf* | de *7* à *14* ans<br>Isidore | de *14* à *27* ans<br>Isidore<br>ou 17 à 25 ans | de *27* à *45* ans<br>jusqu'à Sylla |
| | Varron : de 0 à *15* ans | (Lex Laetoria) | |
| | ou 7 à *17* ans | ou *17* (Servius T.)<br>à *27* ans<br>(17 ans + 10 stipendia)<br>ou *15* (Varron)<br>à *30* ans<br>(Varron<br>et Lex Cornelia) | ou *30*<br>(Sylla et Varron)<br>à *45* ans (Servius T.)<br>ou 27 à *50* ans<br>(Isidore) |
| *Infans* | *Puer* | *Adulescens* | *Iuuenis* |
| | *Puer* | de 17 à 45 ans (Servius)<br><br>*Iunior* | |
| *Infantia* | *Pueritia* | *Adulescentia*    | *Iuuentus* |
| | *Pueritia* | *Iuuentus* | |
| (I) | (II) | (III) | (IV) |
| | de *45* à *60* ans<br>ou *50* à *70* ans<br>*Senior*<br>*Grauitas*<br>(V) | *60* ans et au-delà<br>ou *70* ans et au-delà<br>*Senex*<br>*Senecta*<br>(VI) | |

conclusions des chapitres que nous venons de consacrer au thème des âges de la vie dans la pensée romaine. Cette histoire, nous devrons constamment la vérifier et la remettre en question, tant ses fondements littéraires sont suspects de confusions et de remaniements ; telle qu'elle est, avec ses point faibles, mais aussi avec ses articulations solides (réforme « servienne », *Lex Laetoria*, renaissance au moment du principat d'Auguste), elle a l'inquiétante séduction d'une extrême simplicité.

## NOTES

(1) Cicéron, *De sen.* 33 ; – *cf.* Aristote, *Pol.* VII, 13, 3 et *Rhet.* II, 212-214 ; – pour les sources du traité, *cf.* P. Wuilleumier, *Introd.* à son éd. de la col. Budé ; L. Alfonsi : *Sulle fonti del De senectute* et P. Manfredi : *il pensiero ciceroniano nel De senectute.*

(2) Horace, *Ars poet.* 156 sq ; sur la sainteté de l'enfance, *cf. infra*, p. 155.

(3) *Cf.* W. Warde Fowler : *Social life at Rome at the age of Cicero*, 1908, p. 176.

(4) Florus, *Prologue ; – cf.* l'analyse de la théorie des « Quatre âges de Rome » par P. Jal dans l'*Introduction* de son éd. de Florus (col. Budé) p. LXIX *sq ; – id. La guerre civile à Rome*, p. 243 sq et M. Ruch : *Le thème de la croissance organique dans la pensée historique des Romains*, sp. 839.

(5) D'après Lactance, *Inst. divin.* VII, 15, 14 *sq* (*cf.* J. Hubaux : *Les grands mythes de Rome*, p. 52-54).

(6) Cicéron : *De off.* I, 122 : « autres sont les devoirs des jeunes, autres ceux des anciens... C'est donc le fait de l'adolescent de respecter ses aînés ».

(7) Cicéron, *De sen.* 33.

(8) *Cf. Orat. Rom. fragm.* éd. H. Malcovati, p. 187, 43 : « ton enfance fut un déshonneur pour ton adolescence, ton adolescence une flétrissure pour ta vieillesse, ta vieillesse une ignominie pour l'Etat. »

(9) Valère-Maxime, II, 1, 9-10 : « la jeunesse rendait à la vieillesse un honneur parfait et réservé comme si les plus âgés étaient les pères de tous les adolescents... La jeunesse rendait aux cheveux blancs l'honneur qui leur revient. »

(10) Servius, *Ad Aen.* I, 590 ; – *cf.* aussi Nonius, p. 433 ; – E. Heck : *Iuuenta, Iuuentas, Iuuentus in der röm. Dichtung :* la statistique des emplois montre que *iuuenta* est préféré aux deux autres mots pour éviter les cas obliques, *iuuentutis (tuti) etc.* sans autre nécessité que la convenance poétique.

(11) La déesse est appelée *Iuuentas* par ex. par Cicéron (*De nat. deor.* I, 40 ; *Tusc.* I, 26, 65 ; *Brutus*, 73) ; Tite-Live, V, 54, 7 ; Horace, *Odes*, I, 30, 7 ; Tertullien (*Ad Nat.* II, XI, 11) ; sur des monnaies (détails et références *in Thesaurus, sv Iuuentas*, 741, 1.5-6) ; mais on trouve *Iuuentus* sur des inscriptions (*CIL.* V, 4244 ; – X, 8375 ; – XII, 1783 et 2245). Les *iuuenes* mêmes sont parfois désignés du nom de *Iuuentas* (*CIL.* XIV, 2121, à Lanuvium, et X, 5919, *Iuuentas Anagnina*). Il faut être méfiant envers tous ces exemples : les mss. des textes sont souvent divergents, et même certaines inscriptions sont arbitrairement rétablies (*cf. in Thesaurus, sv Iuuentus*, 744, 1.79, l'exemple du calendrier cumain, oct. 18).

(12) Servius, *Ad Aen.* VII, 531 : « il confond les termes : en effet, parfois, Virgile emploie indifféremment *puer* et *iuuenis*, comme dans ce passage : Almon, qu'il vient d'appeler *iuuenis*, peu après, il l'appelle *puer* ».

(13) *Enéide*, VI, 861 et 882.

(14) Publilius Syrus, *in Comicorum Rom. frag.* éd. O. Ribbeck, II, Leipzig, p. 340, n° 360 : « la mort est heureuse pour l'enfant, cruelle pour le jeune homme et trop tardive pour le vieillard » ; et p. 312, n° 29 : « Aimer est une récompense pour le jeune homme, une faute pour le vieillard ».

(15) Par ex. Decimus Laberius, *ap.* Aulu-Gelle, VIII, 15 ; Cicéron, *De off.* I, 31, 114 ; *cf.* éd. Ribbeck, I, 98-124, et A. Ernout : *Les textes lat. arch.* 1966, p. 267.

(16) C'est ce qui ressort en effet de confusions d'emplois à l'époque augustéenne, alors que la *Iuuentus Romana* est remise en honneur.

(17) Sauf peut-être *pubes*, tombé en désuétude, *cf. infra*, p. 327 *sq.*

(18) *Cf. Thesaurus, sv. Iuuenis*, col. 734, 1.60-63.

(19) *Cf.* les *indices* des éd. Peter et Malcovati.

(20) *Cf.* B. Axelson : *Die synonyme adulescens und iuuenis :* pour 375 emplois de

*adulescens*, on en a 48 de *adulescentulus* et 31 de *iuuenis*. Le nombre 31 est d'ailleurs à corriger, car y sont inclus les emplois de *iuniores*, qui, bien que comparatif de *iuuenes*, doit être étudié à part pour sa valeur institutionnelle précise.

(21) Naevius, éd. Ribbeck, II, p. 11, n° 26.

(22) *Cf.* les *indices* de l'éd. Ribbeck.

(23) *id.*

(24) Pour Lucilius, éd. F. Marx, 1904 ; pour Laberius, éd. Ribbeck.

(25) Ed. Ribbeck.

(26) Dans les *Annales* et dans *Athamas*, éd. J. Vahlen, 1928, 29 et 360.

(27) M. Debesse : *L'adolescence*, p. 8.

(28) *Thesaurus, sv. Iuuenis*, 734, 1.79 *sq ;* — Les *iuuenes* sont la plupart du temps des *adulescentes, cf. infra*, p.128, et notes 29-31.

(29) Dès le livre VII, Turnus se montre un *iuuenis* insolent envers Allecto déguisée en vieille femme : « la décrépitude de la vieillesse... t'assiège de vains soucis » (440) ; la description de l'irruption du *furor* dans son cœur est impressionnante (456 *sq*). Sa jeunesse s'exaspère dans les livres XI et XII, en discours violent (XI, 376 *sq*), en fureur guerrière (XI, 486 *sq*), en colère affolée (XII, 894 *sq*) puis indignée (XII, 952). A chaque instant, il est un *iuuenis* sauvage et bouillant.

(30) Tite-Live, II, 33, 5, pour désigner Coriolan.

(31) *Id.*, II, 12, 11.

(32) Parfois employés concurremment : à Pompéi : L. Popidius Secundus est *iuuenem aedilem* et *adulescentem aedilem* (*cf. supra*, p. 67 et note 65 *ad loc*). B. Axelson a conclu à la synonymie.

(33) *Enéide*, VIII, 112 (col. Budé).

(34) *Cf.* par ex. Ménandre : *Dyskolos*, 843 ; Plaute, *Ménechmes*, 1021, 1025, 1065 *sq*.

(35) Tite-Live, VII, 6 ; — Denys, XIV, 11. Val.-Max. dit de M. Curtius : *nobilissimus adulescens* (V, 6, 2). Nous laissons de côté les questions relatives à la légende et à ses contaminations (*cf.* J. Poucet : *Recherches sur la légende sabine des origines de Rome*, p. 246-247).

(36) D'autant plus que M. Curtius, *iuuenis* par excellence est un *eques*, comme nous verrons que le sont la plupart des *iuuenes* qui s'illustrent dans les premiers siècles.

(37) Tite-Live, III, 61, 7.

(38) *id.*, I, 43, 2.

(39) Cicéron, *De rep.* II, 22 ; — Val.-Max. IX, 3,4 ; — Aulu-Gelle, X, 28.

(40) Tite-Live, II, 33, 5 et VII, 10,1.

(41) Parmi lesquels sont comptés les emplois, assez rares, où le mot désigne soit l'âge de la jeunesse (III, 11 11), soit, sans valeur politique ni militaire, les jeunes gens.

(42) Tite-Live, III, 27, 5.

(43) *id.*, XXXI, 43, 6-7.

(44) J.P. Morel : *Omni poplo, pube praesenti*, et *La iuuentus et les origines du théâtre romain*, p. 382 et 386, nous semble simplifier en parlant de synonymie.

(45) *Armata iuuentute* ou *amissa iuuentute ; Principes Romanae Iuuentutis.*

(46) I, 39, 4 ; — II, 12, 15 ; — III, 27, 1 ; — V, 36, 6 ; — IX, 14, 16, sont les plus intéressants.

(47) Ennius, éd. J. Vahlen, 1928, 469, 537, 550.

(48) *Enéide*, I, 467, 699 et *passim*.

(49) Mommsen, *Droit public*, VI (2), p. 70 *sq*.

(50) La *iuuentus* étrangère est précisée par un adjectif (3 ex.) ou par un génitif (32 ex.).

(51) *Cf.* S.G. Stacey : *Die Entwickelung des livianischen Stiles*, p. 36.

(52) *Cf. infra*, p. 327*sq*.

(53) Discours de Persée : XLII, 61, 5 ; discours d'Apollonios, XLII, 6, 9.

(54) Valère-Maxime, III, 2, 8.

(55) *Id.* III, 2, 9.

CONCLUSION :

Nous avons rencontré, dans les essais précédents, des faits si contradictoires qu'un tableau récapitulatif nous a paru nécessaire, au moins pour rendre claires les disparités entre les textes, entre les institutions et entre les emplois des mots.

Les textes de Varron et d'Isidore de Séville dont nous sommes parti présentent des divergences facilement explicables. Ils sont le lieu de rencontre de diverses tendances. Sans négliger les apports de la réflexion grecque, ils tentent un compromis entre une division de la vie fondée sur une symbolique du nombre et une division ayant une application dans les institutions romaines. Prenons deux exemples.

En divisant la vie humaine par périodes de 15 ans, Varron rencontre, pour limiter l'adolescence, l'âge de 30 ans que la *Lex Cornelia* exige des questeurs. Cet âge figure déjà dans la *Lex Repetundarum de 108*, qui l'exige des chevaliers inscrits sur l'album des juges, et sera repris sur la table d'Héraclée où il est exigé pour les moindres magistratures municipales. A Athènes, l'âge de 30 ans était nécessaire pour entrer au conseil. Isidore de Séville fixe à 30 ans le moment du parfait accomplissement de l'homme ; pour limiter l'adolescence, il choisit l'âge de 27 ans, auquel la *Cyropédie*, inspirée de l'exemple spartiate, place la majorité et auquel, de la réforme « servienne » à Sylla, s'achève, à Rome, l'adolescence politique.

Le terme de la *iuuenta* est fixé par Varron à 45 ans, un âge très proche de celui qui marque le passage dans les centuries de *seniores*. Isidore a choisi 50 ans, et nous avons dit que cet âge figurait dans les institutions romaines, puisque c'est alors qu'on peut être curion. Cet âge est important aussi dans la tradition grecque : il est exigé des jurés athéniens et des candidats aux fonctions publiques de la république platonicienne (1).

Les divergences entre Varron et Isidore s'expliquent donc par la complexité et la diversité des traditions et des usages politiques. Elles s'expliquent aussi par le fait que les institutions tiennent bien plus compte, pour déterminer les âges de la vie, des fonctions de l'individu dans la cité que des réalités physiologiques et psychologiques. Et, de plus, les âges qui limitent l'enfance et surtout l'adolescence ont été, au cours des siècles, modifiés pour des raisons politiques. Ces modifications ont abouti, dans l'échelle des âges, à des extensions du sens des mots qui sont, par rapport à nos habitudes modernes, bien surprenantes. Il nous paraît aussi anormal de faire durer l'enfance jusqu'à 17 ans que de prolonger l'adolescence jusqu'à 27-30 ans. Ces apparentes anomalies tiennent simplement à l'usage des mots. L'individu est tellement subordonné à l'Etat qu'on ne le désigne pas par les moments de son histoire individuelle mais par ceux qui déterminent ses capacités civiques. Et l'exemple de l'emploi d'*adulescens* est très révélateur de cette habitude : le mot définit d'abord un moment du développement physique et intellectuel, mais il est accaparé par le vocabulaire politique qui l'emploie finalement pour désigner le jeune homme qui n'a pas encore l'âge d'être magistrat. Dès lors on comprend que l'adolescence s'achève à 27 ans ou à 30 ans, selon les époques. On comprend aussi que la langue écrite — et sans doute la langue parlée —, pour désigner un jeune homme d'après son âge et non d'après sa place dans la cité, doit utiliser les mêmes mots que la langue officielle, mais dans une acception différente. Varron et Isidore ont voulu fixer une division de la vie en essayant de concilier les vraisemblances biologiques et les usages effectifs, ce qui était une double gageure, puisque la politique modifiait l'échelle des âges selon les nécessités occasionnelles et se détachait totalement des réalités du développement individuel.

Les remarques précédentes permettent d'aborder la lecture de notre tableau. On voit que Varron, pour s'en tenir à la division par 15, néglige l'*infantia*, dont tient compte Isidore, plus proche sur ce point des habitudes romaines (colonne I).

La *pueritia*, pour la même raison, s'achève à 15 ans, chez Varron, alors qu'Isidore, qui suit encore là une division par 7, retrouve l'âge longtemps observé de 14 ans. C'est avec la *pueritia* que commencent les divergences les plus graves entre nos sources, et cela s'explique parce que son terme est un passage social et politique. L'âge de 14 ans fut longtemps le terme de l'enfance, coïncidant avec la puberté effective, jusqu'à ce que la réforme « servienne » introduisît dans les institutions l'âge de 17 ans (colonne II).

C'est en ajoutant à cet âge de 17 ans les *decem stipendia* nécessaires avant l'accès aux magistratures que l'on obtint l'âge de 27 ans qui fut un temps le terme de l'adolescence politique. Sylla prolongea à 30 ans cette limite. Nous avons donc 3 âges différents pour délimiter l'*adulescentia* : 25 ans, selon la *Lex Laetoria*, 27 ans, selon la réforme « servienne » et 30 ans, selon la *Lex Cornelia* (colonne III).

Les modifications du terme de l'adolescence modifient naturellement l'âge auquel commence la *iuuentus* ou *iuuenta* (colonne IV). Les textes théoriques de Varron et d'Isidore se séparent de l'usage qui ne réserve pas le nom de *iuuenis* à un homme âgé de plus de 27 ans (ou de 30 ans) et de moins de 45 ans. La limite de 45 ans, attribuée à Servius, est sans doute relativement récente. On voit sur notre tableau qu'après Servius l'*adulescentia* et la *iuuentus* (ou *iuuenta*) se confondent en une seule classe, dont le nom de *iuuentus* a une valeur technique. L'âge de la jeunesse, c'est la *iuuenta*, et *iuuentus* est abusivement employé en ce sens, car il désigne l'ensemble des jeunes gens.

C'est un mot dont l'existence et l'emploi, chez Tite-Live surtout, sont les indices les plus manifestes de l'existence d'une classe d'âge dans la Rome ancienne. Dans cette classe se retrouvent les *adulescentes* et les *iuuenes*, tous appelés du nom technique de *iuniores*. Nous avons vu comment *iuuentus* s'est spécialisé pour désigner la jeunesse équestre, dont les membres sont aussi fréquemment définis comme *adulescentes*. La réforme « servienne » d'abord est responsable de certaines confusions qui règnent dans l'usage, d'autres évolutions politiques n'ont fait ensuite qu'accroître cette tendance à confondre les mots.

On vérifie les mêmes incertitudes lorsqu'on aborde l'âge des *seniores*. A 45 ans, on est encore apte au service armé et il est probable que la création des *seniores*, qui correspond à un moment où l'Etat a élargi le nombre des mobilisables en recrutant dans de nouvelles couches sociales, est relativement récente. Aucun collectif ne correspond à *seniores*, alors que *senatus* correspond à *senes* : c'est qu'à l'origine, quand il y avait une seule *classis*, les mobilisables n'étaient pas libérés avant 60 ans. Là encore le système centuriate a introduit un principe de confusion ; l'âge de 45 ans n'a rien à voir avec le début de la vieillesse, ni celui de 60 ans avec le début de la période finale de la vie. Ce sont des limites fixées à la disponibilité militaire active. La réflexion philosophique, plus soucieuse de fixer l'âge auquel l'esprit et le corps sont à leur acmé, n'a pas repris ces âges.

Les institutions et la langue écrite confirment ce que laissaient supposer le sens des mots et leur étymologie : la mentalité romaine est profondément marquée par la distinction des âges, distinction fonctionnelle au niveau politique, comme au niveau psychologique. La vie humaine est ainsi inscrite dans le temps ; elle se déroule par étapes. Le devenir individuel est selon les cas conçu comme une progression constante vers l'accomplissement de la vieillesse, ou comme la montée vers l'acmé que suivra le déclin. L'individu échappe à son propre destin en étant, à l'époque de sa jeunesse, le créateur d'une nouvelle génération et le détenteur provisoire de la durée sociale.

Si sur certains points il faut bien qu'il en soit ainsi — on est plus apte à la guerre à 30 ans qu'à 70 ans par exemple —, s'il est juste de constater avec Varron que « la puérilité est aussi risible chez un vieillard qu'est stupéfiante chez un enfant la constance dans la moralité » (2), il reste qu'on peut souhaiter profondément soustraire la vie au temps, dépasser la contrainte des âges et triompher du déroulement du temps qui se mit en marche lorsque fut perdu l'âge d'or.

La pensée chrétienne a développé le double idéal du *puer senex* et du *senex puer* (3). Cette idée, liée au refus du temps, a des sources dans le judaïsme hellénistique bien sûr, mais aussi dans les philosophies hellénistiques et en particulier le stoïcisme. Les exemples latins ne manquent pas : depuis des épitaphes d'enfants qui, à l'époque impériale, exaltent l'étonnante maturité des jeunes morts (4), on peut remonter jusqu'à Cicéron (5).

Ce désir d'affranchir la vie des contraintes du temps est enraciné dans la plus ancienne pensée romaine. Il faut d'abord rappeler que les lois annales n'ont jamais empêché un jeune homme d'accéder aux magistratures : l'exemple d'Octave renouvelle celui de Scipion l'Africain, qui était entouré déjà de toute une mystique de la jeunesse. Jadis, selon la tradition, on confiait de hautes charges à de jeunes hommes qui s'étaient illustrés par leur bravoure ou leur *pietas*. La jeunesse était alors une vertu, qui n'avait rien d'incompatible avec le sens des responsabilités et le sérieux de la vie ; au contraire, elle est la marque de la ressemblance avec la divinité (6). C'est par suite d'une détérioration des mœurs antiques que la jeunesse en est venue à ressembler au portrait que font d'elle Cicéron et Salluste.

La religion aussi garde trace d'un effort pour triompher du temps. La mentalité ancienne distinguait deux sphères, celle de la *celeritas* et celle de la *grauitas* (7). A la seconde appartiennent en principe les *seniores* et, dans l'ordre du sacré, les flamines. Or il y a de très jeunes flamines. Ainsi C. Valerius Flaccus fut obligé par le Grand-Pontife P. Licinius de se faire inaugurer flamine de Jupiter. Il était cependant très jeune et passait sa vie dans la débauche : dès qu'il fut devenu flamine, il dépouilla ses anciennes mœurs et fut le plus estimé des jeunes gens (8). Il semble même que Valerius Flaccus avait été choisi à cause de sa jeunesse et de sa mauvaise conduite, *ob adulescentiam neglegentem luxuriosamque,* dit Tite-Live (9), comme si la force de la jeunesse conservait, en se tournant au service du bien, toute la vigueur qu'elle consacrait à la dépravation (10). Devenu flamine, il restaure l'antique dignité de la fonction et obtient d'entrer au sénat. Jeune, le voici devenu *senior* ; nous retrouverons le même fait au sein des confréries de Saliens (11). Il est possible donc de dépasser la contrainte des âges ; si la structure fonctionnelle *iuniores-seniores* existe et exerce une contrainte inévitable, dans l'ordre militaire surtout, il est possible à certains êtres de s'en affranchir par l'esprit.

La loi du temps fait que dans la vie courante les âges de la vie sont une nécessité inéluctable, et nous commençons à entrevoir qu'elle déterminera un certain nombre d'attitudes politiques et de faits institutionnels. La langue latine, comme la langue grecque (12), conserve un certain nombre de mots, dont la valeur technique transparaît ici et là, malgré une tendance à la confusion. L'histoire particulière de Rome veut que les structures anciennes aient retrouvé une vigueur nouvelle avec la restauration augustéenne. Aussi voyons-nous le mot *iuuenis* reprendre à la fin de la République et sous l'Empire la précision de sens et le prestige qu'il avait dans les temps anciens. Le témoignage de Tite-Live est certes à utiliser avec précaution, car il subit l'influence de l'époque. Il est cependant d'un grand intérêt, ne serait-ce que pour la connaissance de l'historien lui-même. Tite-Live a manifestement conçu la société archaïque romaine fondée sur les classes d'âge. Les *iuuenes* ont dans l'histoire des premiers temps un comportement qui dénonce une classe autonome et organisée. La fréquence des mots nous a montré que cette classe perdait peu à peu de son importance. Les sociétés étrangères sont aussi, chez Tite-Live, construites sur le principe des classes d'âge. Souvent nous trouvons chez lui des compléments aux diverses informations sur l'Italie que nous trouvions ailleurs. Et, quand on a plusieurs versions d'un même événement, celle de Tite-Live fait intervenir des *iuuenes*, quand Polybe (13) ou l'annalistique (14) ne les mentionnent pas. Pour l'Italie, la conception livienne est vérifiée, et il n'est pas impossible que, dans l'engouement de l'âge augustéen pour l'archaïsme, les traces des anciennes structures aient été retrouvées. Virgile, dans l'*Enéide*, Denys d'Halicarnasse, dans les *Antiquités Romaines*, conçoivent, comme Tite-Live, que le monde ancien était fondé sur une classification par âges.

De Tite-Live encore nous tirons la conclusion que les *equites* sont les héritiers des *iuuenes* de jadis. L'évolution des mots est sensible dès Cicéron : les *equites* constituent la *iuuentus Romana* (15), ce qu'ils sont sous l'Empire. Cette évolution est-elle une innovation ou, et c'est ce que nous pensons, la réalité impériale revient-elle au passé ?

De cet ensemble de données littéraires, remaniées plus ou moins profondément sous l'influence des faits contemporains et aussi des *topoi* de l'historiographie grecque, ressort au moins une direction politique : Servius passe pour avoir divisé le peuple en classes d'âge. En repoussant de trois ans la fin de l'enfance, il inaugure une politique qui se continuera par la suite. L'évolution des institutions montre qu'on a voulu réagir contre l'entrée prématurée des jeunes dans le monde adulte. L'évolution démographique, le passage de structures archaïques à des structures plus modernes et d'un mode de vie paysan à une vie urbaine, font que la jeunesse est progressivement prolongée. Les motivations peuvent être diverses : volonté d'unifier les cas particuliers et de réglementer les coutumes (réforme « servienne »), désir de protéger les jeunes des difficultés de la vie, ou crainte de la turbulence juvénile.

Il est possible aussi que la langue ait perdu des mots définissant des moments de la vie, comme elle a perdu *nerf*, en même temps que disparaissaient les institutions qui leur avaient donné cours. Pour *pubes*, mot archaïque, qui s'est conservé — mais vidé de son sens ancien et des composantes institutionnelles — combien d'autres mots ont pu disparaître !

Enfin, dernière remarque : quelque importante que soit la *Lex Laetoria*, elle est singulièrement isolée dans le corpus juridique républicain, où, de plus, elle s'inscrit tardivement. Nous ne trouvons par ailleurs aucune trace d'un statut juridique de la jeunesse conçue comme une classe distincte dans l'ensemble de la population. Les *iuuenes* ne forment pas une classe de plein droit ; ils jouent un rôle à l'intérieur d'autres institutions (*iuniores* serviens surtout). Le droit ne mentionne pas la *iuuentus*. Aussi loin que remonte l'organisation politique romaine, nous nous heurtons au mutisme des sources. Rien ne dit, par exemple, sauf peut-être l'étymologie (16) que les curies aient comporté uniquement les hommes d'âge militaire, ni qu'elles aient été divisées en *iuniores-seniores*. De même les *equites* que nous avons vus confondus avec les *iuuenes* ne sont pas une classe de plein droit : une inauguration a conféré un potentiel religieux à leurs centuries (17). Si à l'époque royale les centuries équestres sont des unités tactiques, composées de *iuuenes*, elles accueillent à l'époque républicaine des sénateurs et des hommes d'âge ; les jeunes *equites* ne sont plus alors effectivement différenciés que dans les turmes. Il faut donc admettre que la classe d'âge que nous recherchons n'a pas d'existence juridique. Les faits que nous avons relevés se situent au niveau politique et, de façon plus générale, au niveau des mentalités. Les textes de droit proposent une échelle des âges autre que celle que nous avons définie ; ils ne connaissent de majorité qu'à 25 ans, ne distinguent des âges précis qu'aux abords de la puberté et ne traduisent pas les modifications qu'enregistre l'usage.

La jeunesse, classe d'âge, est donc para-juridique ; elle est probablement pré-juridique. Le droit semble l'avoir toujours ignorée, ou plutôt semble avoir organisé la société en intégrant la jeunesse à des cadres qui absorbent ses virtualités. Nous trouvons des *iuuenes* actifs au temps de Romulus, aux temps pastoraux de la civilisation romaine ; ils sont alors différenciés dans le corps social et bénéficient d'une grande autonomie, dans le domaine de la guerre en particulier. Peu à peu nous les trouvons mêlés aux hommes d'âge, privés de leur spécificité et cependant attachés toujours à des attitudes et à des privilèges qui sont, sinon juridiquement définis, du moins connus et reconnus. Comment expliquer la persistance de comportements dont il nous faut faire remonter si haut l'origine ? Sans doute le conservatisme religieux en est-il la meilleure explication. Qui dit classe d'âge dit rites de passage ; or nous avons pressenti que la puberté était un passage, incorporé aux institutions politiques — par le rôle attribué à Servius — et célébré religieusement. Voilà une survivance qui, alliée à la tendance naturelle de la jeunesse à se regrouper, a pu maintenir le souvenir du temps lointain où la qualité de *iuuenis* conférait dans la cité une place à part. Ce n'est pas la seule que les rites aient maintenue ; c'est par elle toutefois que nous commencerons notre enquête puisqu'elle marque le passage d'un âge à l'autre en maintenant le rituel qui accompagne la prise de la toge virile et qui est la synthèse des dimensions diverses où s'épanouit l'idée de jeunesse.

## BIBLIOGRAPHIE

L. Alfonsi : *Sulle fonti del De senectute*, in *Parola del passato*, 1955, XLI, 121-129.

L. Alfonsi : *Il pensiero cicieroniano nel De senectute*, in *Studi litterari in onore di E. Santini*, Palerme, 1956, 1-16.

B. Axelson : *Die synonyme adulescens und iuuenis, in Mél. Marouzeau,* 1948, 7-17.

R. Caillois : *L'homme et le sacré,* Paris, 1963.

W. Warde Fowler : *Social life at the age of Cicero,* Londres, 1908.

C. Gnilka : *Aetas spiritalis (Die Uberwindung der natürlichen Altersstufen als Ideal frühchritlichen Lebens)* Theophaneia, 1972.

E. Heck : *Iuuenta, Iuuentas, Iuuentus in der röm. Dichtung, in Festschrift für E. Zinn. zum 60* Tubingen Niemeyer, 1970, 65-74.

J. Hubaux : *Les grands mythes de Rome,* Paris, 1945.

P. Jal : *La guerre civile à Rome,* Paris, 1963.

H. I. Marrou : *Mousikos anèr : étude sur les scènes de la vie intellectuelle figurant sur les monuments funéraires romains,* Grenoble, 1937.

J. P. Morel : *Omni poplo, pube praesenti, in REL,* XLII, 1965. 375-388.

J. P. Morel : *La iuuentus et les origines du théâtre latin, in REL,* XLVII, 1970, 208-252.

M. Ruch : *Le thème de la croissance organique dans la pensée historique des Romains, in Aufstieg und Niedergang,* 827-841.

S. G. Stacey : *Die Entwickelung des livianischen Stiles, in Archiv f. lat. Lexicographie und Grammatik,* X, 1896.

*Cf.* aussi : B.G., n° 56.


## NOTES

(1) Sur l'âge des curions, *cf. supra,* p. 118 et note 48 *ad loc.* Platon, *Rép.* VII, 540.

(2) varron, *Sent.* (Riese) 74 ; *Tam ridenda in sene puerilitas, quam obstupescenda in puero optimorum morum constantia. Cf.* aussi *Men.,* 91.

(3) C. Gnilka : *Aetas spiritalis.*

(4) *Cf.* H.I. Marrou : *Mousikos anèr,* p. 197-207.

(5) *Cf. De sen.* 38 : « de même que chez un adolescent, j'aime voir un peu de vieillesse, de même chez un vieillard, un peu d'adolescence » (trad. P. Wuilleumier, col. Budé). *Cf.* aussi *De am.,* 101, et *Pro Sestio,* III, Sénèque *Epist.* 36, 2.

(6) Tite-Live, XXVI, 50, 13.

(7) G. Dumézil ; *Mitra-Varuna.*

(8) Tite-Live, XXVII, 8, 4 sq.

(9) *id.*

(10) *Cf.* R. Caillois : *L'homme et le sacré,* p. 54.

(11) *Cf. infra,* p. 221 sq.

(12) *Cf. supra,* p. 28 et note *ad loc ;* 29 et note.

(13) On peut comparer pour les troubles à Syracuse, Polybe, VII, 5 et Tite-Live, XXIV, 7.

(14) *Cf.* Claudius Quadrigarius, *ap.* Aulu-Gelle, IX, 4 *sq (cf.* H. Peter : *Veterum hist. Rom. frag.* fg. 10 b, p. 207-210), et Tite-Live, qui s'inspire de lui, en VII, 9, 6 *sq.*

(15) *Cf. infra,* p. 366 sq.

(16) Sur l'élymologie de *Curia, cf. supra,* p. 63 sq.

(17) *Cf.* l'épisode de l'augure Attus Navius, chez Tite-Live, 1, 36, 3.

# QUATRIÈME PARTIE

# LE GRAND PASSAGE

CHAPITRE PREMIER

# D'UN AGE A L'AUTRE

— *La prise de la toge virile,*
— *Le patronage de Liber Pater,*
— *Le passage d'âge,*
— *Répercussions sociales et politiques.*

*La prise de la toge virile :*

La fin de l'enfance est consacrée par la prise de la toge virile. Les jeunes gens qui atteignent l'âge de la puberté (1) quittent les insignes de l'enfance — la bulle et la toge prétexte — pour revêtir la toge qu'on appelle *uirilis*, parce qu'elle est le vêtement par excellence de l'homme, ou *libera*, parce qu'elle symbolise sa liberté civique (2), ou encore *pura*, parce qu'elle est unie, sans la bordure de pourpre de la prétexte. Parallèlement aux termes techniques ou biologiques qui désignent l'homme selon les âges de sa vie et selon ses fonctions (*tiro, adulescens, puber, iuuenis...*), une série d'adjectifs le qualifie, dans le cadre de la vie privée et civile, selon qu'il a ou n'a pas encore l'âge de la toge : l'enfant est dit *praetextatus* ou *inuestis* (3), le jeune homme à peine revêtu de la toge est *uesticeps*, l'homme enfin est *togatus* (4). Ces adjectifs montrent l'importance dans la vie du Romain du changement de vêtement qui s'accomplit lors de la puberté. Changer de vêtement, c'est signaler de la manière la plus élémentaire un passage ; ce que nous avons dit de la puberté (5) permet de comprendre que le rituel qui préside à la prise de la toge est un rituel de passage.

Aussi ne nous étonnerons-nous pas de trouver chez le jeune *uesticeps* et sa famille des sentiments de ferveur et de gravité auxquels ils vont faire participer la cité et ses dieux. Le temps n'émoussera jamais ces sentiments et, sous l'Empire encore, on a conscience de vivre un moment capital lorsque vient le jour de déposer les *insignia pueritiae* (6), selon un rituel ancestral.

La cérémonie est d'abord familiale. Les insignes de l'enfance sont consacrés aux dieux Lares ; le père de famille est là, qui préside le rite (7). Dépouillé des vêtements qui ont symbolisé son enfance, le garçon revêt en signe de bon présage la *tunica recta* (8), puis la toge. Un sacrifice offert dans la maison aux dieux domestiques achève le rite de passage qui est dès lors accompli. En effet, on lit chez Servius :

> « *Sane Iouem merito puerorum dicunt incrementa curare, quia cum pueri togam uirilem sumpserint, ad Capitolium eunt* ». (9),

et le parfait *sumpserint* invite à penser que la montée au Capitole va seulement rendre officiel le passage d'âge effectivement et rituellement accompli dans le cercle familial. Il faut donc distinguer deux temps : la cérémonie privée et la cérémonie publique. Elles sont successives mais semblent relever chacûne d'un ordre différent.

Lorsque le rituel familial est achevé, un cortège se forme, de parents et d'amis, un cortège solennel (10), qui entoure le jeune homme et l'escorte (11), en se déroulant à la manière d'un triomphe (12), jusqu'au Capitole (13). Etre privé de ce cortège est une exception que seules peuvent justifier d'étonnantes déficiences physiques chez le *uesticeps*. Il s'agit, en effet, de présenter à la cité un nouveau citoyen, un futur guerrier. Le cortège permet aussi d'étaler sa magnificence ; du moins est-ce vrai à l'époque impériale, quand Pline consulte Trajan sur l'attitude à adopter, dans sa province, face au luxe que déploient les familles lors des prises de toge, ou quand Apulée fait le compte des dépenses engagées par Pudentilla pour son fils (14). On invite des amis, des gens en vue, Pline le Jeune lui-même, si l'on a la chance de le compter parmi ses relations, et on transforme en mondanité une démarche qui relève de la vie publique (15).

En effet, au Capitole doivent s'accomplir des formalités civiques et religieuses, dont le détail ne nous est pas parfaitement connu. On comprend bien que le jeune homme fait savoir à la cité qu'il change de classe d'âge. Comme, à l'époque classique, on peut revêtir la toge virile n'importe où (16), et à n'importe quelle date (17), on doit penser qu'une déclaration était faite devant un magistrat, qui la consignait. Les auteurs grecs, pour définir la formalité romaine, recourent à l'expression ἐγγράφειν εἰς τοὺς ἐφήβους (18). Est-ce une commodité de traduction ou le signe d'une analogie entre la passage d'âge romain et celui qui, en Grèce, ouvrait à l'éphébie ? Nous reviendrons sur cette question plus loin ; notons, pour le moment, que le *uesticeps* était probablement inscrit sur un registre. On ne sait pas où se faisait cette inscription à Rome : dans un des services de la *Villa Publica*, ce vaste ensemble de bâtiments et de jardins établi au Champ de Mars depuis 435 et où se déroulaient certaines formalités du cens ? Au *Tabularium* construit sur le Capitole au iiᵉ siècle et reconstruit en 78 sous sa forme aujourd'hui encore visible ? (19). Nous ne savons pas non plus exactement à quelle divinité la cérémonie religieuse était consacrée. Dans le commentaire rapide et elliptique que nous avons cité (9), Servius indique qu'on allait honorer Jupiter. Il ne dit pas précisément que les enfants vont sacrifier à Jupiter, car son propos n'est pas de nous renseigner sur ce point : il cherche dans la montée des *pueri* au Capitole confirmation à l'idée sans doute généralement admise (*dicunt*), que Jupiter protège leur croissance. Il assimile le Capitole au dieu qui, s'il en est le plus prestigieux occupant, n'y est pas seul. Sans doute Servius a-t-il cependant raison de penser que les enfants vont honorer Jupiter, mais la tradition qu'il recueille peut refléter une réalité tardive (20).

Si nous regrettons que Servius soit un peu trop allusif, c'est que deux autres divinités nous paraissent mieux indiquées pour recevoir l'hommage des jeunes hommes le jour où ils revêtent la toge virile. La première est *Iuuentas*. On se souvient, en effet, que, selon la légende, le roi Servius avait prescrit que chaque nouveau *togatus* verserait une pièce de monnaie dans le trésor de *Iuuentas* (21). On ne sait quand disparut ce mode ancien de recensement qui nécessitait la présence à Rome des jeunes hommes. Il n'est pas certain qu'il disparut totalement ; un hommage au moins à la déesse a pu survivre, hommage d'autant plus opportun que *Iuuentas* est définie comme la protectrice des *noui togati* (22), et d'autant plus aisé à rendre qu'elle avait un autel dans le temple capitolin (23).

Directement intéressé aussi à la prise de la toge virile, le dieu Liber Pater mérite l'attention. En effet, si, à l'époque classique, il semble qu'on puisse choisir n'importe quel jour pour revêtir la toge, il n'en allait pas ainsi à l'époque ancienne. Une date était prévue, la même pour tous, et c'était le 17 mars, jour des *Liberalia* (24). Il y a là une rencontre qui intrigue Ovide et qu'il ne croit pas fortuite. Dans le Livre III des *Fastes*, après avoir décrit la fête des *Liberalia*, il se demande pourquoi la « toge de liberté » est donnée aux enfants le jour de la fête de Liber. Laissons pour l'instant de côté la confusion entre le dieu et Dionysos-Bacchus, constante dans l'exposé d'Ovide, et voyons comment il pose le problème.

> *Restat ut inueniam quare toga libera detur*
> *Lucifero pueris, candide Bacche, tuo...* (25),

écrit-il, et le présent *detur* indique que, malgré les exceptions, le jour des *Liberalia* est, encore à l'époque impériale, le jour traditionnel de la prise de toge. Or Liber était honoré le 17 mars, sur le Capitole (26), et on peut penser que les *noui togati* de l'année lui offraient un sacrifice.

C'est sur une incertitude donc que s'achève la brève description que nous venons de faire de la prise de la toge virile. Mais le ton assuré des deux vers d'Ovide donne l'impression que le patronage de Liber est une donnée fondamentale qui peut aider à lever l'incertitude ou, du moins, à en préciser les termes. Aussi allons-nous faire nôtre le projet du poète, en nous demandant pourquoi les jeunes gens revêtent la toge virile le 17 mars.

*Le patronage de Liber :*

Pour une seule question Ovide propose quatre réponses. En vain demande-t-il à Liber de l'aider à choisir, le dieu se tait. Mais ne le regrettons pas, car Ovide, en formulant ses hypothèses, définit parfaitement les composantes de la cérémonie et les organise autour du patronage de Liber. Il évoque d'abord le rituel de passage dont serait le garant Liber-Dionysos, éternel adolescent :

*Siue quod ipse puer semper iuuenisque uideris*
*et media est aetas inter utrumque tibi* (27).

Puis, il se demande si ce n'est pas le nom de Père de Liber qui incite les pères à lui confier leurs enfants ; et, quelle que soit la valeur de cette supposition, elle met en évidence le rôle primordial du père de famille dans le rite de passage (28). Par un jeu de mots sur *libera*, l'épithète de la toge, et Liber, Ovide suggère tout l'aspect politique du rituel : engagé de par sa nature même dans la vie de la cité à qui il consacre un nouveau citoyen, il est lié à l'histoire politique par l'idée de liberté dont il semble porteur (29). Enfin, il évoque les anciennes fêtes de Liber (30), lorsque la vie urbaine ne s'était pas encore coupée de la vie campagnarde (31), au cours desquelles tant de monde venait à Rome que les nouveaux *togati* ne pouvaient espérer plus nombreux spectateurs à leurs premiers pas de citoyens. Ainsi, on imagine les rues de Rome, jadis, le 17 mars, quand, dans une atmosphère de liesse, au milieu d'un grand concours de peuple venu honorer Liber, de toutes les maisons où un fils venait de prendre la toge sortaient des cortèges qui confluaient vers le Capitole. La meilleure conclusion à une description d'ensemble de la prise de la toge, la meilleure introduction à l'approfondissement des problèmes qui restent posés, c'est Ovide qui les donne par ses questions qui toutes se rattachent au dieu Liber.

C'est donc la personnalité de ce dieu qu'il faut tenter d'éclairer. On est d'entrée de jeu embarrassé par son assimilation à Dionysos, et d'autant plus qu'elle est probablement fort ancienne. On sait, en effet, aujourd'hui, grâce à l'archéologie, que Rome a été partiellement hellénisée dès l'époque royale ; et il semble qu'elle ait pu connaître Dionysos dès la fin du vie siècle (32). Quand Ovide dit que Liber est l'inventeur de la vigne (33), il ignore sans doute la formule de prière qui à Faléries demande à Cérès du blé et à Loufir — Liber — du vin. L'inscription qui reproduit cette formule est datée des environs de l'an 600 (34) et atteste, à date ancienne et à quelque quarante kilomètres de Rome, la spécialisation de Liber.

Y eut-il jamais un Liber original et italique ? C'est une question longtemps discutée, qui nous semble avoir été résolue par A. Bruhl dans la monographie qu'il a consacrée au dieu et à son culte (35). Il semble que Liber ait été une divinité indigène, assimilée à Dionysos mais originellement indépendant de lui. Lavinium était un centre important de son culte : il y était honoré avec sa parèdre Libera durant tout un mois (36), et les matrones de la ville rendaient un hommage solennel à la représentation d'un phallos. Saint Augustin, de qui nous tenons ces détails, explique, d'après Varron qu'il a peut-être retouché, que Liber et Libera étaient les composantes mâle et femelle de la génération qu'ils libèrent (*pro euentu seminum*) — au prix d'un jeu de mot — sous forme de semences. Ils apparaissent donc comme les protecteurs de la fécondité. C'est ce sens général que propose E. Benvéniste, quand il explique le nom de Liber comme un dérivé en — *es* d'un thème *leudh* — (étrusque *lautn* 37) et qu'il lui donne pour traduction « celui de la germination, celui qui assure la croissance, la moisson » (38).

Que Liber Pater, protecteur de la fécondité tant animale que végétale, patronne le passage de la puberté nous paraît tout à fait naturel. On comprend pourquoi il a été très rapidement confondu avec Dionysos : tous deux ont une fonction naturaliste, et tous deux sont, de ce fait même, intéressés à la croissance des enfants. Dionysos, dieu initiateur-initié (39), est lié en Grèce aux enfants et aux éphèbes ainsi qu'à l'idée d'éternité, d'αἰών (40), inséparable de la notion de jeunesse (41). Mais le dieu Liber qui nous intéresse ici est différent du Dionysos-Bacchus dont les fidèles seront, au IIe siècle, poursuivis par la répression sévère du Senatus-consulte des Bacchanales (42). Le culte orgiaque, après être passé de Grèce en Italie du Sud, devait aux IVe et IIIe siècles parvenir en Etrurie et finalement à Rome, où il choqua la pensée religieuse traditionnelle et parut menacer l'intégrité morale de la jeunesse (43).

Cet aspect du culte explique peut-être qu'à l'époque historique la toge soit prise à d'autres dates que celle des *Liberalia*. Liber a pu perdre de son prestige à trop ressembler à Dionysos, et subir un discrédit. Mais s'il y a discrédit, d'autres causes peuvent encore en rendre compte. L'assimilation à Dionysos n'est pas le seul avatar du destin de Liber. Le sens de son nom est tout voisin de celui de Cérès, qui dérive d'une racine *ker-*, d'où sont issus *cresco* et *creare*, et qui désigne une personnification de la croissance (44). Liber et Libera ont formé avec Cérès une triade qui n'est pas de forme grecque, puisqu'elle unit le couple Liber-Libera à Cérès et non Liber à Libera-Cérès (45). Le dieu et sa parèdre, liés dans la conscience populaire par la communauté de leurs fonctions bien avant la constitution de la triade, ont sans doute évolué de concert. H. Le Bonniec a défini l'histoire de Cérès, divinité agraire à l'origine, puis, et sûrement très tôt, dès l'époque royale, divinité plébéienne (46). La triade qu'elle forme avec Liber et sa parèdre est une réplique à la triade capitoline (47). Dans cette évolution politique, Liber est devenu le garant des libertés publiques, et en même temps il perdait, au profit de Cérès, une partie des rites qui l'honoraient (48).

Avec Cérès, Liber est entré dans l'histoire politique. Et par là s'explique peut-être que les *Liberalia*, qui sont inscrits en capitales sur le calendrier dit de Numa — ce qui assure leur ancienneté — ne figurent pas dans les Fastes des Saliens, qui appellent le 17 mars *Agonium Martiale* (49). On a supposé que les *Liberalia* étaient à l'origine une fête campagnarde ignorée du calendrier des prêtres-guerriers de Mars (50), ou que seules les classes inférieures donnaient la toge virile à leurs fils le jour de la fête de Liber (51). Ces deux hypothèses sont en fait complémentaires : on peut supposer que Liber, dieu agraire d'abord, ensuite annexé par la plèbe, a été snobé par les fervents de Mars, dieu patricien, dieu des guerriers attachés peut-être à la ville (52).

Liber enfin s'est un jour trouvé sur la route de Jupiter. A travers toute l'Italie est, en effet, attesté un Jupiter Liber ou Libertas, dont le nom se traduit en grec Ζεὺς Ἐλευθέριος (53). L'ancienneté de Liber exclut qu'il soit la personnification d'une épithète de Jupiter détachée un jour du dieu capitolin. Pourtant, selon Servius, c'est Jupiter qui protège la croissance des enfants (54). C'est que sans doute il a annexé une fonction attachée à Liber, comme il a annexé celles qui relevaient de *Iuuentas* (55). Le dieu du Capitole a évolué selon les vicissitudes politiques. Il a longtemps représenté à Rome le principe monarchique (56), puis il est devenu peu à peu le garant non plus d'une classe sociale ou d'une option politique, mais de l'Etat romain. Les épithètes à valeur politique Liber et Libertas attestent sa mainmise sur tous les rouages de la *res publica*.

Ainsi se définit une évolution du dieu Liber qui justifie sa présence lors de la remise de la toge à un jeune garçon. Dieu de la croissance, il patronne l'accession à l'âge où le jeune homme devient fécond, et la cité l'honore d'assurer ainsi sa survie. Nous avons là l'aspect le plus ancien du dieu et de ses fonctions ; l'origine du rituel de passage d'âge est probablement antérieure à la contamination de Liber par Dionysos. D'autre part l'histoire politique de Liber explique la détérioration, sans doute limitée (57), de son patronage. Et l'incidence de la politique était inévitable, puisque le jeune *uesticeps* accomplissait au Capitole un acte public qui l'intégrait à la cité. Nous pouvons maintenant revenir, pour les préciser, sur les deux temps de la prise de la toge virile, et étudier le rituel de passage d'âge avant de nous intéresser au passage politique et social qui le suit et le complète.

*Le passage d'âge.*

Le passage d'âge est l'aspect le plus archaïque et par suite le plus oublié de nos informateurs antiques. On s'attend à quelque rituel d'initiation sexuelle ou guerrière, et on ne le trouve pas. Il est cependant probable qu'il existait jadis. On peut le supposer en comparant le passage d'âge des garçons à celui des filles. La vie de la femme est fortement divisée en deux moments ; le passage de l'un à l'autre se fait par le mariage. La veille de ses noces, la jeune fille consacre ses vêtements d'enfant aux dieux Lares ou à une Fortuna Virginalis (58) ; puis elle revêt la *tunica recta*, sur laquelle elle passera sa robe de mariée. Le mariage est manifestement aux filles ce qu'est aux garçons la prise de la toge virile. Pour les filles, nous avons conservé diverses légendes apparemment fort anciennes et qui semblent traduire des rites de passage, probablement parallèles à des rites masculins dont nous avons perdu le détail (59). Ainsi Tanaquil, protectrice du roi Servius, alterne, selon les légendes, avec une Gaia Caecilia, comme filandière sacrée de la *toga regia undulata*, conservée dans le temple de Fortuna, au Forum Boarium (60). Cette toge était peut-être le vêtement rituel de passage des jeunes filles nubiles. Pline, se réclamant de Varron, attribue à Tanaquil le premier tissage de la *tunica recta* que revêtaient les *tirones* et les *nouae nuptae* (61). Le seul port de ce vêtement, caractérisé par un tissage à chaîne verticale, contribuait magiquement à l'efficacité des opérations religieuses qui allaient s'accomplir. Les deux toges qui dissimulaient la mystérieuse statue du temple de Fortuna passaient pour avoir été portées par le roi Servius (62). Par ailleurs la légende d'Ocresia, fécondée par un phallos jailli du feu et donnant ensuite naissance à Servius, pourrait traduire un rite primitif de présentation de la jeune fille à un symbole de la virilité, peut-être à Mutinus Tutunus (63). La fête d'Anna Perenna, aux Ides de mars, deux jours avant les *Liberalia*, semble avoir été anciennement un rite de mariage collectif, comme on en trouve en Grèce (64), une défloration des vierges (65).

Ces légendes, qui témoignent sans doute de très anciens rites de passage féminins, ont d'autant plus d'intérêt qu'elles tournent autour du roi Servius, favori légendaire de Fortuna, qui, on s'en souvient, passait aussi pour l'auteur de la classification par âges du peuple romain. La cohérence du rôle attribué à Servius traduit peut-être :

« le sentiment chez les Romains que le principe de toute l'organisation pseudo-censoriale attribué au gendre de Tanaquil était la définition des âges et des capacités de la puberté, la mémoire vague mais juste d'un système d'opérations rituelles auquel le classement social aurait correspondu » (66).

L'impression que la prise de la toge virile devait à haute époque comporter des rites initiatiques a déterminé l'hypothèse séduisante — mais invérifiable — d'A. Illuminati. Il remarque que les rites accomplis par les Luperques et par les Saliens semblent transposer des pratiques d'initiation dont la trace est encore perceptible dans la cérémonie qui coïncidait avec les *Liberalia* ; il en vient alors à supposer que l'ancien calendrier comportait tout un cycle initiatique : commencé en février aux *Lupercalia*, il se serait continué le 14 mars, avec les danses des Saliens, pour s'achever le 17 mars, aux *Liberalia* (67). Les jeunes gens auraient été initiés aux mystères de la violence et de la guerre avant d'être reconnus comme citoyens à part entière.

On peut ajouter à cette hypothèse une remarque qui ne fera que la rendre plus troublante. Elle nous est suggérée par le mot *hirquitalli*, qui désigne les jeunes gens lorsqu'ils arrivent à la puberté (68). On y reconnaît le nom *hircus* du bouc, invoqué parfois pour expliquer l'étymologie de *Lupercus* (69), et un thème qui a donné le grec θάλλειν : verdoyer, pousser. L'idée de croissance est, dans ce mot, liée au nom de l'animal qui est au centre des rites des Luperques. Or ceux-ci sont nécessairement des *iuuenes* (70), et ils se comportent comme les éphèbes spartiates, cruels acteurs de la cryptie (71). Une enquête en ce domaine sera, comme nous le verrons, vouée à n'être qu'aventureuse (72). Ce que nous savons de la prise de la toge virile, son aspect familial et individuel, le peu que nous connaissons des Luperques, les évolutions liées à la politique dont nous avons eu un aperçu à propos de Liber et que nous retrouvons à tous les moments de nos recherches sur les *iuuenes*, tout empêche qu'on retrouve les pratiques archaïques, collectives et ésotériques.

Il reste que le rituel de passage d'âge tel que nous le connaissons semble incomplet. Les textes cependant ne manquent pas pour nous renseigner sur l'origine et la fonction des insignes de l'enfance, mais aucun ne se demande clairement ce que signifie le changement de vêtement, aucun ne cherche à définir la conception de l'enfance que les insignes concrétisent, ni celle de la vie d'adulte que leur déposition implique. En reprenant et en précisant les données anciennes, nous allons tenter de préciser les divers degrés de signification du rituel de passage.

Et comme le font les textes, nous commencerons par l'étude des insignes de l'enfance. L'enfant porte en sautoir la bulle, un bijou en forme de capsule, formé de deux plaques concaves superposées, rondes ou lenticulaires, ayant l'apparence d'un cœur ou d'un croissant (73). Chez les Etrusques, les hommes et les femmes portent une bulle, ou même plusieurs disposées en collier ou en bracelet (74). A Rome l'usage semble en être limité aux enfants et aux triomphateurs. Avec la bulle, la toge bordée de pourpre est le second privilège de l'enfant. Il n'en a d'ailleurs pas l'exclusivité, puisque les magistrats curules, les prêtres des plus anciens cultes et le général qui se livre au rituel de la *deuotio* ont droit à la prétexte (75). Ces insignes ont pour fonctions de signaler pour la différencier la personne de l'enfant, de symboliser les caractéristiques de son âge et d'en protéger l'intégrité.

Les textes anciens développent longuement l'énoncé de ces fonctions. Ils sont unanimes à reconnaître que l'enfant a été honoré par l'attribution des insignes qu'il porte. C'est Romulus qui aurait conféré la bulle (selon Plutarque) et la prétexte (selon Macrobe) au premier enfant romain né d'une Sabine et d'un soldat romain. Ou bien c'est Tarquin l'Ancien qui aurait récompensé par les *insignia* la bravoure de son fils âgé de 14 ans. Et Macrobe précise : comme les insignes des magistrats étrusques, la chaise curule, les licteurs, la toge brodée et la prétexte avaient été importés par Tullus Hostilius ; l'innovation de Tarquin aurait consisté seulement à accorder des insignes d'adulte à un enfant (76). La tradition s'est surtout attachée à l'idée que les insignes symbolisaient une distinction sociale : entre les enfants de naissance libre et les esclaves (Plutarque), entre les fils de patriciens ayant rempli des fonctions curules, qui avaient la bulle et la prétexte, et les fils d'*equites* qui avaient seulement la prétexte (Macrobe), ou encore entre les fils d'*equites* et les autres enfants (Pline) (77). On évoquait enfin des intentions morales : la bulle et la prétexte incitaient les enfants à conserver leurs qualités, ou leur étaient un présage de bon conseil (Plutarque et Macrobe). Une anecdote, mal située dans le temps, rappelait qu'un enfant avait un jour résolu les ambiguïtés d'un oracle et qu'on commémorait sa clairvoyance en honorant les enfants par le port des insignes (78).

Ces renseignements épars s'organisent autour de deux questions que la tradition a raison de ne pas dissocier : l'une touche à l'origine des *insignia*, l'autre à leur fonction.

L'archéologie a confirmé l'hypothèse, préférée par Plutarque et par Macrobe, selon laquelle la bulle remontait à l'époque romuléenne. En effet, dans la sépulture, récemment découverte aux alentours de Bolsena, d'un enfant d'une dizaine d'années, on a trouvé une bulle de bronze, ce qui inspire ce commentaire à R. Bloch : « Des bulles de bronze avaient déjà été découvertes dans des complexes villanoviens... Les découvertes à l'ouest et maintenant à l'est du lac de Bolsena confirment la version rouléenne de la bulle romaine. La richesse de l'orfèvrerie étrusque aurait ensuite accrédité la version attribuant aux Tarquins une coutume dont les fouilles révèlent la plus lointaine origine (79) ». Il précise ailleurs : « il faut ajouter que le nom même de la bulle, qui est de caractère latin, concorde avec cette conclusion d'une origine latine préétrusque » (80).

Il n'y a pas lieu de s'étonner que l'usage de la bulle soit fort ancien. Nos sources insistent surtout sur sa fonction honorifique, mais elle a aussi, et peut-être surtout, une fonction magique. Elle contient en effet un fétiche de forme phallique, qui lui vaut le nom de *scaevola* et l'épithète *turpicula* (81). L'efficacité de ce talisman s'ajoutait à la valeur magique de l'or dont elle était faite pour les enfants riches. Les autres, qui avaient une bulle en cuir, n'attendaient de protection que du fétiche. Et le rapprochement avec le triomphateur permet de comprendre quelle crainte on exorcisait grâce à la bulle : on protégeait l'enfant de l'*invidia*, le mauvais œil.

Pour la toge prétexte, on arrive à des conclusions voisines. La pourpre qui la borde est en même temps une protection magique qu'un symbole d'*imperium*, et Rome n'attendit pas, pour en connaître les vertus, d'être soumise aux Tarquins (82). Comme la bulle, la prétexte protège et honore l'état d'enfant. Juvénal dira qu'on doit à l'enfant le plus grand respect (83), Pline et Quintilien analyseront avec précision l'honneur et la gloire de l'enfance (84).

Ce qu'il fallait avant tout protéger, c'était la pureté de l'enfance, et on expliquait parfois — fautivement — par *purus* l'étymologie de *puer* (85). Chez Apulée, *inuestis* et *uesticeps* s'opposent comme pur et impur, et pour Perse, la pourpre et la bulle sont des gardiens dont la déposition, célébrée avec angoisse, ouvre les portes de Subure (86).

Cette pureté confère à l'enfance un état de grâce qui lui donne une capacité religieuse permanente. C'est sans doute cette capacité que la prétexte honore et symbolise. Quel autre point commun imaginer, en effet, entre l'enfant et les quelques adultes qui ont droit à la prétexte (87) ? Les enfants participent aux sacrifices familiaux, et, sous le nom rituel de *camilli* ou *camillae*, à certains cultes publics.

Devenir adulte, c'est, d'une certaine manière perdre l'état de grâce de l'enfance ; dès lors la protection contre les influences maléfiques devient illusoire, inefficace, voire absurde. Les souillures de la vie ont une double origine, correspondant aux deux moments de la prise de la toge. D'une part, avec la puberté, c'est le début de la sexualité (88), d'autre part, l'accession aux droits civiques implique la participation militaire. L'enfant quitte le monde protégé et menacé de la pureté pour entrer dans la vie, dans le monde de la violence sexuelle et guerrière, où s'épanouissent les *iuuenes* (89).

Le plus émouvant portrait d'enfant que nous ait laissé la littérature latine est celui d'Ascagne dans l'*Enéide*. Cet enfant n'est pas tant décrit en lui-même que par l'intermédiaire des sentiments d'amour et de déférence qu'il inspire à son père et aux compagnons troyens. Ces sentiments, le sculpteur de l'*Ara Pacis* les a fixés dans le marbre : la présence, dans le cortège qui inaugure le monument, des princes impériaux correspond à l'activité des *Camilli* qui participent au sacrifice offert par Enée aux Pénates dont la représentation orne l'un des petits côtés de l'autel. La vénération qui entoure l'enfance est un trait spécifique de la civilisation romaine. Les société archaïques, d'une part, s'intéressaient peu à lui ; et quand, d'autre part, on songe que notre civilisation a attendu le xixe siècle pour prendre clairement conscience de l'existence spécifique des enfants, on apprécie d'autant mieux l'originalité romaine (90).

N'allons toutefois pas nous engager sur la voie d'une interprétation romantique et chercher derrière la gravité dont s'accompagne le passage d'âge une angoisse devant la vie d'adulte ou la conscience que vivre c'est se dégrader. Ces sentiments sont peut-être chez Virgile et chez Perse, mais ils ne déterminent pas le rituel archaïque. Tout passage d'une époque qui s'achève à une époque qui commence est célébré religieusement (91). D'ailleurs des garçons encore *praetextati* participent occasionnellement à la guerre (92). La protection de la pureté n'explique donc pas toutes les précautions dont on entoure l'enfant. On veut aussi protéger en lui l'avenir de la race dont il est le détenteur. Cette tendance naturelle s'accompagne certainement à Rome d'une volonté morale et politique et qui est l'affirmation du primat de la famille sur les sociétés guerrières (93).

Il nous faut revenir à toutes les suggestions historiques et politiques de nos sources. Nous avons évoqué déjà les variations de l'âge de la puberté et la tendance à engager les enfants dans la vie active à partir de 14 ans (94) et les textes nous invitent à remonter aux Tarquins pour justifier ces variations. Le rôle des rois étrusques suggère une « transformation institutionnelle » de l'usage des *insignia pueritiae* au cours de la dernière période royale (95). C'est son propre fils que Tarquin aurait honoré, comme s'il voulait faire de lui une sorte de *princeps puerorum* avant qu'il ne devînt le *regius iuuenis* (96), analogue au *princeps iuuentutis* augustéen (97). La tradition paraît contradictoire quand elle cherche à préciser une distinction entre les patriciens et les chevaliers : c'est qu'en fait elle confond les deux ordres, si bien que Pline, qui évoque les fils d'*equites*, Macrobe et Plutarque, qui parlent d'enfants nobles, répètent la même tradition. Nous verrons avec quelle précaution on doit parler de *patriciat* pour l'époque royale (98) et nous verrons aussi comment les rois étrusques ont probablement protégé les chevaliers pour faire obstacle à la montée de ceux qui formeront dès la constitution de la République le patriciat. Il semble qu'on puisse dire, pour simplifier, que sous l'influence étrusque les insignes de l'enfance se sont chargés d'implications politiques et sociales qui se sont ajoutées à leur plus ancienne vertu magique. Et l'influence de la politique n'est pas pour nous surprendre ; elle devait inévitablement jouer sur le second aspect de la cérémonie, celui qui faisait entrer un nouveau citoyen dans le corps social.

*Les répercussions sociales et politiques du rituel de passage.*

Le jour où il revêtait la toge virile, le *uesticeps* faisait plus que de changer de classe d'âge, il trouvait son individualité. Et cela était vrai dans l'ancien temps. Tertullien rappelle que l'enfant n'était pas introduit dans la *gens* avant d'avoir pris la toge virile (99). Nous avons évoqué déjà l'importance des rites qui inaugurent une existence nouvelle et substituent à la naissance de fait une naissance rituelle, la seule vraie (100). L'introduction dans la *gens* suppose que l'enfant reçoive son nom gentilice, car donner un nom, c'est appeler d'une part à l'existence individuelle et c'est d'autre part admettre un membre nouveau dans un groupe. Or Macrobe écrit : *est dies lustricus quo infantes lustrantur et nomen accipiunt* (101). Le *dies lustricus* accomplirait ainsi ce que fait la *lustratio* pour le *populus* : il inscrirait une naissance dans l'ordre du monde (102). Mais le *dies lustricus* est pour les garçons le huitième jour après la naissance et de ce fait il semble y avoir contradiction entre les affirmations de Tertullien et de Macrobe.

La question se complique encore si l'on y ajoute ce que dit du *praenomen* l'auteur anonyme du *De praenominibus* : *pueris non prius togam uirilem sumerent praenomina imponi moris fuisse Scaeuola auctor est* (103). Des épitaphes d'enfants semblent confirmer ce témoignage, qui remplacent le *praenomen* par l'appellation *pupus* ; mais d'autres épitaphes mentionnent le prénom du jeune mort (104).

Les hésitations devant lesquelles nous nous trouvons sont le fait de la survivance jusqu'à l'époque historique de coutumes archaïques. Il est difficile de décider qui a raison et qui a tort, d'autant que les trois témoignages que nous avons cités comportent une part de vérité. Il est probable que le jeune garçon, nanti de son nom lors du *dies lustricus*, le faisait officiellement confirmer le jour où il prenait la toge virile. Son existence familiale devenait existence sociale (105). On lui conférait une légitimité officielle, et nous retrouvons ici le sens que propose E. Benvéniste pour le mot *liberi* : de naissance légitime (106). C'est la légitimité de sa naissance que le société reconnaissait. Pour le prénom, la réponse sera plus ambiguë. Le témoignage de Scaevola, cité par le *Liber de praenominibus*, est ferme, et aucun texte ne lui donne tort. Garde-t-il le souvenir d'un temps où l'existence individuelle commençait seulement à la puberté ? C'est possible, mais il est difficile de dater cette époque et de savoir jusqu'où remonte l'usage du *praenomen* (107). On peut admettre que les enfants furent, à une époque ancienne, désignés d'un nom générique, affectif peut-être comme *pupus*, ou qui les situait dans la structure familiale comme *filius* ou *nepos*, avant de recevoir leur prénom, marque d'une individualité que l'âge leur conférait et que la cité devait pouvoir isoler dans ses opérations de recensement.

L'embarras où nous met la question de la reconnaissance individuelle vient du fait que nous touchons aux confins de l'histoire, aux mentalités les plus archaïques. Il vient aussi de ce que la place de l'individu dans la collectivité est le problème fondamental qui se pose à toute organisation politique, et dans des termes variables selon les régimes et les époques.

La prise de la toge virile nous est apparue comme une coutume archaïque qui s'est modifiée au cours des siècles. Aux rites anciens de passage sexuel, on a superposé, quand la cité se fut constituée, quand les modalités guerrières se furent développées, une reconnaissance publique de la puberté, conçue comme la reconnaissance par l'Etat des aptitudes du jeune garçon. Les légendes traduisent une imbrication du biologique et du politique qui n'est pas surprenante quand il s'agit de la jeunesse (108). L'aspect le plus ancien du rituel est manifestement original, et ne doit rien à une imitation de l'éphébie grecque. Malgré l'autorité de F. Altheim, qui croyait retrouver dans le rite de passage romain une transposition des fêtes célébrées dans le cadre des Dionysies athéniennes, nous pensons qu'il faut renoncer à cette idée. L'éphébie est une institution publique, alors que le rituel romain, tel que nous avons pu l'analyser, est d'abord familial (109). C'est l'importance de la famille qui a sans doute fait régresser les rites d'initiation et a donné à l'enfant la place que nous lui avons vue. Ce que nous avons appelé le « grand passage » est un passage d'âge, mais c'est aussi le passage de la vie familiale à la vie civique. Sur le plan personnel, le rituel consacre le changement de statut physique et moral ; sur le plan social, c'est le passage de la famille à la cité, ce qui peut s'exprimer autrement en termes historiques, car c'est le passage d'une société familiale ou gentilice à la *ciuitas*. Les facteurs politiques et historiques que nous avons rencontrés conduisent nécessairement à une nouvelle étude consacrée à cette mutation.

Cette prochaine étude devra tenir le plus grand compte de l'histoire politique. Les rois étrusques sont concernés directement par la politique de la jeunesse : Tarquin le Superbe est chassé de Rome, où il encourageait une excessive licence chez les *adulescentes* ; Servius, initiateur légendaire de l'organisation centuriate, invente un système de recensement lié à la déesse *Iuuentas*. La place de la jeunesse dans la cité est un thème politique qu'on retrouve au centre des grands bouleversements historiques : elle détermine en partie le conflit de 509 entre le roi étrusque et les « révolutionnaires », elle n'est pas étrangère au conflit postérieur entre le patriciat et la plèbe (110).


## BIBLIOGRAPHIE

P. BONFANTE : *The origin of the latin name-system*, in *Mél. Marouzeau*, 1948, 43-59.

P. BOYANCÉ : *Une allusion à l'œuf orphique*, in *MEFR*, 1935, 95-112.

L. et P. BRIND'AMOUR : *La deuxième satire de Perse et le dies lustricus*, in *Latomus*, XXX, 999-1024.

A. BRUHL : *Liber Pater*, Paris, 1953.

J. B. CARTER : *De deorum Rom. cognominibus*, Leipzig, 1898.

G. DUMÉZIL : *Horace et les Curiaces*, Paris, 1942.

W. WARDE FOWLER : *Roman essays and interpretations*, Oxford, 1920.

W. WARDE FOWLER : *The religious experience of the Roman people*, Londres, 1911.

P. DE FRANCISCI : *Primordia ciuitatis*, Rome, 1959.

J. GAGÉ : *Classes d'âge, rites et vêtements de passage dans l'ancien Latium*, in *Cahiers internationaux de sociologie*, XXIV, 1958.

J. GAGÉ : *La « censure » du roi Servius Tullius*, in *RHD*, IVᵉ série, 46, 1958-1960.

J. GAGÉ : *Matronalia*, Latomus, LX, 1963.

G. GIACOMELLI : *La lingua falisca*, Florence, 1963.

M. GUARDUCCI : *Il culto di Anna Perenna e delle paides nelle iscrizioni Sicule di Buscenni e il culto latino di Anna Perenna*, in *SMSR*. XII, 1936, 25-50.

A. ILLUMINATI : *Mamurius Veturius*, in *SMSR*, XXXIII, 1961, 41-80.

F. LANFRANCHI : *Lustratio e nominis impositio*, in *Mél. Arangio-Ruiz*, Naples, 1964, 384 *sq.*

M. LEJEUNE : *A propos de trois inscriptions italiques*, in *REA*, 54, 1952, 340-342.

Mᵐᵉ B. LIOU : *La statue cultuelle du Forum Boarium*, in *REL*, XLVII, 1970, 269-283.

W. F. OTTO : *Lustrum*, in *Rheinisches Museum für Philologie*, 71, 1916, 17-40.

G. PIERI : *Histoire du cens*, Paris, 1968.

H. J. ROSE : *De menstruo uirginis in ritu lustrationis usurpato*, col. *Colum*. 10, 360 *sq.*

M. TORELLI : *Le formule conclusive delle tre tramine di Pyrgi*, in *SE*, XXXV, sér. 2, 1968.

E. WUNDERLICH : *Die Bedeutung der roten Farbe im Kultus der Griechen und Römer*, Giessen, Topelmann, 1929.
*Cf.* aussi: B.G. n°ˢ 6, 17, 18, 23, 35, 36, 46, 54, 63.


## NOTES


(1) Sur les variations de cet âge, *cf. supra*, p. 114 *sq*. Festus (p. 368L) atteste le rapport entre la prise de la toge et la puberté : *uesticeps puer qui iam uestitus est pubertate*.

(2) *Cf.* Ovide, *Fastes*, III, 771 *sq*.

(3) L'adjectif *in-uestis* montre que la toge est par excellence le vêtement qui symbolise l'homme.

(4) Pour Cicéron, *togatus* désigne le citoyen en civil, le quirite : *De off.* 1, 79 ; *Cat.* III, 23...

(5) *Cf. Supra*, p. 115 *sq* et pour la Grèce, p. 33 *sq*.

(6) Perse, V, 32 *sq*.

(7) *Cf.* Properce, IV, 1, 131 ; Stace, *Silves*, V, 2, 61 *sq ;* Marquardt : *La vie privée des Romains* (*Manuel des ant. romaines*, XIV) ch. 3, p. 144-157 ; — P. de Francisci, *Primordia ciuitatis*, p. 283.

(8) *Cf.* Pline, *N.H.* VIII, 194 ; — Festus, p. 342, 30 L ; 364, 21L.

(9) Servius (*Egl.* IV, 48-49) : « Aborde alors (ce sera le moment) les grands honneurs, ô cher rejeton des dieux, grand prolongement de Jupiter » (trad. E. de Saint-Denis, col. Budé) commente : « c'est à juste titre que Jupiter prend soin, dit-on, de la croissance des enfants, car, quand les enfants ont pris la toge virile, ils vont au Capitole ».

(10) Suétone, *Claude*, II, 5.

(11) Cicéron, *Pro Murena*, 33, 69.

(12) Valère-Maxime, V, 4, 4.

(13) Les cortèges qui suivent la communion solennelle des enfants répondent à la même volonté de prendre la communauté à témoin de l'entrée en son sein d'un nouveau chrétien.

(14) Pline, Corr. avec Trajan, 115-116 ; — Apulée, *Apol.* 87.

(15) Pline, *Epist.* I, 9.

(16) Le fils de Cicéron la prit à Arpinum, son neveu à Laodicée (*Ad Att.* IX, 19, 1 et V, 20, 9) ; Virgile à Crémone (*Vita Verg.*, p. 55, Reiffer-Scheid). *Cf.* Marquardt *op.* cité.

(17) Le fils de Cassius a dû la prendre le 15 Mars 44 (Plutarque, *Brutus*, 14) ; Auguste, le 18 octobre... (références dans Marquardt).

(18) Dion Cas. LV, 22, 4 ; — Denys, IV, 15, 5 ; Appien, IV, 30.

(19) *Cf.* Marquardt, *op.* cité ; — Regner : *Tirocinium fori, in R.E. ;* — Polybe, III, 26 ; — Plutarque, *Cicéron*, 34 ; — Schur, *Liber Pater, in R.E.* Sur la *Villa Publica cf* C. Nicolet : *Le métier de citoyen romain*, Paris 1976, p. 88 *sq*.

(20) *Cf. infra*, p. 151.

(21) Denys, IV, 14 ; *cf. supra*, p. 115 et *infra*, p. 187.

(22) Tertullien, *Ad nat.* II, 11, 11 ; *cf. infra*, p. 115.

(23) *Cf. infra*, p. 115 *sq*.

(24) Cicéron, *Ad Att.* VI, 1, 12 ; — Ovide, *Fastes*, III, 771-788.

(25) « Il me reste à découvrir pourquoi la toge de liberté est donnée aux enfants le jour de ta fête, radieux Bacchus » (trad. H. Le Bonniec).

(26) *CIL*, X, 1402 ; — I, p. 388 (calendrier Farnèse).

(27) Fastes, III, 773 : « est-ce parce que toi-même tu nous apparais toujours sous les traits d'un enfant ou d'un jeune homme, et que tu tiens le milieu entre ces deux âges ? » (trad. Le Bonniec) ; — *cf.* Sénèque, *Phèdre*, 753-754 : (*Liber*)

*intonsa iuuenis perpetuum coma*

(Liber, perpétuellement jeune, à la chevelure respectée du fer).

(28) *Cf. infra*, p. 168 *sq*, sur l'importance du *pater* dans la vie du jeune romain.

(29) *Fastes*, III, 776.

(30) Sur les fêtes de Liber, on complètera Ovide (*F.* III, 785 *sq*) par Naevius, *ap.* Festus-Paul, p. 103 L ; — Virgile, *Géorg.* I, 338 *sq* et II, 385 *sq ;* — Tertullien, *De spect.* V, 4 et X, 7 ; — Diomède, p. 487 (Keil), qui cite Suétone ; *cf. infra*, p. 240 *sq*.

(31) Sur l'importance de l'opposition campagne-ville, *cf. infra*, p. 240 *sq*.

(32) *Cf.* H. Le Bonniec : *Le culte de Cérès*, p. 249 et 279.

(33) *Fastes*, III, 785.

(34) *CIE* 8079, Vetter, 241 ; Pisani, 151 ; G. Giacomelli *(La lingua falisca)* I, p. 29. La datation, proposée par Vetter *(Ital. Dialekte*, p. 279 *sq)* d'après la graphie, la ponctuation et la langue, est acceptée par G. Dumézil *(RRA*, p. 371), G. Giacomelli (p. 29), H. Le Bonniec *(op.* cité, p. 303 *sq)*. M. Lejeune : *A propos de trois inscriptions italiques*, ne se prononce pas, et nous sommes fort tenté d'imiter cette prudence, car la datation nous semble suspecte (le plat en terre cuite sur lequel figure l'inscription contenait des pièces d'argent. Des pièces d'argent au VIᵉ siècle !).

(35) A. Bruhl : *Liber Pater*.

(36) Saint Augustin, *C.D.* VII, 3.

(37) Sur l'étrusque, *cf.* G. Devoto : *Gli Etruschi nel quadro dei popoli italici antichi*, sp. p. 25.

(38) E. Benvéniste : *Liber et liberi*, et *Voc. des inst.* I, p. 361 *sq.*

(39) *Cf.* A. Bruhl, *op.* cité et *Introduction* aux *Bacchantes* d'Euripide (col. Budé), par H. Grégoire, p. 212 *sq.*

(40) Références chez P. Boyancé : *Une allusion à l'œuf orphique*.

(41) *Cf. supra*, p. 99.

(42) *Cf.* A. Ernout : *Textes lat. arch.* p. 58-60 ; − *CIL*, 1²581 ; X, 104 ; − Tite-Live, XXXIV, 8-18.

(43) Tite-Live, XXXIX, 15, 13.

(44) G. Dumézil : *RRA.*, p. 367.

(45) H. Le Bonniec, *op.* cité.

(46) *Cf.* Denys, VI, 89, 3 ; − Tite-Live, III, 55, 6-7 et J. Bayet, appendice, Tite-Live, III, p. 145-153 ; *cf.* aussi A. Piganiol : *Histoire de Rome*, p. 46.

(47) *Cf.* H. Le Bonniec, *op.* cité.

(48) *Cf. supra*, n. 30.

(49) Macrobe, *Sat.* I, 4, 15 et Varron, *L.L.* VI, 14.

(50) K. Latte, *Röm. Rel.*, p. 70.

(51) De Marchi, *Il culto privato di Roma antica*.

(52) *Cf. supra*, p. 14.

(53) Mon. Ancyre, IV, 6 *(Res Gestae diui Augusti*, éd. C. Barini, Rome, 1937, p. 32, ou *R.G.* éd. J. Gagé, 2ᵉ. 1950) ; *Iouis Libertatis* traduit par Διός 'Ελευθέριου ; *CIL.* XI, 1, 657 (Faventia) ; XIV, 2579 (Tusculum) ; IX, 3513 *(Furfo Iouis Liberi) ;* X, 1, 3786, 3789 (Capoue) ; − *CIL*, 1, 2235 = ILLRP 194 (Délos). Il est attesté en Sicile (Diodore, XI, 72, 2), où il est lié au renversement des tyrans (L. Pareti, *Sicilia antica*, p. 132) et à Métaponte, au IVᵉ siècle (Giannelli, *Culti e miti*, p. 67) ; *cf.* Hesychius, *sv.* 'Ελευθέριος. Autres cultes : *CIL*, I, 2, 1838 = *ILLRP*, 193 ; − I, 756 = *ILLRP*, 508 ; − I, 2628 = 29 (Véies) ; − *ILLRP*, 9, (cal. d'Antium, 13 avril : *IOV (i) Leibert (ati) ; − CIL*, I, (2), p. 328 *(Fast. arv.)*.

(54) *Cf. supra*, n. 9.

(55) On trouve un *Iupiter Iuuentus* dans *CIL*, IX, 5574 *(Septempedae) ;* XI, 3245, (Sutri) ; *cf.* J.B. Carter : *De deorum Rom. cognominibus*, Leipzig, 1898, p. 46.

(56) Dumézil, *RRA*, p. 195 *sq.*

(57) Les exemples dont nous disposons concernent l'extrême fin de la République et l'Empire et ne permettent pas de conclusion définitive sur la désaffection envers Liber.

(58) Arnobe, *Ad Nat.* II, 67.

(59) *Cf.* J. Gagé : *Classes d'âge, rites et vêtements de passage dans l'ancien Latium*, et *Matronalia*, p. 27-39.

(60) *Cf.* Mme B. Liou : *La statue cultuelle du Forum Boarium*.

(61) Pline, *N.H.* VIII, 194.

(62) Pline, *ibid.* qui cite Varron ; Valère-Maxime, I, 8, 11 ; Denys, IV, 40, 7 ; Ovide, *F.* VI, 571.

(63) Arnobe, *Ad Nat.* IV, 7.

(64) *Cf.* Pausanias, V, 3, 2 ; Ovide, *F.* III, 523-596 ; M. Guarducci : *Il culto di Anna Perenna e delle Paides nelle iscrizioni Sicule di Buscenni e il culto latino di Anna Perenna*.

(65) *Cf.* Martial, IV, 16 *sq* : H.J. Rose : *De menstruo uirginis in ritu lustrationis usurpato*, col. Colum. 10, p. 360 *sq.*

(66) J. Gagé : *La « censure » du roi Servius Tullius* et *Matronalia*, p. 39 ; G. Pieri : *Histoire du cens*, p. 32 *sq.*

(67) A. Illuminati : *Mamurius Veturius*.

(68) Festus-Paul, 90 L ; − Velius Longus : *De orthographia* (Gram. Lat. éd. Keil, t. 7).

(69) *Cf. infra*, p. 200 *sq.*

(70) *Cf. infra*, p. 203 *sq.*

(71) *Cf. supra*, p. 19.

(72) *Cf. infra*, p. 206 *sq.*

(73) *Cf.* E. Saglio, *bulla, in Daremberg-Saglio*.

(74) *Cf.* P. Ducati : *Storia dell'arte etrusca*, p. 460-461.

(75) Mommsen, *Staatsrecht,* I, p. 402 et Tite-Live, VIII, 9, 5 ; X, 28 ; *cf.* Warde-Fowler, *Religious experience of the Roman people,* p. 207 *sq.*

(76) *Macrobe, Sat.* I, 6, 7 ; *cf.* Plutarque, *Rom.* 20, 4 et *Q.R.* 101.

(77) Pline, *N.H.* XXXIII, 4, 10 ; – VIII, 195 ; – XXVIII, 39 ; – *cf.* Juvénal, *Sat.* V, 165 ; – Isidore, *Etym.* XIX, 24,16.

(78) Macrobe, *ibid.*

(79) R. Bloch, *in C.R.A.I.,* 1958, p. 292-293.

(80) *Id. in* Appendice, Tite-Live, II (col. Budé), p. 131. De fait le caractère latin du mot n'est pas certain : ce mot expressif, rappelant des mots qui indiquent une protubérance ronde (grec βόλβος, *cf.* Ernout-Meillet, *sv. Bulla* et Isidore, *Etym.* XIX, 31, 11 : *dictae... et bullae quod similes sint rotunditate bullis quae in aqua uento inflantur*) a peut-être son équivalent dans l'étrusque *pulumχva , cf. Le formule conclusive delle tre tramine di Pyrgi,* par M. Torelli, *in Studi Etr.* XXXV, sér. 2, 1968, p. 175-178 et *Il santuario di Pyrgi alla luce delle recenti scoperti, in St. Etr.* XXXIII, sér. 2, 1965, p. 191-219, à propos des 8 clous qui ornaient les battants des portes du temple. Ces clous s'appellent en latin *bullae. Cf.* aussi Virgile, *En.* XII, 942.

(81) Varron, *LL.* VI, 5.

(82) *Cf.* E. Wunderlich : *Die Bedeutung der roten Farbe im Kultus der Griechen und Römer ; – A. Van Gennep : Les rites de passage,* p. 118 et 181.

(83) Juvénal, XIV, 47.

(84) Quintilien : *Declam.* 340 : *illud sacrum praetextarum quo infirmitatem pueritiae et sacram facimus et uenerabilem ;* – Pline, *NH,* IX, 127 *(maiestas pueritiae) ;* – Horace, *Ep.* V, 7.

(85) Isidore, *Etym.* XI, 2.

(86) Apulée, *Apol.* 98 ; Perse, V, 32 *sq.*

(87) W. Warde-Fowler : *Roman essays and interpretations,* p. 42-52. Sur les *Camilli* et *Camillae, cf.* Wissowa, *R.u.K.* (2ᵉ éd.), p. 496 et note ; Servius *Ad Aen.* I, 730 ; Marquardt, *Staarsverwaltung,* III, p. 227 *sq.*

(88) Nous nous plaçons évidemment du point de vue des anciens, sans tenir compte de la sexualité des enfants découverte par Freud.

(89) *Cf.* Dumézil : *Les Horaces et les Curiaces ;* – *Heur et malheur du guerrier :* au retour des campagnes militaires, il fallait purifier les guerriers.

(90) *Cf.* W. Warde Fowler : *Roman essays,* p. 42-52 ; pour l'histoire moderne, P. Ariès : *L'enfant et la famille sous l'ancien régime,* 1960 (nelle éd. 1973).

(91) L'année par exemple et les siècles *(Ludi saeculares).*

(92) *Cf.* Valère-Maxime ; V, 4, 4.

(93) *Cf. infra,* p. 165 *sq.*

(94) *Cf. supra,* p. 105.

(95) *Cf.* R. Bloch ; *in* appendice, Tite-Live, II (col. Budé).

(96) Tite-Live, I, 47, 5.

(97) *Cf. infra,* chapitre *iuuentas,* p. 185 *sq.*

(98) *Cf. infra,* p. 277 *sq.*

(99) Tertullien : *De idololatria,* XVI, 1.9-10 (F. Oehler, Leipzig, 1853).

(100) *Cf. supra,* p. 33 *sq.*

(101) Macrobe, *Sat.* I, 16, 36.

(102) Sur le *dies lustricus, cf.* W.F. Otto : *Lustrum, im Rheinisches Museum für Philologie,* 71, 1916, p. 17-40 ; – L. et P. Brind'Amour : *La deuxième satire de Perse et le dies lustricus ;* – F. Lanfranchi : *Lustratio e nominis impositio.*

(103) *Auct. de praen.* 3 ; sur la question en Grèce, *cf. supra,* p. 33 *sq.* Le rôle de la confirmation dans le culte catholique est analogue : à cette occasion Alexandre de Valois change de prénom et devient Henri, futur Henri III (P. Erlanger, *Henri III,* Livre de poche).

(104) *CIL,* IX, 2789 ; V, 5505 ; X, 3772.

(105) *Cf.* Mommsen, *R.F.I.,* p. 32 ; – W. Warde Fowler, *Rel. exp.,* p. 39 *sq.*

(106) E. Benvéniste, *Liber* et *Liberi.*

(107) *Cf.* P. Bonfante : *The origin of the latin name-system.*

(108) Nous avons laissé de côté la cérémonie d'oblation de la première barbe faute de disposer à son propos de témoignages anciens. Cependant, une épigramme de Crinagoras (Anth. Palatine, VI, 161) signale qu'elle était un rite de passage : « De l'Occident, Marcellus revenait, rapportant les dépouilles de la guerre aux confins montagneux de l'Italie. Il a, pour la première fois, rasé sa barbe blonde ; c'est bien ce que voulait sa patrie : envoyer un enfant et recevoir un homme ». Au retour de la guerre contre les Cantabres en 25 avt J.C., le neveu d'Auguste n'a pas 18 ans. La concomitance entre la coupe de sa barbe et son retour de la guerre signale le symbolisme de la cérémonie, symbolisme différent toutefois de celui qui justifie la prise de la toge virile ; celle-ci introduit le jeune homme dans la catégorie des hommes aptes à faire la guerre et à procréer, celle-là consacre l'expérience guerrière. Mais l'exemple de Marcellus

prend une valeur particulière du fait de sa personnalité et de sa place dans le regime augustéen. Le fait qu'il ait fait coïncider la coupe de sa barbe et l'événement historique montre qu'il n'y avait pas de date fixe pour ce rite, du moins pas de date unique pour tous : il était en général célébré lors d'un anniversaire, mais Tibère l'a fait coïncider, pour Caligula, avec la prise de la toge virile (Suétone, *Cal.* 10). Quant à Auguste, il a repoussé la cérémonie jusqu'au jour de ses 24 ans ; en effet, Dion Cassius raconte qu'il a coupé sa première barbe alors qu'il commençait à aimer Livie (XLVIII, 34, 3), soit aux abords du 23 septembre 39 (*cf.* J. Carcopino, *Le mariage d'Octave et de Livie, in Revue Historique,* 1929, 225-236).

(109) C'est le meilleur argument opposé déjà par A. Bruhl, *Liber Pater,* p. 23 à F. Altheim, *Terra Mater.*

(110) *Cf. infra,* p. 254-255.

## CHAPITRE II

# FAMILLE ET CITE

— *Les sources,*
— *La structure familiale,*
— *Les facteurs d'évolution,*
— *L'ancienne éducation.*

> *... Le père pouvait disposer de toute la propriété qui était dans la famille, et le fils lui-même pouvait être envisagé comme une propriété, puisque ses bras et son travail étaient une source de revenu. Le père pouvait donc à son choix garder pour lui cet instrument de travail ou le céder à un autre.*
>
> Fustel de Coulanges, *La cité antique*, II,8,2.

Les citoyens romains sont *sui iuris*, quand ils ne dépendent d'aucune puissance, ou *alieni iuris*, quand ils dépendent de la *patria potestas* ; ils sont en d'autres termes *patres familias* ou *filii familias* (1). Le mot *pater* n'implique aucunement une paternité biologique (2) : un impubère a toujours pu, à Rome, tout en étant sous tutelle, si son père était mort ou avait perdu son droit de puissance, être prématurément *sui iuris* et avoir le titre de *pater familias* (3). Ce cas ne constitue certes pas l'ordinaire (4), mais qu'il soit possible montre que la structure familiale n'a pas pour fin première de subordonner la jeunesse aux adultes et que, d'autre part, il faut se défier de l'idée d'un lien familial naturel, résultant nécessairement de la naissance (6). Cependant, à l'époque où nous disposons de textes littéraires, la puissance paternelle fait problème dans des familles constituées comme nous l'entendons aujourd'hui où une crise d'autorité oppose pères et fils (6). Les concepts que nous allons étudier ont évolué, et, si la philologie permet de saisir un état ancien de la famille, perceptible aussi dans les lois « royales » et décemvirales, les faits historiques témoignent d'un constant devenir.

*Les sources :*

La *patria potestas* est toujours demeurée la base de la famille romaine ; le droit impérial s'attache encore longuement à en définir la nature et les limites, et il est possible par là de deviner des réalités plus anciennes. A peine, cependant, est-il nécessaire de partir des textes impériaux pour reconstituer le passé, puisque les XII Tables, dans leurs dispositions concernant les pouvoirs et les devoirs du *pater familias*, traduisent une société encore patriarcale dont la solidité est à peine ébranlée par la législation publique.

La tradition présente la rédaction des XII Tables comme un moment capital des rivalités entre la plèbe et le patriciat. Le tribun Terentilius Harsa aurait, dès 462, proposé de nommer des commissaires pour rédiger un code spécial à la plèbe (7). Devant cette menace le sénat préfère accepter la rédaction d'un code commun. Les magistratures suspendues laissent la place aux *decemuiri*, dont l'œuvre législatrice est ratifiée, tandis que s'effondre dans le scandale leur pouvoir politique tyranniquement mené par Ap. Claudius. Les XII Tables, qui interdisent le mariage mixte, ont de grandes chances de refléter la mentalité patricienne ; et l'organisation, ou le maintien, de la *patria potestas* est sans doute un autre aspect de cette dimension politique. Le patriciat a, nous semble-t-il, défini et durci la puissance paternelle au début de la République pour mieux se distinguer de la plèbe et pour mieux affirmer son esprit de caste. L'opposition plébéienne à la rigidité de la puissance paternelle est illustrée par une anecdote rapportée par Tite-Live : L. Manlius Imperiosus avait éloigné son fils de Rome parce qu'il bégayait ; assigné par le tribun de la plèbe M. Pomponius, il se voit reprocher, entre autres griefs, sa dureté inhumaine envers son fils (8). D'autre part, l'affirmation de la puissance du père s'oppose à la liberté dont jouissaient, selon les légendes, les jeunes gens en Etrurie. On peut déceler dans les XII Tables la codification de coutumes formées, pour ce qui est de la vie familiale, en milieu patricien et désignées génériquement de l'appellation de *mos maiorum*.

La tradition a transmis d'autres sources qu'elle appelle lois royales. Certaines, attribuées à Romulus, Numa et Servius Tullius (9), touchent précisément à notre propos. Ces lois auraient été recueillies par le *ius ciuile Papirianum*, au temps de Tarquin le Superbe (10), ou après la chute de la monarchie (11). De l'auteur du recueil, un Papirius, on ne sait ni le prénom ni la fonction. Diverses raisons font douter gravement de l'authenticité de ces lois ; le recueil serait, selon certains, du IIe siècle (12), ou même postérieur à 46 avant notre ère (13). C'est J. Carcopino qui soutient cette datation extrême et son hypothèse a été critiquée : il semble qu'il soit de meilleure méthode de distinguer les *leges regiae* du *ius Papirianum*, qui est sans doute à identifier avec la *Lex Papiria* (14), et de considérer que certaines dispositions des lois « royales » sont « l'expression d'anciens usages mis abusivement sous le patronage des rois légendaires de Rome » (15). Des recherches de J. Carco-pino il reste cependant de fines remarques : les lois dites royales, quand elles s'intéressent à la puissance paternelle, sont parfois presque en contradiction avec les XII Tables et semblent prôner un adoucissement de la tradition, une humanisation qui pourrait trouver sa source dans la morale pythagoricienne répandue au cours du IIᵉ siècle dans certains milieux romains. Nous sommes enclin à accepter l'hypothèse d'une influence pythagoricienne, puisque nous avons cru la déceler déjà dans les spéculations sur les âges de la vie et puisque aussi le pythagorisme défendait une morale aristocratique, où le patriciat, à Rome comme ailleurs, pouvait se retrouver (16).

Les XII Tables et les lois « royales » nous orientent vers une interpréta-tion patricienne de la puissance paternelle. Le fondement religieux de la famille, si brillamment analysé par Fustel de Coulanges (17), plaide encore en ce sens. Le père est le prêtre de la famille ; il en détient les *sacra* ; et l'on sait que le patriciat s'est défini, en face de la plèbe, par le lien religieux qui fondait la *gens* (18). Cet aspect politique de la *patria potestas* n'est pas le seul ; c'est ce que montrent bien des récits historiques.

Les XII Tables ont précisé, en même temps que se complétait l'idée de *ciuitas*, la distinction du *ius publicum* et du *ius priuatum*. Des anecdotes mar-quent, de siècle en siècle, les étapes de la coexistence des coutumes familiales et du droit de la cité ; nous reviendrons plus loin avec plus de précision sur ce point.

Telles sont les sources qui permettent de définir les notions essentielles sur lesquelles repose notre recherche, et d'abord la *familia* et son support, la *patria potestas*.

### La structure familiale.

Dans les textes juridiques les plus anciens la cellule de base du peuple romain est la *familia* et non la *gens*. Une première question se pose, qui n'est pas encore résolue : la cellule la plus grande, la *gens*, s'est-elle constituée par l'union des cellules plus restreintes, ou, inversement, les familles sont-elles issues de la désagrégation de la *gens* ? La première hypothèse est défendue par Fustel de Coulanges, mais c'est la seconde que les sociologues modernes vérifient presque toujours dans diverses sociétés (19). Nous n'affronterons pas cette question difficile ; nous constaterons seulement qu'à l'époque histo-rique la structure familiale s'affirme au détriment de la structure gentilice qu'elle paraît avoir supplantée.

Lorsque les XII Tables établissent le droit successoral, elles font appel aux *gentiles*, s'il n'y a plus, pour hériter du *pater*, de *sui* ni d'agnats (20) ; elles se souviennent donc de l'organisation gentilice, mais en dernier recours seulement, quand la lignée strictement familiale est éteinte. L'importance des dispositions relatives au testament dans les XII Tables indique qu'il a dû y avoir un changement en ce domaine. Et de fait la transmission du patrimoine touche à l'essence de la communauté familiale, en grande part fondée pour la conservation des biens ; la structure de la famille est le reflet des conditions matérielles. Il existait un ancien testament dit *calatis comitiis* parce qu'il devait être soumis à l'assemblée curiate. D. Stojcevic en a donné une interprétation séduisante : ce testament, soumis à ratification, devait modifier l'ordre habituel de succession fixé par la loi ou la coutume. Les XII Tables, sans rien modifier des coutumes, en rendaient la transgression possible et légale. L'ordre successoral qu'elles prévoient renverse, selon D. Stojcevic, l'ordre historique de la vocation des parents. Il s'appuie sur une analyse diachronique des groupes familiaux pour supposer que le testament primitif modifie toujours l'ordre de succession et tend à favoriser certains héritiers au détriment d'autres qui ont une égale vocation à l'héritage. Il y eut un moment de l'histoire où le testament était inutile ; la communauté était solidaire par l'identité du culte et des biens, sous la direction du *pater* souverain chez lui et co-souverain avec les autres *patres* (21). Les XII Tables semblent avoir réglé les droits des *sui* et du *de cuius* par rapport aux *agnati* et aux *gentiles*, lesquels sont concernés par l'héritage si le *pater* est mort *ab intestat*. La disposition *uti legassit* assure le droit du *pater* à tester. L'*agnatus proximus* est le premier intéressé, mais qui est-il ? D. Stojcevic considère qu'à l'époque des XII Tables, c'est, non pas le *suus*, mais le frère du *de cuius*. Ce serait la continuité de cette association que définit Gaius sous le nom de *consortium* (22). Le *patruus* dut avoir dans la famille un rôle important ; sa sévérité était restée proverbiale (23). A l'époque des XII Tables, au terme sans doute d'un long processus, on passerait à une organisation où la famille définit son autonomie ; le testament serait donc une transgression des coutumes. Cette évolution dut être lente et elle rencontra sans doute des résistances diverses.

C'est donc la famille qui tend à s'affirmer en face de la *gens* et il est probable que la toute-puissance du père, telle que la tradition la définit, a précipité le déclin du système gentilice : l'absolutisme du *pater* est concevable au sein de la famille, mais non au sein de la *gens* où il ne saurait être qu'un co-souverain (24). Cette *familia* qui s'affirme à l'époque historique, on peut aujourd'hui la définir très précisément grâce aux analyses de P. de Francisci. Il a relevé l'importance du groupe formé des grands-parents, des parents et des enfants (25). A la tête de ce groupe, l'homme le plus âgé est le *pater*, et sa puissance nous paraît bien terrible.

Au niveau des mots d'abord sont perceptibles la sévérité de la *patria potestas* et les mutations qu'a connues la famille. *Filius*, rattaché à *felo* et à *fecundus*, signifie « celui qui tète ». Le vieux mot indo-européen pour désigner le fils a disparu du latin (26) et *filius*, sans doute à l'origine épithète de ce vieux mot, est devenu le seul terme pour désigner le fils. Ce changement de terme est significatif peut-être d'une conception centripète de la famille : le fils, comme la fille, en sont comme dépersonnalisés (27). C'est la marque d'un monde où tous les enfants des frères sont des fils et où celui de chacun est désigné par le mot *filius*. Pour *familia*, l'histoire du mot est longue : d'origine sans doute pré-indoeuropéenne (28), en tout cas proto-latine (29), le mot a dû être emprunté par le latin à l'osque qui lui-même le tenait peut-être des Etrusques (30). *Famel* désigne l'esclave et la *familia* a dû d'abord être l'ensemble des esclaves avant de désigner la maisonnée entière.

La *familia*, c'est à l'époque historique, tout ce qui relève de la puissance paternelle : les enfants, l'épouse, les esclaves, les biens fonciers (31). Cette puissance s'appelle *potestas* (32). Elle est définie en termes juridiques et moraux. Pour s'en faire une idée, avant de l'aborder de front, on peut en saisir comme des échos dans d'autres sphères que celle de la famille. Ainsi, envers Hortensius, qui l'a consacré comme augure, Cicéron se sent des obligations filiales (33) ; le questeur doit au magistrat qu'il assiste des sentiments de fils et, inversement, le magistrat se comporte en père envers son questeur. Et ces relations dépassent le temps de la magistrature : c'est une infamie de les bafouer (34). Cicéron, à plusieurs reprises, signale l'analogie entre les pouvoirs juridiques reconnus au *pater* et ceux que le droit fécial accorde au *pater patratus* (35). Ce chef des Fétiaux envoyés en mission, élu par ses collègues, doit avoir des enfants et être lui-même *patrimus* (36). Il porte en son nom comme deux fois la qualité de père. Il est à l'étranger le père du peuple, et les extraditions qu'il prononce contre les citoyens romains sont analogues aux sentences de reniement d'un père contre son fils (37). Le rôle du *pater* implique une système de relations à double sens, un patronage fondé sur la puissance et accepté avec déférence. On se rappelle la délégation de paternité sur laquelle repose le *tirocinium* ; il semble que le jeune Romain, longtemps, retrouve dans sa vie l'écho des sentiments filiaux qui marquent son enfance.

La présence constante du père ou d'un délégué du père durant toute la vie est affirmée comme une valeur fondamentale de la civilisation romaine par la légende des origines de Rome. Il est remarquable que l'un des premiers gestes du héros fondateur de la race soit de porter son père sur ses épaules pour le sauver de Troie en flammes. Le fardeau était-il lourd ou léger ? Sans doute s'est-il alourdi au cours des temps. Mais de même qu'Enée retrouve diverses représentations de son père en Ségeste, Evandre et même le père de Turnus évoqué dans les derniers vers de l'*Enéide*, ou revoit son père lui-même aux Enfers, de même le jeune Romain vit avec son père dans son enfance, le quitte pour un père délégué qui conduit son *tirocinium*, retrouve une image du père dans le magistrat qui protège sa questure et va nourrir ses loisirs aux bavardages des vieillards qui continuent l'éducation paternelle (38).

On voit nettement à la tête de la famille le primat du père, qui caractérise le monde indo-européen. Le rôle de la mère est singulièrement discret dans ce monde où domine la parenté agnatique. Dès qu'on peut analyser la société romaine, est accompli le passage à ce que F. Engels appelle « l'état de civilisation », caractérisé par la suprématie du père et l'asservissement de la femme dans un système monogamique (39). Il reste quelques souvenirs d'un monde sinon tout à fait matriarcal, mais où, du moins, la femme avait une position différente de celle qu'on lui voit dans le monde romain (40). Tite-Live le place en Etrurie, où semblent aller de pair une situation féminine plus affirmée et des rapports de générations plus libres ; Virgile le trouve en Italie, où Junon mène une manière de combat féministe contre Jupiter et protège avec Didon, Amata et Camille un état social où la femme brigue un destin viril. Reste enfin l'oncle maternel qui peut-être avait une fonction précise. Dans les sociétés sévèrement patriarcales, à la sphère paternelle, caractérisée par la rigueur, s'oppose la sphère de la tendresse et du sentiment, le côté de la mère, représenté par l'oncle maternel (41). J. Gagé a noté que dans la légende du complot de 509 contre la République naissante les frères Vitellius sont les oncles maternels des deux fils de Brutus et que c'est à leur instigation que ces deux *adulescentes* sont affiliés au complot ; on peut se demander s'ils ne défendent pas un monde où le compagnonnage rituel importait plus que la parenté contre l'ordre nouveau défendu par Brutus, père intransigeant et modèle de sévérité impartiale (42).

Sévérité et absolutisme, telles semblent bien les caractéristiques de la puissance paternelle. Le père acquiert cette puissance sur ses enfants nés d'un mariage légitime en raison non de la procréation mais de la puissance maritale (43), et son premier droit est d'accepter ou de refuser l'enfant qui vient de naître. Celui-ci, s'il est accepté, est *in potestate* ; mais son souverain n'est pas nécessairement son père : si le grand-père vit encore, il est le *pater familias* et le père du nouveau-né est un *filius familias*, sans pouvoir sur ses propres enfants, sans la *manus* sur son épouse tenue *loco filiae*. Bien personnel du *pater familias*, le fils n'a droit à aucun patrimoine propre et ses acquisitions profitent au *pater* (44). Dans le principe, comme tous les *alieni iuris*, il ne peut rien acquérir par lui-même, ni s'obliger par contrat, mais il peut, dès l'ancien droit, faire fructifier le patrimoine au profit de la collectivité. Le père peut lui constituer un pécule, mais révocable à volonté ; même le pécule amassé à l'armée n'échappe pas à cette règle.

L'âge ne libère pas de la puissance paternelle ; les procédures de libération devaient être à l'origine fort rares. Certaines dignités religieuses la nécessitaient et l'impliquaient, celle de flamine par exemple (45). L'*emancipatio* est si compliquée et si manifestement un artifice pour tourner la loi qu'elle doit être une invention *a posteriori*. Il fallait, en effet, user du droit de *mancipatio*, qu'enregistrent les XII Tables, pour aboutir par une procédure fictive à la libération du fils (46). Lorsque le droit public organise la puissance paternelle, il inscrit d'autres cas de libération, qui prévoient plus d'ailleurs une privation qu'une libération : si le père est privé de sa *ciuitas*, il perd du même coup sa *potestas* ; si le fils perd sa *ciuitas* il est automatiquement exclu de la famille (47) ; la perte de la liberté agit de même dans les deux cas (48). A ce stade la *potestas* est devenue un *ius proprium ciuium Romanorum* (49), au terme d'un processus qu'inaugurent les XII Tables. Nous reviendrons sur ce passage de la *potestas* dans le droit public ; restons-en pour le moment à l'époque antérieure où la puissance paternelle semble ne connaître aucune limitation publique.

L'absolutisme du *pater* fut sans doute total. Les sources évoquent parfois un conseil de famille (50) ou un conseil de voisins (51) qui seraient intervenus pour conseiller le père au moment d'une délibération importante ; mais ces conseils, antinomiques avec l'absolutisme traditionnel (52), n'étaient sans doute pas obligatoires et leur avis ne pouvait être qu'indicatif. Les sources en exagèrent le rôle pour humaniser la sévérité de la puissance paternelle. Il est vraisemblable que c'était simplement l'opinion publique qui exerçait une manière de jugement (53). On le soupçonne d'après la loi attribuée à Servius Tullius (54) qui prévoit le cas où un enfant frappe son père : si le père par ses cris invoque l'assistance, le fils est coupable. L'invocation du père, comme la *quiritatio*, par laquelle un citoyen appelle au secours ses concitoyens, est une prise à témoin de l'assistance (55). La comédie que le père doit jouer dans cette situation précise est encore une limitation à son absolutisme : le formalisme juridique s'interpose entre la faute du fils et le châtiment paternel.

En fait, souverain absolu, le père est asservi et écrasé par les charges de ses fonctions (56). Ce qui fait sa force, c'est qu'il ne s'appartient pas ; sa puissance est toute dans l'autorité des ancêtres et dans la nécessité d'une cohésion économique et guerrière : il est un maillon, un dépositaire provisoire de la durée familiale. Et sa lourde charge le met en face de décisions d'une grande gravité.

Il dispose, en effet, du droit d'exposition, droit et devoir à la fois, que la table IV enregistre et qui fait paraître terrible l'antique *patria potestas*. Ce droit, attesté aussi en Grèce, ressortit au droit plus général de vie et de mort, dont le *pater* dispose sur ses enfants et qui remonterait à une loi royale anonyme. C'est en fait sans doute une ordonnance des Pontifes (57) qui confirma un usage ancien. Dès Romulus ce droit aurait été limité (58) ; c'est là un adoucissement où J. Carcopino voyait l'influence du pythagorisme (59).

C'est la table IV encore qui reconnaît, et limite en même temps, le droit de vente (60). Le *filius* est-il donc analogue au bétail et à l'esclave au point que son père puisse le vendre ? Il y a certes des différences entre l'esclave, sans statut juridique, et le fils, juridiquement situé dans sa famille, mais en l'occurrence elles tournent au désavantage du fils (61). Aussi une loi attribuée à Numa aurait-elle limité l'absolutisme de ce droit en y soustrayant le fils marié avec le consentement de son père ou sur son ordre. Appliqué sans doute dans les temps anciens comme l'ensemble des droits paternels, le droit de vente fut plus tard utilisé comme subterfuge pour faire changer les enfants de cité (62), ou pour les soustraire à la puissance paternelle.

Car la rigidité des droits du père évolua rapidement et s'humanisa. Les réalités archaïques évoluèrent sous l'influence de facteurs de trois ordres : transformations économiques, réflexions philosophiques et développement de la notion de *ciuitas*. Nous allons développer chacun de ces trois points.

## Les facteurs d'évolutions :

La structure familiale que nous venons de décrire se conçoit surtout dans une société agricole, où compte le prix du travail, où les générations vivent sur la même terre, dans un monde de stabilité. La famille autarcique pouvait assurer la hiérarchie fonctionnelle qui soutient la *familia*. Les mutations économiques vont porter un choc décisif au système familial (63). Plus le système économique sera fondé sur l'argent et plus le commerce se développera au contact des peuples méditerranéens, plus l'esprit de cohésion des communautés familiales se dégradera. Les comptoirs commerciaux lointains, confiés à des fils *in potestate*, les éloignent de la personne physique du père et les contraignent à décider rapidement et seuls. L'accroissement du nombre des esclaves enlève sa valeur au travail libre qui faisait le prix irremplaçable du fils dans la famille. Le capitalisme naissant ouvre la voie de l'individualisme (64) et l'économie commerciale sape le droit familial antique. Ajoutons que dans une société qui s'urbanise de plus en plus le jeune homme est moralement plus émancipé. Plaute et Térence ont vu, avec des regards différents, se développer ce processus.

Dans le même temps que la comédie met en scène les jeunes gens, l'essor de l'hellénisme vient aider à secouer le joug familial. La *patria potestas* fut à Rome d'une exceptionnelle solidité au regard du monde grec : dès le ve siècle Athènes avait atténué la puissance paternelle sous la pression de facteurs économiques analogues à ceux que devait connaître Rome. Aristote définissait la puissance paternelle en termes de sentiments : l'autorité du père est, dit-il, « toute royale et elle a pour fondement l'âge et l'affection » (65). Cet idéal d'un despotisme éclairé se retrouve chez le jurisconsulte Marcien : *nam patria potestas in pietate debet, non in atrocitate consistere* (66). Il n'est plus question de survie économique ni de culte, mais d'une affinité naturelle destinée à la protection plus qu'à l'asservissement de la jeunesse. Les Anciens, choqués de la sévérité traditionnelle des pères, ont collectionné les exemples de tendresse et d'indulgence (66 bis). Ils ont tenté, quand la tradition évoquait une sévérité extrême, de la minimiser. Les exemples ont souvent deux versions contradictoires ; l'une signale une condamnation paternelle, l'autre une condamnation par le peuple (67), et il est rare que le père soit plus sévère que la loi (68).

Quand enfin la rigueur d'un châtiment paternel entraîne la mort d'un jeune homme, c'est que celui-ci s'était rendu coupable d'un crime contre la patrie. Les Manlii Torquati étaient renommés pour leur sévérité, mais c'est qu'ils défendaient les valeurs de l'Etat contre la turbulence des jeunes gens (69). C'est ce que fait aussi Brutus quand il fait condamner ses fils à la peine capitale (70). Le récit de l'exécution permet de beaux effets de pathétique : c'est un spectacle que le déchirement de Brutus (71), et une victoire bien édifiante que celle du consul sur le père. Quand historiens et collectionneurs d'anecdotes admirent, poètes et philosophes sont sceptiques sur la pureté des intentions (72). Ces récits exemplaires n'ont cependant pas seulement un intérêt littéraire ; ils traduisent la rencontre de deux mondes. Les pères condamnent leur fils qui a mis l'Etat en danger ; ils revendiquent leur toute-puissance pour accomplir ce que, de toute façon, la loi allait ordonner (73). Le droit pénal laissera de la même façon au père, responsable civil de son fils et de ses esclaves, le choix, pour certains délits, d'estimer le litige ou de livrer le coupable (74).

La famille et la cité vont ainsi de concert, et le père assure le rôle de *iudex* reconnu par l'Etat. La *patria potestas* est devenue un fondement de l'ordre politique et social. Elle n'appartient qu'à ceux qui ont le droit de cité et sont libres ; elle est l'apanage du *ciuis*. Et la cité se décharge sur la juridiction domestique de certaines condamnations et encourage la cohésion du groupe familial aussi fortement qu'elle avait dû désagréger l'organisation gentilice, facteur de particularismes. La famille est le pilier de la durée politique ; c'est d'autant plus vrai à Rome que c'est dans la famille qu'est formé le jeune homme, futur citoyen.

L'accord entre l'organisation familiale et l'Etat s'exprime dans divers récits, sans qu'on sente de réticences familiales. Au contraire, c'est d'eux-mêmes qu'un père et un fils prennent Tarquin le Superbe pour arbitre de leur différend. Le roi, qui arguait de cet arbitrage pour justifier son retard à l'assemblée des Latins, s'entend répondre par Turnus Herdonius que « rien n'était plus vite fait que de mettre d'accord un père et un fils ; deux mots suffisaient : « le fils obéira, ou malheur à lui » (75). C'est là, note J. Bayet, « sous forme dramatique, les premières ingérences de la justice civile dans le droit familial » (76). C'est spontanément aussi que Q. Servilius fait intervenir sa puissance paternelle en dernier recours : les tribuns militaires — son fils était l'un d'eux — refusaient d'administrer la ville, il s'écrie : « puisque ni l'ordre sénatorial, ni l'intérêt général ne vous inspirent de respect, c'est donc la puissance paternelle qui tranchera » (77). L'anecdote de Fabius Maximus et de son fils, consul en 213, est célèbre : le jeune homme — ainsi l'appelle Plutarque (78) — oblige son père à lui rendre les honneurs, et le père a cette formule : *experiri uolui, fili, satin scires consulem te esse* (79). La puissance du magistrat est supérieure à celle du père ; ainsi se résout le problème général, embarrassant, du double statut du fils de famille, à la fois fils et citoyen.

L'accord parfait entre la famille et la cité et la bonne volonté des pères que les récits mettent en scène n'ont cependant pas dû se manifester d'emblée. Car on voit bien que la puissance paternelle, même si elle continue de s'exercer, n'est plus l'absolutisme que nous avons défini pour les temps archaïques. La cité se décharge sur le père de certaines décisions, elle encourage la cohésion familiale, mais elle intervient dans un domaine jadis réservé au père. Il dut y avoir d'abord des conflits d'autorité avant d'en arriver à l'accord parfait que décrivent les textes. Le système familial fut en particulier durement mis en cause par la constitution « servienne », qui porte en elle des implications révolutionnaires. Il y a entre l'organisation familiale que nous avons décrite et le classement social par classes d'âge une antinomie. Le système « servien » eut, sinon peut-être pour but, du moins pour effet de briser l'organisation trop étroite des familles. La République de 509 exalte l'esprit familial, en réaction contre un système que sans doute les Tarquins avaient introduit à Rome ou simplement développé, la réforme « servienne » au contraire limite l'importance de la famille. En effet, promouvoir les classes d'âge, c'est affaiblir l'unité familiale, de même qu'inversement promouvoir la famille, c'est affaiblir la classification par classes d'âge. Le père, soldat et citoyen, *iunior*, comme son fils pendant un certain temps s'il a moins de 45 ans et son fils plus de 17 ans, ce qui devait être fréquent, ne peut plus être le souverain qu'il était jadis (80). Il faut admettre qu'il y eut un compromis entre deux tendances ; le patriciat, qui semble l'inventeur de la promotion familiale a dû composer avec des forces d'opposition (81). En tout cas, les rapports entre les pères et les fils ne peuvent plus se fonder sur la seule hiérarchie familiale, quand un fils peut avoir une fonction politique que le père n'a pas et quand les procédures de vote donnent la même importance à la voix du père et à celle du fils.

Privée de son absolutisme par les mutations économiques et politiques mais conservée cependant au rang des valeurs morales fondamentales, la puissance paternelle finira par chercher sa justification dans le domaine des sentiments. La *pietas* qui la fonde est à la fois une obligation religieuse et un consentement spontané, et Virgile en montrera la grandeur et la profondeur en décrivant les rapports d'Anchise et d'Enée, ceux d'Enée et d'Ascagne, d'Evandre et de Pallas. La *patria potestas* se tourne en sollicitude et elle s'applique essentiellement aux tâches éducatives que le père conserve, comme un précieux devoir hérité des coutumes ancestrales.

*L'ancienne éducation :*

C'est à l'éducation que le père se consacre le plus totalement dans l'ancien temps. L'attitude de Rome sur les problèmes de l'éducation est différente de celle des Grecs et elle s'affirme aussi comme une opposition à celle des Etrusques. Nous avons dit comment les légendes rendaient compte d'un refus des pratiques étrusques (82) que Rome assimilait aux habitudes grecques. L'une et l'autre civilisation avaient conçu une éducation collective.

Quand Tite-Live raconte l'histoire du maître d'école de Faléries qui, par traîtrise livre à Camille les enfants des notables falisques, il précise qu'en Grèce encore on a coutume de confier tout un groupe d'élèves à un seul maître (83). Cicéron à plusieurs reprises explique, pour la justifier, l'attitude romaine :

« A l'origine », écrit-il, « nos pères n'ont pas voulu que l'éducation des enfants nés libres, objet chez les Grecs de bien des efforts restés vains, et le seul point sur lequel mon hôte Polybe accuse nos institutions de négligence, fût déterminée ou réglée par la loi ou que le programme en fût chose d'Etat et uniforme » (84),

ailleurs il précise :

« Combien absurdes (...) les exercices des gymnases pour la jeunesse, combien superficielle cette éducation militaire des éphèbes ! Que de liaisons et d'amours dissolues et trop libres » (85).

Plutarque reprend à son compte la critique de Polybe quand il compare les œuvres de Lycurgue et de Numa (86) :

« (Numa) laisse le père libre d'élever ses enfants au gré de ses caprices ou suivant ses besoins, chacun pouvant faire de son fils un laboureur, un charpentier, un forgeron ou un flûtiste... »,

à quoi il oppose une éducation prise en mains par l'Etat pour « façonner et modeler les enfants sur un type commun de vertu » (87).

Les Romains ont longtemps suspecté ce qui venait de Grèce et en 92 avant notre ère un édit censorial prend clairement position contre l'enseignement des rhéteurs venus enseigner à Rome : la jeunesse (*iuuentus, homines adulescentuli*) passe ses journées à les écouter et leur enseignement n'est pas conforme à celui que les anciens avaient prévu de donner à leurs enfants, les censeurs font donc savoir qu'ils condamnent l'esprit nouveau importé par ces maîtres étrangers (88).

Les textes que nous venons de citer expriment trois refus dont il nous faut préciser le contenu et les conséquences : refus de l'étatisation, des pratiques éphébiques et de la nouveauté.

On peut être surpris, comme l'ont été Polybe et Plutarque, de la discrétion de l'Etat en matière d'éducation : si la solidité familiale est l'un des supports d'un régime politique fort, l'encadrement scolaire peut en être un autre. Or, à l'idéal d'une éducation étatisée la République a substitué une éducation individuelle au sein de la famille. Elle a préféré à un enseignement théorique l'expérience vécue. Scipion Emilien se définit dans le *De republica* comme un exemple caractéristique du Romain : *usu et domesticis praeceptis multo magis eruditus quam litteris* (89). Mais la foi en l'expérience n'est sans doute pas la seule explication du choix par Rome d'une éducation familiale. Nous avons vu comment la famille et la cité étaient parvenues à un accord par lequel la seconde laissait à la première certaines prérogatives, juridiques en particulier ; le soin de l'éducation fut l'une de ces prérogatives que le *pater* voulut conserver. Encore faut-il être prudent et ne pas conclure des textes à une attitude uniforme des familles : selon la tradition Mucius Scaevola savait l'étrusque (90) ainsi que Kaeso Fabius, frère de Fabius Maximus, qui aurait été élevé à Caere (91). Et Tite-Live rappelle que les jeunes Romains de grande famille étaient initiés à la culture étrusque (92). Le patriciat n'a pas appliqué toujours les méthodes austères que la tradition loue à l'envi. Il reste cependant que l'éducation fut toujours confiée à la famille.

C'est encore la famille qui semble s'affirmer dans le second refus, celui des pratiques éphébiques. Cicéron donne des arguments d'ordre moral : l'éphébie est une école d'immoralisme ; la nudité (93), la pédérastie déshonorent la jeunesse et ne lui sont d'aucun profit. Mais on peut soupçonner dans le refus de l'éphébie des motivations plus profondes, plus politiques : le meilleur moyen de neutraliser une classe d'âge est de garder les jeunes gens dans la famille, de fortifier la conscience de la solidarité familiale au détriment d'une solidarité que l'âge aurait nouée. S'il est vrai que les Etrusques pratiquaient une méthode de formation de la jeunesse analogue à l'éphébie grecque, ou proche d'elle, si le complot de 509, fomenté selon la tradition par des *adulescentes*, est bien la revendication d'une classe d'âge contre l'ordre romain, alors on peut penser que le refus de l'éphébie fut d'abord une réaction contre le pouvoir étrusque. Plus tard, le danger sembla venir, non plus de l'Etrurie, mais de la Grèce, et c'est encore la jeunesse, curieuse de nouveauté, qui parut surtout menacée. Rome accentua, par réaction de méfiance, ses principes et tenta d'imposer le maintien du *mos maiorum*.

C'est, en effet, la nouveauté que condamne l'édit de 92. Il ne serait pas utile de développer ici les principes traditionnels de l'éducation romaine : on ne refait pas l'*Histoire de l'éducation* d'H. I. Marrou. Nous évoquerons seulement certains aspects, les plus caractéristiques des méthodes et des intentions de l'éducateur. C'est le père qui dirige l'éducation de son fils et lui apprend la vie, tant par la pratique que par l'exemple qu'il lui offre. L'enfant, respecté pour ses virtualités religieuses et pour les caractères spécifiques de son âge, est aussi un futur adulte. L'habitude semble avoir été de l'initier très tôt à la vie des grandes personnes : témoin discret, il apprend, en même temps que sa seule présence contraint les adultes à se bien comporter. Le jeune homme idéal que formera l'éducation familiale, c'est celui qui apparaît dans certain dialogues cicéroniens : il écoute attentivement, il admire et s'efforce de tout retenir de ce qui se dit ; à l'occasion, il est l'élément dynamique d'une discussion qui s'étiole, en invitant les adultes à mieux s'expliquer (94). Quand, à son tour, il aura atteint la maturité, il racontera à des jeunes gens les entretiens qu'il avait suivis dans sa jeunesse et, ainsi, assurera la continuité d'une génération à l'autre qui pourrait être l'histoire idéale de Rome (95).

Le jeune Romain, futur citoyen et futur homme d'Etat (96), est initié très tôt à la vie politique : Aulu-Gelle et Macrobe racontent l'histoire édifiante du jeune Papirius qui, emmené par son père au sénat, sut, à son retour à la maison, garder secrètes les délibérations auxquelles il venait d'assister et que sa mère le pressait de révéler ; on l'aurait appelé Praetextatus parce qu'il était alors encore revêtu de la prétexte (97).

Très jeune aussi, il est admis aux repas auxquels son père se rend. Plutarque interprète l'habitude d'emmener les fils dîner en ville comme une imitation de l'institution de Lycurgue, qui permettait aux enfants, d'apprendre, sous le regard des parents, à user des plaisirs avec modération, et aux parents eux-mêmes, à se contenir, sous le regard des enfants.

Dans le culte enfin le jeune garçon a une fonction et une place bien définies. La fin suprême de cette éducation est de donner à chacun le sentiment sécurisant, en même temps que contraignant, qu'il est un rouage bien déterminé d'un ensemble. Futur citoyen, futur romain, il est aussi membre de telle ou telle famille. Le refus de l'autoritarisme de l'Etat ajoute un cercle d'appartenance de l'individu comme une limitation supplémentaire à son indépendance et comme un conditionnement à son attitude. Les familles romaines gardent leur spécificité dans l'Etat, parfois politique, parfois culturelle, parfois même caractérielle (98), et l'éducation, menée par le père, fondée sur l'exemple, tend à assurer la continuité de l'originalité familiale.

L'éducation à la maison, sous le regard du père et dans le respect de la continuité familiale, ne résistera pas aux grandes mutations qui provoquèrent le déclin de la famille. Au IIᵉ siècle, un grand conflit oppose Caton aux fervents de l'hellénisme ; la tradition, défendue par Caton avec quelque raideur, jette ses derniers feux. Entre le fils de Caton et Scipion Emilien, il y a, remarque F. Della Corte, huit ans d'écart et plus de cent ans de principes d'éducation (99). Ils ont cependant été élevés l'un et l'autre avec soin et tendresse ; mais quand Scipion est initié aux lettres grecques, le jeune Caton consulte « la première encyclopédie romaine » (100), que son père a composée pour lui. En présidant ainsi à l'éducation de son fils, Caton est fidèle aux principes d'autarcie qu'il prône aussi dans la vie économique (101), et entend affirmer son droit à enseigner à son fils ce qui lui semble le mieux adapté à la formation du romain idéal. Mais son combat n'empêche pas les tendances nouvelles de triompher ; il représentait les anciens contre les modernes rangés derrière la famille des Scipions, il défendait les vertus rurales contre les dépravations urbaines et la fermeté italique contre la mollesse grecque, mais le processus d'évolution était en marche et rien ne pouvait l'interrompre. Les auteurs dramatiques transposèrent sur scène le conflit, Plaute, comme Caton, pour montrer les dangers que la Grèce réservait à Rome, Térence, comme les Scipions, pour tenter une synthèse entre la tradition et les nouveautés helléniques. Mais les traditions sont remises en cause, elles n'ont plus valeur de lois indiscutables et le système ancien devient néfaste.

En effet, initiés très tôt aux réalités de la vie, les jeunes gens avaient besoin d'un encadrement moral solide pour accepter de rester en marge des activités qu'on leur montrait. Lorsque cet encadrement vint à manquer, la jeunesse retint mal son impatience. On verra au dernier siècle républicain de jeunes roués qui, tant sur le plan psychologique que sur le plan politique, sont « désabusés de tout sans avoir usé de rien » et qui, dans leur avidité à « jouer leur biographie » (102), vont se jeter dans la tourmente politique et, souvent, pour y périr. Et ce vide de l'âme et de l'esprit s'explique en partie par l'initiation prématurée à un monde adulte plongé lui-même dans le désarroi et la violence.

Si nous arrêtons un instant notre pensée à toutes les implications des deux essais qui précèdent, nous trouvons, ce qui est peut-être le nœud de notre étude, que s'affrontent deux séries de faits antithétiques. D'une part, les *Liberalia* montrent que Rome a connu des rites de passage célébrés lors de la puberté et qui sont inséparables d'un système de classes d'âge ; ils nous apparaissent à l'époque classique transposés du cercle familial dans l'organisation de la *ciuitas*. D'autre part, l'idéal familial est un refus des encadrements de jeunes gens, et, en particulier, du compagnonnage éphébique. Entre ces deux oppositions apparaissent et réapparaissent les noms des Tarquins et de Servius Tullius. La propagande anti-étrusque à Rome a sûrement une base dans la réalité. Les Etrusques n'ont sans doute pas connu une puissance paternelle aussi rigoureuse que celle que nous venons de trouver à Rome : la parité dont semble jouir la femme étrusque à côté de son époux est incompatible avec la souveraineté absolue du père de famille (103). Les Romains ont trouvé ailleurs leur concept d'une *patria potestas* aussi puissant ; à moins qu'ils ne l'aient fortifiée précisément en réaction contre les mentalités étrusques. Par ailleurs Servius, tout autant que les Tarquins, mais pour d'autres raisons, avait intérêt à limiter l'autonomie des familles. Pour y parvenir, il invente un principe de classement des citoyens d'où sortira le système centuriate. Et cette œuvre politique, il lui donne une consécration religieuse, en promouvant le culte de *Iuuentas*. C'est qu'en effet la politique et la religion sont liées, mais, quand la politique évolue, la religion, plus statique, conserve les traces des structures anciennes. C'est en songeant à l'interpénétration des faits politiques et des faits religieux que nous allons entreprendre une enquête dans le domaine religieux. Et, naturellement, nous commencerons par regarder de près le culte de *Iuuentas*.

## BIBLIOGRAPHIE

G. BLOCH : *De l'authenticité de l'édit censorial de 662-92 contre les rhéteurs*, in *Klio*, III, 68 *sq*.

P. BONFANTE : *Corso del diritto romano*, Rome, 1925.

P. Bonfante : *Storia del diritto romano*, 1934 (4ᵉ éd. Milan, 1958).

J. Carcopino : *Les prétendues lois royales*, in *MEFR*, LIV, 1937, 344-376.

M. Casali : *Terenzio, padri e figli (antologia dalle opere a cura di M. Casali)*, Paravia, Turin, 1973.

G. Cornil : *Contribution à l'étude de la patria potestas*, in *Nouvelle revue historique de droit fr. et étr.*, 1897, XXI, 416-485.

M. Della Corte : *Catone censore*, Turin, 1949 (rééd. Florence, 1969).

G. Devoto : *Proto-Latini e Tirreni*, in *SE*, XXXVIII, 1970, sér. 2, 141-151.

E. Durkheim : *Introduction à la sociologie de la famille*, in *Annales de la Fac. de lettres de Bordeaux*, 1888.

F. Engels : *L'origine de la famille, de la propriété privée et de l'Etat*, Paris, 1954 (trad. française de l'œuvre de 1884).

P. de Francisci : *La comunità sociale e politica romana primitiva*, in *SDHI*, XXII, 1956, 1-86.

J. Gaudemet : *Méthode historique de droit romain*, in *Revue hist. de dr. fr. et étr.* IVᵉ série, 1946-1947, 24-25ᵉ années, 68-95.

G. Le Bras : *Capacité personnelle et structures sociales dans le très ancien droit de Rome*, in *Droits de l'antiquité et sociologie juridique*, *Mél. Lévy-Bruhl*, 1959, 417-429.

A. W. Lintott : *Prouocatio*, in *Aufstieg und Niedergang*, II, 226-267.

A. Magdelain : *Auspicia ad patres redeunt*, in *Hom. J. Bayet*, *Latomus*, LXX, 1964, 427-463.

E. Marmorale : *Cato Maior*, 1ʳᵉ éd. 1944, 2ᵉ Bari, 1949.

F. de Martino : *Storia arcaica e diritto romano privato*, in *Revue internationale des droits de l'antiquité*, *Mél. De Visscher*, III, 1950, 387-407.

A. Meillet : *Le nom du « fils »*, in *Mém. de la société de linguistique de Paris*, 1920-1921, 45-48.

J. Paoli : *Le ius Papirianum et la Lex Papiria*, in *Revue hist. dr. fr. et étr.*, IVᵉ série, 1946-1947, 157-200.

Roberti : *Patria protestas et paterna pietas*, in *Studi in mém. Albertoni*, I, 1935, 257 sq.

D. Stojcevic : *La fonction du testament « calatis comitiis »*, in *Synteleia Arangio-Ruiz*, 1964, 240 sq.

E. Tondo : *Introduzione alle leges regiae*, in *SDHI*, XXXVI, 1971, 1-73.

A. Torrent : *Venditio hereditatis: le venta de herencia en derecho romano*, Salamanque, 1966 (c. rendu de E. Dravasa, in *R.D.*, 1969, 487-488).

F. de Visscher : *Nouvelles études de droit romain et privé*, Milan, 1949.

E. Volterra : *Il preteso tribunale domestico in diritto romano*, in *Rivista ital. per le scienze giuridiche*, 1948, II, 103 sq.

E. Volterra : *Sui mores della familia romana*, in *Acc. dei Lincei, Classe dei scienze morali*, sér. VIII, 1949.

E. Volterra : *Un osservazione in tema di « tollere liberos »*, in *Festschrift Schulz*, I, Weimar, 1951.

E. Volterra : *Ancora sul tema di « tollere liberos »*, Iura, III, 1952.

W. Waldstein : *Untersuchungen zum römischen Begnadigungsrecht (abolitio-indulgentia-venia)*, commentationes Aenipontanae, XVIII, Innsbruck, 1964.

A. Watson : *Roman private law around 200 B.C.*, Edinburgh, 1971.

C. W. Westrup : *Introduction to early roman laws*, Londres-Copenhague, 1939-1950.

*Cf.* aussi : B.G. nᵒˢ 9, 21, 22, 43, 47, 54.

## NOTES

(1) Ulp. *Reg.* IV, 1 : *sui iuris sunt familiarum suarum principes, id est pater familias ; —* Ulp. Dig. I, 6, 4 : *nam ciuium Romanorum quidam sunt patres familiarum alii filii familiarum.*

(2) Fustel de Coulanges, *La cité antique* (1867) rééd. 1967 ; — E. Benvéniste : *Le vocabulaire des institutions indo-européennes,* I, p. 210.

(3) Ulp. *Dig.* I, 6, 4 : *patres familiarum sunt, qui suae potestatis sunt, siue puberes, siue impuberes ; — Dig.* L 16, 195, 2 : *pater autem familias appellatur qui in domo dominium habet, recteque hoc nomine appellatur quamuis filium non habet... denique et pupillum patrem familias appellamus.*

(4) Le jeune Fabius, survivant de la catastrophe de la Crémère, fut dans ce cas (Tite-Live, II, 50, 11).

(5) *Cf.* J. Gaudemet ; *Méthode historique de droit romain, in Rev. hist. dr. fr. et étr.* IVe - sér. 1946-47, p. 68-95, qui suit les analyses de Durkheim : *Introduction à la sociologie de la famille.* Plus nuancée : la position de P. de Francisci, *Primordia,* p. 141, qui fonde son analyse sur l'étude des *Parentalia.*

(6) *Cf. Terenzio, padri e figli (antologia dalle opere a cura di M. Casali), p. V-XXVII.*

(7) Tite-Live, III, 9.

(8) *id.,* VII, 5.

(9) Romulus : *cf.* Denys, II, 15 et 26-27 ; — Numa : *cf.* Denys, II, 27 ; — Servius : *cf.* Festus *sv. plorare ; —* P.F. Girard : *Textes de droit romain,* 1889-90, 7e éd. Paris, 1937, p. 3-8.

(10) Pomponius : *Dig.* I, 2, 2, 2 et 36 ; — Macrobe, *Sat.* III, 11, 5 ; — Servius, *Ad Aen.* XII, 836.

(11) Denys, III, 36, 34. On hésite sur la nature des lois : curiates ? (Pomponius) ou édits religieux ? (Denys ; Tite-Live, I, 32).

(12) A. Piganiol : *Histoire de Rome* (5e éd. Paris 1962), p. 39 ; — E. Pais : *Studi per la storia ed il diretto pubblico di Roma,* I, p. 243 et 270.

(13) Après Mommsen : *Droit public,* III, p. 46-50 et Girard : *Textes,* p. 3 ; *cf.* J. Carcopino : *Les prétendues lois royales.*

(14) *Cf.* J. Paoli : *Le ius Papirianum et la Lex Papiria.* La *Lex Papiria de ritu sacrorum* est citée par Cicéron, *Pro Domo,* 127 *sq.*

(15) J. Gaudemet : *Les institutions de l'antiquité,* Précis Donat, 1972, p. 213 ; — l'étude la plus récente est due à E. Tondo : *Introduzione alle leges regiae.*

(16) *Cf.* L. Ferrero : *Storia del pitagorismo nel mondo Romano,* Turin, 1955, p. 40 *sq* et 108-126.

(17) C'est l'idée fondamentale sur laquelle est bâtie la *Cité antique.*

(18) *Cf.* A. Magdelain : *Auspicia ad patres redeunt.*

(19) *id.*

(20) Table V : *si intestato moritur, cui suus heres nec escit, adgnatus proximus familiam habeto. Si adgnatus nec escit, gentiles familiam habento.*

(21) D. Stojcevic : *La fonction du testament calatis comitiis, in Synteleia Arangio-Ruiz,* 1964, p. 240-249. Analyse voisine de A. Torrent : *Venditio hereditatis : Le venta de herencia en derecho romano,* Salamanque, 1966.

(22) Gaius, *Inst.* III, 154 a et b.

(23) Sur la sévérité du *patruus, cf.* Cicéron, *Pro Caelio,* XI, 25 ; Horace, *Sat.* II, 3, 88 ; Perse, I, 11.

(24) *Cf.* E. Volterra : *Sui mores della familia romana.*

(25) P. de Francisci : *Primordia ciuitatis,* Rome, 1959, p. 149 *sq.*

(26) A. Meillet : *Le nom du « fils », in Mém. de la soc. linguistique de Paris,* 1920-1921, p. 45-48, suppose que le nom du fils et celui de la fille ont été frappés d'interdits religieux ; *cf. Dict. étym. sv. filius.*

(27) *Cf.* G. Devoto : *Proto-Latini e Tirreni.*

(28) P. de Francisci : *Primordia,* p. 141.

(29) *Cf.* F. Ribezzo, *in Riv. indo-gr.*-it. 13, 1929, p. 64.

(30) Festus, 77, 11 ; — Ernout-Meillet, *Dict. étym. sv. famulus* et *sv. familia.*

(31) Ulp. L, 16, 195, 2 : *Iure proprio familiam dicimus plures personas, quae sub unius potestate aut natura aut iure subiectae, ut puta patrem familias, matrem f., filium f., filiam familias, quique deinceps uicem eorum sequuntur, ut puta nepotes et neptes et deinceps. Cf.* E. Sachers : *Pater familias, in R.E.*

(32) *Cf.* De Visscher : *Nouvelles études de droit romain et privé,* Milan, 1949, p. 256-273 ; *— cf.* cependant, Ulp. L, 16, 195, 2 : *pater familias est, qui in domo dominium habet,* et Caton, *ap.* Aulu-Gelle, *N.A.X., 23, 4 : imperium habet ; cf.* E. Sachers, *in R.E.*

(33) Cicéron : *Brutus*, I : *ex quo Augurum institutis in parentis loco eum colere debebam.*
(34) Cicéron, *De orat.* II, 200 ; — *Divin. in Caec.* 19, 61, *Pro Plancio*, X, 1, 28 ; Asconius, *Pro Mil.* 13.
(35) Cicéron : *Pro Caecina*, 34, 98 ; — *De orat.* I, 40, 180 ; — *cf.* Marquardt-Mommsen, p. 148, n.I ; — A. Weiss : *Fetiales, in Daremberg-Saglio.*
(36) Plutarque, Q.R. 62. Mais peut-être a-t-il confondu avec l'obligation pesant sur d'autres prêtres ou magistrats ?
(37) Aurelius Victor : 17.
(38) *Cf.* M. Rambaud : *Cicéron et l'histoire romaine*, Paris, 1952, p. 88 *sq.*
(39) F. Engels : *L'origine de la famille, de la propriété privée et de l'État*, p. 57 *sq* et 112 *sq.*
(40) *Cf.* P. de Francisci : *Primordia*, p. 140, n. 201.
(41) Benvéniste : *Vocabulaire*, I, p. 233.
(42) J. Gagé : *Les traditions des Papirii et quelques-unes des origines de l'equitatus latin et romain.*
(43) *Cf.* G. Cornil : *Contribution à l'étude de la patria potestas.* Sur le rôle juridique du *tollere liberum, cf.* E. Volterra : *Un osservazione in tema di tollere liberos, Festschrift Schulz*, I, Weimar, 1951, p. 388 *sq ;* — *id. Ancora sul tema di tollere liberos, in Riv. Ital. per le scienze giuridiche*, VI, 1952-53, p. 413 *sq* et A. Watson : *Roman private law around 200 B.C.*
(44) Sur le pécule, *cf. Dig.* XLIX, 17 *(de castrensi peculio) ;* P. Bonfante : *Corso di diritto romano*, I, *Diritto di famiglia*, Rome, 1925, p. 97 *sq ;* — L. Beauchet : *Patria potestas, in Daremberg-Saglio.*
(45) Gaius, *Inst.* I, 130.
(46) Ulp. *Dig.* L, 16, 195, 2 : *Liberi parentum potestate liberentur emancipatione id est si posteaquam mancipati fuerunt manumissi sunt. Sed filius quidem ter mancipatus ter manumissus sui iuris fit.*
(47) A. Weiss : *Fetiales, in Daremberg-Saglio.*
(48) *id.*
(49) *Cf.* Westrup, *Introduction to early roman laws.*
(50) Tite-Live, II, 41 ; — Val.-Max. V, 8, 3 (à propos de Sp. Cassius).
(51) Cinq témoins seraient exigés dès Romulus, selon Denys (XI, 15) et Sénèque (*De Clem.* 1, 15).
(52) E. Volterra : *Il preteso tribunale domestico, in dir. rom. In Riv. Ital. per le scienze giuridiche*, II, 1948, p. 103 *sq.*
(53) Les *iuniores* se détournent de Manlius Torquatus qui a fait exécuter son fils (Tite-Live, VIII, 7 et Orose, III, 9) ; sur un rôle éventuel des censeurs, *cf.* Denys, XX, 13.
(54) Festus, *sv. Plorare.*
(55) *Cf.* A. W. Lintott : *Prouocatio, in Aufstieg*, II, 226-267, qui rapproche *plorare, endoplorare, quiritare* et *fidem implorare.*
(56) *Cf.* G. Le Bras : *Capacité personnelle et structures sociales dans le très ancien droit de Rome.*
(57) J. Carcopino : *Les prétendues lois royales.*
(58) Denys, II, 15 et IX, 22.
(59) J. Carcopino, *ibid.*
(60) Table IV : *si pater ter uenum du (uit) filius a patre liber esto.*
(61) Si l'esclave vendu est affranchi par son nouveau maître, il ne retombe pas sous la puissance du maître précédent ; le fils, s'il est vendu, tombe dans une condition spéciale (dite *causa mancipi*), mal définie, et, s'il en est affranchi, il retombe sous la *potestas* (*cf.* P.F. Girard, *La loi des XII T.*, Londres, 1914).
(62) Plutarque, *Numa*, 17 ; — Denys, II, 27 ; — Tite-Live, XLI, 8-9.
(63) *Cf.* P. de Francisci : *La comunità sociale e politica romana primitiva, in SDHI*, XXII, 1956, P. 1-86.
(64) *Cf.* Monier-Cardascia-Imbert : *Histoire des institutions*, § 173.
(65) Aristote, *Pol.* I, 5, § 1.
(66) Marcien : *Dig.* XLVIII, 9, 5 ; — *cf.* Roberti : *Patria potestas et paterna pietas.*
(66 bis) Sur l'indulgence, *cf.* W. Waldstein : *Untersuchungen zum röm. Begnadigungsrecht.*
(67) Ainsi Sp. Cassius est, dès sa sortie du consulat, exécuté par ordre de son père (Tite-Live, II, 41, 10 ; Valère-Maxime, V, 8, 2 ; Pline, *N.H.* XXXIV, 4) ou par ordre du peuple (Denys, VIII, 78 et X, 38 ; — Tite-Live, II, 40).
(68) Orose, IV, 13, critiqué par G. Cornil, *op.* cité.
(69) Valère-Maxime, V, 8, 3 ; — Tite-Live, VIII, 7, 4-15.
(70) Tite-Live, II, 55.
(71) Tite-Live, II, 5, 8 : *Pater uultusque et os eius spectaculo esset.*

(72) Cicéron, *De finibus*, I, 23, 24 et 34, 35 ; — Virgile, *Enéide*, VI, 822-23 ; Plutarque, *Publ.* 6, 5.

(73) Les parents de certains accusés du scandale des Bacchanales (Tite-Live, XXXIX, 18 ; — Valère-Maxime, VI, 3, 7) et de l'affaire Catilina (Dion C. XXXVII, 36) ; *cf.* aussi le cas de Titus Torquatus (consul en 165) évoqué par Cicéron (*De finibus*, I, 34, 35).

(74) Table XII.

(75) Tite-Live, I, 50, 8.

(76) J. Bayet : Appendice, Tite-Live, I (col. Budé) et note *ad loc.*

(77) Tite-Live, IV, 45, 8.

(78) Plutarque, *Fabius Max.* 24.

(79) Tite-Live, XXIV, 44, 9 ; — Val.-Max. II, 2, 4.

(80) *Cf.* G. Le Bras, *op.* cité ; — de Francisci : *La comunità sociale e politica romana primitiva.*

(81) *Cf. infra*, p. 302 *sq.*

(82) *Cf. supra*, p. 75-76.

(83) Tite-Live, V, 27, 1.

(84) Cicéron : *De rep.* IV, 3.

(85) *id. : De rep.* IV, 3-4.

(86) Plutarque, *Numa*, 26, 4.

(87) *id.*

(88) Suétone, *Rhet.* I ; — *cf.* G. Bloch : *De l'authenticité de l'édit censorial de 662-92 contre les rhéteurs, in Klio*, III, p. 68-73.

(89) Cicéron, *De rep.* I, 22.

(90) Denys, V, 28, 1 ; — Plutarque, *Publ.* XVII, 2.

(91) Tite-Live, IX, 36, 3 ; Frontin, I, 2, 2.

(92) Selon Valère-Maxime, on confia, à une époque où Rome était déjà florissante, dix enfants des premières familles à chacune des tribus de l'Etrurie pour les faire instruire dans la science des choses sacrées (I, 1, 1) ; *cf. supra*, p. 80 .

(93) Cicéron, *De off.* I, 129 : le jeune romain, dès qu'il est pubère, ne se baigne plus en même temps que son père. Il y a une pudeur du corps que les habitudes grecques offensent.

(94) Cicéron : *De orat.* I, 100 ; 160 ; 205 ; II, 74...

(95) *Cf.* M. Rambaud : *Cicéron et l'histoire romaine.*

(96) Les textes ne nous renseignent que sur les habitudes des grandes familles, vouées à la politique.

(97) Aulu-Gelle, *N.A.* I, 23 ; — Macrobe, *Sat.* I, 6.

(98) Comme les Claudii, qui sont orgueilleux ; *cf.* Tacite, *Ann.* I, 4, 3 : Tibère était marqué de l'*insita Claudiae familiae superbia.*

(99) F. Della Corte : *Catone censore*, Turin, 1949, Florence, 1969, p. 131 *sq.*

(100) E. Marmorale : *Cato Maior*, 2ᵉ éd., Bari, 1949, p. 156.

(101) Caton, *De agri cultura*, II : « le père de famille doit avoir âme de vendeur, non d'acheteur » (Trad. J. Bayet, *Litt. Lat.* rééd. 1965, p. 77).

(102) Les allusions dans cette phrase à Chateaubriand (*Génie du Christianisme*, II, 3, 9) et à Malraux (*La voie royale*, livre de poche, p. 12) nous semblent bien traduire l'état d'âme des jeunes gens, comme Caelius : un grand désarroi qui oscille entre une passivité inquiète et une soif d'aventures.

(103) *Cf.* F. de Martino : *Storia arcaica e diritto romano privato, in Mél. De Visscher*, III, 1950, sp. 390.

CINQUIÈME PARTIE

# LES IVVENES ET LA RELIGION

CHAPITRE PREMIER

# LE CULTE DE IVVENTAS

— *Le culte de Iuuentas,*
— *Iuuentas, Iuno et les iuuenes,*
— *Hercule et Iuuentas.*

*Le culte de Iuuentas.*

La présence à Rome, de la période royale à l'Empire, de *Iuuentas* semble un indice immédiat de l'existence d'une *iuuentus* (1). Qui, en effet, était mieux habilité à l'honorer que des *iuuenes* ? Cependant, parmi les collèges de *iuuenes* impériaux, aucun ne vénère explicitement la déesse. Faut-il en conclure que le fait allait tellement de soi qu'il était inutile de le mentionner, et que chaque collège avait son autel et sa statue de *Iuuentas* ? ou bien, croira-t-on, que le culte s'était étiolé sous l'Empire ? ou même qu'il n'avait jamais eu grande importance ? Telles sont les questions auxquelles nous allons tenter de donner une réponse.

La confusion de vocabulaire que nous avons évoquée plus haut (2) permet de se faire une première idée des notions qui ressortissent au patronage de *Iuuentas*. Elle protège ceux qui font partie de la *iuuentus*, c'est-à-dire les *iuniores*, en possession de la *iuuenta*. Elle est à la fois le symbole de la vitalité romaine, une abstraction de la jeunesse et, aussi, la garantie religieuse d'un rouage essentiel de l'Etat « servien ».

Sa légende la fait remonter à l'époque des rois étrusques, lors de l'édification du temple capitolin. Il fallait, pour vouer l'emplacement du nouveau temple, « exaugurer » un certain nombre de petites chapelles dédiées à diverses divinités. Toutes acceptèrent de céder la place, sauf *Terminus* et *Iuuentas*. Cependant, dans le récit que fait Tite-Live de l'événement, au livre I, il ne mentionne pas *Iuuentas* ; elle apparaît seulement au livre V, à la fin du long discours dans lequel Camille défend le site de Rome (3). S'il est vrai, comme on le pense généralement, que cette partie de l'œuvre fut écrite entre 27 et 25 (4), alors que le principat cherche ses fondements, il est possible que Tite-Live ait été influencé par la mystique de la jeunesse qu'Auguste s'apprêtait à faire triompher. Car, bien sûr, on avait cru que le refus de la déesse présageait pour Rome une éternelle jeunesse.

Cette légende fut donc introduite par Tite-Live *a posteriori*, dans un livre tout entier centré sur l'angoisse de la fin de Rome : menaces étrusques, puis gauloises, attirance de Véies sur la plèbe romaine, qui, à deux reprises, songe à quitter Rome dévastée pour la cité étrusque. Et, lorsque Camille dit, au mépris de tous les computs, que Rome en est à sa 365ᵉ année, on sent se profiler toutes les angoisses millénaristes et les espoirs d'un peuple à qui l'Etrurie avait appris qu'une cité vivait au même rythme que l'individu (5).

Un moment du livre V est particulièrement significatif des intentions de Tite-Live, c'est le repli sur le Capitole des sénateurs les plus valides (*senatus robur*) et des hommes d'âge militaire (*iuuentus militaris*) (6). L'épisode, ainsi que l'ensemble de la lutte contre les Gaulois, avait déjà été utilisé et interprété de diverses manières par des annalistes contemporains de Sylla (7). Ce qui nous retient ici, c'est la mention de la *iuuentus*, dont Florus précisera même l'importance numérique — environ mille hommes — comme si ce détail était bien établi. Les autres récits de l'événement sont moins précis et considèrent parfois que toute la jeunesse a péri (8). Tite-Live a retenu, ou interprété, une tradition qui permettait de retrouver une sorte d'état originel de l'histoire romaine. Menacée de disparaître, la population sacrifie ceux qui ne sont pas indispensables à sa survie et se reforme telle qu'elle était sortie des mains de Romulus, divisée en deux classes d'âge, les anciens, dotés de la puissance délibératrice, et les jeunes, voués à l'activité guerrière. *Patres* et *iuuenes* sont laissés seuls pour défendre l'idée romaine et la sauver. Comme jadis, au temps de Romulus, les *iuuenes* détiennent les chances de survie de Rome.

Tite-Live a sans doute utilisé pour son premier livre une documentation d'où le détail du refus de *Iuuentas* était absent. La tradition est sans doute secondaire, et ne semble pas avoir été très tôt répandue (9) ; elle s'est formée, ou complétée, sur le modèle de la légende de Terminus, qui, elle, était mieux connue. Il est clair que l'actualité a conduit Tite-Live, dans son livre V, à évoquer *Iuuentas* ; comme elle l'a conduit à peindre en Camille, *fatalis dux* et prometteur de renouveau, une sorte de prototype du *princeps* idéal (10). Autour de ce chef prestigieux, les *iuuenes* triompheront bientôt des ténèbres ; ce sont aussi des *iuuenes* que le régime augustéen remet à l'honneur et qui pourront se reconnaître en Marcellus, puis en Gaius et Lucius Caesar, *principes iuuentutis* (11).

La légende que Tite-Live évoque au livre V ne témoigne pas seulement des réalités impériales, car sa recomposition, inspirée de la légende de Terminus, avait pour point d'appui la présence d'un autel de *Iuuentas* dans la *cella* de Minerve, à l'intérieur du sanctuaire capitolin (12). Au-dessus de cet autel, on avait suspendu un tableau peint par Nicomaque et représentant l'enlèvement de Perséphone (13), comme si on avait ressenti une analogie entre la *Korè* par excellence et la protectrice de la jeunesse. Il est impossible de préciser la date où *Iuuentas* entra dans le temple capitolin ; mais ce ne fut pas en 218, à l'occasion du lectisterne qu'on lui offrit et dont nous reparlerons plus bas : on ne voit pas pour quelle raison elle aurait alors été logée auprès de Minerve, et il est vraisemblable que les notices anciennes conservent quelque vérité, quand elles font remonter l'autel et la déesse bien auparavant. Peut-être faut-il, à leur suite, se reporter au temps où Tarquin, entreprenant la construction du temple, y « relogea » Terminus. En ce cas *Iuuentas* serait mêlée aux divinités que le roi Tatius avait honorées sur le Capitole (14). Le respect que lui témoigna Tarquin pourrait traduire son intérêt pour la jeunesse : a-t-il voulu prendre en mains la direction des *iuuenes*, comme le fera plus tard Auguste ? On voit avec quelle prudence il convient d'évoquer ces questions délicates.

Mais ce n'est pas être imprudent que d'admettre l'ancienneté de *Iuuentas* (15). Son origine est très discutée. On a dit qu'elle était une notion abstraite, caractérisant Jupiter et détachée de lui (16). En ce cas, il faudrait admettre qu'après avoir été amputé d'une de ses vertus Jupiter l'a reconquise, puisque nous avons trouvé sur des inscriptions la mention d'un *Iupiter Iuuentus* (17). En fait, il nous paraît plus vraisemblable, après ce que nous avons dit de l'étymologie de *iuuenis* et de *Iuno*, que *Iuuentas* se rattache à la sphère de *Iuno*, plutôt qu'à celle de Jupiter (18).

Nous sommes resté jusqu'à présent aux confins de l'histoire et de la légende ; nous allons pouvoir pénétrer un peu plus avant dans l'histoire et dans les institutions, où *Iuuentas* fait son entrée lors de l'instauration de la réforme « servienne ». Le *tiro* devait verser dans son trésor une pièce, qui signalait son passage d'âge. Plus qu'un hommage, c'est un geste presque administratif : l'Etat pouvait en comptant les pièces versées dans le trésor de la déesse évaluer le nombre des nouveaux citoyens, donc des soldats nouveaux. *Iuuentas*, est, dès lors, patronne des *noui togati* (19), et elle est impliquée dans les grands courants politiques sous-jacents à toutes les réformes qu'on prête à Servius. Et il est évident que sa fonction est soutenue par l'existence d'une classe d'âge, celle des *iuniores* « serviens ». Si, au temps de Tarquin, *Iuuentas* était une abstraction personnifiée — ce qui n'est pas assuré —, elle nous paraît s'être concrétisée pour symboliser un rouage de l'Etat centuriate ; si elle était déjà une divinité fonctionnelle — d'origine sabine —, elle a continué de remplir sa fonction dans la Rome ancienne. Lorsque Auguste annexera son culte, il demandera à la déesse de symboliser la force vitale d'un homme, d'une génération ou d'un peuple, et il fera coïncider l'anniversaire du jour où il avait revêtu la toge virile avec une *supplicatio* à *Spes* et à *Iuuentas*, c'est-à-dire qu'il verra en elle l'image abstraite de la jeunesse. Peut-être retrouvait-il la nature ancienne de *Iuuentas* ; en tout cas, il ne lui demandait pas une protection aussi concrète que celle qu'elle assurait dans le cadre de la constitution « servienne ».

C'est qu'entre Servius et Auguste, il y eut hellénisation de la déesse. La *Iuuentas* archaïque est à la fois promue à des fonctions plus importantes et transformée. Le centre de son culte va cesser d'être l'autel du temple capitolin, où se rendaient jadis les nouveaux citoyens, mais un temple qu'on offrit à *Iuuentas* après les années noires de la seconde guerre punique. Les étapes du nouveau culte sont bien connues. Durant l'hiver de 218, après les défaites du Tessin et de la Trébie, voici qu'une série de prodiges plonge dans l'inquiétude Rome et les villes voisines. L'un d'eux concerne le temple de Spes, au *Forum Holitorium* ; un autre, à Lanuvium, attire l'attention sur Junon. Les décemvirs consultent les Livres Sibyllins ; leur réponse traduit le progrès de l'hellénisation de la religion romaine et témoigne de l'importance nouvelle du culte de *Iuuentas* (20). Mais laissons ici parler Tite-Live :

> *Iam primum urbs lustrata est, hostiaeque maiores quibus editum est diis caesae, et donum ex auri pondo quadraginta Lanuuium Iunoni portatum est, et signum aeneum matronae Iunoni in Auentino dedicauerunt ; et lectisternium Caere, ubi sortes adtenuatae erant, imperatum, et supplicatio Fortunae in Algido ; Romae quoque et lectisternium Iuuentati et supplicatio ad aedem Herculis nominatim, deinde uniuerso populo circa omnia puluinaria indicta ; et Genio maiores hostiae caesae quinque* (21).

Nous reviendrons plus loin sur les divinités concernées en même temps que *Iuuentas*. Notons simplement sa présence à côté de divinités prestigieuses, présence effective et, pourrait-on dire, physique, puisque le lectisterne qu'on lui offre implique l'existence d'une statue (22). Le motif des *piacula* est clair ; Rome est souillée et les dieux ne lui sont donc pas favorables. L'année suivante, les prodiges se manifestent à nouveau, et les décemvirs, à nouveau consultés, prescrivent un certain nombre d'expiations dont le plus grand nombre s'adresse à Junon, *Iuno Regina* sur l'Aventin, et *Iuno Sospita* à Lanuvium (23).

Le second moment du culte de *Iuuentas* traduit encore une nette évolution. Lors de la bataille du Métaure, en 207, M. Livius Salinator voue un temple à *Iuuentas*, et les circonstances éclairent ses intentions. Le *lustrum* accompli l'année précédente avait révélé les pertes en hommes, que confirment ensuite les difficultés d'enrôlement. L'année 207 est marquée par d'inquiétants prodiges, et, enfin, la rencontre des armées romaines et d'Hasdrubal provoque en ville une angoisse presque désespérée. Puis survient l'apaisement ; Hasdrubal est tué. Quand la nouvelle parvient à Rome, la joie éclate. Les Romains récupèrent des prisonniers que détenaient les Carthaginois ; leurs pertes sont ainsi quelque peu compensées et, surtout, cet événement heureux semble présager la fin des malheurs. Polybe et Tite-Live décrivent une cité qui renaît « au point », dit le premier, « qu'il semblait à chacun qu'Hannibal, si redouté dans le passé, n'était plus déjà en Italie » (24). La ville retrouve sa vie économique, « car dès lors on osa conclure des affaires » (25). Cette année 207, qui est effectivement un tournant décisif dans la guerre, est ressentie comme le signal de la renaissance.

Le temple avait été voué alors qu'on était encore au fond des ténèbres ; le brusque retour à l'espoir, puis à la victoire, devait différer la réalisation du vœu de 207. C'est seulement 16 ans plus tard, en 191, que la dédicace est confiée au duumvir C. Licinius Lucullus (26). La même année est dédié le temple de Magna Mater, voué 13 ans auparavant : Rome se met en règle avec les dieux. En 191, encore, sont célébrés des jeux scéniques en l'honneur des deux divinités qu'on venait d'honorer d'un temple. Une opinion, que Cicéron récuse, prétendait que la première représentation théâtrale avait eu lieu lors des jeux qu'avait voués Salinator à *Iuuentas* (27). Cette opinion est erronée, mais elle montre qu'on sentait un lien entre les jeux du théâtre et la protectrice des jeunes gens (28). Les *Ludi* célébrés lors de la dédicace du temple de *Iuuentas* furent en tout cas particulièrement fervents, car, dit Tite-Live, « la nouvelle guerre avec Antiochus était imminente » (29).

Bien qu'elle parût encore la protectrice des *iuniores* romains qui allaient affronter le roi Antiochus, c'est hors du *pomoerium*, dans le *Circus Maximus* (30), au voisinage du temple de Summanus (31), que fut édifié le temple de *Iuuentas*. Elle est ressentie comme étrangère et, naguère invoquée dans les périodes de profonde angoisse, elle n'en perd pas moins rapidement l'importance que lui avaient conférée les circonstances dramatiques des années 217-218. Cicéron imagine *Iuuentas* faisant fonction d'échanson des dieux, une sorte de Ganymède féminin (32), confondue avec la déesse grecque Hébè. Cette équivalence, très approximative — car Hébè est la déesse de la beauté juvénile et *Iuuentas* la protectrice des jeunes hommes — s'est sans doute faite par l'entremise d'Hercule, présent aux côtés d'Hébè, son épouse céleste dans la religion grecque, et aux côtés de *Iuuentas*, lors des *piacula* de 218 (33).

Sur le *dies natalis* du temple on peut proposer, sinon une date précise, du moins une période assez déterminée de l'année. Selon Tite-Live, la guerre avec Antiochus était imminente. Or c'est en février que les troupes romaines débarquent en Epire, et en avril que le roi est battu aux Thermopyles (34). La dédicace du temple eut lieu donc au début de l'année. Cicéron confirme cette hypothèse et permet de la préciser. Dans une lettre à Atticus datée du 20 janvier 60, il raconte que cette année 60 a fort mal commencé puisque les sacrifices annuels à *Iuuentas* — les *sacra* auxquels Festus fait aussi allusion (35) — n'ont pu être célébrés. C'est en janvier donc, avant le 20, que l'on peut situer le *dies natalis* du temple, en admettant qu'il coïncide — comme c'est probable — avec les *sacra* annuels. Depuis l'année 153, les consuls entrent en charge le 1er janvier (36), alors qu'auparavant l'année civile devait commencer le 15 mars (37). Par cette réforme politique et religieuse (38), l'inauguration de l'année *auspicii causa* (39), en présence des soldats rassemblés avec leurs enseignes (40), se trouva placée le même mois que les *sacra Iuuentatis*. Ainsi, par une rencontre *a posteriori*, la déesse qui était à la fois la protectrice des jeunes gens et le principe de renouvellement et d'éternelle jeunesse fut honorée le premier mois de l'année.

Cicéron donne encore quelques détails sur l'incident de l'année 60 : les *sacra* n'ont pu être célébrés « car », dit-il avec des sous-entendus malicieux, « Memmius a initié à ses propres rites » (*suis sacris*) la femme de C. Lucullus, qui la répudia. Pour comprendre comment ce fait divers put avoir une incidence sur le rituel, il faut se souvenir qu'en 191 le temple de *Iuuentas* avait été dédié par un Lucullus ; il est logique de supposer que depuis cette date le culte avait été confié aux Luculli : l'adultère de sa femme, et surtout le divorce qui en fut la conséquence, constituent pour C. Terentius Varro Lucullus une souillure qui lui interdit de participer à un rituel.

L'anecdote, telle qu'elle est racontée par Cicéron, avec un humour désabusé, ne prend pas des allures de catastrophe. C'est que *Iuuentas* n'a pas dans la religion romaine l'importance qu'on s'attendrait à lui trouver. Son histoire est marquée par deux temps forts, la réforme « servienne » et la seconde guerre punique, hors desquels elle fait peu parler d'elle. Après des débuts embellis par la légende de l'« exauguration », elle patronne le passage d'âge des *iuniores*, et, sans doute, elle a déjà une statue dans le temple capitolin (41). Les textes ne la mentionnent plus, avant que Cicéron n'indique qu'elle fait l'objet d'un culte annuel et que Tite-Live ne raconte le renouveau dont elle bénéficie en 218-217. L'obsession séculaire des besoins en hommes prend une particulière intensité pendant ces deux années terribles pour Rome et met *Iuuentas* au premier plan des espérances ; mais dès que l'espoir revient, elle paraît perdre son éphémère crédit. On attend 16 ans avant de lui bâtir son temple ; on la met au rang des divinités étrangères, et ses *sacra* de janvier deviennent une formalité.

Deux facteurs se sont conjugués pour provoquer ce rapide déclin d'un culte qui n'avait pas même deux siècles d'existence à la fin de la République ; l'un est religieux, l'autre sans doute politique. L'hellénisation de la déesse devait la conduire à être assimilée à Hébè, dont le culte en Grèce n'était pas très fervent et qui ressortissait plus à la mythologie qu'à la religion. D'autre part, quand Auguste restaure le temple de *Iuuentas*, qu'un incendie avait détruit en 16 avant notre ère (42), quand il donne — ou redonne (43) — au culte les composantes mystiques que nous avons évoquées, on pourrait s'attendre à un spectaculaire retour de la déesse au premier plan des préoccupations religieuses. En fait, elle n'est qu'une entité, associée à Spes, sans rapport apparent avec la *Iuuentus*. C'est que la *Iuuentus Romana* restaurée par Auguste réunit la fleur de la jeunesse des deux ordres supérieurs de l'Etat, et ne semble en rien concernée par une divinité que la tradition lie à Servius Tullius. Elle protégeait davantage la jeunesse hoplitique, promue par le roi, que l'élite de la jeunesse équestre et sénatoriale. Les *iuniores* de l'armée centuriate n'avaient plus, depuis la création par Marius de l'armée de métier, la même importance dans la cité républicaine que jadis, et l'Empire ne la leur rendra pas. C'est parce qu'elle a perdu son aspect technique et concret que *Iuuentas* a si vite passé dans la vie religieuse de Rome.

Cependant, avant d'en arriver à ce déclin, *Iuuentas* a été profondément engagée dans les conceptions archaïques de la jeunesse, qui sont encore très sensibles en 218. Les divinités mentionnées en même temps qu'elle, lors des *piacula* qui, cette année-là, tentent de purifier la ville menacée par la guerre, éclairent la personnalité et l'histoire de la protectrice des hommes jeunes.

### *Iuuentas, Iuno et les iuuenes.*

Et d'abord, il y a Junon. C'est une divinité complexe, dont la préhistoire est mystérieuse et sur laquelle on ne possède aucune monographie récente (44). Son union avec Jupiter, qui sans doute n'est pas originelle (45) lui a valu son rôle de protectrice du mariage, si important dans le culte que lui offre Rome, mais secondaire certainement au regard de sa vocation première (46). La Junon italique est tout autre que la déesse romaine, modèle imposant des matrones. Dans l'histoire de l'Héra grecque on a détecté le souvenir d'un monde pré-olympien, où prévalait le matriarcat divin (47), de même, autant qu'on puisse en juger, Junon fut d'abord engagée dans un univers où la femme n'était pas encore soumise au joug matrimonial. Son rôle dans l'*Enéide* nous paraît avoir été inspiré à Virgile moins par l'imitation de l'épopée homérique que par le souvenir de réalités archaïques (48). Junon fut d'abord guerrière, en rapport certes avec la féminité, mais aussi avec les *iuuenes*.

L'étymologie suggère ce rapport et plusieurs faits religieux le confirment. Ainsi sur une tessère de Lanuvium, on lit autour de la tête de Junon, l'inscription :

*sacr (a) Lani (uina) Iuuen (alia),*

qui nous apprend que les jeunes gens avaient part au très ancien culte de *Iuno Sospes Mater Regina*, particulièrement florissant à Lanuvium (49), où il était public (50) et rattaché aux *sacra municipalia* (51).

A Véies, d'autre part, se place l'épisode de l'*euocatio* de Junon. Ce sont des *iuuenes delecti ex omni exercitu* (52), purifiés et vêtus de blanc, qui transportent à Rome la statue de la déesse. Selon les rites étrusques, seul un prêtre issu d'une *gens* déterminée avait le droit de s'approcher de la déesse ; ce droit, c'est à ces *iuuenes* qu'il fut transféré. L'un des jeunes Romains, par inspiration divine ou par plaisanterie (53), demande à Junon si elle consent à les suivre, et elle lui répond favorablement. Cet instant du récit, qui sans doute est la transposition épisodique d'un geste rituel (54), illustre l'aptitude mystérieuse des *iuuenes* à dialoguer avec la déesse, et la complicité qui les rattache à elle. Le récit de Tite-Live mérite la plus grande considération, car on peut le confirmer de diverses façons. A Tarquinies, la grande métropole étrusque, une tessère porte l'inscription :

*Iunoni Reginae et Genio Iuuen (um) Tarquin (iensium) (55)*

sur laquelle voisinent, non seulement Junon et les *iuuenes*, mais encore

Junon, les *iuuenes* et Genius, présent aussi dans les *piacula* de 218. Ajoutons que la légende de *Iuuentas* est liée à celles des rois étrusques Tarquin et Servius, et nous trouverons une grande cohérence à des faits qui lient Junon aux *iuuenes*, et ceux-ci à la politique des souverains venus d'Etrurie. *Iuuentas*, on le voit, est bien mieux à sa place dans la sphère de Junon que dans celle de Jupiter. La promotion de Junon à des fonctions politiques a pu nécessiter le détachement d'une de ses qualités et d'un de ses patronages, d'autant, qu'à Rome, elle semblait, en outre, s'être spécialisée dans la protection des femmes et s'être éloignée des *iuuenes*.

D'autre part, la poutre sous laquelle Horace dut passer pour se purifier du meurtre de Camille, et qu'on appelle *tigillum sororium*, était consacrée à Junon (56). Horace, après être passé sous ce joug, consacra des autels à Junon Sororia et à Janus Curiatus, à l'endroit même ou il venait de subir son épreuve purificatrice (57). Tout le récit qui mêle à la légende des détails topographiques est riche en suggestions diverses.

L'épithète *sororia* fait penser au verbe *sororiare*, qui, chez Plaute, s'applique à la formation des seins chez la jeune fille (58), et à la robe, dite *sororiculata*, dont la taille était relevée juste au-dessus de la poitrine (59). On est tenté d'imaginer que Junon patronnait un culte de puberté auquel auraient participé des jeunes filles, ou des *pueri* des deux sexes. L'hypothèse a été proposée, mais contestée (60) ; elle reste troublante, si l'on pense à la curieuse confusion qui semble régner dans les textes et dans la conscience religieuse entre la Junon de Véies et Mater Matuta, dont le mythe et le culte tournent autour des enfants de la sœur (61).

L'épithète de Junon a pu postuler l'existence de la sœur dans la légende des Horaces (62), et la mort de Camille a permis de justifier un rite que les anciens interprétaient bien comme une expiation mais dont ils ne comprenaient plus la signification primitive. Comme le remarque J. Gagé, le passage d'Horace sous la poutre « est plus semblable au *iugum* sous lequel les Samnites par exemple faisaient passer les vaincus qu'à la voûte généralement triomphale d'un vrai Janus » (63). Il y a sûrement un rite réservé au guerrier dans le passage sous le *tigillum sororium* : il permettait de se purifier du sang versé (64), à la guerre en particulier. Le soldat revenait souillé, il devait se débarrasser des maléfices guerriers (65), et c'était sans doute la fonction initiale du triomphe (66). Horace est par excellence le guerrier dont l'exploit est en même temps une souillure.

L'épithète *curiatus* de Janus fait penser à *curia* ; et on a pu supposer que le passage sous la poutre était un rituel d'incorporation dans la curie (67). Cette hypothèse nous ramène encore à Junon, appelée *Curitis* (68) et à qui, au sein des curies, on offrait des sacrifices (69). En ce cas, Horace, vainqueur, serait le modèle du jeune homme, ce que son nom laisse peut-être pressentir (70), intégré à la communauté, au retour des épreuves infligées au néophyte.

D'autres faits illustrent encore les relations entre Junon et les *iuuenes*. A Junon est consacré le mois de juin, dont le nom est aussi expliqué par *iunior* ou par le nom de *Iunius Brutus*, fondateur de la République (71). Serait-il impossible que les mois de l'année romuléenne aient porté des noms de divinités, pour le premier et le second, et, pour les deux suivants, mai et juin, ceux des deux catégories essentielles de la société, les *maiores* et les *iuniores* ? L'hypothèse soulève évidemment des objections immédiates (72), mais peut-être vaut-elle la peine d'être examinée (73).

Elle est d'autant plus digne d'attention, que, selon une légende, c'est un 1er juin, jour par ailleurs consacré à Junon Moneta, que Brutus avait offert, sur le Mont Caelius, un sacrifice à Carna. Et cette divinité nous met encore sur le chemin de la jeunesse. A plusieurs reprises, G. Dumézil s'est attaché au « nettoyage » que rendaient nécessaire les diverses théories qui, d'Ovide à aujourd'hui, tentèrent d'expliquer sa nature. Les *Fastes* la confondent avec Cardea, protectrice des gonds (74), et inaugurent une longue série d'erreurs et de confusions. Mais, débarrassé de ses éléments romanesques, et confronté avec une notice de Macrobe, le récit d'Ovide permet une approche simple de la divinité (75). Elle protège les organes vitaux (*uitalibus*) par lesquels les forces physiques sont fortifiées (*uires corporis roborentur*). *Vires* et *robur* sont inséparables de l'idée de jeunesse (76). Il est dès lors intéressant que le mois de juin commence par une célébration de Carna, interprétée parfois comme « une identification particulière du *numen* de Junon » (77), et qui entretient des relations mystérieuses avec les forgerons, eux-mêmes initiateurs de la jeunesse (78). Ce mois semble être celui où s'exaltent toutes les virtualités des jeunes gens. Ainsi quand les rites de 218 font mention à la fois de Junon et de *Iuuentas*, ils sont en parfaite cohérence avec les réalités archaïques que nous avons pu deviner.

Nous avons délibérément accumulé des rapprochements qui mériteraient un autre livre. Il en ressort un faisceau d'indices qui montrent la présence de Junon dans tous les domaines où paraît l'idée de jeunesse : initiation sexuelle, et, peut-être, politique, passage d'âge, sphère guerrière et civile. On sent derrière les légendes tout un réseau de rites et d'attitudes qui, pour la plupart, sont mystérieux, mais qui convergent vers l'idée que la jeunesse eut une fonction et un statut religieux analogues à son statut politique et à sa fonction sociale.

*Hercule et Iuuentas.*

Quittons Junon, pour bientôt la retrouver, et voyons comment peut s'expliquer la proximité dans les *piacula* de 218 de *Iuuentas* et d'Hercule. Le texte de Tite-Live : *Romae quoque et lectisternium Iuuentati et supplicatio ad aedem Herculis...*, permet de conclure que *Iuuentas* « était honorée auprès d'Hercule », auprès du dieu de l'*Ara Maxima* (79). On peut penser que *Iuuentas* a été rapprochée d'Hercule, après avoir été assimilée à Hébè, l'éternelle Jeunesse, « la forme juvénile d'Héra » (80), épouse, en Grèce, du héros divinisé. Cette hypothèse nous paraît devoir être nuancée : nous venons de voir que la *Iuuentas* évoquée en 218 semblait surgie des plus anciennes croyances religieuses et qu'on attendait d'elle une protection efficace que son passé « servien » l'avait préparée à accorder. Son hellénisation, certes, est en cours, mais ne pourrait-elle pas avoir été favorisée par une alliance plus ancienne avec Hercule ? Le destin du héros est, à Rome, guerrier et mystique. Au dernier siècle de la République, il se présente en rival de Mars et paraît détenir les prestiges de la victoire, suivant, sans doute, l'exemple de l'Hercule de Tibur (81). Célébré dans l'*Enéide* par les Saliens, il résistera aux efforts entrepris par Auguste pour restaurer l'antique prestige de Mars (82). *Iuuentas*, liée à Mars dans certaines provinces de l'Empire, pouvait être proche d'Hercule, dieu à la fois guerrier et symbole de la conquête de l'immortalité par les mérites tant physiques que moraux. Elle-même, n'était-elle pas la protectrice des forces vives de la cité et la garantie de sa pérennité ?

A la fin de la République, le rapprochement était accompli, mais il devait avoir été préparé de longue date. En effet, depuis longtemps, Hercule entretenait avec Junon des relations étranges que les mythes ne parviennent pas à expliquer totalement. L'art étrusque a représenté plusieurs fois l'allaitement du héros par Junon, en présence parfois de Jupiter (83). A Lanuvium, Hercule est associé à la déesse (84), comme aussi à Tibur, où son culte est aussi florissant que celui d'une *Iuno Curitis* (85). Il semble inévitable que *Iuuentas*, liée à la sphère de Junon, et Hercule, « nourrisson » de la déesse, se soient un jour rencontrés.

Hercule, de plus, est associé à un rituel réservé aux *iuuenes*, les Lupercales. Cette association s'est faite par l'intermédiaire des Fabii, mais elle reposait, plus profondément, sur une union ancienne entre Hercule et Faunus (86). Entre autres explications de la nudité rituelle des Luperques, Ovide raconte une mésaventure survenue à Faunus : il avait pénétré de nuit dans une grotte, où reposaient Hercule et la belle Omphale ; après avoir à tâtons reconnu les douces étoffes qui habillaient Omphale, il s'apprêtait à lui témoigner son désir, quand il fut brusquement écarté... par Hercule. Le héros et Omphale avaient changé de vêtements ; Faunus en conçut une grande haine de tout habillement (87) ! On reconnaît dans ce conte licencieux le thème du travestissement caractéristique des rites d'initiation sexuelle préludant à la puberté (88) auxquels Hercule était peut-être effectivement associé.

La présence d'Hercule en 218 aux côtés de *Iuuentas* est, semble-t-il, autant une fidélité à des relations anciennes que la soumission à l'hellénisation qui déjà se prépare pour *Iuuentas*. Les *piacula* présentent une grande cohérence (89). Par une sorte d'intuition accrue par les circonstances, Rome retrouve une union profonde entre les différents dieux qui peuvent lui assurer une jeunesse guerrière triomphante ainsi que la durée. L'influence grecque est sensible au niveau du rituel — le recours au lectisterne en particulier en témoigne —, mais on devine d'autres influences italiques : étrusques, sabines (90), greffées sur d'anciennes croyances romaines. Le renouveau de la jeunesse, suivi d'un déclin, sensible dans le culte de *Iuuentas*, sera lourd de conséquences (91). Les guerres puniques ont réveillé d'antiques mentalités ; elles ont permis de retrouver les conceptions archaïques de la jeunesse, et de les fortifier d'exemples extérieurs à Rome. Nous pouvons définir quelques composantes de ces conceptions : la guerre et la fécondité en sont la base, qui détermine une structure archaïque fondée sur les classes d'âge, consacrée par les rituels de passage, et appuyant sa solidité sur la force concrète de la jeunesse et sur l'espoir mystique de la pérennité. Les croyances les plus anciennes, rénovées par l'hellénisation et exacerbées par l'urgence des événements, n'étaient pas oubliées en 218. Qu'en était-il des institutions qui leur correspondaient ? Nous aurons à tenter d'apporter une réponse à cette question, mais, auparavant, il faut encore en préciser les termes et poursuivre notre enquête dans le domaine religieux. Nous avons évoqué, en relation avec les *iuuenes* et Hercule, les Luperques ; c'est à leurs confréries que nous allons consacrer l'étude suivante.

## BIBLIOGRAPHIE

V. BASANOFF : *Les dieux des Romains (col. Mythes et religions)*, Paris. 1942.

J. BAYET : *Les origines de l'Hercule romain*, Paris, 1926 .

M. DELCOURT : *Hermaphrodite, mythes et rites de la bisexualité dans l'antiquité classique (col. Mythes et religions)*, 1968.

G. DUMÉZIL : *Aspects de la fonction guerrière*, Paris, 1956.

H. DUMÉZIL : *Idées romaines*, Paris, 1969.

F. DUPONT-J. P. NÉRAUDAU : *Marcellus dans le chant VI de l'Enéide, in REL*, XLVIII, 1971, 259-276.

M. ELIADE : *Forgerons et alchimistes*, Paris, 1956.

J. GAGÉ : *La poutre sacrée des Horatii, in Hom. W. Deonna, Latomus*, XXVIII, 1957, 226-237.

J. GAGÉ : *La Némésis de Camille et les superstitions étrusques de la « Porta Raudusculana », in REL*, L, 1973, 111-138.

A. E. GORDON : *The cults of Lanuvium*, Berkeley, 1938.

J. GRICOURT : *A propos de l'allaitement symbolique : le domaine irlandais, in Hom. W. Deonna, Latomus*, XXVIII, 1957, 249-257.

M. GUARDUCCI : *Hora Quirini, in Bull. della commissione archeol. com. di Roma*, 64, 1926, 31-36.

J. HELLEGOUARC'H : *Le principat de Camille, in REL*, XLVIII, 1971, 112-132.

L. A. HOLLAND : *Janus and the bridge*, Rome, 1961.

J. HUBAUX : *Recherches sur la chronologie légendaire du moyen âge romain*, Liège, 1958.

P. Lambrechts : *Het Begrip « Jeugd » in de politieke en godstienstige Hervormingen Van Augustus, in Ant. clas.*, 17, 1948, 355-371.

M. Lemossé : *Les éléments techniques de l'ancien triomphe romain, in Aufstieg und Niedergang*, II, 442-453.

A. Magdelain : *Recherches sur l'imperium*, Paris, 1968.

M. Meslin : *La fête des Kalendes de janvier dans l'Empire romain, Latomus*, 1970.

R. M. Ogilvie : *A commentary on Livy*, Oxford, 1965.

R. E. A. Palmer : *The archaic community of the Romans*, Cambridge, 1970.

U. Pestalozza : *Hera Pelasga, in SE*, XXIV, sér. 2, 1955-1956, 115-127.

G. C. Picard : *Les trophées romains*, Paris, 1954.

M. Renard : *Janus et Junon, in Rev. belge de phil. et d'hist.*, XXXI, 1953, 15-21.

R. Schilling : *L'Hercule romain en face de la réforme religieuse d'Auguste, in Rev. de Philologie*, 68, 1942 (3ᵉ série 16).

L. R. Taylor : *Local cults in Etruria*, Rome, 1923.

H. Wagenvoort : *Roman dynamism*, Oxford, 1947.

J. Wolski : *La prise de Rome par les Celtes et la formation de l'annalistique romaine, in Historia*, V, 1956, 24-52.

*Cf.* aussi : B.G. nᵒˢ 8, 43, 55, 58, 63.

## NOTES

(1) *Cf.* M. Della Corte : *Juventus*, Arpinum, 1924, p. 8 et 12.
(2) *Cf. Supra*, p. 124 *sq.*
(3) Tite-Live, V, 54, 7.
(4) Sur cette datation, *cf.* J. Bayet, Préface, Tite-Live, I (col. Budé), p. XVIII-XIX, et IV, appendice, p. 110 *sq*, et aussi R.M. Ogilvie : *A commentary on Livy, Oxford*, 1965, *ad* V, 54.
(5) Sur cette influence étrusque, *cf. supra*, p. 92 *sq ;* sur le millénarisme, *cf.* J. Hubaux : *Recherches sur la chronologie légendaire du moyen-âge romain.*
(6) Tite-Live, V, 39, 9.
(7) *Cf.* J. Wolski : *La prise de Rome par les Celtes et la formation de l'annalistique romaine, in Historia*, V, 1956, p. 24-52.
(8) Florus, I, 13 ; — Denys, XIII, 6, 1, distingue les plus importants des citoyens (καταφυγόντων τῶν περιφανεστέρων) du reste (τὸ γὰρ ἄλλο πλῆθος) ; Diodore dit que la jeunesse a péri (XIV, 114-115) ; Plutarque (*Camille*, 20) ne donne aucune précision.
(9) Elle est connue de Pline (*N.H.* XXXV, 108) ; Florus (I, 7) ; Denys, III, 69 ; Saint-Augustin (*Civ. D.* IV, 23), qui ajoute Mars à Terminus et *Iuuentas ;* addition explicable : c'est la guerre qui assure la durée de Rome, mais de source inconnue (Varron ?). La légende de *Iuuentas* est peut-être due à une conjecture de Varron (*cf.* Ogilvie, *op.* cité, *ad* V, 54, 7).
(10) *Cf.* J. Hellegouarc'h : *Le principat de Camille .*
(11) Sur Marcellus, *cf.* F. Dupont-J.P. Néraudau : *Marcellus dans le chant VI de l'Enéide.* Les deux jeunes Césars étaient patrons de la colonie de Pise (*CIL*, XI, 1420 et 1421) ; la Maison Carrée de Nîmes leur est dédiée, sans doute de leur vivant ; à Glanum, ils ont chacun un temple (*cf.* Les travaux d'H. Rolland). Ils étaient assimilés à des divinités (*CIL*, XII, 3156 ; — Heinen, *in KLIO*, XI, 1911, p. 176-177 ; — L.R. Taylor, *Local cults in Etruria*, p. 220 *sq.*).
(12) Denys, III, 69, 5 ; Pline, *N.H.* XXXV, 108.
(13) Pline, *ibid. :* le tableau est attribué à Nicomaque, fils et élève d'Aristide, qui était peintre au milieu du IVᵉ siècle.
(14) En effet Tite-Live, dans son récit de l'« exauguration » au livre I, précise que les chapelles et les sanctuaires antérieurs au temple Capitolin avaient été voués par Tatius ; mais, rappelons qu'il ne mentionne pas *Iuuentas* dans ce récit, pas plus que Varron ne la cite parmi les divinités introduites à Rome par Tatius (*L.L.* V, 74).
(15) *Cf.* G. Dumézil : *RRA*, p. 203-206 : près des deux grands dieux, Varuna et Mitra, il y avait deux souverains mineurs, Aryaman et Bhaga. Le premier est le « patron des hommes

« Arya » en tant que formant société », le second est la « part » personnifiée, patron de la juste répartition des biens dans la société. *Iuuentas* correspondrait à Aryaman et Terminus à Bhaga.

(16) *Cf.* L.R. Taylor, *Local cults in Etruria*, p. 108 et V. Basanoff : *Les dieux des Romains*, p. 115.

(17) *Cf. supra*, p.152 et note, 55 *ad loc.*

(18) *Cf. supra*, p. 99 .

(19) Denys, IV, 14 et Tertullien, *Ad Nat.* II, 11, 11.

(20) *Cf.* J. Bayet : *Histoire pol. et soc. de la rel. rom.*, p. 149 *sq* et G. Dumézil, *RRA*, p. 445 *sq.*

(21) Tite-Live, XXI, 62, 7-6 : « Avant tout on purifia la ville, et l'on sacrifia de grandes victimes aux dieux désignés, on porta une offrande de quarante livres d'or à Junon, à Lanuvium ; les matrones dédièrent une statue de bronze à Junon sur l'Aventin ; on ordonna un lectisterne à Caere, où les tablettes des sorts s'étaient rétrécies, et des supplications à la Fortune dans l'Algide ; à Rome, également, on prescrivit un lectisterne pour la Jeunesse et des supplications au temple d'Hercule, désigné nommément, puis, pour le peuple entier, autour de tous les lits de parade ; au Génie aussi on immola cinq grandes victimes. » (Trad. E. Lasserre, Clas. Garnier, où nous avons introduit une seule modification, en mettant une majuscule au nom de la Jeunesse).

(22) Sur le déroulement du lectisterne et son origine ; *cf.* Dumézil, *RRA*, p. 541-42.

(23) Tite-Live, XXII, 1, 17-19.

(24) Polybe, XI, 2, 3 (trad. D. Roussel, Pléiade, p. 670).

(25) Tite-Live, XXVII, 51, 10.

(26) Tite-Live, XXXVI, 36, 5-7.

(27) Cicéron, *Brutus*, XVIII, 73.

(28) *Cf. infra*, p.239 *sq.*

(29) Tite-Live, XXXVI, 36, 7.

(30) *id., ibid.*, 5-6 ; *cf.* G. Wissowa, *R.u.K.²*, p. 135 *sq ;* J. Ball Platner *A topographical dictionary of ancient Rome*, Rome, 1965, p. 308 et J. Bayet : *Les origines de l'Hercule romain*, p. 423.

(31) D'après Pline, *N.H.* XXIX, 14, 57.

(32) Cicéron, *De nat. deorum*, 1, 40 ; − *Tusc.* I, 26, 65 ; − Servius, *Ad Aen.* V, 134.

(33) *Cf. infra*, p. 193-194.

(34) Tite-Live, XXXVI, 36, 7 ; − A. Piganiol : *La conquête romaine*, Paris,. 1967, p. 306.

(35) Cicéron : *Ad Att.* I, 18, 3 : *eius (anni) initium eiusmodi fuit ut anniuersaria sacra Iuuentatis non committerentur ; nam M. Luculli uxorem Memmius suis sacris initiauit ;* Festus, p. 92, 1 : *Iuuentutis sacra pro iuuenibus sunt instituta.*

(36) *Cf.* Mommsen, *Droit public*, II, p. 267.

(37) Tite-Live donne des dates diverses : 21 avril *(Parilia)*, 13 septembre *(natalis* du temple capitolin) ; 17 décembre *(Saturnalia) ;* 21 décembre *(Diualia)*. Le 15 mars, fête d'Anna Perenna, paraît le plus probable : *cf.* M. Meslin, *La fête des Kalendes de janvier dans l'Empire romain*, Latomus, 1970, p. 23-24 ; et Appendice, Tite-Live, V, p. 98-99 (Col. Budé).

(38) *Cf.* Fastes de Préneste, exorde, *CIL*, I, 2, p. 231.

(39) *Cf.* Lydus, *De Mens.* IV, 4, p. 67 (Wuensch).

(40) *Cf.* H. Le Bonniec : *Fastes* I (Erasme) note du vers 165, p. 47.

(41) *Cf. supra*, p.188.

(42) DIon C. LIV, 19, 7 ; − Appien, II ; − *Res Gestae*, 19² (J. Gagé, 2ᵉ éd. 1950).

(43) *Cf. supra*, p.188 *sq.*

(44) *Cf.* B.L. Shields : *Juno, a study in early Roman religion*, 1926.

(45) *Cf. supra*, p. 99 *sq.*

(46) *Cf.* Plaute : *Cistellaria*, 512 *sq : Iuno Regina et Iouis supremi filia ;* P. Noailles : *Fas et ius*, Paris, 1948, p. 29-43 (Junon déesse matrimoniale , sp. 42-43).

(47) *Cf.* U. Pestalozza : *Hera Pelasga*, sp. 118.

(48) Junon, dans l'*Enéide*, joue de sa fonction de protectrice du mariage ; à part Turnus, le *iuuenis* par excellence, elle protège Camille, l'amazone, Amata, épouse révoltée contre son mari, Didon, la fondatrice de Carthage, dont le destin fait concurrence à celui des hommes, et après l'intermède amoureux avec Enée, la conduit au suicide par le fer.

(49) *Cf.* A.E. Gordon : *The cults of Lanuvium*, p. 23-40 et K. Latte, p. 166-169.

(50) *Cf.* Roscher : *Lexicon der griech. u. rom. Myth. sv. Juno (Sospita).*

(51) *Cf.* de Rossi, *in Bull. del. Ist.* 1883, p. 253-284.

(52) Tite-Live, V, 22, 3.

(53) *ibid.*, 5 : *seu spiritu diuino tactus seu iuuenali ioco.*

(54) *Cf.* V. Basanoff : *Euocatio*, 1947, p. 43-44.

(55) *Cf.* L.R. Taylor : *Local cults in Etruria*, p. 143-144.

(56) *Cf.* Festus, p. 380 L.

(57) *id.*
(58) Festus, p. 380 L.
(59) Pline, *N.H.* VIII, 194.
(60) Proposée par H.J. Rose, *in Mnemosyne*, NS. 53, 1925, p. 406-414 et *in Class. Quart.* 28, 1934, p. 157, elle est contestée par H. Wagenwoort, *Roman dynamism*, p. 155.
(61) Confusion apparente dans Tite-Live, V, 23, 7.
(62) G. Dumézil : *Horace et les Curiaces*, 1942 ; – et *Heur et Malheur du guerrier*, 1969.
(63) J. Gagé : *La poutre sacrée des Horatii, in Hom. W. Deonna*, Latomus, 1957, p. 226-237.
(64) *Cf.* Pline, *N.H.* XV, 135.
(65) *Cf.* Festus, p. 104 L (*Laureati milites*) – G. Wissowa, *RUK*, p. 104 ; – G. Dumézil, *Aspects de la fonction guerrière*, Paris, 1956, p. 38 ; – G.C. Picard : *Les trophées romains*, Paris, 1954, p. 124-131 ; – P. de Francisci : *Primordia ciuitatis*, p. 303 ; – A. Magdelain : *Recherches sur l'imperium*, p. 62.
(66) *Cf.* M. Lemossé : *Les éléments techniques de l'ancien triomphe romain, in Aufstieg...* II, p. 442-453.
(67) *Cf.* R.E.A. Palmer : *The archaic community of the Romans*, p. 137.
(68) Festus, p. 56 L. : *curiales mensae, in quibus immolabatur Iunoni quae Curis appellata est.*
(69) Denys, II, 50. Ajoutons que Janus et Junon sont liés : l'un patronne le passage, l'autre la naissance, qui est un commencement ; *cf.* G. Dumézil, *RRA*, p. 322-328 ; – H. Le Bonniec, Edition des *Fastes*, I, notes des vers 71 *sq* ; 89 *sq* ; – J. Bayet : *Hist. pol. et soc.*, p. 92 ; – M. Renard : *Janus et Junon* ; – L.A. Holland : *Janus and the bridge.*
(70) Le nom *Horatius* a été rattaché à *Hora* par W. Schulze : *Zur Geschichte lat. Eigennamen*, Berlin, 1966, p. 483-484 ; or Nonius, p. 120 donne : *Hora, iuuentutis dea*, témoignage isolé et laconique. Le nom de la divinité est scandé *Hōra*, par Ennius (*Ann* ; fg. 71 b) mais *Hŏra*, par Ovide (*Mét.* XIV, 851). *Cf.* Aulu-Gelle, *N.A.* XIII, 23, 2 ; M. Guarducci : *Hora Quirini.*
(71) Varron, *L.L.* VI, 33 ; Plutarque, *Q.R.* 86 ; W. Schulze, *op.* cité, p. 470 *sq.*
(72) Il faut supposer que les *iuniores* ont d'abord été complémentaires des anciens, appelés non *seniores* mais *maiores.*
(73) Il faudrait en ce cas ouvrir le maigre dossier de Maia, qui aurait donné son nom au mois de mai.
(74) *Cf.* Ovide, *F.* VI, 101-182.
(75) Macrobe, *Sat.* I, 12, 31 ; – G. Dumézil, *Idées romaines*, p. 253-271, reprise de *REL*, XXXVIII, 1960, p. 87-98 et XXXIX, 1961, p. 87-91.
(76) *Cf. supra*, p.130.
(77) *Cf.* A. Grenier, *La rel. rom.* dans *Mana*, 2, III, 1948, p. 115-116.
(78) *CIL*, III, 3893 ; – sur les forgerons, *cf.* M. Eliade : *Forgerons et alchimistes*, Paris, 1956. Même la confusion faite par Ovide avec Cardea pourrait s'expliquer si J. Gagé a raison de trouver significatif le geste du consul Horatius Pulvillus, quand il tient le montant de la porte (Tite-Live, II, 8, 8 : *tenens postem*) lors de la dédicace du temple capitolin (*La Némésis de Camille et les superstitions étrusques de la « Porta Raudusculana »... in REL*, L. 1973, p. 111-138). On se souvient de l'étymologie qui propose de rapprocher *uereiia* de *uero*, la porte (*supra*, p. 63 ) : y aurait-il un rapport durable entre la porte et la jeunesse, qui la défend, la prend d'assaut ou la franchit pour se désacraliser au sortir de la guerre ?
(79) J. Bayet : *Les origines de l'Hercule romain*, p. 423.
(80) *id., ibid.*, p. 381.
(81) Sur *Hercules Victor* à Tibur, *cf. infra*, p.374.
(82) *Enéide*, VIII, 285-287 ; – *cf.* R. Schilling : *L'Hercule romain en face de la réforme religieuse* d'Auguste.
(83) Sur le rite qu'on retrouve dans d'autres mythologies, *cf.* J. Gricourt : *A propos de l'allaitement symbolique : le domaine irlandais* ; – J. Bayet : *Herclé, p. 158* ; – M. Renard : *Hercule allaité par Junon.*
(84) *Cf.* E. Evans : *The cults of the Sabine territory*, p. 138-139.
(85) *id.* L'influence sabine, de Tibur, où elle est manifeste (*cf.* G. de Sanctis : *Storia di Roma*, I, p. 221 et Pline, *NH.* III, 106-107), a pu passer à Rome et hâter l'association de Junon avec le héros.
(86) *Cf. infra*, p.205.
(87) Ovide, *F.* II, 303, *sq* ; – R. Turcan, *in REL*, XXXVIII, p. 195-203 et H. Le Bonniec, *in Latomus*, LVIII, 1962, p. 974-980.
(88) *Cf.* Plutarque, *Lycurgue*, 15 (à Sparte) ; – *Vertu des femmes*, p. 245 (à Cos) ; *Q.G.* 58 ; essai d'explication de M. Delcourt : *Hermaphrodite, mythes et rites de la bissexualité dans l'antiquité classique.*

(89) De même Genius est à sa place dans ces rites, comme à Tarquinies : principe mâle de la vie, il correspond aux *Iunones* individuelles. Quant à *Fortuna,* appelée *Virilis* ou *Muliebris,* elle est liée aux passages d'âge et à la légende de Servius, dont l'organisation « repose sur un classement des individus selon des passages d'âge, lié aux diverses catégories du culte quasi-biologique de *Fortuna* » (G. Pieri : *L'histoire du cens.* p. 45).

(90) *Cf. supra,* p. 187 et note 14 ; p. 188 ; p. 191 et notes 54-55 ; p. 194 et note 81.

(91) *Cf. infra,* p. 358 *sq,* où nous évoquerons en particulier le rôle des Scipions, p. 368 *sq* où nous traiterons du renouveau de la jeunesse sous Auguste. Le principat nous semble, en effet, s'être inspiré du passé pour l'organisation de la *iuuentus,* mais il n'a pas redonné à *Iuuentas* son lustre d'antan. *Contra :* P. Lambrechts : *Het Begrip « Jeugd » in de politieke en godsdienstige Hervormingen Van Augustus, in Ant. Clas.* 17, 1948, p. 355-371, qui attribue à Auguste le développement de la légende de *Iuuentas* et doute de l'ancienneté de la déesse.

CHAPITRE II

# LES LUPERQUES

— *Position des problèmes,*
— *Luperci et iuuenes,*
— *interprétations sociologique et politique,*
— *Luperci et equites.*

## Position des problèmes

C'est un culte chtonien, à la fois funèbre et de fécondité (1), que célèbrent les Luperques. La fête des *Lupercalia*, le 15 février, passait pour être antérieure aux origines de Rome ; elle aurait été importée dans le Latium par le roi arcadien Evandre. Mais les premiers luperques connus sont Romulus et Rémus (2). Cicéron est encore sensible à la sauvagerie des rites, surgis du fond des âges et témoins fossilisés d'un mode de vie pastoral, dans les champs et les forêts, avant la civilisation, c'est-à-dire avant le temps où l'homme, s'organisant en société, avait trouvé la plénitude de l'humanité (3). A la définition du *Pro Caelio*, E. Gjerstad apporte une confirmation en relevant les éléments pré-romains de la fête : il la fait remonter à l'âge du bronze et y voit un des plus éloquents témoignages des « mediterranean survivals » dans la religion romaine (4). Le culte était établi autour d'une grotte, le Lupercal, sur les pentes ouest du Palatin. Elle était ombragée autrefois par un figuier, qui , à l'époque de Tite-Live, se trouvait au *Comitium*, où il aurait été miraculeusement transporté (5). La fête était, dans sa partie essentielle, célébrée par des *iuuenes*, organisés en deux confréries, les *Luperci Fabiani* et les *Luperci Quinctiales* (6).

La haute antiquité du rituel en rend l'interprétation délicate : tandis qu'il passait d'une société pastorale à une société urbaine, sa signification s'est modifiée et ses éléments constitutifs ont été perturbés. Le sens des coutumes rustiques est venu se perdre en milieu urbain (7). Ainsi lorsqu'on demande quelques éclaircissements à l'étymologie, on se heurte aux premières incertitudes. Elles remontent jusqu'à l'antiquité, et l'on voit Quintilien réfuter, pour des raisons philologiques, une étymologie fantaisiste qui explique *Lupercalia* par *luere per caprum* (8). La présence, dans cette explication, du nom du bouc situe la difficulté. Il semble, en effet, naturel de retrouver dans *lupercus* le nom *lupus* du loup ; or le rituel ne comporte aucune référence à cet animal et tourne tout entier autour des sacrifices d'un chien et d'un bouc. Pour cette raison, E. Gjerstad refuse de croire à l'évidence étymologique : le loup qu'on fait intervenir dans l'explication du mot lui semble venir de la mythologie qui rattacha à Romulus et Rémus le rituel des Lupercales (9). A cette critique, on préfèrera la position actuellement la mieux acceptée (10) : elle refuse l'explication par *lupus-arceo* (qui écarte les loups), ou par *lupus-hircus* (loup-bouc, 11) et suggère une formation analogue à celle de *nouerca*, formé sur *noua*. Cette interprétation, phonétiquement vraisemblable, a sur le rite des implications satisfaisantes. Les *Luperci* semblent être des loups (12), qui perpétuent le souvenir d'un ancien culte totémique du loup, ce qui n'a rien de surprenant dans une société de bergers (13).

Cette étymologie prend position dans le débat encore ouvert sur le caractère déiste ou pré-déiste des Lupercales (14). Il s'agit d'un culte célébré par des prêtres, devenus pour un moment eux-mêmes des loups, en l'honneur d'un dieu loup. Si le dieu est un loup, ses prêtres ne sauraient être ses antagonistes (15). Le dieu des Lupercales est un génie de la végétation, Faunus ou Lupercus, quelquefois appelé Inuus (16), et que l'arcadisme a tardivement assimilé à Pan (17). Il est assisté d'une parèdre, *Lupa* ou *Luperca* (18). Le bouc cependant explique peut-être l'appellation populaire des Luperques, *Crepi* ou *Creppi* (19), mot masculin auquel correspond le féminin *crepae* (20). On y a vu un équivalent de *capri* (21), mais, pour séduisante que soit cette hypothèse, elle rencontre bien des oppositions (22).

Les rites eux-mêmes sont assez bien connus dans le détail, même si leur signification reste mystérieuse. Après une invocation à Faunus, on sacrifiait un bouc dans la grotte du Lupercal, d'où les Luperques revenaient ensuite à la lumière. Deux jeunes gens étaient amenés près de la victime ; le prêtre touchait leur front avec le couteau sacrificiel, puis essuyait immédiatement la marque avec un flocon de laine trempé dans du lait ; ils étaient alors tenus d'éclater de rire. On ne sait si ces jeunes gens étaient les chefs des Luperques, ni même s'ils étaient Luperques, ce qui semble toutefois très vraisemblable.

Les Luperques ensuite se taillaient des lanières dans la peau du bouc, et, vêtus d'un pagne taillé aussi dans la peau d'un bouc, ils couraient rapidement, peut-être autour du Palatin (23). En chemin, ils frappaient les passants, et plus spécialement les femmes, en prononçant des paroles licencieuses (24).

Pendant la cérémonie, on immolait un chien ; les femmes adressaient des invocations à Junon, mystérieusement concernée par le rituel (25), et, enfin, autre mystère, le *flamen dialis*, à qui pourtant la vue du chien est interdite, prenait part à la fête, selon le rite antique, dit Ovide (26). Après la course un banquet était célébré (27).

Le nom des deux confréries, *Luperci Fabiani* et *Luperci Quinctiales*, pose aussi des problèmes. S'agit-il d'une bipartition fonctionnelle ? En ce cas, on revient à l'explication de Festus (28), qui interprète *Fabii* comme un dérivé de *fouea*, la fosse où ils auraient attiré les loups. On a tenté d'expliquer *Quinctiales* par la même racine que celle du verbe *quinquare*, purifier (29). Plus vraisemblable est au premier abord l'hypothèse d'une bipartition fondée sur les gentilices (30), mais rien ne prouve qu'il y ait eu dès l'origine deux collèges séparés. G. Wissowa considère que les *Fabiani*, associés aux cultes du Quirinal, sont une duplication d'un collège initial, survenue vers 575, pour symboliser l'unification du Palatin et du Quirinal (31), mais on peut songer aussi à une attribution, au Ve siècle peut-être, des *Lupercalia* à deux clans puissants (32).

Si l'on reconnaît facilement dans les *Fabii* les membres du premier collège, la *gens* qui aurait donné son nom au second est plus énigmatique. A la *gens* Quintilia (33), on préfère en général celle des Quinctii. Ses membres portaient le prénom de *Kaeso* (qu'ils possèdent à haute époque en exclusivité avec les Fabii et les Duilii) et une inscription fait pencher en leur faveur (34). Dans le prénom *Kaeso* on voit un nom tiré du vocabulaire rituel des Luperques, qui ferait penser aux coups qu'ils donnent aux passants (35). D'ailleurs l'histoire des *Fabii* rencontre souvent celle des *Quinctii*, originaires peut-être de Tusculum (36). Une hiérarchie mystérieuse donnait aux *Quinctii* le premier rang dans le culte ; les *Fabii*, représentant peut-être l'élément sabin, venaient ensuite (37). Cependant, à l'époque historique, les Luperques que l'on connaît n'appartiennent ni à l'une ni à l'autre des *gentes* (38). L'interprétation des deux noms reste finalement incertaine. Fonctionnelle ou familiale, ou l'une et l'autre à la fois, leur bipartition semble en tout cas un fait assuré (39).

Le nombre des Luperques paraît avoir été fixe à l'origine (40), mais on ne possède aucun document décisif sur ce nombre, ni sur l'ensemble de l'organisation des confréries. Sans doute étaient-elles conduites par un *magister* (41) ; les deux jeunes gens qui riaient après le sacrifice du bouc occupaient peut-être cette fonction, tenue dans la mythologie par Romulus et Rémus. Une légende, reprise de Valerius Antias par Arnobe (42), raconte que, pour obtenir le secret de la procuration des foudres, Numa voulut capturer Faunus et Picus. Auprès de la source favorite des deux dieux, il posta douze jeunes gens (*duodecim casti iuuenes*) chargés de s'emparer d'eux (43). On sent que l'atmosphère de cette histoire, qui fait intervenir des *iuuenes* et Faunus avec Picus, est semblable à celle des Lupercales. C'est le seul indice, et il est ténu, qu'il y ait eu douze Luperques. La comparaison avec le nombre douze des Saliens et des Arvales et la valeur religieuse certaine de ce nombre donnent à l'hypothèse quelque vraisemblance (44). Mais Plutarque, quand il décrit les Lupercales de 44, est très vague. Il y avait à ce moment-là trois confréries (45), donc, si l'hypothèse que nous avons évoquée est juste, trente six Luperques, et Plutarque dit qu'il y en avait beaucoup πολλοί (46). Peut-être leur nombre s'était-il accru, en fonction de l'honneur qui était attaché au titre de

Luperque, depuis que César avait créé un troisième collège, ou bien s'augmentait-il de tous les jeunes gens qui, sans appartenir aux confréries, pouvaient prendre part à la course.

Nous avons voulu, par cette présentation rapide et simplifiée, donner une idée de la complexité des rites célébrés par les Luperques et de leur haut archaïsme. Ces rites ont un double caractère : ils sont à la fois purificatoires et fécondants. Le mois de février est consacré au culte des morts et aux cérémonies lustrales. La peau du bouc, la laine sacrée sont appelées *februa* ; le jour de la fête est *februatus*, le mois *februarius*. Il y a trace enfin d'un dieu *Februus* ou *Februarius*, représenté comme une divinité infernale et que les Luperques auraient expulsé rituellement en février (47). Comme ce mois est dans le calendrier primitif le dernier de l'année, il était le cadre d'une sorte de suspension de l'ordre normal, biologique, cosmique et social, préliminaire à la régénération universelle (48).

Le loup est un être infernal, mais il est en même temps un principe vital, comme le montre l'allaitement miraculeux des jumeaux (49). Le rire qui provoque les forces néfastes pour les conjurer est aussi une exaltation de la fécondité et une exhortation au renouveau. C'est à cet aspect qu'appartiennent aussi la nudité et les obscénités, dont les vertus intéressent aussi bien la société que le site qu'elle habite. Il y a purification (50), et protection magique du Palatin, si J. Bayet a raison de penser que seul le Palatin, le plus ancien berceau du peuple romain (51), est à l'origine concerné par la course rituelle (52). En même temps que le site, la société et le pouvoir politique sont purifiés (53). Ces rites où la vie chasse la mort prenaient place à l'origine dans l'ordre saisonnier (54).

## Luperci et iuuenes.

La conjuration des forces de la mort dans une fête turbulente et licencieuse, le réveil des promesses de vie, la course autour du Palatin, tout nous invite à évoquer la jeunesse à propos des *Lupercalia*. Et, en effet, les textes souvent précisent que la cérémonie tumultueuse du 15 février est menée par des *iuuenes* (55). On s'est servi du texte où Plutarque raconte les Lupercales de 44 pour supposer que les Luperques étaient divisés en *iuniores* et *seniores* (56). Antoine, qui mène le troisième collège créé par César, n'est plus dans la fleur de l'âge ; il a 39 ans, et on ne peut l'appeler *iuuenis* qu'en recourant à l'acception large, et rare, du terme. Si les classes d'âge sont, pour les Luperques, les mêmes que celles de la réforme « servienne », il n'est pas surprenant que des hommes puissent figurer dans les collèges jusqu'à la limite d'âge. Mais rien n'indique clairement qu'il y ait eu une classification par âge. Plus clair, le texte de Nicolas de Damas signale dans la fête des νέοι et des γηραίοι (57). Mais quel crédit accorder à des témoignages tardifs et qui ne concernent que la fête de février 44 ? Peut-être après tout y eut-il des anciens pour participer à la course rituelle, mais ils pouvaient n'être que des participants libres, venus spontanément d'entre les spectateurs. Pour soutenir que la fonction de Luperque était viagère, Mommsen dut récuser comme incompréhensibles et douteuses deux inscriptions dont cependant l'intérêt nous semble primordial : l'une mentionne un *Caecilius ter Lupercus* (58), l'autre un *Lupercus iterum* (59). Elles suggèrent plutôt que la fonction était renouvelable, chaque année peut-être. S'il y eut des *seniores* parmi les Luperques, ce ne peut être que par une détérioration du sens initial de la cérémonie de février.

Une détérioration analogue fit qu'on finit par admettre dans les confréries de Luperques des impubères, ce qui était contraire à la pureté des enfants, ce qui de plus devait être une absurdité religieuse (60). L'embarras de Cicéron quand il défend Caelius, Luperque, contre Atratinus, Luperque aussi, s'explique peut-être par le fait que les confréries étaient devenues avec le temps des lieux de dépravation (61).

Pour nous convaincre que les Lupercales sont bien le fait des *iuuenes*, relisons le passage où Tite-Live relate leur institution : « Dès cette époque, existait, dit-on, sur le Mont Palatin notre Lupercal. Evandre... y avait institué une fête annuelle importée d'Arcadie et qui consistait à faire des courses de jeunes gens nus en guise de jeu et d'amusement, pour honorer Pan Lycaeus, que les Romains appelèrent par la suite Inuus » (*sollemne allatum ex Arcadia instituisse ut nudi iuuenes Lycaeum Pana uenerantes per lusum atque lasciuiam currerent...* 62). Deux éléments sont à distinguer dans ce texte : d'une part, il s'agit d'une institution officielle et religieuse (*instituisse, sollemne, uenerantes*) et, d'autre part, la fête est caractérisée par une licence ludique (*lusum atque lasciuiam*), sur laquelle d'autres textes insistent (63). On peut reconnaître là « l'imbrication du sacré et du burlesque » où s'accomplit la vocation de la jeunesse (64). Les Luperques plaisantent comme les *milites* sur le parcours du triomphateur ; ils sont masqués ou barbouillés de glaise (65), comme sont masqués les acteurs d'atellanes, qui sont des *iuuenes* (66). La présence des *iuuenes* aux Lupercales est certainement inséparable de la plus ancienne signification de la fête. Et si, comme le suppose, après d'autres (67), J. Bayet, un sacrifice humain n'est pas exclu à l'origine de la cérémonie, on en comprendra mieux la signification en se souvenant que le sacrifice de jeunes gens, pour conjurer la mort, a laissé des traces dans les mentalités religieuses (68).

Revenons sur le rire qui fait partie du rituel et qu'on attend des jeunes gens après le sacrifice du bouc (69). Il relève de cette « vieille association entre la décharge nerveuse du rire et les affres de la mort, contre lesquelles il constitue une puissante défense » (70). On parlerait aujourd'hui d'un rire de « carnaval », qui se rattache « aux formes les plus antiques du rire rituel. Celui-ci était orienté vers le haut ; on bafouait, on raillait le soleil (divinité suprême) et d'autres dieux, ainsi que le pouvoir terrestre souverain, pour les obliger à se renouveler. Toutes les formes du rire étaient liées à la mort et à la renaissance, à l'acte de procréation et aux symboles de la fécondité. Le rire rituel était la réaction aux crises dans la vie du soleil (solstices), dans celle des divinités, de l'univers et de l'homme (rire funèbre) » (71).

Le rire, les plaisanteries des Luperques et leur course au sortir de la grotte du Lupercal signalent la réintégration dans l'ordre nouveau après l'immersion dans le chaos (72). Les rites redonnent vigueur à la période qui commence ; en février, c'est le printemps qui s'éveille au premier souffle du *Fauonius*, dont le nom a été rapproché de *fauere* et de *Faunus* (73). Nul, mieux que des *iuuenes*, ne peut ainsi transmettre la force vitale et fouetter les forces du renouveau.

Cette dernière conclusion se confirme encore du fait de la présence dans les rites des Luperques à la fois d'Hercule et de Junon, dont nous savons quels liens ils avaient avec la jeunesse. Les Fabii, qui, à la fin du III^e siècle, manifestent leur volonté de se rattacher à Hercule (74), sont peut-être pour quelque chose dans l'évocation de ce dieu à propos des *Lupercalia* (75), mais ils ont dû surtout renforcer une union plus ancienne entre Faunus et Hercule, « rustique... protecteur de l'abondance... dieu fécondant auquel n'étaient pas étrangers les emblèmes phalliques » (76). Quant à Junon, invoquée par les femmes le 15 février (25), elle donne son nom à la lanière que brandissent les Luperques, *amiculum iunonis* (77), et de plus la *Iuno Sospita* de Lanuvium porte, comme Faunus et les Luperques (78), une peau de chèvre (79). Et les légendes se souvenaient vaguement du lien cultuel ancien entre Junon et les Luperques, quand elles situaient au Marais de la Chèvre l'apothéose du Luperque Romulus, le jour des Nones Caprotines (80).

G. Dumézil confirme l'union essentielle entre les Luperques et les *iuuenes*, en rapprochant les confréries de *Fabiani* et de *Quinctiales* des bandes de « monstres-masques », qui, dans les sociétés indo-européennes, violaient les tabous et purifiaient les fondements de la société. Ces bandes ont laissé des projections mythiques reconnaissables dans les légendes grecques, celle des centaures en particulier, dont le nom (κένταυροι) de *kent r wo, les rapproche des monstres à corps d'homme et tête de cheval appelés en Inde *gand-hara (*gv hon dher - wo), et peut-être même du thème *februo —, qui caractérise le mois des Lupercales (81). Il relève tous les éléments qui opposent les Luperques et les flamines pour définir deux sphères antithétiques, celle de la *grauitas* et celle de la *celeritas* : à la première appartient le privilège de maintenir les fondements de la religion, à la seconde, celui de réparer, une fois l'an, par l'excès, les excès qui ont risqué de compromettre la stabilité et l'ordre établi. De l'une relèvent les *iuniores*, les Luperques et les *Celeres* de Romulus, de l'autre, Numa, les Flamines et les *seniores* (82).

La comparaison proposée par G. Dumézil entre les Luperques et les Centaures suggère l'existence d'une « bande » dotée de privilèges et d'obligations religieuses, et occupant dans la structure de la société primitive une fonction déterminée et réservée aux jeunes hommes. Il se pose dès lors une question : cette fonction est-elle religieuse seulement ? ou bien s'intègre-t-elle à l'organisation sociale et politique ?

*Interprétations sociologique et politique.*

Il est incontestable que les Luperques constituent une société d'hommes, une confrérie d'initiés qui se recommandent d'un initiateur mythique, Romulus qui tient le rôle tenu en Inde par Aya, en Grèce par le centaure Chiron. La légende de Romulus, marquée d'influences étrusques, développe des thèmes connus dans les légendes grecques : celui « d'exilé, de banni, de fugitif, d'asile, celui de loup » (83). Elle suggère diverses comparaisons : avec les *Hirpi Sorani* du mont Soracte (84), avec les frères *Atiedi* d'Iguvium et avec les *Couroi* spartiates dont les pratiques cruelles de la cryptie transposent peut-être une lycanthropie originelle (85). En bref, derrière ces *nudi iuuenes*, qui, à l'exemple de Romulus et Rémus, parcourent chaque 15 février les rues de Rome, on sent se profiler les mentalités les plus anciennes. Leur survivance dans la Rome historique — et jusqu'au Ve siècle de notre ère au moins (86) — s'explique par l'importance dans la vie religieuse de leurs rites, qui régénéraient l'année mourante et sans doute aussi par leurs incidences politiques et sociales.

Les Luperques, en effet, n'étaient peut-être pas seulement une société secrète, chargée d'un culte particulier et limitée au domaine religieux. Le rire des deux jeunes gens n'est pas sans rappeler l'esprit des rituels initiatiques qui transforment un jeune homme en adulte, après l'avoir fait symboliquement revenir au stade initial de la vie (le lait pouvant figurer la nourriture essentielle du nourrisson), de l'ordre cosmique (retour au chaos initial) et de l'histoire de la société (retour au stade pré-urbain) et l'on peut, à partir de ce rire, supposer que les confréries de Luperques sont des sociétés de postulants à l'initiation guerrière et sociale (87). Cette supposition trouve des points d'appui dans les rapports entre les Lupercales et la fête de Junon Caprotine.

La place exceptionnelle du bouc dans le rituel des Lupercales est très surprenante : c'est presque une anomalie dans le culte romain, où le bouc a un rôle insignifiant, sauf dans le culte de *Veiouis* (88) et dans celui de *Iuno Caprotina* (89). A la fête des Nones Caprotines, un rite de fécondation liait, dans une très ancienne conception de Junon, le figuier sauvage et le bouc (90). Entre le mois de février et le mois de juillet, dont les nones précisément étaient dites caprotines, les rites établissent diverses correspondances (91), qui incitent à tenir compte de celle qui lie les Lupercales à la fête de Junon, le 15 février au 7 juillet.

Dans le récit étiologique de la cérémonie des Nones Caprotines qu'il a répété dans ses biographies de Romulus et de Camille, Plutarque a oublié —

et c'est fâcheux — l'aspect cultuel au profit d'une interprétation historique ; il condense, d'autre part, des fêtes célébrées successivement en juillet, les *Poplifugia* du 5, la fête de Junon du 7, et un rite étrange qui le 8 faisait suivre un sacrifice mystérieux d'une clameur collective appelée *uitulatio* (92). Si l'histoire des religions n'a pas grand-chose à gagner à ces récits, nous allons y trouver cependant des motifs qui sont à l'évidence analogues aux thèmes des Lupercales. Lorsque, mettant à profit l'affaiblissement de Rome après le désastre gaulois, les Latins réclament que des femmes romaines leur soient cédées — on reconnaît le renversement au profit de l'adversaire du motif de l'enlèvement des Sabines —, une servante se propose pour aller avec des compagnes se livrer aux Latins : vêtues comme des dames de la meilleure société, elles paraîtront se soumettre aux exigences de l'ennemi, mais, la nuit venue elles avertiront les Romains que la voie est libre. Le plan est mené à bien ; dès que les Latins sont endormis, la servante ingénieuse grimpe dans un figuier et de là agite un flambeau qui appelle les Romains ; ceux-ci sortent précipitamment et dans leur hâte s'interpellent tous, les uns les autres, par leur prénom ; puis ils massacrent les Latins. En souvenir de ce jour, le 7 juillet, les servantes « brillamment parées, se promènent en folâtrant et en lançant des railleries à ceux qu'elles rencontrent » (93), elles font une quête en parcourant la ville, en se donnant des coups et en se lançant des pierres ; enfin elles s'installent sous un figuier et festoyent.

L'activité des servantes est, on le voit, très comparable à celle des Luperques. En outre leur déguisement suggère un rite de passage. C'est à un rite de passage aussi que fait songer la *uitulatio* que J. Gagé propose très ingénieusement d'interpréter comme une *quiritatio* (94) : les soldats qui s'interpellent par leur prénom semblent mimer leur entrée dans le corps social, et leurs relations avec les servantes, suppléantes des femmes libres, travestir « les relations entre les jeunes gens de cette *pubes* extrapomériale et les femmes ou filles des vrais Quirites, interdites ou soumises à des règles rigoureuses tant que ces adolescents vivaient dans la zone « obsidionale » de la ville » (95).

Une autre version de la légende rattachait la *uitulatio* du 8, aux *Poplifugia* du 5 juillet : le *populus*, effrayé par la disparition de Romulus, prenait la fuite, et on entendait les gens s'interpeller. Et par là l'ensemble des thèmes de cette période se raccrochait à la légende de Romulus. Il n'est pas impossible d'imaginer que les Luperques se livraient à des rites analogues à ceux de juillet et, tout en purifiant la cité, préparaient leur intégration dans le corps social (96).

S'il en était ainsi, on pourrait, en évoquant la cryptie spartiate et le meurtre des ilotes, se demander quelle incidence sociale le rituel initiatique pouvait avoir à Rome. Et puisque ces remarques qui nous mènent aux frontières de la civilisation portent à rêver, rêvons un instant sur une anecdote rapportée par Tite-Live et Denys d'Halicarnasse (97). C'est l'histoire de Kaeso Quinctius : agitateur violent de la rue, ennemi affirmé de la plèbe, chef d'une bande de *iuuenes* qui maltraite les plébéiens, le jeune homme (*adules-cens* (98), μειράκιον (99)) est probablement luperque, son nom et son prénom permettent de le supposer. Il est entouré de compagnons (sodales ἑταιροί), comme lui insolents ( αὐθάδεια τοῦ μειρακίου, (100)) et agressifs, il est selon Tite-Live le défenseur du patriciat, et selon Denys un chevalier qui, comme ses compagnons, n'a pas encore accès au sénat (101). Le jeune chef, bouc émissaire des haines de la plèbe, illustre toutes les virtualités de son pré-nom (102). Sa lutte tumultueuse, présentée comme un épisode de la rivalité des classes sociales, ne pourrait-elle pas être aussi quasiment rituelle ? Le Luperque Kaeso Quinctius entraîne-t-il ses compagnons à la lutte contre ces nouveaux ilotes que sont les plébéiens ? l'hypothèse est vouée à n'être jamais qu'une hypothèse, mais elle est séduisante, car elle permet d'imaginer le point de rencontre entre une vocation cultuelle et une activité politique.

Ce point de rencontre explique sans doute le curieux scénario du couron-nement de César, par Antoine, consul de l'année et luperque, le 15 février (103). On sait que César, grâce à une donation, avait ajouté aux deux collè-ges de Luperques celui des *Luperci Iulii*, qui devait joindre « au culte de l'antique Faunus celui du nouveau héros » (104). César était certainement prévenu du geste qu'aurait Antoine ; mieux, il avait pu orchestrer lui-même la pièce. Le 14 février 44, il a reçu copie du senatus-consulte qui le déclarait dictateur perpétuel (105) ; aux Lupercales, le lendemain, a-t-il voulu tâter l'opinion publique ? Si telle était son intention, il a vu que la royauté n'était pas encore très populaire ; mais qu'il l'ait fait ce jour-là précisément s'explique si la fête avait avec le pouvoir royal un rapport que le peuple pou-vait encore percevoir (106).

Dans le discours que lui prête Dion Cassius, Fufius Calenus, défenseur d'Antoine, prétend que le consul a imaginé la scène pour rappeler à César les fâcheux résultats des tendances tyranniques de Romulus. De cette thèse controuvée, il ressort cependant que la scène du 15 février tendait à évoquer un arrière-plan mythique et historique (107). César avait pu en venir à se croire un personnage divin, familier des anciens rois qu'une de ses statues côtoyait, tandis qu'une autre était dans le temple de Quirinus (108). Le *cognomen Rex* que possède sa famille maternelle et le titre de *parens patriae* qu'on lui a conféré l'ont-ils amené à s'assimiler à Romulus et à Camille ? C'est possible ; il ne serait pas le seul à vivre dans une illusion mythologique : Antoine, de son côté, se croit un nouveau Dionysos (109) ou un nouvel Hercule (110) ; s'il préfère une royauté de type oriental, alors que César tente de ranimer l'idée d'une royauté italique, l'intention reste d'actualiser le mythe des origines (111). Antoine donnera en Egypte toute la mesure de sa mégalomanie ; c'est peut-être aux Lupercales de 44 que César trahit la sienne.

On se perd en conjectures sur le sens politique que la fête pouvait avoir, tout en comprenant fort bien qu'elle pouvait avoir un rapport avec la royauté.

Au mois de février, alors que l'avenir devait être préparé et le passé liquidé, le pouvoir politique, s'il voulait durer, devait bénéficier de la régénération dont les Luperques avaient le secret. On connait l'écho du renouvellement cosmique dans l'ordre politique et l'on sait en particulier qu'« un nouveau règne était considéré comme une régénération de l'histoire de la nation, voire de l'histoire universelle » (112).

C'est précisément au cours des *Lupercales* que la légende place l'affrontement de Romulus et de Rémus avec les *latrones* d'Amulius. Il en sortira la restauration de Numitor, comme si la course rituelle avait consacré et rénové la légitimité de son pouvoir. Les Luperques sont en cette occasion particulièrement belliqueux, fidèles à leur nature de *iuuenes* (113). Cependant, ils n'agissent pas pour leur compte : Romulus et Rémus redonnent le pouvoir à leur grand-père, comme Antoine l'offre à César. Peut-être est-ce une variante de la légende originelle : on s'attendrait, en effet, à ce que la royauté soit réservée au chef des Luperques et on trouverait des sociétés, en Inde par exemple, où l'obtention du pouvoir était subordonnée à l'appartenance à une confrérie.

Le récit où Plutarque décrit la fête de février 44 n'est pas clair : Antoine participe à la course rituelle, parce qu'il est consul et Plutarque recourt pour exprimer cette causalité à la particule γάρ, comme s'il y avait dans le rituel une imbrication du politique et du sacré. Il indique que des jeunes gens de bonne famille et des magistrats participent à la course sans préciser si les uns et les autres sont des luperques ; enfin, il reconnaît qu'Antoine a été désinvolte avec les usages, sans dire en quoi : en étant consul et luperque ? en proposant une couronne royale alors qu'il est magistrat de la République ? Cicéron, peu de temps après les événements de 44, clame son indignation envers Antoine ; et, s'il ne dit pas que la charge de consul était de droit inconciliable avec celle de luperque, du moins ressent-il comme profondément antinomiques la dignité qu'on attend d'un magistrat et l'exubérance du luperque. Il semble faire aller de pair d'une part, l'ivresse, la mascarade et le diadème offert, et, d'autre part, la liberté et le consulat, comme s'il comprenait le lien entre le simulacre de couronnement et la qualité de luperque : *ita lupercus eras ut te consulem esse meminisse deberes* (114). La double appartenance d'Antoine semble avoir été exceptionnelle ; mais, depuis quelques années, le consulat était réduit « par la fantaisie calculée de César à (une) falote apparition... » (115) ; celle de 44 n'était pas falote, qui sait cependant si le jeu choquant du consul n'était pas aussi un ultime coup porté à l'institution qu'il représentait et que Cicéron pensait avoir autrefois honorée ?

Dépassant ces incertitudes de détail, nous pensons pouvoir raisonnablement admettre que le couronnement de César s'appuyait sur une tradition archaïque qui liait l'obtention, ou le renouvellement, du pouvoir royal aux rituels des Luperques, impliqués par les légendes dans la geste du roi-fondateur, et comparables aux sociétés de jeunes qui, hors de Rome, participaient précisément aux rites d'accession à la royauté (116).

### Luperci et equites.

Un dernier fait nous retiendra, c'est l'intérêt qu'Auguste, comme César, témoigne aux Luperques (117). Dans la révision des cultes, au début du principat, Auguste réserve les *Lupercalia* aux *iuuenes* de l'ordre équestre. Pour Valère-Maxime leurs sodalités sont une exclusive des chevaliers : la fête leur est aussi propre que la *transuectio equitum* du 15 juillet (118). L'iconographie confirme les dires de Valère-Maxime (119), ainsi que le senatus-consulte sur les honneurs dus à Drusus, le fils de Tibère, et diverses épitaphes (120). Les *equites* ont reçu d'Auguste certaines fonctions religieuses inférieures à celles que recevait l'ordre sénatorial : les rites des Lupercales et les petits sacerdoces, ou ceux qui avaient été empruntés aux cités latines tôt disparues, leur revinrent (121). Ce n'est certainement pas parce que les Lupercales étaient ressentis comme étrangers à Rome, ni parce que les *equites* paraissaient plus aptes à se charger des cultes étrangers, comme s'ils n'avaient pas la même romanité que les sénateurs, que les Lupercales leur furent confiés. Que cette exclusive soit la « consécration d'un état de fait », « l'accueil officiel de revendications » de l'ordre équestre ou un « retour à d'anciennes mœurs » (122), elle s'explique sans doute par un lien ancien entre l'idée de jeunesse et la cavalerie (123).

Les Luperques de 44 n'avaient pas réussi à faire un roi, mais ce sont les Luperques — chevaliers qui feront les princes héritiers : ce sont eux qui confèrent au petit-fils d'Auguste le titre de *princeps iuuentutis* avec les attributs honorifiques de la fonction. Le rôle politique des *equites* et celui des Luperques est peut-être lié à l'origine.

Il semble en tout cas que jamais les *Luperci* n'aient été recrutés exclusivement parmi les patriciens : M. Caelius Rufus est fils de chevalier ; L. Herennius Balbus est plébéien. En revanche les Saliens sont toujours des patriciens. La différence vient-elle du fait que les Saliens sont des fantassins et les Luperques des *equites* ? G. Dumézil le suggère, quand il rappelle que les *gandharva* avaient une tête de cheval et que leur nom est devenu un synonyme poétique de « cheval » (124). Il n'est certes pas question de cheval à propos des Luperques dont la course se fait à pied, mais peut-être sont-ils en l'occurrence descendus de leur monture, comme le font les *Celeres* ancêtres de la cavalerie (125), créés par Romulus, le premier des Luperques. L'orientation politique où l'on sent que s'engage, pour finir, cette étude, serait en ce cas plus compréhensible. V. Basanoff, qui croit avoir montré que Faunus a été supplanté à l'*Ara Maxima* par Hercule (126), suggère qu'Ap. Claudius Caecus, en transférant les *sacra Herculis* aux esclaves publics, s'en prend en fait aux Luperques, et par là même aux *equites* (127). Cette hypothèse hardie pourrait rendre compte du rôle qu'on reconnaît au censeur de 312 dans l'organisation de la cavalerie (128).

Nous sommes arrivé au terme d'une étude qui a bien simplifié les faits et qui en a relégué un grand nombre en notes, afin de parvenir seulement à trois conclusions — ou à trois suggestions — : les Luperques sont des *iuuenes* — et nous pouvons grâce à eux parfaire le portrait de la jeunesse dans la mentalité religieuse des Romains — ; la fonction de ces *iuuenes* ne se manifeste pas seulement dans l'ordre religieux, mais aussi dans l'ordre politique, et cette constatation n'intéresse pas seulement une reconstitution de la société indo-européenne mais aussi les structures de la Rome historique : les *iuuenes* mythiques entrent ainsi dans l'histoire ; enfin les *Luperci* semblent concernés par la grande question politique des rapports entre la cavalerie et les fantassins, ou pour le dire autrement, entre un personnel militaire non exclusivement patricien et le patriciat. Et cette dernière suggestion nous amène tout naturellement à nous intéresser aux Saliens, qui présentent avec les Luperques des analogies remarquables et des antinomies radicales. Nous n'avons pour arriver à eux qu'à franchir les quelques jours qui séparent le 15 février du mois de Mars.

## BIBLIOGRAPHIE

M. BAKHTINE : *La poétique de Dostoievski*, Paris, 1963.

V. BASANOFF : *Pomoerium Palatinum*, Rome, 1939 (*Ac. Linc.* 9, 1).

V. BASANOFF : *Regifugium*, Paris, 1943.

J. BAYET : *Les origines de l'arcadisme romain*, in MEFR, XXXVIII, 1920, 63-143.

U. BIANCHI : *Cesare e i Lupercali del 44 A.C.* in *Studi Romani*, VI, 1958, 253-259.

A. BRELICH : *Tre variazioni Romane sul tema delle origini*, Rome, 1955.

J. CARCOPINO : *La louve du Capitole*, Paris, 1925.

J. CARCOPINO : *Aspects mystiques de la Rome païenne*, Paris, 1940 (6ᵉ éd.).

J. CARCOPINO : *Étapes de l'impérialisme romain*, Paris, 1959.

J. CARCOPINO : *Jules César*, 1935 (rééd. 1968).

J. P. CÈBE : *La caricature et la parodie dans le monde romain*, Rome, 1966.

G. DUMÉZIL : *Le problème des Centaures*, Paris, 1929.

G. DUMÉZIL : *Mitra-Varuna*, Paris, 1948.

M. DURANTE : *Osco hirpo. Lupo o capro*, in *La Parola del passato*, 1958, fasc. LXIII, 412 *sq.*

A. ERNOUT : *Les éléments dialectaux du vocabulaire latin*, Paris, 1909.

J. G. FRAZER : *The Fasti of Ovid*, Londres, 1929.

J. GAGÉ : *Les « Busta Gallica » et l'expulsion de Februarius*, in Hom. A. Grenier, Latomus, 1962, 707-720.

J. GAGÉ : *Infirmes, blessés de guerre et marques corporelles dans l'ancienne Rome*, in REL, 1969, 184 *sq.*

J. GAGÉ : *La ligne pomériale et les catégories sociales de la Rome primitive*, in *Revue hist. droit fr. et étr.*, 1970, 5 *sq.*

J. GAGÉ : *Les rites anciens de lustration du populus, in MEFR*, 82, 1970.

V. GROH : *Sacrifici umani nell'antica religione romana, in Athenaeum*, NS. 11, 1933, 249-249.

A. W. J. HOLLEMAN : *An enigmatic fonction of the Flamen Dialis and the Augustean reform, Numen*, 20, 1973, 222 sq.

A. W. J. HOLLEMAN : *Pope Gelasius and the Lupercalia*, Amsterdam, 1974.

A. KIRSOPP MICHELS : *The topography and interpretation of the Lupercalia, in TAPhA*, 1953, 35 sq.

R. LAMBRECHTS : *Les Lupercales, une fête pré-déiste? Latomus*, II, 1949, 166-176.

E. LEFÉBURE : *Le bouc des Lupercales, in RHR*, LIX, 1909, 73-81.

J. LOICQ : *Mamurius Veturius et l'ancienne représentation italique de l'année, in Hom. J. Bayet, Latomus*, LXX, 1964, 401-426.

W. MANNHARDT : *Mythologische Forschungen*, Strasbourg, 1884.

U. PESTALOZZA : *Iuno Caprotina, in SMSR*, 8-10, 1932-1934, 38-71.

A. PIGANIOL : *Romains et Latins, la légende des Quinctii, in MEFR*, XXXVIII, 1920, 285-316.

H. J. ROSE : *De lupis Lupercis Lupercalibus, in Mnemosyne*, NS, LX, 1933, 385-402.

P. VEYNE : *Iconographie de la « transuectio equitum » et des Lupercales, in REA*, LXII, 1960, 100-122.

S. WEINSTOCK : *Diuus Iulius*, Oxford, 1971.

K. W. WELWEI : *Das Angebot des Diadems nad Caesar und das Luperkalien-problem, in Historia*, 16, 1967, 44-69.

*Cf.* aussi : B.G., nᵒˢ 1, 2, 4, 8, 17, 19, 25, 26, 32, 41, 50, 52, 63.

## NOTES

(1) *Cf.* U.E. Paoli : *Vita Romana*, 2ᵉ éd. fr. 1960, p. 94, n. 105.

(2) Tite-Live, I, 5 ; — sur les rapports Pan-Evandre et l'arcadisme romain, *cf.* J. Bayet : *Les origines de l'arcadisme romain* et J. Perret : *Les origines de la légende troyenne*, Paris, 1942, p. 72.

(3) Cicéron, *Pro Caelio*, 26 : *Fera quaedam sodalitas et plane pastoricia atque agrestis germanorum Lupercorum, quorum coitio illa siluestris ante est instituta quam humanitas atque leges...*

(4) E. Gjerstad : *Legends and facts of early Roman history*, Lund, 1962, p. 9-13.

(5) Tite-Live, I, 4, 5 (*cf.* note de J. Heurgon, *ad loc.* dans l'éd. Erasme) ; Tacite, *Ann.* XIII, 58.

(6) Sur les *iuuenes*, *cf. infra*, p. 203 *sq* ; sur les *Fabiani* et les *Quinctiales cf.* Festus, p. 78 L. ; 308 L.

(7) *Cf.* M.P. Nilsson, *in Latomus*, 15, 1956, p. 133-136 et *infra*, p. 240-241

(8) Quintilien, *Inst. orat.* I, 5.

(9) E. Gjerstad, *Legends and facts*, p. 11 et 40.

(10) *Cf.* G. Dumézil, *RRA*, p. 341, n. 2.

(11) *Cf.* J. Carcopino : *La louve du Capitole*, p. 67 *sq* : le mot *lupus* est plutôt d'intonation sabine, on devrait avoir en latin « *lucus* ». Le loup en sabin est *hirpus*= lat. *hircus*, le bouc. « C'est dans les bizarreries du culte que se résout cette contradiction. Les Luperques portent le nom du loup mais figurent le bouc, dont ils portent les lanières ». Plus récemment, M. Durante : *Osco hirpo. Lupo o capro.*

(12) *Cf.* Bouché-Leclercq : *Manuel des inst. rom.* Paris, 1886, p. 503.

(13) *Cf.* A. Alföldi : *Die Struktur des voretruskischen Römerstaates*, Heidelberg 1974, p. 86-106, qui reprend toute la question des *lupercalia* et considère comme successifs le « complexe loup » et le « complexe chèvre ».

(14) La thèse pré-déiste a été défendue par H.J. Rose : *De lupis Lupercis Lupercalibus* ; *cf.* discussion et bibliographie dans l'article de R. Lambrechts : *Les Lupercales, une fête pré-déiste ?*

(15) R. Lambrechts, *ibid* ; et J. Bayet, *Hist. pol. et soc.* p. 80 : « L'ambiguïté du sacré conçoit comme nécessaire qu'un dieu-loup protège contre les loups ».

(16) Tite-Live, I, 5, 2 ; — *cf.* A. Brelich : *Tre variazioni Romane sul tema delle origini*, p. 54-55 ; 64 sq et 109 *sq.*

(17) Tite-Live, I, 5, 2.

(18) Varron, *ap.* Arnobe, IV, 3 et Lactance, *Inst. Christ.* I, 20, 2.

(19) Paul-Festus, p. 49 L.

(20) Festus, p. 42 L.

(21) L. Preller : *Röm. Myth.*[3] I, p. 389 ; — G. Wissowa, *RuK*[2], p. 209 et p. 560 ; — J.G. Frazer, *The Fasti of Ovid*, Londres, 1929, II, p. 327-389, sp. 332.

(22) *Cf.* J. Carcopino, *La louve*, p. 69 ; A. Ernout : *Les éléments dialectaux du vocabulaire latin*, p. 195 et A. Ernout-A. Meillet, *Dict. Etym. sv. creppi.*

(23) Varron, *L.L.* VI, 34. Contesté par A. Kirsopp Michels : *The topography and interpretation of the Lupercalia*, qui pense qu'ils couraient çà et là, d'après Saint Augustin, *C.D.* XVIII, 12 (*nam et Lupercorum per sacram uiam ascensum atque descensum...*). Remise en question adoptée par M.P. Nilsson (*in Latomus*, 15) et E. Gjerstad, *op.* cité, mais J. Bayet (*Hist. pol.* p. 79) pense que seul le Palatin est concerné par la course.

(24) Valère-Maxime, II, 2, 9.

(25) Ovide, *F.* II, 435.

(26) *id. ibid*, 282 : *Flamen ad haec prisco more Dialis erat. Cf.* V. Basanoff *Euocatio*, p. 182 *sq :* le flamen Dialis aurait été introduit *a posteriori* dans le culte ; la présence de la chèvre, contraire à ses interdits, nécessitait un *piaculum* qui serait le sacrifice du chien. Autre interprétation de A.W.J. Holleman : *An enigmatic function of the Flamen Dialis and the Augustean reform, Numen*, 20, 1973, p. 222-228.

(27) Valère-Maxime, II, 2, 9.

(28) Paul-Festus, p. 77 L.

(29) *Cf.* J. Carcopino : *Aspects mystiques de la Rome païenne*, p. 200 ; et V. Basanoff, *Euocatio*, p. 188, qui rapproche le nom des *Quinctiales* du nom *quinctilis* du mois de juillet, pendant lequel les *equites* exécutaient leur *transuectio.*

(30) L'explication par les gentilices est aussi chez Festus, p. 78 L.

(31) G. Wissowa, *RUK*[2], p. 559 *sq.*

(32) *Cf.* A. Alföldi : *Early Rome*, p. 45.

(33) Citée par Ovide, *F.* II, 378 et Denys, II, 29, 7.

(34) *CIL*, VI, 1933 = *ILS*, 1923 : LVPERCVS QVINCTIAL (IS).

(35) Mommsen, *Röm. Geschichte*, I, 152, suivi par Münzer (*Fabius, in RE*) et G. Wissowa, p. 559, n. 2 ; mais contesté par Otto, *in RE*, VI, 2063. Pour une interprétation différente, *cf.* J. Gagé : *Infirmes, blessés de guerre et marques corporelles dans l'ancienne Rome*, p. 193. K. Latte (*Röm. Rel.* p. 85, n. 1) pense que le prénom est d'origine étrusque et n'a rien à voir avec le *caedere* des Luperques. Le rapprochement avec *Kaesar* est suggéré par S. Weinstock : *Diuus Iulius*, p. 331 *sq.*

(36) *Cf.* A. Piganiol : *Romains et Latins, la légende des Quinctii.*

(37) La légende fait des *Fabii* les compagnons de Rémus et des *Quinctii* ceux de Romulus (Ovide, *F.* II, 375). Ces inégalités hiérarchiques se retrouvent entre les *Pinarii et les Potitii*, entre les *Salii Palatini* et *Collini.*

(38) *Cf.* Le résumé de ces problèmes par J. Bayet (*Hist. Pol.* ; p. 80). Sur l'hypothèse d'une représentation albaine, *cf.* R.E. Palmer : *The archaic community of the Romans*, p. 135. Parmi les Luperques, on connaît : Caelius et Atratinus (*Pro Caelio*) ; — Antoine, luperque en 44 ; — Q. Tullius, neveu de Cicéron, luperque en 46 ; — l'affranchi d'un certain Considius, *Lupercus Quinctialis* (*CIL*, VI, 1933 = *ILS*, 1923) ; — Stlaccius (VI, 33421) et Q. Veturius (XI, 3205 = *ILS*, 4948), l'un et l'autre appartenant aux *Fabiani ;* — Clesipus Geganius, affranchi (X, 6488).

(39) Elle correspond à la bipartition des sodalités de Saliens (*infra*, p. 216 *sq*) et aux deux turmes du *lusus Troiae* (*infra*, p. 229).

(40) Festus, p. 308 L. Le texte, très mutilé, ne permet aucune certitude.

(41) Dion Cassius, XLV, 30.

(42) Arnobe, V, I.

(43) Le détail n'est ni chez Ovide (*F.* III, 285 *sq*), ni chez Plutarque, *Numa*, 15.

(44) Le nombre 12 apparaît dans la légende de Romulus (12 vautours). *Cf.* L. Preller : *Röm. Myth.* p. 343, n. 2, et A. Brelich, *Tre Variazioni*, p. 54-55.

(45) *Cf. infra*, p. 208.

(46) Plutarque, *César*, 61; *Antoine*, 12.

(47) Sur Februarius, *cf.* J. Hubaux, *Rome et Véies ;* la suidade, *sv.* Brennus ; — Cedrenus,

*CSHB*, I, p. 263 ; — Malalas, *ibid.* p. 183 ; — J. Gagé : *Les « Busta Gallica »* et *l'expulsion de Februarius.* Sur l'origine sabine de Februus, *cf.* J. Bayet, Hist. pol. p. 93 ; — Whatmough, *Harvard studies, in Class. Philology,* XLII, 1934, p. 170.

(48) *Cf.* J. Loicq : *Mamurius Veturius et l'ancienne représentation italique de l'année.*
(49) *Cf.* R. Lambrechts, *op.* cité.
(50) Varron, *L.L.* VI, 34 ; — Plutarque, *Romulus,* XXI, 3.
(51) *Cf.* E. Gjerstad : *Legends and facts...* et *id. The origins of the Roman Republic.*
(52) J. Bayet, *Hist. pol.* p. 79 ; *cf. supra,* n. 23.
(53) *Cf.* M. Eliade, *Traité d'histoire des religions,* p. 339.
(54) *id.* p. 334 *sq ; cf.* aussi le rapprochement esquissé avec le culte de Dionysos par H. Grégoire — J. Meunier dans leur édition des *Bacchantes* d'Euripide (col. Budé, p. 215).
(55) Tite-Live, I, 5, 2 ; — Plutarque, *Ant.* 12 (νέοι πολλοί) et César, 61 (νεανίσκοι) ; — Denys. I, 80 (νεανίσκοι, νέοι ) ; Prudence, *Contra Sym.* 863-864 (*discursus iuuenum*).
(56) *Cf.* Hild : *Luperci,* in Daremberg-Saglio.
(57) Nicolas de Damas, *Vit. Caes.* 21 ; le texte est sévèrement critiqué par Jacoby, *in F. Gr. hist.* 90 F. 130. 71-5 et Hohl, *in Klio,* 34, 1942, p. 92 *sq.*
(58) *CIL,* VI, 495.
(59) *CIL,* VI, 2160 ; *cf.* Mommsen, *Manuel des ant. rom.* XIII, p. 173 *sq.*
(60) Si, comme nous le pensons, ce sont les aptitudes des *iuuenes* à la fécondité qui leur permettent de conjurer les forces de stérilité. La présence d'impubères est attestée par Suétone, *Aug.* 31 : Auguste interdit aux jeunes gens imberbes de courir aux Lupercales.
(61) Cicéron, *Pro Caelio,* 26 et *Phil.* II, 33-34, atteste en tout cas le discrédit des Luperques à la fin de la République.
(62) Tite-Live, I, 5, 2.
(63) Plutarque parle de παιδιᾶς (*Ant.* 12) ; Valère-Maxime, II, 2, 9, de *laetitia, hilaritas* chez les Luperques qui jouent, *iocantes.*
(64) *Cf.* J.P. Morel : *La iuuentus et les origines du théâtre.* p. 223.
(65) Lactance, *Inst.* I, 22, 45 : *nudi, uncti, coronati, personati aut luto obliti currunt.*
(66) *Cf. infra,* p. 240.
(67) J. Bayet, *Hist. pol.* p. 80, après Mannhardt : *Mythologische Forschungen ;* — Lefébure : *Le bouc des Lupercales.*
(68) *Cf.* dans l'*Enéide,* la mort de Marcellus et celle de Misène qui transposent, selon Servius, un sacrifice humain ; *cf.* V. Groh : *Sacrifici umani nell'antica religione romana.*
(69) Plutarque, *Rom.* 21.
(70) J. Heurgon : *La vie quotidienne chez les Etrusques,* p. 267.
(71) M. Bakhtine : *La poétique de Dostoievski,* p. 174 ; — *cf.* aussi J.P. Cèbe : *La caricature et la parodie dans le monde romain,* p. 19 et A. Brelich : *Tre variazioni...*
(72) M. Eliade, *Birth and rebirth,* New-York, 1958, et *Naissances mystiques.*
(73) Servius, *Ad Georg.* I, 10 ; admis par Ernout-Meillet, *Dict. étym. sv. fauere.*
(74) Sur les *Fabii* et Hercule, *cf.* J. Bayet, *Les origines de l'Hercule romain,* p. 318, et les notes d'H. Le Bonniec, dans son éd. des *Fastes,* II, 42 et 59.
(75) Sur Faunus et Hercule, Ovide, *F,* II, 303 *sq.*
(76) J. Bayet, *op.* cité, p. 372 *sq.*
(77) Festus, p. 76 L.
(78) Sur la statue de Faunus, *cf. Justin,* XLIII, 1, 7.
(79) Sur Junon de Lanuvium, *cf.* Cicéron, *De nat. deor.* I, 29. G. Wissowa, *RuK*², p. 185 et U. Pestalozza : *Iuno Caprotina,* insistent sur le rapprochement avec Faunus auquel ne croyait pas H.J. Rose, *in Mnemosyne,* LX, 1933, p. 389 *sq.*
(80) *Infra,* p. 206.
(81) G. Dumézil : *Le problème des Centaures,* p. 197-222, et *id. Jeunesse, éternité, aube.*
(82) G. Dumézil : *Mitra-Varuna.*
(83) *Cf.* U.E. Paoli, *Vita Romana,* p. 94.
(84) Sur les *Hirpi Sorani, cf.* Servius, *Aen.* 11, 785 ; — Paul-Festus, p. 93 L. Ces hommes-loups du Mont Soracte, dévoués à Soranus Pater (Strabon, 5, 2, 9) présentent tous les caractères des Luperques : rapport avec le monde infernal, pratiques guerrières de *latrones,* initiation, *cf.* A. Alföldi : *Die Struktur des voretr. Röm.* p. 86-106.
(85) Sur les Frères *Atiedi, cf.* A. Alföldi : *Die Stuktur, op.* cité. ; sur les *Couroi* spartiates, *supra,* p. 17.
(86) *Cf.* A. W. J. Holleman : *Pope Gelasius and the Lupercalia.*
(87) *Cf.* A. Illuminati : *Mamurius Veturius ; supra,* p. 154, où nous évoquions le mot *hirquitallire.*
(88) *Cf.* E. Gjerstad : *Legends and facts,* p. 9-13. A propos de *Veiouis,* notons qu'il était honoré à Bovillae par la *gens Iulia* (*cf. infra,* p. 374) : Y aurait-il quelque rapport entre ce culte, où intervient le bouc, et l'instauration par César d'un troisième collège de Luperques ?

(89) *Cf.* W. Otto, *in Philologus,* LXIV = NS XVIII, 1905, p. 161-223 ; — E. Shields *Iuno,* 1926 ; — G. Dumézil, *RRA,* p. 228 *sq ;* — M. Lejeune, *Notes de linguistique italique,* et A. Alföldi, *op.* cité.

(90) A. Alföldi (*ibid*) a recueilli la bibliographie des rapports de Junon avec la chèvre en Italie.

(91) Les *Poplifugia* du 5 juillet semblent une réplique du *Regifugium* du 24 février ; Ovide situe le 15 février le désastre de la Crémère, où périrent tous les Fabii (*F.* II, 195) alors que la tradition le place d'ordinaire en juillet ; les *equites* (peut-être dépositaires des rites des Luperques le 15 février) font leur grande parade en juillet.

(92) Plutarque, *Rom.* 29 et *Cam.* 33.

(93) Plutarque, *Cam.* 33, 7, trad. R. Flacelière, col. Budé.

(94) Sur la *uitulatio, cf.* Macrobe, III, 2, 11-13, d'après Pison ; J. Gagé : *La ligne poMÉriale et les catégories sociales de la Rome primitive,* sp. 17-18 ; *id. Les rites anciens de lustration du populus,* sp. p. 48.

(95) J. Gagé : *La ligne pomériale...*

(96) Cette question de l'intégration dans le corps social sera reprise *infra,* p. 341 *sq.*

(97) Tite-Live, III, 14, 3 et Denys, X, 5.

(98) Tite-Live, III, 12, 8.

(99) Denys, X, 5, 1.

(100) Tite-Live et Denys, *ibid.* Τὸ δὲ πλεῖστον ἐκ τῶν ἔξω τῆς βουλῆς ἱππεων.

(101) Denys, X, 10, 3 :

(102) *Cf.* J. Gagé : *Infirmes et blessés de guerre...* p. 193.

(103) Plutarque, *César,* 60 et *Antoine,* 12 ; — Suétone, *César,* 79 ; — Dion C. XLIV, 2 ; XLV, 30 ; XLVI, 19 ; — Appien, *Bel. Civ.* II, 109 ; — Velleius Paterculus, II, 56, 4 ; — Nicolas de Damas, *Vit. Caes.* 21 ; — et Cicéron, *Phil.* II, 33-34 ; III, 5, 12 ; XIII, 15.

(104) J. Carcopino, *Jules César,* p. 561 ; — *cf.* Cicéron, *Ad Att.* XII, 5, 1 ; — Suétone, *César* 76.

(105) Carcopino, *ibid.,* p. 558.

(106) Que César ait choisi cette date parce qu'elle était en rapport avec la monarchie est défendu par A. Alföldi : *Der frührom Reiteradel,* p. 91 et 210 et *Early Rome,* p. 45 et 254 ; par U. Bianchi : *Cesare e i Lupercali del 44 A.C. ;* mais K.W. Welvei : *Das Angebot des Diadems an Caesar und das Luperkalienproblem,* et S. Weinstock : *Diuus Iulius,* p. 331 *sq* n'y croient pas.

(107) Dion C. XLVI, 19.

(108) *Cf.* Suétone, *César,* 76 ; développement et discussion des faits chez J. Carcopino : *Etapes de l'impérialisme romain,* p. 142-143 ; 146-148.

(109) Plutarque, *Ant.* 60.

(110) *id.* 4.

(111) *Cf.* U. Bianchi, *op.* cité.

(112) M. Eliade, *Traité d'hist.* p. 339.

(113) *Cf.* Otto, *Luperci, in RE,* qui insiste sur la nature belliqueuse des Luperques.

(114) Cicéron, *Phil.* II, 34, 85 : « ta qualité de luperque n'aurait pas dû te dispenser de te rappeler que tu étais consul » (trad. A. Boulanger-P. Wuilleumier, col. Budé).

(115) J. Carcopino : *Jules César,* p. 484.

(116) *Cf.* A. Alföldi : *Die Struktur...* qui poursuit son étude sur les Lupercales par l'étude des rapports entre les sociétés d'hommes et la royauté en Iran.

(117) Virgile (*Enéide,* VIII, 663) les fait figurer sur le bouclier d'Enée.

(118) Valère-Maxime, II, 2, 9 ; *cf.* G. Wissowa, *RuK²,* p. 560-561.

(119) *Cf.* P. Veyne, *Iconographie de la « transuectio equitum » et des Lupercales.*

(120) Pour Drusus, *CIL,* VI, 912 ; — épitaphes : *CIL,* VI, 2160 et VIII, 9405.

(121) *Cf.* Mommsen, *Manuel des inst.* III, p. 36, et VI², p. 178 *sq.*

(122) G. Dumézil : *Le problème des centaures,* p. 207.

(123) Ce lien nous a déjà été suggéré par l'étude du vocabulaire, *supra,* p. 131-132.

(124) G. Dumézil, *ibid.* p. 119.

(125) *Cf. infra,* p. 260 *sq.*

(126) V. Basanoff : *Pomoerium Palatinum,* p. 78 *sq,* et *Regifugium,* p. 64.

(127) *id. Euocatio,* p. 182 *sq.*

(128) *Cf. infra,* p. 294 *sq.*

CHAPITRE III

# LES SALIENS

*— Position des problèmes,*
*— Luperques et Saliens,*
*— Iuniores et seniores.*

*Position des problèmes*

Dans les angoisses et les espérances, l'année allait s'achever, à février succéderait mars, le premier mois de l'année « romuléenne », et aux Luperques les Saliens. Ceux-ci sont répartis en deux sodalités, dont le nom indique une origine topographique : les *Palatini* forment le collège du Palatin, les *Collini*, ou *Agonales*, celui de la Colline, le Quirinal. Chaque sodalité compte 12 membres, nombre rituel, qui fait référence au cours annuel du temps (1), même s'il résulte d'une adaptation ultérieure à une situation calendaire, qui n'est pas originelle (2). A l'époque historique, les *Salii*, par leur équipement et leurs rites, apparaissent comme des prêtres essentiellement guerriers. Les *Palatini* sont voués au culte de Mars ; ils priment les *Collini*, voués à Quirinus (3).

L'évidence de l'étymologie qui rattache leur nom au verbe *salire*, sauter, danser, est apparue aux anciens (4). Cependant, des légendes les rattachent, soit par l'intermédiaire d'un personnage nommé Salios, soit par d'autres explications, à l'Arcadie (5), à Samothrace (6), ou plus vaguement à la Grèce, et les mettent en rapport avec la légende d'Enée (7). On sentait des analogies entre les *Salii* et les Curètes ou Corybantes de Crète, qui exécutaient des danses armées (8). Les récits légendaires tentent de rendre compte d'une origine ou d'une influence méditerranéenne, qui n'est pas impossible et qui, peut-être, fut mycénienne (9). Les prêtres danseurs ne sont d'ailleurs pas particuliers à Rome : on les voit représentés sur le vase de Bisenzio, du VII^e siècle (10), et on connaît leur existence dans plusieurs villes (11) ; ceux de Tusculum passaient pour plus anciens que ceux de Rome (12), ceux de Tibur étaient consacrés à Hercule Victor (13). L'Etrurie a sans doute aussi connu des Saliens, ou des prêtres équivalents (14).

La création des *Palatini* est attribuée à Numa (15). Au cours d'une épidémie qui décimait les Romains (16), un bouclier tomba du ciel entre les mains du roi ; celui-ci, après avoir fait consacrer le lieu du prodige à ses habituelles conseillères, les Muses, recommanda aux Vestales de venir y chercher l'eau nécessaire aux purifications quotidiennes. Puis, pour préserver le bouclier sacré, il en fit faire onze semblables ; les Saliens furent chargés de les porter. Le forgeron Mamurius Veturius obtint pour la qualité de son travail — il était impossible de distinguer le vrai bouclier des onze copies — l'honneur d'être cité dans le *Carmen Saliare*, et, de fait, on entendait, ou du moins croyait-on l'entendre, son nom à la fin de l'hymne (17). Ce Mamurius était le piètre héros d'une fête étrange : lors des *Mamuralia*, un homme couvert de peaux de chèvre était expulsé par les Saliens (18). Qui est ce Mamurius Veturius, dont le nom, comme celui d'Anna Perenna, recherche si manifestement l'assonance (19), et dont l'aventure, près des Ides de Mars, rappelle celle de Februarius (20) ? On peut voir en lui un démon d'hiver, un « bouc émissaire » (21), le vieux mars ou la vieille année (22), ce qui, à dire vrai, revient au même, car il est manifestement chargé du poids d'un passé révolu et qu'il faut chasser de la ville. Déjà, le 24 février, les Saliens avaient assisté le roi — le chef de l'Etat ou le *Rex sacrorum* — dans sa fuite symbolique, d'où il revenait déchargé sans doute des souillures de la collectivité et régénéré.

L'activité principale des Saliens était, le 19 mars, une procession en ville ; ils portaient les boucliers sacrés, et, à travers la ville, ils chantaient des hymnes qui étaient accompagnés de « bonds rythmiques et de danses sacrées » (23). Cette manière de pyrrhique sacrée n'est pas sans analogies avec le *lusus Troiae* dont nous aurons à nous occuper plus bas (24). En effet nous aurons l'occasion de commenter une oenochoé étrusque sur laquelle sont figurés des cavaliers qui, à la suite de fantassins, sortent d'un labyrinthe, dans lequel est écrit le mot *truia*. Ce mot a été mis en rapport avec les verbes rituels du vocabulaire des Saliens : *amptruare* et *redamptruare* (25), et le rapport semble assez manifeste pour qu'on puisse considérer la danse des Saliens comme une *truia*. Rien n'indique à l'évidence que leur parcours ait suivi la forme d'un labyrinthe, mais quelques détails laissent penser que l'image ne leur était pas étrangère. Selon Plutarque, les Saliens dessinent « des évolutions et des figures variées sur un rythme rapide et saccadé » ἐλιγμούς τινας καὶ μεταβολάς (26). Le mot ἐλιγμός signifie tour, repli, circonvolution. Hérodote l'emploie à propos précisément du Labyrinthe (27), et il désigne communément les replis d'une boucle de cheveux ou les replis des intestins. Ἕλιξ, dont il est dérivé, désigne une spirale ou un mouvement de zigzag (28), le même mouvement que reproduit la forme de leurs boucliers ἑλικοειδοῦς selon Plutarque. Si la notion de labyrinthe ne paraît liée qu'une fois à ces termes, celle de cercle ou d'enroulement circulaire est manifeste, et elle se retrouve dans les textes latins qui décrivent la danse des Saliens (29). Sur un rythme ternaire (*tripudium*), ils décrivaient donc certainement une figure circulaire (30).

Leur équipement avait été fixé aussi par le roi Numa : « il choisit... douze Saliens en l'honneur de *Mars Gradiuus* et leur donna comme costume distinctif une tunique brodée (*tunicae pictae insigne*) et par-dessus la tunique une plaque de bronze sur la poitrine (*aeneum pectori tegumen*) (31). Les Saliens apparaissent comme des fantassins : ils représentent l'armée archaïque à pied. Et les anciens le savaient, qui expliquaient par *gradior*, marcher, l'épithète Gradivus de Mars, malgré la quantité de l'*ā* (32). On discute sur le sens de leurs rites : représentent-ils l'armée entière (33), ou seulement l'infanterie (34) ? Tout n'est pas clair, quand on a dit que si la cavalerie avait existé au temps de l'institution des Saliens, il y aurait eu un cheval dans le rite (35). D'abord ils sacrifient le cheval d'octobre ; ensuite, en Etrurie, si l'on suit le défilé de l'oenochoé de Tragliatella, fantassins et cavaliers participent à la même parade. A Rome, le *tribunus Celerum*, chef de la cavalerie (36), assiste aux rites des Saliens, sans apparemment y participer. Il n'est pas plus évident que le *lusus Troiae* soit un rite parallèle, inventé pour la nouvelle force militaire que serait la cavalerie (37).

L'équipement des Saliens comporte les mêmes éléments que celui de la première classe de l'infanterie « servienne ». Leur costume est un costume de gala : la *trabea* en particulier, avec la pourpre de ses bandes, est un signe de puissance. Les *equites* aussi la portent, à partir des rois étrusques, et la gardent toujours comme vêtement de cérémonie (38). On sait la polémique qui se fait autour de ce vêtement, sans doute conféré à titre d'honneur par les souverains étrusques (39). L'organisation des deux confréries est peut-être le reflet de celle de l'armée. Chacune est dirigée par un *magister*, correspondant au roi, le chef suprême. En avant de leur procession marche le *praesul* (40), qui correspond au chef de l'unité militaire. Son nom paraît être l'équivalent religieux de celui du *praetor*, dans la langue profane (41). Et il est curieux que le *consul* soit quelqu'un qui « danse avec », comme si les deux *praesules*, devenus magistrats, avaient donné son nom à la charge.

Ces rapides remarques mettent en évidence les questions d'ensemble que posent les confréries des Saliens. L'interprétation de leur rituel amène à aborder le débat, toujours ouvert, sur la nature de Mars. G. Dumézil, sans toujours emporter l'adhésion, s'efforce de démontrer que les fonctions agricoles du dieu dérivent de sa nature guerrière et il refuse l'argument que trouvent dans le rituel des Saliens les tenants de la nature universaliste de Mars (42). Il semble cependant indéniable que les rites des Saliens sont à l'origine en relation avec des rites de renouvellement de l'année. La prédominance de l'aspect guerrier et social, à l'époque historique, est due peut-être à une réélaboration du calendrier, qui a refoulé le rituel agraire (43), ou à une réinterprétation, dans la civilisation urbaine, d'attitudes cultuelles campagnardes. La procession des Saliens a un but purificatoire. Mars et octobre, les deux mois où leur efficacité s'affirme le plus, encadrent la période guerrière et aussi le printemps et l'automne ; deux cycles se croisent, celui de la nature et celui de la guerre (44). En frappant sur leurs boucliers, les prêtres-guerriers chassent les mauvais esprits de la ville, en même temps qu'ils miment les campagnes guerrières (45). Remarquons que l'expulsion de Mamurius, le 14 mars, se situe entre le versant tourné vers le passé et le versant tourné vers l'avenir (46). La fonction des Saliens, dans le cycle naturel, est de donner une impulsion aux forces de renouvellement (47).

De Quirinus aussi on peut préciser la nature grâce aux Saliens. Le pacifique Numa avait créé les *Palatini*, voués au dieu belliqueux Mars, c'est le belliqueux Tullus Hostilius, qui selon la légende, créa les Saliens voués au pacifique Quirinus (48). On peut trouver entre Quirinus, correspondant sabin de Mars, et le Mars romain, des ressemblances, ne serait-ce que la possession d'armes dont parlent Festus et Denys (49).

Quant à l'origine des Saliens, la science moderne a confirmé certaines intuitions des anciens. On les disait créés par Numa, donc postérieurs aux Luperques de Romulus, et on avait raison. L'existence de deux collèges respectivement autonomes (50) permet de les faire remonter au temps où le Palatin et le Quirinal étaient encore indépendants : leurs rites sont donc préurbains. Ils sont représentatifs de l'âge du fer, comme le montre leur lien mythique avec le forgeron (51), et ils sont contemporains des flamines, témoins d'une époque où l'on adorait encore uniquement des *di indigetes*. Ajoutons encore un détail sur leur apparition : ils méconnaissent la cavalerie, soit qu'ils lui soient antérieurs, (52), soit qu'ils représentent un personnel guerrier différent des cavaliers (53).

### Luperques et Saliens.

C'est cette seconde hypothèse qui nous semble la plus vraisemblable ; les Saliens entretiennent avec la cavalerie des relations que nous aurons à éclairer plus loin (54) : le *tribunus Celerum* assiste à leurs rites du 19 mars, et ils présentent des analogies frappantes avec les Luperques, peut-être eux-mêmes liés depuis toujours à la cavalerie.

Pour l'instant nous nous intéresserons essentiellement aux ressemblances et aux différences entre les Luperques et les Saliens. L'impulsion que donnent les Saliens aux forces naturelles rappelle la fonction analogue des Luperques. On ne s'étonnera pas de noter des redondances rituelles dans la période de passage entre l'année finissante et l'année commençante : aucune précaution n'était superflue tant le moment était déterminant pour la vie naturelle et la vie politique. Mais s'agit-il de redondance ou de complémentarité ? Notons, à la suite de V. Basanoff, que Luperques et Saliens « sur le plan défensif remplissent la même fonction, suivant le caractère fondamental de leur fondateur légendaire. Il s'agit de deux représentations indo-européennes de la souveraineté, projetées ici sur le plan militaire. Et la peau de bouc rituelle, l'*aigis* des

Luperques est une arme protectrice représentative de la souveraineté terrible et magicienne » (55). Leur rapport est à la fois d'opposition et analogique : ils se succèdent dans le temps comme à Romulus a succédé Numa.

On se souvient de l'hypothèse d'A. Illuminati : les Luperques, dans le cycle initiatique, en étaient à la phase du noviciat, les Saliens à la phase de l'initiation (56). Les mêmes jeunes gens auraient suivi la même filière qu'ils devaient achever le 17 mars, lors des *Liberalia*. Nous n'envisageons par une continuité analogue (57), car les Luperques ne semblent pas concernés par la guerre, quand les Saliens le sont tellement qu'on a pu voir en eux les héritiers des guerriers spécialisés de la geste roముléenne, les *Celeres* (58). Ici encore notre position sera différente, car les Luperques et les *Celeres* appartiennent précisément à la légende de Romulus, alors que Numa, créateur des *Salii Capitolini*, passait pour avoir démobilisé les *Celeres* de son tumultueux prédécesseur (59). Les Luperques en fait sont contemporains d'une forme de guerre magique et anarchique, alors que les Saliens, par Numa, puis par Tullus Hostilius, créateur des *Collini* et aussi de la juridiction de la guerre, incarnent une forme de guerre déjà plus disciplinée, plus proche de l'idéal guerrier de la Rome historique.

Si l'on admet que la succession chronologique des Luperques et des Saliens justifie leurs différences, on comprendra aussi qu'elle explique leurs ressemblances. Revenons sur la figure du forgeron, artisan virtuose des boucliers de Numa, pour rappeler que le forgeron apparaît dans les mythes en rapport avec la magie, la danse et l'initiation des jeunes gens. Il est un héros civilisateur, chargé de parfaire la création, et amené par sa mission à accomplir « la transgression primordiale » : il viole le sein de la terre, pour lui arracher les métaux (60). Son rôle, de ce fait, est ambivalent, et explique la vénération et l'exécration dont il est en même temps entouré. Les Dactyles du Mont Ida, comme les Courètes crétois, sont des danseurs sacrés et des inventeurs de la technique du travail des métaux. Les Luperques, avec leur course sacrée, leur cohésion, leur aspect initiatique, représentent une confrérie tout à fait analogue, mais d'une autre époque. Saliens et Luperques ont coexisté à Rome, mais entre eux s'est creusé un fossé, créé par l'ingérence dans le mythique et le religieux, du politique et du social.

Quand les Luperques conjurent par le déchaînement et le désordre d'un seul jour les risques de désordre de toute l'année, les Saliens, éloignés de toute licence effrénée, préparent dans la dignité et le sérieux l'année nouvelle et la campagne militaire, tout en mettant Rome en règle avec les dieux. Tandis que Janus, par qui les Saliens commencent leur *carmen* sacré, Mars et Quirinus font partie des plus grands dieux de Rome, Lupercus, Faunus, Februus et Inuus, figurants des dictionnaires savants, sombrent dans l'obscurité ou se perdent dans les analogies grecques.

Ainsi les Saliens appartiennent au cercle de la politique la plus officielle et la plus solennelle, comme il convient aux créations du roi Numa. Dans la

*Curia*, ils gardent le *Quirinalis lituus*, le bâton augural de Romulus, dont les Luperques, plus liés cependant à la personne du fondateur, ne sont pas dépositaires. Les *ancilia*, survenus comme des talismans de santé et de sécurité annuelle (61), sont devenus des *imperii pignora*, garants de la force et de la puissance romaines (62). Pour reprendre la distinction de G. Dumézil, disons que les Saliens appartiennent à l'ordre des flamines, dont ils sont contemporains, l'ordre de la *grauitas*. Il n'est pas question pour eux de burlesque, mais seulement de sacré et de politique (63). Les Saliens ont été reconnus par la société, les Luperques sont considérés comme les fossiles d'un temps pré-urbain et pré-social.

Les collèges de Saliens s'ouvraient exclusivement aux patriciens. On connaît divers exemples : Ap. Claudius était salien (64), et probablement augure (65) ; Scipion était salien et augure ; P. Mummius Sisenna Rutilianus, consul et proconsul, était salien et augure (66) ; les grandes charges politiques ne sont donc pas inconciliables avec la charge de salien. Les fonctions militaires en revanche doivent s'interrompre pendant les fêtes des Saliens : en 190, Scipion, légat de son frère en Asie, interrompt ses activités militaires en octobre, parce qu'il était salien (67). En octobre, en effet, les Saliens continuaient sans doute de célébrer rituellement la fin des campagnes militaires, à une époque, où depuis longtemps, le « rythme sacral de la guerre » n'était plus qu'un souvenir.

C'est sans doute dès l'époque royale que les patriciens — ou du moins la classe sociale qui s'apprêtait à former le patriciat républicain (68), annexèrent à leur profit les confréries de Saliens (69), dont ils garderont toujours l'exclusive. Nous avons vu qu'au contraire les Luperques pouvaient ne pas être patriciens, même si leurs membres les plus notoires, les Fabii et les Quinctii, l'étaient. Nous verrons ultérieurement (70) comment cette remarque s'intègre dans l'histoire des rapports entre la cavalerie et l'armée des fantassins : il semble que le patriciat, maître de l'armée hoplitique, ait, pendant un certain temps, « snobé » la cavalerie. La présence de plébéiens parmi les acteurs du *lusus Troiae* confirme encore cette impression (71).

L'énumération des ressemblances entre les Luperques et les Saliens et l'analyse de leurs différences débouchent donc sur un problème politique, sur lequel nous devrons longuement revenir. Nous allons pour le moment continuer le jeu de la comparaison, en examinant la part que les *iuuenes* avaient dans les rituels des Saliens.

*Iuniores et seniores.*

Il est naturel de penser que le rôle de danseurs guerriers, sacralisant à la fois le début de l'année et celui de la campagne militaire, revient à des jeunes hommes, dont l'aptitude physique convient à des évolutions rythmées et à des conjurations quasiment magiques. De fait, les textes font souvent référence à la jeunesse. Festus parle des *Italici iuuenes* que l'Arcadien Salios aurait initiés à la danse armée ; Lucain parle, à propos des Saliens, de *delecta iuuentus* ; Isidore de Séville raconte qu'Enée a emmené avec lui Salios qui a appris la danse aux *Romani adulescentes* ; Denys enfin, qui explique par *couroi* le nom des Curètes, fait le rapprochement avec les Saliens (72). Les *iuuenes* sont donc bien concernés par le rituel salien.

Cependant les renseignements se précisent sur la composition des sodalités grâce à Virgile et à ses commentateurs Servius et Donat. Lorsqu'au chant VIII de l'*Enéide* Enée arrive à Pallantée, il participe au culte solennel d'Hercule. Pallas et son père, assistés des *primi iuuenum* et du sénat, sont là, représentant chacun l'un des deux rouages de l'Etat archaïque : les jeunes et les anciens. Et voici que se rangent, comme une représentation sacrée de cette société primitive, les Saliens qui vont célébrer les exploits d'Hercule :

> *Hic iuuenum chorus, ille senum ; qui carmine laudes*
> *Herculeas et facta ferunt...* (73).

Les commentateurs expliquent qu'il y a dans cette distinction un souci religieux de convenance (74) : aux jeunes hommes, il revient de danser, de mimer par le geste les exploits d'Hercule, aux anciens seuls convient le chant. La jeunesse, en ce rituel, se modèle sur les anciens ; ceux-ci chantent, leurs jeunes collègues illustrent par le mouvement le texte chanté (75). Chacun est bien à sa place dans une communion religieuse. Les jeunes accomplissent leur vocation théâtrale, qui serait pour les anciens indécente et hors de saison.

La distinction n'est pas hiérarchique, mais fonctionnelle. On ne connaît pas les limites d'âge. Sans doute entrait-on très tôt dans les confréries, dès la prise de la toge virile. La limite fut abaissée sous l'Empire, conformément à l'habitude générale, en faveur surtout des princes impériaux. Il fallait pour être admis parmi les Saliens être jeune (76), beau et fort (77), et être encore *patrimus* et *matrimus* (78). Ces conditions ne pouvaient intervenir que pour l'entrée dans les confréries. La dignité est en principe viagère (79), mais on ne sait à quel moment de leur vie les Saliens passaient de la catégorie des jeunes à celle des anciens. Diomède parle des *iuniores Salii*, en recourant au terme consacré dans l'assemblée centuriate (80). Quel crédit faut-il accorder à ce témoignage isolé et tardif ? Et que vaut-il en face de Virgile qui parle de *iuuenes*, mais qui n'aurait pu introduire dans l'hexamètre dactylique le mot *iuniores* ? Si l'on suit Diomède, on suppose que le moment du passage d'une catégorie à l'autre se situait à 46 ans, comme dans l'assemblée centuriate, mais aucun texte ne confirme cette hypothèse.

Ce qu'en revanche les textes incitent à penser, c'est qu'il y a entre la conception des Luperques et celle des Saliens une différence essentielle. Les premiers appartiennent à une époque où règne la jeunesse, où elle a ses spécialités qu'elle accomplit seule et indépendamment des anciens. La distinction établie par Romulus créait deux classes d'âge parallèles, dans le principe complémentaires, en fait rapidement antagonistes. Les Saliens de Numa révèlent un monde de la collaboration, où domine cependant le « principe d'ancienneté ». Il est tentant de dire que cet ordre est celui du patriciat, hostile peut-être aux *equites* (81), et plus directement intéressé par les confréries de Saliens que par celles des Luperques. Romulus avait créé les *Celeres* contre les *Patres* ; il était lui-même luperque, et sa mort — un crime du sénat sans doute — lui évite la vieillesse. Numa, au contraire, aurait dissous les *Celeres* et régné en accord avec le sénat ; il meurt très âgé, sans que sa jeunesse ait jamais intéressé les légendes. L'antinomie entre les Luperques et les Saliens se clarifie, et l'annexion de ces derniers par le patriciat peut s'expliquer : les Saliens sont le reflet sublimé de la morale que nous avons déjà trouvée dans la famille idéale (82).

Nous pouvons inclure les Saliens à l'ordre des *seniores* et de la *grauitas*. Il y a de très jeunes Saliens, et nous avons dit plus haut comment on pouvait être jeune et introduit déjà à la dignité de *senior* (83). C'est là une conception autre que celle qui organise l'existence des Luperques : la jeunesse, chez les Saliens, est dotée de caractéristiques certaines qu'elle met au service de l'ordre des anciens. Il nous paraît que cette conception, fondée sur l'imitation, la discipline et le respect des anciens, a des chances d'être patricienne.

Une dernière question enfin, le classement *iuniores-seniores* est bien connu dans le monde romain par la classification « servienne » : en admettant que Diomède emploie à bon escient le terme *iuniores*, les Saliens se sont-ils organisés à l'image de la cité, ou l'inverse s'est-il produit ? Il semble plus vraisemblable que l'ordre du sacré ait servi de modèle à l'ordre profane. Mais, avons-nous dit, le système de classes d'âge est comme antinomique à celui de la famille, et Servius, initiateur traditionnel de l'ordre centuriate, aurait pu faire obstacle à l'organisation gentilice en lui opposant son classement par âge (84). D'autre part, c'est Numa qui aurait fondé le premier collège de Saliens, et il passait pour être un disciple de Pythagore ; c'est en milieu pythagoricien que dès le IVᵉ siècle sa légende aurait pu se former. On sait le culte qu'avaient les disciples de Pythagore pour les anciens, le système éducatif qu'ils pratiquaient et les initiations de jeunes gens sous la surveillance de leurs aînés, jusqu'à l'examen d'entrée dans la confrérie pour lequel on tenait compte du respect qu'avaient montré les néophytes envers leurs parents (85). Le pythagorisme, qui est d'esprit aristocratique, représente une morale analogue à celle que l'on voit pratiquée par les Saliens.

Dans les sodalités de Saliens, plus propres à des *iuuenes*, on trouve pourtant des anciens, comme il s'en trouvera au sein même des *equites* : il semble qu'on touche là à la volonté fermement établie de faire obstacle aux mentalités que peut engendrer une classe autonome de *iuuenes*. Nous aboutissons ainsi à des considérations encore politiques, qui s'ajoutent à toutes les remarques que nous avons dû faire sur la distinction entre les *equites* et les fantassins. Le même problème va se poser à propos du *lusus Troiae,* spécifiquement équestre, par l'étude duquel nous achèverons ces recherches dans le domaine religieux.

## BIBLIOGRAPHIE

R. ALLEAU : *Les sociétés secrètes,* Encyc. Planète, 1969.

P. ARNOLD : *Le mythe de Mars, in Cahiers du sud,* n° 299, tome XXXI, 1950.

R. BLOCH : *Sur les danses armées des Saliens, in Annales, économie, société, civilisations,* XIII, 1958, 706-715.

R. BLOCH : *Une tombe villanovienne et la danse guerrière dans l'Italie primitive, in MEFR,* 1958, 7-37.

C. CIRILLI : *Les prêtres danseurs de Rome,* Paris, 1913.

L. DEROY : *Les noms latins du marteau, in Ant. clas.* XXVIII, 1959, I, 5 *sq.*

G. DUMÉZIL : *Tarpéia* ², Paris, 1947.

J. FRAZER : *The golden bough,* Londres, 1890.

E. GABBA : *Considerazioni sulla tradizione letteraria sulle origini della repubblica, in Entretiens,* XIII, *Fond. Hardt,* Vandœuvres-Genève, 1966, 135-169.

J. GAGÉ : *Apollon romain,* Paris, 1955.

L. GERSCHEL : *Saliens de Mars et Saliens de Quirinus, in RHR,* 138, 1950, 145-151.

K. HANNEL : *Das altröm. Eponyme,* Amt. Lund, 1946.

R. LAMBRECHTS : *Mars et les Saliens, in Mél. A. Kugener, Latomus,* V, fasc. I, 1946, 111-119.

H. LE BONNIEC : *Aspects religieux de la guerre à Rome, in Problèmes de la guerre à Rome,* 1969, 101-115.

J. P. MOREL : *Thèmes sabins et thèmes numaïques dans le monnayage de la République, in MEFR,* 74, 7-59.

H. J. ROSE : *Patricians and plebeians at Rome, in JRS,* XII, 1922.

*Cf.* aussi : B.G., n°ˢ 1, 25, 29, 31, 33, 52, 58, 63.

## NOTES

(1) G. Dumézil : *Tarpéia²,* p. 238 *sq.* Leur chant commence par l'invocation à Janus (*cf.* Lydus, *De mens.* IV, 2).

(2) *Cf.* J. Loicq : *Mamurius Veturius et l'ancienne représentation italique de l'année.*

(3) *Cf.* Cirilli : *Les prêtres danseurs de Rome ;* — J.A. Hild, *Salii, in Daremberg-Saglio ;* — L. Gerschel : *Saliens de Mars et Saliens de Quirinus ;* — R. Lambrechts : *Mars et les Saliens.*

(4) Festus, p. 438 L ; — Varron, *L.L.* VI, 45 ; — Servius, *Ad Aen.* VIII, 285-287 ; — Plutarque, *Numa,* 13 ; — Denys, II, 70.

(5) Servius, *Ad Aen.* VIII, 285, 663 ; — Festus, p. 438-439 L (d'après Polémon) ; — Isidore de Séville, *Etym.* XVIII, 50 ; — Plutarque, *Numa,* 13.

(6) Servius, *Ad Aen.* II, 325 ; — Festus, *ibid.*

(7) *Cf.* J. Perret : *Les origines de la légende troyenne,* p. 25 et 293.

(8) Denys, II, 70.

(9) *Cf.* W. Helbig : *Sur les attributs des Saliens,* sp. 232.

(10) Ce vase, provenant de la nécropole d'Olmo Bello, est daté d'environ 710. Il est actuellement à la Villa Giulia. On peut en voir une photographie, dans *Les Etrusques et l'Italie avant Rome,* Gallimard 1973, par R. Bianchi Bandinelli, p. 44, n° 46 ; — *cf.* J. Gjerstad : *Legends and facts of early Roman history,* p. 28-29.

(11) Alba Longa, Anagnia, Aricia, Lavinium, Tibur, Tusculum (*cf. CIL*, VI, 2170-71 ; — X, 5925-26 ; — XIV, 390-91 ; 2171, 3601, 3609, 3612, 3673-74, 3689, 4258) et Vérone (Catulle, XVII, 6).

(12) Servius, *Ad Aen.* VIII, 285.

(13) Servius, *Ad Aen.* VIII, 285 ; — Macrobe, *Sat.* III, 12, 7 ; — *cf. infra*, p. 222.

(14) Une légende, rapportée par Servius, fait remonter la création des Saliens à un roi de Véies, nommé Morrius (*cf.* J. Marquardt : *Röm. Staatsverwaltung* II, 3, Leipzig, 1885, p. 430 ; — G. Wissowa, *RuK²*, p. 558) ; une pierre annulaire gravée d'une inscription étrusque (*cf.* W. Helbig, *Sur les attributs*, p. 205-210) suggère la même conclusion. Enfin la civilisation villanovienne connaît les danseurs guerriers (R. Bloch : *Une tombe villanovienne et la danse guerrière dans l'Italie primitive.*)

(15) Tite-Live, I, 20, 4 ; — Festus, p. 117 L. ; — Cicéron, *De rep.* II, 14 ; — Diomède, p. 476, 15 (Keil) ; — Servius, *Ad Aen.* VIII, 285-287 ; — Florus, I, 2 ; — Lactance, *Divin. Inst.* I, 17 ; — Plutarque, *Numa,* 13 ; — Denys, II, 70.

(16) Plutarque, *Numa,* 13.

(17) Varron, *L.L.* VI, 45.

(18) *Cf.* R. Lambrechts, *Mars et les Saliens.*

(19) Diverses étymologies ont été proposées : *cf.* J. Frazer : *The golden bough* Londres, 1890, p. 210-211 (*morris*, danse) ; — L. Deroy : *Les noms latins du marteau* (une racine *mar,* chasser, battre).

(20) *Cf. supra*, p. 203 et note *ad loc.*

(21) J. Bayet, *Hist. pol.* p. 50.

(22) J. Loicq : *op.* cité.

(23) Tite-Live, I, 20, 4 (trad. J. Bayet, col. Budé).

(24) *Cf. infra*, p. 227 *sq.*

(25) Lucilius (A. Ernout : *Recueil de textes latins arch.* p. 223, v. 95) :

*praesul ut amptruet, ut uolgus redamptruet inde*

et Pacuvius :

*simul cum uideam Graios nihil mediocriter redamptruare*

cités par Festus, p. 334 L.

(26) Plutarque, *Numa,* 13, 8.

(27) Hérodote, II, 148.

(28) Eschyle, *Prométhée*, 1083.

(29) Virgile, *Enéide*, VIII, 285 :

*Tum Salii ad cantus incensa altaria circum... ;* — Servius, *ad loc. : tripudiantes aras circumibant ;* — Diomède, p. 476, 15 (Keil) : *aequis gressibus circulantes.*

(30) Interprétée comme la représentation symbolique de la course du soleil par Blumenthal (*Indogermanische Forschungen,* 1935, p. 121).

(31) Tite-Live, I, 20, 4.

(32) *Cf.* cependant Ovide, *Met.* VI, 427 :

*et genus a magno ducentem      forte Grădīvō*

(33) *Cf.* A. Alföldi : *Die Herrschaft der Reiterei*, p. 37-38.

(34) *Cf.* A. Momigliano : *Procum patricium.*

(35) *id.*

(36) *Cf. infra*, p. 280 *sq.*

(37) *Cf.* H. J. Rose : *Patricians and plebeians at Rome.*

(38) *Cf.* A. Alföldi, *die Herrschaft...*

(39) *Cf.* Alföldi, *ibid ;* — A. Momigliano, *Procum patricium* et A. Magdelain : *procum patricium.*

(40) Festus, p. 334 L.

(41) *Cf.* J. Heurgon : *Rome et la Méditerranée occidentale*, p. 272 ; — *id. Magistratures romaines et magistratures étrusques*, p. 122 *sq ;* — Mommsen, *Droit public*, II, 1 (3), p. 77, n. 3 ; — K. Hannel : *Das altröm. Eponyme*, Amt. Lund, 1946, p. 204.

(42) G. Dumézil : *RRA*, p. 208 *sq*, où il veut réfuter J. Frazer et H.J. Rose.

(43) *Cf.* J. Loicq : *Mamurius...*

(44) J. Bayet, *Hist. pol.* p. 86.

(45) *Cf.* R. Bloch : *Sur les danses armées des Saliens ;* — J. Frazer : *Golden bough*, II, p. 376 ; — Cirilli : *Les prêtres danseurs...*

(46) G. Dumézil ; *Tarpéia*, p. 245.

(47) *Cf.* H. Le Bonniec : *Aspects religieux de la guerre à Rome,* sp. 101.

(48) Denys, II, 70 ; III, 32, 4 ; — Servius, *Ad Aen.* VIII, 285 ; *cf.* L. Gerschel, *Saliens de Mars et Saliens de Quirinus.*

(49) Festus, p. 238-239 L. ; — Denys, II, 48, 2.

(50) *Cf.* G. Wissowa, *RuK²*, p. 555 *sq.*

(51) Sur le rôle du forgeron, *cf.* M. Eliade : *Forgerons et alchimistes,* Paris, 1956, p. 108 ; — H. Jeanmaire, *Couroi... ;* — Cirilli, *Les prêtres...*

(52) W. Helbig ; — A. Alföldi, *Die Herrschaft der Reiterei,* p. 38.

(53) *Cf. infra,* p. 285 *sq.*

(54) *Cf. infra,* p. 286 *sq.*

(55) V. Basanoff : *Euocatio,* p. 120.

(56) A. Illuminati : *Mamurius Veturius,* p. 61 : « Ai *Luperci* nudi che agiscono in febbraio al servizio del « dieu de la brousse » Faunus, danno il cambio in marzio, i *Salii* armati, che eseguono la tipica danza iniziatice del labirintho (*redamptruare !*) di modo che i *Luperci* rappresentano la fase del noviziato nel bosco, i *Salii* sono i neo-iniziati atti alle armi ».

(57) Du moins pour l'époque historique, où Luperques et Saliens représentent un personnel militaire différent.

(58) *Cf.* P. Arnold : *Le mythe de Mars.*

(59) Plutarque, *Numa,* 7, 8.

(60) *Cf.* R. Alleau : *Les sociétés secrètes,* 1969, p. 121.

(61) D'après Plutarque, *Numa,* 13.

(62) Festus, p. 117 L.

(63) *Cf.* G. Dumézil : *Mitra Varuna.*

(64) Macrobe, *Sat.* III, 14, 14.

(65) Cicéron, *De divin.* I, 105-II, 75 ; — *Brutus,* 267.

(66) La charge d'augure est assurée par ces trois personnages en même temps que celle de salien ; elles appartiennent à la même sphère de la politique officielle, mais on ne peut affirmer qu'elles étaient nécessairement cumulées.

(67) Tite-Live, XXXVII, 33 et Polybe, XXI, 13.

(68) *Cf. infra,* p. 268 *sq.*

(69) *Cf.* A. Momigliano, *An interim report,* p. 117 *sq.*

(70) *Infra,* p. 269 *sq.*

(71) *Cf. infra,* p. 229-230.

(72) Festus, p. 438-439 L ; — Lucain, *Phars.* IX, 477 ; — Isodore, *Etym.* XVIII, 50 ; — Denys, II, 70.

(73) Virgile, *Enéide,* VIII, 288 : « D'un côté le chœur des jeunes gens, de l'autre celui des vieillards entonnent l'éloge d'Hercule et ses hauts faits » (trad. Bellessort, col. Budé) ; — *cf.* Donat, *Inter. Verg. ad loc.*

(74) Cette notion de convenance s'exprime par les verbes *conueniant* et *pertineant* chez Servius (*Ad Aen.* VIII, 288), par *deceret* chez Donat (*ibid*).

(75) Donat dit que le rôle des jeunes saliens est d'imiter leurs aînés (*qui suos maiores imitarentur*).

(76) *CIL,* IX, 4855, à Bocchignagno : L. Nonius Quintilianus, augure et salien, meurt à 24 ans.

(77) Denys, II, 70.

(78) Denys, *ibid. ;* — Aulu-Gelle, *N.A.* II, 10.

(79) Valère-Maxime, I, 1, 9 ; — Macrobe, *Sat.* III, 14, 14 (à propos d'Ap. Claudius Pulcher).

(80) Diomède, p. 476, 15 (Keil).

(81) *Cf. infra,* p. 268 *sq.*

(82) *Cf. supra,* p. 168-169.

(83) *Cf. supra,* p. 140.

(84) *Cf. supra,* p. 171-172.

(85) Sur l'élaboration de la légende de Numa pythagoricien, *cf.* E. Gabba : *Considerazioni sulla tradizione letteraria sulle origini della repubblica ;* — G. de Sanctis : *Storia di Roma,* I, p. 366 ; — L. Ferrero : *Storia del pitagorismo,* p. 142 ; — J.P. Morel : *Thèmes sabins et thèmes numaïques dans le monnayage de la rép. ;* — J. Gagé : *Apollon Romain,* p. 297 *sq.*

# CHAPITRE IV

# LE LUSUS TROIAE

> — *Le Lusus Troiae à Rome,*
> — *l'Oenochoé de Tragliatella,*
> — *Le Lusus Troiae et la iuuentus.*

## Le Lusus Troiae à Rome.

Divers témoignages relatent la célébration en certaines circonstances solennelles d'une parade équestre qui porte différents noms. A côté de l'expression *lusus Troiae*, en général préférée à *ludus Troiae* (1), on trouve *decursio Troiae* (2), ou *Troicus lusus* (3), *ludicrum Troiae* (4), *Iliaci ludi* (5), ou simplement *Troiae* (6). En grec le nom du jeu est régulièrement traduit par Τροία (7). Le mot *lusus* de préférence à *ludus* n'est employé que pour le *lusus Troiae* ou le *lusus iuuenum* et cette préférence n'est pas fortuite : le sens de *lusus* implique des jeux publics donnés par des jeunes hommes et se rapproche par ailleurs du sens de *studium* (8). Ainsi l'expression *docili lusu iuuenum bene doctus harenis* (9) désigne l'ensemble des jeunes gens qui recevaient un enseignement et un entraînement particuliers.

Virgile, le premier, dans le livre V de l'*Enéide*, évoque le déroulement du *lusus Troiae* : Enée et ses compagnons célèbrent des jeux funèbres en l'honneur d'Anchise, mort un an auparavant. Toute la jeunesse troyenne participe aux régates, à la course à pied, au combat de ceste et au concours de tir à l'arc. Celui-ci n'est pas encore achevé que déjà Enée appelle Epytidès « gouverneur et compagnon (*custodem... comitemque... uocat*) du jeune Iule, et lui murmure confidemment : « va vite, et dis à Ascagne que, si sa troupe d'enfants est prête, s'il a tout disposé pour les jeux équestres, il amène ses pelotons de cavaliers en l'honneur de son aïeul et se présente sous les armes » (10). Et voici que se mettent en place les acteurs du *lusus*, sous les regards de leurs parents et de leurs aînés (11). Pour son incontestable valeur documentaire et pour sa beauté littéraire, le texte virgilien mérite ici une attention particulière ; cependant, les divers éléments qu'il apporte à notre connaissance du *lusus* n'ont pas tous la même valeur, comme nous le constaterons, ici et là dans cette étude, en comparant la longue description de l'*Enéide* avec d'autres textes ou avec des témoignages archéologiques et numismatiques.

Plutarque évoque la première célébration connue du *lusus* à Rome : dans sa biographie de Caton le Jeune, pour montrer le crédit dont son personnage jouissait dès son enfance, il rapporte une anecdote précieuse pour nous. Lors des répétitions de la procession à cheval que l'on appelle « Troie », deux chefs avaient été nommés, le fils de Metella, femme de Sylla, et un neveu de Pompée. Mais à ce dernier les participants du *lusus* préfèrent le jeune Caton, dont ils réclament le commandement (12).

Comme Virgile, Plutarque définit une parade équestre, et le fait, pour l'époque historique du moins, est bien attesté (13). Peut-être n'en fut-il pas toujours ainsi : le jeu, à l'époque archaïque était peut-être aussi bien pédestre qu'équestre (14). Mais Servius, qui appelle le *lusus* une « pyrrhique » (15) offre un témoignage bien isolé. A Virgile et à Plutarque, Sénèque apporte une confirmation. Dans une scène pathétique des *Troyennes*, Ulysse apprend à Andromaque que son fils Astyanax doit périr ; la malheureuse mère évoque alors tout l'avenir que l'enfant, prématurément condamné, ne connaîtra jamais. Jamais il ne connaîtra la chasse et jamais il ne participera à deux cérémonies ainsi présentées :

> ... *nec stato lustri die,*     777
> *solemne referens Troici lusus sacrum,*
> *puer citatas nobilis turmas ages ;*
> *non inter aras mobili uelox pede,*     780
> *reboante flexo concitos cornu modos,*
> *barbarica prisco templa saltatu coles*     (16).

Astyanax aurait donc pu participer au *lusus Troiae* (777-779) et à un autre rituel que le mot *saltatu* permet d'identifier avec les danses des Saliens. Le mot *turmas* (v. 779) employé aussi par Virgile (17), et par Suétone, quand il parle du *lusus* (18), désigne un escadron de cavalerie. Lorsque cette arme cessa de rendre un service proprement militaire, le mot perdit son sens technique, au point que César précise toujours *turma equitum*, mais le conserva dans le langage rituel (19). Le *lusus* romain à l'époque historique est donc une parade équestre.

Les acteurs du *lusus* sont des enfants ; les textes sont unanimes. Les *pueri* n'ont pas encore pris la toge virile ; ils ont donc moins de 17 ans, et cet âge dut être abaissé sous l'Empire, quand on prend la toge à 14 ans : Gaius avait, en effet, 7 ans quand il participa à un *lusus*, Britannicus 5 ans et Néron 9 ou 10 ans (20). Caton, dans le récit de Plutarque, doit avoir 14 ans : l'anecdote des répétitions du *lusus* suit en effet, dans le chapitre III, la relation d'une attitude exemplaire du jeune garçon, qui, à 14 ans — Plutarque le précise — osa montrer son horreur de la tyrannie en face de Sylla (21).

Contrairement à Virgile, Plutarque mentionne seulement deux groupes d'enfants, et Suétone confirme le renseignement en parlant d'une *duplex turma maiorum-minorumque* (22). On comprend l'intention de Virgile : les réformes d'Auguste, entre 27 et 19 (23), ajoutent une troisième *turma* aux deux premières et cette innovation trouve sa justification dans le livre V de l'*Enéide*, qui lui confère de plus une valeur symbolique en montrant comment le jeune Priam, Iule et Atys créent une union harmonieuse entre le passé troyen, l'avenir albain et romain et le Latium. Atys, de plus, est présenté comme l'ancêtre de la *gens* Atia, à laquelle appartenait la mère d'Auguste. Ainsi la flatterie du poète, appuyée sur la fréquence du nombre 3 dans les institutions romaines archaïques (24), ancrait dans le passé le plus lointain les origines du Prince et ses réformes.

L'expression employée par Suétone : *duplex turma maiorum minorumque* fait problème : veut-elle désigner des enfants appartenant aux *maiores* et aux *minores gentes* ? Il semble que non, puisque les *minores gentes*, ajoutées au sénat par Tarquin l'Ancien ou par Brutus, en tout cas depuis fort longtemps (25), étaient patriciennes, même si leur patriciat semblait être au patriciat plus ancien ce qu'étaient en France à la noblesse royale les noblesses de robe ou d'empire. Or il y a des plébéiens dans le *lusus* (26). Quand Dion Cassius parle d' εὐπατρίδαι παῖδες ou d' εὐγενεῖς παῖδες (27), il n'en faut pas conclure que seul le patriciat avait accès aux jeux : Caton est de famille plébéienne, comme le petit-fils d'Asinius Pollion, qui, plus tard, participera au *lusus* (28). Les jeunes garçons sont de bonne famille, mais ils ne sont pas nécessairement patriciens. Quand Caton remplace le neveu de Pompée, c'est un plébéien qui remplace un autre plébéien. Quant au chef de l'autre *turma*, le fils de Metella, épouse de Sylla et auparavant mariée à M. Aemilius Scaurus, il faut sans doute l'identifier avec cet Aemilius Scaurus, préteur en 56, accusé en 54 dans un procès de concussion pour lequel il a choisi Cicéron comme défenseur (29). S'il a suivi les impératifs du *cursus honorum*, il a 38-39 ans en 56 ; il serait donc né vers 95-94, ce qui lui donnerait environ 14 ans en 81 (30). Il est peu vraisemblable qu'on ait recouru, pour distinguer les patriciens des plébéiens à l'opposition *maiores-minores*, qui faisait référence à une autre distinction, ancienne, et ayant une signification politique différente.

Si la distinction n'est pas sociale, on peut penser logiquement qu'elle repose sur une différence d'âge. Si Caton et le fils de Metella ont tous deux 14 ans en 81, il faut sans doute écarter l'idée qu'il y avait une *turma* qui groupait les *minores* et l'autre les *maiores*, mais plutôt supposer que chaque *turma* comptait les deux catégories de *pueri*. Comme, d'autre part, il est peu probable que le chef d'escadron soit plus jeune que ceux dont il dirige les évolutions, l'âge limite de participation au *lusus* doit être 14 ans, l'âge des deux chefs cités par Plutarque. Ici s'arrêtent les hypothèses, car le texte de Suétone ne permet pas de conclure que l'âge de passage entre la catégorie des *minores* et celle des *maiores* était de 11 ans (31) : il faut s'en tenir à la prudence dont P. Grimal donne l'exemple, quand il traduit ainsi la phrase de Suétone : « Un escadron double, formé d'adolescents, les uns plus âgés, les autres plus jeunes, exécutèrent une *Troia* » (32).

Les auteurs anciens s'accordent sur le caractère religieux et sacré du *lusus*. Virgile en avait donné l'exemple en incluant le *lusus* aux jeux funèbres ; après lui Plutarque parle des ἱερα ἱπποδρομία et Sénèque du *solemne... Troici lusus sacrum*, tandis que Galien appelle ἱερουργὸς... τῶν μυστηρίων le metteur en scène du *lusus* (33).

Comme le jeu n'est attesté à Rome qu'à partir de Sylla, on pourrait penser que celui-ci est le premier à l'avoir introduit dans le culte national et cette innovation correspondrait bien au souci du dictateur de donner actualité à la légende troyenne (34). Il paraît cependant curieux que Plutarque, si soucieux d'antiquités romaines, n'ait pas signalé les répétitions de 81 comme une nouveauté, et que Dion Cassius dise qu'en 46, le *lusus* fut célébré pour le triomphe de César κατά τὸ ἀρχαῖον (35), ce qui n'évoque pas un jeu que Rome aurait connu seulement 35 ans auparavant. Il est curieux aussi que, si Virgile a raison de faire remonter le jeu jusqu'aux origines romaines, on n'en entende pas parler avant Sylla. On doit admettre que le rituel est tombé en désuétude et qu'il a été sauvé de l'oubli par Sylla. Il est significatif sans doute que le *lusus* paraisse lié au nom de Sylla d'abord, avant de l'être à celui de César et des empereurs. Le Sylla que nous présente J. Carcopino, avec son ambition monarchique, a-t-il commencé ce que César, mû par une ambition analogue, continuera, et ce qu'accomplira Auguste : une rénovation des croyances mystiques attachées à l'idée de jeunesse et susceptibles d'auréoler le pouvoir d'un monarque de tous les prestiges de l'éternelle jeunesse ?

Deux voies s'offrent donc à notre recherche : l'une nous dirige vers les origines du *lusus*, l'autre vers les rapports qui peuvent exister entre sa restauration, par Sylla, et le renouveau de la *iuuentus Romana* encouragé par Auguste.

## L'oenochoé de Tragliatella.

Le *lusus* est attesté en Italie très tôt comme le montre l'oenochoé de Tragliatella, dont nous avons déjà parlé (36). Elle est datée de la fin du VIIᵉ siècle. Son ornementation, en apparence diverse, illustre peut-être un ensemble rituel cohérent (37).

Sur le col trois motifs sont juxtaposés : un homme nu, imberbe — Héraklès ? (38) — conduit un bouc sauvage (39) ; puis, deux oiseaux se font face ; enfin, un homme, vêtu d'un pagne, rencontre une femme portant un grand manteau.

Le dessous de l'anse est décoré d'une barque et d'un bouc.

Une série de scènes se déroule autour du corps du vase. C'est d'abord une autre scène de rencontre d'un homme et d'une femme, qui s'offrent mutuellement un fruit ; l'homme a la main posée sur l'épaule d'une fillette. On a donné à cette scène diverses interprétations : on y a vu Pâris donnant à Aphrodite la pomme de beauté et de discorde, ou Thésée recevant d'Ariane le fil qui le sauverait des détours du Labyrinthe ; ou bien on a préféré y voir, plutôt qu'une scène mythologique, une scène rituelle (40), ou simplement familiale et traitée à la manière d'une idylle (41).

A côté de ce motif mystérieux vient la représentation qui nous intéresse le plus particulièrement. Sept guerriers, portant un bouclier, s'avancent, peut-être sur un pas de danse (42). Un homme nu — Héraklès ? (38) — portant un grand bâton ou une lance, les suit et précède deux cavaliers. Tous deux ont un bouclier rond, avec, pour emblème, la partie antérieure d'un volatile ; le second, seul, porte une lance et précède peut-être une troupe à cheval qui n'est pas figurée. Il porte en croupe un singe, ce qui est un motif décoratif bien attesté (43). Les deux cavaliers sortent manifestement d'un labyrinthe à sept cercles, d'où viennent aussi probablement les fantassins. A l'intérieur du dessin on lit en caractères étrusques le mot *AIVRT (TRVIA)*.

L'espace qui suit cette représentation est illustré par deux scènes montrant chacune un couple occupé à des ébats amoureux, sans vergogne, malgré le regard indiscret et comme vaguement surpris d'une femme qui les observe.

Des divers problèmes posés par la décoration de ce vase nous retiendrons ceux qui touchent aux guerriers et au labyrinthe.

Le mot *truia* fait tout naturellement penser à la ville d'Asie, d'autant qu'un prisonnier troyen sur une peinture de la Tombe François à Vulci est appelé *Truials*. Les commentateurs anciens se sont aventurés sur la piste de la ville de Troie, encouragés sans doute par la description virgilienne. Mais il est admis aujourd'hui que le mot, à l'origine du moins, n'a rien à voir avec le nom de la ville ; emprunté peut-être au grec dorique (44), il est d'origine pré-latine, et il convient de le mettre en rapport avec les verbes rituels des Saliens (45). Il y avait, au Latium, près du rivage, entre Ardée et Lavinium, un lieu-dit *Troia*, où précisément Enée aurait débarqué. Ce lieu a pu jouer un rôle important dans l'élaboration de la légende troyenne (46). Un rapprochement de mots a pu déterminer aussi la légende de la truie aux trente petits. Dégagé de son contexte mythologique, le mot *truia* paraît n'avoir eu d'abord qu'un sens concret : aspect banal du terrain (47), plaine ou lieu de combat (48), contenant peut-être l'idée de mouvement tournant (49).

Le motif du labyrinthe est d'un intérêt capital : Virgile, qui ne connaissait pas l'oenochoé de Tragliatella, depuis fort longtemps enfouie dans une tombe, compare les évolutions des jeunes cavaliers aux détours du Labyrinthe de Crète (50). C'est un motif lié aux rituels funéraires et initiatiques. A l'entrée du chant VI de l'*Enéide*, sur les portes du temple cumain, Dédale a ciselé l'image du Minotaure, dissimulé aux clartés du jour dans les ténèbres de sa demeure. Cette œuvre, qui ouvre les portes du monde des morts en racontant l'éternel conflit du clair et de l'obscur, suggère un lien entre les deux mondes qui, à Cumes, coexistent (51). Le thème est lié au culte des morts et représente sans doute une protection contre eux (52). C'est souvent à l'occasion de cérémonies funéraires qu'on célèbre le *lusus Troiae* : lors de l'anniversaire de la mort d'Anchise, dans l'*Enéide*, et, dans la réalité historique, pour les funérailles de Julia et de Drusilla (53). On peut donc penser que le *lusus* est un rituel de conjuration de la mort, assez voisin des rites célébrés par les Luperques. Le lien avec le monde des morts se fait peut-être par l'intermédiaire du cheval, qui porte en lui une double virtualité magique efficace en deux sens, celui de la mort et celui de la fécondité (54).

Si l'oenochoé étrusque présente une unité de décoration, il est remarquable que le labyrinthe voisine avec l'image du bouc et des représentations d'accouplements ; de même deux scènes d'accouplement dominent, depuis le fond de la tombe des Taureaux à Tarquinies, une fresque où figure le guet-apens d'Achille (55). L'aspect positif du rituel serait donc une impulsion donnée à la fécondité. C'est sans doute en fonction de cet aspect que le *lusus*, célébré d'après Virgile (56) lors de la fondation d'Albe, le fut aussi à l'occasion de la victoire d'Actium (57). Les évolutions équestres créaient un champ magique d'où étaient exclues les influences maléfiques.

A côté de la conjuration des forces de la mort et de l'incitation au triomphe de la vie — fonctions qui relèvent de la jeunesse — l'oenochoé juxtapose un troisième thème, tout aussi lié aux jeunes gens, le thème de la guerre. L'artiste qui a décoré le vase a sans doute commis des erreurs de proportion : les jambes des cavaliers sont manifestement trop courtes par rapport à la taille du cheval. Mais on ne peut en conclure que ces cavaliers sont des enfants, ni par là trouver confirmation au fait qu'à Rome seuls les *pueri* participent au *lusus* (58). Ce qui en revanche, est confirmé c'est la vocation guerrière du jeu, sur laquelle Virgile insiste en parlant d'*acies*, d'*agmen* (59). C'était un jeu qui imitait les activités des hommes, et qui, en cela, illustrait encore la vocation à la fois guerrière et ludique de la jeunesse (60). En divers endroits de l'Italie le *lusus* est attesté, à Pompéi, à Pise, à Virunum (61). Partout, comme à Rome même, il semble être devenu, sous l'Empire, plus pacifique que la description de Virgile ne le laisse penser. Les jeunes compagnons d'Ascagne, s'ils ne se battent pas entre eux, miment tous les moments de la bataille, y compris la fuite, dont ils doivent sans doute conjurer les risques.

La question essentielle que l'oenochoé étrusque soumet à notre analyse, c'est évidemment celle des rapports entre les fantassins, présents sur la scène du labyrinthe, et les cavaliers qui les suivent. Et cette question, nous l'avons déjà posée en termes voisins mais différents, quand nous avons noté que les

Saliens, prêtres-guerriers à pied, avaient formé sur le mot *truia* leurs verbes rituels *amptruare* et *redamptruare* (62). Au sortir du labyrinthe, représenté sur l'oenochoé, et qui comporte 7 cercles, nous trouvons 7 fantassins et, peut-être, si la troupe des cavaliers est incomplète, aurait-elle groupé 7 cavaliers. On peut supposer qu'en Etrurie, la connexion entre les cavaliers et les fantassins, qui se rencontrent fréquemment sur les représentations figurées (63), existait dans l'ancienne conception du rite. A Rome, il semble en être autrement (64), à l'époque historique du moins, mais les rapports que nous avons relevés entre le rituel des Saliens et le *lusus* sont peut-être les résidus de pratiques anciennes, qui se seraient modifiées sous l'influence de facteurs politiques. Pour préciser les éléments de cette modification, il nous faut quitter le vii<sup>e</sup> siècle et les Etrusques et tenter de comprendre comment se fit la restauration du *lusus*, amorcée par Sylla et poursuivie par César et par Auguste.

### Le lusus Troiae et la iuuentus.

Nous partirons encore de l'*Enéide* pour remarquer que le *lusus Troiae*, dans le programme des jeux funèbres, est présenté en dernier lieu, après les différents exercices auxquels s'était livrée la jeunesse. Le vocabulaire de Virgile hésite et l'on voit tour à tour les mêmes *pueri*, compagnons d'Iule, *impubes* (65), *puer* (66), former successivement une *acies iuuenum*, la *Trinacria pubes*, pour finalement être appelés *pueri* (67). Ces incertitudes, dont nous avons vu la fréquence dans la littérature (68), peuvent en l'occurrence indiquer que les enfants font partie de la *iuuentus* et sont aux *iuuenes* ce que sont les παῖδες aux ἐφήβοι (69). Il est vrai que sous l'Empire le *lusus* est incorporé au *lusus iuuenalis* (70) ; et déjà, en 46, pour le triomphe de César, il faisait partie d'un programme d'ensemble qui comportait en particulier des combats de chevaliers (71).

Que le *lusus* soit lié à la réorganisation de la jeunesse semble confirmé par une monnaie de 12 avant notre ère, sur laquelle Gaius Caesar, *princeps iuuentutis*, à cheval, la tête découverte, tient d'une main son bouclier et de l'autre les rênes (72), dans une attitude qui rappelle celle du second cavalier figuré sur l'oenochoé de Tragliatella (73). Il conduit sans doute une *turma* du *lusus* célébré pour l'inauguration du théâtre de Marcellus (74).

Le rapport du *lusus* avec la réorganisation de la *iuuentus* serait plus manifeste encore si, comme on l'a supposé, le *tribunus Celerum* assistait à son déroulement (75). Ce magistrat de l'époque royale, commandant de la cavalerie archaïque (76), avait été réduit par la République à ses fonctions sacerdotales (77). Celles-ci l'amenaient à assister à la danse des Saliens, le 19 mars, au *Comitium* (78). Or rappelons-nous l'expression de Sénèque : *stato lustri die* (16) à propos du *lusus* : on ne connaît pas une date fixe où le jeu aurait été régulièrement célébré, mais diverses occasions où il apparaît dans un programme plus vaste. Le *lustrum* évoqué par Sénèque pourrait donc désigner l'*armilustrium* de printemps ou la *lustratio* d'octobre ; en ce cas, le *lusus* aurait été célébré lors de l'une de ces cérémonies, voire des deux (79). Virgile, à côté des chefs de *turmae,* évoque Epytidès (10), un homme fait, peut-être un de ces *magistri,* qui exerçaient les enfants à l'équitation (80), ou peut-être, l'équivalent du *tribunus Celerum.* Il est vrai que selon Plutarque la nomination des chefs d'escadron semble relever du seul Sylla et non d'un responsable de la cavalerie, mais Sylla amorçait une restauration du jeu et ne l'avait pas menée à terme. C'est Auguste qui, peut-être, a rendu au *Tribunus Celerum* une fonction qu'il remplissait jadis, quand il présidait à l'organisation de la cavalerie et assistait à tous les jeux équestres. Le *lusus,* célébré en de grandes occasions, pouvait donc, à l'époque ancienne, l'être régulièrement lors des fêtes des Saliens.

Il semble qu'on puisse admettre que le *lusus Troiae* est lié de près à l'ensemble des exercices auxquels se livrait la *iuuentus* et que sa restauration est un élément du grand programme d'exaltation de la jeunesse romaine. Sylla a pu redonner vie à une pratique ancienne, abandonnée peut-être pendant un certain temps, mais suffisamment présente aux esprits pour renaître en 81 avant notre ère. La désuétude du *lusus* n'était peut-être pas très ancienne : en effet, on voit défiler en tête de la *Pompa circensis* des enfants à cheval rangés par *turmae,* qui font penser tout naturellement aux *pueri* du *lusus.* Si la description que donne Denys de la *Pompa* et qu'il emprunte pour l'essentiel à Fabius Pictor mérite quelque crédit (81), nous pourrons supposer qu'à l'époque où l'historien latin composait son œuvre, Rome connaissait encore des pratiques d'encadrement des enfants de rang équestre.

## BIBLIOGRAPHIE

F. Bömer : *Rom und Troia,* Baden-Baden, 1951.

J. Carcopino : *Sylla ou la monarchie manquée,* Paris, 1931.

J. Carcopino : *Virgile et les origines d'Ostie,* 2ᵉ éd. Paris, 1968.

R. Egger : *Eine Darstellung des Lusus iuuenalis,* in *Jahreshefte des Osterreichischen archaölogischen Institutes in Wien,* XVIII, 1915.

G. Q. Giglioli : *L'oenochoe di Tragliatella,* in *SE,* III, 1929, 111-159.

E. Jones : *On the nightmare,* Londres, 1931.

J. Knight : *Cumaean gates,* Oxford, 1936.

G. Monaco : *Il libro dei Ludi,* 1ʳᵉ éd. 1957; 2ᵉ éd. Palerme, 1972.

H. Von Petrikovits : *Troiae Lusus,* in *Klio,* 1939, 209-220.

G. Piccaluega : *Elementi spettacolari nei rituali festivi romani,* in *Quad. di SMSR,* 1965.

H. W. Pleket : *Collegium iuuenum Nemesiorum,* in *Mnemosyne,* XXII, fasc. 3, 1969, 291-298.

Von Premerstein : *Das Troiaspiel und die Tribuni Celerum,* in *Fetschrift für Otto Benndorf,* Vienne, 1898, 261-266.

M. Rostovtsew : *Étude sur les plombs antiques, in Revue Numismatique,* II, 1898, p. 77-102 ; — 251-286 ; — 457-477.

E. Weber : *Die trajanische Abstammung der Römer als politisches Argument, Wiener Studien Zeitschrift f. klass. Phil.,* VI, 1972, 213-225.

*Cf.* aussi : **B.G.** n°ˢ 2, 52.

## NOTES

(1) Suétone, *Aug.* 43, 2 ; — *Claude,* 21, 3 ; — Festus, p. 504 L.
(2) *id., Cal.* 18, 3.
(3) Sénèque, *Troyennes,* 778.
(4) Tacite, *Ann.* XI, 11.
(5) Virgile, *Enéide,* III, 280.
(6) Servius, *Ad Aen.* V, 602.
(7) Dion C. XLIX, 43, 3 ; — LIV, 26, 1 ; — LIII, 12, 4 ; — LI, 22, 4 ; — XLIII, 23, 6 ; — XLVIII, 20, 2.
(8) *Cf.* Rostovtsew : *Etude sur les plombs antiques, in Rev. Numismatique,* II, 1898, p. 285. Sur l'emploi de *studium, cf.* à Bénévent, le *studium iuuenum, CIL,* IX, 1681.
(9) *CIL,* XII, 533.
(10) Virgile, *Enéide,* V, 546-550 (trad. A ; Bellessort, col. Budé).
(11) Voici les passages essentiels du texte, traduit par A. Bellessort ; les mots latins donnés entre parenthèses seront l'objet d'un commentaire.« Les enfants (*pueri* 1) s'avancent, et en files symétriques, sous les yeux de leurs parents, resplendissent sur leurs chevaux (*equis* 2) dociles au frein... Ils portent tous sur leur chevelure une couronne taillée selon l'usage ; ils tiennent deux javelots de cornouiller à la pointe de fer ; quelques-uns ont à l'épaule un brillant carquois. Un souple collier d'or tordu leur descend du cou sur le haut de la poitrine. Ils forment trois pelotons en tout commandés par trois chefs

> (*Tres equitum numero turmae ternique uagantur ductores...*) 3

Chacun d'eux est suivi de douze jeunes gens (*pueri bis seni*4) qui étincellent sur deux files entre deux écuyers (*paribusque magistris*5). Le premier peloton (*una acies iuuenum*6) s'enorgueillit de marcher sous les ordres du jeune Priam, qui portait le nom de son aïeul... Il monte un cheval thrace... Le second chef est Atys, dont les Atius du Latium tirent leur origine, le petit Atys enfant cher à l'enfant Iule :

> (*paruos Atys pueroque puer dilectus Iulo*).7

Le dernier... c'est Iule... Les chevaux trinacriens du vieil Aceste portent les autres enfants

> (*Cetera Trinacriae pubes senioris Acestae fertur equis*)...8

Lorsqu'ils eurent fait à cheval le tour de la piste... Epytidès leur donna de loin le signal (*signum... Epytides longe dedit* 9)... Les trois pelotons au galop se dédoublent et forment des troupes séparées ; à un nouveau commandement, ils opèrent une conversion et courent les uns sur les autres la lance en arrêt. Puis ce sont d'autres évolutions en avant et en arrière, toujours se faisant face mais à distance, et des cercles enchevêtrés, et avec leurs armes les simulacres d'une bataille

> (*Inde alios ineunt cursus aliosque recursus*
> *aduersi spatiis, alternosque orbibus orbis*
> *impediunt pugnaeque cient simulacra sub armis*) ; 10

tantôt ils fuient et découvrent leur dos ; tantôt ils chargent, les javelots menaçants ; tantôt c'est la paix et ils marchent en files parallèles. Jadis dans la Crète montagneuse, le Labyrinthe, dit-on, déroulait entre ses murs aveugles les entrelacements de ses chemins et la ruse de ses mille détours, ainsi les fils des Troyens entrecroisent leurs traces et entremêlent dans leur jeux la fuite et la bataille,

> (*Vt quondam Creta fertur Labyrinthus...*
> *haud alio Teucrum nati uestigia cursu*
> *impediunt texuntque fugas et proelia ludo*)...11

La tradition de cette course, ces jeux publics, Ascagne le premier, lorsqu'il entoura de murs

Alba la Longue (*Longam muris cum cingeret Albam* 12), les renouvela et apprit aux anciens Latins à les célébrer comme il l'avait fait enfant et comme l'avait fait avec lui la jeunesse troyenne,

(*quo puer ipse modo, secum quo Troia pubes* 13).

Les Albains les enseignèrent à leurs fils, et ce fut d'eux que, dans la suite des temps, les reçut la puissante Rome qui conserva cette tradition des ancêtres. Le jeu porte le nom de Troie, et les enfants celui de troupe troyenne,

(*Troiaque nunc, pueri Troianum dicitur agmen* 14) ».

*cf.* G. Monaco : *Il libro dei ludi*, p. 141-151.

(12) Plutarque, *Cato Minor*, III.

(13) Ajouter à Virgile (note 11, n[os] 2 et 3) et à Plutarque, Festus, p. 504, L : *Troia : lusus puerorum equestris*, et Dion C.LI, 22, 4...

(14) Hypothèse de Von Premerstein : *Das Troiaspiel und die Tribuni Celerum*, p. 261-266.

(15) Servius, *Ad Aen.* V. 602.

(16) Sénèque, *Troyennes*, 777-782 : « au jour fatidique du lustre qui ramène le solennel sacrifice des jeux troyens, tu ne conduiras pas, enfant illustre, les escadrons rapides ; autour des autels tu n'iras pas, mouvant rapidement tes pieds, tandis que la corne recourbée module des rythmes accélérés, honorer de tes danses traditionnelles les temples dardaniens » (trad. L. Herrmann, col. Budé).

(17) *Cf.* note 11, n° 3.

(18) Suétone, *César*, 39 ; — *cf.* aussi, *CIL*, XI, 1422, mention à Pise d'une *turma puerorum*, qui signale sans doute une cérémonie analogue.

(19) *Cf.* L.R. Taylor : *Seuiri equitum Romanorum and municipal seuiri, a study in premilitary training among the Romans.*

(20) Dion, LIV, 26 (Gaius) ; Tacite, *Ann.* XI, 11 (Britannicus) ; Suétone, *Nero*, 7, à Virgile (note 11 n[os] 1, 4, 7, 13, 14) ajouter Suétone, *Aug.* 43, Servius, *Ad Aen.* V, 566 et 602 ; et Dion, qui parle toujours des παῖδες.

(21) Ajoutons un détail qui confirme que Caton a 14 ans : en 81, des jeux sont dédiés à la Victoire de Sylla, l'occasion semble parfaite pour célébrer un *lusus*, et c'est cette année-là que Caton a 14 ans. Sur les jeux à la Victoire de Sylla, *cf.* les *Fasti Sabini*, les *Fasti Maffeiani* et les Actes des Arvales qui mentionnent entre le 26 octobre et le 1er novembre des *ludi Victoriae Sullanae*, célébrés à la Porte Colline ; Velleius Paterculus, II, 27 ; — *Schol. à Verrines*, I, 18, 54 ; — E.C. Evans : *The cults of the Sabine territory*, p. 45 ; — J. Carcopino : *Sylla ou la monarchie manquée*, p. 116.

(22) Suétone, *César*, 39.

(23) Von Premerstein, *op.* cité, p. 261 *sq.*

(24) *Cf. supra*, p. 93.

(25) Cicéron, *De rep.* II, 20, 35 et Tite-Live (Tarquin), *Tacite, Ann.* XI, 25.

(26) *Cf.* Kübler : *gens, in RE*, 1194 ; — H. Von Petrikovits, *Troiae Lusus*, p. 209-220.

(27) Dion, LIX, 11, 2.

(28) On sait par Suétone, *Aug.* 43, qu'un accident interrompit la célébration du *lusus*, qu'Auguste avait restauré parce qu'il était pacifique.

(29) *Cf.* J. Carcopino, *J. César*, p. 337 ; — J. Cousin, Introduction à l'éd. du *Pro Caelio* (col. Budé), p. 23-34.

(30) Le même âge que Caton.

(31) *Cf.* K. Schneider : *Lusus Troiae, in RE.*

(32)*César*, 39, éd. P. Grimal, Livre de Poche, 1973.

(33) Pseudo-Galien, *De Ther. ad Pisonem*, ed. Kühn, p. 212, commenté par Friedlander, *in* Marquardt, *Röm. Staatsverwaltung*, III, p. 505, n. 6 et Von Premerstein, *op.* cité.

(34) *Cf.* S. Weinstock : *Diuus Iulius*, p. 88 *sq.*

(35) Dion, XLIII, 23, 6.

(36) *Cf. supra*, p. 80 ; — p. 217 ; — l'oenochoé est étudiée par G.Q. Giglioli : *L'oenochoe di Tragliatella*, p. 111-159.

(37) C'est une hypothèse, dont nous verrons plus bas, la vraisemblance, mais qui reste invérifiable.

(38) *Cf.* A. Alföldi : *Early Rome and the Latins*, p. 280 *sq*, sp. 280.

(39) C'est un motif oriental (Poulsen : *Das Orient und die fruhgriechische Kunst,*p. 17).

(40) *Cf.* J. Knight : *Cumaean gates*, p. 76-90.

(41) Giglioli, art. cité.

(42) Sur le bouclier, rond et portant comme emblème la partie antérieure d'un sanglier, *cf.* W. Helbig, *in Janresh*, XII, 1909, p. 38 *sq* ; sur le pas de danse, *cf.* Giglioli, et Schneider *in RE*.

(43) Cf. J. Heurgon, *La vie quotidienne chez les Etrusques*, p. 147-148.

(44) Cf. C. de Simone, *Die griech. Entlehn. im Etr.* I, p. 119 ; — II, p. 306, 316, 325, et id. : *Per la storia degli imprestiti Greci in etrusco*, p. 516.

(45) Cf. supra, p. 217.

(46) Cf. F. Bömer : *Rom und Troia*, p. 18-19. On trouvera les références sur l'existence de ce lieu-dit dans *Les origines de la légende troyenne* de J. Perret, p. 530-531.

(47) Cf. J. Carcopino : *Virgile et les origines d'Ostie*, p. 355 sq.

(48) Cf. F. Bömer, *op.* cité (Ebene, ou Kampfplatz).

(49) Cf. J. Knight, *op.* cité.

(50) Cf. supra, n. 11, n° 11. Ce rapprochement nous paraît réfuter l'idée que le motif représenterait seulement la ville de Troie, idée de K. Latte, p. 115 sq.

(51) *Enéide*, VI, 14-32.

(52) Cf. J. Knight : *Cumaean gates*.

(53) Dion, XLIII, 22, 3 sq ; — Plutarque, *César*, 55, 4 ; — Velleius, II, 56, 1 ; — Appien, *Bel. ciu.* II, 10, 2.

(54) Cf. E. Jones : *On the Nightmare*, p. 269 ; — F. Altheim, *in Archiv für Religionswissenschaft*, XXIX, 1931, p. 22-32.

(55) Cf. supra, p. 77.

(56) Cf. supra, n. 11, n° 12.

(57) *Enéide*, III, 280.

(58) A Virunum en Norique, sur un autel, un relief montre une procession de jeunes garçons, sans doute au cours d'un *lusus* (*CIL*, III, 4779) ; cf. R. Egger : *Eine Darstellung des Lusus iuuenalis*, pl. 65, 115-119, p. 118. Là aussi ce sont des *pueri* qui participent au jeu.

(59) Cf. supra. n. 11, n°s 6 et 14.

(60) Cf. G. Piccaluega : *Elementi spettacolari nei rituali festivi romani.* p. 126 sq.

(61) *CIL*, IV, 1595, 2437 (Pompéi) ; — XI, 1422 (Pise) ; — III, 4779 (Virunum).

(62) Cf. supra, p. 217.

(63) Cf. supra, p. 80.

(64) Cf. infra, p. 278 sq.

(65) *Enéide*, V, 546.

(66) Cf. supra, n. 11, n°s 7 et 13.

(67) Cf. supra, n. 11, n°s 6, 8, 14.

(68) Cf. supra, p. 125-126.

(69) Cf. M. della Corte, *Iuuentus*.

(70) Cf. H.W. Pleket : *Collegium iuuenum Nemesiorum*, et H. Von Petrikovits : *Troiae lusus*.

(71) Dion, XLIII, 23, 6. Le 19 mars avaient lieu des combats de *iuuenes* (Fronton : *Ad Marc. ep.* V, 21, 23), comme il y en eut aussi en 29, pour la consécration du temple de César, en 13, pour la dédicace du théâtre de Marcellus, et en 2, pour la consécration du temple de Mars, autant d'occasions pour lesquelles un *lusus* fut donné.

(72) Cf. Cohen, 2, nn. 39-51, p. 68.

(73) Cf. Giglioli, *op.* cité.

(74) *Id.* et K. Schneider, *Lusus T. in RE*.

(75) Cf. Von Premerstein : *Das Troiaspiel und die Tribuni Celerum* (*op.* cité), suivi par W. Helbig : *sur les attributs des Saliens* ; L.R. Taylor : *Seuiri equitum* (*op.* cité), mais *contra*, Schneider, *in RE*, J. Toutain : *Lusus Troiae*, in Daremberg-Saglio, et E. Weber : *Die trojanische Abstammung der Römer als politisches Argument*, *W.S.* VI, 1972, 213-225.

(76) Cf. infra, p. 306 sq.

(77) *id.*, p. 280 sq. Nous parlons du *Tribunus Celerum* au lieu de *Tribuni* parce que suivant une indication de Denys il y avait un seul tribun (*infra*, p. 263).

(78) Cf. infra, p. 280-281.

(79) Cf. Von Premerstein, *op.* cité.

(80) Cf. K. Schneider, *op.* cité.

(81) Et nous allons voir *(infra,* p. 241 sq) que divers détails de cette description remontent au IVe et au IIIe siècle.

# CONCLUSIONS

*— La classe des iuuenes,*
*— La iuuentus et les origines du théâtre,*
*— La Pompa circensis.*

## La classes des iuuenes.

Des essais qui précèdent nous pouvons tirer des conclusions de deux ordres. D'une part, l'idée de jeunesse n'a pas cessé de hanter Rome sur un plan mystique, de l'époque royale à l'Empire. La jeunesse est une force dont les cultes définissent les composantes : elle est liée à la fécondité et à la vie. Elle oppose l'énergie vitale aux menaces de la mort, elle conjure les puissances des ténèbres, et, par sa double vocation au sacré et au burlesque, elle dispose de la magie du rire qui rénove les forces vitales défaillantes. Par la continuité des générations, qu'elle vivifie successivement, elle est une reconquête sur le temps et ses limites. Les *iuuenes* luperques, les *iuniores* saliens et les *pueri* du *lusus* ont le pouvoir d'écarter les puissances maléfiques en revigorant les temps, les pouvoirs politiques et les hommes.

Mais ce mysticisme touche de près à la vie politique, car être jeune, c'est être, en même temps que père, un guerrier. Et c'est par la guerre surtout que le *iuuenis* entre dans l'organisation de l'Etat. De là le second ordre de faits que le rôle religieux des *iuuenes* met en évidence : les rites permettent de tracer un portrait, non pas seulement du jeune homme détenteur des chances de survie d'une collectivité, mais d'une véritable classe d'âge. La classe des guerriers, dont se souvient la tradition, se survit : le *ludus* est son apanage, qui n'est pas seulement un divertissement (1), mais un jeu rituel, qui dénoue les tensions vitales et parodie, pour mieux le soustraire aux maléfices, le sérieux de la vie. Le *ludus* n'est pas éloigné de la guerre archaïque et des *agones* rituels où s'accomplit la virilité.

L'étude des rites permet d'inscrire dans l'histoire les fonctions des *iuuenes* : nous avons vu les Luperques, héritiers de Romulus, participer au couronnement de César en 44, et les *pueri* du *lusus Troiae* célébrer les grands événements publics. Elle apporte aussi confirmation à une conclusion que nous avons tirée plus haut de l'analyse de la *Lex Laetoria* (de 191) et de la *Lex Villia Annalis* (de 180) : nous avons noté que ces deux lois étaient une réaction au réveil des *iuuenes* suscité par les difficultés militaires de la seconde guerre punique, et nous pouvons rapprocher cette remarque de l'histoire de *Iuuentas*. Soudainement promue en 218-217 au rang de grande divinité, elle est ensuite comme reléguée à la fonction d'échanson des dieux et logée, hors du *pomoerium*, dans un temple qu'on attend 16 ans pour lui dédier (2). Et on le lui dédie, parce qu'il fallait bien se mettre en règle avec les vœux autrefois formulés, l'année même où la *Lex Laetoria* « invente » et soumet à des restrictions juridiques la catégorie des *adulescentes*. Ce rapprochement permet de mieux comprendre, en le plaçant dans un contexte politique cohérent, le discrédit de *Iuuentas*.

Ce discrédit, nous l'avons aussi attribué aux liens anciens de la déesse avec les *iuniores* « serviens ». *Iuuentas* ne nous est pas apparue comme la garante d'une classe d'âge qui fût identique à celle des guerriers archaïques, mais plutôt de la nouvelle armée, dont le roi Servius aurait été l'initiateur. Nous rejoignons une autre de nos conclusions, inspirée celle-ci par l'étude du vocabulaire (3) : au niveau des cultes, comme au niveau du lexique, la réforme « servienne » est d'une importance capitale, qui reflète l'importance politique qu'on lui reconnaît et dont nous aurons bientôt à nous préoccuper (4).

Les mentalités archaïques que nous avons décelées sont inséparables de l'existence d'une classe d'âge. Mais si elles se sont conservées assez vivaces pour que Sylla pût y revenir en restaurant l'antique *lusus Troiae*, et César, en créant un troisième collège de Luperques, et enfin Auguste, en restaurant la *iuuentus Romana,* c'est peut-être seulement grâce aux cultes et après avoir perdu toute signification sociale et politique. Il est certain que le système de classe d'âge n'a plus dans la Rome historique la présence et la signification qu'il avait dans les récits des origines. Cependant on voit demeurer deux traces d'une organisation structurée, qui font sortir la *iuuentus* du temps mythique des débuts de Rome pour l'introduire dans l'histoire du IVe et du IIIe siècle : c'est d'une part le rôle de la *iuuentus* dans l'origine du théâtre romain et, d'autre part l'organisation de la *Pompa circensis*.

*La iuuentus et les origines du théâtre.*

Les quatre études que nous avons consacrées aux *iuuenes* dans la religion ont mis en valeur la vocation théâtrale de la jeunesse, soit que les sources anciennes la signalent clairement, soit qu'elle se dégage nettement des attitudes cultuelles qu'on attend des jeunes gens (5). Les Luperques en particulier passaient pour être à l'origine du théâtre (6), mais on pensait aussi que les jeux scéniques étaient sortis des *Liberalia* (7). Quelle que soit l'interprétation donnée par les anciens de l'origine du théâtre, la jeunesse y est mentionnée.

Elle l'est de la manière la plus précise par Tite-Live dans le long *excursus* qu'il consacre au début du livre VII à l'histoire du théâtre romain (8). Ce texte aurait mérité ici une longue analyse, si elle ne venait pas d'être faite dans un article compétent par J.-P. Morel (9). Après d'autres (10), il fait confiance au récit livien et montre qu'il est un témoignage cohérent avec les conclusions des sociologues modernes sur les origines du théâtre dans les sociétés primitives ou semi-civilisées (11). Tite-Live a raison pour l'essentiel de son explication et pour l'importance qu'il donne à la *iuuentus* dans la naissance et l'évolution de ce genre nouveau à Rome (12). On est donc amené à lui faire crédit quand il présente dans son historique du théâtre la synthèse de tous les éléments épars qui, dans ses premiers livres, concourent à décrire le « monde clos » (13) de la *iuuentus* comme un milieu social fermé et défini, par l'âge et les fonctions de ses membres, dans l'ensemble de la cité.

Mais la venue en 364 des « ludions » étrusques donne une impulsion seulement à des virtualités anciennes. Tite-Live le suggère lui-même (14) et on peut invoquer à l'appui de cette suggestion la description par Virgile d'une fête qui pourrait être celle des *Liberalia* (15). Les jeux offerts au dieu de la vigne sont antérieurs à la constitution de la triade qu'il formera avec Cérès et Libera (16) et ont disparu au profit sans doute des *Cerealia* (17). Des jeux scéniques sont bien improbables à l'époque archaïque qu'évoque Virgile, mais le divertissement des paysans italiens a pu donner naissance au théâtre. La description au livre II des *Géorgiques* utilise les mêmes mots par lesquels Tite-Live définit le jeu des *iuuenes* avant l'arrivée des ludions (18), et reprend le thème de l'improvisation, suggéré déjà au livre Ier, dans l'évocation des fêtes célébrées par la *pubes agrestis* en l'honneur de Cérès (19). L'improvisation des chants a valeur cultuelle et l'invention de l'intrigue théâtrale par Livius Andronicus est une audace (20), une profanation qui provoque le refus immédiat de la jeunesse pour le nouveau spectacle. Elle se réserve l'exclusivité de l'atellane ; cette forme théâtrale, venue du pays osque, se jouait masqué et n'entraînait aucune infamie (21). Le masque est manifestement rituel et rappelle le barbouillage des Luperques (22), ainsi que les « masques hideux » des paysans d'Ausonie (23).

Le divertissement que nous trouvons chez Virgile est essentiellement rustique ; celui que présente Tite-Live est urbain. Au premier abord la distinction entre la ville et la campagne paraît difficile à justifier : les *iuniores* latins que l'on mobilise viennent de la ville comme de la campagne. Il semble cependant que Varron ait pensé qu'il y avait une différence entre les jeux des paysans, les plus anciens, sans doute appelés *Liberalia*, et les jeux de Rome, postérieurs, appelés *ludi conpitalicii* (24). En fait des attitudes cultuelles réservées à la jeunesse et pratiquées bien avant la fondation de la ville ont été réinterprétées en milieu urbain ; comme la constitution de la cité a reposé sans doute d'abord sur une structure en classes d'âge plus fonctionnelle et plus impérative qu'elle ne l'était dans la société campagnarde, la jeunesse a vu ses privilèges renforcés en ville.

Si, comme nous avons tendance à le croire, la Rome primitive a connu une classe de guerriers (25), voués au métier des armes et menant, comme leurs équivalents grecs, une vie tout urbaine (26), on comprend mieux que la tradition reprise par Varron ait dissocié la *iuuentus* de la ville et celle de la campagne. Et, on le comprend d'autant mieux que les anciens ne concevaient plus clairement l'ambiguïté de certains rites réservés aux *iuuenes*, où s'alliaient les motifs agraires et les motifs guerriers (27), dans une volonté de protection à la fois du site, des hommes et des cycles saisonniers.

La comédie profane reste très proche de l'esprit des jeux antiques et spontanés pratiqués par la jeunesse. En inversant les termes du réel, elle est fidèle au goût parodique de la *iuuentus* ; en intervenant sur les problèmes politiques, comme Plaute paraît l'avoir fait (28), et même, à un moindre degré, Térence (29), elle conserve autant que le permettait la coutume romaine, la vocation à l'insolence dont témoignent les *iuuenes*.

Nous conclurons, en suivant la voie ouverte par J.-P. Morel, que le texte de Tite-Live mérite d'être considéré comme un témoignage de grande valeur historique, en particulier sur le point qui nous intéresse le plus et qui est l'existence à Rome d'une *iuuentus* formant une classe bien distincte dans l'ensemble du *populus* (30). Le texte se rapporte à l'année 364 ; faut-il en conclure qu'à cette époque Rome avait encore un système de classes d'âge ? C'est possible, mais il faut en préciser le contenu. Rome n'est plus alors une ville primitive ; sans doute est-elle à un stade médiéval. L'existence d'une société militaire, fermée, comme se présente la *iuuentus*, correspond à un moment archaïque, où la participation guerrière est le fait d'une aristocratie. On imagine mieux une société militaire, défendant ses prérogatives, que l'ensemble des mobilisables. Le livre VII, qui s'ouvre sur le récit de Tite-Live, exalte les vertus de la *iuuentus* et la montre tentée de se mettre à l'écart de la discipline recommandée par l'Etat. Elle renouvelle les exploits guerriers qui ressortissent au monde agonistique ; son refus hautain de se compromettre dans un divertissement devenu profane est cohérent avec l'ensemble du livre. Or il faut bien noter que ce ne sont pas les *iuniores* qui s'illustrent, mais des *iuuenes* et même, plus précisément des *equites*. Nous retrouvons ici l'idée, suggérée plus haut par l'étude du vocabulaire, que la *iuuentus* se confond avec les *equites* (31). Avant de tenter d'analyser cette idée et de la pousser jusqu'au terme de ses implications, nous devons verser au dossier un autre texte qui concerne aussi d'une certaine façon l'histoire du théâtre (32).

### La Pompa circensis.

Il s'agit de la description par Denys d'Halicarnasse de la *Pompa circensis*, qui se déroule, comme prélude aux *Ludi Romani*, à la manière du triomphe dont elle est peut-être une transformation (33), en faisant penser aussi à la *transuectio equitum* (34). Le texte, entrecoupé de longues digressions, et digression lui-même, est, pour l'essentiel, emprunté par Denys à Fabius Pictor. C'est dire la suspicion dont il est *a priori* entouré : l'historien latin est en lui-même souvent suspect de déformation (35), que devient-il lorsque le cite un historien grec, propagandiste en outre de l'œuvre d'Auguste, dont il est le contemporain (36) ? Un point cependant est à mettre à l'actif de Denys : il cherche à établir la part d'emprunt et d'originalité dans le rite qu'il décrit, et il signale aussi bien ce qui lui semble plus romain que grec que ce qui a disparu de son temps (37). Quant aux indications de Fabius Pictor, elles semblent, pour l'essentiel, remonter au IVᵉ et au IIIᵉ siècle (38). Nous accorderons donc une certaine confiance à la description que nous donne Denys de la *pompa*.

Elle commence par le défilé d'enfants à cheval suivis d'enfants à pied, les premiers de rang équestre, les seconds destinés à servir dans l'infanterie. Ce fait confirme plusieurs de nos conclusions. Nous avons vu l'importance des *pueri* dans le *lusus Troiae* et nous avons suggéré que leur entraînement était lié à l'organisation de la *iuuentus*. La présence de *pueri* à cheval en tête de la *pompa* ne peut qu'ajouter un indice supplémentaire, d'autant que les enfants sont divisés en turmes et en centuries, comme leurs aînés quand ils participent à la *transuectio equitum*, et selon la très ancienne division de la cavalerie (39). Leur place en tête du cortège rappelle la primauté des centuries équestres aux comices centuriates et a toutes les chances de refléter une réalité ancienne. A l'époque de Fabius, ces *pueri* sont sans doute les fils de sénateurs et d'*equites* ; et ils précèdent les futurs *pedites*, en reproduisant la distinction que l'on voit dans toute l'histoire républicaine entre la cavalerie et l'infanterie. A l'âge se superpose dans leur recrutement un facteur social.

Ces enfants, tout près de l'âge d'homme (40) ne sont pas suivis d'éphèbes, ni de *iuuenes* équestres, qui ont leur parade propre (41), ni de *iuniores*. La cité voit seulement défiler ses promesses de force et non sa force effective en hommes.

En effet, dans la suite du cortège — après les chars, les chevaux, et les combattants qui allaient participer à la représentation du cirque — venaient des chœurs de danseurs, divisés en trois classes d'âge : des hommes, des jeunes gens imberbes et des enfants (42).

Le premier de ces chœurs, par le caractère guerrier de ses gesticulations et par les *praesules* qui lui donnent le pas, fait songer aux Saliens. Mais ce ne sont pas eux : aucun texte ne signale leur participation à ce rite, et Denys, lui-même, qui parle de pyrrhique à propos de leurs mouvements, n'aurait pas manqué de le préciser. En fait, l'analyse de l'équipement porté par les choristes permet de reconnaître en eux les ludions étrusques, ceux-là mêmes dont nous avons dit le rôle dans le développement du théâtre (43).

Derrière ce chœur, deux autres suivent, bouffons tous deux, dont l'un, celui des Satyres, avec ses peaux de bouc, fait penser aux Luperques. Il parodie chaque geste des ludions sur le mode grotesque et se comporte donc comme la *iuuentus* quand elle vit danser pour la première fois à Rome les Etrusques. Ainsi la procession fait suivre l'image de ses promesses guerrières de la parodie de cette image.

Il ne saurait être question d'aborder ici l'analyse des *Ludi Romani*, ni la difficile question de leur origine. Ils reproduisent diverses attitudes que nous avons attribuées à la *iuuentus* : goût de la parodie, gesticulation guerrière, parade, et semblent attester la permanence à Rome d'une classe d'âge (44) liée à l'existence de la *iuuentus*. Un dernier rapprochement nous ramène à elle. C'est en 364 que les ludions étrusques arrivent à Rome, selon Tite-Live, or si les *Ludi Romani* sont considérés parfois comme une création de Tarquin l'Ancien (45), ils ont peut-être reçu leur forme régulière, en devenant annuels, seulement en 366, deux ans auparavant. La proximité de ces deux dates est plus remarquable encore, quand on lit chez Tite-Live, au terme du récit des troubles politiques consécutifs aux lois *Liciniae-Sextiae* en 366 :

*cum dignam eam rem senatus censeret esse... ut ludi maximi fierent et dies unus ad triduum adiceretur, recusantibus id munus aedilibus plebis, conclamatum a patriciis est iuuenibus « se id honoris deum immortalium causa libenter facturos » (ut aediles fierent)* (46).

Quelques lignes suivent ce texte en rappelant la création d'un collège d'édiles patriciens ; le livre VI s'achève ainsi et la deuxième page du livre VII relate les origines du théâtre à Rome. Nous trouvons liées dans cette courte période, la vocation de la *iuuentus* au jeu, théâtral surtout, sa présence active dans les rites et la participation bruyante et unanime (*conclamatum*) des *iuuenes* patriciens à la vie politique, en particulier à la rivalité avec la plèbe. Nous pouvons maintenant tenter de déterminer le rôle politique de la *iuuentus* et de préciser le contenu social de cette classe d'âge.

## BIBLIOGRAPHIE

J. BAYET : *Un procédé virgilien*, in *Studi in onore di G. Funaioli*, Rome, 1955, 9 *sq*.

P. BOYANCÉ : *A propos de la satura dramatique*, in *REA*, XXXIX, 1932, 11-25 = *Études sur la religion romaine*, Rome, 1972, 171-186.

Von DIETER TIMPE : *Fabius Pictor und die Anfänge der röm. Historiographie*, in *Aufstieg und Niedergang*, II, 928-969.

D. C. EARL : *Plaute and Roman politics*, in *Historia*, IX, 1960, 253 *sq*.

D. C. EARL : *Terence and Roman politics*, in *Historia*, XI, 1962, 469 *sq*.

O. EBERLE : *Cenalora, vita, religione, danza, teatro dei popoli primitivi*, Milan 1966, trad. italienne de *Cenalora, Leben, Glaube, Tanz und Theater der Urvölker*, Olten, 1955.

K. GALINSKY : *Scipionic themes in Plautus' Amphitruo*, in *TAPhA*, 1966, 203-225.

P. LEJAY : *Histoire de la littérature latine des origines à Plaute* (sd.), Paris.

Von K. Meuli Basel : *Altrömischer Maskenbrauch, in Museum Helveticum*, XII, 1955, 206-229.

A. Momigliano : *Linee per una valutazione di Fabio Pittore, in Rend. Acc. Linc.*, VIIIᵉ série, 15, 1960, 313 *sq.*

E. de Saint-Denis : *A propos du culte de Bacchus, in Revue belge de phil. et d'hist.*, 1949, 702-712.

J. H. Waszink : *Varro, Livy and Tertullian on the history of Roman dramatic art, in Vigiliae Christianae*, 2, 1948, 224-242.

A. Yon : *A propos du latin « ludus », in Mélanges A. Ernout*, Paris, 1940.

## NOTES

(1) *Cf.* A. Yon : *A propos du latin « ludus »*, p. 393.

(2) *Cf. supra*, p. 188 ; — 106 *sq* et 116 *sq* et *infra*, p. 360 *sq.*

(3) *Cf. supra*, p. 126.

(4) *Cf. infra*, p. 278 *sq* et 299 *sq.*

(5) Reprenons ici les principaux éléments qui sont apparus au cours de notre étude :

— *Iuuentas :* p. 188-189 : on aurait donné les premiers jeux scéniques lors de la dédicace de son temple (*cf.* aussi, p. 191) ; — les *iuuenes* se livrent à Véies à une véritable petite comédie en face de la statue de Junon (p. 191).

— Luperques : p. 201, 204 et 205 : la comédie du rire, et l'importance du mot *lusus* dans le récit de Tite-Live.

— Saliens : ils miment les exploits d'Hercule, p. 222.

— *Lusus Troiae :* les *pueri* miment la bataille, p. 232.

(6) *Cf.* Tertullien, *De spect.* V, I : Varron interprète le nom des jeux en le faisant venir de *ludo*, c'est-à-dire de *lusus*, de la même façon qu'on appelait les Luperques *ludii ;* — et J.H. Waszink : *Varro, Livy and Tertullian on the history of Roman dramatic art*, qui (p. 227) signale après Cichorius (*Commentationes Ribbeck*, Leipzig, 1888, p. 421-422) le rapprochement avec Charisius (p. 128, Keil) : *Varro quoque de scaenicis originibus libro I « sub Ruminali ficu ».*

(7) *Cf.* Tertullien, *De spect.* V, 4 : les jeux s'appelaient indistinctement *Liberalia ;* et Suétone (*ap.* Diomède, p. 487, Keil).

(8) Tite-Live, VII, 4 :« Sans paroles versifiées, sans mimiques imitant l'action d'un poème, des « ludions » (*ludiones* 1) appelés d'Etrurie dansaient au son de la flûte, et à la façon étrusque, faisaient des pas gracieux. Les jeunes se mirent alors à les imiter (*imitari deinde eos iuuentus* 2) mais en se lançant en même temps, les uns aux autres, des plaisanteries improvisées, en vers grossiers (*inconditis inter se iocularia fundentes uersibus* 3), non sans accorder les gestes aux paroles... Les acteurs indigènes reçurent le nom d'histrions, « ister » désignant en étrusque le ludion. Ils ne lançaient plus comme autrefois, l'un l'autre, au hasard de l'improvisation, un vers (sans cadence et informe) semblable au fescennin (*qui non, sicut ante, Fescennino uersu similem (incompositum) temere (ac rudem) alternis iaciebant* 4), mais représentaient des *saturae* d'une musique suivie dans lesquelles la flûte commandait le chant et le mouvement s'harmonisait avec elle. Des années après, Livius osa le premier, laissant les *saturae*, lier sa pièce par une intrigue (*qui ab saturis ausus est primus argumento fabulam serere* 5)... Avec une telle règle théâtrale, on était loin d'un divertissement bouffon et sans frein (*ab risu ac soluto ioco res auocabatur* 6) ; peu à peu le jeu s'était mué en une manifestation artistique (*ludus in artem paulatim uerterat* 7) ; les jeunes alors (*iuuentus*) abandonnèrent aux histrions la représentation de ces pièces et se mirent entre eux, à l'ancienne mode, à se lancer des lazzi mêlés de vers (*inter se more antiquo ridicula intexta uersibus iactitare coepit* 8) ; ces jeux furent par la suite nommés *exodia* et rattachés de règle aux atellanes. Ce dernier genre de divertissement, emprunté aux Osques, demeura aux mains de la jeunesse (*iuuentus*) qui ne souffrit pas de le voir souiller par les histrions. Aussi reste-t-il établi que les acteurs d'atellanes ne sont pas exclus de leurs tribus et font leur service militaire, en hommes qui n'exercent pas la profession de comédiens ». (Trad. J. Bayet, col. Budé). *Cf.* l'analyse voisine de Valère-Maxime, II, 4, 4.

(9) J.P. Morel : *La iuuentus et les origines du théâtre romain.*

(10) *Cf.* Abbé Lejay : *Histoire de la litt. latine des origines à Plaute* (sd.), p. 171 ; — A. Piganiol : *Recherches sur les jeux romains ;* — P. Boyancé : *A propos de la satura dramatique.*

(11) *Cf.* O. Eberle : *Cenalora ; vita, religione, danza, teatro dei popoli primitivi,* Milan, 1966.

(12) Tite-Live, VII, 2, 3 : *ludi quoque scaenici, noua res bellicoso populo.*

(13) J.P. Morel, *op.* cité, p. 220-221.

(14) *Cf.* note 8, n° 4 (*sicut ante*).

(15) Virgile, *Georg.* II, 385 *sq :* « de même les paysans d'Ausonie, race envoyée de Troie, s'amusent à des vers grossiers, à des rires débridés (*uersibus incomptis ludunt risuque soluto*) ; Ils prennent des masques hideux, creusés dans l'écorce ; ils t'invoquent, Bacchus, en des hymnes joyeux (*per carmina laeta* 4), et en ton honneur ils suspendent en haut d'un pin des figurines d'argile modelée » (trad. E. de Saint-Denis, col. Budé). Sur l'identification de la fête, *cf.* J. Bayet : *Un procédé virgilien,* et E. de Saint-Denis : *A propos du culte de Bacchus.*

(16) *Cf. supra.* p. 151-152.

(17) Comme le remarque H. Le Bonniec (*Le culte de Cérès,* p. 300), dans la mesure où les *Liberalia* avaient aussi primitivement un sens agraire, « le dieu a pu être supplanté en ce domaine par Cérès ».

(18) *Cf. supra,* n. 8, n^os 3, 4, 6, 8 et n. 15, n^os 1, 2, 3.

(19) Virgile, *Géorg.* I, 338-350, *cf.* aussi Horace, *Ep.* II, I, 145-146.

(20) Tite-Live, n. 8, n° 5.

(21) *Cf.* J.P. Morel, *op.* cité, p. 244 *sq.*

(22) *Cf. supra.* p. 204.

(23) Virgile, *Georg.* II, 387 : *oraque corticibus sumunt horrenda cauatis,* et *cf.* Von Karl Meuli Basel : *Altrömischer Maskenbrauch.*

(24) *Cf.* J.H. Waszink, *op.* cité ; il commente un fragment de Diomède qui dérive sans doute du *De poetis* de Suétone et figure dans l'édition des fragments de Suétone par Reifferscheid (p. 7, 12/8, 4). Le texte cite Varron et rappelle que la jeunesse attique (*iuuentus Attica*) célébrait autrefois des jeux de village en village ; puis quand des champs on vint à Athènes, des jeux furent institués, comme, à Rome les *conpitalicii.*

(25) *Cf. infra.* p. 264 *sq ; cf.* aussi K. Beuli, *op.* cité, p. 228 *sq.*

(26) *Cf. supra.* p. 14 .

(27) C'est clair dans les rites célébrés par les Saliens et dans le *lusus Troiae ;* la société urbaine a progressivement refoulé le caractère agraire de ces rites.

(28) *Cf.* K. Galinsky : *Scipionic themes in Plautus' Amphitruo,* et D.C. Earl : *Plaute and Roman politics.* Noter que lorsque le mot *iuuentus* paraît chez Plaute c'est à deux reprises (*Captiui,* 69-70 et *Menaechmi,* 77) parce que les jeunes gens ont donné un sobriquet à un personnage. Et cette attitude de moquerie est la même que celle des *milites* du triomphe, qui tournent en dérision les défauts du triomphateur, et parodient ses exploits.

(29) D.C. Earl : *Terence and Roman politics.*

(30) *Cf. infra.* p. 336 *sq.*

(31) *Cf. supra.* p.129 *sq.*

(32) Le rapport entre l'histoire du théâtre et la description de la *Pompa circensis* a été établi par P. Boyancé (*A propos de la Satura ,* p. 174) qui a reconnu les ludions étrusques parmi les participants du cortège.

(33) *Cf.* M. Lemossé : *Les éléments techniques de l'ancien triomphe romain,* après G. Wissowa, *RuK*², p. 126-127 et 452 ; — A. Piganiol, *Recherches sur les jeux romains,* p. 15 *sq.*

(34) *Cf. infra.* p. 284 *sq.*

(35) Denys, VII, 72 ; — sur Fabius Pictor, *cf.* A. Momigliano : *Linee per una valutazione di Fabio Pittore ; —* A. Alföldi : *Early Rome,* p. 123-175 ; — Von Dieter Timpe : *Fabius Pictor und die Anfänge der röm. Historiographie.*

(36) *Cf.* P.M. Martin, *in REL,* XLIX, 1972, p. 162-179.

(37) En particulier il signale la disparition du défilé d'enfants à pied et à cheval, qui effectivement sous l'Empire n'a plus de signification (*cf.* L.R. Taylor : *Seuiri equitum and municipal seuiri.)*

(38) *Cf.* A. Piganiol, *Recherches sur les jeux romains,* p. 15 *sq.*

(39) *Cf.* Denys, VI, 13, 3 *sq.*

(40) Denys les appelle πρόσηθοι VII, 72, 1 ; ils suggèrent l'existence d'une classe de *tirones* (*cf. supra,* p. 112 *sq* et *infra,* p. 341 *sq).*

(41) *Cf. infra,* p 284 *sq.*

(42) Les hommes (ἄνδρες) sont distingués par le port du casque des jeunes gens (ἀγενείοι) et des enfants (παῖδες VII, 72, 5). Cette tripartition vient peut-être d'une contamination de la description des Panathénées qui comporte des chœurs ainsi divisés (A. Piganiol, *Recherches...* p. 18 *sq*), mais Rome a pu connaître trois classes d'âge ; les *pueri,* les *tirones* et les *iuuenes,* par exemple (*cf. infra,* p.341 *sq*).

(43) *Supra,* p. 240. *Cf.* P. Boyancé, *A propos de la Satura...* p. 175 *sq.*

(44) Celle des enfants, qui du moins est bien attestée tant dans la *Pompa,* que dans le *lusus Troiae.*

(45) Tite-Live, I, 35, 9.

(46) Tite-Live, VI, 42, 13 : « Le sénat dit que cela valait la peine... de célébrer des jeux très solennels et d'ajouter un jour au *triduum* (habituel) ; et, comme les édiles de la plèbe refusaient cette charge, il s'éleva un seul grand cri des jeunes patriciens affirmant que, « pour honorer les dieux immortels, ils se feraient volontiers nommer édiles » (trad. J. Bayet, col. Budé). Mommsen (Röm. Forsch. II, p. 53) considère que Tite-Live fait allusion aux *Ludi Romani* devenus annuels et justifiant la création d'édiles patriciens ; l'hypothèse est vraisemblable, mais il reste possible « qu'il s'agisse d'une *instauratio* ou d'une nouvelle formule de ces jeux » (appendice, Tite-Live, VI, col. Budé, p. 133).

SIXIEME PARTIE

# LA JEUNESSE ET LA POLITIQUE

# CHAPITRE PREMIER :

# LA TRADITION

> — *Furor et disciplina,*
> — *L'engagement politique des iuuenes,*
> — *Critique de la tradition.*

## Furor et disciplina.

Le passage de la guerre héroïque à la guerre hoplitique, dont nous avons dit les conséquences politiques et sociales en Grèce, est clairement exprimé par la tradition latine comme le passage du règne du *furor* à celui de la *disciplina*. Plusieurs récits retracent l'historique de ce passage. On trouve, chez Tite-Live, à plusieurs reprises, le motif du jeune guerrier engagé dans une action individuelle. Mucius Scaevola (1) et Coriolan (2) se sont ainsi illustrés, et en toute impunité : ils ont accompli l'exploit qu'on attendait d'eux et en ont tiré une grande gloire. Ainsi, dans les premiers temps, l'action individuelle a droit de cité à Rome. C'est au livre VII que tout se gâte pour tourner au tragique parfois. Voici qu'à nouveau les Romains se trouvent brusquement affrontés aux Gaulois dont la danse et les grimaces ressortissent au *furor* (3). Le jeune Manlius, futur Torquatus, veut relever le défi lancé aux Romains par un adversaire particulièrement combatif. Avant de l'affronter, le jeune homme va en demander l'autorisation au consul. La colère causée par l'offense patiente jusqu'à ce que le chef l'ait comme reconnue et admise dans le cadre de la *disciplina*. Dans le même livre, un peu plus tard, M. Valerius Corvus relève, après avoir pris l'avis du consul, le défi d'un autre gaulois (4). Chaque fois l'adversaire est gigantesque et effrayant, chaque fois le romain est jeune et d'une stature ordinaire, mais inéluctablement il triomphe du *furor* anarchique et du gaspillage inconsidéré des forces par la concentration et la maîtrise de soi. En contrepoint, et pour bien marquer la signification de ces épisodes, dans le livre VIII, le fils de Manlius est condamné à mort par ordre de son père, pour avoir relevé individuellement le défi d'un cavalier tusculan (5). Il croyait chasser de race : il n'avait pas compris que le mérite essentiel de son père était d'avoir demandé l'autorisation de se battre. Le motif de la condamnation est le coup porté à la discipline militaire (6). Le triomphe sur le *furor* est lié à l'exaltation de la *pietas* : le premier Torquatus s'était illustré en prenant la défense de son père, pourtant excessivement sévère à son égard ; cet acte généreux lui valut d'être élu tribun militaire, sans qu'il eût aucun titre civil ou militaire à cet honneur (7).

La tradition, à travers ces anecdotes, oppose la discipline des Romains et la permanence des traditions guerrières archaïques chez leurs ennemis. Elle montre aussi l'étonnante souplesse du soldat romain qui trouve à répondre à ces pratiques sans renoncer à l'idéal de la discipline collective. La force de Rome repose sur le respect des valeurs, et cela même dans l'univers guerrier, où tout pourrait être permis. La *fides,* sur le plan international (8), demande de grandes vertus dont la moindre n'est pas le renoncement aux violences spontanées. La *fides* est la sublimation par la cité de la violence spontanée.

On trouve dans l'*Enéide* la même confrontation entre le *furor* et la *disciplina* respectivement incarnés en la personne de Turnus, le nouvel Achille, héritier des traditions héroïques, et en celle d'Enée, maître de soi, autant qu'il est possible. Que la fureur ait été insufflée à Turnus par la malignité des dieux ne fait qu'accentuer sa fonction dans l'épopée : il est le guerrier archaïque, animé d'un irrépressible *furor* (9). Il est semblable au loup dans la bergerie, à l'aigle de Jupiter ou au loup de Mars, au tigre ou au lion (10). Il est *audax* et *ferox ;* il est pareil à l'eau bouillante qui se gonfle et déborde, selon une comparaison que Térence utilisait déjà pour définir l'*adulescentia* (11). C'est le portrait du *iuuenis*. Nisus et Euryale payent le châtiment du *furor ;* leur exploit commence bien, car ils consultent les anciens et partent avec leur accord et leurs vœux ; mais une brusque flambée de violence les attarde dans un massacre sans intérêt stratégique et les perd finalement. Le destin de Turnus est d'être vaincu : sa violence, sa goguenardise devant le cadavre de Pallas, l'oubli de la *pietas,* tout le condamne. Et si, comme on l'a dit, Turnus est à l'origine un *numen* qui frappe l'ennemi autrement que ne le fait Mars et qui le paralyse par la terreur (12), alors on comprend que le jeune homme entraîne avec lui un monde révolu où la magie guerrière et l'envoûtement ne peuvent résister à la discipline (13). Cette signification que revêt la mort de Turnus est enrichie par toute la sensibilité virgilienne qui s'apitoie sur le héros vaincu et sent chez le vainqueur la tristesse ineffaçable qu'y laisse le passage involontairement subi du *furor*. C'est là l'œuvre du poète mais qui s'appuie sur une tradition de l'historiographie latine.

Des récits traditionnels, il ressort aussi que les Romains ont en réserve un potentiel de *furor,* soumis à la discipline et plus fort encore à force d'être contraint. Ce que l'on peut dire autrement : les traditions de violence et de magie guerrières se continuent à Rome, et, même si elles interviennent seulement comme une réplique, elles sont vivaces. Le service militaire est une *sacrata militia* et son caractère religieux se conserve dans les rites de la *deuotio* (14) et du *sacramentum*. La *deuotio* ne semble pas avoir toujours été réservée au chef, mais elle tendait à susciter une classe de guerriers « frappés d'interdits qui les empêchaient de mener une vie régulière, ayant pour position sociale d'être chargés d'une sacralité dangereuse pour leurs ennemis et leurs concitoyens » (15). En vouant « les légions et les auxiliaires de l'ennemi » en même temps que lui, « aux dieux Manes et à la Terre », le consul Decius (16) prononce un engagement aussi redoutable que celui que doivent prononcer les soldats samnites de la *legio linteata* (17). Et c'est un engagement analogue que contient le *sacramentum* du soldat romain.

Ce serment rendait les *milites sacri* : c'était une manière « de se consacrer aux dieux, d'appeler sur soi leur vengeance si on transgresse sa parole » (18), une manière « d'anathémiser sa propre personne » (19). La condition du soldat ressemble à celle du gladiateur : quand celui-ci se loue, il prononce le serment « de se laisser brûler au fer rouge ou mettre à mort par les verges » (20), il est dès lors *auctoratus* et, si ce mot ne s'emploie pas à propos du *miles,* songeons que le soldat en congé est dit *exauctoratus* (21). Tite-live rapporte un changement dans l'institution militaire pour l'année 216 (22). Jusqu'alors, dit-il, le *sacramentum* consistait à jurer qu'on se rassemblerait à l'appel du consul et qu'on ne quitterait pas les rangs sans son ordre. Ensuite les soldats, à l'intérieur de leur propre unité, volontairement et individuellement, juraient de ne pas s'enfuir sous l'effet de la peur. Ce second serment, désigné par le verbe *coniurare* et qui semble l'écho d'une plus ancienne *coniuratio,* fut, à partir de 216, transformé en contrainte et porté devant les tribuns. Il fut légalisé par le *iusiurandum.* Par le *sacramentum* le soldat s'enfermait dans un cercle magique, délimitant le monde à part da la guerre ; par le *iusiurandum,* qui consiste à répéter une formule, le rituel ancien et mystérieux entre dans le domaine juridique (23). L'engagement personnel, un peu anarchique, devient engagement officiel devant le représentant de la cité en guerre. L'objet de la mutation de 216 n'est pas seulement de supprimer le serment spontané : c'est à la fois un retour à l'engagement personnel et l'installation d'un engagement collectif : la magie devient procédé juridique, la consécration guerrière renaît en changeant de sphère, mais en conservant toujours sa force puissante de cohésion (24).

La tradition donc, comme les faits religieux, suggère que des pratiques archaïques ont survécu jusqu'à la seconde guerre punique au moins. L'angoisse des années sombres de la guerre fait renaître des attitudes dont les guerres samnites avaient encouragé la persistance et accentué l'aspect initiatique.

Tite-Live suggère des analyses encore plus précises du conflit entre le *furor* et la *disciplina*. Titus Manlius est un *iuuenis,* parmi les *primores iuuenum Romanorum,* c'est-à-dire, parmi les *equites ;* il est par son âge un *adu-*

*lescens* (25). Mucius Scaevola, *adulescens nobilis*, fait partie des 300 *principes iuuentutis Romanae* (26). L'âge de l'*adulescentia* est celui où se concilient le mieux les vertus traditionnelles et la témérité du guerrier, à condition cependant qu'on y prenne bien garde. La mort du fils de Manlius Torquatus, un *ferox iuuenis* (27), en même temps qu'*adulescens* (28) et de surcroît cavalier (29) illustre les virtualités anarchiques du jeune âge. Cette mort, exemplaire, pèse par ailleurs lourdement sur le conflit qui oppose le dictateur Papirius Cursor à son *magister equitum,* Q. Fabius, *ferox adulescens* (30). En l'absence du dictateur, et malgré ses consignes, Fabius a engagé la bataille ; il en est sorti vainqueur, ce qui ne change rien à son refus d'obéissance. Tite-Live s'attarde longuement sur ce récit, une sorte de tragi-comédie, sur laquelle plane la mort, jusqu'à ce qu'enfin Papirius consente au pardon. La qualité du contestataire — un *magister equitum* —, celle des *adulescentes* qui prennent son parti — les membres des centuries équestres —, la proximité enfin de cet épisode et de l'histoire du jeune Manlius, tout suggère un parti-pris politique. Tite-Live pense à une classe d'âge, formée par les *adulescentes nobiles,* qui, pour lui, sont des *equites.* C'est d'elle que partent les réponses aux défis ennemis ; c'est elle qui s'oppose à la rigueur de la *disciplina.* Comme Tite-Live, Denys d'Halicarnasse voit des cavaliers partout où il est question de *iuuenes ;* ainsi, à Véies ce sont des chevaliers — τῶν ἱππέων οἱ ἐπιφανεστάσοι — qui emportent la statue de Junon (31) ; à Rome, les compagnons de Kaeso Quinctius sont des ἱππεῖς (32). La même équivalence, que nous avons trouvée aussi chez Valère-Maxime (33), est naturellement *a priori* suspecte, car elle peut n'être que la transposition des réalités du principat. Nous pensons cependant qu'elle comporte une part da vérité, même pour les premiers siècles républicains : nous lui consacrerons notre prochain essai.

Même si l'on refusait toute historicité à ces récits, on ne saurait nier qu'ils ont une signification exemplaire. Il nous faut revenir sur le plus riche de ces épisodes, le conflit de Papirius Cursor et de Fabius. Il dépasse nettement le cadre militaire : Fabius, qui quelques années plus tard réorganisera la *transuectio equitum* et sera le premier dictateur à monter à cheval, défend une certaine conception de sa charge et de la fonction des *equites* en face d'une magistrature souveraine représentée par Papirius. Ce dernier va répétant que la majesté dictatoriale et la discipline militaire sont mises en danger par l'insubordination de Fabius, qui a négligé autant ses ordres que les indications des auspices (34). De son côté Fabius affirme qu'il est *magister equitum* et non un appariteur du dictateur (35). Le problème de la discipline n'est pas seul en cause et l'on sent que s'affrontent deux mentalités. Peut-être on peut penser, avec V. Basanoff, qu'il s'agit d'un conflit entre *pater* et *eques* (36), c'est-à-dire entre une classe sacerdotale et une classe guerrière. L'épisode renouvellerait le conflit qui, sous le règne de Romulus, oppose les *patres* et les *Celeres,* en y ajoutant le thème didactique de la *disciplina.* C'est bien en effet un sursaut de la mentalité guerrière — héroïque, individuelle, essentiellement fondée sur la réussite — qui dresse Fabius contre le conservatisme politique et religieux du dictateur. Celui-ci, en suspendant les opérations militaires à la prise des auspices, entend disposer de la totalité de son pouvoir, à la fois militaire, politique et religieux. Le récit de Tite-Live traduit un conflit politique qui dépasse la rivalité des personnes. Et, de fait, c'est l'ensemble de la vie politique qui est concerné.

### L'engagement politique des iuuenes.

Nous touchons là à une présence de la jeunesse qui n'est plus seulement sensible dans le domaine militaire mais dans la vie politique aussi. Et cette présence s'affirme la plupart du temps par une violence qui s'inscrit dans les heurts et les déchirements qui bouleversent la cité dès les débuts de la République. Il est remarquable, en effet, que le premier événement qui perturbe la nouvelle République soit, en 509, le complot que nous avons déjà évoqué (37). Des *adulescentes,* groupés en une manière d'hétairie autour des fils de Tarquin, regrettent la monarchie. Et leur révolte fait peser sur les origines républicaines l'horreur du châtiment que Brutus infligea à ses fils. Le premier consul offre l'exemple de la nouvelle politique, sévère et intransigeante, envers la jeunesse.

Ce complot inaugure une série d'attitudes caractéristiques des *iuuenes :* on les voit à plusieurs reprises défendre un pouvoir tyrannique et renouveler les violences par lesquelles les *latrones* protégeaient le pouvoir d'Amulius (38). Ils sont, comme on dirait aujourd'hui, d'extrême-droite. Ainsi au livre III, Tite-Live raconte l'affaire de Kaeso Quinctius, dont les anciennes annales avaient transmis le souvenir (39). Le jeune homme dirige aussi une sorte d'hétairie, qui constitue la force de frappe du patriciat contre la *rogatio Terentilia*. Kaeso, dont la manœuvre illustre le don d'*alienae ferendae personae* caractéristique des *iuuenes* (40), et ses compagnons, tout aussi impétueux que lui, interviennent dans la lutte contre la plèbe avec violence et efficacité. Autonomes, les *iuuenes* dépassent par leur fougue les *seniores patrum,* plus prudents, mais qui ferment les yeux sur la politique de leurs cadets. Mais tout a une fin, et Kaeso sera exilé. Ses amis, loin d'être calmés, vont se faire les défenseurs des décemvirs dont la politique autoritaire plaît à leur violence, et ils la font contre le gré du patriciat. Tite-Live, brièvement, Denys, comme toujours plus longuement, et Zonaras (41) mentionnent autour des décemvirs une garde de jeunes patriciens. Le récit est un doublet de la tyrannie de Tarquin le Superbe et de sa chute. A Lucrèce correspond Virginie et à Tarquin Appius Claudius ; les anciens compagnons de Kaeso sont les héritiers des *adulescentes* de 509. Les temps cependant ont changé : en 509 il s'agissait d'opposer à l'immoralisme étrusque les fondements nouveaux de la morale romaine, en 445 c'est la violence d'un patricien qui suscite des mutineries dans l'armée soulevée par le plébéien Virginius (42). Mais le thème qui préside aux deux récits est le même, et il est traditionnel : le tyran, dépassé par ses désirs, suscite un climat passionnel et révolutionnaire (43). A la tyrannie du pouvoir correspond dans la rue la tyrannie de la jeunesse, dont l'insolence est une des causes du mouvement d'opinion contre le décemvirat.

Ainsi la tradition a transmis le souvenir d'une première attitude politique des *iuuenes* : ils soutiennent un pouvoir réactionnaire et arbitraire, qui s'appuie sur eux et flatte en eux le désir de totale liberté et de violence qui caractérise leur âge. La présentation des faits est chez Tite-Live et Denys plus philosophique et morale que politique : l'agitation de la jeunesse témoigne d'un pouvoir politique despotique ; mais cette manière d'utiliser le fait historique comme *exemplum* moral ne doit pas nous conduire à tout refuser de ces récits. On sent que les historiens ont puisé dans des sources peut-être anciennes les faits qu'ils stylisent, et on le sent nettement à travers l'embarras qu'ils éprouvent devant l'identité des jeunes gens dont ils décrivent les excès. Les partisans des décemvirs sont, chez Tite-Live, les *iuniores patrum* (44), dont manifestement l'origine sociale et politique lui échappe : sont-ils les plus jeunes parmi les sénateurs ou parmi les patriciens ? il ne le sait pas et ne s'engage pas dans une explication incertaine. Denys, sous l'influence des réalités syllaniennes et augustéennes, a pensé que ces *iuniores patrum* étaient, en même temps que membres du sénat, *equites* (45) mais on sent dans son texte des flottements et des réticences qui traduisent ses incertitudes. Faut-il, parce que les historiens sont embarrassés, refuser à leurs indications toute historicité ? Au contraire ils nous semblent mériter la plus grande attention, car, s'ils travestissaient délibérément une tradition vague en la modernisant, ils n'auraient pas tant de difficultés à situer socialement les *iuuenes* du passé. Les annalistes, dont ils s'inspirent — Fabius surtout ? (46) — avaient traité le thème de la violence des jeunes gens, mais, soit que pour eux leur origine fût évidente, soit qu'elle fût déjà totalement incompréhensible, ils n'avaient pas expliqué clairement qui étaient les *iuuenes* ou *iuniores patrum* par rapport aux *equites* (47).

La violence mise au service de l'ordre établi semble avoir été la caractéristique essentielle des *iuuenes* traditionnels. Cependant en face des défenseurs de la tyrannie, d'autres jeunes gens défendent les valeurs républicaines : ainsi Mucius Scaevola est un héros qui met sa fougue au service de la liberté menacée. Il est vrai que son action n'est pas vraiment politique, mais d'abord militaire et patriotique. Nous trouvons ainsi les deux pôles où s'exercent les forces de la jeunesse : la guerre, où elle est héroïque, la politique, où sa violence partisane n'est en fait que la transposition dans le civil des mœurs militaires. Cicéron, en simplifiant parfois les données traditionnelles, s'en tiendra à l'occasion au souvenir d'une jeunesse qui défend l'ordre timocratique et ne craindra pas d'inciter ses jeunes contemporains à imiter les *iuuenes* d'autrefois (48).

A côté de cette option politique que nous avons dite « de droite », une autre option, défendue par la jeunesse plébéienne, apparaît quelquefois dans les textes. Nous dirons qu'elle est « de gauche ». Elle se manifeste le plus souvent de façon collective lors des *dilectus,* car le refus de l'enrôlement est la meilleure arme dont la plèbe puisse menacer le patriciat. Mais parfois un meneur d'hommes peut se dresser et, comme le fiancé de Virginie, mener l'opposition contre le patriciat, représenté en l'occurrence par Ap. Claudius. Ces jeunes plébéiens, que la réforme « servienne » a fait accéder à la participation guerrière, sont les *iuniores* auxquels nous consacrerons le second essai de cette recherche.

## Critique de la tradition

La tradition annalistique a légué aux historiens de l'époque augustéenne le thème de la violence politique des jeunes gens. On lui reprochera surtout d'avoir simplifié à l'extrême une situation sans doute fort complexe. Les travaux de J. Gagé ont depuis quelques années laissé entrevoir les composantes du monde politique des premiers siècles. Nous les avons aperçues au cours de notre enquête sur les données religieuses : les influences les plus variées ont concouru à la formation des cultes romains. Ces influences sont souvent représentées par des *gentes,* dont on devine, sans toujours bien pouvoir l'exprimer clairement, les traditions originales. Les Fabii jouent un grand rôle ; leur culte sur le Quirinal, leurs liens avec les Luperques, le conflit de Q. Fabius avec Papirius Cursor et d'autres événements les désignent à l'attention, comme l'a voulu bien sûr Fabius Pictor, mais, nous le croyons, à partir de données réelles. Et il y a les Claudii, dont le prénom Tiberius paraît s'accorder avec des traditions fluviales (49), et les Quinctii, luperques sans doute, rivaux des Fabii et illustrés par le jeune Kaeso (50), et toutes les familles albaines. C'est précisément en ce qui concerne la jeunesse que les traditions gentilices ont pu diverger et créer des groupes antagonistes de *iuuenes.* L'attachement au compagnonnage éphébique de certaines familles, l'idéal familial défendu par d'autres, les particularismes divers ont contribué à donner aux premiers siècles romains un peu l'aspect d'une mosaïque, que le développement de l'Etat tendait à unifier de plus en plus. Le schématisme d'une Rome divisée, à sa source même, entre le patriciat et la plèbe doit céder devant l'idée d'un monde bien plus composite. Et, au-dessus de toutes les tensions que nous pouvons deviner, les problèmes de la guerre nécessitent une unité dans les techniques et une discipline qui doit être la force et l'originalité de Rome.

La grande révolution tactique qui introduit les techniques de la guerre hoplitique a d'infinies répercussions sur la politique intérieure. D'autres incidences sont sensibles : relisons le livre V de Tite-Live pour voir comment la guerre véienne influe constamment sur le déroulement de la vie politique ; relisons l'*Ineditum Vaticanum* pour voir comment Rome dut s'aligner sur ses adversaires afin de leur opposer une réplique à la mesure de leurs mœurs guerrières. Rappelons enfin les agitations de la jeunesse dans les villes de Grande-Grèce au cours de la guerre hannibalique, ou le sursaut archaïsant de Rome, pendant cette même guerre, pour créer l'union sacrée.

En fin de compte la tradition, malgré ses déformations, a transmis l'essentiel. Les annalistes ont suivi parfois les données de l'historiographie grecque, ils ont identifié, en fonction des faits qui leur étaient contemporains, le personnel politique de l'ancien temps, mais ils ont gardé la trame des récits et des faits. Tite-Live et Denys ont mal compris parfois le sens des événements qu'ils rapportaient, mais, s'ils ont déformé, c'est précisément parce qu'ils avaient à traiter des faits transmis de longue date qui manifestaient la participation violente des *iuuenes* à la politique. Tite-Live a conclu que la société ancienne était fondée sur les classes d'âge, et il a régulièrement opté pour cette structure, même quand l'appartenance politique exacte des jeunes gens lui échappait.

Nous accorderons à la tradition une confiance relative dans les études qui suivent et qui sont consacrées à l'identification des *iuuenes* que nous venons de voir si présents dans la Rome ancienne et que Tite-Live comme Denys confondent — à tort ou à raison ? — avec les *equites,* puis à celle des *iuniores* qui semblent représenter un personnel différent.


### BIBLIOGRAPHIE

P. ARNOLD : *Les sacrifices humains et la deuotio à Rome, in OGAM*, 9, 1957, 27-36.

V. BASANOFF : *Le conflit entre pater et eques chez Tite-Live, in Annuaire de l'Ecole pratique des hautes études,* section sciences religieuses, 1947-1948, 3 *sq.*

R. CRAHAY-J. HUBAUX : *Les deux Turnus, in SMSR*, 1959, XXX, 157-212.

M. DELCOURT : *Horatius Coclès et Mucius Scaevola, in Hom. W. Deonna, Latomus,* 1957, 169-180.

H. FUGIER : *Recherches sur l'expression du sacré dans la langue latine,* Paris, 1963.

J. GAGÉ : *La chute des Tarquins et les débuts de la République romaine,* Payot, Paris, 1976.

J. HEURGON : *La guerre romaine aux IV<sup>e</sup> et III<sup>e</sup> siècles et la fides Romana,* in *Problèmes de la guerre à Rome* (J. P. Brisson, Paris, 1969), 23-32.

A. W. LINTOTT : *The tradition of violence in the Annals of the Roman republic,* in *Historia,* XIX, 1970, 12-29.

*Cf.* aussi: B.G., n<sup>os</sup> 9, 55.

## NOTES

(1) Tite-Live, II, 12, 2.

(2) *id.*, II, 33, 7.

(3) *id.*, VII, 9, 6 et Claudius Quadrigarius, *ap.* Aulu-Gelle, *NA*. IX, 4 *sq* (H. Peter : *Veterum Hist. Rom. Fragmenta*, Leipzig, 1870, fg. 10b, p. 207-210).

(4) Tite-Live, VII, 26, 2.

(5) *Cf.* J. Bayet et R. Bloch, *Appendice*, Tite-Live VII, col. Budé ; — G. Dumézil : *Horace et les Curiaces ; — Heur et Malheur du guerrier.*

(6) Tite-Live, VIII, 7, 19 et Frontin, *Strat*. IV, I, 40-41.

(7) Vision idéalisée de la vertu récompensée par une charge politique et de la vertu familiale s'ouvrant sur la politique.

(8) *Cf.* J. Heurgon : *La guerre romaine aux* IV$^e$ *et* III$^e$ *siècles et la fides Romana, in Problèmes de la guerre à Rome.*

(9) *Cf. supra.* p. 87 *sq.*

(10 *Énéide, IX, 69 ; — 561 ; — 792 ; — X, 452 ; — XII, 4.*

(11) *ibid.* VII, 462 *sq* et Térence : *Adelphes*, 152 :
*Sperabam iam deferuisse adulescentiam (deferuesco : cesser de bouillir)* ; et *Heaut.* 949 :
*Hic ita ut liberos est aequom dictis confutabitur (confutare : arrêter le bouillonnement d'un liquide).*

(12) *Cf.* V. Basanoff : *Euocatio*, Paris, 1947, p. 170 *sq*, sp. 178 ; — R. Crahay-J. Hubaux : *Les deux Turnus ;* ils reprennent une suggestion d'E. Païs (*Storia critica di Roma*, I, 1913, p. 573) : « Turno Aricino, il nemico di Tarquinio, non è che Turno il nemico di Enea ».

(13) C'est le même envoûtement que provoque par ailleurs la charge de la cavalerie, *cf. infra*, p. 282, l'épiphanie de Castor et Pollux au lac Régille.

(14) *Cf.* H. Fugier : *Recherches sur l'expression du sacré dans la langue latine*, p. 45 *sq.*

(15) P. Arnold : *Les sacrifices humains et la deuotio à Rome.*

(16) Tite-Live, VIII, 9, 8.

(17) *id.*, X, 38, 7 *sq* et Festus, p. 102 L : *Legio Samnitum linteata appellata est, quod Samnites intrantes singuli ad aram uelis linteis circumdatam non cessuros se Romano militi iurauerant ; — cf. supra*, p. 60.

(18) *Cf.* E. Benvéniste ; *Vocabulaire des institutions indo-européennes*, II, p. 118 *sq*, sp. 118.

(19) *id.* p. 172.

(20) Horace : *Sat.* II, 7, 58-59 : *Quid refert, uri uirgis ferroque necari auctoratus eas an turpi clausus in arca...* et le commentaire du Pseudo-Acron : *qui se uedunt ludo, auctorati uocantur.*

(21) Tite-Live, XXV, 20, 4 ; — VIII, 34, 9 ; — *cf.* A. Piganiol : *La conquête romaine*, p. 166.

(22) Tite-Live, XXII, 38, 4 ; interprétation différente de Frontin, *Strat.* IV, I, 4 ; *cf.* aussi Servius ; *Ad Aen.* II, 157 ; — L. Cincius : *De re mil. ap.* Aulu-Gelle, *NA*. XVI.

(23) *Cf.* E. Benvéniste, *op.* cité ; et Ernout-Meillet, *Dict. étym.* p. 1034.

(24) Sur l'effet psychologique du serment à une époque plus tardive, *cf.* J. Harmand : *L'armée et le soldat à Rome de 107 à 50*, p. 300.

(25) Tite-Live, VII, 5, 8.

(26) *id.*, II, 12, 15 ; — sur Mucius Scaevola, *cf.* G. Dumézil : *Mitra Varuna*, p. 120-122 ; — et M. Delcourt : *Horatius Coclès et Mucius Scaevola.* Son nom même est contesté (Denys, V, 26 ; Plutarque, *Publ.* XVII, 8).

(27) Tite-Live, VIII, 7, 8.

(28) *id.*, 35, 9 ; de même Valère-Maxime, IX, 3, 4.

(29) *id.*, 7, 1 : *inter ceteros turmarum praefectos.*

(30) *id.*, 30, 4 et 35, 2.

(31) Denys, XIII, 3.

(32) *Cf. supra*, p. 132-133 et 207-208.

(33) *Cf. supra*, p. 132.

(34) Tite-Live, VIII, 30, 11.

(35) *id.*, 31, 4.

(36) V. Basanoff : *Le conflit entre pater et eques chez Tite-Live.*

(37) *Cf. supra*, p. 74-75.

(38) Tite-Live, I, 5, 3.

(39) *Cf.* Cicéron, *Pro domo*, 86, qui parle des *Annales Populi Romani et monumenta uetustatis.*

(40) *Cf.* J.P. Morel : *La iuuentus et les origines du théâtre.*

(41) Diodore, XII, 25 et Zonaras, VII, 18.
(42) Tite-Live, III, 50.
(43) *Cf.* Aristote, *Const. d'Athènes,* 35 et Cicéron, *De Rep.* III, 44.
(44) Tite-Live, III, 50, 1 ; *cf. supra.* p. *133.*
*(45) Denys, X, 5 sq.*
(46) Si A. Piganiol *(Romains et Latins, La légende des Quinctii)* a raison de penser que le Kaeso Quinctius de la tradition pourrait être un Fabius écarté par Fabius Pictor d'un épisode compromettant.

(47) *Cf.* A.W. Lintott : *The tradition of violence in the Annals of the Roman republic, in Historia.*
(48) Cicéron ; Pro Sestio, 27, 136.
(49) *Cf.* La leçon terminale de J. Gagé au collège de France (15 mars 1972) et *id. : La chute des Tarquins et les débuts de la République romaine,* Paris, 1976.
(50) *Cf.* A. Piganiol, *op.* cité.

# CHAPITRE II

# CELERES — EQVITES

— *Les Celeres de Romulus*
— *Les equites*
— APPENDICE : *Les censeurs Ap. Claudius*
— *Caecus et Q. Fabius.*

*La cavalerie fut peu nombreuse chez les premiers Romains : elle ne faisait que la onzième partie de la légion, et très souvent moins ; et ce qu'il y a d'extraordinaire, ils en avaient beaucoup moins que nous, qui avons tant de sièges à faire, où la cavalerie est peu utile. Quand les Romains furent dans la décadence, ils n'eurent presque plus que de la cavalerie. Il me semble que, plus une nation se rend savante dans l'art militaire, plus elle agit par son infanterie ; et que, moins elle le connaît, plus elle multiplie sa cavalerie ; c'est que, sans la discipline, l'infanterie pesante ou légère n'est rien ; au lieu que la cavalerie va toujours, dans son désordre même. L'action de celle-ci consiste plus dans son impétuosité et un certain choc ; celle de l'autre dans sa résistance et une certaine immobilité : c'est plutôt une réaction qu'une action. Enfin, la force de la cavalerie est momentanée ; l'infanterie agit plus longtemps ; mais il faut de la discipline pour qu'elle puisse agir plus longtemps.*

Montesquieu, *Considérations*, XVIII, 5.

Le parallèle que fait Montesquieu est singulièrement pénétrant. Dans le passage du *furor* à la *disciplina* que nous venons d'évoquer, il distribue clairement les rôles : du côté de la discipline, c'est l'infanterie, masse pesante, immobile, plus défensive qu'offensive, avec une morale inhérente à sa fonction ; quant à la cavalerie, quatre mots traduisent son rôle, quatre mots qui sont une définition du *furor* même : désordre, impétuosité, choc, action momentanée. Enfin l'une et l'autre force sont situées dans l'esprit de l'essai qui porte sur la décadence de Rome : l'infanterie est la force d'une nation savante dans l'art militaire ; la cavalerie est antérieure ou postérieure à la période florissante ; et, si la France du XVIIIᵉ siècle en a trop, c'est que la cavalerie est comme le luxe d'un pays aristocratique ; elle est un corps de parade, de gala, le bastion des privilèges nobiliaires. A Rome, comme nous allons le voir, ces dernières considérations de Montesquieu ne sont pas applicables telles quelles, mais que la cavalerie soit liée au *furor* apparaît en revanche nettement, dès qu'on étudie les origines traditionnelles de l'*equitatus*.

*Les Celeres de Romulus.*

Nous rencontrons aux sources de la cavalerie les *Celeres*. Si la tradition est unanime à attribuer leur création à Romulus, sur leur nature et leur fonction, elle se sépare en deux tendances qu'une rapide lecture des textes permet de définir. L'une, qu'on peut appeler, après H. Hill (1), une tradition historique, voit dans les *Celeres* une garde du corps, chargée assentiellement d'entourer le souverain, et elle ne les situe pas par rapport aux *equites* (2). L'autre, une tradition antiquaire, identifie les *Celeres* et les *equites* primitifs ; elle se tait sur leurs fonctions de garde royale (3).

Tite-Live observe à ce sujet la plus grande réserve. L'institution des *Celeres* est mentionnée rapidement, comme une mesure où s'affirme, après des débuts démocratiques et généreux, l'évolution de Romulus vers un gouvernement militaire, fondé sur la plèbe contre les *Patres*. Cette garde est toujours en service : *non in bello solum sed etiam in pace habuit*. On ne retrouve plus mention des *Celeres* avant le moment où Brutus, en 509, convoque l'assemblée grâce à une prérogative attachée à son titre de *tribunus Celerum*. Au rôle de ces soldats, liés à la personne royale, il n'est fait aucune allusion dans le déroulement des événements qui marquèrent la chute de Tarquin ; à peine peut-on imaginer que le mouvement révolutionnaire a pu naître au sein même de la garde royale.

Plutarque ajoute peu de détails. Lui aussi, et avec moins de réticences, montre l'apparat dont s'entoure Romulus, devenu un orgueilleux monarque, par qui les *Patres* sont écartés du pouvoir. Il relève aussi que les *Celeres,* recrutés dans la jeunesse — τῶν νέων — sont toujours autour du roi. Soucieux d'expliquer les lacunes de ses informations sur leur action politique et militaire après le règne de Romulus, il affirme que le premier acte de souverain de Numa fut précisément de dissoudre cette garde. Le geste est conforme à l'image traditionnelle du bon roi, qui appuie son règne sur le sénat.

Zonaras suit Plutarque sur ce point, mais, comme on disait que Brutus était en 509 tribun des *Celeres* et qu'il fallait bien qu'il y eût alors des *Celeres* pour justifier le titre, il précise que Tarquin le Superbe s'entoura, à la manière de Romulus, de doryphores toujours présents à ses côtés.

Tite-Live et Plutarque sont d'accord sur l'essentiel : Romulus a évolué vers la tyrannie ; la garde personnelle en est la marque. Ils se font l'écho d'une tradition formée à la fin de la République dans les milieux hostiles à la monarchie militaire (4) et selon le type connu du tyran grec (5). Périandre, fils du roi de Corinthe Cypsélos, s'entoure de 300 doryphores : c'est « le signe le plus évident de (la) transformation de la royauté en tyrannie » (6). Pisistrate de même obtient du peuple une garde de 300 hommes, recrutés sans doute dans la classe populaire (7). Ainsi Romulus crée un corps de 300 *Celeres* et la similitude du nombre est frappante : on se souvient qu'il y a

300 cavaliers à Sparte, et souvent les textes mentionnent des contingents de 300 hommes (8) (9). A Cumes, Aristodème se constitue une garde du corps (10), et, à Rome encore, les décemvirs, après s'être fait escorter par d'anciens tribuns, pour se donner des airs démocratiques, sont plus tard accompagnés de jeunes patriciens (11). Le tyran archaïque est généralement un démagogue, prenant appui contre l'aristocratie sur le nouveau peuple issu de la réforme hoplitique (12) ; Romulus n'avait pas encore à affronter cette réforme, mais la tradition veut cependant que son pouvoir se soit dressé contre une aristocratie sénatoriale.

On voit les influences subies par la légende : l'historiographie grecque d'une part, et, sans doute, d'autre part, des faits étrusques, si, comme nous l'avons dit, Aristodème a des penchants pro-étrusques (13) que confirmerait la création d'une garde analogue à celle qu'on attribue parfois à Tarquin. Ajoutons encore la possibilité d'une influence des faits modernes : en 88, Sulpicius recrute une garde du corps de 600 chevaliers (14) et la légende de Romulus a pu se façonner par l'apport des réalités vécues. Nous n'en viendrons cependant pas à suspecter l'existence historique des *Celeres* qui semble assurée (15) ; seule leur nature, demeurée mystérieuse, a pu donner lieu à des interprétations encouragées par certaines options politiques. En tout cas, dès qu'ils apparaissent, les *Celeres* sont opposés aux *Patres*, et c'est en 509, après le règne de Tarquin, qu'ils disposent d'un pouvoir suffisant pour participer au renversement de la monarchie.

Ce qui a le plus surpris les historiens anciens, c'est la disponibilité permanente de ces soldats : ils sont perpétuellement sous les armes, et défient l'idéal romain du soldat-citoyen qui combat pendant la période des guerres, puis, démobilisé, revient, en toge, jouer son rôle de quirite. Aussi a-t-on vu en eux le prolongement des guerriers spécialistes de la proto-histoire (16). On peut dès lors les rapprocher de ces *latrones,* qui entretiennent d'étranges rapports avec le roi Amulius, cet autre tyran dont le pouvoir, acquis par la violence et le meurtre, est lié à l'activité guerrière d'un groupe de soldats mystérieux. Nous ne discuterons pas avec René Martin d'une éventuelle révolution économique, que traduirait, dans sa première époque, la geste de Romulus (17). De sa démonstration, nous retiendrons la réflexion sur l'emploi du mot *latrones,* dans le récit de Tite-Live. On le traduit habituellement par « brigands », selon l'acception classique (18). Cependant Tite-Live désigne ainsi non pas tant des bandits de grand-chemin que des soldats qui se conduisent en bandits (19). Le *miles* fait la guerre en ligne de bataille, dans un combat régulièrement engagé, le *latro* s'embusque pour la guérilla sournoise ; le mot est synonyme de *praedo*. Quand Mucius Scaevola avertit le sénat de ses intentions, il précise qu'il ne va pas chez l'ennemi en *praedo* (20), ce qui revient à dire qu'il agit pour la cause romaine et non pour un acte individuel de brigandage (21). Chez Ennius le *latro* est un « soldat » ou un « garde du corps » (22) ; chez Plaute, il désigne exlusivement un mercenaire loué à un souverain étranger (23) ; c'est ce sens qui est sans doute le plus ancien (24). Servius (25) et Varron le définissent ainsi ; Varron ajoute une étymologie hasardeuse à partir de *latus* pour expliquer la sens de garde du corps (26). Selon R. Martin, les *latrones* de la légende pourraient être les représentants d'une classe guerrière éliminée par Romulus. Cette suggestion va dans le sens de ce qu'écrit G. Dumézil des mots de la fonction guerrière à Rome : ils sont déclassés par suite de considérations de technique militaire et par la substitution du « patriotisme romain unitaire et discipliné » (27) à la morale de classe du guerrier. L'évolution de *latro* s'éclaire à la lumière de cette interprétation. Les *latrones* constituaient peut-être une garde militaire, protectrice d'un pouvoir tyrannique et vendant, pour une solde et des privilèges, sa protection armée. Combattus par Romulus et son frère, qui sont alors luperques, parce qu'ils soutiennent le roi félon, les *Latrones* sont à Amulius ce que les *Celeres* seront à Romulus.

Nous verrons plus loin avec plus de précision que les *Celeres* sont assimilables à une classe guerrière, en rapport avec les Luperques, les *equites* et tous les représentants des activités typiquement militaires d'une jeunesse organisée. S'ils semblent bien être un corps d'élite, en marge du commun, comme une caste sacerdotale de la guerre, qui en sublime les vertus et en assume les horreurs et les rites, rien ne dit qu'ils sont des mercenaires. Cependant dans leur nom et dans leur organisation, on ressentait une ingérence étrangère. On se souvenait que Romulus, devant la menace sabine avait accueilli un chef étrusque, Caelius, qu'il avait installé avec ses troupes sur le mont qui gardera son nom (28) ; on se rappelait aussi un autre condottiere, Lucumon, qui était venu offrir ses services à Romulus (29) ou à l'un des Tarquins (30). L'histoire de Lucumon est une sorte de doublet de celle de Caelius, et son nom servait à expliquer celui des *Luceres* (31). Le souvenir d'auxiliaires étrusques, dont l'un est mis en rapport avec un des clans de la cavalerie primitive mérite une attention que nous lui consacrerons plus loin. Avant de s'intéresser à la cavalerie, il faut interroger notre troisième informateur, le plus disert, Denys d'Halicarnasse.

Si Tite-Live semble comme embarrassé et reste discret, Denys, devant les *Celeres* est tout à fait à l'aise. Il reconnaît que Romulus est devenu un tyran (32) ; il note que les *Celeres* lui servent à intimider d'éventuelles oppositions (33). Cependant, il ne voit pas, dans leur création, une manifestation de tyrannie. Leur existence même est susceptible de faire d'eux les satellites d'un roi violent, mais, à l'origine, ils entrent dans l'organisation générale de l'Etat. Romulus, après avoir créé le sénat des anciens, s'aperçoit qu'il a besoin d'une organisation de jeunes gens καὶ νεότης (34), et crée le corps des *Celeres*. Il distingue donc deux classes d'âge, comme plus tard, sous Auguste, le titre de *princeps iuuentutis* viendra faire équilibre à celui du *princeps senatus* (35). L'illustration et la robustesse physique sont les critères sur lesquels chaque curie choisit dix jeunes hommes. Il est évident que le critère social, au temps de Romulus, est une illusion anachronique ; le recrutement sur des qualités physiques est plus vraisemblable. Ces jeunes hommes servent de gardes du corps et leur service est permanent ; ils doivent aussi accomplir des tâches urgentes que Denys ne précise pas davantage mais qui lui permettent de rattacher le mot à *celer,* rapide. A la ville, ils escortent le roi ; à la guerre, ils le protègent et chargent avant lui. Leur rôle au combat est particulier, puisqu'ils sont les premiers à engager le combat et les derniers à quitter le champ de bataille. Selon les possibilités du terrain, ils combattent à pied ou à cheval (36). Le plus distingué d'entre eux est leur chef (ἡγεμών); trois officiers l'assistent

Ces divers renseignements, empruntés en partie à Valerius Antias, Denys les ordonne et les explique par référence à l'institution spartiate des *hippeis* (37). La communauté culturelle et institutionnelle dont nous avons évoqué la possibilité dans le monde ancien pourrait étayer l'hypothèse d'une imitation romaine des pratiques de Sparte. Denys n'est pas le premier à la suggérer : Caton, Polybe, Cicéron, Varron avaient esquissé divers rapprochements entre les deux cités (38). Rien cependant ne prouve que les *Celeres* ont été créés et organisés sur un modèle directement emprunté à Sparte : l'institution peut venir de la Grande-Grèce, par l'intermédiaire des Etrusques qui ont sans doute participé à son élaboration définitive. L'hypothèse de Denys fait craindre qu'il ait puisé dans la constitution lacédémonienne les détails qui manquent à Plutarque et à Tite-Live. Le rapprochement cependant est intéressant, car il ouvre une voie à la recherche. On peut en effet se demander si ces gardes du corps ne sont pas ce qu'étaient les *hippeis* spartiates : des survivants d'un compagnonnage archaïque, d'une société militaire et politiquement influente. De plus, grâce à Denys, un lien est établi entre la première interprétation des *Celeres* qui voit en eux seulement une garde royale, et la seconde qui les assimile aux *equites* archaïques. Pour Denys les *Celeres* sont analogues aux cavaliers spartiates et différents des *equites* romains ; mais les uns et les autres ont en commun d'être jeunes. A Sparte, les *hippeis* sont simplement appelés *couroi ;* à Rome, les *Celeres* sont jeunes, ils sont liés à la royauté tumultueuse de Romulus dont ils soutiennent les tendances tyranniques, comme plus tard les *equites* le feront pour les décemvirs, les *equites* que les textes nous présentent comme les « choisis », les *primores iuuentutis Romanae*. Avant d'approfondir ces remarques, finissons-en avec les renseignements qu'apporte Denys.

Pour lui, Numa, au lieu de supprimer les *Celeres,* a doté leur chef d'attributions religieuses, mais ne semble pas avoir congédié ses troupes. Denys toujours attentif à faire coïncider ses interprétations des faits anciens avec des faits historiques, rend ainsi compte de la présence signalée par les Fastes de Préneste du (ou des) *tribunus (i) Celerum* lors de la cérémonie célébrée par les Saliens le 19 mars au *Comitium* (39). Enfin dans le discours que prononce Brutus en 509, on retrouve le détail donné aussi par Tite-Live :

Brutus est *tribunus Celerum,* titre qui, c'est Denys qui ajoute cette précision, lui donne le droit de convoquer le peuple (40).

Nous venons donc d'examiner les grandes lignes de la première tendance de la tradition que nous avons appelée « historique » : sans assimiler les *Celeres* aux *equites,* par l'analyse de Denys d'Halicarnasse elle se rapproche cependant de la seconde tendance « antiquaire » dont les représentants soutiennent l'assimilation des deux formations. Le texte qui va le plus loin en ce sens est dû à Pline l'Ancien. C'est, intercalée dans un chapitre sur les métaux où elle s'introduit par l'intermédiaire de l'anneau d'or, une longue notice qui retrace l'histoire des chevaliers. Elle a attiré des remarques sceptiques de Madvig qui y voit l'exemple « le plus frappant de la manière diffuse dont Pline expose les faits historiques ». Certes il n'y a pas là de rigueur scientifique, et il est fâcheux de trouver à un texte, qui sur un sujet aussi délicat aurait pu être capital, les apparences d'un *excursus* désinvolte. Cependant la négligence de la composition n'entraîne pas nécessairement celle du fond ; Pline en outre cite sa source : M.Junius Gracchanus, un « archéologue » contemporain des Gracques, dont le témoignage a le mérite au moins de se situer à l'époque républicaine (41). La méfiance de Madvig porte d'ailleurs plus sur le détail que sur ce qui est pour nous l'essentiel, l'équivalence *Celeres-equites.*

Les cavaliers auraient été d'abord appelés *Celeres,* à partir de Romulus durant la monarchie. A une époque que le mouvement de la phrase fait, semble-t-il, coïncider avec la fin de l'époque royale, ils furent appelés *Flexuntes* ou *Flexumines ;* enfin, à la suite de la prise de la ville étrusque de Trossulum par la cavalerie seule, sans le concours de l'infanterie, on les aurait appelés *Trossuli* et ce nom leur serait resté jusqu'à l'époque des Gracques. Ces trois appellations ne semblent pas être du même ordre (42) : *Celeres* dut être une désignation officielle et elle se maintint jusqu'à l'Empire ; mais *Flexuntes* et *Trossuli,* termes fossiles, portent peut-être la trace d'un ancien équipement ou d'une tactique (43), à moins que ce ne soient des termes familiers ou poétiques (44). Dans la vie politique les cavaliers avaient d'autres titres que Pline rappelle : les six plus anciennes centuries étaient désignées du nom des trois tribus : *Ramnes, Tities* et *Luceres* qui fut peut-être dès l'origine le nom des centuries équestres (45). D'autre part dans les opérations de vote, elles étaient appelées *sex suffragia.*

Les historiens se sont longtemps interrogés sur cette notice et ses divergences avec toute une partie de la tradition considérée comme plus sérieuse. Certains ont voulu que les *Celeres* ne fussent qu'une garde du corps (46), d'autres leur ont refusé ce rôle et ont vu en eux des cavaliers sans autre fonction (47). La critique historique s'est donc divisée selon les deux tendances qui divisaient la tradition ancienne. Or il nous semble que Denys permet de réduire cette divergence. Quand il signale que le roi Tullus combat parmi l'élite de la cavalerie (ἐν τοῖς ἐπιλέκτοις τῶν ἱππέων) (48), il invite

à penser que les *Celeres* étaient peut-être une section d'élite de la cavalerie
(49). Pline confirme cette hypothèse : il ne parle que des membres de l'ordre
équestre et non de l'ensemble de la cavalerie. On sait qu'à l'époque historique
il faut distinguer nettement les membres de l'*equitatus* et ceux de l'*ordo,* qui
constituent une élite au sein de l'ensemble. Et cette élite est choisie d'après
divers critères dont la richesse n'est pas le plus important (50). La situation
est semblable à Capoue, où sur les 4000 cavaliers qui peuvent être recrutés
en 216, 1600 constituent un corps d'élite, un *ordo* (51). Les *Celeres* sont
présentés comme un corps d'élite ; c'est aux *equites* de l'*ordo* que la tradition
représentée par Pline invite à les assimiler. De plus, la double fonction de
garde royale et de corps militaire n'est pas une impossibilité et on tend
aujourd'hui à l'admettre (52), ce qui revient à reconnaître la possibilité d'une
synthèse entre les deux tendances de la tradition.

On peut tenter désormais de donner une description cohérente des
*Celeres,* tels que les présentent les textes. C'est un corps spécial, destiné à la
protection du roi, créé, ou utilisé *a posteriori*, pour imposer un pouvoir fort,
dans un climat d'hostilité au sénat. La garde royale est une institution
répandue dans l'antiquité. Cicéron ignore ici (53) et nie là (54) qu'une telle
garde ait entouré Romulus ; les nécessités de l'argumentation peuvent chaque
fois justifier cette omission ou ce refus. Cette garde est le prototype de la
cavalerie, telle que Tite-Live la décrit pour les premiers siècles de Rome : une
arme d'élite, distinguée par ses prérogatives militaires et religieuses, destinée
à décider du combat par son égale aptitude aux combats à pied et à cheval.
Cette institution liée au pouvoir royal rappelle le *laos* des sociétés
homériques. Le recrutement change naturellement s'il s'agit d'un roi appuyé
sur une aristocratie ou dominé par elle, ou d'un tyran, porté par le peuple,
mais la tradition est unanime à évoquer un pouvoir absolu, royal d'abord
puis patricien. Romulus a été traité comme un condottiere ou un lucumon
étrusque et a subi la réfraction du personnage de Tarquin le Superbe (55) ;
sans doute les *Celeres* sont-ils la projection dans l'annalistique romaine des
gardes dont s'entouraient les seigneurs toscans. Tarquin s'est intéressé à la
cavalerie et lui a donné une plus grande extension (56), c'est lui, sans doute,
qui a, sinon créé, du moins promu l'institution des *Celeres.* Ceux-ci sont par
ailleurs analogues à ces *dilecti* dont nous avons dit la présence dans les corps
d'armée grecs. La comparaison avec Sparte, l'influence de l'historiographie
grecque, les contaminations des *Historiae Tuscae,* la personnalité du témoin
que cite Pline — un contemporain de l'époque où l'*ordo equester* est en pleine
constitution — tout permet de se représenter avec précision la nature et la
fonction des *Celeres.* Mais cette précision même est inquiétante et elle invite
à utiliser avec prudence les données d'une tradition qui, sur une réalité si
ancienne, est singulièrement explicite. S'il y a dans tous ces détails une vérité
— ce que nous croyons —, c'est par d'autres voies que nous pourrons
l'approcher.

Tentons d'abord la voie de l'étymologie et de l'histoire des mots. Les noms *Ramnes, Tities* et *Luceres* sont considérés comme des dérivations de gentilices étrusques, ou bien — et c'est l'explication la plus vraisemblable — comme la transcription étruscisée de noms latins préexistants ; cette transcription a pu se faire au moment de la réforme « servienne » (57). Si l'existence d'une division par tribus et curies chez les Ombriens et les Sabelliens empêche d'affirmer que la subdivision du peuple romain date des Etrusques, du moins une influence étrusque sur le statut de la cavalerie est probable. La tradition d'ailleurs rapporte avec insistance qu'au moment du dédoublement des centuries les augures ont exigé que leur nom fût conservé (58), ce qui revient à montrer à la fois que ces noms préexistaient à la réforme de Tarquin et que celui-ci avait l'intention de les modifier.

Le mot *Celeres* a été dès l'antiquité l'objet de spéculations étymologiques diverses. On en fait tantôt un nom commun, rattaché à l'adjectif *celer* et illustrant la qualité essentielle de ces jeunes hommes, la célérité. Tantôt on le fait dériver du nom du meurtrier de Rémus, Celer, éponyme de la troupe. La première hypothèse a la faveur de Servius qui propose un rapprochement avec le grec κέλης, cheval de course. Le rapport est vraisemblable et satisfaisant pour le sens ; il est cependant écarté par Ernout-Meillet « à moins d'admettre une étymologie populaire », et ils penchent pour une formation étrusque analogue à celle de *Luceres* (59). On pense aussi à *proceres,* qui avec *Celeres* et *Luceres* semble former une trilogie, de termes militaires peut-être (60). L'étymologie proposée par Servius nous semble défendable, à condition d'admettre une réfection morphologique d'influence étrusque (61). C'est vers l'Etrurie que nous oriente l'histoire des mots, apportant ainsi une raison de faire confiance à la tradition, quand elle suggère, comme nous l'avons dit, que les Tarquins se sont intéressés à l'organisation des *Celeres,* ou quand elle imagine que le meurtrier de Rémus, Celer, s'exile en Etrurie, après son crime (62). Le nom des *Celeres* reste cependant un peu mystérieux, et les auteurs grecs hésitent dans leur transcription entre Κέλερες (63) et Κελερίοι (64).

Pour *Flexuntes,* c'est au niveau même des textes latins que se manifeste l'incertitude : les manuscrits de Pline donnent *Flexumines* — un des rares mots suffixés en — *men* qui ne serait pas neutre, comme *flamen*— ; ceux de Servius hésitent entre *Flexuntes* et *Flexuntae.* En grec, le mot est transcrit φλεξεντίης (65). C'est sur le radical seul qu'on peut donc réfléchir. J. Vendryès interprète le mot comme une formation participiale à partir d'un verbe *dhlegh-s-e]o,* désidératif de la racine occidentale *dhleg— qui marque l'obligation : les *Flexuntes* seraient ceux qui étaient tenus au service à cheval du fait de leur fortune (66). On sait, en effet, que le service dans la cavalerie, pour honorifique qu'il fût, était une lourde charge et les réalités politiques ne s'opposent pas à l'explication de J. Vendryès. Cependant plus simple et plus vraisemblable nous paraît la suggestion de Servius (67) : fort de l'autorité de

Varron, il rattache le mot au verbe *flectere,* qui désigne, chez Virgile, les évolutions équestres. L'appellation était peut-être poétique ; en tout cas, l'incertitude qui pèse sur la graphie du mot et sa désuétude semblent exclure un emploi officiel et courant. Ce terme ancien qui peut-être évoquait la parade équestre n'a pas nécessairement l'origine étrusque qu'on lui a parfois supposée (68), et sa formation rappelle celle des participes *sons* ou *euntes* (69). Les données restent, on le voit, bien incertaines.

C'est la ville étrusque de Trossulum qui aurait donné leur nom aux *Trossuli,* et à la *trabea trossula,* portée par les cavaliers lors de la *transuectio* du 15 juillet. On peut, en effet, penser à une origine étrusque (70), mais des explications plus précises ont été tentées. J. Gagé rapproche le mot de Troilos et y retrouve la trace des pratiques éphébiques qui lui paraissent caractériser la morale des cavaliers (71) ; J. Knight, qui accepte pour *Flexuntes* l'explication de Servius, reprend pour *Trossuli* une hypothèse déjà ancienne de R.H. Klausen qui liait le mot à *truia* et à *amptruare.* On retrouverait dans ces mots la notation d'une évolution en zigzag ; les cavaliers seraient ainsi désignés encore par leur parade, ou par des rites d'encerclement magique dont Trossulum garderait dans son nom le souvenir (72). Ces hypothèses sont aussi séduisantes qu'aléatoires et restent difficilement vérifiables (73).

Glorieux à l'origine, si l'on en croit Pline, le nom de *Trossuli* s'est chargé d'on ne sait quel opprobre : les cavaliers ont eu un jour honte de le porter. Au temps de M. Junius Gracchanus, le mot est déjà ancien, on n'en sait plus bien le sens, mais il a mauvaise réputation. Dès sa première mention, chez Varron (74), il a une acception péjorative, désignant les gandins parfumés, les petits maîtres, et il la conserve à l'époque impériale (75). On ne peut tirer grand argument de la notice de Nonius, qui donne *torosuli* comme un doublet de *Trossuli,* car les manuscrits divergent. *Torosuli* apparaît avec le sens de « élégant », « bien découplé », dans des exemples tardifs (76), et c'est parce que *trossuli* était compris par Nonius comme un diminutif que le rapprochement lui a paru s'imposer.

C'est au temps où l'ordre équestre prend avec les réformes des Gracques une physionomie et une importance politique nouvelles que ses membres éprouvent la nécessité de renier une appellation qui témoignait sans doute d'une particularité ancienne, devenue matière à dérision. La fissure entre le statut de l'*ordo* et celui de la cavalerie proprement militaire s'approfondissait, et les *equites* de l'*ordo* ont peut-être cherché à affirmer leur indépendance envers le passé ; ce faisant, ils ont brouillé les pistes qui ramenaient leur organisation à celle des *equites* archaïques. Quant au discrédit qu'a subi le mot, qu'il tienne à son aspect de diminutif — mais en a-t-il l'aspect seulement ? — ou à l'origine étrusque qu'on lui supposait — à tort ou à raison ? —, il a en tout cas blessé l'orgueil des *equites.*

C'est par des questions que s'achève l'étude des noms successifs que portèrent les cavaliers, des questions qui convergent sur l'éventualité d'une origine étrusque de la cavalerie, ou du moins d'une réfection importante de son statut par les rois étrusques. La philologie ouvre les perspectives que la tradition ancienne ouvrait déjà, mais n'apporte pas de fait déterminant qui permette d'affirmer qu'elles correspondent à une réalité historique. Nous devons donc nous tourner vers un autre domaine, celui de l'histoire politique des *equites*.

*Les equites.*

L'assimilation des *Celeres* aux *equites* archaïques nous place devant des problèmes âprement discutés aujourd'hui, dont le plus critique est de déterminer le statut social et politique de la cavalerie des premiers temps. Une première thèse soutient que l'*equitatus* est une noblesse militaire, issue des éleveurs indo-européens, détentrice au temps des rois, puis après leur chute, en tant que patriciat, de toutes les prérogatives politiques et religieuses. Cette classe a des correspondants en Grèce (77), en Campanie et peut-être en Etrurie (78). Cette interprétation est soutenue brillamment par A. Alföldi. Il considère que la classe des patriciens était constituée par les *Celeres*, et que les plus anciens d'entre eux étaient les sénateurs, les *patres*. Il y aurait entre la cavalerie et le patriciat un lien essentiel. Les clans de la cavalerie se seraient emparés de toutes les magistratures à la chute de Tarquin. Les *insignia* de la cavalerie sont semblables à ceux des rois étrusques et à ceux des magistrats patriciens de la République (79), et cette remarque est l'argument essentiel d'A. Alföldi, et le plus impressionnant : il donne un poids nouveau à l'idée déjà ancienne que les patriciens et les *equites* sont en fait le même personnel social et politique.

Au début du siècle, W. Helbig soutenait une thèse différente et qui a encore des défenseurs (80). Il mettait en évidence la prééminence de l'infanterie des hoplites et niait l'existence d'une cavalerie fonctionnelle : c'est la théorie des hoplites montés que nous avons évoquée à propos de la Grèce. Comme A. Alföldi, W. Helbig ne distingue pas ceux qu'on appelle les *equites* des patriciens.

L'identité du patriciat et de l'*equitatus* ancien est aujourd'hui contestée le plus ardemment par A. Momigliano. Il attire l'attention sur quelques faits troublants : le *magister populi*, à l'origine un *pater*, qu'une partie de la tradition présente comme destiné à l'origine à venir à bout du refus par les plébéiens du service militaire (81), ne pouvait monter à cheval sans permission spéciale ; ce magistrat d'exception doit nommer un *magister equitum*, qui lui est subordonné ; l'Etat verse une indemnité aux cavaliers pour leurs frais d'équipement, ce qui s'accorde mal avec l'idée d'une aristocratie patricienne ; enfin, dans les comices centuriates, les *sex suffragia*, qui descendaient des *Celeres*, passaient après la première classe. Ces faits conduisent A. Momigliano à la conclusion que la Rome archaïque honorait bien plus l'infanterie que la cavalerie, et que l'aristocratie dirigeante était composée des chefs des fantassins, soutenus par leur clientèle (82).

L'interdiction faite au *magister populi* de monter à cheval pèse sur le *flamen dialis* aussi (83). Elle n'a jamais été bien expliquée. On devine pour le flamine un tabou, la nécessité peut-être de ne jamais se séparer du sol, ou l'interdiction de toucher au cheval à cause de ses rapports avec la mort (84), mais ce sont des hypothèses appelées par les complications étranges du statut réservé au flamine de Jupiter. On peut aussi bien supposer que ce statut a été établi avant qu'on utilisât les chevaux comme montures et qu'ensuite on a pris soin de n'y rien changer. Pour le *magister populi,* plus qu'à une explication rituelle ou chronologique, on pense à des raisons politiques. S. Mazzarino suggère que les patriciens, qu'il assimile aux *equites,* ont voulu que le chef de l'infanterie, qui devait fatalement devenir le chef de l'Etat, se différenciât d'eux au moins par cette interdiction (85). A. Alföldi y voit aussi une manière de protéger la position du *magister equitum* (86). C'est dans le même sens, bien qu'un peu différemment, que Plutarque ordonnait ses réflexions : ou bien l'interdiction venait du fait que l'infanterie était la force principale des armées et que le général devait rester avec les fantassins, ou bien elle apportait une limitation à la puissance exceptionnelle de la dictature (87). C'est sans doute parce qu'il est le chef de l'infanterie que le *magister populi* ne doit pas monter à cheval : il ne peut pas commander directement la cavalerie. Sa supériorité sur le *magister equitum,* sans lequel toutefois sa fonction est illégale, montre que le système politique auquel il appartient cherche à supplanter un autre système dans lequel la cavalerie avait un rôle important. Peut-être s'agissait-il d'évincer l'ancien système tribal dont les cavaliers sont la survie (88).

On voit que ces explications, anciennes ou modernes, tournent autour d'une idée qu'elles se refusent à admettre : l'interdiction ne s'explique vraiment que si l'on admet une dissociation entre le patriciat et les *equites* et la volonté chez les premiers de marquer leurs distances vis-à-vis des seconds. Notons que le cheval et les cavaliers ont une place importante dans les idéologies et les rituels des sociétés d'hommes, et nous aurons peut-être un principe d'interprétation des faits : il fallait éliminer la classe guerrière, à cheval, et donner aux fantassins un rôle politique à la mesure de leur rôle militaire. C'est un point sur lequel on peut s'accorder ; où naît le désaccord, c'est sur la qualité sociale des deux personnels militaires.

Sous la monarchie, la puissance des cavaliers fut très grande, au point que l'armée entière aurait par synecdoque pris le nom des *Celeres* (89). Le *tribunus Celerum* était le second du roi. Le corinthien Tarquin aurait trouvé dans sa patrie le modèle de l'organisation équestre (90). Or, dès le début de la République, le chef de la cavalerie est subordonné à un magistrat dont les fonctions ne sont pas totalement précisées. Le titre de *magister equitum* est clair : il commande la cavalerie, comme Volcens que Virgile place à la tête de

300 cavaliers latins avec le titre de *magister* (91). Il est clair aussi que ce titre est corrélatif à celui du *magister populi* qu'on est tenté de traduire par « chef de l'infanterie », après A. Momigliano. Peut-être commandait-il l'armée entière et même la cavalerie, par l'intermédiaire de son collègue, selon une hypothèse qui conviendrait mieux à A. Alföldi. La notion de *populus,* dans son acception la plus ancienne, n'est pas bien définie : était-ce un correspondant du grec *dèmos,* c'est-à-dire de l'armée hoplitique (92), ou la désignation d'une assemblée qui aurait dès l'origine compris les *Patres* (93) ? Laissons pour le moment cette question de côté (94), mais notons combien il est remarquable que, dans le temps où le patriciat monopolise la dictature, les *magistri equitum* puissent n'être pas des patriciens (95). La société, au lendemain de la révolution, semble reposer sur une dualité : le *populus* et les *equites,* à laquelle on peut proposer plusieurs équivalents : fantassins et cavaliers, anciens et jeunes, peuple dans son ensemble et patriciat.

Les anciens sentaient une analogie entre le *magister equitum* et le *tribunus Celerum* (96). A. Rosenberg, notant que ce magistrat a continué d'exister avec des fonctions sacerdotales, rapproche la charge de *magister equitum* de celle du *magister iuuenum,* qu'on trouve dans certaines cités italiennes, et que S. Mazzarino met en relation avec l'hypothétique *meddix verehias* de Capoue (97). Si, comme le pense Denys d'Halicarnasse, les *Celeres* sont des *iuuenes* qui font équilibre aux *Patres,* l'hypothèse d'A. Rosenberg se concilie fort bien avec les données des textes anciens : le *tribunus Celerum* peut correspondre au *magister iuuenum* italien et avoir perdu ses prérogatives politiques au profit du *magister equitum* romain. Les deux fonctions peuvent remonter à la monarchie : le roi, quand il ne pouvait participer à la bataille, nommait peut-être un *magister populi* qu'assistait le *tribunus Celerum* (98). La période intermédiaire entre la monarchie et la collégialité consulaire aurait pu connaître, entre autres recherches hésitantes, una collégialité hiérarchique, connue ailleurs en Italie (99). Le *magister populi,* plus tard appelé *dictator* (100), aurait hérité de la puissance royale (101) et aurait nommé, selon une procédure archaïque (102), le subordonné que la constitution lui attribue impérativement.

Jusqu'à la *Lex Metilia* de 217 (103) qui égale les pouvoirs des deux *magistri,* les conflits entre eux sont nombreux. Nous avons évoqué le plus spectaculaire, qui oppose Papirius et Fabius et qui se dédouble avec la rivalité de Fabius et de Minucius (104). Cette opposition, présentée comme un conflit de générations, ou comme une rivalité personnelle, est en fait le reflet au sommet des conflits qui opposent cavaliers et fantassins. Et Fabius, jeune *magister equitum,* trouve comme alliée contre son supérieur la *iuuentus* équestre ; la cité entière prend même position. Le *magister equitum* agit dans les récits historiques avec une fougue juvénile et semble mal supporter de devoir se soumettre, comme si sa subordination était une scandaleuse innovation. Avant d'être rois, Tarquin et Servius Tullius furent chefs de la cavalerie, et il peut effectivement paraître insupportable que la charge, réservée apparemment au prince héritier (105), devienne subalterne dès le début de la République et soit placée sous l'autorité non plus d'un roi mais d'un magistrat. Attachée au pouvoir royal, la maîtrise de la cavalerie demeure cependant dans la constitution républicaine, et cette seule permanence prouve l'originalité des cavaliers par rapport à l'ensemble des mobilisables.

Tous ces faits restent flous et ne suffisent pas à donner à la thèse d'A. Momigliano valeur de certitude. Cependant l'idée que le patriciat, dans le temps de sa suprématie, s'est subordonné la cavalerie ébranle la thèse traditionnelle d'une identité entre les *equites* et les patriciens. En présence du duel Alföldi-Momigliano, selon la belle expression de J. Heurgon, « le monde savant retient son souffle et son jugement » (106).

Quelques voix ont osé s'élever pour rompre ce silence dubitatif et pour prendre parti. J. Gagé, dans des études consacrées aux rapports que les *equites* semblent avoir eus avec la plèbe, et aux alliances occasionnelles qu'ils conclurent avec elle contre le patriciat, penche pour une différenciation totale entre les patriciens et les chevaliers (107). Par ailleurs, dans ses travaux sur la constitution du patriciat, A. Magdelain invite à la plus grande prudence envers la tradition (108).

Si l'on revoit les sources dans cet esprit de remise en cause des idées traditionnelles, on s'aperçoit qu'elles ne sont jamais déterminantes. Cicéron, par exemple, ne compte pas les centuries équestres, même les plus anciennes, au nombre des institutions patriciennes (109). Tite-Live n'est jamais précis et va d'hésitation en contradiction. Des raisonnements analogiques sont à l'origine d'une schématisation des faits romains. Le patriciat s'est d'autre part glissé dans les cadres archaïques de la cavalerie, et, à l'époque historique, la jeunesse patricienne fait son service dans la cavalerie, réputée une arme par excellence noble.

Quittons un moment les données incertaines de la tradition romaine pour tenter de préciser les termes de noblesse et de jeunesse à travers l'évolution d'une autre cavalerie, celle de la société médiévale. Le lien entre la chevalerie et la noblesse y semble à première vue étroit, mais une analyse historique de la féodalité amène à le concevoir différemment selon les époques. Le monde féodal est proche de ce que notre imagination nous suggère de voir dans la lointaine période de la monarchie romaine. C'est un monde jeune, où la vieillesse commence à un âge qui nous paraît aujourd'hui celui de la maturité, un monde jeune et qui se croit vieux. Dès la constitution de l'Etat Franc, une maxime affirme « d'un garçon à l'âge de puberté, tu peux faire un cavalier ; plus tard jamais » (110) et révèle l'importance de la jeunesse et la prééminence de la cavalerie. La charge à cheval est un des modes favoris de la guerre ; mais les cavaliers sont également des guerriers capables, s'il le faut, de combattre à pied, et il le fallait souvent du fait de l'absence des routes qui avaient fait la force des armées romaines. Autour des jeunes chefs le compagnonnage était encore assez proche de ce qu'il était dans la Germanie décrite par Tacite (111). Au milieu des troubles de l'époque mérovingienne, les suites armées étaient des plus nécessaires, le roi avait sa garde, formée en majorité d'hommes libres mais auxquels se mêlaient des aventuriers, voire des esclaves vigoureux. Le maître était entouré de vassaux, dont le nom au moment de son passage dans le latin vulgaire signifiait « jeune garçon » (112). A l'époque carolingienne, la vassalité a progressé, et l'on voit les fils de chevaliers confiés par leur père à un seignaur, auprès de qui ils font office de pages, tout en s'instruisant des pratiques guerrières. Quand s'étiole la vassalité, à côté des puissants féodaux qui revendiquent leur indépendance, on trouve encore des groupes formés de « chevaliers non chasés, ces bacheliers de la mesnie, dont la condition, durant de longs siècles et dans tout l'occident, continua de reproduire trait pour trait la vie des premiers vassaux » (113). On voit comme les ressemblances sont nettes entre cette société et bien des aspects que l'on devine dans l'entourage des rois étrusques. Et la ressemblance se précise encore, quand on voit s'affirmer peu à peu dans l'histoire médiévale une noblesse qui se fonde sur la vocation guerrière surtout et se ferme, en se réservant certains rites initiatiques, celui de l'adoubement par exemple.

On peut imaginer qu'à Rome, à partir d'une garde du corps, peu à peu émancipée par des donations et des fiefs, une noblesse s'est formée et s'est fortifiée au point de devenir rivale du pouvoir royal. L'analyse des faits romains comporte des éléments qui n'entrent pas dans ce schéma. Le patriciat ne se confond pas avec les *equites,* même si les fils de patriciens servent comme chevaliers. Le patriciat s'est constitué au début de la République, comme une caste fermée, qui s'est élevée au-dessus d'une aristocratie plus large et déjà constituée à l'époque royale. L'entrée dans le corps d'élite des *Celeres* était assurément un critère de noblesse attaché, à Rome comme ailleurs, au service à cheval. Ce n'est cependant pas le critère qu'ont choisi les patriciens pour définir leur caste : ils ont préféré le critère « le plus républicain et le plus royal » qui est « la bénédiction jupitérienne reçue par une série de leurs membres au titre des *auspicia populi Romani* gérés par eux » (114). Le patriciat a rejeté vers la plèbe les formes secondaires de l'aristocratie, et en premier l'ordre équestre primitif (115).

Il reste que les cavaliers avaient les *insignia* des monarques étrusques, que portent aussi les patriciens ; il reste aussi que les Saliens, exclusivement patriciens, portaient la *trabea,* vêtement de gala qui distingue aussi les *equites.* Ces faits ne suffisent pas à condamner le processus décrit par A. Magdelain ni les théories d'A. Momigliano. Ils peuvent indiquer que la distinction entre la cavalerie et l'infanterie n'a pas eu toujours la même valeur sociale, ce que tendrait aussi à montrer la présence du *tribunus Celerum* au rituel des Saliens. Ils indiquent aussi que le patriciat a progressivement annexé les prérogatives des cavaliers, et qu'il est parvenu à les conquérir toutes. On peut dater le terme de cette conquête au moment où Rome eut des contacts étroits avec la Campanie.

Par leurs insignes et les noms qu'ils portent les cavaliers sont liés aux Etrusques. Ils sont mal intégrés à la cité gentilice, comme ils sont en marge de la constitution centuriate. On convient que les propriétaires romains ont appris l'équitation grâce aux Etrusques ; c'est sous leur règne qu'on situe le passage de l'usage des chars à celui des chevaux. Cette influence, étrangère aux origines, explique la position marginale de la cavalerie. Longtemps Rome a compté sur son infanterie plus que sur la cavalerie (116) ; c'est au moment de la guerre avec Capoue qu'on aurait introduit une nouvelle tactique, pour tenter de surmonter l'infériorité des cavaliers romains (117). A Capoue, le *cognomen Celeres* des Ninii permet de penser qu'un groupe semblable aux *Celeres* romains était organisé (118), analogue aux chevaliers, dont l'institution semble remonter aux Etrusques. On a pu même supposer que *Celeres* était le synonyme étrusque de *equites,* et une inscription de Musarna paraissait soutenir l'hypothèse : on y trouvait mention d'un magistrat (*zilaxnu celusa*) en qui on reconnaissait un *tribunus Celerum ;* malheureusement la lecture est aujourd'hui contestée, et l'hypothèse doit être écartée (119). Renonçons donc à un rapprochement incertain, qui n'aurait fait que confirmer l'ingérence étrusque dans l'organisation de la cavalerie romaine. Que les Romains soient moins compétitifs sur le plan de leur cavalerie ne peut s'expliquer par on ne sait quelle maladresse nationale qui les aurait rendus inaptes à l'art équestre, c'est l'intrusion du politique dans le domaine militaire qui rend compte de la préférence de Rome pour l'infanterie.

Il est probable que les *Celeres* ont tenu le haut du pavé dans la Rome des Tarquins. Si ces rois ont gouverné la ville en tant que rois de Rome, en usant largement des institutions et des magistrats déjà en place (120), ils ont cependant appuyé leur pouvoir sur une force politique et militaire, celle des cavaliers sans doute. Et ils l'ont fait d'autant plus délibérément que les *equites* étaient distincts du patriciat qui tendait à se constituer pour faire obstacle au pouvoir royal. A. Momigliano suggère que les futurs patriciens ont reçu des rois l'exclusivité de l'appartenance aux confréries de Saliens, liées de près à l'infanterie (121). C'est, à l'époque historique, le souvenir d'un temps où certaines *gentes* commençaient d'affirmer leur volonté de puissance et étaient assez fortes déjà pour extorquer au souverain des privilèges et des prérogatives de caste. C'est alors que s'est creusé un fossé entre les guerriers à pied et les cavaliers. Ceux-ci, recrutés en partie peut-être au sein des *gentes* indigènes — mais pas nécessairement —, furent promus par les rois au rang de force politique et militaire. Le patriciat, triomphant de la royauté, devra composer avec cette force. La tradition a sûrement raison de répéter que les *Celeres* ont appuyé une politique anti-sénatoriale ; elle a raison sûrement de dire que Tarquin a voulu dédoubler le nombre des centuries archaïques, ou qu'il a restauré une institution remontant à Romulus. La présence étrusque à Rome a modifié le déroulement historique qu'on observe en Grèce ; d'autant que cette présence est celle d'un peuple de seigneurs régnant sur des esclaves, avec une puissance que la réforme hoplitique ne paraît pas avoir entamée. Ce monde figé, qui essayait d'imposer sa fixité politique, s'est heurté aux évolutions sociales et politiques proprement romaines. Les *Celeres* soutenaient la politique de stabilité qui préservait leurs prérogatives ; ils ne devaient d'ailleurs pas se recruter parmi les futurs patriciens, mais plutôt parmi la clientèle des rois (122).

La supériorité des cavaliers sur les fantassins n'était pas seulement quantitative, mais qualitative : ils sont autres, ils sont marginaux. Dans une cité qui refuse la présence d'une force armée, ils sont un corps permanent ; en face de l'infanterie, chaque année mobilisée et démobilisée, ils durent, et conservent leur encadrement (123). Leur costume est le seul costume militaire qui joue un rôle en temps de paix, soit dans des fonctions de garde, soit dans les cortèges (124). Encore au temps de la première guerre punique, ils se signalent par leur refus de se plier aux obligations des autres soldats, et Caton est obligé de les semoncer (125). La continuité de leurs attributs les lie sans cesse au passé, et la réforme augustéenne confirmera leur singularité.

Ils sont les guerriers par excellence ; leur originalité confirme les restrictions que nous avons apportées à la théorie des hoplites-montés de W. Helbig (126). Ils sont peut-être les représentants de la première cité des guerriers, d'un temps où la guerre totale, y compris la guerre hoplitique, était le fait des spécialistes. Leur armement a toujours été original : ils sont *scutati*, quand les fantassins sont *clipeati* (127) ; chez Lydus, *scutati* se traduit par ἀσπιδιῶται et le monument d'Ancyre commémore l'offre faite aux *principes iuuentutis* de deux boucliers que le grec appelle ἀσπίδες et le latin *parmae* (128). La *parma* est un bouclier ancien, analogue en plus petit au *clipeus* de la première classe « servienne » ; rapidement devenu inefficace, il demeure l'un des insignes distinctifs de la chevalerie (129). Les *equites* ne sont pas seulement une cavalerie fonctionnelle ; ils ont un statut politique et social particulier que leur garantit la relation privilégiée qui les lie à la personne du roi, comme les *couroi* homériques étaient liés à leur chef par un système de rapports à double sens. Leur rivalité avec le reste de l'armée, qui se poursuit à l'époque républicaine, semble avoir un fondement sociologique, voire ethnique.

Cette rivalité se manifeste d'abord dans la guerre où la cavalerie s'illustre parfois brillamment : c'est elle qui décide de la bataille du lac Régille (130), elle encore, qui dans une campagne contre Véies met en déroute l'armée ennemie, au grand dam des troupes à pied (131), qui se sentent humiliées, comme elles le manifesteront encore après la chute des décemvirs (132). L'aptitude au combat équestre et la différenciation sociale ne suffisent pas encore à expliquer les inimitiés suscitées par les cavaliers : il faut ajouter un facteur politique, que la tradition évoque, en le faussant puisqu'elle a toujours l'arrière-pensée que les cavaliers sont des patriciens, et un facteur religieux. Les cavaliers sont entourés d'une protection quasi-sacrée : au lac Régille, semblables aux *Celeres* décrits par Denys, ils gagnent la bataille, et l'épiphanie miraculeuse des Dioscures consacre leur triomphe. Leur apparition au combat a un caractère magique qui émane peut-être de l'animal qu'ils chevauchent (133), leurs parades sont rituelles et sacrées ; leur sainteté enfin apparaît quand les augures affirment l'impossibilité de modifier le nom des centuries anciennes.

J. Gagé s'est attaché à rendre compte de l'hostilité du reste de l'armée envers l'*equitatus*. Aux origines de celui-ci il voit des groupes d'origine différente, pratiquant des méthodes éphébiques ; ils constituaient un « groupe social, autonome, une noblesse si l'on veut, mais distincte du patriciat et parfois à demi solidaire avec la plèbe » (134). Par là se justifie le discrédit des *Trossuli*, formés selon la méthode étrusque à la guerre et à la courtoisie. C'est contre eux que se développe l'idéal de la famille, inséparable de l'idéal de la simplicité rustique et frugale. Les *Celeres,* puis les *equites* ont formé dans la cité royale un groupe voué au roi et lié envers lui par des obligations différentes des relations familiales. Préciser comment ces organisations fonctionnaient serait dépasser les données immédiates de nos sources. Ce qui reste dans la limite de nos informations, c'est la nette impression qu'un groupe de *iuuenes-equites-Celeres* occupait dans la cité royale une position privilégiée, en marge de l'organisation gentilice. Le règne des Tarquins a fait dévier le processus politique qui, en Grèce et dans l'occident médiéval, fait naître des cavaliers la classe dirigeante qui succède aux rois. A Rome, les patriciens ressemblent aux seigneurs féodaux, forts de leurs terres et de leurs troupes, qui viennent à l'aide du souverain ou du suzerain tant que durent les rapports de vassalité ; la chevalerie est un corps privilégié, où peut entrer, sinon n'importe qui, du moins des hommes qui n'appartiennent pas à la noblesse (135), et c'est un corps de ce genre que constituait l'ancien *equitatus* romain.

Son pouvoir, que nous avons deviné, s'est continué peut-être dans les prérogatives dont ont joui les *sex suffragia*. Leur nature est très incertaine : sont-ils le bastion du patriciat (136), ou d'une autre force politique (137) ? Mommsen, après avoir soutenu que les sex suffragia n'étaient pas exclusivement patriciens est revenu sur cette affirmation, ouvrant la voie à l'attitude aujourd'hui traditionnelle (138). Ils dérivent, semble-t-il, de l'assemblée des guerriers qui expriment leurs avis par des cris, ce qui expliquerait le mot *suffragia* (à partir de *frangere :* éclater en cris, 139). Les usages militaires qui laissaient aux cavaliers la charge d'ouvrir le combat ont pu se continuer à l'assemblée politique où ils ouvraient le vote (140). Leur histoire reste énigmatique : ils ont peut-être fait corps avec les six nouvelles centuries pour servir de prérogatives dans les comices ; une réforme, survenue entre 241 et 220 les en aurait séparés pour les reléguer, après la première classe, comme prérogatives de la seconde classe (141). Mais on n'a pas même la certitude qu'ils furent un jour prérogatives des comices et, pour A. Momigliano, leur place après la première classe est un archaïsme remontant aux origines de la République (142). La réforme du IIIe siècle manque aussi de sources certaines et elle a pu être mise en doute (142).

Sur la composition des *sex suffragia*, mêmes incertitudes : C. Nicolet ne se résout pas à choisir entre les sénateurs et leurs fils d'abord, les patriciens, ou les *adulescentes*, fils de sénateurs, ou encore les *adulescentes* sans précision politique (143). Ce que nous avons dit du rôle que la tradition reconnaît aux *adulescentes* sous les rois et au début de la République pourrait inciter à préférer la dernière possibilité évoquée par C. Nicolet. Les *Celeres*, classe d'âge militaire, disposaient-ils d'une assemblée politique, comme en Grèce les *Couroi*, ou occupaient-ils dans l'assemblée une place privilégiée ? Une chose est claire en tout cas : les *equites*, issus des *Celeres*, ne participent pas à l'assemblée centuriate, ils y viennent comme en surnombre. C'est au *comitium* que les censeurs les inspectent (144) et Varron ne les mentionne pas dans la formule de convocation du *populus* (145). Ils sont manifestement la survivance de quelque ancienne réalité à laquelle la réforme centuriate s'est superposée sans l'intégrer.

Nous avons jusqu'ici tenté de montrer la possibilité, voire la probabilité de trois faits : les *Celeres* et les *equites* représentent le même personnel militaire et il n'y a entre eux aucune solution de continuité de la période royale — étrusque surtout — aux débuts de la République ; les *equites* ne doivent pas être confondus avec les patriciens ; enfin les *Celeres* et les *equites* semblent se comporter comme une classe d'âge, formée de *iuuenes*. Il convient d'éprouver la solidité de ces faits en vérifiant comment ils peuvent s'intégrer à l'histoire politique des premiers temps républicains et dans quelle mesure ils peuvent participer à l'explication de certains événements ou de certaines institutions.

Traçons d'abord le portrait social et politique de Rome telle que nous l'imaginons au moment de la « révolution » de 509. On sait tout ce que la légende a ajouté de patriotisme, de sens de la liberté et de courage militaire à un fait qui manifeste à Rome un phénomène intéressant tout le monde ancien : les rois sont chassés un peu partout, une aristocratie leur succède. A l'époque royale l'aristocratie romaine devait être complexe : bien qu'on ignore les conditions d'admission dans le corps des *Celeres*, il est probable que la sélection royale ou la cooptation conféraient une distinction dont les bénéficiaires n'abdiquaient pas les privilèges, une fois que l'âge les rendait inaptes au service effectif. Cette compagnie d'élite, peut-être formée de trois corps, dotés des noms que nous avons analysés — *Celeres, Flexuntes* et *Trossuli* — était une classe guerrière, symétrique de la classe des anciens, assez prestigieuse pour faire figure de noblesse consacrée par les mérites militaires. L'évolution de la civilisation voue une classe de ce genre à la disparition ou à la transformation ; c'est une nécessité que nous avons constatée en Grèce et qui se manifesta à Rome aussi. On passe d'une société définie par classes d'âge à une nouvelle société où cette structure s'estompe, et se dilue dans d'autres systèmes d'appartenance, familiale, sociale ou politique. Le processus était déjà amorcé au temps des Tarquins ; la noblesse terrienne, différente de la noblesse équestre, était déjà forte et sa morale esquissée. La résurgence des *Celeres* à l'époque étrusque tentait de répliquer à la montée vers le pouvoir de ceux qui bientôt s'appelleront patriciens. Les *Celeres* en service et hors de service, liés par des pratiques guerrières et politiques communes, vont constituer une sorte d'*ordo,* différent de celui qu'on connaît à Rome après les Gracques, mais sans doute déjà structuré. La tradition parle d'*ordo equester* pour l'époque royale, et désigne ainsi l'élite sociale des centuries équestres, passées à une date indéterminée de trois à six.

Le fait d'avoir appartenu à ces centuries a ouvert, sans doute sous l'influence de Tarquin, les portes du sénat aux *equites,* qui y formaient le groupe des *conscripti* (146). Leur rôle fut assez grand pour influencer la division du sénat en décuries (147) et pour déterminer l'apparition des classes d'âge parmi les sénateurs. Il est probable que la tradition a raison d'affirmer que le sénat était à l'origine composé de *seniores* (148), ce qui n'implique pas que les sénateurs aient été des *senes :* ils pouvaient par exemple accéder à la fonction sénatoriale, une fois qu'ils étaient pères. Les textes montrent aussi dans le sénat deux catégories : les *iuniores* et les *seniores patrum.* Le mot *patres* désigne le plus fréquemment l'ensemble des sénateurs et plus rarement, pour l'histoire des premiers siècles, les *patricii,* par une extension sans doute secondaire. La tradition soutient qu'au début de la République les plébéiens sont entrés au sénat, ou du moins, Tite-Live rappelle l'entrée au sénat de chevaliers d'élite et note que cette mesure contribua à la concorde entre les *patres* et le peuple (149). Il entend donc que les *equites,* ou bien sont des plébéiens, ou bien ont avec la plèbe des rapports privilégiés qui font qu'en les favorisant c'est vers elle qu'on paraît faire un pas. Ce sont sans doute les *equites,* plutôt que les simples plébéiens, qui sont devenus sénateurs et ont formé le groupe des *iuniores patrum* (150), semblable peut-être à celui des *minores gentes* (151). Nous aurions ainsi une double innovation : l'entrée au sénat d'une classe d'âge et d'une classe différente du patriciat.

L'existence des *conscripti* suppose celle des *patres,* c'est-à-dire d'un groupe qui tend à se différencier de cette aristocratie large et diverse dont nous parlions. A. Magdelain voit là une évolution inséparable de la République, et il résume ainsi sa pensée : « une noblesse préétablie ne s'est pas imposée à la République, c'est la République qui a donné à la noblesse un critère juridique qui lui a permis de devenir une caste » (152). La tradition fait apparaître les *conscripti* avec la République, et Tite-Live, un peu hâtivement, attribue leur création à Brutus. Cependant A. Momigliano, acceptant mal l'idée que l'*interregnum,* privilège exclusif des *patres,* soit une institution républicaine, préfère croire que la distinction *patres-conscripti* existait déjà sous les rois (153). Mais la question est difficile, car l'*interregnum* qui paraît avoir été une vacance rituelle de la royauté pendant les cinq jours intercalés entre la fin d'une année et le début de la nouvelle (154), a pu être transféré par la République du monde du sacré au monde du politique (155). Quoi qu'il en soit, il semble qu'à l'époque royale une caste tendait à se constituer et qu'elle a trouvé l'occasion d'accomplir ses ambitions dans la crise de la monarchie dont elle a profité. Les *conscripti,* comme le *magister equitum* témoignent de la nécessité d'une alliance des patriciens avec une autre force politique et militaire.

Le patriciat découvre dans la gestion de la magistrature suprême le critère fondamental de sa suprématie. Pour s'affirmer et fonder son unicité, il lie les concepts de *gens* et de noblesse et exalte une organisation patriarcale fondée sur la puissance paternelle et opposée au système (éphébique ?) des cavaliers. La force des *gentes* qui vont constituer le patriciat repose sur l'infanterie. Le récit de la bataille de la Crémère, malgré les embellissements d'une source fabienne, offre un bel exemple de ce que fut, au début de la République, l'organisation d'une *gens*. Les 306 Fabii — que ne sont-ils 300 (156) ? —, seuls (157), ou accompagnés de 4000 clients (158), entreprennent une campagne contre Véies. Leur force repose sur leur clientèle. Il est remarquable que ce combat soit raconté dans le livre II de Tite-Live, où, avec l'exécution des jeunes conjurés, une forme d'éducation étrusque est symboliquement rejetée. Dans le même livre, au Lac Régille, la cavalerie fait la preuve de sa vertu providentielle. La guérilla menée par les Fabii, à pied, est elle-même interrompue par l'arrivée des légions romaines, et, dans le combat c'est encore la cavalerie qui l'emporte. Tout se passe comme si, à ce moment, une *gens* tentait d'affirmer la suprématie militaire d'une organisation gentilice, dans un conflit avec une ville que les Fabii ont à plusieurs reprises affrontée comme une ennemie personnelle. En face, deux autres formes de combat se présentent : la cavalerie qui triomphe et les légions romaines qui cherchent à intervenir et sont elles-mêmes, pour le moment du moins, inférieures à la cavalerie. Il y a dans ce livre des aperçus d'une grande vérité, nous semble-t-il. Sur le plan militaire, ce sont les cavaliers qui détiennent l'efficacité contre l'ennemi du moment, Etrusques et Latins ; comme dans son ombre, se développe la guerre hoplitique. Sur le plan politique, la République naissante doit tenir compte des cavaliers que rien n'oblige à confondre avec le patriciat.

De la réforme hoplitique nous avons dit l'essentiel à propos de la Grèce (159) ; pour Rome, il nous reste à débattre seulement de la date de son installation. Elle dut faire son apparition en Etrurie au vi$^e$ siècle, sans apparemment y entraîner un changement politique (160). C'est la réforme « servienne » qui, à Rome, aurait sanctionné les impératifs militaires de la nouvelle tactique et ses implications politiques. A la date proposée par Nilsson — seconde moitié du v$^e$ siècle — on préfère aujourd'hui une date antérieure (161). La bataille de la Crémère est au centre du débat : Nilsson voyait en elle la continuation d'un mode de guerre archaïque et situait après elle, comme une mesure nécessitée par son échec, le recours à la nouvelle tactique ; A. Momigliano pense que la réforme « servienne », installée au VIᵉ siècle, fut d'abord discréditée au début de la République ; l'échec des Fabii, échec symbolique et exemplaire d'une conduite guerrière dépassée, aurait ramené le système (162). De fait la tradition suggère une éclipse de l'organisation « servienne » : le premier dictateur, Titus Larcius, aurait ordonné qu'on appliquât le meilleur des lois serviennes (163). C'est que le nouveau système n'a pas porté immédiatement atteinte à l'organisation gentilice : les *gentes* ont continué de se comporter comme par le passé (164). Le livre II de Tite-Live décrit une sorte d'anarchie guerrière où tous les modes de combat coexistent : au lac Régille, la cavalerie affirme, en combattant à pied, non pas ses vertus équestres, mais ses disponibilités totalement guerrières ; une infanterie gentilice se fait massacrer pour s'être attachée à une autonomie anachronique, tandis qu'une autre infanterie, celle de l'État, semble encore se chercher.

On peut s'attendre, dans les premiers temps de la République, à des rivalités entre trois formes de jeunesse, toutes les trois militaires : une cavalerie autonome, hier encouragée par le souverain qu'elle regrette, une jeunesse hoplitique, recrutée parmi les riches à qui le patriciat entreprend de se fermer, comme il se ferme à la cavalerie, enfin une jeunesse patricienne — des jeunes hommes qu'on appellera bientôt *patricii,* quand sera établie une noblesse de sang —, soumise à un droit familial strict, tentée peut-être par la liberté des *equites.* Et on peut imaginer toutes sortes d'alliances et d'oppositions : les nouveaux hoplites ont peu de raisons de regarder favorablement la cavalerie, mais ils peuvent s'allier à elle contre le patriciat ; les *equites* souhaitent participer à la montée de la classe dirigeante et les *patricii* souhaitent leur faire obstacle. La révolution a de fait parfois l'aspect d'un conflit de générations : la volonté du patriciat est de limiter les prérogatives de la jeunesse et d'instaurer le pouvoir des hommes d'âge. Leur politique est à replacer dans un rythme évolutif et non dans un principe immédiatement appliqué. Les *gentes,* fortes de leur clientèle, ont provoqué la révolution, ou, si l'on veut minimiser le caractère révolutionnaire des événements de 509, elles ont profité de l'affaiblissement général de la monarchie pour s'emparer d'un pouvoir que les rois ne maîtrisaient plus. Mais il y avait les *equites ;* il ne fallait pas tant dissoudre leurs formations que les annexer au nouveau régime. La sainteté des centuries devait être mise au service de la République patricienne. Amorcée dès les premières années, l'entreprise d'intégration de la cavalerie aux cadres républicains aboutira à la création d'un *ordo equester* au moment de la censure de Q. Fabius Rullianus, dont nous reparlerons plus loin. Les *patres* réorganiseront les centuries équestres, et l'annalistique trahira son embarras devant une institution dont rien ne prouve l'origine patricienne, mais qui est pourtant devenue le bastion de la jeunesse patricienne.

Pour tenter de saisir l'histoire des relations entre la nouvelle République et l'*equitatus,* tournons-nous d'abord vers son chef, le *tribunus Celerum.* Denys, nous l'avons dit, suivait Valerius Antias pour attribuer à la cavalerie un chef suprême assisté de trois officiers, dont le nombre sera porté à six après le dédoublement des centuries. Cette explication n'est pas parfaitement satisfaisante, car il serait plus normal qu'un *tribunus* commandât la cavalerie d'une tribu. Nous ne suivrons pas cependant les raisonnements de Mommsen, qui procède par analogie avec l'infanterie (165), et nous préférons nous en tenir aux textes (166). En 509, le titulaire de la charge était, selon la tradition, Brutus, placé à ce poste important par Tarquin qui, le croyant stupide, pensait priver la magistrature des menaces qu'elle pouvait constituer pour un pouvoir absolu. Cicéron prétend que Brutus était *priuatus* (167) et omet sa fonction pour mieux montrer qu'il n'y a pas d'homme privé quand il est question de sauvegarder la liberté menacée. La légende a dû s'embellir après 44, quand un nouveau Brutus illustre à nouveau le *cognomen* en assassinant César. Le nouveau défenseur de la République contre les espoirs monarchiques du dictateur avait mérité en 50 d'être appelé par Cicéron *princeps iuuentutis* (168), et ce titre, probablement honorifique plus que fonctionnel, explique qu'on ait attribué au Brutus de 509 le titre de *tribunus Celerum :* on ressentait une analogie entre les *Celeres* et la *iuuentus* equestre. Il est évidemment difficile de se faire une idée sur l'historicité du vengeur de Lucrèce (169). Si le gentilice *Iunius* est lié à *Iuno* et à *iuuenis* (170), c'est une incarnation symbolique de la jeunesse romaine qui vient à bout du tyran étrusque, plus qu'un personnage historique. La *gens Iunia,* quand elle est bien connue à l'époque républicaine, est plébéienne, ce qui n'empêche pas qu'un de ses membres ait pu être consul au début de la République (171) ; mais elle n'entre pas dans l'histoire avant le dernier tiers du $v^e$ siècle : L. Iunius Brutus, tribun de la plèbe en 493 et édile en 492 est aussi suspect que T. Iunius Brutus, édile en 491 (172), et il faut attendre les noms de Q. Iunius et de T. Iunius, respectivement tribuns en 439 et en 423 pour avoir la preuve incontestable du rôle politique de la *gens* (173). Au $IV^e$ siècle, elle accèdera au consulat et couronnera une carrière consacrée à de solides traditions républicaines et démocratiques. Il était bien tentant pour elle d'en trouver l'origine dans l'attitude de son ancêtre supposé. La suspicion qui entoure Brutus ne retombe pas nécessairement sur le titre qu'on lui a attribué et que devait effectivement porter un magistrat à l'époque royale.

On ne sait ce que devint le *tribunus Celerum* au lendemain de la révolution. E. Gjerstad pense qu'il est devenu magistrat éponyme, correspondant pour la cavalerie au *praetor maximus* de l'infanterie (174). Selon A. Bernardi, les *tribuni Celerum* — il considère qu'ils sont trois — après une période de grande influence pendant laquelle ils avaient commandé l'ensemble des forces militaires, furent réduits par la réforme « servienne » au seul commandement de la cavalerie. Au milieu du $v^e$ siècle, ils auraient été investis de pouvoirs suprêmes dont témoignerait le *ius agendi cum populo,* qui n'appartenait qu'aux magistrats *cum imperio.* Leur pouvoir aurait ensuite été délégué aux tribuns consulaires, et leur titre attaché seulement à des fonctions sacerdotales (175). Quelles que soient les hypothèses sur le sort du chef des *Celeres,* elles reposent sur l'évidence qu'il fut incertain, menacé et diminué par un pouvoir qui, politiquement, socialement et moralement, est hostile aux cavaliers. Nous devinons les vicissitudes de leur organisation dans la tendance à dépouiller son chef de ses prérogatives politiques pour ne lui laisser que des fonctions religieuses.

La tradition suggère une analogie entre le *magister populi* et le roi et entre le *magister equitum* et le *tribunus Celerum* (176). On admet aujourd'hui malgré les réserves d'A. Rosenberg (177) que le maître de la cavalerie a succédé au *tribunus Celerum* (178) : les pouvoirs de ce dernier ont été scindés, ceux qui étaient politiques ont été donnés à un nouveau magistrat, ceux qui relevaient du sacerdoce sont restés liés au titre ancien. Les relations de la cavalerie avec la monarchie sont telles que la disparition du *rex* entraîne celle du *tribunus Celerum ;* les deux titres n'existent plus désormais hors de la religion.

Celui du tribun des *Celeres* est demeuré jusque sous l'Empire. Une idée de E. Belot, appuyée sur une phrase de Denys (179), suggérait que les *Celeres* avaient fait une réapparition sous le règne d'Auguste, soit que le prince eût restauré leur formation, soit que les chevaliers eussent repris le titre pour mieux affirmer leur soumission. Le texte n'est pas sûr, mais la leçon sur laquelle se fonde l'hypothèse de Belot tire sa vraisemblance des réformes augustéennes. Si rien n'indique à l'évidence qu'il y eut encore des *Celeres* sous l'Empire, du moins est-il incontestable que le titre de *tribunus Celerum* a survécu et qu'il avait un titulaire : présent à la cérémonie des Saliens le 19 mars, il est signalé aussi devant l'autel de Castor pour le sacrifice qui prélude à la *transuectio equitum* du 15 juillet, et peut-être fut-il placé par Auguste à la tête des *pueri* du *lusus Troiae.* Les *seuiri equitum* sont peut-être analogues au *tribunus Celerum* ou aux officiers qui l'assistaient dans ses fonctions militaires (180). Le titre de *seuir* paraît en 5 avant notre ère ; Gaius Caesar le prend en même temps que celui de *princeps iuuentutis,* le jour où il revêt la toge virile. L'étymologie de *seuir* nous ramène au nombre six, et la fonction équestre des *seuiri* fait tout naturellement songer aux *sex suffragia.* Malgré les incertitudes qui demeurent encore, on voit le soin qu'Auguste prit à réorganiser la jeunesse, sur des connaissances de l'antiquité sûrement précises, en tout cas cohérentes. S'il n'y a plus de *Celeres,* dont le nom évoque une monarchie violente, leur souvenir reste actuel et c'est à eux qu'on pense pour redonner aux jeunes romains leur lustre d'antan.

Une des marques les plus évidentes de l'autonomie de la cavalerie est l'existence du culte des Dioscures par qui, en faveur des *equites,* Mars est privé d'une part de sa spécialisation guerrière. Ces héros divinisés jouissaient d'une grande faveur à Sparte, tant comme athlètes que comme messagers de la victoire (181). La diffusion de leur culte en Italie, à haute époque, est bien attestée. Une inscription de Lavinium, datée de la seconde moitié du vıᵉ siècle, confirme l'antiquité de leur présence (182). Ils étaient connus en diverses villes (183) ; en Etrurie, dès le vıᵉ siècle, des amphores sont décorées de scènes dioscuriques (184). Leur nom étrusque, *Pultuke,* correspond à la forme *Poldoukes* (de *Polydeukes)* par laquelle les Latins ont sans doute désigné les deux héros, avant la métathèse DL au lieu de LD, que l'on constate sur l'inscription de Lavinium (185). Selon la légende, les Locriens en guerre contre Crotone, envoyèrent une ambassade à Sparte ; ils reçurent le conseil de s'adresser aux Dioscures. De là, on rapporte leur intervention dans la bataille de la Sagra, vers 540 (186). A Rome, c'est à la suite d'un vœu prononcé par le dictateur A. Postumius, au cours de la bataille du lac Régille en 499, que les Dioscures font leur apparition dans le panthéon national. Vêtus de la *trabea* de pourpre (187), vêtement de parade des chevaliers, ils interviennent dans la bataille, aussi miraculeusement qu'à la Sagra. Ils vont ensuite baigner leurs corps souillés de sang et de poussière dans la fontaine de Juturne, près de laquelle en 484 leur temple sera érigé (188).

On s'accorde à penser qu'ils sont venus à Rome par le sud de l'Italie. On a pensé à Tarente (189), mais la forme *Qurois* de l'inscription laviniate n'est pas dorienne (on aurait *Kôrois) ;* aussi penche-t-on pour Locres, où leur culte, illustré par la légende, est bien attesté et semble venir de Sparte (190). Les conditions de leur entrée dans Rome sont mystérieuses : s'agit-il d'un *uotum* ou d'une *euocatio* ? La seconde hypothèse s'appuie sur le fait que les Dioscures étaient honorés à Tusculum, qui dirigeait la confédération latine hostile à la Rome républicaine, et dans plusieurs des villes confédérées : peut-être les Latins avaient-ils mis leur espoir en la cavalerie, d'autant que la cavalerie de Rome soutenait les Etrusques (191). Il y aurait eu alors une véritable *euocatio* par les Romains des dieux de l'adversaire (192), à la suite des exploits que les cavaliers avaient accepté d'accomplir au service de Rome, à moins que ces exploits ne fussent le résultat de l'*euocatio.*

Pour plausible qu'elle soit, cette hypothèse ne résout pas tout. Contrairement à Diane, qui entre aussi à Rome après la victoire du lac Régille et s'installe, comme toute divinité étrangère, hors du *pomoerium,* en l'occurrence sur l'Aventin, Castor et Pollux sont honorés en plein forum, comme des dieux déjà naturalisés (193) depuis longtemps (194). D'autre part, les dieux évoqués reçoivent dans leur nouvelle patrie un culte semblable à celui que leur offrait l'ancienne. Or Rome ignorait à cette époque le lectisterne qui à Sparte et à Tusculum honorait les Dioscures (195). On peut conclure que les deux héros étaient déjà connus à Rome avant 484 et que peut-être les Tarquins, initiateurs de la technique équestre, les y avaient installés (196). Des représentations de cavaliers sur des terres cuites découvertes sous le forum attestent l'importance qu'avait prise la cavalerie à l'époque royale (197), importance qui valut aux héros un culte marqué d'abord d'influences gréco-étrusques : en effet, leur installation près de la source de Juturne correspond à un lien cultuel entre les divinités et une source, comme on le constate à Sparte, où il y a une source Polydeukeia (198) et à Lavinium, où est attestée une source de Juturne (199). La tradition romaine a transformé en ablution nécessitée par les épreuves du combat un acte qui était rituel (200), mais elle n'a fait qu'historiciser un fait religieux, de même qu'elle a donné à l'édification du temple une explication historique qui tente de justifier un fait dont les données politiques lui échappaient.

L'épiphanie des jumeaux au lac Régille, qui figurera au début du IIe siècle sur des deniers (201), est la justification légendaire du temple qui leur fut offert. Deux statues de facture grecque trouvées au *lacus Iuturnae* et datées du début du Ve siècle confirment la date traditionnelle de la dédicace du temple (202). C'est ensemble que les Dioscures apparaissent dans la bataille (203), mais le culte romain s'intéresse surtout à Castor (204) et rompt le lien essentiel qui lie dans diverses mythologies les jumeaux de naissance divine (205). La mythologie grecque réservait à Castor la spécialité de l'équitation, alors que son frère Pollux était un pugiliste dont les services n'auraient pas été d'un grand secours dans un combat guerrier. La préférence accordée à Castor montre que c'est bien pour la cavalerie que le culte fut installé : des dieux du gymnase, protecteurs des athlètes, les Romains ont choisi, à des fins politiques, celui qui les intéressait. La religion romaine a toujours fait peu de cas des filiations divines ; à Lavinium, d'où sans doute vient l'essentiel du culte, les Dioscures sont simplement des *Quroi* et leur filiation paraît en Etrurie et en pays osques sur des inscriptions naturellement postérieures à l'année 484 (206). Séparés des légendes qui entourent leur naissance, ils cessent d'être inséparables. Les fonctions relevant de Pollux ont d'ailleurs pu être accaparées par la triade Liber-Libera-Cérès (207). Quoi qu'il en soit l'éviction d'un jumeau rappelle celle de Rémus, écarté par Romulus du pouvoir : c'est le lot d'un des frères de disparaître.

Un culte déjà connu, introduit par les Etrusques, destiné à honorer la cavalerie, est en 484, 15 ans après le vœu d'A. Postumius, reconnu culte national. 484, c'est-à-dire, si l'on suit la chronologie officielle (208), déjà le triomphe de la République et la montée au pouvoir du patriciat. Mais en 499, lors de la bataille, est-il bien sûr que Rome soit délivrée de la présence étrusque ? Cette victoire ne se conçoit que si la présence étrusque continue et si la cavalerie étrusque est présente dans les troupes romaines. Porsenna a sans doute aidé Rome, dont il s'était emparé, à vaincre les Latins (209). 15 ans plus tard, le culte de Castor est officiellement installé au cœur de la ville : c'est, dit A. Alföldi, la cavalerie patricienne qui impose son culte ; c'est, dit A. Momigliano, une mesure d'opportunité des patriciens qui veulent se concilier les cavaliers. La tradition suggère une explication assez claire. Rome, au sortir de la révolution, soutient une lutte décisive ; en face d'elle, l'armée latine compte les Tarquins dans ses rangs. La jeune République n'est pas sûre des sentiments de la cavalerie, qui a des sympathies pour le régime monarchique. Il est probable qu'au lac Régille, le ralliement de la cavalerie, ou d'une partie de ses membres, a sauvé Rome, et a valu son temple à Castor.

Les quinze ans d'écart entre le vœu et la dédicace sont interprétés diversement. Selon V. Basanoff, « la forme nouvelle du culte semble avoir heurté le conservatisme de caste de l'ordre équestre » (210), mais rien de tel n'est suggéré par les textes, bien qu'il soit probable que l'introduction du culte à Rome soit une manœuvre politique. Rome est agitée par les troubles inséparables d'un changement de régime (211) ; ses cavaliers doivent se mesurer aux forces nouvelles qui veulent les intégrer aux cadres républicains ou les anéantir. Si l'on admet que Mars est un dieu patricien, on trouvera dans le culte de Castor un argument supplémentaire pour penser que les cavaliers, dont le ralliement introduit le culte d'un autre dieu guerrier, sont différents des patriciens. Il est remarquable aussi que, dans le temps où les cavaliers sont honorés, les plébéiens fassent entrer dans la religion romaine des divinités qu'ils reconnaissent comme leurs : Diane et la triade Liber-Libera-Cérès. Plus qu'une symétrie compensatoire, il doit s'agir de mesures complémentaires consenties par le nouveau pouvoir et imposées par des circonstances indécises, pour satisfaire les forces hésitantes de la ville.

Au temple de Castor, un sacrifice est célébré le 15 juillet en prélude à la *transuectio equitum*. Cette procession conduit les cavaliers de la Porte Capène au Capitole, de Mars à Jupiter (212), selon un cérémonial qui rappelle celui du triomphe, avec les chevaux blancs et les couronnes (213). La tradition hésite sur la date de la première *transuectio :* Denys en fait une création contemporaine de la bataille du lac Régille et par suite de la nationalisation du culte de Castor (214) ; d'autres, plus nombreux, y voient une création de Q. Fabius, censeur en 304 (215). En fait, un censeur n'est pas qualifié pour introduire un culte nouveau (216) et Q. Fabius a dû seulement réorganiser une parade qui existait antérieurement à Rome et dont le modèle pourrait se retrouver dans une parade analogue attestée à Sybaris avant la fin du VIᵉ siècle (217). En même temps que Castor était reconnu dieu national, une cérémonie de type triomphal, propre aux cavaliers, avait été adoptée officiellement ; c'est cette cérémonie qui, réinterprété pendant la censure de Q. Fabius, devait symboliser tous les prestiges du nouvel *ordo equester*. L'exemple des institutions campaniennes, capouanes en particulier, a pu intervenir dans cette réforme (218).

Depuis le synœcisme de 338, l'organisation politique de Capoue est bien connue à Rome. A cette époque, selon la tradition, les cavaliers capouans reçoivent le droit de cité et leurs concitoyens leur versent un *uectigal* (219). On doute aujourd'hui que ce *uectigal* soit une extension à Capoue d'une habitude romaine, et on est même tenté de supposer le contraire (220). Le modèle de Capoue a influencé fortement la technique équestre des Romains, au point qu'au moment de la lutte entre les deux cités Rome inaugura une tactique nouvelle appuyée sur les vélites. L'influence d'abord militaire s'exerça ensuite dans le domaine politique. Après Ap. Claudius Caecus, dont les réformes religieuses avaient peut-être porté atteinte aux privilèges des cavaliers, Q. Fabius fit de la *transuectio* la parade du nouvel *equitatus* militairement et politiquement différent de celui qu'on peut définir avant l'année de sa censure (221).

Avant 304 la cavalerie est marquée d'influences gréco-étrusques ; elle semble organisée à la manière d'une classe d'âge destinée à contrebalancer celle des sénateurs (222). C'est la suggestion faite par Denys d'Halicarnasse et dont nous devons, pour finir, tenter de défendre la vraisemblance. L'emploi des mots dans la langue littéraire nous a conduit à supposer une équivalence *iuuenes-equites*. Cette équivalence, acquise à l'époque impériale, semble remonter à la plus haute antiquité (223). Il y a, en effet, entre les deux notions une connexion étroite, dont les légendes, les faits religieux et les institutions portent la trace. Pour les légendes, nous retiendrons surtout celles où les *Celeres,* les *iuuenes* et les Luperques gravitent autour de Romulus comme la représentation multipliée d'une réalité unique : une classe d'âge et une classe guerrière. Sur le plan des rites, au lien entre les *equites* et les Luperques s'ajoute la qualification de *Quroi* qui caractérise les Dioscures à Lavinium, comme s'ils étaient les *iuuenes* par excellence au même titre que Korè était la jeune fille (224). Ils sont définis dans les textes comme la plus haute expression des *iuuenes* (225), semblables à leurs modèles spartiates qui sont la plus belle représentation des *Couroi,* ou des *Hippeis,* puisqu'à Sparte les deux titres désignent les mêmes jeunes gens héritiers de l'antique *laos.* Pour les institutions enfin, les cavaliers sont tenus à 10 ans de service, alors que les fantassins doivent 16 ans (226), et la distinction *iuniores-seniores* ne semble pas les avoir concernés à l'origine. Dans le système centuriate, dont ils font partie, ils demeurent comme en marge de la règle générale. Des *seniores* dans la cavalerie antique sont inutiles, puisque la défense de la ville est confiée aux *seniores* de l'infanterie, mais il s'agit là d'une réalité militaire dont l'organisation politique aurait pu ne pas tenir compte, alors que les formalités de vote ne mentionnent jamais une distinction *iuniores-seniores* entre les cavaliers (227). La cavalerie active et honorifique des débuts ne contenait que des jeunes hommes, la fleur de la jeunesse (228) ; par la suite, quand se constituera un *ordo equester,* on verra des hommes d'âge s'attarder dans les centuries équestres. Auguste, qui redonnera sa pleine valeur à la cavalerie, devra tenir compte encore de cette habitude, et on distinguera au théâtre le *cuneus iuniorum* réservé aux chevaliers (229). Hors-classe, les membres de l'*equitatus* sont des *iuuenes,* quand les fantassins sont des *iuniores* ou des *seniores.*

Cicéron, qui porte à l'ordre équestre un intérêt personnel et politique, cherche dans ses rangs le « *iuuenis* selon son cœur » (230), qui pourrait être le *princeps* idéal. Auguste n'a pas inventé la synonymie *equites-iuuenes ;* elle était déjà dans les écrits politiques de Cicéron, mais auparavant elle était impliquée par la restauration du *lusus Troiae* sous Sylla, et encore auparavant, comme tout porte à le penser, elle était inscrite dans les faits. *Iuuenes* et *equites* sont si proches qu'on a pu, nous l'avons dit, interpréter le titre de *magister equitum* comme la reprise exceptionnelle du titre de *magister iuuenum* connu en Italie (231), ce qui revient à admettre l'équivalence à Rome des *equites* et des *iuuenes,* équivalence dont Nepet, en Etrurie, donne un exemple (232).

Nous avons dit comment pendant toute la période républicaine on avait ressenti la liaison entre les institutions qui encadrent les *iuuenes* et un pouvoir royal, ou du moins absolu. Après Sylla, qui s'intéresse à la jeunesse et réorganise le *lusus Troiae,* César réorganise les confréries de Luperques et, enfin, Auguste, accomplit les ébauches tentées avant lui et recrée une *iuuentus Romana.* Son centre de ralliement sera le temple de Castor (233) et la *transuectio,* retrouvant ses prestiges antiques, lui permettra d'offrir à Rome le spectacle de ses promesses.

Désormais la *iuuentus* réunit les *iuuenes* de l'ordre équestre et ceux qui, de famille sénatoriale, attendent dans les centuries l'entrée au sénat que leur assurera la gestion de la questure. Ces futurs sénateurs occupent une place privilégiée, symbolisée par leur droit au laticlave. Mais c'est en fait l'âge plus que l'appartenance sociale qui tend à distinguer les chevaliers, et Auguste fera sénateurs des jeunes gens qui sont simplement *trabeati* (234). Comme le recrutement de l'armée impériale se fait sur les ressources municipales, la jeunesse à cheval devient la représentante des Romains d'âge militaire, au point que le titre de *princeps iuuentutis* se traduit en grec par πρόκριτος τῆς ἱππάδος 235). En permettant aux chevaliers de rendre leur cheval à 35 ans, Auguste redonne à l'ordre, autant que le permettent les vanités personnelles, sa vocation première. La *iuuentus* dont on peut ainsi développer la teneur : *iuuentus utriusque ordinis,* retrouve une fonction politique ancienne ; elle est le lieu de rencontre et de réconciliation entre la jeunesse des deux ordres. On remonte sans doute par là au temps de la monarchie, quand la jeunesse n'avait pas encore été scindée par la politique patricienne, et à une époque postérieure, quand les jeunes gens de famille sénatoriale furent intégrés dans une cavalerie réorganisée par Q. Fabius et intégrée aux cadres républicains. Il est remarquable que ce soit l'ordre équestre qui donne aux jeunes Césars le titre de Princes de la Jeunesse : il détenait enfin à nouveau toutes les virtualités de la jeunesse et retrouvait son lien antique avec la monarchie.

Il est temps de conclure : nous avons vu que la Rome royale a connu probablement une organisation de jeunesse, en bien des points analogue à celles que l'on observe dans les sociétés archaïques, en Grèce, dans les pays osques, ou encore dans les sociétés tribales qu'on peut encore aujourd'hui étudier. Il nous a semblé que cette classe d'âge se confondait avec les *Celeres, equites* archaïques. Elle jouissait d'une grande puissance sous le règne de Tarquin, quand survient un changement de régime, inséparable dans le temps d'un changement de tactique militaire. Rome opte pour le modèle démocratique, proche du type ionien mais teinté des vertus supposées du système dorien : la classe guerrière doit être intégrée au nouveau système. De la révolution aux années 300, les *equites* sont peu à peu conquis par les patriciens, pour finalement s'absorber dans leur régime. A travers les siècles, demeure, comme une nostalgie chez certains et une hantise chez d'autres, le souvenir d'un monde où il était bon d'être jeune.

Par-delà les termes techniques qui, au cours des siècles, désignent la classe des jeunes gens comme les *Celeres,* les *Flexuntes* ou les *equites,* l'appellation de *iuuenes* garde toute sa valeur. Et le mot nous semble remplir dans la vie des institutions le programme que nous avions deviné en étudiant ses emplois littéraires. Il connote l'idée de chevalerie et celle de jeunesse ; à côté de son sens littéral, qui définit un âge physique, il a un sens technique, qui recouvre les activités chevaleresques. Comme le *couros* grec, le chevalier médiéval ou encore le *javânmardî* persan (236), le *iuuenis* romain est, en même temps qu'un homme jeune, le parfait accomplissement des vertus viriles et sociales d'une société.

A deux reprises nous avons évoqué le récit que font Tite-Live et Denys de l'affaire Kaeso Quinctius ; nous en avons souligné l'intérêt sémantique, et nous en avons proposé une interprétation presque rituelle. A la lumière de nos dernières remarques, nous pouvons tenter une troisième approche des textes ; elle sera politique. Le mot *iuuentus,* chez Tite-Live, est employé à propos des incidents suscités par Kaeso de façon indécise, pour désigner soit la jeunesse noble, soit la jeunesse mobilisable. L'épisode semble illustrer de façon exemplaire la lutte entre une organisation restreinte et aristocratique de *iuuenes* et le nouveau personnel militaire introduit par la réforme « servienne » et dont les hommes qui le composent s'appellent *iuniores.* Les premiers sont les *principes iuuentutis Romanae,* inclus dans la *iuuentus* et différents d'elle ; les seconds forment une *iuuentus,* vaste, compacte et comme anonyme.

Quand Tite-Live évoque au livre VII la *iuuentus* qui détient les rites magiques du théâtre, nous sommes tenté de voir en elle la jeunesse équestre, organisée et encadrée, urbaine et fermée sur elle-même, plutôt que l'ensemble des mobilisables. Que 300 puis 600 jeunes hommes, voire plus tard 1800, constituent un corps fermé nous paraît plus plausible que d'imaginer une morale de classe entre tous les *iuniores,* dont le nombre et la dispersion sociale empêchent une cohésion aussi stricte. Pour vérifier cette impression il faut maintenant que nous nous intéressions aux *iuniores* dont l'appellation semble inséparable de la réforme « servienne ».

## BIBLIOGRAPHIE

A. ALFÖLDI : *Rom und der Latinerbund um 500 v.C.*, in *Gymnasium*, 67, Heft 3, avril 1960.

F. ALTHEIM : *Griechische Götter im alten Rom*, Giessen, 1930.

E. BELOT : *Histoire des chevaliers*, Paris, 1873.

R. BLOCH : *Rome de 509 à 475*, in *REL*, XXXVII, 1959, 118-131.

M. BLOCH : *La société féodale*, col. Evolution de l'humanité, 1968 (1$^{re}$ éd., 1939).

F. CASTAGNOLI : *Dedica arcaica Laviniate a Castore e Polluce*, in *SMSR*, XXX, 1959, 109-117.

U. COLI : *Interregnum*, in *Novissimo digesto italiano*, 1962, sv.

H. CORBIN : *En Islam iranien*, IV, 7, Paris, 1971-1972.

H. CORBIN : *Juvénilité et chevalerie en Islam iranien*, in *Eranos*, 1971, vol. 40, 1973, 311-356.

P. COUISSIN : *Les armes romaines*, Paris, 1926.

G. DUMÉZIL : *Ner et uiro dans les langues italiques*, in *REL*, XXXI, 1953.

G. DUMÉZIL : *Remarques sur la stèle archaïque du forum*, in *Hom.* J. Bayet, *Latomus*, Bruxelles, 1964, 172-179.

A. ERNOUT : *Les éléments étrusques du vocabulaire latin*, in *Philologica*, I, 1946, 21-51 = *Bulletin de la société de linguistique*, XXX, 1929.

R. ETIENNE : *Le siècle d'Auguste*, col. U2, 1970.

P. DE FRANCISCI : *Per la storia dei « comitia centuriata »*, in *Mél. Arangio-Ruiz*, Naples, 1, 1-32.

E. GABBA : *Studi su Dionigi da Alicarnasso*, in *Athenaeum*, 38, 1960, 175-225.

J. GAGÉ : *Les « clients » de Manlius Capitolinus et les formes de leur libération*, in *Revue historique de droit fr. et étr.*, 1966, 342-377.

J. GAGÉ : *Les chevaliers romains et les grains de Cérès*, in *Annales*, mars-avril, 1970, 287-311.

W. HELBIG : *Die Castores*, in *Hermes*, XL, 1905.

J. HEURGON : *La Magna Grecia e i santuari del Lazio*, in *Atti del VIII convegno di studi sulla Magna Grecia*, 1968, 9-31.

J. HEURGON : *Un historien des études anciennes, A. Momigliano*, in *Journal des Savants*, oct.-déc. 1970, 253-259.

H. HILL : *The Roman middle-class in the republican period*, Oxford, 1952.

H. HILL : *Equites and Celeres*, in *Class. Phil.*, XXXIII, 1938, 283 *sq.*

R. H. KLAUSEN : *Aeneas und die Penaten*, Hamburg, u. Gotha, 1839-1840, II.

A. H. KRAPPE : *Bene Elohim : études des traditions bibliques sur les jumeaux*, in *SMSR*, IX, 1933, 157-171.

A. MAGDELAIN : *Cinq jours épagomènes à Rome*, in *REL*, 1962, 201-227.

G. MANSUELLI : *La cité étrusque de Marzabotto et les problèmes de l'Etrurie padane*, in *CRAI*, 1960, 65-84.

E. MEYER : *Römischer Staat und Staatsgedanke*, Zurich, 1948.

A. MOMIGLIANO : *Praetor Maximus e questioni affini*, in *Studi in onore di G. Grosso*, Turin, 1968, 161-175 = *IV$^e$ Contributo*, Rome, 1969, 403-417.

C. NICOLET : *Armée et société à Rome sous la République*, in *Problèmes de la guerre à Rome*, Paris, 1967, 117-156.

C. NICOLET : *Les Equites Campani et leurs représentations figurées*, in *MEFR*, XXIV, 1962, 436-517.

M. P. NILSSON : *The introduction of hoplitic tactics at Rome*, in *JRS*, 19, 1929, 4 *sq.*

R. M. OGILVIE : *Some cults of early Rome*, in *Hom. M. Renard*, II, 566-572.

R. A. PALMER : *The king and the comitium, in Historia*, XI, 1969.

C. PEYRE : *Le culte de Castor et Pollux à Rome, in Extrait des positions de thèse, Ec. des Htes études, IV^e section, annuaire,* 1962-1963.

U. SCAMUZZI : *La dittatura in Roma nel periodo delle guerre puniche, in Rivista di studi class,* VI, 1958, 16-32.

R. SCHILLING : *Les Castores romains à la lumière des traditions indo-européennes, in Hom. G. Dumézil,* XLV, 1960, 177-192.

R. SCHILLING : *Une victime des vicissitudes politiques La Diane latine, in Hom. J. Bayet, Latomus,* LXX, 1964, 650-667.

W. SESTON : *Le « iustitium » de Germanicus, in Revue hist. de dr. fr. et étr.,* XXX, 1952, 159-177.

E. S. STAVELEY : *The constitution of the Roman Republic, in Historia,* V, 1956, 101-107.

N. WAGNER : *Dioskuren, jungmannschaften und Doppelkönigtum, in Zeitschrift f. deutsche Phil.,* 79, 1960, 1-19 et 225-247.

S. WEINSTOCK : *Römische Reiterparade, in SMSR,* XIII, 1937, 10-24.

B. ZUCCHELLI : *Un antiquario romano contro la « nobilitas », in Studi Urbinati,* N.S.B. N.I; XLIX, 1975 (Atti del convegno, mai 1974) : *Gli storiografi latini tramandati in frammenti,* 109 sq.

*Cf.* aussi: B. G., n^os 1, 3, 10, 11, 15, 22, 24, 28, 33, 39, 40, 41, 44, 57, 61.

## NOTES

(1) H. Hill : *Equites and Celeres.*
(2) Tite-Live, I, 15, 8 et I, 59, 7 ; – Plutarque, *Rom.* 26, 2 ; *Numa,* 8, 8 ; – Denys, II, 13 et II, 29, 1 et 64 ; – Zonaras, VII, 4, 5 (*cf.* Dion, fg. II).
(3) Pline, *N.H.* XXXIII, 35 ; – Servius, *Ad Aen.* XI, 603 ; – Lydus, *De Mag.* I, 9 ; – Pomponius, *Dig.* I, 2 2.15 et 19 ; – Festus, p. 48 L.
(4) *Cf.* J. Heurgon ; éd. de Tite-Live, I (Érasme).
(5) *Cf.* J. Bayet, Tite-Live, I, col. Budé, *ad loc.*
(6) *Cf.* C. Mossé : *La tyrannie dans la Grèce antique.*
(7) *id. : ibid.,* p. 33.
(8) *id. : ibid.,* p. 62-64.
(9) *Cf. supra,* p. 18 et 24, et, pour Rome, Tite-Live, XXIX, 1 ; – Virgile, *En.* VII, 275 ; IX, 370.
(10) *Cf. supra,* p. 65 ; – J. Hubaux, *Rome et Véies,* p. 65.
(11) Tite-Live, III, 37, 6 et 49, 2 ; – Denys, VII, 7 ; – *supra,* p. 253-254.
(12) C. Mossé, *op. cité,* p. 88-89.
(13) *Cf. supra,* p. 76.
(14) Plutarque, *Marius,* 35 ; – *Cf.* R.M. Ogilvie : *A commentary on Livy,* I, 15, 8.
(15) Les Fastes de Préneste (*CIL,* I (2), 234) signalent sa présence au *Comitium,* le 19 mars, lors de la danse des Saliens.
(16) G. Dumézil : *Horace et les Curiaces ; –* P. Arnold : *Le mythe de Mars.*
(17) R. Martin, in *Latomus,* XXVI, 1967.
(18) *Cf.* Horace, *Sat.* I, 3, 106.
(19) Tite-Live, XXVIII, 32, 9 (ce sont des bandes espagnoles) ; XLII, 16, 1 et 17, 2 (ce sont des mercenaires payés pour assassiner).
(20) Tite-Live, II, 12, 5.
(21) *Cf. Dig.* 50, 16, 118.
(22) Ennius, *Ann.* 60.
(23) Plaute, *Miles,* 949.
(24) *Cf.* Ernout-Meillet , *Dict. étym. sv. Latro.*
(25) Servius, *Ad Aen.* XII, 7.

(26) Varron, *L.L.* VII, 52 ; — *cf.* aussi les *Titini latrones, ap.* Festus, p. 496, 9 L. et J. Poucet : *Recherches sur la légende sabine,* p. 286-289.

(27) G. Dumézil : *Ner et uiro dans les langues italiques* et *Horace et les Curiaces.*

(28) Denys, II, 36, 2.

(29) Denys, II, 37, 5.

(30) Tacite, *Ann,* IV, 65 ; — Festus, p. 486 L. ; — Discours de Claude à Lyon, *CIL,* XIII, 1668.

(31) *Cf.* G. de Sanctis, *Storia,* I, p. 218 et J. Poucet, *op.* cité, p. 7-8.

(32) Denys, II, 56, 3.

(33) Denys, II, 29, 1.

(34) Cette idée d'une société organisée en deux classes d'âge est chez Florus (I,1) : *iuuentus diuisa per tribus in equis et armis aut ad subita belli excubaret ; consilium rei publicae penes senes esset ;* — Fulvius Nobilior, *ap.* Macrobe, I, 12, 16 : *Romulus postquam populum in maiores iunioresque diuisit ut altera pars consilio altera armis rem pub. tueretur ;* — Virgile, *En.* VIII, 105, à Pallantée : *una omnes iuuenum primi pauperque senatus.*

(35) *Cf.* R. Etienne : *Le siècle d'Auguste,* p. 35 et Ovide, *Ars am.* I, 194 : *nunc iuuenum princeps, deinde future senum.*

(36) C'est aussi une caractéristique des *equites* (Tite-live, IV, 38, 2 ; — Valère-Maxime, III, 2, 8 ; — Virgile, *En.* X, 365).

(37) Denys, II, 13, 3.

(38) Denys, II, 64.

(39) Fastes de Préneste, 19 mars : *Salii faciunt in comitio saltu (adstantibus po) ntificibus et trib. celer.*

(40) Denys, IV, 71, 5-6.

(41) Pline, XXXIII, 35, critiqué par Madvig : *l'État romain* (trad. C. Morel). Vraisemblablement ce M. Junius Gracchanus est à identifier avec Junius Congus, cité par Cicéron (*De or.* I, 256). Il mit ses compétences juridiques et historiques au service des *populares. Cf.* B. Zucchelli : *Un antiquario romano contro la « nobilitas »* : *M. Giunio Congo Graccano, in Studi Urbinati,* N.S.B. N.I. ; anno XLIX, 1975, p. 109 *sq.*

(42) *Cf.* Madvig, *ibid.* et H. Hill, *op.* cité.

(43) H. Hill, *ibid.*

(44) Madvig, *ibid.*

(45) *Cf.* J. Poucet : *Recherches sur la légende sabine,* p. 338-383 : il suit Lydus, *De Mag.* I, 9, qui place les trois groupes créés par Romulus dans la force équestre (ἱππικὴ δύναμις).

(46) *Cf.* par exemple, Belot, *Histoire des chevaliers,* I, p. 106.

(47) Ainsi Madvig, I, p. 170.

(48) Denys, III, 24, 3.

(49) Suggestion de H. Hill, *op.* cité.

(50) *Cf.* C. Nicolet : *L'ordre équestre à l'époque républicaine,* p. 24-25 et *Armée et société à Rome sous la République, in Problèmes de la guerre à Rome.*

(51) *Cf.* J. Heurgon : *Recherches sur Capoue...,* p. 253-256.

(52) *Cf.* A. Alföldi, *Der frührömische Reiteradel und seine Ehrenabzeichen,* p. 93 *sq* ; — J. Hellegouarc'h : *Le vocabulaire latin des relations et des partis politiques sous la République,* p. 449.

(53) Cicéron, *De republica,* II, 2 *sq.*

(54) *id., Phil.* V, 6.

(55) *Cf.* J. Heurgon, *L'Etat étrusque,* sp. 68 : « L'histoire romaine primitive est elle-même une partie des *Historiae Tuscae...* Il est évident que Romulus lui-même avec sa garde du corps de 300 *Celeres...* figure un de ces aspirants à la tyrannie dont les républiques étrusques ont toujours redouté le retour. »

(56) Valère-Maxime, III, 4, 2.

(57) J. Heurgon, *Rome et la méditerranée occidentale,* p. 211-213.

(58) Cicéron : *De republica,* II, 36 ; — Tite-Live, I, 36, 2 *sq* ; I, 43, 9. Sur cette question du nom des centuries, *cf.* Varron, *L.L.* V, 55 ; — W. Schulze : *Zur Geschichte der lateinischen Eigennamen,* p. 579 *sq* ; — L.R. Taylor : *Local cults in Etruria,* p. 9, *sq* ; — J. Poucet : *Recherches...,* p. 338-383 ; — P. de Francisci, *Primordia ciuitatis,* p. 540 ; — J. Gaudemet : *Institutions,* p. 274 *sq.*

(59) Ernout-Meillet, *Dict. étym. sv. Celeres.*

(60) *Cf.* R.A. Palmer : *The king and the comitium.*

(61) Le dictionnaire de Liddell-Scott signale une forme κέληρ en éolien, dialecte dont, par bonheur ! Caton disait que Romulus avait connaissance (*Origines, ap.* Lydus, *De mag.* I, 5 = *Veterum hist. Rom.* p. 57, fg. 19) ; *cf.* Servius, *Ad Aen.* XI, 603. Sur l'éventualité d'un synonyme étrusque du lat. *Celeres, cf. infra,* p. 273 et n. 119 *ad loc.*

(62) Plutarque, *Rom.* 10, 3.

(63) *id.* et Zonaras.

(64) Denys et Lydus.
(65) Hesychius, *Lexicon* (éd. M. Schmidt, 1867, *sv.*).
(66) J. Vendryès, *in Rev. Celt.* XL, 1923, p. 430.
(67) Servius, *Ad Aen.* IX, 603.
(68) Ernout-Meillet, *Dict. étym. sv. Flexuntes,* et A. Ernout, *Les éléments étrusques du vocabulaire latin, Philologica,* I, 1946, p. 21-51, sp. 37.
(69) G. Dumézil : *Remarques sur la stèle archaïque du forum,* sp 174
(70) Ernout-Meillet, *Dict. étym.*
(71) J. Gagé : *Huit recherches sur les origines italiques et romaines,* rech. VI.
(72) R.H. Klausen : *Aeneas und die Penaten.* p. 823 et J. Knight : *Cumaean gates,* p. 107 sq.
(73) J. Carcopino y fait allusion sans leur porter plus qu'un intérêt réservé, *in Virgile et les origines d'Ostie,* p. 355.
(74) Varron, *ap.* Nonius, p. 49 : *nunc emunt Trossuli nardo nitidi uulgo talento Attico* « aujourd'hui les *Trossuli,* tout luisants de parfum, achètent ouvertement leur cheval au prix d'un talent athénien ».
(75) Sénèque, *Epist.* 76, 2 ; — 87, 9 ; — Perse, I, 82.
(76) Chez Saint-Jérôme par exemple, *Ep.* 117, 8.
(77) *Cf.* A. Alföldi : *Die Herrschaft der Reiterei in Griechenland und Rom nach Dem Sturz der Könige.*
(78) Sur la Campanie, *cf.* C. Nicolet : *Les equites Campani et leurs représentations figurées ;* — sur l'Etrurie, G. Mansuelli : *La cité étrusque de Marzabotto et les problèmes de l'Etrurie padane, in CRAI,* 1960, p. 65-84.
(79) A. Alföldi : *Der frührömische Reiteradel und seine Ehrenabzeichen,* Baden-Baden, 1952 ; — et : *Early Rome and the Latins ;* — *(Centuria) procum patricium ;* sur les *insignia, cf.* aussi P. Willems : *Le sénat de la République romaine,* I, p. 123.
(80) W. Helbig : *Sur les attributs des Saliens ;* sa thèse a la sympathie de A. Bernardi : *Dagli ausiliari del rex al magistrati della repubblica,* sp. 19 ; et de F. de Martino, *Storia,* I, p. 100.
(81) *Cf.* Mommsen : *Le droit public romain* (trad. F. Girard), III, p. 160 *sq.*
(82) A. Momigliano : *Procum patricium ;* — *Osservazioni sulla distinzione fra patrizi e plebei.*
(83) Aulu-Gelle, *NA.* X, 15, 4.
(84) *Cf.* Plutarque, *Fabius,* 4 ; — Zonaras, VII, 14 ; — Orose, III, 22, 8.
(85) S. Mazzarino : *Dalla monarchia allo stato repubblicano.*
(86) *A.* Alföldi : *Reiteradel...,* 18, n. 16.
(87) Plutarque, *Fabius,* 4 ; — *cf.* E. Meyer : *Römischer Staat und Staatsgedanke,* p. 38 et E.S. Staveley : *The constitution of the Roman Republic,* p. 101-107.
(88) *Cf.* R.A. Palmer : *The Roman archaic community,* p. 217.
(89) Lydus, *De Mag.* I, 9.
(90) Cicéron, *De Rep.* II, 20.
(91) Virgile, *En.* IX, 370.
(92) *Cf.* S. Mazzarino, *Dalla monarchia...*
(93) A. Alföldi : *Procum patricium.*
(94) *Cf. infra,* p. 337 *sq.*
(95) A. Bernardi, *in Rend. Ist. Lombardo,* 79, 1945-1946, p. 21 et P. Willems, *Le sénat de la rép. rom.* p. 65 *sq.*
(96) Pomponius, *Dig.* I 2 2. 19.
(97) A. Rosenberg : *Der Staat der alten Italiker,* p. 51-71, suivi par L. Homo : *Les institutions politiques romaines,* p. 41 et S. Mazzarino : *Dalla monarchia,* p. 174. Sur l'incertitude du *meddix verehias, cf. supra.* p. 71, n. 15.
(98) E. Gjerstad : *The origins of the Roman Republic,* p. 26 ; — P. de Francisci : *Primordia,* p. 612. Plus sceptiques sur l'origine royale : Staveley : *The constitution of the Roman Republic,* p. 101-107 et A. Momigliano : *Praetor Maximus e questioni affini.*
(99) *Cf.* S. Mazzarino : *Dalla monarchia,* p. 86 *sq* et 101 *sq.* Sur la dictature chez les peuples Albains, *cf.* A. Bernardi : *Dai populi Albenses ai prisci Latini nel Lazio arcaico.*
(100) Cicéron : *De Rep.* II, 32 ; — Tite-Live, VIII, 32, 3 ; — U. Scamuzzi : *La dittatura in Roma nel periodo delle guerre puniche.*
(101) *id.*
(102) *Cf.* J. Gaudemet : *Institutions,* p. 332 ; — P. de Francisci, *in SDHI,* 1944, p. 160.
(103) *Cf.* Niccolini : *Il tribunato della plebe,* p. 101.
(104) Sur le conflit Papirius-Fabius, *cf.* Tite-Live, VIII, 30, 4 ; — Valère-Maxime, II, 7, 8 et III, 2, 9 ; sur celui qui oppose Fabius et Minucius : Val-Max. III, 8, 2 ; — Tite-Live, XXII, 12, 12 ; — Frontin, *Strat.* II, 5, 22.

(105) Denys, III, 41 ; 53 ; 64-65 et IV, 3-6. Pour Tarquin, sa source est Cn. Gellius et C. Licinius Macer (*cf.* Peter, fg. 18, p. 171 et fg. 10, p. 304).

(106) *Cf.* J. Heurgon : *Un historien des études anciennes, A. Momigliano, in Journal des savants*, sp. 258.

(107) J. Gagé : *Les traditions des Papirii ; — id. Les « clients » de Manlius Capitolinus et les formes de leur « libération » ; — id. Les chevaliers romains et les grains de Cérès.*

(108) A. Magdelain : *Auspicia ad patres redeunt ; — id. Procum patricium.*

(109) Cicéron, *Pro Domo*, 38.

(110) M. Bloch : *La société féodale*, p. 219.

(111) Tacite, *Germanie* et M. Bloch, p. 221.

(112) M. Bloch, *op.* cité, p. 259 ; *cf.* aussi L. Gautier : *La chevalerie* (adapté par J. Levron, pour Arthaud, 1959), moins scientifique mais d'une lecture agréable.

(113) M. Bloch, *op.* cité, p. 133.

(114) A. Magdelain, *Auspicia*, p. 461.

(115) *id.*

(116) *Cf.* J. Heurgon : *Recherches sur Capoue...* p. 206-208.

(117) Frontin : *Strat.* IV, 7, 29 ; — Val-Max. II, 3, 3 ; — Tite-Live, XXVI, 4.

(118) *Cf.* J. Heurgon, *Recherches*, p. 253 *sq.*

(119) *Cf.* J. Heurgon : *L'Etat étrusque*, p. 74. L'inscription (*TLE* 169 ; *CIE* (1970) 816) est commentée par F. Leifer : *Studien zum antiken Amterwesen*, II, *Etruskische Standes und Beamteninschriften.*

(120) E. Gjerstad : *The origins*, p. 21-22.

(121) A. Momigliano : *An interim report on the origins of Rome*, et *supra*, p. 218-219.

(122) H. Hill : *Celeres and equites*, *op.* cité.

(123) *Cf.* Bouché-Leclercq, *p.* 266.

(124) Suétone, *Dom.* 14 ; — Tacite, *Ann.* III, 1 ; — Mommsen, *Droit public*, VI (2), p. 113.

(125) Aulu-Gelle, XVI, 1, 1 ; — Festus, p. 220, 9 L.

(126) *Cf. supra*, p. 20-21.

(127) Servius, *Ad Aen.* IX, 368.

(128) *Cf.* P. Couissin : *Les armes romaines*, p. 142-144 ; — Polybe, VI, 25.

(129) Tite-Live, IV, p. 63, n. 2 (col. Budé) et appendice, p. 107-108.

(130) Tite-Live, II, 20, 10 *sq.*

(131) Tite-Live, II, 43, 7 *sq.*

(132) *Id.* III, 61, 1-10.

(133) Sur la charge magique, *cf.* C. Nicolet : *Equites Campani ;* — sur les virtualités religieuses du cheval, J. Knight, *Cumaean gates* et *supra*, p. 232.

(134) J. Gagé : *Les traditions des Papirii...*

(135) L. Gautier : *La chevalerie*, p. 31.

(136) A. Alföldi.

(137) A. Momigliano.

(138) Mommsen : *R. Forsch.* I, p. 134 *sq* et *Staatsr.* III, p. 254.

(139) L.R. Taylor : *Roman voting assemblies*, 1966 ; — *cf.* P. de Francisci, *Per la storia dei « comitia centuriata »*, in *Mél. Arangio-Ruiz*, Naples, I, 1-32, sp. 3.

(140) Mommsen, *Droit public*, VI (1), p. 329-330.

(141) *Cf.* Staveley, in *A.J.P.* 1953, p. 32.

(142) A. Momigliano, *Procum patricium.*

(143) *Cf.* C. Nicolet : *L'ordre équestre*, p. 126 *sq* et *id. Armée et société à Rome*, p. 127, n. 7.

(144) Asconius, p. 238.

(145) Varron, *L.L.* VI, 86 : *quirites, pedites armatos (= iuniores) privatosque (= seniores) ;* cf. R.E.A. Palmer : *The archaic community*, p. 156 *sq* et 248.

(146) A. Magdelain : *Auspicia...*, d'après Tite-Live, II, 1, 10 ; Festus, *sv. adlecti* et *sv. conscripti*, p. 6, 36 et 104 L.

(147) Tite-Live, I, 17, 5-6 ; — Denys, II, 57-58 ; *cf.* Palmer, p. 259.

(148) Ovide, *F.* V, 61-62 ; — Florus, I, 1, 15 ; — Quintilien, *Inst. orat.* I, 6, 33 ; — Festus, *sv. senatores*, p. 454 L. ; — Eutrope, I, 2 ; — Justin, XLIII, 3 ; — Plutarque, *Rom.* 13 ; — Zonaras, VII, 3.

(149) Tite-Live, II, 1, 11.

(150) Tite-Live, V, 30, 4 ; — Denys, VI, 39, 1 ; VI, 66 ; X, 3, 5.

(151) *Cf.* Willems : *Le sénat*, p. 35 *sq.*

(152) A. Magdelain, *Auspicia...*

(153) A. Momigliano, in *Entretiens* XIII, Fond. Hardt.

(154) A. Magdelain, *Cinq jours épagomènes à Rome.*

(155) *Cf.* U. Coli : *Interregnum. La République, qui avait tant de haine pour le nom de Rex*, l'avait conservé dans le langage religieux.

(156) *Cf.* sur ce nombre, J. Hubaux : *Rome et Véies.*
(157) Tite-Live, II, 49-50.
(158) *Cf.* Denys, IX, 15.
(159) *Cf. supra*, p. 12 *sq.*
(160) *Cf.* A. Snodgrass : *The hoplitic reform and history.*
(161) *Cf.* Nilsson : *The introduction of hoplitic tactics at Rome.*
(162) A. Momigliano : *An interim report..., op.* cité.
(163) Denys, V, 20.
(164) L'expédition des Fabii en est le meilleur exemple.
(165) Mommsen : *Droit public*, III, p. 198-207.
(166) Essentiellement Denys qui s'inspire de Valerius Antias ; — Servius, *Ad Aen.* XI, 603 ; — Virgile, *En.* IX, 370.
(167) Cicéron : *De rep.* II, 46.
(168) Cicéron : *Ad Fam.* III, 11, 3 (Budé, IV, 267).
(169) E. Gjerstad : *Discussions concerning early Rome*, pense que Brutus est une figure légendaire.
(170) W. Schulze : *Zur Geschichte lat. Eigennamen. cf. supra*, p. 98-99.
(171) *Cf.* R. Bloch : *Appendice*, Tite-Live, II, p. 112 (col. Budé).
(172) *Cf.* G. Niccolini : *Fasti*, p. 36 *sq.*
(173) *Cf.* T.R.S. Broughton : *The magistrates of the Roman Republic*, 15, 17, 56, 58.
(174) *Cf.* E. Gjerstad : *Legends and facts of early Roman history*, p. 63-64, et *id. The origins of the Roman Republic.*
(175) *Cf.* A. Bernardi : *Dagli ausiliari... op.* cité.
(176) Servius, *Ad Aen.* XI, 603 ; — Lydus.
(177) A. Rosenberg (*Der Staat... op.* cité) remarque que la charge de *magister equitum* est périodique et accidentelle, alors que celle de *tribunus Celerum* a continué d'exister et devait être durable. *cf. supra*, p. 270.
(178) Madvig : *L'Etat romain*, II, p. 221 ; — L.R. Taylor : *Roman voting assemblies*, et C. Nicolet : *Equites Campani.*
(179) Denys, II, 13, 2, si l'on accepte la leçon : "Ονομα δὲ κοινὸν ἅπαντες ὃ καὶ οἱ νῦν κατέστησαν ἔσχον κελέριοι.
(180) Von Premerstein : *Das Troiaspiel und die Tribuni Celerum*, suivi par L.R. Taylor : *Seuiri equitum and municipal seuiri.*
(181) *Cf.* F. Chapouthier : *Les Dioscures au service d'une déesse.*
(182) CASTOREI PODLOUQUEIQUE QUROIS ; — cf. S. Weinstock, *in JRS*, 1960, p. 112 *sq* et J. Heurgon : *La Magna Grecia e i santuari del Lazio.*
(183) A Cora (*CIL*, X, 6305) ; Ardée (Servius, *Ad Aen.* I, 44 et Pline, *NH.* XXXV, 115) Tusculum (Cicéron, *De divin.* I, 98 et *CIL*, XIV, 2620, 2629, 2637, 2639, 2918, et VI, 2202) ; Ostie, où sont célébrés les *Ludi Castorum* (*cf.* J. Carcopino, *Virgile et les origines d'Ostie*, p. 70-71).
(184) *Cf.* Chapouthier, *op.* cité, p. 200-201 ; — F. Castagnoli : *Dedica arcaica Laviniate a Castore e Polluce ;* — Cicéron, *De nat. deor.* II, 2, 6 ; — III, 5, 11 ; — Diodore, VIII, fg. 32 ; — Justin, XX, 2, 10 ; — Strabon, VI, 261.
(185) *Cf.* A. Alföldi : *Early Rome*, p. 269 *sq.*
(186) Justin, XX, 2, 10 *sq.*
(187) Denys, VI, 13, 2.
(188) *id.*
(189) Les Dioscures y sont attestés (*cf.* Wuilleumier, *Tarente*, p. 519) et H. Wagenvoort, *in Mnemosyne*, XLIV, 13, 1960, p. 121 *sq* et A. Alföldi, *Early Rome.*
(190) *Cf.* R. Bloch, *in Rev. de phil.* 3ᵉ série. XXXIV, 1960, p. 182 *sq* ; — J. Heurgon : *La Magna Grecia... op.* cité ; — G. Giannelli : *Culti e miti della Magna Grecia*, p. 208 *sq.*
(191) *Cf.* R.M. Ogilvie : *Some cults of early Rome.*
(192) *Cf.* V. Basanoff : *Euocatio*, p. 151.
(193) Sur Diane, *cf.* R. Schilling : *Une victime des vicissitudes politiques.*
(194) *Cf.* F. Altheim : *Griechische Götter im alten Rom :* avant que le forum n'appartînt à l'espace urbain.
(195) *Cf.* R. Schilling : *Les Castores romains à la lumière des traditions indo-européennes.*
(196) Granius Licinianus, commenté par F. Altheim, *ibid.* Ajoutons que les Dioscures sont liés à une conception ancienne de la monarchie ainsi qu'aux confréries d'hommes : *cf.* N. Wagner : *Dioskuren, jungmannschaften und Doppelkönigtum.*
(197) *Cf.* R. Schilling : *Les Castores... ;* — A. Alföldi : *Early Rome ;* — C. Peyre : *Le culte de Castor et Pollux à Rome.*
(198) Pausanias, III, 20, 1.

(199) Servius, *Ad Aen*. XII, 139. Sur le rapport Dioscures-Juturne, *cf.* F. Altheim, *op.* cité et V. Basanoff : *Euocatio*, p. 165 *sq.*

(200) C. Peyre, *op. cité.*

(201) *ibid.*

(202) *Cf.* A. Alföldi : *Early Rome*, p. 270.

(203) Frontin, I, II, 8-9 ; — Val-Max. I, 8, 1.

(204) Les Romains s'en étonneront eux-mêmes, *cf.* Suétone, *César*, 10.

(205) *Cf.* A.H. Krappe : *Bene Elohim : études des traditions bibliques sur les jumeaux.*

(206) *Cf.* Vetter, 202 et 224, pour les pays osques ; *TLE*, 156 : inscription de Tarquinia mentionnant *tinas diniiaras* : les fils de Tin, soit les *Dioskouroi.*

(207) *Cf.* Schilling : *Castores, op.* cité.

(208) *Cf.* pour une chronologie différente : E. Gjerstad : *The origins, op.* cité, p. 21-22.

(209) A. Alföldi : *Rom und der Latinerbund um 500 v.C.*

(210) V. Basanoff : *Euocatio*, p. 165.

(211) *Cf.* R. Bloch : *Rome de 509 à 475.*

(212) Denys, VI, 13, 4 ; au lieu de Mars, on rencontre Honos (*Vir. illustr.* 32, 3), *cf.* G. Dumézil ; *RRA*, p. 400-402 ; — S. Weinstock : *Römische Reiterparade.*

(213) Tite-Live, XLV, 39, 11 et XXXIII, 22.

(214) Denys, VI, 13.

(215) Tite-Live, IX, 46, 15 ; — Val-Max. II, 2, 9 ; — *Vir. Illustr.* 32, 3 ; — Pline, *NH*, XV, 19.

(216) A. Momigliano : *Procum patricium, op.* cité.

(217) Athénée, qui s'inspire de Timée (*F.H.G.I.*, p. 205).

(218) Sur les divergences de la tradition, *cf.* Münzer, *in RE*, VI, 1806. Sur le rôle éventuel de Fabius, *cf*, W. Helbig : *Die Castores, in Hermes*, XL, 1905, p. 112 sur l'influence campanienne, *cf.* C. Nicolet : *Equites Campani, op.* cité.

(219) *Cf. infra*, appendice .

(220) Tite-Live, VIII, 11, 16.

(221) *Cf.* C. Nicolet : *L'ordre équestre*, p. 15-23.

(222) Denys s'inspire de l'exemple de Sparte et des écrits de Xénophon, selon qui l'admission dans la *gerousia* et dans le corps des *hippeis* dépendait d'un *agôn*. Sur Denys, *cf.* E. Gabba : *Studi su Dionigi da Alicarnasso*, sp. 185-187.

(223) *Cf.* G. Dumézil : *Horace et les Curiaces ; — Jeunesse, éternité, aube.*

(224) J. Heurgon : *La Magna Grecia, op.* cité.

(225) Val-Max, I, 8, 1 ; — Frontin, I, 2, 8-9 ; — Cicéron : *De nat. deor.* II, 2, 6.

(226) Polybe, VI, 19.

(227) *Cf.* H. Hill : *The Roman middle class in the republican period.*

(228) *Cf.* R. Cagnat : *Equites, in* Daremberg-Saglio, et Mommsen : *Droit public*, VI (1), p. 292-294, avec la bibliographie ancienne sur le sujet.

(229) Tacite, *Ann.* II, 83.

(230) R. Etienne : *Le siècle d'Auguste*, p. 35.

(231) *Cf. supra*, p. 281.

(232) *CIL*, XI, 3215, et L.R. Taylor : *Seuiri equitum, op.* cité.

(233) *Cf.* J. Bayet : *Hist. pol.* p. 174.

(234) *Cf.* W. Seston : *Le « iustitium » de Germanicus*, et *id. in REL*, XXIX, 1951, p. 41-43.

(235) Dion C. XXXI, 43, 6-7.

(236) *Cf.* H. Corbin : *En Islam iranien*, et *Juvénilité et chevalerie en Islam iranien*, p. 311-356. Un même mot connote l'idée de jeunesse et celle de chevalerie que ce soit *fotowat* en arabe, ou *javânmardî* en persan (ce dernier mot étant formé sur la même racine que *iuuenis*). Dans l'un et l'autre cas, à côté du sens littéral, qui définit un âge physique, on trouve un sens technique qui recouvre les activités chevaleresques et leur compagnonnage initiatique. Les mots accompliront le passage de l'épopée héroïque à l'épopée mystique, et définiront pour finir le chevalier de la foi. Et les textes soufis donnent toute sa solennité au vocatif : *javân marda.*

Appendice : *Les censeurs Ap. Claudius Caecus et Q. Fabius Rullianus*

Il peut paraître surprenant, au terme d'une étude consacrée aux *equites*, de trouver quelques pages qui traitent d'Ap. Claudius Caecus, censeur en 312 (1). Rien en effet ne mène directement à lui dans les textes anciens qui évoquent sa carrière. Q. Fabius Rullianus, censeur en 304, est en revanche directement nommé comme l'instaurateur — et nous avons vu qu'il valait mieux dire le restaurateur — de la *transuectio equitum* ; il est aussi le rival de Papirius Cursor, le *magister populi* dont il était le bouillant second, et c'est lui encore qui, plus tard, nommé à son tour *magister populi,* recevra l'autorisation de monter à cheval. On sait aussi que Q. Fabius fut un adversaire d'Ap. Claudius et que sa censure fut, en partie, une réaction contre la sienne. Et c'est la rivalité des deux hommes qui conduit à supposer qu'Ap. Claudius eut sur le statut des *equites* une action que son successeur s'employa à corriger, voire à totalement effacer.

La censure d'Ap. Claudius, si importante à bien des égards, est pour nous encore bien mystérieuse ; nous en évoquerons seulement quelques aspects. De l'homme, nous nous attacherons seulement à trois attitudes, ses tendances pythagoriciennes, ses attirances campaniennes, et, naturellement, sa rivalité avec les Fabii.

Cicéron trouvait un accent pythagoricien aux *sententiae* d'Ap. Claudius (2) ; et, de fait, plusieurs aspects de sa politique offrent des analogies avec la politique pythagoricienne à Crotone, au temps du Maître lui-même, ou à Tarente, au temps d'Archytas (3). Grand érudit, Ap. Claudius pouvait connaître la littérature politique de la Grande-Grèce. Ses réformes politiques et religieuses semblent avoir un fondement doctrinal : la divulgation du *ius Flauianum,* à laquelle il participe, répond, comme peut-être les *sententiae,* à une exigence de propagande pédagogique ; l'érection, sur le forum, d'un temple à Concordia rappelle le culte d'Homonoia, représentée au IVe siècle sur des monnaies de Métaponte (4) et qui apparaît comme la garante d'une sorte de concorde paternaliste entre les riches et les pauvres ; l'intérêt porté au culte d'Hercule rappelle l'importance du dieu pour les pythagoriciens ; enfin la légende de la cécité qui vient le châtier d'avoir touché aux *sacra* d'Hercule est analogue à celle de Stésichore, un sympathisant du pythagorisme, que les Dioscures frappèrent aussi de cécité (5). Bref, tout concourt à donner quelque valeur aux impressions de Cicéron (6).

Très nettes aussi les attirances d'Ap. Claudius pour la Campanie, vers où se dirige précisément la *Via Appia :* le nom de son collègue à la censure C. Plautius paraît campanien, et, plus tard, un *eques* de Campanie, Pacuvius Calavius épousera une Claudia (7). Ap. Claudius a participé au mouvement pro-campanien que mènent au IVe siècle quelques familles, celles qui, au début de la guerre hannibalique, auront avec des familles campaniennes les liens d'un *uetustum connubium* (8). C'est surtout Capoue, capitale éphémère d'un Etat samnite, qui influence la politique romaine (9) : l'aristocratie de Rome y trouve une noblesse sénatoriale constituée par les *equites,* dont le modèle interviendra dans la constitution de l'*ordo equester* (10). L'œuvre du censeur de 312 est sans doute liée aux rapports de Rome avec la Campanie, soit qu'il ait voulu promouvoir une classe commerçante à qui s'ouvraient les débouchés campaniens, soit qu'il ait touché au fonctionnement d'une assemblée distincte de celle du *populus* par son recrutement et le lieu de ses réunions, comme à Capoue, où il y avait deux *fora* (11).

L'ensemble de cette œuvre a été déformé par l'historiographie ancienne de sorte qu'il nous échappe encore. Le responsable de cette déformation semble être Fabius Pictor (12) qui poursuit de sa haine tous les Claudii de l'histoire romaine, rivaux sans doute des Fabii. Leur rivalité se manifeste le plus clairement dans l'opposition des deux censeurs dont nous nous occupons : en 307, Ap. Claudius s'oppose à la prorogation de l'*imperium* de Q. Fabius (13) ; en 300, il s'oppose au plébiscite ogulnien, qui tente d'introduire des plébéiens dans les collèges de pontifes et d'augures, et, s'il est vrai que les Ogulnii sont protégés par les Fabii (14), on comprend que ces derniers sont encore la cible d'Ap. Claudius.

Voilà donc trois composantes de l'œuvre claudienne : des sympathies pythagoriciennes, une politique orientée vers la Campanie et une rivalité avec son successeur à la censure. Ap. Claudius refusait peut-être une politique d'accueil aux familles plébéiennes en soutenant un système politique plus tranché : le patriciat conserverait ses privilèges, une classe industrielle participerait aux affaires, sans se mêler d'accéder à la noblesse, sans qu'une *nobilitas* vînt se substituer au patriciat. Il y aurait dans cette spécialisation des tâches, dans cette union du conservatisme le plus orgueilleux et du réformisme le plus audacieux, des échos pythagoriciens.

Si telle fut l'intention d'Ap. Claudius, quelle place les *equites* occupèrent-ils dans sa vision politique ? Si l'on tient à faire coïncider les *equites* et les patriciens, on doit s'attendre à voir les chevaliers défendus dans leurs privilèges de caste, mais irrités, comme le sont les patriciens, contre l'accès au sénat offert aux fils d'affranchis. Si, comme nous le pensons, les deux classes sont distinctes, les *equites* bénéficieront des tendances campaniennes d'Ap. Claudius et verront s'accroître leur rôle politique, ou, au contraire, victimes des préjugés patriciens du censeur, ils seront écartés du pouvoir comme semble l'être la plèbe à qui est refusé l'accès aux grands collèges religieux. La question n'est donc pas simple et nous n'avons pour tenter de la résoudre que trois indications, difficiles à interpréter.

Ap. Claudius fit la fortune de Cn. Flavius, fils d'affranchi, qui fut édile curule et, en même temps *(simul)*, tribun de la plèbe (15). D'indignation, en un geste de protestation, les anneaux d'or sont déposés, mais par qui ? Deux traditions annalistiques rapportent le fait et le compliquent : pour l'une, c'est la noblesse qui exprime son opposition, pour l'autre, ce sont les *equites*. Tenons-nous là un indice d'une réaction défavorable des cavaliers à l'œuvre d'Ap. Claudius ? Il est malheureusement impossible d'en juger, car nous nous heurtons toujours au même problème de vocabulaire politique : le récit de cette protestation solennelle révèle les mêmes hésitations, que nous constatons chez Tite-Live et Denys d'Halicarnasse, entre les *equites* et les *patres,* si bien que la tradition peut provenir d'une version de l'événement plus ancienne et remaniée dans le sens des réalités postérieures aux Gracques (16).

La deuxième indication est plus ténébreuse encore dans la mesure où elle ne concerne pas clairement les *equites*. Ap. Claudius fut frappé de cécité pour avoir touché au culte d'Hercule à l'*Ara Maxima* : des mains des Potitii il l'aurait transféré à des esclaves publics. Est-ce un épisode de sa rivalité avec les Fabii qui sont liés au dieu (17) ? Est-ce une offense directe aux *equites* ? Pour soutenir cette seconde possibilité, il faut suivre les démonstrations, un peu aventureuses, de V. Basanoff. Pour lui, les confréries mythiques des Potitii et des Pinarii, attachées à l'*Ara Maxima,* correspondent dans le rite aux Fabii et aux Quinctii, c'est-à-dire aux deux *gentes* qui ont donné leur nom aux sodalités de Luperques, or les Luperques sont des *equites* (18). Dès lors, ce sont les *equites* qui auraient été dépossédés des fonctions qu'en tant que Luperques ils accomplissaient au Grand Autel. Cette explication est bien incertaine, d'autant plus que la calomnie qui entache toute la tradition relative à Ap. Claudius a pu déformer un geste peut-être fort simple, la nationalisation d'un culte privé par exemple qui aurait été confié, comme c'est courant, à des esclaves publics (19). Les Potitii, tout comme les Pinarii, ne sont peut-être pas une famille ; leur nom indique peut-être seulement la fonction rituelle de « possédés » du dieu. Si leur nombre était insuffisant en 312, Ap. Claudius a pu seulement le compléter en faisant appel à des esclaves (20). Quoi qu'il en fût, cet acte parut avoir une signification politique ; mais l'indice que les *equites* firent les frais de l'opération est tout aussi ténu que le précédent.

Reste donc la rivalité d'Ap. Claudius avec Q. Fabius. Celui-ci a promu une antique parade des cavaliers et ce fut une reconnaissance officielle de leur culte, de leur différence et de leur autonomie. Désormais, et jusqu'en 129, date à laquelle les sénateurs ne peuvent plus faire partie des centuries équestres, la cavalerie est un des grands corps de l'Etat. Le même Fabius, en montant à cheval, contrairement à l'antique interdiction qui pesait sur le *magister populi,* semble avoir marqué clairement sa volonté d'intégrer la cavalerie à l'Etat (21). La distinction entre la cavalerie et l'infanterie prend une autre signification ; elle est politique toujours, mais elle oppose à la plèbe un groupe, qui réunit, comme à Capoue, les *equites* et les sénateurs. Fabius entérine sans doute un état de fait qui s'était progressivement développé. La cavalerie conserve ses prestiges, mais les sénateurs en bénéficient. La *captatio* des privilèges attachés à l'organisation des *equites* est une manière d'émousser leurs potentialités politiques, et en même temps un pas vers la constitution de la *nobilitas.* Fabius, adversaire de Claudius, a-t-il compensé par là quelque brimade infligée aux *equites* ? Nous nous garderons bien naturellement de l'affirmer sur des bases aussi fragiles ; tout n'était peut-être pas à défaire de l'œuvre de Claudius. Ce qui reste acquis, c'est qu'en 304, la cavalerie archaïque cesse d'être ; il y a maintenant un *ordo ;* jusqu'aux Gracques, il sera le bastion de la jeunesse des deux ordres.

## BIBLIOGRAPHIE

A. Bernardi : *Roma e Capua nella seconda meta del IV^e secolo, in Athenaeum* XX, 1942, 86 *sq* et XXI, 1943, 21 *sq*.

A. L. Faravelli : *La censura di Appio Claudio Cieco e la questione della cronologia*, Côme, 1937.

A. Garzetti : *Ap. Claudio Cieco nella storia politica del suo tempo, in Athenaeum*, 25, 1946, 175-244.

B. V. Head : *Hist. num. a manual of greek numismatics*, Oxford, 2ˢ éd. 1911 (réimp. 1963).

F. Münzer : *Röm. Adelsparteien und Adelsfamilien*, Stuttgart, 1920 (2^e éd., 1963).

C. Nicolet : *Appius Claudius et le double forum de Capoue, in Latomus*, XX, 1961, 683-720.

R. E. A. Palmer : *The censors of 312 B.C. and the state religion, in Historia*, XIV, 1965, 293-324.

E. Staveley : *The political aims of Ap. Claudius Caecus, in Historia*, VIII, 1951, 410-343.

## NOTES

(1) Sur la date de la censure, *cf*. Tite-Live, IX, 29, 5 ; — Frontin, *De Aqu*. 5 ; — Diodore, XX, 36, 1, qui donnent 310, suivis par G. de Sanctis : *Storia dei Romani*, II, 1907, p. 226 ; mais 312 est préféré depuis A.L. Faravelli : *La censura di Appio Claudio Cieco e la questione della cronologia*.

(2) Cicéron, *Tusculanes*, IV, 2, 4.

(3) L'installation du pythagorisme à Crotone et à Tarente ne se fit pas sans prise de position entre la noblesse de tradition et les tendances démocratiques (*cf*. L. Ferrero : *Storia del pitagorismo nel mondo Romano*, p. 152-174).

(4) *Cf*. B.V. Head : *Hist. num a manual of greek numismatics*, 64 ; et Jamblique : *V.P.* 88.

(5) *Cf*. Zeller-Mondolfo : *La filosofia dei Greci nel suo sviluppo storico*, 1, 2, p. 259.

(6) *Cf*. L. Ferrero, *op*. cité.

(7) Tite-Live, XXIII, 2, 6.

(8) Tite-Live, XXXI, 31, 3, et XXIII, 2, 6 ; — *cf*. F. Münzer : *Röm. Adelsparteien und Adelsfamilien* ; et E. Staveley : *The political aims of Ap. Claudius Caecus*.

(9) *Cf*. A. Bernardi : *Roma e Capua nella seconda meta del IV^e secolo*.

(10) *Cf*. *supra*, p. 284-285.

(11) *Cf*. C. Nicolet : *Appius Claudius et le double forum de Capoue*.

(12) *Cf*. A. Alföldi : *Early Rome and the Latins*, p. 159 *sq*.

(13) Tite-Live, IX, 42, 2.

(14) *Cf*. Münzer, *op. cité, p. 83 sq*.

(15) Pline, *NH*. XXXIII, 6.

(16) *Cf*. C. Nicolet, *op*. cité.

(17) *Cf*. *supra*, p. 205.

(18) *Cf*. *supra*, p. 210 *sq*.

(19) *Cf*. J. Bayet : *Les origines de l'Hercule romain*, p. 248-274.

(20) *Cf*. R.E.A. Palmer : *The censors of 312 B.C. and the state religion*.

(21) Orose, III, 22, 8.

# CHAPITRE III

# IVNIORES

- Introduction. *L'œuvre « servienne » est-elle une innovation ?*
- *Signification politique de la catégorie des iuniores,*
- Appendices
  - I   *Tentative d'évaluation numérique,*
  - II  *Sexagenarii de ponte...*
  - III. *L'exemple des Tables Eugubines.*

Même si la tradition a cristallisé sur le nom du roi Servius toutes sortes de réformes ultérieures, elle l'a fait avec assez de logique et de compréhension du passé pour ne pas perdre de vue, parmi les erreurs et les falsifications de dates ou d'objectifs, l'esprit initial des grandes transformations esquissées par le roi. Son nom est lié à l'apparition d'un nouveau personnel militaire, d'une nouvelle jeunesse donc, mise au service de l'Etat. Et l'on s'accorde aujourd'-hui à voir dans la constitution « servienne » une adaptation des cadres militai-res et politiques de la cité à la nouvelle tactique qui, s'appuyant sur la pha-lange, crée un nouveau type de soldat, l'hoplite. De même qu'en Grèce, l'apparition du gymnase, destiné à l'entraînement collectif, est liée au déve-loppement de la réforme hoplitique, de même voit-on, à Rome, le domaine des Tarquins, entre la cité et le Tibre, devenir le champ de Mars, consacré dorénavant aux exercices de la jeunesse. Quand, au sortir de la campagne militaire, la cité reçoit l'hoplite, elle doit bien lui offrir une place définie, à la mesure des services qu'il a rendus et selon l'esprit égalitaire qu'il a appris sur le champ de bataille. Si l'individu régresse dans la morale nouvelle, les droits du citoyen progressent. Il a fallu aussi recruter un plus grand nombre d'hom-mes, et la cité ne pouvait se priver des activités économiques, agricoles sur-tout, de ceux qu'elle envoyait à la guerre. Elle a dû prévoir la nécessité de réintégrer ce guerrier dans la vie civile. Ainsi a disparu peu à peu le guerrier spécifique ; le soldat-citoyen le remplacera, que ne désignent pas exclusive-ment ses aptitudes au combat mais aussi les biens dont il est propriétaire. Ce soldat-possédant devra donc pénétrer dans le domaine de la violence guer-rière, se souiller de sang, puis revenir s'intégrer, « plein d'usage et raison », dans l'ordre politique, sans y introduire les mœurs guerrières. L'introduction de la phalange ouvre une ère de problèmes et de transformations que l'historiographie traditionnelle a cru résoudre en développant le conflit entre le patriciat et la plèbe. Elle n'a pas commis une erreur fondamentale, car, nous le verrons, la lutte des deux ordres s'inscrit effectivement dans le contexte militaire de la réforme hoplitique, mais elle a schématisé, ne serait-ce qu'en méconnaissant la présence d'une troisième force politique — celle des *equites* —, une réalité plus complexe.

L'initiateur de la grande réforme militaire a été, nous l'avons dit, le roi Servius Tullius. Surchargée d'apports extérieurs, son œuvre est difficile à cerner précisément ; il semble cependant qu'elle fut, au départ, surtout militaire. On croit de plus en plus que le roi n'est pas le créateur des cinq classes qui fonctionnent dans les comices centuriates de l'époque historique : il aurait créé seulement une *classis,* formée des *classici* et laissant de côté la catégorie des *infra classem* (1). Nous appellerons *iuniores* ces *classici* qui devaient à l'origine former la légion unique (2), et qui correspondent sans doute aux *assidui* que les XII Tables distinguent des *proletarii* (3). Pour assurer une distinction entre les citoyens, Servius a dû établir les rudiments d'une classification, mal connue et différente sans doute de celle qui est apparue plus tard (4). Le recensement initial semble avoir été un acte militaire, « une sorte de revue des guerriers » (5), destinée à vérifier l'armement des futurs combattants. Militaire d'abord, le système eut des effets politiques, et du vivant même du roi, mais on ne peut évaluer exactement la part du militaire et du politique dans ses intentions premières (6). Les réformes aboutirent-elles à une société des hoplites, dont Servius aurait été le premier *magister (populi)* (7), ou à une constitution des hoplites, accordant des privilèges aux soldats de la phalange (8) ? Le passage essentiel fut l'attribution du pouvoir délibérant aux *comitia centuriata* militaires (9), à l'époque peut-être des XII Tables (10) ou quelques années plus tard (11). L'ordre dont Servius fut l'instigateur évolua très lentement, avec probablement une alternance de progressions et de régressions, pour s'accomplir dans les comices centuriates républicains. La répartition de la cité en tribus, que la tradition attribue au même roi, marque le passage de l'Etat gentilice à l'Etat-cité, inséparable du passage d'une armée de type féodal à une armée citoyenne (12) et une mutation de cette importance ne pouvait que se faire progressivement, en triomphant des résistances qu'elle ne pouvait manquer de rencontrer.

Les étapes de l'évolution sont obscures et sans cesse remises en question par la recherche contemporaine. L'obscurité entoure deux points essentiels : le moment de la constitution des cinq classes, et les rapports entre les deux classements par centuries et par tribus. Sur le premier point, la création en 443 de la censure apporte une lueur : si les classes ne furent pas alors constituées, du moins est-il assuré que ce fut un moment important pour l'élaboration définitive du système. Avant d'atteindre cet état final, d'autres réformes auront lieu : la plus importante, sans doute vers 241, une autre vers 179 (13). Elles ont porté surtout sur l'harmonisation entre les tribus et les centuries. Nous n'aborderons pas de front ce problème, qui divise les plus éminents spécialistes. Nous le verrons seulement se profiler en étudiant la question qui nous importe ici le plus, celle de la distinction *iuniores-seniores*.

On s'accorde à penser qu'elle ne date pas de Servius (14), mais l'accord cesse dès qu'on veut tenter de proposer une date ou une période pour son apparition. S'agit-il d'une innovation ? Il semble qu'on ne puisse pas le soutenir. En effet, la distinction des classes d'âge a des racines profondes, visibles dans le domaine du sacré (les Saliens). C'est une notion ancienne et fondamentale (15), qu'il serait étonnant de ne pas trouver à l'époque archaïque et surprenant de voir surgir pour la première fois à Rome au temps de Servius. Sur ce point, comme sur d'autres, l'œuvre attribuée au roi peut seulement « prolonger un mécanisme social, non seulement pré-servien, mais pré-romain, pré-italique, pré-européen » (16) ; elle peut n'être qu'un perfectionnement et non un bouleversement de l'ordre existant, une extension et non une invention.

De l'armée archaïque nous n'avons pas assez de connaissances pour faire état péremptoire d'un fait quelconque. Quel qu'ait été son mode de recrutement et quelle qu'ait été sa place dans la cité, il est douteux qu'elle n'ait connu ni distinction ni limite fondées sur l'âge (17). On n'imagine pas que la recrue jouisse des mêmes privilèges que le soldat expérimenté, et il est bien naturel de penser qu'une coutume, au moins, faisait aux anciens un devoir et une fonction de guider, par leur exemple et leur enseignement, les nouveaux. Peut-être existait-il même une hiérarchie des âges aussi précise qu'en Grèce et dont on aurait perdu le vocabulaire. Les enfants, dont la tradition signale la participation au combat dès l'âge de 14 ans, montrent bien qu'on était guerrier, stagiaire sans doute, dès que les forces physiques le permettaient ; de même, cessait-on vraisemblablement de se battre quand on n'en avait plus la force : c'est l'aptitude physique qui décidait des charges militaires. Que l'armée archaïque eût jadis des structures internes souples et empiriques ou qu'elle fût au contraire organisée comme une caste guerrière spécialisée, il fallait ordonner ou transformer ses méthodes pour préparer l'accueil du personnel nouveau issu de la réforme hoplitique. On peut faire à Servius le crédit d'avoir, dans une perspective unificatrice, déterminé les âges extrêmes de la participation militaire qu'une cité, dotée d'une armée nombreuse et formée de citoyens, ne peut se passer de définir.

La distinction *iuniores-seniores* des cinq classes post-serviennes ne fut pas une création *ex nihilo*. Elle est à rapprocher, nous l'avons dit (18), de celle des Saliens, prêtres-fantassins. Mais les textes parlent de deux classes d'âge à propos déjà de la constitution de Romulus (19) : les jeunes constituaient alors l'armée, et les anciens le sénat. La division est donc ancienne et fonctionnelle, et elle eut jadis une importance plus grande encore que celle que l'on constate dans le système centuriate. La distinction des âges était à l'époque archaïque plus complexe sans doute : ainsi les *tirones,* dont nous avons dit la position clairement définie dans la cité, avaient peut-être un encadrement et des fonctions spécifiques (20). Le classement par deux a été conservé par la tradition parce qu'il continuait d'avoir un rôle dans la constitution connue à l'époque historique et qu'elle a pensé en trouver l'origine dès la fondation de la ville. Elle transporte dans le plus lointain passé le système simple de deux classes d'âge : les *Celeres* et les sénateurs sont deux formations symétriques, les jeunes et les anciens, opposées en même temps que complémentaires. L'opposition, affirmée sous Romulus, atteint son paroxysme dans la légende de Tarquin le Superbe, la complémentarité s'exprime le mieux dans la constitution républicaine. Les historiographes ont peut-être simplifié une réalité plus multiple, ils ont pu oublier une classe de stagiaires ou des catégories plus précises — dans l'armée en particulier —, mais ils ont sans doute raison de suggérer que la structure politique reposait sur l'équilibre entre deux grandes classes d'âge.

La distinction *iuniores-seniores* est essentielle dans la vie politique, et son apparition dans l'assemblée centuriate peut s'exprimer en termes politiques. Nous l'avons trouvée dans les confréries de Saliens, qui sont des fantassins et des patriciens ; les textes la mentionnent aussi au sein du patriciat et du sénat. La réforme « servienne » a peut-être introduit au niveau de la cité une mentalité fort ancienne, qui pourrait avoir été remaniée en milieu patricien, sous l'influence du pythagorisme (21). On comprendrait ainsi que des *seniores* aient été intercalés entre les jeunes et les anciens, brisant une symétrie trop simple, qui selon la tradition avait tendance à éclater en conflits de générations.

En effet, si la réforme est loin d'être une révolution dans son ensemble, elle comporte au moins un point scandaleux qui est précisément l'introduction de *seniores* dans les centuries militaires, constituées jadis de *iuuenes.* C'est ce que suggèrent certaines hésitations dans l'emploi des mots : Florus oppose la *iuuentus* aux *senes* du sénat (22) ; Tite-Live hésite entre l'opposition *iuniores-seniores* et l'opposition *iuuenes-seniores* (23). Entre les *senes,* spécialisés dans la réflexion politique, et les *iuuenes,* spécialistes de la guerre, que viennent faire les *seniores,* liés encore à l'activité militaire qu'ils ont pratiquée et pratiqueront encore éventuellement, et aptes, par leur âge, à l'action politique ? C'est peut-être l'effet d'une volonté patricienne d'assurer la suprématie des anciens, en harmonie avec les exigences de la vie militaire et politique (24). Le recours aux comparatifs indique la relation des deux catégories, les jeunes ne sont plus des *iuuenes,* saisis dans l'absolu de leur condition ; les anciens ne sont plus des *senes* en soi ; ils se définissent les uns par rapport aux autres. Le comparatif permet de comprendre les incidences de cette distinction : les jeunes pourront être sénateurs, sans être *senes,* et côtoyer au sénat d'authentiques *senes, ex-iuniores* et *ex-seniores ;* les plus anciens pourront à l'occasion combattre en même temps que les jeunes avec qui ils partagent le droit de vote aux comices centuriates. C'en est fait de la spécialisation.

Ainsi il nous est apparu que la réforme « servienne » devait être étudiée, dans une double perspective, militaire et politique, comme un compromis entre la tradition et les exigences modernes et comme un processus évolutif. Dè lors, nous pouvons regarder de plus près la signification des deux classes d'âge.

*Signification de la catégorie des iuniores.*

Et d'abord, tentons de préciser la date de l'introduction des *seniores* dans les centuries. Certains la placent assez tard, vers 241, après que fut atteint le nombre définitif des tribus. D'autres la font remonter aux années 367-366 : c'est le moment des *Leges Liciniae-Sestiae,* du rétablissement du consulat et du dédoublement de la légion (25). Cette hypothèse a le mérite de situer l'institution politiquement dans un contexte de réformes, et militairement au terme d'un certain nombre d'expériences guerrières ; c'est d'ailleurs une époque où les *iuuenes* sont particulièrement actifs (26). Pourtant nous préférons faire remonter la division en *iuniores-seniores* des comices centuriates au v$^e$ siècle, et cela pour diverses raisons.

Le premier exemple d'un appel aux anciens est de 401 (27). Cinq ans auparavant, en 406, la solde était instituée, innovation profonde et en soi révolutionnaire, puisque, désormais, l'armée pouvait être prolongée sous les armes au-delà de la période traditionnellement consacrée aux activités guerrières et définie par les rites d'ouverture en mars et les rites de démobilisation en octobre. Cette réforme est peut-être concomitante de la création des centuries de *seniores* : il est possible, grâce à la solde, de faire correspondre le poste tactique non plus avec le cens mais avec l'âge (28). L'accroissement de la population, signalé par Tite-Live après la chute de Véies, pourrait expliquer un abaissement de l'âge effectif du service actif (29). Nous sommes donc conduit à dater la création des *seniores* du v$^e$ siècle ; mais les textes de Tite-Live orientent vers la fin du siècle, alors qu'il nous semble qu'on peut raisonnablement songer au début de la seconde moitié du siècle.

En effet, les essais de datation, que nous avons évoqués, et celui qui s'appuie sur les indications liviennes en particulier, tiennent compte des facteurs militaires : influence des guerres véienne ou samnite. Or il n'est pas sûr qu'il faille accorder, en l'occurrence, tant d'importance à ce genre d'argument. C'est ce que démontre un récent travail d'A. Magdelain. Il propose, en accord avec quelques textes (30), d'attribuer à Servius la création des quatre tribus urbaines seulement, comme cadres du recrutement de la *classis :* une réforme ultérieure aurait introduit les tribus rustiques, en remaniant le système initial au fur et à mesure qu'elles étaient créées (31). Sur cette base, il montre l'absurdité d'un système, dans lequel la première classe fournirait à la phalange quarante centuries, soit les deux tiers de l'effectif total, alors que les classes II et III auraient à fournir seulement dix centuries chacune, comme si on ne faisait pas appel à la totalité de leurs ressources. Ces classes devaient être logiquement plus nombreuses, « puisque d'une classe à l'autre, le total des citoyens va croissant, à mesure que la fortune s'abaisse. Le système des cinq classes en ce cas doit être civil, ses centuries qui sont des unités de vote sont autre chose que les centuries militaires ». Ajoutons, à l'appui de cette idée, que l'armée manipulaire, attribuée à Camille, comporte trois classes d'âge (32) que Polybe connaît encore (33) et qui semblent indépendantes du dualisme *iuniores-seniores*.

En liaison avec la solde, dont nous avons dit qu'elle permettait de tenir compte plus de l'âge que du cens, vers 406 donc, il y a eu divorce entre les réalités militaires et les réalités politiques. Dans une première période, le système de distribution de l'*acies* était du type de la phalange hoplitique grecque et étrusque (34) ; la division par manipules introduit dans l'armée des classes d'âge. Polybe note que les fantassins devaient de 16 à 20 ans de service : ils pouvaient figurer dans les centuries de *iuniores* jusqu'à 46 ans, tout en étant libérés du service effectif (35). Au début du livre VI, Tite-Live rapporte que des *seniores*, ayant encore la force de combattre, ont prêté serment à Camille (36). L'historien trouve le fait notable, sans préciser en quoi il mérite d'être mentionné : peut-être est-ce que Camille utilise à des fins militaires des gens qui votent dans les centuries de *seniores*. La répartition de la population en centuries n'évoque pas une armée véritable, qui ne comporte que des *iuniores* et où l'on n'a que faire des *seniores* (37). La réforme a donc modifié la structure militaire de l'assemblée, qui devait être primordiale lors des créations serviennes, elle a donné un autre sens aux rapports entre l'organisation politique et l'organisation militaire. L'armée s'est effectivement distinguée de l'assemblée par certaines réformes survenues au Ve siècle.

L'introduction des centuries de *seniores* peut donc s'expliquer par des raisons plus politiques que militaires. Il n'est pas convaincant de dire qu'elles sont tardives parce qu'elles n'avaient pas à l'origine de nécessité tactique (38) ; leur utilité fut d'abord politique (39). A l'ancienne *classis* de 40 centuries de *iuniores*, chiffre en accord avec le nombre des quatre tribus urbaines, on ajoute quatre classes. Les classes II, III et IV ont chacune 10 centuries de *iuniores*, la cinquième en a 15, mais on peut admettre que ce chiffre discordant n'est pas originel et résulte d'un élargissement de cette classe par abaissement du cens (40). Le système contient donc une arithmétique cohérente (41). Jusque vers 426, date de la création de la tribu Clustumina, il y avait vingt tribus ; le système des cinq classes, avec ses multiples de dix, est en accord avec ce nombre. Par ailleurs, si l'on admet, avec A. Magdelain, une relation entre le nombre des tribuns de la plèbe et celui des tribus, on croira qu'en 457, quand on porte à dix le nombre des tribuns, il y avait dix tribus ; et le système est encore en accord avec ce nombre. Les classes peuvent donc dater de la deuxième moitié du Vᵉ siècle, et la distinction *iuniores-seniores,* si son objectif est vraiment surtout politique, peut être contemporaine de l'ensemble du système.

Système dont les implications morales invitent encore à chercher en ce sens. Les centuries de *iuniores* ont un effectif supérieur à celui des centuries de *seniores* (42) ; elles vont permettre aux hommes d'âge de bénéficier d'un vote spécifique. C'est donner aux anciens un poids supérieur à celui des jeunes, et supérieur de beaucoup, si l'on pense au rapport que peuvent avoir dans un monde ancien, où l'espérance de vie est peu élevée, le nombre des hommes entre 17 et 45 ans. et celui des hommes entre 45 et 60 ans. On a voulu donner aux *seniores* une place prépondérante ; on n'a pas pu trouver moment plus opportun pour réaliser ce dessein que le temps où le système centuriate de l'armée fut adopté comme base de l'assemblée populaire (43). La *classis* « servienne » se réunissait, sans doute hors du *pomoerium,* pour délibérer de questions, militaires certes, mais peut-être aussi civiles (44) ; la transformation du Vᵉ siècle a adapté les cadres militaires à la politique. Il n'est d'ailleurs pas impossible que l'idée de donner aux *seniores* de tels avantages vînt des habitudes militaires qui accordaient probablement un droit de parole en fonction de l'âge et de la place au combat.

De la transformation que nous devinons et des prérogatives que reçurent les anciens, l'annalistique ne dit rien ; elle garde seulement le souvenir de luttes entre certains des *iuniores patrum* et la plèbe. C'est que sans doute le conflit de générations fut moins grave que le conflit politique. Que les *iuniores* soient contraints par l'influence de leurs aînés, qu'ils n'apprécient pas que la voix d'un *senior* ait trois ou quatre fois plus d'influence que celle d'un *iunior,* c'est prévisible, mais peut-être pas essentiel. Les jeunes plébéiens, dans les textes, sont en conflit, non avec leurs aînés, mais avec les *patricii.* D'autre part, le système rend égaux *patres* et *filii familias* dans la participation aux affaires publiques (45), et rompt l'organisation strictement familiale. Le patriciat a dû accepter à ce moment-là des concessions inévitables, mais qui transposent à l'assemblée les liens de sujétion familiale.

Dans l'organisation « servienne » que devient la *iuuentus* ? Les jeunes gens de 17 ans côtoient des hommes de plus de 40 ans. Les *iuniores* de la première classe votent avant ceux des autres classes ; les votes des *iuniores* précèdent ceux des *seniores* qui peuvent au besoin les corriger. Le processus de vote est mal connu, mais il semble que les votes étaient formulés et comptés séparément (46). A l'époque des guerres puniques, la centurie prérogative est tirée des centuries de *iuniores* de la première classe, peut-être exclusivement des tribus rustiques (47). Qu'il en ait ou non toujours été ainsi, apparemment la jeunesse est favorisée. Mais Tite-Live donne des exemples où le vote de la prérogative est contesté et recommencé, soit que son choix paraisse

mauvais à un magistrat (48), soit qu'il déplaise à celui-là même qui en bénéficie (49), soit encore que la valeur ominale de la décision prise par la prérogative soit remise en question par les tribuns de la plèbe (50). Pour l'année 211,
l'anecdote que rapporte Tite-Live traduit bien les rapports entre les jeunes et
les anciens (51) : désigné consul par les *iuniores* de la centurie Voturia,
T. Manlius Torquatus refuse ce vote ; la centurie commence par protester,
puis demande à consulter la centurie homologue de réservistes ; les *seniores*
conseillent leurs cadets pour le nouveau vote. Tite-Live fait alors l'éloge de
ces temps, où les plus jeunes sollicitaient l'avis des anciens, et les compare à
son époque, où l'autorité même des parents est vaine auprès de leurs enfants.
Tel est l'esprit idéal de la distinction des âges ; dans la conscience de l'écrivain, elle reproduit l'esprit des relations familiales. A l'intérieur de l'assemblée un équilibre a été créé entre les âges, et tout repose sur le respect des
anciens. Ce genre d'intervention n'était peut-être pas aussi rare que les exemples qu'on en a : il préservait la valeur religieuse — apparemment mal vue des
tribuns plébéiens et de leurs troupes — de la première opinion exprimée, tout
en se réservant de la modifier. C'est en tout cas un bel exemple des accommo-
dements que les Romains savaient trouver avec l'esprit de la loi et de la religion.

A quelque degré de la hiérarchie que l'on se place, on n'aperçoit aucune
possibilité d'un vote homogène d'une classe d'âge — exception faite des *equites* —. Il est possible que des précautions en ce sens aient été prises au vᵉ siècle, quand la cité fut menacée d'une sorte de tyrannie des jeunes. Rome a
connu assurément la spécialisation des tâches ; le principe en est évident à
l'époque royale et il n'a pas été d'emblée liquidé par la République. Ovide
s'en souvient encore quand il écrit :

*Martis opus iuuenes animosaque bella gerebant* (52).

L'intervention des anciens dans le domaine militaire et des jeunes dans la
politique a provoqué des conflits. Tite-Live décrit l'impatience du tribun militaire L. Furius contre la prudence de Camille (53) : *iuuenibus bella data...dic-
titans*. Pour supprimer cette classe guerrière, ou du moins cette morale guerrière, on lui a donné une fonction politique, qui la fît échapper à une trop
étroite spécialisation. Mais il fallait encore éviter que la solidarité militaire,
fortifiée par la guerre, ne vînt perturber le fonctionnement de l'assemblée
politique ; le choix des limites d'âge dût répondre à ce danger. L'âge de 46
ans semble un peu bas pour limiter la période active, qui s'achevait en Grèce
à 60 ans ; dans les centuries de vote les *seniores,* encore aptes au service armé
mais assagis par l'âge, pouvaient équilibrer la turbulence des *iuniores.*

Ces précautions n'étaient pas inutiles, car la *classis* unique des premiers
temps, formée de tous les mobilisables qui disposaient d'une fortune à peu
près équivalente, devait avoir encore un esprit de caste, fondé sur la participation militaire, et constituer « un groupe fonctionnel socialement différen-

cié » (54), socialement d'une part mais aussi, pour ainsi dire, physiologiquement. Un vieux proverbe cité par Afranius (55) et commenté par Varron (56) évoquait un temps où les sexagénaires étaient écartés du vote par les jeunes hommes qui voulaient être les seuls à désigner leur *imperator,* et rappelait un moment de la constitution où seuls votaient ceux qui étaient aptes au service des armes (57).

Même quand fonctionne le système des centuries de *iuniores* et de *seniores,* les soldats, habitués aux assemblées militaires, menaient parfois rondement les assemblées politiques. Tite-Live raconte le déroulement houleux d'une *contio,* au cours de laquelle le *populus* est défini comme l'ensemble des *militares uiri* (58) : le sénat veut accorder au consul Q. Fabius la province d'Etrurie à titre extraordinaire ; Fabius défend cette attribution, en arguant de ses exploits antérieurs en Etrurie, mais l'autre consul, P. Decius, pose immédiatement le problème militaire en termes politiques et accuse le sénat de poursuivre sa politique hostile à la plèbe ; le *populus* vote ensuite et se prononce pour Fabius : le conflit politique s'est brisé contre la solidarité militaire.

L'organisation archaïque de la guerre empêchait qu'une solidarité de ce genre fût durable et réellement efficiente. La démobilisation annuelle renvoyait le soldat à la vie civile ; si, l'année suivante, il était à nouveau incorporé, c'était dans une armée nouvelle, où il retrouvait rarement — en tout cas pas nécessairement — les mêmes chefs et les mêmes compagnons. La transformation des objectifs guerriers et la rencontre avec des peuples qui conservent encore des pratiques anciennes iront au contraire dans le sens d'une solidarité plus forte des combattants. Et l'évolution s'est esquissée très tôt puisque, selon la tradition, c'est le siège de Véies qui aurait nécessité le maintien des troupes sous les armes au-delà de la période allant de mars à octobre. La solde, créée dans ces circonstances, tend à compenser le manque à gagner subi par le soldat, longtemps écarté de ses activités civiles. L'idéal du soldat-citoyen est dès lors compromis, et, chez Tite-Live, Ap. Claudius, tribun militaire, a la charge de justifier le service pendant une année pleine comme un devoir en échange de la solde. Son discours renverse les données, s'il est vrai que la solde avait été donnée en échange d'une plus longue mobilisation (59). La rigueur des guerres et leur durée développeront un esprit de classe, cimenté par le serment, et qu'il sera de plus en plus impérieux de briser dans les assemblées politiques.

Ajoutons que la participation guerrière n'est pas tant à l'origine un devoir qu'un droit et un privilège (60). Le patriciat semble avoir voulu s'approprier les bienfaits de la participation guerrière, qui sont à la fois économiques — avec la conquête du butin — et politiques — par la gloire et la domination que confèrent les victoires —. C'est précisément l'incidence de la participation guerrière sur la vie politique qui explique certaines attitudes de la plèbe. On sait toutes les incertitudes qui entourent encore la nature de ce groupe que

son nom de plèbe désigne comme « les nombreux », « οἱ πολλοί » (61).
N'entrons donc pas dans cet épineux problème. Agglomérat d'individus
venus de partout, clients en rupture de ban ou populations conquises, la plèbe
apparaît dans l'histoire de la République pour la première fois au cours d'une
sécession. En 494, alors qu'elle est encore mobilisée par crainte de troubles
civils, elle se retire sur le Mont Sacré et il faut la persuasion d'Agrippa Mene-
nius pour qu'elle consente à revenir. Cette première sécession, ainsi que la
seconde, en 449, ont pu paraître suspectes aux historiens (62), mais la tradition est corroborée par les événements de 493 : le consul Sp. Cassius dédie,
au pied de l'Aventin, le temple de Cérès-Liber-Libera, réplique à celui de la
triade capitoline, et deux tribuns de la plèbe sont créés en réplique aux deux
consuls. Il est remarquable que la plèbe se soit retirée en armes et qu'on la
voie dès sa première apparition comme un corps militaire. Remarquable
aussi la *lex sacrata* qui confère aux tribuns leur inviolabilité ; remarquable
enfin le titre de *tribunus* du nouveau magistrat plébéien. La loi qui consacre
les tribuns ressemble aux lois sacrées, communes aux peuples italiques, qui
complétaient la consécration magique du *sacramentum* militaire (63) ; elle
rendait *sacer* un magistrat doté d'un titre sans doute militaire qui devait
signaler sa fonction première de tribun militaire (64). Et on a vu à plusieurs
reprises les tribuns intervenir dans des lois touchant de près à la jeunesse : la
*lex Metilia* de 217, qui égale les droits du *magister equitum* à ceux du dictateur et émousse l'arme la plus redoutable que le patriciat pouvait brandir
contre le tribunat ; la *Lex Villia Annalis,* qui réglemente le *cursus* (65).
Quand la plèbe se constitue en état, elle le fait sur des bases militaires. Aussi
la rivalité des classes tourne-t-elle sans cesse autour des problèmes posés par
la guerre (66), qui reviennent dans les revendications des tribuns, au même
titre que ceux de l'*ager publicus* et des dettes. Deux problèmes, qui d'ailleurs
dépendent de la guerre par laquelle on conquiert des territoires et on amasse
les richesses du butin. Il est certain qu'on ne peut mettre à contribution une
collectivité pour des opérations militaires sans, en échange, lui accorder des
droits politiques réels. La conscience d'une classe d'âge se complique donc de
rivalités sociales et politiques.

Et ce sont ces rivalités qui l'emportent sur les conflits de génération. Si
l'on voit les *iuniores* se détourner de T. Manlius, lorsqu'il rentre à Rome
après l'exécution de son fils, et les *seniores* au contraire venir à sa rencontre
(67), le réflexe d'une classe d'âge combattante et solidaire ne peut jouer aussi
simplement à l'assemblée. Le système consiste à faire accéder le plus grand
nombre aux responsabilités politiques, tout en laissant l'essentiel du pouvoir
aux plus riches et aux plus âgés. Aussi l'accord entre les *equites* et les centuries de la première classe a-t-il longtemps suffi à former la majorité, c'est-à-
dire à dispenser du vote les autres classes. A l'origine, il est probable que
seuls votaient les *equites* et la *classis ;* l'adjonction des autres classes ne
devait rien changer si les *equites* et la première classe étaient solidaires. Cette

solidarité, le patriciat, maître de la *classis* et majoritaire au moins dans la première classe du système définitif — si nous avons raison de penser qu'il ne se confond pas avec les *equites* —, l'obtint progressivement. Mais il fallait encore un accord, au sein de la première classe, entre les *iuniores* et les *seniores,* un accord qui suppose une cohésion, non au niveau de l'âge, mais au niveau social.

On peut imaginer les modalités de cet accord. Parmi les *iuniores* qui votent, beaucoup sont soumis encore à la puissance paternelle. Le vote a été longtemps oral et on n'a pas de peine à deviner à quelles influences le jeune électeur était soumis. Lorsqu'au $II^e$ siècle on inventa les ponts des suffrages, pour permettre sans doute un plus grand isolement de l'électeur, on ne mit pas fin aux tentatives d'intimidation et de pression : les ponts étaient tellement encombrés de gens qui voulaient jusqu'au dernier moment orienter les votes que Marius dut faire rétrécir ces passerelles impuissantes à assurer la totale liberté de suffrage. Tant que la société romaine connut des rapports familiaux étroits, le jeune électeur fut soumis sans doute à une discipline de vote, déterminée dans sa famille et dans sa classe sociale. L'assemblée est conçue à l'image d'un monde où les conflits de génération sont rares et étouffés par les conflits sociaux.

Cependant des tensions restent possibles dans ce genre d'assemblée entre les jeunes électeurs. Tension entre les *equites* et les *iuniores* de la première classe, que la tradition ignore pour avoir obstinément assimilé chevaliers et patriciens. Mais, même si on les identifie, ce qui fut fait effectivement par l'intégration progressive de l'*equitatus* au système politique, il reste que des conflits ont dû se produire entre ces élus que sont les *equites equo publico* et ceux qui, dans la première classe, avaient un cens suffisant pour figurer dans leurs rangs et n'y figuraient pourtant pas. Cette rivalité a pu nécessiter la réforme de 241 (68). Tensions et rivalités encore entre les *iuniores* des diverses classes, également asservis au service armé, mais inégalement considérés dans le vote politique. Le caractère aristocratique de la littérature latine, les contraintes des genres littéraires et la méconnaissance des ressources de la vie quotidienne comme inspiratrice d'œuvres d'art, nous ont privés de connaissances sur la jeunesse populaire. Nous ne voyons vraiment que la jeunesse bien née ; mais les *iuniores* des autres classes ont dû faire valoir leur droit, même s'il est rare qu'on entende la voix individualisée de l'un d'eux et que seuls les tribuns expriment la voix de la plèbe. Tensions possibles encore entre jeunes et vieux, qui se dénouent dans les quelques exemples que donne Tite-Live au bénéfice des anciens, mais qui purent parfois jouer plus violemment. Toutes ces oppositions qu'on pressent apparaissent, chez Tite-Live en particulier, déformées par les facteurs politiques (69) ou par des considérations militaires. Et nous retrouvons l'importance de l'armée, où les rivalités ont dû le plus s'exacerber à propos du choix de la tactique le mieux appropriée à telle ou telle situation. Mais est-il impensable que les *iuniores* de

Rome aient un jour rempli le même rôle que les *iuniores* eurent à Tarente, quand dominant la plèbe, ils imposèrent leur politique (70) ?

Les *iuniores* du système « servien » sont une classe d'âge, définie par sa disponibilité militaire, dont l'organisation fut modifiée ensuite pour des raisons de tactique tant militaire que politique. Lorsque la *classis* des origines fut intégrée à l'ordre politique et que, par suite de la nécessité d'élargir les cadres du recrutement et de donner une existence politique à un personnel militaire de plus en plus nombreux, quatre classes lui furent ajoutées, un système complexe fut inventé qui pût faire participer l'ensemble du *populus* à l'assemblée, tout en laissant le pouvoir aux plus riches. Dans ce système, la solidarité guerrière ne pouvait guère intervenir dans la conduite de la politique. Le choix des âges limites, la dispersion des mobilisables en cinq classes définies par le cens, où la voix d'un homme a de moins en moins de force à mesure que l'on descend l'échelle sociale ou selon qu'il est jeune ou ancien, le regroupement enfin à l'intérieur de chaque classe des *iuniores* et des *seniores,* tout empêche la cohésion d'une classe d'âge. Il n'y a plus vraiment d'organisation à base familiale, mais il n'y a pas non plus d'affrontement de deux classes d'âge. Un mouvement d'ensemble des jeunes se heurtait à la hiérarchie sociale. Seule la guerre pouvait créer une cohésion : c'est bien sur des questions militaires qu'on voit, à l'occasion, réagir unanimement la classe des *iuniores.*

Nous n'en avons pas fini avec ces problèmes et nous allons tenter de définir de plus près le rôle politique qui a pu revenir à cette classe, malgré les obstacles que la constitution lui opposait. Avant d'aborder cette recherche, il nous reste à développer trois éléments, si complexes en eux-mêmes que nous avons préféré les rejeter en appendices afin de ne pas alourdir notre analyse des *iuniores.*

## BILIOGRAPHIE

F. ALTHEIM : *Lex sacrata, Die Anfange der plebeischen Organisation, Albae Vigiliae,* Amsterdam, I, 1940 = *Röm. Religionsgeschichte,* 1951, 1, 221-251.

V. ARANGIO-RUIZ : *Storia di diritto romano,* 1950.

A. AYMARD-J. AUBOYER : *Rome et son empire, PUF,* 1956.

G. DUMÉZIL : *Servius et la fortune,* Paris, 2ᵉ éd., 1943.

P. FRACCARO : *I decem stipendia e le leges annales republicani,* in *Opuscula,* II, Pavie, 1957, 207-234.

P. FRACCARO : *La storia dell'antichissimo esercito romano e l'età dell'ordinamento centuriato,* in *Opuscula* II, Pavie, 1957, 287-306.

P. DE FRANCISCI : *Per la storia dei « comitia centuriata »,* in *Mél. Arangio-Ruiz,* Naples, I, 1-32.

E. GABBA : *Ancora sulle cifre di censimenti,* in *Athenaeum,* XXX, 1952, 161-173.

G. GIANNELLI : *La repubblica romana*, Milan, 1937.

H. M. LAST : *The servian reforms, in JRS*, 35, 1945, 30-48.

E. MEYER : *Kleine Schriften*, I, 2ᵉ éd. Halle, 1924.

A. MOMIGLIANO : *Studi sugli ordinamenti centuriati, in SDHI*, IV, fasc. 2, 1938, 509-520 = *Quarto contributo...* Rome, 1969, 363-375.

J. J. NICCHOLS : *The reform of the Comitia centuriata, in Am. Journ. of Phil.* 77, 1956, 225-254.

C. NICOLET : *La réforme des comices de 179 av. J.-C., in Revue hist. dr. fr. et étr.*, 39, 1961, 342-358.

A. PIGANIOL : *La classification servienne, in AHES*, V, 1933, 113-124.

A. ROSENBERG : *Untersuchungen zur röm. Zenturienverfassung*, Berlin, 1911.

G. DE SANCTIS : *Le origini dell'ordinamento centuriato, in RFIC*, 61, 1933, 289-298.

E. SCHÖNBAUER : *Die rom. Centurienverfassung innever Quellenschau, in Historia*, II, 1953, 21-49.

F. SMITH : *Die röm. Timokratie*, Berlin, 1906.

L. R. TAYLOR : *The centuriate assembly before and after the reforms, in Am. Journal of phil.*, LXXVIII, 1957, 337-354.

A. J. TOYNBÉE : *Hannibal's legacy*, I, Oxford, 1965.

*Cf.* B.G., nᵒˢ 22, 34, 38, 39, 51, 61.

# NOTES

(1) *Cf.* sur ce sujet, J. Heurgon : *Rome et la Méditerranée occidentale*, p. 252 et A. Magdelain : *Remarques sur la société romaine archaïque*.

(2) *Cf.* L.R. Taylor : *The centuriate assembly before and after the reform ;* Varron (*ap.* Festus, *sv. pro censu*, p. 290 L.) connaissait l'expression *classis iuniorum*.

(3) XII Tables, 1, 4 et Cicéron, *De rep.* II, 40.

(4) *Cf.* E. Pais : *Ricerche sulla storia e sul diritto pubblico di Roma*, 1921, IV, p. 63 ; F. Cornelius, *Untersuchungen*, p. 76, conteste le caractère censitaire primitif.

(5) *Cf.* G. Pieri :*L'histoire du cens jusqu'à la fin de la République rom.*, p. 62, qui suit P. Fraccaro, *Opuscula*, I, p. 488.

(6) *Cf.* F. Altheim : *Röm. Geschichte*, II, p. 153 *sq ;* F. de Martino, *Storia della constituzione Romana*, I, p. 138 *sq ;* A. Momigliano : *Studi sugli ordinamenti centuriati ;* H. Hill : *The Roman middle class in the republican period*.

(7) *Cf.* S. Mazzarino : *Dalla monarchia allo stato repubblicano*, p. 190.

(8) *Cf.* A. Piganiol : *La classification servienne*.

(9) *Cf.* G. Giannelli : *La repubblica romana*, p. 147.

(10) *Cf.* P. de Francisci : *Per la storia dei « comitia centuriata ».*

(11) V. Arangio-Ruiz : *Storia del diritto romano*, p. 38, place cette attribution en 400 env.

(12) *Cf.* F. de Martino : *Storia della constituzione*, I, p. 136 et G. Pieri, *Hist. du cens*, p. 21.

(13) *Cf.* P. de Francisci, art. cité ; — G. de Sanctis : *Le origini dell'ordinamento centuriato ;* — P. Fraccaro : *La storia dell'antichissimo esercito romano e l'età dell'ordinamento centuriato ;* — H.M. Last : *The servian reforms ;* — C. Nicolet : *La réforme des comices de 179 avant J.-C. ;* — E. Schönbauer : *Die röm. Centurien Verfassung innever Quellenschau ;* — E.S. Staveley : *The constitution and early development of the centuriate organization ;* — J.J. Nicchols : *The reform of the Comitia centuriata*.

(14) Après Fraccaro, *in Athenaeum*, 12, 1934, p. 63-65 ; *cf.* E. Gabba : *Ancora sulle cifre di censimenti*, — A. Bernardi : *Dagli ausiliari*, — J. Gaudemet : *Institutions de l'antiquité*, p. 75-77.

(15) G. Dumézil : *Jeunesse, éternité, aube*.

(16) G. Dumézil : *Servius et la fortune*, p. 133 et 151.

(17) E. Meyer : *Kleine Schriften*, II (2), p. 267 et n. 3, soutient cette absence de règles.
(18) *Cf. supra*, p. 221 *sq.*
(19) Fulvius Nobilior, cité par Macrobe, *Sat.* I, 12, 16 ; — Justin, XLIII, 3 ; — Zonaras, VII, 3 ; — Florus, I, 1.
(20) *Cf. infra.* p. 341 *sq.*
(21) *Cf. supra,* p. 221.
(22) Florus, I, 1 : *Iuuentus divisa per tribus in equis et armis, aut ad subita belli excubaret... consilium rei publicae penes senes esset.*
(23) Tite-Live, I, 43, 1-2.
(24) J. Gagé : *Huit Recherches*, p. 119-141, suggère que les *iuniores* sont à l'origine les jeunes gens qui franchissent le seuil de la puberté sous la conduite d'hommes faits (les *seniores*). Ailleurs (*La tradition des Papirii*, p. 991) il se demande si la distinction *iuniores-seniores* ne serait pas destinée à sauver quelque chose de l'ancien régime papirien. Il nous semble plutôt que les patriciens ont surtout modifié la nature des rapports entre les classes d'âge ; sous l'apparence d'une fidélité, verbale surtout, au passé, ils ont en fait supprimé le principe effectif des classes d'âge, conservé dans les rangs des *equites*, jusqu'à l'organisation de l'*ordo*.
(25) P. de Francisci : *Primordia ciuitatis*, p. 680 *sq ;* — G. Giannelli : *in Atene e Roma*, 37, 1935, p. 229 *sq.* La question est abordée le plus clairement par A. Bernardi : *Dagli ausiliari.*
(26) *Cf. supra*, p. 242-243.
(27) Tite-Live, V, 10.
(28) *Cf.* L. Pareti : *Storia di Roma e del mondo romano*, p. 383-386.
(29) Tite-Live, VI, 4, 4 *sq.*
(30) Surtout Tite-Live, I, 43 ; *cf.* A. Magdelain : *Remarques sur la société rom.*
(31) *id.*
(32) *Cf.* Tite-Live, VIII, 8, 8 ; J. Marquardt : *L'organisation militaire chez les Romains* (*Man. des ant. rom.*) XI, p. 13-23.
(33) Polybe, VI, 19.
(34) *Cf.* L. Pareti, *op.* cité, p. 385.
(35) La question est soulevée par Mommsen (*Droit public*, II, p. 115-165).
(36) Tite-Live, VI, 2, 6.
(37) *Cf.* A. Rosenberg : *Untersuchungen zur röm. Zenturienverfassung*, Berlin, 1911.
(38) C'est ce que dit E. Meyer, *Röm. Staat*, p. 77.
(39) *Cf.* en ce sens, E.S. Staveley, *op.* cité et G. Giannelli : *La Rep.* p. 146.
(40) Toynbee : *Hannibal's legacy*, I, p. 511-513 et A. Magdelain, *Remarques...*
(41) On retrouve ici le problème évoqué plus haut ; à tous les ouvrages cités, ajouter F. Smith : *Die röm. Timokratie*, Berlin, 1906 et E. Pais, *Storia critica di Roma*, II, p. 506.
(42) A. Magdelain, *Remarques...* ; — Staveley et Pieri, *op.* cités ; ajouter P. Bonfante : *Storia del diritto rom.* I, p. 107 *sq.*
(43) *Cf.* A. Aymard-J. Auboyer : *Rome et son empire*, p. 119.
(44) *Cf.* Staveley et G. de Sanctis : *Storia dei Romani*, I, p. 355.
(45) *Cf.* Pomponius, *Dig.* I, 6, 9 : *filius familias in publicis causis loco patris familias habetur, veluti ut magistratum gerat ut tutor detur* ; et P. Bonfante : *Corso di diritto Rom.*, I, p. 71 ; P. de Francisci : *La comunità sociale e politica romana primitiva.*
(46) *Cf.* L.R. Taylor : *Roman voting assemblies.*
(47) *id.*
(48) Tite-Live, XXIV, 9.
(49) *id.*, XXVI, 9.
(50) *id.*, XXVII, 6.
(51) *id.*, XXVI, 22.
(52) Ovide, *Fastes*, V, 59-63.
(53) Tite-Live, VI, 23, 3-4.
(54) *Cf.* J.P. Brisson : *Problèmes de la guerre à Rome*, p. 11.
(55) Cité par Festus, *sv. Sexagenarii*, p. 450, 452 L.
(56) *Id.*
(57) *Cf. infra*, appendice II.
(58) On peut traduire *ut militares uiros* par « vu qu'on est entre des hommes habitués à l'armée » ou « comme il est naturel entre des hommes » comme on traduit *ut in secundis rebus* par « comme il est naturel dans la prospérité » ; *cf.* Tite-live, X, 24, 4.
(59) Tite-Live, V, 4, 7.
(60) *Cf.* C. Nicolet : *Armée et société à Rome sous la Rep. : à propos de l'ordre équestre*, sp. 118-120.
(61) Chez Denys d'Halicarnasse, de façon courante.

(62) E. Meyer : *Kleine Schriften*, I (2ᵉ éd. Halle, 1924), p. 355 *sq*.

(63) F. Altheim : *Lex sacrata, Die Anfänge der plebeischen Organisation*, et J. Bayet : *Appendice*, Tite-Live, VII (col. Budé), p. 145-153.

(64) Varron : *L.L.* V, 81 ; *cf.* G. Niccolini : *Il tribunato della plebe*, p. 30.

(65) *Cf. supra*, p. 116 *sq*.

(66) *Cf.* Nicolet : *Armée et société...*

(67) Tite-Live, VIII, 8, 1 et Val-Max. IX, 3, 4.

(68) L.R. Taylor : *Roman voting assemblies*, p. 91.

(69) Ainsi lorsqu'on décide que les *seniores* seront taxés pour payer une partie de la solde des *iuniores*, l'affaire est créée par les tribuns de la plèbe qui y voient un dernier coup porté à ses intérêts (Tite-Live, V, 10, 4).

(70) *Cf. supra*, p. 51.

APPENDICE I. — *Tentative d'évaluation numérique.*

On aimerait pouvoir évaluer le nombre des *iuniores* à Rome, et les situer numériquement par rapport à l'ensemble de la population. Ce que nous avons dit des centuries « serviennes » interdit qu'on aille chercher de ce côté des certitudes. Il serait, en effet, absurde de compter le nombre des hommes aptes au service à partir du nombre des centuries : ce serait considérer que du premier jour où fonctionna le système jusqu'au dernier le nombre des citoyens n'a pas changé. Comme il n'y avait pas cent hommes par centuries, mais beaucoup plus ou beaucoup moins selon qu'il s'agissait des *iuniores* ou des *seniores*, il n'y a rien à tenter de ce côté.

Nous disposons cependant de nombreux chiffres qui donnent les résultats des recensements, même des plus anciens. Du premier recensement, effectué sous Servius Tullius, à celui des années 70-69, nous avons le total, reproduit souvent par plusieurs textes. Ces chiffres nous en avons dressé un tableau, qui s'arrête au recensement de 189-188, contemporain du *Pseudolus* de Plaute, daté de 191, où se trouve la formule *Pube praesenti in contione, omni poplo*, qui sera l'objet de notre prochaine étude.

La liste de ces chiffres laisse rêveur. En effet, ils ne sont pas approximatifs, ni même arrondis à la dizaine ou à la centaine, mais ils donnent fidèlement même les unités. D'autre part, si, comme il est naturel, on commence par se défier d'une précision aussi exacte pour des périodes fort anciennes, on ne peut toutefois manquer de noter que certaines augmentations ou diminutions enregistrées d'un lustre à l'autre sont tout à fait cohérentes. Ainsi de 508 à 474, les chiffres passent de 130 000 à 103 000, et cette diminution correspond au déclin de la cité après le départ des Tarquins, et s'accorde avec les données archéologiques (1) ; entre 234-233 et 209-208, il y a les années noires de la seconde guerre punique, avec ses pertes en hommes, ses angoisses et la promotion des cultes de Junon et de Juventas : les chiffres passent alors de 270 713 à 237 108. Il y a dans ces rencontres comme une garantie d'authenticité ; et, cependant, surtout pour les premières années de la République, on a du mal à s'imaginer qu'on ait pu conserver les listes ou, inversement, qu'un faussaire ait pu inventer des chiffres en accord avec les réalités démographiques les plus archaïques.

Cela dit, il reste à comprendre ce que dénombrent les chiffres dont nous disposons. Les auteurs anciens le précisent, ce sont :

— *ciuium capita praeter orbos orbasque,* ou *praeter pupillos pupillas et uiduas,* dit Tite-Live (2),

— *capita libera,* dit Pline (3),

— οἱ δυνάμενοι ὅπλα βαστάζειν, dit Polybe (4),

— ἀριθμὸς τῶν ἐχόντων τὴν στρατεύσιμον ἡλικίαν     ou     ἀριθμὸς τῶν ἐν ἥβῃ ʿΡωμαίων dit Denys (5)

Le dénombrement subit des variations dues à l'absence des soldats en campagne ; en 204, les censeurs envoient des fonctionnaires recueillir dans les armées les déclarations des militaires ; c'est ainsi qu'on peut expliquer l'augmentation des chiffres après cette date. Mais que les soldats soient concernés par le recensement, c'est bien évident ; sont-ils les seuls ? Là est la question.

La manière d'interpréter les sources a une histoire de presque un siècle, puisqu'elle remonte à J. Beloch. Après diverses hésitations, celui-ci a fini par conclure que les chiffres représentaient la totalité des citoyens mâles : *iuniores* et *seniores, libertini* et *ingenui, assidui* et *proletarii* (6).

T. Frank, qui a toujours défendu l'intérêt de ces chiffres (7), a supposé que le recensement avait adopté deux méthodes successives : du début à 322, les chiffres donneraient tous les citoyens libres ; après la guerre latine et l'extension à divers peuples de la citoyenneté, ils représenteraient seulement les adultes mâles.

Selon F.C. Bourne, le nombre des *ciuium capita* représenterait celui des *sui iuris :* le recensement aurait eu pour fin première de connaître la fortune des citoyens en vue de l'imposition. Les textes, à deux reprises seulement, mentionnent les orphelins et les veuves : compte tenu de ces deux exceptions, F.C. Bourne conclut que d'ordinaire ces citoyens étaient inscrits sur les listes, en tant que *sui iuris.* Il complique encore le système en imaginant « a basic censorial list », sur laquelle les censeurs notaient tous les citoyens *sui iuris,* et des listes subsidiaires, extraites de la première ; complication dont E. Gabba a montré l'improbabilité dans un Etat antique, qui ne dispose pas encore d'une bureaucratie suffisante pour faire face à une telle comptabilité (8).

Aussi E. Gabba propose-t-il une hypothèse plus simple. Les *ciuium capita* sont à son avis les citoyens adultes qui pouvaient, par leur âge et leur fortune, servir dans l'armée, soit les *adsidui,* les *ciues qui arma ferre possent,* c'est-à-dire les *iuniores* et les *seniores* (9), qui avaient participé au *lustrum* (10). Le recensement à l'origine aurait compris seulement les centuries d'hommes en armes.

Il y avait en fait deux traditions sur les chiffres du cens : Fabius Pictor est le représentant de l'une d'elles : il pensait que les chiffres désignaient ceux qui

portaient les armes ; Pline représente l'autre tradition, qui remonte à Timée :
il interprète les chiffres à la manière hellénique (11). Fabius représente peut-
être une tradition plus proche du *lustrum* originel et romain.

Malgré la simplicité de l'exposé d'E. Gabba, il y a peut-être quelque
chose à garder des propositions de T. Frank. En effet, les chiffres donnés
pour les débuts de la République sont fort élevés : il y aurait eu 80 000 mobilisables sous Servius Tullius, et, si, pour obtenir l'ensemble de la population,
on multiplie ce nombre par 4, selon la suggestion de Denys (12), on obtient le
surprenant total de 320 000 personnes. On a cherché d'autres méthodes par
lesquelles on pût obtenir un dénombrement plus vraisemblable. T. Frank, en
tenant abusivement compte des chiffres qu'on peut déduire du nombre des
centuries « serviennes », trouve 20 000 mobilisables environ. Au lieu de
suivre Denys et de multiplier par 4 — ce qui donnerait le chiffre indiqué par
Fabius Pictor —, il multiplie par 3 et suppose que la population comptait
60 000 personnes (13). L. Pareti, de son côté, part de l'armée et, par des calculs d'où l'arbitraire n'est pas exclu — ainsi il décide que les soldats engagés
sont tirés d'une levée à peu près double de leur nombre —, il parvient aussi,
pour les débuts de la République, à une population d'environ 60 000 personnes. Ses calculs donnent pour 471 environ 85 000 personnes, et pour 406
environ 134 600 (14). Ces chiffres, malgré toutes les incertitudes, ne sont pas
si éloignés des indications traditionnelles. Il faut conclure de ces recherches
que les chiffres donnés par nos textes sont inventés ou faux — ce que fait
L. Pareti —, ou bien, s'ils ont quelque vérité, qu'ils ne concernent pas les seuls
mâles adultes mais l'ensemble de la population.

Cette dernière hypothèse n'est pas absurde. Pour dénombrer la population, Servius Tullius aurait établi un système très complet. Tous les gens du
même *pagus* devaient contribuer aux *paganalia* en apportant une pièce différente pour les hommes, les femmes et les enfants. Quand on comptait ces pièces, on savait le nombre de personnes, distinguées par sexe et par âge. Lucius
Pison précisait, dans le premier livre de ses *Annales,* que Servius faisait verser une pièce dans le trésor d'Ilithya (la Junon Lucina des Romains) pour les
nouveau-nés, une pièce dans le trésor de Vénus Libitina pour les morts, et
pour ceux qui étaient arrivés à l'âge d'homme, une pièce dans le trésor de
Juventas (15). Le nom du roi est assez lié aux passages d'âge masculins et
féminins pour qu'on puisse penser qu'il voulait connaître l'ensemble de la
population. Et Cicéron dit aussi que les censeurs de la cité doivent faire le
dénombrement du peuple suivant l'âge, les enfants, les esclaves et les revenus
(16). Il n'est pas impossible que les chiffres donnent le total de la population,
jusqu'à une réforme du recensement, nécessitée peut-être par l'accroissement
des conquêtes.

En ce cas les *iuniores* — la *classis iuniorum* des premiers temps comprenait *iuniores* et *seniores* — auraient représenté environ 1/4 de la population ;
les soldats effectivement mobilisés dans l'armée, s'ils sont 6 000 au début,

| | |
|---|---|
| 1° Recensement, sous Servius Tullius. Q. Fabius Pictor, *ap.* Live, I, 44, 2 (fg. 10, Peter); Denys, IV, 22; Eutrope, I, 7 | *80 000 qui arma ferre possent* 83 000 (compte tenu de ceux qui étaient élevés à la campagne |
| *508* : Denys, V, 20; Plutarque, *Publicola*, 12 | *130 000* |
| *503* : Hier, 01.69,1 | *120 000* |
| *498* : Denys, V, 75 | *157 700* |
| *493* : Denys, VI, 96 | *110 000* |
| *474* : Denys, IX, 36. | *103 000* |
| *465* : Tite-Live, III, 3, 9 | *104 714 censa capita ciuium praeter orbis orbasque* |
| *459* : Tite-Live, III, 24, 10; Eutrope, I, 16 | *117 319* |
| *393-392, lustrum, XVII* : Pline, N.H. 30, 10, 16 | *152 573 capita libera* |
| *340 - 339, lustrum* XXIII : Euseb. Armen. 01.110, I | *165 000* |
| Env. *323* : Live, IX, 19; Orose, V, 22, 2; Eutrope, V, 9 | *250 000* selon les mss de Tite-Live, ou *150 000* chez Orose et Eutrope |
| *294-293, lustrum* XXX : Tite-Live, X, 47; Eus. 01, 121, 4; Hier. 01, 121, 3. | *262 321* |
| *290-289/288-287; lustrum* XXXI : Live, *Epit.* XI | *272 000* |
| *280-279, lustrum* XXXIII, Live, *Epit.* XIII | *287 222* |
| *276-275, lustrum,* XXXIII, Live, *Epit.* XIII | *271 224* |
| *265-264, lustrum* XXXV, Live, *Epit.* XVI, Eutrope, II, 18 | *292 234* chez Eutrope, 382 233 chez Tite-Live |
| *252-251, lustrum,* XXXVII, Live, *Epit.* XVIII | *297-797* |
| *247-246, lustrum* XXXVIII, Live, *Epit.* XIX | *241 712* |
| *241-240, lustrum* XXXIX, Hier. 01.134, 1 | *260 000* |
| *234-233, lustrum* XL, Live, *Epit.* XX | *270 713* |
| *209-208, lustrum* XLIII, Live, XXVII, 36 et *Epit.* | *237 108* |
| *204-203, lustrum* XLV, Live, XXIX, 37, et *Epit.* | *214 000* |
| *194-193, lustrum* XLVII, Live, XXXV, 9 et *Epit.* | *243 704* |
| *189-188, lustrum* XLVIII, Live, XXXVIII, 36 et *Epit.* | *258 318* |

représentent environ I/IOᵉ de l'ensemble. Tout se complique quand les *seniores* sont distingués des *iuniores* : faut-il diviser par deux le nombre des *iuniores* pour obtenir celui des *seniores* ? C'est une approximation bien incertaine : peut-être serait-on plus près de la vraisemblance en divisant par trois. Prenons l'exemple du lustre de 393-392 qui donne, selon Pline, 152 573 *capita libera :* les hommes aptes au service y seraient environ 38 143 ; les *seniores,* entre 12 714 (si l'on divise par trois), et 9 536 (s'ils sont le quart de l'ensemble), et les *iuniores* seraient 25 428 ou 28 607.

De ces fragiles spéculations nous pouvons tirer deux remarques. Il paraît difficile que les *iuniores* aient pu longtemps constituer une classe cohérente : il est plus vraisemblable que c'est l'armée mobilisée, soudée par la communauté des risques encourus et des rituels magiques de consécration, qui a pu avoir une physionomie particulière. D'autre part, il semble que la levée laisse à Rome un certain nombre de *iuniores,* de moins en moins important sans doute à mesure que les guerres prenaient de l'ampleur et duraient longtemps. Ces remarques nous aideront à mieux comprendre les questions posées par l'éventualité du rôle politique de la *iuuentus* dans les institutions romaines.

L'aspect numérique de ces problèmes ne fait que mieux mettre en évidence l'ambiguïté d'un système qui paraît accentuer le rôle d'une classe d'âge, en divisant l'ancienne *classis* en jeunes et anciens, mais qui, en fait, parvient, par cette division même, à dissocier l'ensemble du personnel militaire, en opposant à un groupe nombreux de *iuniores* un groupe moins nombreux, mais politiquement plus puissant de *seniores.* Et il nous paraît plus manifeste encore que cette ambiguïté ne peut se comprendre que par un divorce délibéré entre le monde militaire et le monde politique.

## BIBLIOGRAPHIE

J. BELOCH : *Die Bevölkerung der Griechisch. Röm. Welt,* Rome, 1968 (rééd. de l'édition de Leipzig, 1886).

F. C. BOURNE : *The Roman republican census and census statistics,* in *The class. weekly,* 48, 1952, 129 *sq.*

P. A. BRUNT : *Italian Manpower,* Oxford, 1971.

T. FRANK : *Roman census statistics from 508 to 225 B.C.,* in *Am. journ. of Phil.* LI, 1930, 313-324.

T. FRANK : *An economic survey of ancient Rome,* Baltimore, 1933.

E. GABBA : *Ancora sulle cifre dei censimenti,* in *Athenaeum,* XXX, 1952, 161-173.

A. MOMIGLIANO : *Timeo, Fabio Pittore e il primo censimento di Servio Tullio, Miscellanea di studi Alessandrini in mem. di A. Rostagni,* Turin, 1963, 180 *sq.*

J. J. SABOROVSKIJ : *Sur l'authenticité des listes de recensement au IIᵉ siècle avant J.-C., Vestnik Drevnej Istorii (Annales d'hist. anc.* 1962, fasc. 80, 2), 112-118.

## NOTES

(1) *Cf.* T. Frank : *Roman census statistics from 508 to 225 BC., in Am. journ. of Phil.* LI, 1930, p. 313-324 ; — A.J. Toynbee : *Hannibal's legacy,* Oxford, 1965, ch. III, annexe X, p. 438-479 ; — J.J. Saborovskij : *Sur l'authenticité des listes de recensement au II^e siècle avant J.-C.,* Vestnik Drevnej Jstorii (Annales d'hist. anc. 1962, fasc. 80, 2, p. 112-118).

(2) Tite-Live, III, 3 et *Epit.* 39.

(3) Pline, *NH,* XXXIII, 16.

(4) Polybe, I, 24.

(5) Denys, V, 20, 75 ; — VI, 63 ; — IX, 25.

(6) J. Beloch : *Die Bevölkerung der Griechisch. Röm. Welt,* Rome, 1968, 'p. 306 *sq.*

(7) T. Frank, *op.* cité et *id. An economic survey of ancient Rome,* I, Baltimore, 1933, p. 10 *sq.*

(8) F.C. Bourne : *The Roman republican census and census statistics.*

(9) E. Gabba : *Ancora sulle cifre dei censimenti.*

(10) La présence des *seniores* est impliquée par Denys, V, 75, 4 ; — IX, 36, 3.

(11) *Cf.* G. Pieri : *Hist. du cens,* p. 177-182, qui rejoint les conclusions d'A. Momigliano : *Timeo, Fabio Pittore e il primo censimento di Servio Tullio.*

(12) Denys, IX, 25.

(13) T. Frank : *Roman census.*

(14) L. Pareti : *Storia di Roma e del mondo romano,* I, p. 386 *sq.*

(15) Denys, IV, 14, dont nous donnons une traduction libre.

(16) Cicéron : *De leg.* III, 7.


APPENDICE II : *Sexagenarii de ponte...*

L'existence de l'expression *sexagenarii de ponte deicere* et des mots *depontani* et *depontare* a fait problème dans l'antiquité depuis au moins Afranius. Celui-ci est, en effet, selon Festus, le premier à donner une interprétation qui devait faire long feu. Jeter des hommes du haut d'un pont fait naturellement penser aux Argées dont le rite mystérieux semblait s'éclairer par cette expression. On a pensé que le pont était un pont du Tibre, d'où l'on aurait précipité des vieillards dans le fleuve. Lactance, d'après une explication de Varron, écrit :

*adparet tamen, antiquum esse hunc immolandorum hominum ritum, siquidem Saturnus in Latio eodem genere sacrificii cultus est ; non quidem ut homo ad aram immolaretur, sed uti in Tiberim de ponte Miluio* (Jordan, *Top.* II, p. 199, lit : *de ponte Aemilio) mitteretur, quod ex responso quodam factitatum Varro auctor est, cuius responsi ultimus uersus est talis :* Καὶ κεφαλὰς κρονίδη (d'après Macrobe, 'Αιδη) τῷ πατρὶ πέμπετε φῶτα *quod quia uidetur ambiguum, et fax illi et homo iaci solet. Verum id genus sacrificii ab Hercule dicitur esse sublatum, ritu tamen permanente, ut pro ueris hominibus imagines iacerentur ex scirpo* (1), et il précise ailleurs (2) : *Saturno sexagenarii homines de ponte in Tiberim deiciebantur.*

On retrouve dans le texte le processus habituel du passage d'un sacrifice humain à un sacrifice de substitution. L'expression était passée dans la langue familière. Varron consacre une de ses *Satires Ménippées* aux affres d'un vieillard menacé d'un tel sort (3) ; Catulle souhaite, avec humour, voir un de ses concitoyens précipité du haut du pont (4) ; Cicéron, enfin, montre l'infamie d'un personnage qui a précipité du haut d'un pont quelqu'un qui n'avait pas 60 ans ; et cela, dit-il, est contraire à la coutume des ancêtres ! (5)

Les sacrifices humains sont connus à Rome, où ils ne seront pas officiellement abolis avant 97 (6). Et précisément la coutume romaine était de ne pas verser le sang (7) ; l'enfouissement ou la noyade permettaient de ne pas souiller la cité (8). Les rites de substitution sont fréquents aussi : si celui qui se dévouait ne périssait pas, il fallait un sacrifice de substitution (9), et Hercule passait pour avoir, à plusieurs reprises, initié les peuples à ces pratiques moins barbares.

D'autre part les sacrifices de vieillards sont pratiqués ici et là : mais à Rome même on croyait se souvenir qu'après le départ des Gaulois on avait tué, ou, comme préfère le croire Valère-Maxime (10), abandonné les *seniores*, bouches inutiles. A Céos, la loi prévoyait la ciguë pour quiconque dépassait 60 ans ; lors d'un siège, un vote aurait décrété la mort pour les plus âgés, et Ménandre avait mis en vers, ou avait reproduit deux vers illustrant cette loi (11). C'est à un vieillard de 60 ans encore qu'un fragment d'Hérondas conseille la mort (12). La solennelle *deuotio* des vieux Romains, à l'arrivée des Gaulois, cache peut-être un sacrifice moins consenti. Enfin il est plusieurs fois question de sacrifices en l'honneur de Saturne (13).

Le rituel mystérieux des Argées semble avoir consisté en l'immersion de figurines humaines et les textes résistent aux doutes qu'ils ont parfois inspirés (14). Une tradition, encore récemment défendue, faisait remonter le rituel au sac de Rome par les Gaulois (15). Il devait y avoir une expression rituelle du genre : *depontare in Tiberim* (16), mais rien n'indique que les simulacres figuraient des vieillards. Cela est possible si l'on suit Mannhardt, pour qui on jetait dans le fleuve le génie mourant du printemps (17), ou W. Warde-Fowler, pour qui on se débarrassait des vieilles choses (18). C'est encore possible, si l'on accepte que le mot *argei* remonte à une racine *arg-*, blanc (19). Mais le rapport entre les sexagénaires éventuellement noyés et les Argées n'est en aucun cas évident (20).

Varron, pour défendre la réputation des anciens, qu'il ne pouvait croire capables de telles pratiques, propose une autre explication. L'expression viendrait d'une habitude de vote : les *iuuenes*, ou les *iuniores*, auraient tenu à élire entre eux leur *imperator* : seuls étaient admis les sexagénaires qui avaient des fonctions officielles. Cette interprétation implique l'existence d'une classe d'âge, et efficiente ; en cela, elle voit sans doute juste. Mais elle n'est pas satisfaisante cependant, car elle ne rend pas compte des interférences entre deux coutumes : il est impossible, en effet, de confondre le pont des suffrages, une passerelle dressée provisoirement pour l'accès aux urnes des citoyens réunis aux comices, et le pont sur le Tibre. Celui-ci d'ailleurs est mal identifié, même si le pont Sublicius, chargé de tabous et de pratiques magiques, est le lieu le plus vraisemblable. De plus les ponts des suffrages sont relativement récents, et, de ce fait, il ne peuvent entrer dans l'explication d'une formule probablement archaïque (21).

Il y eut certainement interférence, reste à savoir comment elle a pu se produire. L'influence de la comédie nous paraît avoir été déterminante : la loi de Céos était passée en maxime chez Ménandre. De plus, *depontare* est le calque du grec καταποντίζειν, et le pont, en grec γέφυρα, est un lieu de cérémonies, lors des processions d'Eleusis en particulier : les néophytes se purifiaient en se jetant à la mer au cri de « à la mer les mystes » ; la procession faisait des stations, dont l'une, sur un pont, était marquée de plaisanteries bouffonnes qui donnent son sens au verbe γεφυρίζειν : assaillir de plaisanteries (22). Les éléments sont les mêmes que dans l'expression latine ; mais les vieillards manquent. Viennent-ils de la comédie italique ? Le fragment de la satire de Varron, cité par Nonius, donne *casnares arripiunt, de ponte in Tiberim deturbant* (23). Si ce texte était sûr, on pourrait supposer que l'atellane, où les plaisanteries contre les vieillards sont courantes a introduit dans la comédie latine une expression plaisante, plus tard prise au sérieux.

A l'appui de cette hypothèse, on peut signaler un fait dont personne ne semble s'être avisé ; la phrase de Cicéron se scande fort bien :

annis/sexā/gintā/dĕ pōn/(tĕ) in Tībĕ/rim dĕ/iĕcĕ/rit

et constitue un trochaïque septénaire. Inclus dans la prose, contrairement aux préceptes de Cicéron lui-même (mais le *Pro Roscio* est une œuvre de jeunesse), ce vers confirme l'impression que tout cela n'est pas très sérieux.

Ce n'est pourtant pas l'impression que nous voudrions donner pour finir de l'expression. Certes le rôle de la comédie dans sa propagation est sans doute important, mais il n'exclut pas que des sacrifices aient eu lieu à une époque pré-historique. Les rapprochements avec l'habitude de Céos, avec les pratiques attestées en divers folklores (24) et, enfin, avec toute une partie de la tradition qui évoquait un sacrifice humain, ne permettent pas d'affirmer que jamais, à Rome, les vieillards n'ont subi le traitement violent que le proverbe évoque. La comédie a donné le ton en tournant le proverbe en plaisanterie ; Varron, avec son interprétation politique et sociologique, a déplacé la question ; Cicéron est fidèle à la tradition théâtrale qui faisait d'une ancienne expression matière à humour noir.

## BIBLIOGRAPHIE

E. Babelon : *Description historique et chronologique des monnaies de la République romaine*, Paris, 1885.

F. Bömer : *Die Fasten*, Heidelberg, 1958.

Clerici : *Die Argei, in Hermes*, 77, 1942, 89-100.

M. Delcourt : *Les grands sanctuaires de la Grèce*, Paris, 1947.

P. Fabre : *Minime Romano sacro, note sur un passage de Tite-Live et les sacrifices humains dans la religion romaine, in REA*, 42, 1940, *Mél. Radet*, 419-424.

W. Warde Fowler : *Roman festivals of the period of the Republic*, Londres, 1899.

J. Frazer : *Le dieu qui meurt*, trad. franç., Paris, 1931.

W. Mannhardt : *Antike Wald und Feldkulte*, Berlin, 1877.

C. Nicolet : *Cicéron, Platon et le vote secret, in Historia*, 19, 1970, 39-66.

A. Schwegler : *Röm. gesch.*, 1856-1857.

*Cf.* aussi : B.G., nᵒˢ 19, 43, 61.

## NOTES

(1) Lactance, *Inst.* I, 21, 6.
(2) *id., Epit. ad Pentad.* 23, 2.
(3) Varron : *Sat. Men.* (éd. A. Riese, Leipzig, 1865), p. 215-219, fg XIX.
(4) Catulle, 17, 8-23.
(5) Cicéron, *Pro Rosc. Am.* 35, 100.
(6) Pline, *N.H.* XXX, 12 et XXVIII, 12.
(7) *Cf.* P. Fabre : *Minime Romano sacro, note sur un passage de Tite-Live et les sacrifices humains dans la religion romaine,* (sur Tite-Live, XXII, 57, 6) ; et V. Groh : *Sacrifizi umani nell'antica religione romana.*
(8) Tite-Live, XXVII, 11, 4 et 37, 6.
(9) Tite-Live, VIII, 10, 2 ; – Servius, *Ad Aen.* II, 116.
(10) Valère-Maxime, III, 2, 6.
(11) Strabon, *Géog.* X, 5, 6, cite Ménandre (fg. 797) ; *cf.* aussi Diogénien le Laur. LV, 7 (publié par Cohn, *in Philologus,* sup. VI, 1892, p. 256). D'autres exemples de meurtres de vieillards sont attestés : en Sardaigne (Timée, fg. 28, *in F.H.G.I.,* p. 199) ; chez les Scythes (Fortunat. *Art. rhet.* p. 92, 23 h ; Pline, *N.H.* IV, 26 ; Pomponius Mela, III, 5) ; *cf.* à ce sujet, G. Dumézil, *in Rev. intern. des droits de l'antiquité, Mél. F. de Visscher,* III, Bruxelles, 1950, p. 447-454.
(12) *Herondae Mimiambi,* éd. O. Crusius, Leipzig, 1905, vol. I, p. 85, fg. 60.
(13) Denys, I, 37-38 ; – Ovide, *Fastes,* V, 633-634.
(14) *Cf.* Les doute de R.E.A. Palmer, *in The archaic community,* p. 84-85 et de L.A. Holland, *in Janus and the bridge,* p. 313 *sq.*
(15) Défendue par Clerici : *Die Argei, in Hermes,* 77, 1942, p. 89-100.
(16) Varron, *L.L.* VII, 44 ; – Lactance, cité ; Plutarque, *Q.R.* 32 et 86.
(17) Mannhardt : *Antike Wald und Feldkulte,* II, Berlin, 1877, p. 265-272.
(18) W.W. Fowler : *Roman festivals,* p. 111-120.
(19) Huschke : *Röm. Jahr.* p. 228 et A. Schwegler : *Röm. Gesch.* 1856-57, p. 380.
(20) J. Frazer : *The Fasti of Ovid,* Londres, 1929, vol. IV, p. 81 *sq* et 109 *sq* ; F. Bömer : *Die Fasten,* Band, II, Heidelberg, 1958, p. 328-329, doutent fort de ce rapport.

(21) Sur le pont des suffrages, *cf.* Mommsen : *Droit public* (VI, 1), p. 458-59 et IV, p. 90 ; — E. Babelon : *Description hist. et chronologique des monnaies de la rép. romaine*, I, p. 551, p. 329 *sq* et II, p. 128 *sq* ; — L.R. Taylor : *Roman voting assemblies, from the Hannibalic war to the dictatorship of Caesar*, p. 91 *sq* ; — C. Nicolet : *Cicéron, Platon et le vote secret.*

(22) *Cf.* F. Foucart : *Les mystères d'Eleusis* ; — M. Delcourt : *Les grands sanctuaires de la Grèce.*

(23) Nonius, p. 86 et 523.

(24) Aux exemples cités n. 11, ajouter les exemples du « Vieux Mai » cités par J. Frazer : *Le dieu qui meurt*, 1931, p. 191 *sq* et 218 ; — M. Eliade : *Traité d'histoire des rel.* p. 263, § 118 et p. 286-287, § 129.

Appendice III. — *Les Tables Eugubines*

Les *Tables Eugubines* sont le compte-rendu d'un rituel d'exécration et d'une *lustratio*. Elles permettraient, si elles étaient parfaitement compréhensibles, d'avoir une idée d'une structure sociale italique ; malheureusement elles ne sont pas totalement claires, et, de ce fait, c'est surtout sur des hypothèses qu'il nous faut travailler. Ecrites en ombrien, les unes en caractères ombriens, les autres en caractères latins, elles sont d'une rédaction relativement récente, puisque les premières sont datées d'une période allant de 200 à 120 avant notre ère, les secondes étant postérieures d'une cinquantaine d'années (1). Des unes aux autres des ressemblances de structures et d'expressions témoignent d'une continuité daňs les rites et les mentalités (2). Les formules qu'elles révèlent peuvent se rapporter à des réalités anciennes, archaïques peut-être : en effet, G. Camporeale, comparant le groupe qui va le plus nous intéresser — *nerf sihitu ansihitu iovie hostatu anhostatu* (3) — au latin *Senatus Populusque Romanus*, propose de remonter jusqu'aux VII° — VI° siècles pour trouver une réalité antécédente qui soit commune aux sociétés ombrienne et romaine (4).

Avant d'en venir à l'analyse de cette expression, il faut noter les termes constitutionnels qui désignent l'Etat.

*popluper total iiovinar, totaper iiovina, erer nomneper, erar nomneper* soit : pour le peuple de la Cité Iguvienne, pour la Cité Iguvienne, pour le nom de celui-là, pour le nom de celle-ci.

Deux mots définissent l'idée constitutionnelle et politique d'Etat. L'un, *tota*, généralement traduit par *ciuitas*, désigne, de façon abstraite, la notion de corps politique, et de façon plus concrète, peut-être la notion géographique de territoire. Ce mot semble n'avoir aucun correspondant en latin ; mais on a proposé parfois de le rapprocher de *totus*. En ce cas, il désignerait la totalité des citoyens, l'adjectif qui en dérive, *todcom-e*, traduit par *publicus*, aurait une valeur générale, et c'est par rapport à cette totalité que se définirait l'autre mot, *poplom*, qui serait seulement un élément de l'ensemble, un élément peut-être militaire (5).

La formule *nerf sihitu ansihitu iovie hostatu anhostatu,* plusieurs fois reprise, énumère les éléments du *populus,* que ce soit celui des ennemis que le rituel voue à l'exécration, ou celui d'Iguvium qu'il s'agit de « lustrer ». On y a vu une définition de l'armée, en s'appuyant sur le sens de *nerf.* Ce mot, rapproché du grec ἀνήρ, désigne, selon G. Dumézil, la fonction guerrière, par opposition à *uir,* impliqué dans la troisième fonction, celle de la fécondité (6). Il y aurait donc, dans l'armée deux classes d'âge, comportant des différences d'armement. C'est l'interprétation d'A. Bernardi, qui rappelle qu'en latin *principes,* au sein de l'armée, ne désigne pas les premiers mais les anciens, du moins après la réforme militaire qui institue la phalange (7). On pourrait donc traduire *nerf sihitu* par *principes cincti,* et l'épithète fait naturellement penser à la *praecincta* ou *procincta classis* (8). Si les *nerf* sont les hommes en armes placés en seconde ligne, les *iovie* sont les soldats de la première ligne, plus jeunes que les précédents (9). Ces classes d'âge dateraient du temps où fut abandonnée la dépendance des lignes de la légion par rapport au cens, au profit de l'ordre tactique ; nous connaissons cette transformation à Rome.

Selon le même principe, on peut interpréter une autre formule des Tables (10) : *nerf arsmo veiro pequo castruo frif,* où l'on reconnaît quelques mots. Il s'agit de purifier les hommes *(uiri),* le bétail *(pecus)* les champs *(castra)* et les moissons *(fructus).* En tête de l'énumération viennent les *nerf,* les hommes de guerre, les chefs, auxquels une consécration religieuse particulière — analogue peut-être à celle que Tite-Live décrit chez les Samnites (11) — vaut cette première place ; ils sont suivis d'un terme, à la signification discutée, qui semble désigner le domaine du sacré, les rites ou les collèges religieux (12), mais qu'on pourrait intégrer aussi à la sphère militaire. En effet, pour appeler le peuple à se rassembler avant la *lustratio,* l'ordre rituel *armamu kateramu* ou *arsmahamo caterahamo* (13) distingue deux formations, peut-être deux unités militaires différentes, par exemple l'infanterie et la cavalerie. C'est l'hypothèse que propose J.W. Poultney en évoquant un vers d'Horace :

*Dum fugiunt equitum turmae peditumque cateruae* et la description que donne Denys de la *lustratio* romaine (14).

Le *populus* iguvien pourrait donc être une formation militaire, comprenant, d'une part, des fantassins et des cavaliers et, d'autre part, deux classes d'âge, dont l'une, formée des *iovie,* pourrait être rapprochée soit de la *vereiia* osque, soit de la *iuuentus* sabine, soit encore des *iuniores* romains ou de la *iuuentus Romana* équestre.

Mais il ne faut pas se hâter de développer ces rapprochements, car l'interprétation militaire que nous avons voulu donner à l'ensemble du vocabulaire que nous avons isolé est loin d'être assurée. Donnée à titre d'hypothèse par J.W. Poultney, récemment défendue par R.E.A. Palmer, elle n'a pas encore éveillé d'écho, et l'on suit encore les analyses différentes de G. Devoto (15). Prenant l'ordre rituel *armamu kateramu,* celui-ci fait entrer le premier verbe dans la sphère religieuse que lui semble représenter *arsmo* ; il distingue une formation sacerdotale et une formation militaire. Après lui, J.W. Poultney traduit : « arrange yourselves in priestly ranks and military ranks » (16).

Comme, par ailleurs, les trois mots qui désignent l'homme dans une acception bien précise — *homo :* être terrestre ; *ner :* détenteur de la force ; *uir :* mâle — sont inégalement représentés dans les langues italiques, leur sens est soumis à des modifications et à des contaminations. Ainsi le latin, qui a seulement *homo* et *uir,* a reporté sur ce dernier terme les virtualités guerrières de *ner* ; l'osque, qui, pour sa part, connaît *homo* et *ner,* écrit, en face du latin *triumuir, triumnerum* (17), donnant à *ner* le sens de « personnage important, magistrat ». Bien que l'ombrien possède les trois mots, G. Devoto s'appuie sur les transferts de sens que nous venons de constater en latin et en osque pour opposer *nerf* à *arsmo* et à *iovie* dans une acception civile. Aussi traduit-il *nerf* par *potissimi uiri, principes, magistratus* ou *seniores* (18).

Les Tables distingueraient donc *arsmo* et *nerf,* les prêtres et les civils, dans la cérémonie piaculaire, *nerf* et *iovie,* les civils et les guerriers dans la *lustratio.* Ainsi se définiraient trois sphères :

— *arsmo : sacrum collegium*
— *dekvia :* curie *(nerf, principes)*
— *katera : militaris ordo (iovie, iuuenes* ou *iuniores).*

Cette traduction appelle des commentaires institutionnels différents de ceux d'A. Bernardi ; G. Camporeale les a présentés en rapprochant le groupe iguvien *nerf-iovie* du latin *Senatus Populusque Romanus :* les anciens équilibrent les jeunes, les politiques les soldats, selon un schéma constitutionnel analogue à celui que décrit ailleurs G. Devoto (19).

L'ensemble de la cité serait divisé en trois catégories : les prêtres, les magistrats et les guerriers. Les deux derniers groupes sont eux-mêmes divisés en deux sous-groupes. Les *nerf* sont *sihitu* ou *ansihitu,* que l'on traduit de deux manières : on dira que les *nerf* sont ou ne sont pas investis d'une charge, politique, si l'on suit G. Devoto, militaire, selon l'interprétation que nous proposions pour commencer. Le choix est d'autant plus difficile que le latin *cinctos,* qui traduit *sihitu,* a les deux acceptions (20). Pour *iovie* l'accord est plus facile à réaliser : tout le monde reconnaît en eux un personnel militaire, défini par deux épithètes qu'on traduit en latin par *hastati* et *non hastati.* F. Bücheler avait pensé qu'étaient distingués les soldats lourdement armés et ceux qui l'étaient légèrement ; depuis G. Devoto, qui évoque cette possibilité mais traduit « alle armi e non alle armi » (21), on s'accorde à comprendre qu'il s'agit des soldats en armes et sans armes, soit en latin *armati* et *inermes.* Les mobilisés sont distingués des mobilisables, non encore appelés au service ou en congé. Dans une interprétation strictement militaire, les *nerf* sont les soldats expérimentés en armes ou sans armes et les *iovie* sont les recrues déjà passées par la cérémonie d'entrée dans l'armée ou en attente de cette cérémonie.

L'interprétation, dont G. Devoto fut l'initiateur, permet de comprendre la double opposition *nerf-iovie* et *nerf-arsmo,* mais elle nous semble appeler une restriction. En effet, il est fâcheux que dans une langue qui possède les trois termes pour désigner l'homme, et qui, de plus, semble employer *uiri* dans un sens spécifique, on ne garde pas à *nerf* sa valeur guerrière. G. Dumézil et E. Benvéniste ont bien montré cette valeur que gardent en latin quelques mots issus de la même racine : le *cognomen Nero* est encore compris par Suétone ; Aulu-Gelle et Lydus savent encore définir la notion de *ner* (22). La *Nerio Martis,* dont parle Aulu-Gelle, désigne certainement l'aspect guerrier du dieu. L'étymologie proposée par G. Dumézil pour le dieu indo-iranien homologue de Mars, Indra : de * ə *nro—* plaide en ce sens (23). La solution nous semble se trouver dans le double sens du latin *principes :* les premiers de la cité ou d'un groupe (*principes iuuentutis),* et, aussi, les soldats de la seconde ligne de l'armée. A Rome, c'est par leur *aetas robustior* qu'ils sont désignés pour cette ligne de bataille. Les interférences sont possibles et même probables entre la vie militaire et la vie politique : imaginons par exemple que les charges politiques soient accessibles à ceux qui ont fait leurs preuves à l'armée et que leur expérience et leur âge autorisaient à passer à la seconde ligne. Ainsi à Rome, une adolescence politique tient compte de l'âge et du service accompli aux armées ; les lois annales exigent les *decem stipendia* et ouvrent l'accès à la politique au terme de ces dix années, c'est-à-dire à 27 ou 30 ans, quand précisément on entre dans la *robustior aetas.* Les *nerf-principes* sont peut-être des guerriers de la seconde ligne, qui peuvent être investis de charges politiques.

Cet exposé a sans doute laissé deviner où vont nos préférences : l'interprétation militaire nous semble la plus défendable. Quoi qu'il en soit, le monde italique, tel qu'il peut se deviner par le témoignage des *Tables Eugubines,* isole une classe d'âge, les *iovie* correspondant aux *iuuenes* latins et, peut-être, plus précisément aux *iuniores.* Ces jeunes hommes sont sans doute les guerriers dont Tite-Live raconte la consécration guerrière, magique et violente. Les uns sont en armes, les autres n'ont pas d'armes : ce fait, incontesté maintenant, nous le retenons au moment d'aborder notre essai suivant consacré au rapport entre la *pubes* et le *populus.*

### BIBLIOGRAPHIE

U. Coli : *Diritto pubblico degli Umbri,* Milan. 1958.
G. Devoto : *Tabulae Iguuinae,* 1937, 2ᵉ éd., 1940.
G. Devoto : *Le tavole di Gubbio,* Florence, 1948.
A. L. Prosdocimi : *Redazione e struttura testuale delle Tavole Iguvine, in Aufstieg...* II, 593-699.
I. Rosenzweig : *Ritual and cults of pre-roman Iguvium,* Londres, 1937.
*Cf.* aussi : B.G. nᵒˢ 10, 17.

## NOTES

(1) G. Devoto : *Tabulae Iguuinae*, 2ᵉ éd. 1940, p. 55.

(2) *Cf.* A. L. Prosdocimi : *Redazione e struttura testuale delle Tavole Iguvine*.

(3) On consultera, outre l'ouvrage cité de Devoto, sa traduction : *Le tavole di Gubbio ;* J.W. Poultney : *The bronze tables of Iguvium ;* — A. Ernout a étudié le vocabulaire ombrien dans *Le dialecte ombrien*. On trouvera le texte des Tables dans les manuels classiques de Conway, Vetter, Bottiglioni. La formule est en VI b, 61/62 et VII a, 13 ; 15. Pour les faits religieux, *cf.* I. Rosenzweig : *Ritual and cults of pre-roman Iguvium*, Londres, 1937.

(4) G. Camporeale : *La terminologia magistratuale nelle lingue osco-umbre*, p. 40-41.

(5) R.E.A. Palmer : *The archaic community*, p. 40 *sq*, penche pour le rapprochement ombrien *tota* et lat. *totus*, mais la question est loin d'être réglée, *cf.* E. Ernout, *Le dialecte ombrien*, p. 99, Ernout-Meillet, *Dict. étym. sv.*

(6) G. Dumézil : *Ner et uiro dans les langues italiques*.

(7) A. Bernardi : *Dagli ausiliari del rex ai magistrati della respublica*, sur la phalange, *cf.* Tite-Live, VIII, 8.

(8) Fabius Pictor, *ap.* Aulu-Gelle, *NA*. X, 15. 4 ; — Festus *sv*. *Classis procincta = exercitus instructus*.

(9) E. Pisani : *Manuale storico della lingua latina*, IV, p. 148-149.

(10) VIa, 30, 39/40 ; 49/50 ; 52 et VI b, 32.

(11) Tite-Live, X, 38 et IX, 40 ; — G. Dumézil, *Ner et uiro-* ; E. Benvéniste : *Le voc.* I, p. 292.

(12) G. Devoto traduit *societas sacerdotum, sacerdotes* ; *cf.* aussi A. Ernout : *Le dialecte ombrien*, p. 78-79, U. Coli : *Diritto pubblico degli Umbri*.

(13) I b, 19/20 ; VI, b, 56.

(14) *Cf.* Horace, *Epit.* II, 1, 190 : « pendant que défilent des escadrons de cavaliers, des bataillons de fantassins » (trad. F. Villeneuve, col. Budé). *Cf.* aussi Tite-Live, XXXIX, 1, 1 : *uoluntarios milites (Scipio) ordinauit centuriauitque ;* et XXV, 15, 9 : *(iuuentutem) centuriauerat armaueratque ;* — Denys, IV, 22, 1-2.

(15) *Cf.* en particulier, J.W. Poultney, *op.* cité ; — Ernout : *Le dialecte ombrien*, p. 41 et *Philologica*, II, p. 90-92 = *Mél. A. Grenier, Latomus*, LVIII, 1962, p. 567 *sq*.

(16) Poultney, p. 276.

(17) Le mot est attesté par des inscriptions : Vetter, 5 ; Conway, 137 ; Buck, 2 (*Tabula Bantina*) ; Vetter, 94 ; Conway, 108 ; Heurgon, 12 ; Vetter 29 ; Conway, 67.

(18) G. Devoto, p. 197, § 62.

(19) G. Devoto : *Gli antichi Italici*, 2ᵉ éd. Florence, 1951.

(20) Virgile, *En*. II, 749 : *...et cingor fulgentibus armis ;* — *Dig*. XXXIX, 1, 38 : *cinctus in alia militia*.

(21) F. Bücheler : *Umbrica*, Bonn. 1883 ; — Devoto : *Le tavole di Gubbio, ad loc.*

(22) Suétone, *Tib*. I : *inter cognomina autem et Neronis adsumpsit, quo significatur lingua Sabina fortis ac strennus ;* — Aulu-Gelle, *N.A.* XIII, 23, 2 : *id autem, siue Nerio siue Nerienes est , Sabinum uerbum est, eoque significatur uirtus et fortitudo ;* — Lydus : *De Mens*. IV, 42 : Νερίκη γὰρ ἡ ἀνδρία ἐστι καὶ νέρωνας τοὺς ἀνδρείους οἱ Σαβῖνοι καλοῦσιν.

(23) G. Dumézil, *RRA*, p. 210.

# CHAPITRE IV

# « PUBE PRAESENTI IN CONTIONE, OMNI POPLO »

— *Les éléments du dossier,*
— *Étude étymologique et sémantique,*
— *Aspects institutionnels.*
— APPENDICE : *Salua res est dum saltat senex.*

*Les éléments du dossier.*

Sur les divers plans où l'étude d'un mot peut être entreprise, *pubes* pose des problèmes délicats. L'étymologie est discutée, le sens même est flottant, et l'histoire du mot indécise. C'est de plus un terme qui ne figure dans aucune inscription connue ; il est accessible seulement par des emplois littéraires et tardifs. Tout porte cependant à croire qu'il a été utilisé dans le vocabulaire des institutions, et jusqu'à une époque relativement récente, puisqu'il apparaît pour la première fois chez Plaute, dans une acception apparemment officielle. Devant la rareté des faits, il faut recourir à tous les domaines en même temps, philologique, sémantique, historique, où il est impliqué.

Les seuls éléments solides du dossier sont d'abord le vers de Plaute (1) et la glose qu'en donne Festus (2) ; puis, chez Tite-Live, l'un des quelques emplois de *pubes,* dans le récit de la restauration de Numitor (3), et un emploi de *puberes,* dans le texte qui définit le rituel de déclaration de guerre (4). Le reste n'est que spéculations tardives et usages archaïsants. Nous ne négligerons toutefois aucune de ces données suspectes, qui peuvent parfois éclairer les rares indications des quatre documents que nous avons cités.

Les vers 125-126 du *Pseudolus :*

*Nunc ne quis dictum sibi neget, dico omnibus,*
*pube praesenti in contione, omni poplo...*

sont dits par un esclave ; il est soudain saisi de cette frénésie du verbe qui menace ses pareils dans la comédie. Tous les commentateurs reconnaissent l'intrusion d'une formule ancienne et officielle dans un développement familier, et l'effet burlesque de la rupture de ton suscite le comique (5). Il est assez dans la manière de Plaute de recourir à des réalités politiques romaines (6) ; par lui, nous voici en présence d'une formule connue encore en 191, date de la représentation du *Pseudolus.* Un siècle plus tard, personne n'évoquera plus la formule, et *pubes* sera devenu un terme poétique et archaïque. On ne peut affirmer qu'en 191 la formule était encore comprise du public dans son sens originel, ni qu'elle correspondît à une institution encore en cours. Si elle était déjà archaïque, elle avait pu être gardée par le style administratif, volontiers archaïsant ; ou bien elle s'appliquait à une réalité qui aurait été récemment réformée, ou, enfin, elle était simplement comprise comme une tautologie.

Elle rappelle, en effet, les expressions redondantes où sont juxtaposés en asyndète des mots de même espèce qui sont allitérants (du type *laetus lubens*). « C'est un mode d'énoncé exhaustif par addition » ; il appartient à l'usage ancien et exprime « soit deux fois approximativement la même idée, soit deux aspects notables d'un concept, soit les deux éléments constituants d'un tout » (6bis). C'est cette dernière possibilité que développe J.P. Morel en montrant que le vers tout entier était formulaire et qu'on devait comprendre que le *populus* était réputé complet grâce à la présence de la *pubes* (7). Cette interprétation plausible oriente notre recherche vers l'étude des rapports entre ces deux mots.

La glose de Festus y invite aussi, en ajoutant à Plaute un nouvel élément, auquel J.P. Morel a enlevé sa valeur, mais qui demeure à titre indicatif. Le commentateur écrit en effet :

*Pube praesente, est populo praesente ;* συνεκδοχικῶς *ab iis qui puberes sunt, omnem populum significans.*

On aurait désigné l'ensemble du peuple à partir du nom des pubères ; ceux-ci n'en constituaient qu'un élément. Le vers de Plaute serait en ce cas construit sur une sorte de pléonasme, et c'est ainsi que l'a compris A. Ernout, qui traduit : « en présence du peuple, en pleine assemblée » (8). Mais alors, s'il y a synecdoque, si les *puberes* ne constituent qu'une partie du *populus,* qui sont les autres ? Certainement pas les impubères. Il faut admettre donc que l'indication physiologique ne définit pas à elle seule la classe constituée par la *pubes*.

Il y a chez Tite-Live quatre emplois de *pubes ;* celui que nous avons isolé pour le moment semble faire écho à la formule de Plaute. Il s'applique, en effet, à un événement qui se passe *pube absenti*. La restauration de Numitor ne pouvait se faire que si la *pubes Albana* était écartée ; on lui a confié la tâche de défendre la citadelle et le palais royal contre un prétendu assaut des ennemis. Ce texte appelle deux remarques : la *pubes* y apparaît comme une formation militaire − et ce sera une constante de tous les emplois que nous évoquerons − ; de plus elle est fidèle au roi Amulius, un tyran violent, opposé sans le savoir au grand destin romain, et entouré dans ses œuvres de violence par ces *latrones* en qui nous avons cru reconnaître une société de guerriers. Amulius a appuyé son pouvoir sur des militaires ; c'est eux qu'il faut écarter pour le détrôner. Une fois la *pubes* écartée, le roi Numitor assemble une *contio* ou un *concilium* et là, suivant l'impulsion de Romulus et de son frère, la *multitudo* acclame le souverain retrouvé. *Multitudo* désigne une assemblée informelle et non un *populus*. Tite-Live laisse penser que, *pube absenti*, il n'y a pas de peuple organisé. Ce point nous semble assez notable pour mériter, plus loin, une réflexion plus approfondie.

La dernière pièce du dossier concerne les *puberes* en qui l'on voit naturellement les membres de la *pubes*. Là encore et plus nettement que dans l'exemple précédent, le rapport avec le vers de Plaute apparaît. Ces *puberes* représentent l'ensemble de leur classe. Le fécial, après avoir accompli les différentes phases d'un rituel emprunté, dit-on, aux Eques (9), en arrive au dernier moment où il va déclarer la guerre ; c'est à cet instant précis que la présence des *puberes* est requise. Le texte du rituel est plus récent que l'époque d'Ancus Martius à qui il est attribué ; il faut en dater l'élaboration, ou la réfection, de la fin du IVe siècle au moins (10). Même si ce document diplomatique comporte des archaïsmes destinés à lui donner une apparence de haute antiquité, ou s'il n'a été modifié que pour mieux s'adapter aux réalités diplomatiques contemporaines, il est probable qu'il existait alors une classe de *puberes*, une *pubes*, qui devait être représentée au terme d'un rituel qui l'avait laissée à l'écart de ses déroulements juridiques, menés par le *Pater Patratus* et les *Patres*. La décision de la guerre semble relever des anciens ; la *pubes* est convoquée seulement quand est déclarée la guerre qu'elle va mener. Encore convient-il d'être prudent, car la présence de *puberes* est requise dans les opérations juridiques les moins militaires ; ainsi Gaius écrit :

*coemptione uero in manum conueniunt per mancipationem, id est per quamdam imaginariam uenditionem : nam adhibitis non minus quam V testibus Romanis puberibus, item libripende, emit uir mulieres cuius in manum conuenit* (11).

Voilà donc ce qu'enseignent les meilleures sources : la *pubes* est une formation militaire, partie intégrante du *populus*, présente à la *contio* pour qu'il soit réputé complet, mais laissant derrière elle une *multitudo*. Officiellement signalée au IVe siècle, si de là date le texte du fécial, et en 191, cette classe est ignorée apparemment de l'époque classique. Ces quelques données orientent vers une enquête politique : il semble bien s'agir des rapports entre les militaires et les politiques, de la place dans la cité de ceux qui font la guerre, qu'ils soient l'ensemble des mobilisables ou seulement une fraction d'entre eux. L'enquête politique ne perdra rien à s'appuyer sur une enquête préliminaire, qui sera philologique et sémantique, même si elle n'y gagne pas grand-chose, tant les ténèbres entourent ces questions.

*Etude étymologique et sémantique.*

Nous possédons plusieurs définitions de *pubes* (12). Toutes mettent l'accent sur la puberté, et il semble, en effet, que le mot ait d'abord désigné les poils du pubis, dont l'apparition change la vie privée et politique du garçon.

A 14 ans, il cesse d'être *impubis* et devient *puber,* en même temps qu'*adulescens ;* il entre dans la classe des *tirones,* intermédiaire entre les *pueri* et les *iuuenes.* La *iuuentus* en qui Isidore reconnaît les *puberes,* c'est la *primaeuo flore iuuentus* qui s'entraîne sous les murs de Lavinium (13), et que Servius définit par comparaison avec une jeune plante. L'expression *flos iuuentutis,* prise au sens propre et au figuré, désigne chez Cicéron et Tite-Live la jeunesse équestre. Festus indique aussi un sens collectif : la *pubes* est un ensemble d'adolescents du même âge.

Les textes mettent donc l'accent sur l'aspect physique du déroulement de la vie humaine, et de ce point de vue, les synonymes latins de *pubes* désignent parfois l'âge du jeune homme imberbe et du *puer* (14). Mais cet aspect est inséparable des répercussions politiques inséparables de la puberté. Les auteurs anciens en sont conscients, mais ils sont plus à l'aise avec les aspects juridiques, encore valables dans le droit impérial, qu'avec les conséquences politiques devenues plus vagues.

Si *pubes* a désigné une classe d'âge, il est naturel de penser que ce fut celle des *puberes.* Mais l'étonnement commence lorsqu'on s'attarde aux emplois de ce substantif. On est tout prêt à admettre que la *pubes* est l'ensemble des jeunes garçons qui viennent de passer le cap de la puberté, et dont on ne serait pas surpris qu'ils aient dans la cité la position de stagiaires. L'adjectif *puber,* au singulier, désigne bien l'âge auquel un individu est parvenu à la puberté : ainsi faut-il attendre qu'Ascagne ait atteint l'*aetas puber* pour qu'il puisse régner (15) ; c'est une façon simple de situer un jeune homme dans l'histoire de sa vie que de noter qu'il a atteint cet âge (16). L'emploi de *puber,* comme substantif singulier va dans le même sens (17). Mais, au pluriel, le mot a un sens plus large. Les armées conquérantes ont l'habitude — précaution et représailles — de massacrer tous les hommes valides ; ces hommes sont en latin les *puberes.* Il n'y a dans cet emploi aucune notion politique ou sociale ; on tue les adultes. Ce mot fait partie du vocabulaire traditionnel des sacs de cités vaincues (18). La *pubes* serait en ce cas l'ensemble des hommes en âge de porter les armes. E. Benvéniste note qu'il n'est pas si naturel de désigner toute une classe à partir des poils du pubis mais il accepte cette définition (19), qui est aussi celle d'Ernout-Meillet (20) et de J. Gagé (21). Cette définition ne nous semble pas indiscutable. Les *puberes* qu'on tue dans les villes sont les adultes, mais les emplois du mot sont tous classiques et peuvent témoigner seulement d'un élargissement et d'une banalisation d'un mot jadis mieux délimité. L'idée d'adolescence est aussi au centre des textes, et nous serions a priori plus tenté de voir dans la *pubes* archaïque une véritable classe d'âge fondée sur la puberté et limitée aux adolescents, qu'une classe aussi vaste que celle des hommes de 17 à 45 ans, ou même, avant l'apparition des centuries de *seniores,* de 17 à 60 ans. Le mot a changé de sens au rythme des changements institutionnels.
Les correspondants grecs de *pubes* sont ἥϐη et νεολαία; ceux de *puber*

sont ἔφηϐος, ἠίθεος, μειράκιον, et ἐνῆλιξ (22). Ἥϐη désigne aussi les signes de la virilité et par suite l'adolescence ; il définit moins un état physique qu'un âge dont l'état physique est la conséquence. Ses emplois dans le langage militaire ne reflètent pas une valeur institutionnelle ancienne (23). Νεολαία désigne plus précisément une troupe de jeunes gens et ses emplois, tous poétiques, font penser à un compagnonnage d' ἑταῖροι (24). C'est d'ailleurs par *pubes* que Virgile traduit le grec ἑταῖροι (25). La prose grecque a des expressions du genre οἱ δέκα ἀφ' ἥϐης (26) pour déterminer l'âge, très exactement, de quelqu'un. En bref, comme ἥϐη, *pubes* a des emplois flottants. C'est autant sur une formation restreinte de jeunes gens, ayant atteint la puberté, que sur l'ensemble des mobilisables que les témoignages des lexicologues invitent à se pencher.

L'analyse morphologique du mot n'apporte pas plus de certitudes. Il y a dans les langues indo-européennes les plus anciennes une flexion à alternance, presque entièrement éliminée dans les langues classiques. Elle est attestée par quelques mot grecs et latins, qui désignent, en général, les parties du corps (28). *Pubes* en aurait gardé des traces dont l'indécision marque des altérations profondes (29). Par ailleurs la forme du mot et sa singularité font penser à *plebes* et à *proles*. Ce sont deux termes de droit public et il n'est pas impossible que *proles* et *pubes* aient influencé la réfection de *plebes*, dont l'origine est sans doute étrangère (30). Il est remarquable que des mots importants dans le vocabulaire politique, comme *populus, urbs* et *plebs* n'aient pas d'étymologie certaine. Ces termes sont apparus avec la constitution de la cité et sont peut-être d'origine étrusque. Cette remarque précise le rapport qui lie en l'occurrence l'histoire des mots et l'histoire politique. Il est évident qu'un mot désignant une classe d'âge, une classe guerrière peut-être, est tributaire des vicissitudes politiques de cette classe et des recherches de la constitution romaine sur le lien entre la participation militaire et la capacité politique. Le silence de l'épigraphie et la désuétude du mot seront à interpréter en ce sens.

Pas plus que *plebs* et *populus, pubes* n'a d'étymologie sûre. Il ne peut s'agir d'une racine *\*pudh—* ou *\*pubh—*, inconnue en indo-européen. Il faut penser à un mot composé. Le premier terme *\*pu—* est assez clair ; on songe au skr.*puman*, homme, au latin *pu-er* et *pu-tus* (31) ; il comporte une idée de virilité. Dans le second élément on voit en général l'élément qui figure dans les désinences verbales —*bam* et —*bo* (de *\*bhew—, \*bhu—*). Le mot en ce cas joindrait l'idée de virilité à celle de devenir et marquerait l'état de celui qui devient homme (32).

Plus que ces incertitudes étymologiques, il est intéressant pour nous d'évoquer un autre problème étymologique voisin, dont les données, purement philologiques pour le moment, serviront de point de départ à l'étude des questions politiques. Il s'agit de l'interprétation de l'adjectif *publicus*. Par l'épigraphie on connaît l'adjectif issu de *populus* ou plutôt de sa forme syncopée *poplus* : *poplicus* puis *puplicus*. Il est attesté dans des inscriptions relativement récentes. Ainsi on le trouve dans le Senatus-consulte des Bacchanales, copie gravée de la lettre envoyée par les consuls dans l'*ager Teuranus ;* c'est un témoignage du latin officiel de Rome, en 186, avec ses affectations d'archaïsme, dont le maintien du *d* en finale d'ablatif est la marque la plus évidente (33). La survie de *poplico* tient peut-être à cette recherche archaïsante. L'*Epistula* de L. Cornelius, consul en 156, comporte *rei poplicae* (34) ; dans la *Lex Acilia repetundarum* de 123-122, apparaît l'intermédiaire entre *poplicus* et *publicus* (35) ; dans la *Lex Bantia* de 117, *agrum poplicum* voisine curieusement avec *hono(ribus) publi(cis)* − expression jugée fautive et hors contexte par A. Ernout (36). Tout cela présente une langue composite. Quoi qu'il en soit, en 117 encore, *poplicus* est en usage dans la langue figée de la diplomatie et de la politique. La langue classique ne connaît que *pūblicus,* où la variation consonantique ne créerait pas de difficulté inexplicable, mais où la quantité du *ū* est embarrassante.

J. Cousin a ouvert la voie à une interprétation, reprise ensuite avec de légères variantes. Il suppose l'existence d'un adjectif disparu : *\*pūbicus,* qui par contamination avec *poplicus* aurait donné *publicus* (37). Il situe ce phénomène avant la période historique, hypothèse risquée si l'on songe à la présence de *poplicus* sur les inscriptions que nous avons signalées. Il est vrai qu'on voit mal comment, à une époque récente, une telle substitution aurait pu se faire. La même remarque vaut pour W. Porzig, qui fait remonter le croisement au temps « très reculé » où *populus,* comme *pubes,* devait signifier l'armée (38). Plus prudent et voulant, dans une question qui touche de très près à la politique, rester le plus possible dans le domaine philologique, E. Benvéniste suppose, sans préciser de date, que le croisement s'est opéré au niveau des adverbes (39). P. Collaclidès enfin s'est porté arbitre des solutions proposées et opte pour celle d'E. Benvéniste dont la méthode lui semble préférable à celle de W. Porzig (40). Toutes ces recherches se heurtent à la prudence de Ernout-Meillet.

Pour notre part nous sommes plus sensible à l'esprit des recherches de G. Devoto, dont nous retiendrons, pour l'instant, seulement l'analyse philologique (41). Il suggère que la différence de vocalisme *poplo puplico,* dans les langues italiques, est parallèle à celle du latin *poplom-publicus.* Il n'écarte pas la possibilité que *pūbes* ait agi sur la quantité de *pūblicus* (42), mais, dit-il, pour que cela arrivât, il fallait que *publicus* fût déjà détaché de *populus* et il conclut que la différence *pop(u)lus-publicus* n'est pas qualitative mais quantitative, elle provient d'une latinisation plus ou moins grande de l'influence étrusque. Il n'est en ce cas pas nécessaire d'imaginer un adverbe *\*pubice* (43).

On peut, en effet, penser que la langue officielle a conservé longtemps une forme *poplice,* plus proche de *pop(u)lus,* dont G. Devoto dit qu'aux II^e et III^e - siècles, il a une résonance affective telle qu'elle exclut le détachement d'un adjectif. Le substantif et son adjectif ont évolué différemment : le premier s'est chargé d'une signification trop précise et trop essentielle à la pensée romaine pour supporter qu'un adjectif issu de lui fût en quelque manière différent et marqué d'influences étrangères ou populaires. C'est seulement au Ier siècle que la langue littéraire se fixe, grâce en particulier à Cicéron (44) et à Varron, et tend à chercher ses bases dans la langue parlée de Rome. Pourquoi les érudits ont-ils préféré *publicus* à *poplicus* ? C'est que peut-être on disait *publicus* quand les chancelleries écrivaient encore *poplicus*. L'afflux à Rome de populations étrangères a pu engendrer des confusions. Ainsi ni l'ombrien ni l'étrusque n'ont de signe pour *o* (45) ; le parler de Préneste simplifie *ou* en *o* (46) ; l'étrusque n'a pas dans son alphabet de labiale sonore et l'on peut supposer que le mot *puplu* se prononçait *\*bublu* ou *\*publu*. L'évolution du latin ouvre aussi des risques de confusions : le *ou* indoeuropéen, avant de devenir *u,* vers la fin du IIIe siècle, est passé par un *o* intermédiaire (47). On voit que *poplicus* et *publicus* sont trop proches l'un de l'autre pour n'avoir pas coexisté dans une langue encore mal fixée. *Publicus* a pu être tardivement, et artificiellement, influencé par *pubes,* sans qu'on puisse en tirer des conclusions sur l'histoire des institutions. Il reste, bien sûr, que les grammairiens ont rapproché *pubes* et *publicus,* comme s'ils se souvenaient de rapprochements sémantiques entre *pubes* et *populus.* Mais, s'ils s'en souvenaient, que ne l'ont-ils dit plus clairement, au lieu de trahir leur embarras devant ces questions phonétiques (48) ?

L'enquête philologique postule une parenté de sens et d'emploi entre les deux mots ; elle ne peut déterminer ce qu'elle fut ni comment elle a évolué. Les mots sont, en effet, difficiles. *Populus* n'a pas encore été parfaitement expliqué et un emprunt à l'étrusque n'est pas exclu (49). Sur le plan sémantique, quelques lueurs éclairent le problème. Le mot s'est fixé en langue classique pour désigner l'ensemble des citoyens libres et a trouvé sa plénitude dans l'expression *senatus populusque Romanus ;* mais il a suivi un long cheminement avant d'en arriver à ce sens total. La dernière étape de son développement a été l'entrée de la plèbe dans le *populus,* et l'absorption du mot *plebs* au profit du mot *populus.* L'importance politique du terme est telle, et si grande l'entité qu'il désigne, qu'il a été légué par la tradition dans un sens accompli, et comme atteint d'emblée. Ses emplois les plus anciens orientent cependant vers une acception plus restreinte.

Elle est d'abord militaire. Mommsen en reconnaissait la probabilité à cause du verbe *populari* et du titre ancien du dictateur, *magister populi* (50). Ajoutons que le titre de ce magistrat a changé, quand celui de son collègue, le *magister equitum,* s'est toujours conservé. Ce changement a rompu le parallélisme initial ; il doit témoigner d'une évolution sémantique de *populus.* L'expression *Populus Romanus Quirites,* antérieure, semble-t-il à *populus Romanus Quiritum,* juxtaposait les militaires et les civils, le *populus* et les *Quirites.* Cette acception militaire peut encore être réduite et précisée. C'est ce que fait G. Devoto, quand il rend compte de la fête des *Poplifugia :* il en vient à supposer, au terme d'une étude du couple *fugere-fugare,* que le *populus* était le noyau des Etrusques, que les authentiques latins écartent dans un sursaut de patriotisme (51). On peut aller plus loin encore dans la précision, si l'on considère que le *magister populi* est le maître de la seule infanterie. En ce sens on comprend la glose de Festus qui indique que l'expression *pilumnoe poploe* du *Carmen Saliare* était interprétée comme la marque que les Romains étaient habitués au port du *pilum* (52). Le *populus,* à un moment de son histoire, a pu être l'*exercitus pedester* (53).

Le couple *senatus-populus* amène à supposer une opposition entre l'élément ancien et l'élément jeune de la population, opposition sensible encore à l'époque impériale (54). Jeunesse et activité militaires, telles sont, à un moment de son histoire, les composantes du *populus.* Et c'est là une acception fort voisine de celle de *pubes,* trop voisine pour que puisse se justifier le maintien des deux mots dans la langue courante. L'idée que le *populus* était à l'origine constitué par la *pubes* est aujourd'hui fort bien défendue, par G. Dumézil et J. Gagé qui s'en montrent convaincus (55), par G. Pieri, qui estime que le *census* primitif, un recensement de guerriers, intéresse essentiellement la *pubes,* et que le *census populi* fut d'abord celui de la *pubes* (56), par Y. Garlan qui, à quelques pages d'intervalle, écrit que la *classis* originelle était formée de la *pubes,* élément primordial du *populus,* et que l'armée était désignée, aux origines de Rome, du nom de *populus* (57).

Quel rapport imaginer entre deux mots qu'on présente comme synonymes. Est-il pensable que pour une même institution il y ait eu deux termes ? *Pubes,* rapproché de *plebes* et de *proles,* est à l'évidence impliqué dans les réalités constitutionnelles, mais nulle part il n'est question d'une *lustratio pubis.* La seule formule où paraît *pubes* c'est, suivant l'analyse de J.P. Morel, non comme un succédané de *populus,* mais comme son complément. On peut envisager différentes solutions : ou bien les deux mots désignent des formations militaires ethniquement différentes, qui ont coexisté avant que l'une absorbât l'autre, ou bien ce sont deux personnels techniquement différents, dont la réunion faisait la totalité de l'armée. En tout cas, quoi qu'on imagine, il reste que le débat tourne autour des rapports de l'armée et de la cité, et qu'il doit être concerné par la réforme « servienne ». Celle-ci a créé un nouveau *populus,* confondu sans doute d'abord avec l'armée, et peut-être plus particulièrement avec l'infanterie. L'ordre centuriate n'a sans doute pas suscité le mot *populus,* mais il en a modifié la teneur (58). Il n'est pas non plus impossible que les deux mots aient été des variantes dialectales d'une même institution : *poplu* rappelant des vocabulaires italiques, et *pubes* paraissant plus « latin ».

Avant d'aborder l'aspect proprement politique du problème, il reste à considérer que la teneur de *pubes* est allée se perdre dans un autre mot : *iuuentus.* Les emplois littéraires des deux mots donnent quelques informations.

Chez Tite-Live, en effet, *pubes* est réservé au premier livre, et il est ensuite remplacé par *iuuentus* (59). Dans ce livre se manifestent les recherches d'archaïsme au service d'un style qui tend à se conformer au sujet plus mythique qu'historique des débuts romains ; Tite-Live s'est fait l'âme et l'écriture antiques. Dans un même récit apparaissent à quelques lignes d'intervalle *iuuentus* et *pubes,* sans qu'un seul souci de variété puisse justifier cette alternance. La recette de l'archaïsme n'est pas de glisser çà et là un terme désuet et annexé par la poésie épique. C'est probablement dans ses sources que Tite-Live a trouvé le mot *pubes* (60). Et certaines de ses sources remontent au temps de Plaute. Le mot y faisait peut-être déjà figure d'antiquité, puisque Tite-Live le réserve à la période romuléenne. Les emplois que nous avons remis jusqu'ici d'observer, pour être moins révélateurs que celui qui nous a retenu plus haut, ne manquent cependant pas d'intérêt : comme toujours Tite-Live est cohérent dans ses conceptions. La *Pubes Albana* protégeait le pouvoir d'Amùlius, de même la *Pubes Romana* est attachée à la personne de Romulus : elle le pleure comme si elle avait perdu un père. La scène de la disparition de Romulus se passe précisément lors d'une *contio,* réunie pour la revue de l'armée et à laquelle participe également le sénat. Les deux pôles de la société, les jeunes et les anciens, sont présents ; ce sont les militaires et les magistrats (61). Les deux autres exemples orientent vers une acception militaire. Lors de la réponse offensante des peuples voisins aux ambassadeurs romains venus solliciter des femmes, c'est la *pubes Romana* qui manifeste son mécontentement ; et il apparaît certain que son ressentiment éclatera en violence guerrière. Une décision d'ordre national peut donc dépendre des opinions de la *pubes* (62). C'est à une *contio* encore que nous convie le dernier exemple : il s'agit de neutraliser la *pubes Albana* pour décider de la destruction d'Albe (63). La *pubes Romana* est apparue pour la dernière fois lors de la mort de Romulus, comme si l'institution disparaissait avec le roi ; c'est avec son chef, traître à la cause romaine, que disparaît la *pubes Albana.*

La prose classique offre un seul autre exemple. Dans le *Pro Milone,* Cicéron énumère dans une longue phrase les charges importantes confiées à Pompée ; il évoque entre autres le commandement de l'*Italiae pubes* (64). Le ton solennel et quasiment épique de la phrase justifie le recours à ce mot, utilisé d'ailleurs, non pour Rome, mais pour l'Italie.

C'est avec Virgile que le mot aborde une grande carrière, sans qu'on puisse toutefois déceler s'il est totalement synonyme de *iuuentus.* Mais Virgile n'est pas l'initiateur de ce recours poétique à *pubes.* A ses vers

*Arcadas huic equites bis centum, robora pubis,*
*lecta dabo...* (65)

Catulle avait déjà fourni un modèle :

*Lecti iuuenes, Argiuae robora pubis* (66).

Evoquant l'antique coutume de l'ouverture des portes de la guerre, Virgile rapporte que le sénat décide de la guerre et qu'alors le consul ouvre les portes et annonce les combats ; vient alors un hémistiche plusieurs fois employé : *sequitur tum cetera pubes* (67). *Cetera* indique peut-être qu'il y avait au sein de la *pubes* un élément qui donnait l'exemple. De même, en effet, on lit chez Tite-Live :

*Ferocissimus quisque iuuenum cum armis uoluntarius adest ; sequitur et cetera iuuentus* (68).

Il s'agit dans l'un et l'autre cas de l'armée mobilisée. Ailleurs le sens paraît se préciser et, sans analyser tous les emplois de l'*Enéide,* prenons-en seulement deux. Enée, prêtre-roi, se pare pour le sacrifice en V,74. Il représente l'élément adulte de l'expédition troyenne ; Ascagne l'imite, qui est *impubis*. Le peuple sicilien est représenté par son roi, Aceste, *aeui maturus,* ou encore *senior* (69), et par Hélymus, qui est, avec Panopes, un des *iuuenes comites senioris Acestae* (70). Dans l'ordre sacerdotal, le sacrifice sera accompli, du côté troyen, par un couple ancien-jeune= père-fils, et, du côté sicilien, par un couple *senior-iuuenis* lié, lui, par un rapport de compagnonnage (71). Tous quatre sont suivis de la *cetera pubes*. On voit l'environnement du mot, là militaire, ici sacré.

Nous avons eu l'occasion de constater, à propos du *lusus Troiae,* que Virgile confondait les mots (72) ; c'est ainsi qu'il parle de la *cetera pubes* à propos des enfants et conçoit, en ce cas, la *pubes* comme un groupe de jeunes gens, *pueri* ou *iuuenes,* placés sous un commandement spécifique.

Ces divers emplois orientent vers une institution antique et, sauf quand Virgile place la *pubes* à la suite du consul, plus proche d'une classe guerrière que d'une armée de citoyens. Il faut accorder quelque importance à la désuétude du mot. L'obsolescence d'un terme de ce genre est un signe de détérioration de l'institution qu'il désignait ou de l'organisation qui lui avait donné cours. La forme même de *pubes* et son histoire, incertaine mais décelable à partir des rapports avec *populus,* permettent de supposer une institution archaïque. Le mot même de *contio,* lié plusieurs fois à *pubes,* peut évoquer une assemblée analogue à celle des guerriers homériques ou spartiates, où les hommes auraient exprimé leur avis par des cris (73). Réalité archaïque donc probablement, mais dont l'écho se poursuit encore en 191, et plus tard si *pubes* a influencé tardivement la réfection, même artificielle, de *publicus*. Tout ce procès, étymologique et sémantique, qui se déroule dans un contexte politique et historique, intéresse aussi, et surtout, les liens entre la capacité politique et la capacité militaire.

*Aspects institutionnels :*

Telles nous semblent les données de départ d'une enquête historique. La seule réponse, en ce domaine, est celle de J.P. Morel. Il a répondu à l'appel que faisait E. Benvéniste aux historiens, après avoir étudié sur un plan philologique le rapport *pubes-publicus* (74). E. Benvéniste supposait que la *pubes* devait assumer au sein du *populus* le rôle de la classe représentative : elle aurait représenté l'ensemble du *populus* dans les délibérations officielles ou dans les rites décrétés au nom de l'Etat. Il rapproche *pubice* de l'adverbe ἡϐηδόν utilisé en ionien ancien et distinct de πανδημεί . Le premier serait le calque de *pubice*, le second, celui de *poplice*. Il faut nuancer légèrement ce rapprochement car, si *pubice* a existé, il ne peut être la traduction, ni le calque de ἡϐηδόν. Cet adverbe peut se traduire par : en formation plénière de gens constituant l' ἡϐη, tandis que les adjectifs grecs en — ικος ou latins en —*icus* expriment l'appartenance. Cela dit, il reste une analogie frappante entre παν -δημεί, qui comporte l'idée de totalité et *omni poplo,* entre ἡϐηδόν qui comporte l'idée de jeunesse et *pub-lice*. Un des textes, où paraît ἡϐηδόν , est traduit par Cicéron qui rend l'adverbe simplement par *uniuersos* (75), c'est dire qu'il omet toute nuance de traduction. Le rapprochement nous reporte à un état de la société où, en Grèce comme à Rome, il existait une classe définie par la puberté.

J.P. Morel considère que la *pubes* n'est nullement représentative du *populus* : au contraire, écartée par des guerres, parfois suscitées à cette seule fin d'éloigner un élément perturbateur de l'assemblée, elle participe rarement aux assemblées populaires. La formule transmise par Plaute aurait signalé sa présence.

Deux faits sont particulièrement importants dans l'histoire du mot, son rapport avec *populus* d'abord et sa désuétude ensuite. Celle-ci est, nous semble-t-il, étroitement liée en un premier temps à la réforme « servienne ». Un vocabulaire nouveau a dû s'installer dans les institutions à partir du roi Servius, et se fortifier au fur et à mesure que la réforme prenait corps. La *iuuentus,* les *iuniores* doivent leur fortune à cette réforme. Le terme *iuuentus* limite une catégorie détentrice de *iuuenta* et non, comme *pubes,* une catégorie accédant à quelque nouveau stade. Une classe guerrière a été éliminée au profit d'un équilibre des âges. Les textes où paraît *pubes* orientent vers un monde où les citoyens sont divisés en classes : les soldats et les politiques (76), où un peuple d'hommes jeunes fait équilibre au sénat. La puberté, dans le cadre des réformes « serviennes », n'est plus le cap décisif de l'entrée dans la vie, puisqu'il faut attendre 17 ans. La *pubes,* en ce sens, a dû très tôt commencer à se détériorer. D'autre part, dans l'assemblée centuriate, on ne voit pas agir une masse unifiée, une *pubes* cohérente, mais une série de centuries, où s'éparpillent les forces mobilisables de la nation. La *pubes,* si elle est l'ensemble des *iuniores,* ne peut s'exprimer d'une seule voix, sinon dans une assemblée informelle, préliminaire aux comices, celle qu'on appelle à l'époque classique une *contio*. La formule du *Pseudolus* a peut-être pris *contio* en ce sens.

L'absence des *iuniores* n'est pas à Rome habituelle. Il fut un temps où les rites de mars et d'octobre avaient leur pleine signification, et célébraient la mobilisation et la démobilisation de l'armée. La formule — si *pubes* y désigne bien les *iuniores* — aurait donc pu signaler la période civile de l'année. La mobilisation générale, qui aurait privé Rome de tous ses *iuniores,* n'est pas davantage un fait constant. Le *dilectus* est d'abord un choix parmi les possibles. Tite-Live signale, pour l'année 414-413, que dix tribus furent tirées au sort, dont on enrôla les *iuniores* (77), et présente comme un fait isolé ce qui fut peut-être une pratique régulière à Rome, comme dans d'autres cités (78). On n'a pas une armée liée à un chef, mais une portion annuellement renouvelée d'hommes en âge de faire la guerre. La levée étant faite, il reste des jeunes hommes à Rome. Denys, quand il décrit la levée conduite en 501 par le premier dictateur, mentionne quatre corps de fantassins et de cavaliers, dont l'un reste à Rome avec les *seniores* σὺν τοῖς πρεσβυτέροις (79) ; la même précision est donnée pour l'année 494 : en ville reste un corps de *iuniores,* (καὶ ὀλίγῳ στρατεύματι ἀκμαίῳ) avec les anciens (ἅμα τοῖς γεραιτέροις) (80). C'est aussi ce que disent Tite-Live et Florus, quand ils signalent, lors du désastre gaulois, le retrait dans la citadelle de la *iuuentus militaris* (81). De la même manière, lorsque se réunissent les comices centuriates, l'armée donc, il faut que la forteresse soit défendue d'une éventuelle attaque ennemie : l'*exercitus urbanus* veille tandis que délibère l'*exercitus armatus* (82). Sous le règne de Tarquin le Superbe, l'armée est retenue par le siège d'Ardée, tandis que Brutus fait une révolution avec les *iuniores* non mobilisés ou affectés à la garde de la ville (83). Plus tard, encore, en l'absence de deux armées, le sénat décrète l'état de siège en ville, et tous les hommes en âge de porter les armes veillent aux remparts ou montent la garde aux portes (84). Pour que notre formule ait pleine signification, il faut donc considérer que *pubes* n'y désigne pas tous ceux qui sont aptes à porter les armes, mais ceux qui ont été effectivement mobilisés. Les *iuniores* en campagne sont représentés en ville par les non mobilisés et par ceux qui sont affectés à la garde de la cité. Il nous paraît manifeste maintenant que ce sens restreint convient mieux à certains des textes que nous avons cités.

Reste un problème d'histoire des institutions. Quand l'armée est absente de Rome, que reste-t-il du *populus* ? Les deux exemples de Tite-Live dont J.P. Morel illustre sa démonstration, sont confus. L'historien n'avait pas une conscience très nette du monde politique qu'il décrivait. Le premier texte évoque les plaintes de trois tribuns de la plèbe contre l'éloignement de la *iuuentus* à Véies ; c'est, disent-ils, une manœuvre pour « empêcher les tribuns de porter la question des terres et des autres intérêts de la plèbe devant l'assemblée du peuple » (85). La question concerne essentiellement la plèbe, privée de ses troupes de choc. Mais les tribuns ne peuvent-ils aller devant le peuple parce qu'ils n'ont pas le soutien de leur *iuniores,* ou parce qu'il n'y a pas de *populus* pour entériner une loi ? Ce n'est pas clair ; pas plus explicite, le récit du conflit autour des *leges Liciniae* (86). Les incohérences et les incertitudes sont nombreuses (87). Si l'on suit la marche des événements sans entrer dans le détail, on a l'impression que les tribuns souhaitent un plébiscite, qui mettrait les *Patres* dans une situation difficile. L'absence des *milites* intervient comme un prétexte invoqué par des tribuns traîtres à la cause plébéienne :

*praetendebant... in aduentum militum comitia differri debere ut universa plebes de suis commodis suffragia ferret.* Sans doute s'agit-il là des comices tributes ; on pourrait ainsi formuler la pensée des tribuns : *militibus praesentibus universa plebes.* L'éloignement de la jeunesse paraît aboutir à une paralysie de la vie politique et non à des votes restreints, où le patriciat, sans le secours de ses *iuuenes,* n'aurait pas été mieux représenté que la plèbe. La *contio* du vers de Plaute peut être soit une assemblée militaire, soit une assemblée informelle. C'est à cela que la vie politique est limitée quand la jeunesse est absente.

Tite-Live rapporte l'imbroglio constitutionnel lors de la nomination de Camille exilé à la dictature. L'armée est à Véies ; Camille à Ardée. A Rome il y a un millier de *iuuenes.* L'armée désire le rappel de Camille, mais ne veut rien faire sans l'avis du sénat (88). Elle envoie donc un messager à Rome consulter les Pères. Un senatus-consulte décide qu'une loi curiate rappellera Camille et qu'il sera nommé dictateur *iussu populi.* Le vœu de l'armée est déterminant, il prend la forme d'un vote régulier des comices centuriates (89). Voilà donc un cas où il fallait agir *pube absenti.* Ce sont les 1000 hommes de la *iuuentus* qui ont sans doute voté la loi curiate, et l'armée de Véies a joué le rôle de *populus.*

En 216, on voit les centuries de *iuniores* tenir leur rôle de prérogatives dans les élections aux comices. Il ne semble pas qu'un chiffre minimum de participants ait jamais été fixé pour que l'assemblée du peuple pût légiférer. Le nombre des votants, à l'époque historique, est souvent faible, et, en particulier, les habitants de la campagne ne se dérangeaient pas toujours (90). Parfois on recourait à des expédients illégaux (91) qui prouvent, comme l'a dit Mommsen, que « ce n'est pas le *populus* qui décide, c'est la curie, la centurie, la tribu. Il faut qu'aucune de ces parties constitutionnellement disposées ne fasse défaut, pour qu'un acte soit réputé un acte du peuple » (92). Les comices par centuries ne peuvent donc se réunir en l'absence de tous les mobilisables qui dépeuplerait les centuries de *iuniores.*

Naturellement les guerres lointaines, assez rapidement, vers le milieu du IIIe siècle au moins (93), ont habitué une partie du contingent à ne pas participer à la vie politique. La tradition lie cette question au siège de Véies, et prête à Ap. Claudius une curieuse conception d'un fonctionnariat militaire fondé sur la solde (94). Mais l'armée était alors à Véies et gardait sans doute un regard sur la vie politique. La formule, en ce cas, pourrait signifier la transition entre la *contio* et les *comitia* : on pouvait voter du fait que l'armée était là et que le *populus* était au complet. Faut-il penser que la formule s'est déterminée vers les IV<sup>e</sup> — III<sup>e</sup> siècles, lorsque les guerres lointaines ont rendu fréquente l'absence d'une partie des mobilisés ? Ou bien, faut-il la rapporter au temps des guerres puniques, de la seconde surtout, puisque c'est à la venue d'Hannibal aux portes qu'on rapporte parfois l'origine de l'expression *salua res est dum saltat senex,* qui donne l'impression que le vieillard pouvait assurer l'interim des fonctions du *iuuenis* absent (95) ?

La *pubes* serait donc l'armée mobilisée dont la présence ou l'absence influait fortement sur la vie politique. On ne peut écarter d'emblée l'interprétation que nous venons de donner, et qui est, à quelques nuances près, celle de J.P. Morel. Elle nous laisse cependant insatisfait. Il nous semble, en effet, qu'il y a comme une contradiction entre l'apparente antiquité du terme et ses rapports préhistoriques avec *populus* d'une part, et l'époque relativement tardive à laquelle elle pourrait ainsi s'expliquer d'autre part. Nous voyons mal pourquoi le mot aurait été frappé d'une telle désuétude si peu de temps après son emploi constitutionnel. Certes l'armée, avec Marius, va subir de profondes réformes et va rompre avec les réalités antiques, mais les sources des historiens sont contemporaines, pour certaines au moins, de l'époque où l'on aurait dû savoir encore ce qu'était la *pubes*. On peut, par acquit de conscience, et pour ne pas se laisser fasciner par une seule solution, chercher d'autres principes d'explication.

On peut ainsi se demander ce qui se passe quand le *populus* n'est pas au complet, et on sait, par Laelius Felix qu'il ne l'était pas toujours :

*is qui non uniuersum populum sed partem aliquam adesse iubet, non comitia sed concilium edicere iubet* (96).

On pense naturellement à l'entrée de la plèbe dans le *populus*. Il est certain que, sans la glose de Festus, on aurait été fortement tenté de corriger le vers de Plaute et d'y lire *plebe praesenti ;* on y verrait une formule sanctionnant officiellement la présence de la plèbe à l'assemblée. Le rapport signalé par les philologues entre *plebes* et *pubes* est sensible dans la scansion du vers de Plaute, un sénaire iambique qu'il faut ainsi scander :

*pube praesent(i) in contion (e) omni poplo*

et on voit que la finale de *pubes* subit l'influence analogique de la cinquième déclinaison, ce qui n'est d'ailleurs pas un exemple isolé (97), mais témoigne des interférences entre les deux mots. Pourtant, on a la glose de Festus... Faut-il rappeler que l'absence de l'armée semble faire tort surtout à la plèbe ? et imaginer qu'il s'agit des *iuniores* plébéiens ? Il nous semble que cette interprétation s'accorderait mal avec les emplois littéraires.

En supposant que la *pubes* est l'élément jeune du *populus,* on suppose que le reste est formé de l'élément qui n'est plus jeune. C'est dire que cette explication nécessite l'installation des centuries de *seniores,* car que resterait-il, une fois enlevée l'ancienne et unique *classis* d'un *populus,* d'où semblent être exclus les sexagénaires ? Au lieu de prendre ainsi les choses, supposons que *pubes* et *populus,* qui ont été d'abord fort proches, ont été concurrents pour désigner un personnel combattant différent, et que leur juxtaposition formait l'assemblée. Si le vers de Plaute est la seule indication d'une addition de la *pubes* à un autre élément, pour former le *populus,* on a une autre indication d'une semblable dualité, mais exprimée dans un vocabulaire différent. Ce sont deux vers extraits des *Synéphèbes* de *Caecilius Statius :*

*Pro deum, popularium omnium, omnium adulescentium*
*clamo, postulo, obsecro, oro ploroque atque imploro fidem* (98).

On reconnaît les procédés que nous avons relevés chez Plaute : c'est sur un ton solennel une parodie, ici de l'appel au peuple, parodié aussi déjà par Plaute. L'accumulation des termes d'imploration transforme en jeu plaisant cet appel solennel dont Tite-Live a donné le texte (100). C'est une reprise, comme dans notre vers du *Pseudolus,* des formules de la comédie grecque, où sont distinguées les catégories du public :

παῖδες κάλοι

μειράκια, γέροντες , ἄνδρες πάντες

Si *« adulescentes »* traduit bien « μειράκια » ; *« populares »* en dit plus que « ἄνδρες πάντες » Il s'agit des membres du *populus,* pris comme corps politique. Caecilius, venu à Rome vers 194, peu avant la représentation du *Pseudolus,* est mort en 166 (101). On peut difficilement le soupçonner de recourir au vocabulaire politique post-gracchien. On peut supposer que les *populares* des *Synéphèbes* correspondent au *populus* de Plaute et qu'à *pubes* correspondent les *adulescentes.* L'opposition peut être ici l'adaptation de l'ancienne formule où *pubes* serait remplacé par un terme mieux compris du public contemporain. Que peuvent être, à côté du *populus,* ces adolescents ?

Nous avons dit plus haut que l'organisation archaïque avait connu sans doute un système de classes d'âge élaboré, et nous avons évoqué la catégorie des *tirones.* C'est par ce mot que Pline désigne les jeunes gens qui prennent la toge virile (102). Le dénombrement de la population par Servius prévoit une classe particulière de *noui togati :* ils mettent une pièce de monnaie dans le trésor de Juventas, protectrice des *exordia iuuenalis aetatis* (103). Y aurait-il là une ancienne catégorie de stagiaires ? Faut-il les rapprocher de ces « νεοπολῖται Ῥωμαῖοι » qui auraient, selon une tradition transmise par Denys, tué Romulus (104) ? La catégorie mal définie des *Publii,* dont le nom est rapproché de *pubes* (105), était-elle cette classe de stagiaires ? Ils avaient, dit-on, été *pupilli* avant de recevoir un prénom : leur père était mort avant de le leur donner (106). Et des membres des *gentes* portaient ce prénom d'« attente ». La formule signalait-elle l'entrée dans le *populus* des jeunes hommes, jusque-là soumis à un entraînement marginal ? C'est une possibilité, qui rendrait compte d'une appellation, fondée sur la puberté et notifiant seulement un passage. Les nouveaux *uiri inter uiros* étaient peut-être accueillis par cette formule. Le mot aurait pu se détériorer, en même temps que le rituel des *Liberalia,* et se confondre avec la *iuuentus.* Comme c'est sur cette dernière qu'insistait la politique augustéenne, Tite-Live, son contemporain, a pu participer à la confusion des deux termes.

Reste enfin une autre possibilité. Si l'on admet que *pubes* est un mot archaïque, ayant pu désigner à date ancienne l'armée, et que *populus* a été promu par la réforme « servienne », qui de l'armée a fait l'assemblée des comices centuriates et qui a transformé le *census peditum* en *census populi* (107), on tient peut-être un principe de résolution de cette question. *Pubes* étant une armée de type féodal, *populus* serait l'armée des citoyens, formée dans la lignée de la constitution inaugurée par Servius. Or nous avons vu que les cavaliers avaient conservé dans les premiers temps républicains des pratiques anciennes d'encadrement et de conduite guerrière. Ils ont refusé de se laisser évincer par la réforme « servienne » et ne furent pas intégrés à l'ordre timocratique avant la censure de Q. Fabius. Le mot *pubes,* attaché à des souvenirs anciens, a pu survivre pour désigner plus particulièrement les *equites.* La double magistrature, *magister populi* et *magister equitum,* correspond à un moment où l'armée était faite de la juxtaposition des deux catégories de guerriers ; et il est connu que le caractère militaire du *census equitum* s'est conservé (108). De plus, Cicéron parlant de la réforme « servienne » a une formule notable :

*deinde equitum magno numero ex omni populi summa separato, reliquum populum distribuit in quinque classes* (109).

Pour reconstituer l'*omnis populus,* il faut ajouter au *reliquum populum* les *equites,* qui en ont été distingués. Festus parle d'une synecdoque pour justifier qu'on dise *pubes* pour *populus,* or nous avons évoqué une autre synecdoque : on aurait jadis appelé l'ensemble de l'armée du nom des *Celeres,* les cavaliers archaïques (110). Nous avons dit aussi les rapports entre les *adulescentes* et les chevaliers, le rôle des adolescents dans le complot de 509 et leur place éventuelle dans les *sex suffragia.* On saisirait la correspondance de *pubes* et d'*adulescentes* dans nos deux citations. Ancienne sans doute, la formule aurait pu reprendre une signification nouvelle à la fin du IVe siècle, quand les chevaliers sont introduits dans l'ordre timocratique ; c'est à cette époque peut-être que le rituel du fécial a été rédigé — ou modifié — et il comporte le mot *puberes,* qui certes ne désigne pas les cavaliers, mais cherche à introduire des archaïsmes dans un texte qu'on fait remonter au roi Ancus.

Que la *pubes* soit au départ une armée spécialisée est compatible avec les textes littéraires. Le rituel du fécial ou la *pubes,* qui suit, chez Virgile, le consul, semblent remonter à un temps où les anciens décidaient de la guerre que faisaient les jeunes. Dans les deux cas, en effet, on ne voit pas que le *populus* ait voté la déclaration de guerre, ce qui semble avoir été très tôt une de ses attributions (111). Un texte de Tite-Live permet de penser qu'il n'en fut pas toujours ainsi. En 423-422, à propos de la déclaration de guerre à Véies, on discuta pour savoir si la guerre serait déclarée *iussu populi,* par décret du peuple, ou par senatus-consulte (112). Les tribuns de la plèbe obtinrent le vote du peuple, qui fut d'ailleurs favorable à la guerre. Cette anecdote signale peut-être le passage d'un moment constitutionnel où l'armée reçoit l'ordre de combattre et assiste seulement au dernier acte du rituel, et le moment où l'armée, constituée en assemblée politique, décide elle-même d'un acte qui n'est pas seulement militaire, mais politique. Et ce sont encore les tribuns de la plèbe qui fondent leur politique sociale sur des revendications de nature militaire.

La *pubes* a pu être une classe guerrière, spécialisée, dans laquelle on entrait par des rites de passage coïncidant effectivement avec la puberté. La réforme hoplitique et l'adaptation qu'elle nécessitait dans les rapports entre le soldat et le citoyen firent que le nouveau *populus,* formé des fantassins fut à la fois l'armée et l'assemblée, tandis que les cavaliers demeuraient à part du système dont ils faisaient cependant partie. La formule peut rendre compte de cette autonomie et de cette dépendance. Le *Tribunus Celerum* assiste aux rites des Saliens, le *magister equitum* est subordonné au dictateur, mais indispensable à la légitimité de sa charge, de même la *pubes* s'ajoute au *populus* des fantassins, de même elle semble avoir été déclassée, si c'est bien un déclassement que traduit la détérioration du sens du mot *pubes* et de *puberes,* qui finit par seulement désigner les adultes.

Voilà donc quelques possibilités d'explication, entre lesquelles le choix semble difficile, bien qu'elles soient finalement proches :

— ou bien le *populus* formé des *iuniores* et des *seniores* est réputé complet quand les *iuniores* sont présents. En ce cas *pubes* désigne les *iuniores,* que désigne aussi *iuuentus*. La *iuuentus* pourrait être l'ensemble des mobilisables, et *pubes,* ceux qui ont été effectivement mobilisés. *Pubes* s'est-il imposé lors de la création des centuries de *seniores ?* Nous en doutons en voyant la fortune de *iuuentus* qui paraît issue du système servien. Nous préférons nous en tenir à l'idée que le mot est archaïque et qu'il a été réutilisé après les réformes « serviennes », en changeant de sens. Dans l'ensemble, cette explication est celle qui, après l'étude de J.P. Morel, est généralement admise.

— ou bien *populus* et *pubes* se rencontrent à un moment où ils ont le sens commun d'armée. *Populus* devient l'assemblée centuriate, et *pubes* désigne les *tirones,* ce qui convient mieux à son sens initial. La formule sanctionnerait l'entrée dans le peuple de ces marginaux, admis chaque année, après les rites des *Liberalia,* à participer à la vie politique. *Pubes* serait la classe des *noui togati.*

— ou bien enfin, *pubes* implique un type d'armée archaïque préservé par les *equites* et la formule, parallèle à la double magistrature des deux *magistri populi* et *equitum,* signale que le *populus* est complet lorsque les deux formations sont présentes. Nous pencherions pour cette dernière explication, qui conserve à *pubes* ses virtualités antiques et justifie la survivance de la formule jusqu'à Plaute et Caecilius Statius, quelques années avant que se constitue l'*ordo equester.* En même temps est préservé le rapport essentiel qui nous a paru lier les *iuuenes* et les *equites.*

En tout cela, c'est dans le passé que nous cherchons une explication. Il ne faut pas cependant oublier l'influence possible de l'époque sur le théâtre de Plaute. Il nous semble que la formule est effectivement ancienne, mais sa reprise dans le *Pseudolus,* en 191, doit peut-être quelque chose à l'actualité. C'est dans la même comédie qu'est, pour la première fois dans la littérature latine, mentionnée la *Lex Laetoria de circumscriptione adulescentium.* Plaute, partisan d'un certain rigorisme envers la jeunesse, a pu trouver plaisante cette loi qui restreignait les agissements des adolescents et les mettait, pour ainsi dire, à l'écart du *populus.* Il parle de la loi avec raillerie ; il fait rire des plaintes du jeune homme, qui enrage de ne plus pouvoir faire de dettes à sa fantaisie. On comprendrait mieux encore la force comique du vers 126, s'il enrobait d'archaïsme et de solennité une moquerie contre les *adulescentes* — ceux surtout que vise la loi, c'est-à-dire les jeunes gens de bonne famille — devenus mineurs dans un *populus* d'adultes. On comprendrait ainsi que Caecilius Statius ait traduit *pubes* par *adulescentes. Pubes,* pris comme l'ensemble des adolescents — à tort ou à raison, selon les diverses solutions proposées — pouvait être compris du public ; et Plaute n'était pas homme à reculer devant une allusion politique, quitte à la masquer, comme ici, de fausse solennité.

## BIBLIOGRAPHIE

H. W. AUDEN : *The Pseudolus of Plautus,* Cambridge, 1696.

E. BENVÉNISTE : *Pubes et publicus, in Rev. de phil.* XXIX, 1955, 7-10.

J. BÉRANGER : *Les génies du sénat et du peuple romain et les reliefs flaviens de la Cancellaria, in Hom. J. Bayet, Latomus,* 1964, 76-88.

P. COLLACLIDÈS : *A propos de publicus, in REL,* XXXVII, 1959.

J. COUSIN : *Etymologies latines, latin populus, in REL,* XXIII, 1945, 66-69.

G. DEVOTO : *Storia della lingua di Roma,* Bologne, 1940.

G. DEVOTO : *Rapporti onomastici etrusco-italici, in SE,* 1929. 259-283.

G. DEVOTO : *Poplifugia, in Atti del Reale Istituto Veneto di scienze, lettere ed arti,* 1930, XC, 1075-1085.

G. DEVOTO : *Nomi di divinità etrusche, in SE,* VI, 243-260.

G. DUMÉZIL : *Jupiter, Mars, Quirinus,* 4ᵉ éd. Paris, 1941.

A. ERNOUT : *Aspects du vocabulaire latin,* Paris, 1947.

P. Faider : *Le poète comique Caecilius, in Musée Belge*, 1908, 269-341 et 1909, 5-30.

K. Von Fritz : *The reorganisation of the Roman government in 366 B.C. and the so-called Licinio-Sextian Laws, in Historia*, I, 1950, 3-44.

J. Gagé : *La plebs et le populus et leurs encadrements respectifs dans la Rome de la première moitié du V<sup>e</sup> siècle av. J.-C., in Revue hist.* 493, janv.-mars, 1970, 5 *sq.*

J. Gagé : *Le témoignage de Julius Proculus et les prodiges fulguratoires dans l'ancien ritus comitialis, in Ant.* clas. XLI, 1972, 49 *sq.*

J. Marouzeau : *Traité de stylistique latine*, Paris, Belles-Lettres, 1946.

J. P. Morel : *Pube praesenti in contione, in REL*, XLII, 1964, 375-388.

V. Pisani : *Appunti di etimologia e morfologia dell'antico indiano, in Rend. Acc. lincei*, sér. VI, 3, 1927, 424-431.

W. Porzig : *Senatus populus Romanus, in Gymnasium*, bd. 63, 1956, 318-326.

S. G. Stacey : *Die Entwickelung des Livianischen Stiles, in Archiv für lateinische Lexicographie und Grammatik*, X, 1896.

A. Taladoire : *Essai sur le comique de Plaute*, 1948.

*Cf.* aussi : B.G., n<sup>os</sup> 49, 61.

## NOTES

(1) Plaute, *Pseudolus*, 126.
(2) Festus, p. 300-301 L.
(3) Tite-Live, I, 6, 1 : *Numitor inter primum tumultum, hostes inuasisse urbem atque adortos regiam dictitans cum pubem Albanam in arcem praesidio armisque obtinendam auocasset, postquam iuuenes perpetrata caede pergere ad se gratulantes uidit, exemplo aduocato concilio scelera in se fratris... ostendit. «* Dès de le début de la bagarre, Numitor avait répandu le bruit que l'ennemi avait fait irruption dans la ville et attaquait le palais, il avait ainsi attiré la jeunesse d'Albe dans la citadelle, sous prétexte de l'occuper et de la défendre. Après le meurtre, voyant les (deux) jeunes gens se diriger vers lui pour le féliciter, il se hâte d'assembler le peuple et de lui révéler la conduite coupable de son frère... » (trad. J. Bayet, col. Budé).
(4) Tite-Live, I, 32, 12 : *Fieri solitum ut fetialis hastam ferratam aut sanguineam praeustam ad fines eorum ferret et non minus tribus puberibus praesentibus diceret...* » « D'ordinaire le fécial, portant une javeline armée de fer, ou en cornouiller à la pointe durcie au feu, se rendait à la frontière ennemie ; là, en présence d'au moins trois hommes adultes, il disait... » (Trad. J. Bayet, col. Budé).
(5) *Cf.* H.W. Auden : *The Pseudolus of Plautus*, Cambridge, 1896, note *ad loc.* ; — J.P. Cèbe : *La caricature et la parodie dans le monde romain antique des origines à Juvénal*, Paris, 1966, p. 81 ; — J.P. Morel : *Pube praesenti in contione in REL.* XLII, 1964, p. 375-388 ; — B.A. Taladoire : *Essai sur le comique de Plaute*, 1948, p. 192.
(6) *Cf.* D.C. Earl : *Plaute and Roman politics, in Historia*, IX, 1960, p. 235 *sq.*
(6 bis) J. Marouzeau : *Traité de Stylistique latine*, p. 280.
(7) J.P. Morel, *Pube praesenti, op.* cité.
(8) Traduction dans la col. Budé.
(9) Tite-Live, I, 32, 5.
(10) *Cf.* J. Heurgon : éd. de Tite-Live, I, Erasme, 1963, note *ad loc.*
(11) Gaius, I, 113 : « Les femmes entrent en main par coemption à la suite d'une mancipation, c'est-à-dire une sorte de vente imaginaire ; en effet, en présence d'au moins cinq témoins citoyens pubères et d'un peseur de même condition, celui en la main duquel elle vient fait l'achat au moyen de bronze de la valeur d'une petite pièce de monnaie » (trad. J. Reinach, col. Budé).
(12) Isidore de Séville, *Etym.* XI, 2 ; — IX, 3, 37-38 ; — Festus, p. 18 L, 1.3 et p. 31 ; — Servius, *Ad Aen.* I, 399 et XII, 413.
(13) *Enéide*, VII, 152.
(14) *Cf.* G. Gloetz : *Thesaurus glossarum emendatarum*, Leipzig, Teubner, 1901, VII, p. 154.
(15) Tite-Live, I, 3, 1.

(16) Tite-Live, I, 35, 1.

(17) Tite-Live, II, 2, 5 ; – XXI, 3, 2.

(18) Tite-Live, VIII, 37, 11 : pour châtier Tusculum, la tribu Pollia conseille *puberes uerberatos necari, coniuges liberosque sub corona... uenire* (les hommes adultes s'opposent aux femmes et aux enfants). En IX, 14, 11, dans le camp des Samnites, les Romains *caedunt pariter resistentes... inermes atque armatos, seruos liberos, puberes impuberes, homines iumentaque.*

(19) E. Benvéniste : *Pubes et publicus, in Rev. de phil.* XXIX, 1955, p. 7-10.

(20) *Dict. étym. sv. pubes ; –* A. Ernout : *Philologica,* III, Paris, 1965, p. 16.

(21) J. Gagé : *Classes d'âge, rites et vêtements de passage dans l'ancien Latium, in Cahiers intern. de sociologie,* XXIV, 1958, p. 34-64.

(22) *Thesaurus* de Gloetz.

(23) *Cf. supra,* à propos de l'éphébie, p. 28.

(24) *Cf. supra,* p. 29-30.

(25) *Énéide,* I, 399 : *Haud aliter puppesque tuae pubesque tuorum* = Homère Σὺν νηῖτε σῇ καὶ σοῖς ἑτάροισι.

(26) Xénophon, *Hell.* 3 (4, 23) ; 6 (4, 17) ; *cf. Thesaurus Graecae linguae,* par H. Stephano, Paris, 1841, IV, 83-85.

(27) *Ibid.*

(28) En latin *iecur, uber ;* mais *iter* a le même genre de flexion pour un champ sémantique différent.

(29) *Cf.* A. Ernout : *Aspects du vocabulaire latin,* Paris, 1954, p. 117.

(30) *Ibid.*

(31) *Cf.* Pisani : *Appunti di etimologia e morfologia dell'antico indiano, in Rend. Acc. Linc.* sér. VI, 3, 1927, p. 424-431 (sp. 424-428) préfère une racine *\*peu-,* signifiant, non pas engendrer, mais croître.

(32) Cette étymologie semble corroborer la définition de la *pubes* comme une classe transitoire entre l'enfance et l'âge d'homme.

(33) *CIL,* I², 581 ; X, 104 et A. Ernout : *Recueil de textes latins archaïques,* 1966, p. 61.

(34) *Ibid.,* p. 68.

(35) *Ibid.,* p. 80.

(36) *Ibid.,* p. 85 *sq.*

(37) J. Cousin : *Étymologies latines, latin populus, in REL,* XXIII, 1945, p. 66-69.

(38) W. Porzig : *Senatus populus Romanus, in Gymnasium,* bd. 63, 1956, p. 318-326.

(39) E. Benvéniste : *pubes et publicus,* art. cité.

(40) P. Collaclidès : *A propos de publicus, in REL,* XXXVII, 1959.

(41) G. Devoto : *Rapporti onomastici etrusco-italici, in SE,* 1929, p. 259-283 ; – *Poplifugia, in Atti del Reale istituto Veneto di scienze, lettere ed arti,* 1930, XC, p. 1075-1085 ; – *Nomi di divinità etrusche, in SE.* VI, p. 243-260 (I : *Fufluns*).

(42) *Cf. CIL,* I², 402, 403 : on trouve *poublicom* à Venosa.

(43) *Cf. infra,* à propos de la démonstration de G. Dumézil, p. 336 *sq.*

(44) Quintilien, I, 7.

(45) *Cf.* Meillet-Vendryèes : *Traité de gram. comparée* (3ᵉ éd. 1960), p. 32.

(46) A. Ernout : *Eléments dialectaux,* p. 45.

(47) *Cf.* A. Nierdermann : *Phonétique historique du latin,* 4ᵉ éd. 1959, p. 64.

(48) *Grammatici Latini,* Keil, Teubner, Leipzig, 1855, II, p. 20 (Priscien) ; VII, p. 14, 1.6 (Q. Terentius Scaurus) ; VII, 158, 2 (Cassidiorus) ; VII, 285, 8 (Beda) ; I, 69, 18 *sq* (Charisius) et I, 40, 19 (*id*).

(49) *Cf.* Les ouvrages cités de G. Devoto et d'A. Ernout ; étymologies diverses de G. Devoto : *Storia della lingua di Roma,* 57, 78, 80 ; – V. Skutsch, *in Glotta,* III, 1912, p. 196 ; Pisani, *in Rend. Acc. Linc.* 1928, 6, 4, p. 356 ; de Francisci : *La comunità sociale e politica romana primitiva, in SDHI,* XXII, 1956, p. 1-86, sp. 79 et *id. Primordia,* p. 736.

(50) Mommsen : *Droit public,* III, p. 160 *sq.*

(51) G. Devoto : *Poplifugia, op.* cité.

(52) Festus, p. 224 L.

(53) *Cf.* G. Pieri : *L'histoire du cens.*

(54) *Cf.* J. Béranger : *Les génies du sénat et du peuple romain et les reliefs flaviens de la Cancellaria, in Hom. J. Bayet, Latomus,* 1964, p. 76-88, sp. 78.

(55) G. Dumézil : *Jupiter-Mars-Quirinus,* p. 194-195 : « le *populus Romanus* a sans doute désigné d'abord proprement la *pubes Romana* ». J. Gagé : *Les rites anciens de lustration du populus et les attributs triomphaux des censeurs, in MEFR,* 82, 1970, p. 46 *sq ; id. La ligne pomériale et les catégories sociales de la Rome primitive, in Rev. d'hist. de dr. fr. étr.* I, 1970, p. 5 *sq ; – id. La plebs et le populus et leurs encadrements respectifs dans la Rome de la*

*première moitié du* V*ᵉ siècle avt. J.-C. in Rev. hist.* 493, janv.-mars 1970, p. 5 *sq,* où il écrit : « nous croyons avoir la preuve que du temps de la chute des Tarquins à l'époque de Camille, à la manière des autres peuples italiques, Rome eut un *populus* fait, avant tout d'une *pubes* mobilisable... » (p. 10). Il reconnaît dans ce *populus* l'ensemble des Romains d'âge militaire organisés en groupes armés, entraînés à l'écart des Quirites, jusqu'à leur entrée dans la société.

(56) G. Pieri : *Hist. du cens,* p. 72.

(57) Y. Garlan : *La guerre dans l'antiquité,* Paris, 1972, p. 66, 160 et n. 76.

(58) P. de Francisci : *Primordia,* p. 736.

(59) *Cf.* S.G. Stacey : *Die Entwickelung des Livianischen Stiles, in Archiv für lateinische Lexicographie und Grammatik,* X, 1896, p. 36. L'équivalence donnée par Tite-Live est fondée sans doute sur une appréciation du sens de *pubes,* mais il n'y a pas nécessairement synonymie : *pubes* est, à peu près, ce qu'est la *iuuentus.*

(60) E. Benvéniste : *Pubes et publicus.*

(61) Tite-Live, I, 16.

(62) *id.,* I, 9, 6.

(63) *id.,* I, 28, 8.

(64) Cicéron, *Pro Milone,* XXIII, 61.

(65) *Enéide,* VIII, 518-519 : « Je lui donnerai deux cents cavaliers arcadiens, toute la force de l'élite de notre jeunesse » (trad. Bellessort, col. Budé).

(66) Catulle, 64, 4 : « Quand de robustes guerriers, élite de la jeunesse argienne... osèrent lancer sur l'onde salée leur nef rapide... » (trad. G. Lafaye, col. Budé).

(67) *Enéide,* VII, 614 : « toute la jeunesse suit (Enée) ».

(68) Tite-Live, I, 59, 5 : « Les jeunes gens les plus intrépides s'arment et se préparent spontanément, suivis bientôt de toute la jeunesse ».

(69) *Enéide,* V, 73 et 301-303.

(70) *Ibid.,* 573 ; 719.

(71) *Cf.* aussi *ibid.* VIII, 104-105.

(72) *Cf. supra,* p. 233 *sq.*

(73) L.R. Taylor : *Roman voting assemblies.*

(74) E. Benvéniste : *Pubes et publicus ;* — J.P. Morel, *Pube praesenti...*

(75) Cicéron, *Tusculanes,* V, 105.

(76) G. Devoto : *Gli antichi Italici,* Florence (2ᵉ éd.) 1951, p. 265 *sq.*

(77) Tite-Live, IV, 46, 1.

(78) *Cf.* E. Pais-J. Bayet : *Histoire romaine,* I, 1940, p. 141 et n. 162.

(79) Denys, V, 75, 4.

(80) *Id.,* VI, 42, 1.

(81) Tite-Live, V, 39 ; — Florus, I, 13 ; — E. Pais : *Storia critica,* III, p. 7 et *supra,* p. 186 *sq.*

(82) Fabius Pictor, *ap.* Aulu-Gelle, *N.A.* X, 15.

(83) Tite-Live, I, 59, 5.

(84) *Id.,* III, 42, 6.

(85) *Id.,* V, II, 9.

(86) *Id.,* VI, 36, 9.

(87) *Cf.* K. von Fritz : *The reorganisation of the roman government in 366 BC and the so-called Licinio-Sextian Laws, in Historia,* I, 1950, p. 3-44.

(88) Tite-Live, V, 46 *sq.*

(89) Selon Plutarque, *Cam.* 24, 3, c'est Camille qui aurait exigé la consultation du sénat ; *cf.* Tite-Live, col. Budé, n. *ad loc,* et Ogilvie : *A commentary...* qui interprète différemment le rôle des curies.

(90) *Cf.* Cicéron : *Pro Sestio,* 51.

(91) Cicéron, *ibid.*

(92) Mommsen : *Droit public,* VI, 1, p. 347.

(93) *Cf.* J.P. Brisson, *in Problèmes de la guerre à Rome.*

(94) Tite-Live, V, 4.

(95) *Cf.* appendice, *infra,* p. 348-349.

(96) *Ap.* Aulu-Gelle, XV, 27.

(97) Par exemple *sorde,* chez Lucrèce, VI, 1271.

(98) Cicéron : De nat. deor. I, 6, 13 ; — Ernout : Recueil de textes... p. 250, 45-46.

(99) *Cf. Rudens,* 615 *sq. : Pro Cyrenenses populares, uostram ego imploro fidem agricolae, accolae propinqui qui estis his regionibus, / ferte opem inopiae atque exemplum pessimum pessum date !* (« O, citoyens de Cyrène, je vous implore, au secours ! Habitants de ces campagnes, habitants du voisinage, prêtez main forte à la faiblesse, exterminez une exécrable audace » (trad. Ernout, col. Budé) ; et Tite-Live, II, 55, 7.

(100) Ménandre, *Samienne,* 905 ; *cf.* aussi *Dyskolos,* 967.

(101) *Cf.* P. Faider : *Le poète comique Caecilius, in Musée Belge,* 1908, p. 269-341, et 1909, p. 5-30.
(102) Pline, *NH.* VIII, 194.
(103) Saint Augustin, *C.D.* IV, 11.
(104) Denys, II, 56 ; — *cf.* J. Gagé : *Le témoignage de Julius Proculus... et les prodiges fulguratoires dans l'ancien ritus comitialis, in Ant. clas.* XLI, 1972, p. 49 *sq* (sp. 65).
(105) *Auct. de praen.* 5, 17.
(106) *Cf.* Isidore de Séville, *Etym.* XIV, 2 : *Pupilli dicuntur quorum patres ante decesserunt quam ab his nomen acceperint.*
*(107) Cf.* P. Fraccaro : *Opuscula,* I, 1956.
(108) G. Pieri, *op.* cité, p. 72.
(109) Cicéron, *De rep.* II, 22, 1.
(110) *Cf. supra,* p. 269.
(111) *Cf.* Mommsen : *Droit public* (VI, 1), p. 390 et VII, p. 275.
(112) Tite-Live, IV, 30, 15.

APPENDICE : *Salua res est dum saltat senex*

L'expression est rétablie ainsi à partir du texte de Festus (1), qui donne *dum cantat ;* la correction est plausible, qui rétablit une allitération *salua-saltat* (2). L'interprétation de Festus est pour nous plus intéressante que celle de Servius (3). C'était une phrase répétée sur scène par les *parasiti* d'Apollon, et dont l'origine remonterait à la première célébration des *Ludi Apollinares.* Tandis que s'accomplissait le rituel, on annonce soudain l'arrivée des ennemis ; les hommes courent aux armes — c'est donc qu'ils n'étaient pas tous partis ? mais Macrobe dit vaguement *plebs ad arma excitata* (4) —. La menace écartée par une intervention miraculeuse d'Apollon, les hommes reviennent, inquiets de l'interruption des jeux. Or ils trouvent un vieillard qui dansait au son de la flûte ; alors, heureux que le rituel ait été continué en leur absence, ils auraient prononcé cette phrase devenue ensuite habituelle dans la confrérie des *parasiti* d'Apollon.

J. Gagé a reconnu à cette anecdote une « saveur numaïque » : il la rapproche d'une anecdote équivalente où Numa, alors qu'on venait lui annoncer l'arrivée des ennemis, aurait répondu : « moi je sacrifie » (5). D'autres exemples de sacrifices interrompus à cause d'un péril extérieur sont d'ailleurs connus (6).

L'expression qui nous intéresse est localisée dans le temps : elle est rapprochée de l'arrivée d'Hannibal aux portes de Rome, en 211 (7). Cette année-là, les mobilisables sont loin d'être tous à Rome : il y a 23 légions occupées sur terre et sur mer (8). Quelques troupes veillent à la défense de la ville ; ce sont elles qui courent aux remparts. Le *senex* a assuré la continuité du rituel, en se chargeant des deux aspects les plus primitifs auxquels était liée la notion de *religio :* la danse et la musique (9), plus convenables pour des *iuuenes* que pour un homme de son âge.

On peut imaginer que, de la même manière, il était possible que survécût la vie constitutionnelle, réduite à l'essentiel, grâce aux anciens, qui la maintenaient jusqu'au retour des *iuniores.*

Il y a une sorte de caricature de ce *senex* qui danse chez Tite-Live, quand il fait le portrait humoristique du *senex contionalis*. Il s'appelle Scaptius, il a 82 ans et n'est même plus un *senior*. Les *contiones* sont devenues sa marotte, et celle où il prend la parole, en dévidant le fil de ses souvenirs, prélude seulement à un vote (10). Peut-être, à 82 ans, est-il exclu du vote depuis 22 ans, si les *sexagenarii* en sont exclus (11) ; mais il ne craint pas, apparemment, un sort violent et garde le verbe haut. Est-il un maniaque impénitent de la parole, ou sa hardiesse lui vient-elle du fait que les vieillards assurent l'*interim* de la vie politique quand manquent les *iuniores* ? Le ton de Tite-Live est plaisant et ne permet pas de bien déterminer la part éventuelle de sérieux.

L'expression que répétaient les parasites d'Apollon a quelque chose aussi de comique ; elle est d'ailleurs passée dans la langue courante, celle de la comédie surtout (12). Elle semble plus une raillerie qu'un témoignage d'une habitude constitutionnelle. Comme nous le disions plus haut à propos des *depontani,* la comédie ici encore a pu assurer la survie d'une expression proverbiale qui allait dans le sens de son irrespect envers les vieillards.

## BIBLIOGRAPHIE

A. ABAERCHERLI BOYCE : *The expiatory rites of 207 B.C.,* in *TAPhA,* 68, 1937, 157-171.

W. GREEN : *The ritual validity of the Ludi scaenici,* in *Class. Weekly,* XXVI, 1933.

L. HALKIN : *Hannibal ad portas,* in *Et. class.* III, 1934, 417-457.

*Cf.* aussi : B.G. n° 47.

## NOTES

(1) Festus, *sv. Salua res : Salua res est dum saltat senex, quare parasiti Apollinis in scena dictitent, causam Verrius in libro quinto, quorum prima est P littera reddidit. Quod C. Sulpicio, C. Fuluio consulibus M. Calpurnio Pisone praetore Urbis faciente ludos subito ad arma exierint nuntiato aduentu hostium, uictoresque in theatrum redierint, solliciti, ne intermissi religionem adferrent, instaurandique essent, inuentum esse ibi C. Pomponium libertinum mimum magno natu, qui ad tibicinem saltaret. Itaque gaudio non interruptae religionis editam uocem nunc quoque celebrari.* « Tout va bien tant que danse le vieillard : dans le livre V — dont la première lettre est P — Verrius a expliqué pourquoi les parasites d'Apollon répètent cette expression sur scène. Sous le consulat de C. Sulpicius et de C. Fulvius, alors que le préteur M. Calpurnius Pison donnait des jeux soudain ils coururent aux armes à l'annonce que l'ennemi approchait, et ils revinrent vainqueurs au théâtre, inquiets et se demandant si l'interruption des jeux ne constituait pas une impiété et s'il n'allait pas falloir les recommencer : or, on trouva là l'affranchi C. Pomponius, un mime très âgé, qui dansait au son de la flûte. C'est pourquoi l'expression que leur inspira la joie de voir que le rite n'avait pas été interrompu est aujourd'hui encore très répandue ». Mais Festus reproche ensuite à Verrius Flaccus son inconséquence, car il évoque ailleurs la même expression sans redonner la même explication.

(2) *Cf.* A. Abaercherli Boyce : *The expiatory rites of 207 B.C.*

(3) Servius, *Ad Aen,* la tradition qu'il rapporte, beaucoup plus vague dans le temps, rapporte l'origine de l'expression à la danse d'un vieillard (*quidam senex*) qui, seule, parvint à apaiser une colère de la *Magna Mater.*

(4) Macrobe, *Sat.* I, 17, 25.
(5) *Cf.* J. Gagé : *Apollon Romain,* 286 *sq ;* Plutarque, *Numa,* 15, 6.
(6) Cicéron : *De divin.* I, 55.
(7) *Cf.* E. Pais : *Ricerche sulla storia di Roma,* IV, 1921, p. 189, n. 3 ; — L. Halkin :
*Hannibal ad portas ;* — J. Gagé, *op.* cité.
(8) Tite-Live, XXVI, 1, 13.
(9) *Cf.* W. Green : *The ritual validity of the Ludi Scaenici,* p. 157, n. 4.
(10) Tite-Live, III, 71-72.
(11) *Cf. supra,* p. 318 *sq.*
(12) Plaute : *Aul.* 207 ; — *Capt.* 284... Térence : *Ad.* 643 ; — *Eun.* 268.

# CONCLUSIONS

*Les acquis et les incertitudes*

Notre dernière étude, sur la *pubes Romana,* s'achève sur une question, ou du moins sur une conviction indémontrable — ou indémontrée —, comme si nous avions été jusqu'au bout poursuivi par la malédiction que nous évoquions pour commencer (1). En fait ces incertitudes finales tiennent au fait que nous touchions, avec l'année 191, à la frange extrême où vient s'achever toute une époque : la deuxième guerre punique a déroulé ses angoissantes péripéties, et les lendemains ne ressembleront plus à ce qu'étaient les veilles. Des problèmes que nous avons traités, aucun n'est résolu ; bien au contraire, tout va recommencer, mais dans un contexte politique, idéologique et social différent. Et la formule que nous avons commentée — *pube praesenti in contione, omni poplo* — est comme la charnière entre le monde qui s'éteint et celui qui va commencer, sur des idées nouvelles, mais dans la ligne d'un passé, qui, renié ou regretté, ne cessera de hanter les esprits, jusqu'à ce qu'Auguste trouve la sagesse de refaire du neuf sur des fondements anciens.

Ces incertitudes, d'autre part, sont le terme extrême d'une recherche qui doit s'interrompre, après avoir tiré — du moins l'espérons-nous — le plus grand parti possible des indications multiples, mais éparses, vagues et parfois incohérentes que livrent les sources anciennes.

De ces indications, il ressort cependant des points positifs, des « lignes de force », qui font que finalement la nature exacte de la *pubes* devient un détail et que sa complexité participe à la définition de ces grandes lignes : tant il est clair que la question fondamentale posée par les relations entre la *pubes* et le *populus* est celle des rapports entre la jeunesse et l'ensemble du corps civique.

Nous sommes parti de faits qui ne sont plus à démontrer, tant la recherche moderne les a de toutes parts cernés. Ce fut d'abord un historique presque continu du passage, en Grèce dorienne et ionienne, de l'organisation des *couroi* homériques aux soldats spartiates ou aux éphèbes athéniens : ce fut ensuite la présence constante dans les récits des premiers temps romains de classes d'âge et de *iuuenes,* autonomes et encadrés. De là nous avons tenté de suivre à travers les siècles le devenir de ces *iuuenes* et de l'idéologie qui leur avait jadis donné une personnalité originale. Le Vᵉ siècle, par lequel nous avons commencé, a ses racines dans la monarchie étrusque, traditionnellement chassée en 509 ; le IIIᵉ siècle, où nous nous sommes arrêté, s'achève avec la deuxième guerre punique et s'ouvre sur une ère de transformations dont la *Lex Laetoria,* datée des environs de 191, est, pour notre sujet, une première annonce.

Nous avons fait passer les *iuuenes* du mythe dans l'histoire, parce qu'il nous a semblé que les récits consacrés aux Tarquins — le complot de 509 en particulier — contenaient une part de vérité et traduisaient plus ou moins l'attitude de Rome envers sa jeunesse. De même nous ont paru renforcer l'hypothèse de l'existence d'une classe d'âge les rapports des Romains militaires avec les Etrusques, les peuples campaniens, et en général les peuples italiques, chez qui les classes d'âge sont bien attestées.

Les sources principales sont Tite-Live et Denys d'Halicarnasse, l'un et l'autre *a priori* suspects ; aussi a-t-il fallu tenir plus grand compte de ce qu'ils ne disaient pas explicitement que de leurs suggestions. Nous avons renoncé à l'essentiel de leurs vues sur les *equites,* et nous avons opté pour les vues anticonformistes d'A. Momigliano et de J. Gagé, malgré la haute autorité d'A. Alföldi, dont les travaux nous ont été, sur d'autres points, si utiles et irremplaçables. Et nous avons soutenu que les *equites* étaient à l'origine distincts du patriciat, contre Tite-Live et Denys, mais en utilisant l'essentiel des informations qu'ils donnent eux-mêmes, et en tirant argument de leurs hésitations.

A Tite-Live nous avons emprunté l'idée que la Rome archaïque — et non plus seulement préhistorique — avait connu des classes d'âge. Et nous avons admiré l'intuition de l'écrivain, appuyée sans doute sur des sources sérieuses — sur la connaissance des faits italiques peut-être —, et singulièrement perspicace. Certes Tite-Live, après Térence et Cicéron (2), eux-mêmes inspirés par les réflexions de la pensée grecque (3), donne de la jeunesse un portrait psychologique, mais il a le sentiment que la nature des jeunes gens est aussi étroitement déterminée par les facteurs sociaux et culturels. Sans aller jusqu'à donner à ces facteurs l'exclusivité que certaines tendances de la psychologie ou de la sociologie moderne leur confèrent pour l'analyse de la jeunesse (4), Tite-live, quand il décrit les *iuuenes,* sait faire la part de la physiologie, de la psychologie et des réflexes de classe. Ce n'est pas seulement parce qu'ils sont animés du bouillonnement de l'adolescence et de la fougue juvénile que les *iuuenes* parodient les histrions étrusques, ou refusent avec hauteur de se compromettre dans les nouvelles formes théâtrales inaugurées par Livius Andronicus (5) ; ils réagissent comme une classe d'âge, dotée de droits et de devoirs, cohérente et distincte de l'ensemble des citoyens. Cette compréhension de la jeunesse a des aspects si vrais et si modernes qu'elle nous a incité à faire confiance, pour l'essentiel, à l'image que donne Tite-Live de la jeunesse dans la cité des premiers siècles républicains.

Bien des faits sont venus confirmer la vérité de cette image et justifier notre confiance. Il y eut probablement des *iuuenes* avant que l'on songeât à parler d'un *iuuenis* ; il y eut une *iuuentus,* au sens infiniment riche d'implications politiques et sociales, à côté d'une *senectus,* qui ne fut jamais que l'âge de la vieillesse. D'autre part les textes, ceux de Tite-Live en particulier, ont tendance à confondre *iuuenes* et *equites* ; et cette remarque, qui pouvait ne rien signaler d'autre qu'une confusion tardive, due aux réalités du dernier siècle de la République ou à la restauration augustéenne, nous l'avons vue se confirmer dans les faits religieux. L'étude des rites réservés à la jeunesse nous a conduit à esquisser le portrait d'une *iuuentus* formant un corps social, autonome et original. Mais ce portrait, qui se détache clairement des rites des *Liberalia* et du culte de *Iuuentas,* nous a paru nécessiter des retouches importantes. Ce n'est pas seulement une *iuuentus* que nous avons vue se manifester, mais comme deux institutions concurrentes et antagonistes, dont la différence semblait correspondre à celle qui distingue les cavaliers et les fantassins. Nous avons cru devoir insister sur la séparation entre les rituels de fantassins — que sont peut-être les Saliens — et ceux que se réservent les *equites,* vedettes de la *transuectio equitum,* du *lusus Troiae,* et, depuis toujours peut-être, das *Lupercalia,* ces *equites* dont la relation essentielle avec le principe des classes d'âge est peut-être reflétée encore par la présence en tête de la *Pompa circensis* de *pueri* à cheval qui perpétuent un double classement, par âge et par appartenance sociale.

De là est sortie une première « ligne de force » que nous avons suivie dans ses conséquences ultimes. L'idée de jeunesse est liée de toutes sortes de manières à celle de chevalier : le vocabulaire et les cultes le suggèrent, ainsi que les institutions. Des âges de mobilisation particuliers, des privilèges exceptionnels, la permanence de leur groupement militaire, même en temps de paix, l'originalité de leur *transuectio* et de leur culte à Castor, leur place enfin en marge de l'assemblée centuriate, tout fait penser que les *equites* sont une classe à part, comme un Etat dans l'Etat. Et cette impression s'accorde avec la tradition qui suggère que c'est parmi les *equites* qu'on trouve la rébellion contre la discipline de la phalange et aussi la réplique aux mœurs guerrières archaïques des ennemis de la puissance romaine.

Nous avons conclu que l'antique classe des guerriers, les *Celeres* de Romulus, s'était continuée dans la formation des *equites,* qui en ont conservé les traditions à travers toute leur histoire. Et nous avons comparé ces chevaliers romains aux *hippeis* grecs, qu'on appelle à Sparte les *couroi,* et que nous avons vus, à Athènes, au $v^e$ et au $iv^e$ siècle, se comporter en classe guerrière autonome. Et ici ce n'est pas tant Tite-Live que Denys que nous avons suivi, Denys dont le parti-pris de comparer les *equites* romains aux *hippeis* spartiates nous avait d'abord semblé suspect, avant que nous le trouvions confirmé par les faits religieux et les attitudes politiques et militaires propres aux cavaliers.

L'assimilation des *equites* aux patriciens, que défend A. Alföldi, nous avait d'abord séduit, et nous imaginions qu'au sein même du patriciat s'affrontaient deux classes d'âge, deux morales dont le heurt finalement n'aurait été qu'un heurt de générations. Nous avons dit les faits qui paraissent mieux s'expliquer par les suggestions d'A. Momigliano. Dès lors que nous avons choisi de résister aux séductions qu'A. Alföldi, par l'élan de ses démonstrations, par la minutie et l'ampleur de ses arguments, a su donner à sa thèse — et, il faut bien se le demander, échappe-t-on totalement et définitivement à de semblables séductions ? —, pour écouter les suggestions d'A. Momigliano, parées d'ailleurs des mêmes vertus, bien des faits nous ont paru s'éclaicir. Si les cavaliers sont différents des patriciens et s'ils continuent une ancienne classe guerrière, on comprend mieux un certain nombre de récits et d'attitudes politiques. La monarchie des Tarquins avait promu la jeunesse équestre et avait fait d'elle une puissance politique : on le voit par les attributions du *tribunus Celerum* et par le complot de 509. Une aristocratie était en train de se constituer : le service à cheval serait son signe distinctif, il fonderait et justifierait sa noblesse. C'est alors que survient la « révolution », menée par une autre classe en voie de formation, le futur patriciat. Celui-ci nous a paru fonder sa puissance sur l'infanterie ; et ainsi, après A. Momigliano, nous avons cru expliquer la subordination du *magister equitum* et l'interdiction faite au *magister populi* de monter à cheval. Les premiers temps de la République semblent connaître un conflit entre le patriciat et les *equites,* les uns et les autres revendiquant l'exclusivité militaire, dispensatrice d'honneurs et de richesses. L'Etat patricien doit transiger avec la cavalerie ; le terme de ces transactions paraît être en 304 l'intégration des chevaliers à l'ordre timocratique et la formation du premier *ordo equester,* qui subsistera jusqu'aux Gracques. L'histoire intérieure de Rome est une suite de tensions entre les deux forces, dont l'une, le patriciat, est par ailleurs engagée dans une lutte contre les ambitions plébéiennes. Contre la morale des *equites,* volontiers assimilée par les sources à l'immoralité étrusque — un compagnonnage éphébique ? —, le patriciat suscite une morale de la famille, qui refuse toute éducation collective et étatisée, et, par dessus tout, l'éphébie, qu'elle soit spartiate ou attique.

On voit combien cette analyse s'écarte de la conception des anciens et de beaucoup de modernes. Elle est dans notre exposé une seconde « ligne de force », qui oppose au schématisme de la rivalité du patriciat et de la plèbe une situation beaucoup plus confuse. C'est une époque où les *gentes* en sont encore à chercher le critère qui va leur permettre de se fermer en caste héréditaire, et où toutes sortes de traditions, étrangères parfois — des familles immigrent à Rome, comme celle des Claudii —, foisonnent dans une ville à la recherche de ses structures. Et les formes de pensée étrusque demeurent présentes, car les Etrusques n'ont pas quitté totalement Rome en 509, et leur civilisation restera longtemps un modèle fascinant pour elle. Dans cette situation complexe, les *iuuenes* ont tenu une grande place, comme en témoignent les récits relatifs à cette époque. Des personnages comme Junius Brutus et Valerius Publicola peuvent avoir été les « patrons » de groupes de jeunes hommes ; et, même si l'hypothèse n'est pas démontrable, il restera toujours troublant que les premiers consuls aient porté dans leur nom l'idée de jeunesse (*Iunius),* celle de force (*Valerius*) et celle peut-être de classe de jeunes, si Publicola est à rattacher à *pubes.* En tout cas divers récits sont portés par le souvenir de rites d'initiations, d'encadrement et d'entraînement, caractéristiques d'une société archaïque.

La troisième ligne directrice relie un certain nombre de faits, de tout ordre, à la personne du roi Servius. Il semble avoir été en différents domaines le premier : premier censeur, premier *magister populi* peut-être, initiateur de l'ordre centuriate enfin. La geste de ce roi illustre les relations entre les passages d'âge, le recensement de la population et la tactique hoplitique. Son œuvre semble ne pas toucher au statut de la cavalerie, qui se tient à l'écart de la nouvelle armée ; elle paraît en revanche faire reculer l'esprit gentilice devant la division du peuple en deux classes d'âge. Servius encadre une nouvelle forme d'armée, qui porte en germe l'idée d'un monde égalitaire ; et son action tend vers la constitution d'un Etat. Mais au lieu d'un Etat, il faillit bien y en avoir deux, car en face de ce *populus* qui monte se constitue le patriciat.

Avec la réforme « servienne » le vocabulaire change ; la *iuuentus* n'est plus l'ensemble des *iuuenes,* mais celui des *iuniores.* Et la plèbe se comporte en classe d'âge militaire, comme si elle avait trouvé dans la participation guerrière le principe de sa cohésion et les fondements de la lutte qui devait lui assurer une existence officielle. C'est d'ailleurs la plèbe que paraissent surtout concerner les *Liberalia* et les rites d'encadrement inaugurés par Servius. Elle que ne contraint pas aussi étroitement le lien familial resserré par le patriciat est comme plus disponible pour perpétuer un système de classe d'âge. Elle compte sur ses *iuniores* pour mener la bataille politique, dans laquelle les *Patres* lancent pour les représenter les *iuuenes.*

On voit l'importance du facteur politique ; il est en partie responsable de la détérioration des classes d'âge. Mais en partie seulement, car d'autres facteurs ont agi dans le même sens. La constitution de l'Etat exige une certaine unité et doit dominer les particularismes ; elle peut aboutir à deux résultats totalement opposés pour ce qui concerne les classes d'âge. L'unité peut fortifier le principe de classement par l'âge : le régime mussolinien avait recréé les groupements de jeunes en leur donnant valeur de symbole d'une société réconciliée avec elle-même, au-delà des désaccords politiques et sociaux antérieurs. La jeunesse fasciste, qui représentait les espoirs de pérennité du régime, prétendait recommencer la grande formation de la *iuuentus* augustéenne ; prétention abusive, qui faisait fi des différences profondes entre l'œuvre d'Auguste accomplie dans un monde politique et social bien défini, et celle de Mussolini inséparable d'un contexte totalement autre (6), mais qui sur un point au moins est éclairante : c'est au moment où cessent les conflits civils qu'un Etat peut encourager les groupements de jeunesse. Et du fait, la *iuuentus Romana*, florissante au début de la République se détériorera et devra attendre, pour renaître, l'apaisement des discordes politiques.

On comprend que dans le climat politique échauffé par les tensions entre les *equites* et le patriciat, et par la lutte entre ce même patriciat et la plèbe, l'unité de l'Etat, faute de pouvoir se fonder sur l'entente d'une classe d'âge unifiée, aboutit à une politique hostile aux classes d'âge. Les patriciens font peser sur l'éphébie le poids de tous les vices, l'assemblée centuriate rompt ses liens initiaux avec l'armée, et les *iuniores* éparpillés dans les diverses centuries ne peuvent imposer une politique qui leur serait favorable. Les précautions prises contre l'éventuelle domination d'une classe de jeunes hommes sont autant de réponses à une situation troublée par la survivance dans les premiers siècles républicains de la mentalité qui accompagne une société structurée sur le principe des âges. La plèbe est organisée en classe d'âge ; et sûrement il y eut des luttes entre elle et une autre classe, d'*equites* ou de jeunes patriciens ; l'affaire Kaeso Quinctius pourrait en être un exemple.

La multiplication des appartenances de l'individu fait se diluer son appartenance à une classe d'âge. Et les conflits d'appartenance sont divers : pensons à celui qui sépare les éléments campagnards et les éléments urbains. La caste guerrière, en Grèce, est urbaine, comme le sont sans doute les *equites,* dont le culte à Castor se déroule en plein forum ; et la réforme hoplitique a fait appel à l'élément campagnard pour l'adjoindre à la classe urbaine des guerriers. Autant l'appartenance politique peut créer un lien, autant la morale de la famille tend à le dénouer. Il y a, au sein du patriciat, une sorte de contradiction : d'une part, il suscite sa jeunesse contre la plèbe, mais, d'autre part, il limite le sens même d'une véritable classe d'âge, en remplaçant par les liens familiaux les attaches du compagnonnage : son désir, c'est que les jeunes soient la « force de frappe » de la politique définie par leur aînés. Le clivage de la fortune aboutit à la dispersion des *iuniores,* et, s'il est vraisemblable que la *classis* originelle — la *classis iuniorum* dont parle Varron — a été une classe d'âge fonctionnelle, autant il nous a paru difficile d'admettre que les centuries de *iuniores* du système centuriate constituent une classe effective et efficiente.

C'est pourquoi la *pubes* ne nous semble pas définie, à partir de la création des cinq classes, par l'ensemble des mobilisables, mais tout au plus, par l'armée effectivement mobilisée. La guerre, en effet, peut créer un lien entre les *iuniores* : ils constituent, le temps de leur mobilisation, une classe unie par la magie du serment, fortifiée par l'exemple que les ennemis peuvent offrir, et nous songeons surtout à celui de l'impressionnante *legio linteata* des Samnites. Mais dûment démobilisés après la guerre, les soldats redeviennent, en ville, les membres de centuries politiques diverses.

En analysant les conséquences de cette dernière remarque, nous avons été tenté de voir dans la *iuuentus* qui imite les ludions étrusques et dans la *pubes* distinguée au sein du *populus,* plutôt la jeunesse équestre que l'ensemble des mobilisables. Le nombre limité des cavaliers, l'autonomie de leur culte, la permanence de leurs attributions et enfin la magie de leurs charges nous paraissent mieux définir une classe d'âge qui se comporte en milieu fermé. Les *iuniores,* en revanche, de plus en plus nombreux, mobilisés et démobilisés chaque année — jusqu'à l'instauration de la solde — et classés politiquement selon les biens qu'ils possèdent par eux-mêmes ou par leur famille répondent mal à la définition d'une classe d'âge. Il est surprenant aussi qu'un père et un fils puissent agir de concert du fait qu'ils sont compagnons dans une même centurie. Comment un homme de 45 ans peut-il être le camarade d'un jeune homme de 17 ans ? Comment cet adulte se mettrait-il à faire des grimaces et à débiter des obscénités, que l'année suivante on trouverait malséantes dans sa bouche ? Quand Tite-Live et Denys parlent de classes d'âge, ils pensent à des compagnons du même âge. Le savant système centuriate, issu de compromis divers où les moins riches voteront si le vote arrive jusqu'à eux, où un *senior* vaut au moins deux *iuniores,* et sans doute plus, où un homme, s'il a par exemple 37 ans, peut retrouver son fils de 17 ans, a anéanti la possibilité pour une classe d'âge d'agir en tant que telle dans les affaires politiques.

Cependant, à propos des *Liberalia,* Virgile et Horace évoquent le rôle rituel de la *pubes* campagnarde, comme s'il y avait, hors de la sphère guerrière, et hors de la ville, des classes d'âge. Aussi n'avons-nous pas exclu la possibilité de groupements spontanés ou organisés, dont le nom aurait pu se perdre. La réforme « servienne » paraît avoir eu raison de ces groupements, et si complètement qu'elle en a même peut-être supprimé le vocabulaire. Des mots qui restent, certains ont pu désigner une classe de jeunes gens : les *tirones* furent peut-être une classe réelle, annihilée sur le plan politique : la *pubes* désigna peut-être la classe des *adulescentes,* dont Tite-Live pense qu'en 509 ils formaient un groupe cohérent, alors que leur appellation n'est pas inscrite dans les institutions avant 191.

Quoi qu'il en soit, il y a au fond de la pensée romaine une mentalité fondée sur les classes d'âge. Il y a des attitudes, des privilèges et des fonctions qui reviennent aux jeunes, et d'autres qui conviennent aux anciens. L'univers de la pensée romaine oscille entre ces deux pôles que sont la *grauitas* et la *celeritas ;* même si, comme nous l'avons vu, un *iuuenis* peut entrer dans le monde de la *grauitas,* il reste que les deux domaines se complètent et parfois s'opposent. C'est au nom de la décence, de la convenance qu'on attend des jeunes certaines attitudes ; mais cette exigence morale, liée à la civilité et à l'urbanité, nous semble transposer le souvenir d'un monde où le rôle des jeunes gens était fonctionnel et correspondait à celui dévolu aux anciens.

Ce que les Romains ont refusé, ce sont les pratiques d'encadrement et d'entraînement marginaux. Ils n'ont pas voulu des rapports patronaux qui lient les *iuniores* aux *seniores,* ni des rapports pédérastiques, qui leur ont paru, à la suite des exemples grecs et sans doute étrusques, inhérents à une classe d'âge. Ils ont préféré des rapports familiaux, qui lient un fils à son père, dans une atmosphère de piété et de pudeur déférentes. Et dans la famille s'est développée la vénération de l'enfant, négligé dans les sociétés strictement bâties sur des classes d'âge. Ces refus nous ont paru s'être développés en milieu patricien ; ils ont provoqué l'exaltation systématique des vertus familiales. La politique intérieure de Rome a connu des tensions entre la mentalité ancienne, qui reconnaît à la jeunesse une spécificité, et les résistances patriciennes qui tentent d'en empêcher l'épanouissement. C'est dans le culte et les parades que les traditions se sont conservées ; et, curieusement, ce sont les *pueri* de la *Pompa circensis,* qui en ont assuré la durée, malgré les réticences politiques.

### La jeunesse après la deuxième guerre punique.

Mais il reste la guerre qui résiste aux manœuvres politiques ; nous avons dit que c'est par elle que le sentiment de classe des *iuniores* avait le plus de chances de se maintenir. Le *tumultus Gallicus* avait créé, selon le livre V de Tite-Live, une manière de retour à la Rome de Romulus ; et les *iuuenes* avaient à cette occasion retrouvé leur plein emploi. Le livre VII, de même, montre les *iuuenes* actifs dans les conflits extérieurs, et affrontés encore en particulier aux Gaulois. Si nous quittons maintenant cette période, nous rencontrons une autre guerre, dont les effets furent déterminants pour l'avenir de Rome, la guerre hannibalique. Nous l'avons mentionnée surtout à propos du culte de *Iuuentas,* présente au lectisterne de 218 et invoquée lors de la bataille du Métaure. L'angoisse qui étreint Rome est aggravée par les crises de recrutement : les *iuniores* manquent. Alors renaît une mystique de la jeunesse, et la conception archaïque de la classe guerrière se retrouve d'actualité. Les conflits politiques s'estompent devant la nécessité d'une union sacrée. Les années noires de la guerre contre Hannibal furent les plus belles années pour la reconnaissance du rôle irremplaçable des jeunes hommes. C'est qu'il se trouva pour représenter la jeunesse, et pour tirer le plus grand parti du renouveau que lui donnaient les affres de la défaite, un jeune homme, Scipion, à qui ses triomphes vaudront le surnom d'Africain, et qui sut orchestrer magnifiquement les thèmes retrouvés d'un hymne fervent à la jeunesse.

*Le rôle de Scipion l'Africain.*

La guerre prépare une situation politique différente pour l'après-guerre. Cette rencontre du militaire et du politique s'accomplit et s'illustra dans la carrière de Scipion. Chez Tite-Live, les emplois du mot *adulescens* sont aussi signifiants que ceux de *iuuenes* et de *iuuentus*. Quand *adulescens* apparaît dans la troisième décade, c'est pour désigner le futur Africain. Il est, en effet, à peine adolescent quand il fait son entrée dans l'histoire romaine. Les historiens s'attachent à bien montrer la précocité de sa carrière : il est toujours à la limite de l'âge légal. A l'*admodum adulescens* de Tite-Live (7), repris par *uixdum militari aetate imperio accepto* (8), font écho, chez Valère-Maxime, des expressions comme *uixdum annos pubertatis ingressus* (9) ou *admodum iuuenis* (10) ; et Polybe déjà, rappelle que Scipion montra sa valeur dans un combat de cavalerie, alors qu'il était adolescent (11). Sa carrière militaire et la carrière politique qui en découlera défrayent les habitudes établies (12) : son étonnant *cursus* le conduit directement, de l'édilité obtenue contre toute attente, au consulat, alors qu'il a seulement 30 ans. C'est comme une répétition de la carrière de Valerius Corvus : voici que se renouvellent, avec Scipion, les grandes figures des jeunes héros de jadis qu'on pouvait croire révolues. Une auréole divine environne sa jeunesse : il est *deis simillimus iuuenis* (13) ; des soupçons flatteurs pèsent sur sa naissance et s'accentuent d'époque en époque. La légende déjà amorcée au temps de Polybe, qui la ramène à de justes proportions — Scipion, dit-il, joue de la crédulité de ses troupes en faisant croire qu'une inspiration divine le guide (14) — est critiquée de la même façon par Valère-Maxime (15), mais devient, chez Silius Italicus, une quasi-vérité : la mère de Scipion avoue avoir été visitée par Jupiter (16). Une mystique du chef est apparue, qui, toujours latente, va conduire à l'Empire.

Il est clair que cette légende est une réponse à celle d'Hannibal, que ses biographes grecs plaçaient dans la lignée des grands chefs du type d'Alexandre. Hannibal aussi a été un très jeune chef (17) ; lui aussi à des songes qui l'inspirent (18). Et Tite-Live retrouve son souffle épique pour raconter l'affrontement de deux peuples, qui bientôt se reconnaissent dans leur champion. Si Caton, dans ses *Origines,* affecte de ne pas citer les noms des grands chefs, et leur oppose l'héroïsme méconnu d'un tribun militaire (19), c'est pour s'opposer à l'héroïsation telle qu'elle s'offrait à Scipion, après la traduction par Ennius du traité d'Evhémère. Tite-Live ne résiste pas à l'admiration que lui inspire la rencontre sublime des deux héros, et il compose le récit de l'entrevue au cours de laquelle Hannibal dit à Scipion : « tu es ce que je fus... » (20). Scipion héroïsé prépare le *princeps* dont Auguste accomplira la définition : Scipion n'a-t-il pas, comme jadis Camille, évité à Rome la tentation de déserter la ville qu'éprouvaient quelques jeunes défaitistes, tout comme Auguste sauvera Rome et affirmera le principe du pouvoir en Italie, contre les fascinations asiatiques d'Antoine ?

Vénéré par un peuple superstitieux (21), Scipion représente un danger pour le régime et pour la *nobilitas*. Aussi va-t-il rencontrer dans sa montée politique une opposition dont l'*Amphitryon* de Plaute est peut-être un écho (22). Le principal adversaire fut Fabius : un vieil homme en face d'un *adulescens*, comme le suggère, chez Tite-Live, l'hésitation du peuple : *pluresque consilium quam animum adulescentis ferocem laudarent* (23). La même opposition est reprise dans la péroraison du discours de Scipion : *adulescens senem uicero* (24) et dans le discours de Fabius. Ce discours, prononcé par l'adversaire le plus irréductible de Scipion, est une pièce d'anthologie, qui comporte des réminiscences philosophiques et cherche à expliquer la psychologie de celui qui le prononce. Tite-Live le montre jaloux de la gloire de Scipion ; Plutarque décrit son acharnement contre une politique menée par l'irréflexion des jeunes (25), mais lui prête un argument plus sérieux : il est dangereux de confier les intérêts de l'Etat à un seul homme (26). L'opposition est évidemment politique ; elle remonte même à quelques années (27), mais le conflit de générations y occupe une place capitale. Par conservatisme, par respect de la hiérarchie, Fabius veut entraver les élans de Scipion ; c'est en fait toute la jeunesse, pour qui l'exemple de l'Africain est une tentation dangereuse, qu'il veut contenir.

Il n'est pas le seul à soutenir cette lutte, de même que Scipion est entouré de nombreux partisans (28). Les conflits entre divers groupes politiques, la prédominance alternée de chacun d'eux et leur déclin font l'histoire politique de Rome dans cette période de la deuxième guerre punique et jusqu'à la fin du IIe siècle (29). La politique de Scipion s'intéresse constamment à la jeunesse comme vont le montrer deux exemples.

Consul en 205, Scipion a pour collègue P. Licinius Crassus Dives, dont la carrière est tout entière placée sous le signe de la précocité (30). C'est cette année-là qu'on commence à songer au transport à Rome de la Déesse-Mère de l'Ida : une prédiction disait que sa présence suffirait à écarter de Rome tout ennemi étranger, et Scipion encourageait cet acte religieux, car, disait-on, une inspiration lui faisait réclamer la « province » d'Afrique, comme s'il présageait de la fin de la guerre (31). L'ambassade, envoyée dans le même temps au roi Attale, fit un détour par Delphes, et l'oracle lui recommanda de veiller à ce que la déesse reçût à Rome l'hospitalité de l'homme le meilleur de Rome (32). Or ce *uir optimus*, on le trouva en la personne de P. Cornelius Scipion Nasica, cousin de l'Africain. Ce choix, en une période où triomphe la politique du groupe des Scipions, fut certainement inspiré par lui, et témoigne de son influence, pour le moment déterminante.

Or ce choix nous ramène à la volonté de Scipion d'exalter la jeunesse. En effet, si Tite-Live se refuse, faute d'informations, à expliquer quelles vertus ont désigné Scipion Nasica, il a pour définir celui-ci une rapide remarque : c'est un *adulescens nondum quaestorius*, un jeune homme qui n'avait pas été encore questeur (33). On ne sait si cette « innocence politique » fut déterminante dans le choix du jeune homme, mais on peut légitimement penser que sa jeunesse le fut au plus haut point.

Et cette impression se confirme quand on la confronte à d'autres faits. Scipion Nasica fut consul en 191, en même temps que M. Acilius Glabrio, un *homo nouus,* protégé des Scipions dont il soutint la politique (34). Sous leur consulat la *Magna Mater* reçoit enfin son temple, ainsi que *Iuuentas* (35). Ainsi, à un moment où le groupe des Scipions, après une relative éclipse, reprend pied au sommet du pouvoir, la déesse de la Jeunesse, peut-être mystérieusement liée à la déesse de Pessinonte (36), est honorée à Rome. Or son temple avait été vouée en 207 par M. Livius Salinator, qui avait été le chef du parti des Scipions (36), et dont le fils était en 191 l'un des quatre préteurs, sur les six élus pour cette année-là, à défendre la politique des Scipions (37). Le temple de *Iuuentas* et sans doute le culte qu'on y offrait à la déesse sont confiés en 191 à C. Licinius Lucullus et à sa famille, dont un membre était, on s'en souvient, collègue de l'Africain au consulat de 205. Tout semble montrer que la promotion de *Iuuentas* fut l'œuvre des Scipions ; elle répondait à leur volonté de mettre la jeunesse au premier plan de la vie politique. Nous avons montré comment le culte de la déesse s'était rapidement étiolé ; aux raisons religieuses et politiques que nous avons données à cet étiolement, il faut sans doute ajouter une raison plus occasionnelle, et qui est la relation de *Iuuentas* avec la politique de Scipion l'Africain et de son groupe

Scipion croyait avoir trouvé dans l'exploit militaire la base d'une vocation à la primauté politique de la jeunesse ; c'est sur ce programme qu'il fonde son action politique, c'est à cause de lui qu'il rencontre de farouches oppositions.

## Les adulescentes républicains.

En effet, la guerre finie, Scipion tente de trouver des alliés parmi les jeunes gens. Il y a dans la Rome du IIe siècle une véritable classe d'âge, les *adulescentes,* sur lesquels les témoignages ne manquent pas. Il semble que Naevius ait pris position contre la jeunesse, en écrivant :

*Proueniebant oratores noui, stulti adulescentes* (38) ou encore : *qui et regum filiis linguis faueant atque adnutent et subseruient* (39).

V. Marmorale a montré que cette opposition n'était pas seulement une satire superficielle mais une vive critique politique ; et il a proposé d'identifier les *adulescentes,* coupables de la détérioration de la puissance romaine avec les fils de seigneurs qui exercent une sorte de tyrannie (40).

Et on retrouve des *adulescentes* à plusieurs reprises. Caton, dans un discours qui semble faire écho aux propos de Naevius, s'attaque à un jeune tribun, formé à la manière de Scipion (41). C. Gracchus fera encore un portrait peu flatteur de cette jeunesse :

*Quanta libido quantaque intemperantia sit hominum adulescentium, unum exemplum uobis ostendam* (42),

et de même L. Calpurnius Piso :

*At uero Piso ille Frugi in annalibus suis queritur adulescentes peni deditos esse* (43).

Ces textes doivent nous amener à avoir quelque considération pour la valeur documentaire des *adulescentes* du théâtre. Dans le même temps, en effet, où s'opposent Fabius et Scipion, Plaute, sans doute entre 212 et 186, porte devant le public un personnage d'*adulescens,* repris naturellement du répertoire grec, mais représentatif d'une classe d'âge qui sévit dans la politique romaine. Plus tard, Térence, attaché précisément aux descendants de l'Africain, reprend le même personnage et lui donne une personnalité et une signification différentes (44). Ce monde du théâtre est transposé ; la comédie ne s'accommode pas, comme la tragédie, d'un milieu social élevé et politiquement influent. Du moins est-ce le cas de la comédie romaine et de la nouvelle comédie grecque qui l'inspire. Nous y trouvons la peinture d'un monde bourgeois, saisi dans ses préoccupations quotidiennes. De Plaute à Térence, on connaît mal les auteurs intermédiaires, sauf Caecilius Statius, que les anciens jugeaient le premier des comiques. Il semble avoir concilié la *uis comica* de Plaute et un souci d'élégance emprunté à Ménandre. Mais il faisait rire aux dépens des vieillards et Cicéron réfute souvent ses propos sur la vieillese et « les vieillards imbéciles » de la comédie (45). Nous avons dit que le théâtre de Plaute contenait certainement des allusions discrètes à la politique ; les renseignements qu'il donne sur le droit romain (46) prouvent au moins qu'il n'a pas perdu le contact avec les réalités romaines. Sans méconnaître l'importance de l'imitation des sources grecques, mais sans aller aussi loin que Cicéron qui pense que les poètes ont inventé leurs pièces pour « nous faire voir l'image de nos mœurs chez des personnages qui nous sont étrangers et le tableau de notre vie de chaque jour » (47), il nous semble que le théâtre a présenté les problèmes essentiels de l'époque, et, en particulier, celui de la jeunesse.

Chez Plaute, le jeune homme est hellénisé ; au regard de la morale romaine, il a quelque chose de burlesque et il mérite la plus grande sévérité. Caton sera du même avis (48). Plaute s'intéresse surtout à l'intrigue, et son personnage reste un masque traditionnel, un fantoche, dont le public peut rire, parce qu'il ne fait pas penser de prime abord au jeune romain. Plus libéral, Térence réfléchit avant de juger, et, à force de tout comprendre, en vient à tout excuser. Le monde de l'adolescence qu'il crée est plein d'intérêt, surtout si l'on songe que Laelius l'a peut-être aidé, ou que du moins l'esprit du « Cercle des Scipions » anime ses peintures. L'univers moral de ses comédies est nouveau ; le conflit entre la vérité et les préjugés y revêt parfois des aspects romantiques (49). Certains pères se mettent à pressentir que l'âge et la paternité ne confèrent pas tous les droits, et qu'être père est un métier, une vocation. Le dogme de la *patria potestas* pèse sur les rapports entre les pères et les fils. Et Térence est en littérature l'initiateur de ce grand thème, qui préoccupera Cicéron et après lui toute la tradition occidentale (50).

Si Térence est sur ce plan un auteur moderne, il l'est aussi, et encore davantage lorsqu'il fait le portrait de l'adolescence. La vie des jeunes gens est un perpétuel gaspillage, non seulement de la fortune paternelle, mais de l'énergie vitale. C'est l'âge des passions, de l'effervescence : *sperabam iam deferuisse adulescentiam,* dit Micion, déconcerté par les frasques de son fils (51) ; *hic ita ut liberos est aequom dictis confutabitur,* dit Chrémès, qui croit avoir eu raison de son fils (52). Mais la jeunesse se cherche, ne sait plus bien qui elle est, et désire une puissance tutélaire. Parfois l'esclave joue ce rôle ; mais on oublie qu'il est là par convention théâtrale, tant il répond manifestement à un besoin psychologique, profond chez le jeune homme, d'une protection et en même temps d'un exutoire à sa volonté de puissance. L'esclave accomplit les désirs de son jeune maître, le tire des situations les plus difficiles, le mène souvent où il veut tout en se donnant l'air d'obéir. Dans l'*Eunuque,* c'est Thaïs, la courtisane au grand cœur qui sert au jeune homme de *patrona* (53). Mais c'est le patronage du père qui est toujours souhaité. Le malheur des jeunes gens vient, chez Térence, des conflits de devoirs, et leurs revendications sont étrangement raisonnables (54) : ils désirent que soit respectée leur nature et, plus généralement, *la* nature ; ils défendent les vertus d'une morale ouverte contre une morale close ; ils respectent le *mos maiorum* et souhaitent seulement qu'il soit plus dynamique. Leur idéal est une sorte de conservatisme éclairé, par lequel l'ordre ancien serait retrouvé et fondé en nature et non plus seulement en droit. La remise en question des valeurs aboutit à une renaissance-des valeurs ; cette position est définie en ces termes par P. Grimal :

« Les jeunes Romains ne veulent pas d'une science abstraite mais d'une justification de leurs intuitions morales. Toute élaboration morale doit reposer sur les expériences de leur vie quotidienne et la *praxis* qu'ils trouvent dans leur formation familiale et civique » (55).

Mais Térence ne présente pas les choses catégoriquement ; le dénouement des *Adelphes* laisse perplexe sur la possibilité d'une morale universelle qui édicterait des principes, sans penser qu'il n'y a de morale qu'individuelle (56).

Plaute et Térence ont donc sur un même problème une position différente ; mais leur attention au sort de la jeunesse a la même origine : il s'est constitué dans Rome une classe d'*adulescentes ;* la morale, le bien de l'Etat et son équilibre demandent qu'on s'intéresse à elle et qu'on lui fasse place. Mais il convient de quitter le monde de la comédie pour tenter de définir la nature de cette classe de jeunes gens ; nous le ferons par deux approches, négligées par la littérature, l'une sociologique, l'autre politique.

C'est pour une société une sorte de luxe d'avoir une classe d'adolescents : les sociétés primitives, ou les sociétés pauvres n'en ont pas, ou du moins lui donnent-elles une tout autre fonction dans la société. Les guerriers archaïques sont très tôt inclus dans le monde adulte ; les enfants des classes ouvrières de toutes les époques sont très tôt apprentis. C'est en milieu bourgeois que la notion d'adolescence se développe. En France, elle apparaît seulement au xixᵉ siècle ; le xxᵉ siècle en a accru l'importance, et récemment encore, le prolongement de la scolarité obligatoire laisse jusqu'à 16 ans des jeunes gens dans une situation marginale. Il s'ensuit en beaucoup de pays un refus du monde des adultes, qui ne s'ouvre pas aux adolescents, et la constitution de groupes, ou de bandes, qui s'isolent de la vie et recréent d'instinct des pratiques d'initiation, de hiérarchie et d'opposition dont on trouve l'équivalent dans les sociétés primitives, où elles ont le privilège d'être officielles. Car il y a une grande différence entre organiser une classe d'âge et lui donner un encadrement particulier avant de l'intégrer au monde des adultes par des rites mystérieux, et, au contraire, laisser aux portes du monde adulte des jeunes gens non encadrés, en attente et comme inutiles (57).

On peut préciser encore ces notions générales par la comparaison avec ce qui se passe en France à la fin du xviiiᵉ siècle. Laissons la parole à P. Ariès :

« L'enfant apparaît au premier plan de la vie sociale, au moment où les mœurs deviennent urbaines de plus en plus, où la ville l'emporte sur la campagne, où la bourgeoisie devient une classe vigoureuse, bien définie par rapport aux ordres privilégiés et au bas peuple ».

et plus loin :

« Avant l'enfant, la famille est une institution sociale chargée d'assurer la continuité du patrimoine, le respect des bonnes mœurs et par conséquent le bon ordre de la société... » (58). Ces analyses peuvent expliquer, *mutatis mutandis,* certains faits romains. Le passage d'une morale de la famille à une morale ouverte ne va pas sans accrocs ; l'enfant, puis l'adolescent sont des individus qui comptent, qui existent en soi (59), mais qu'il ne suffit pas de définir avec une indulgence amusée et condescendante.

Au iiᵉ siècle avant notre ère, à Rome se crée une classe d'adolescents. Nous avons vu que le mot apparaissait vers 191 avec la *Lex Laetoria.* En 180, c'est la *Lex Villia Annalis* qui renforce les barrages, face aux ambitions de la jeunesse. Comme la morale familiale se détériore et que les rites anciens de passage et d'encadrement ont perdu de leur vigueur, voilà une classe vouée à l'attente et à l'inaction, donc au désarroi et au désordre. L'urbanisation de la société, dont parle P. Ariès, est sensible dans la comédie romaine ; des deux adelphes, l'un est élevé à la ville, l'autre à la campagne, et cette situation ressemble à celle que Caecilius Statius mettait en scène dans l'*Hypoboli-*

*maeus* (60). De même est sensible la persistance d'attitudes traditionnelles de la jeunesse, comme l'aptitude à la caricature qu'elle manifeste dans les comédies de Plaute en infligeant des sobriquets aux ridicules. Mais dans un monde urbain, délivré des menaces présentes de la guerre, la jeunesse tourne un peu à vide.

Ce qui fait que la situation à Rome n'est pas superposable à celle que définit P. Ariès, c'est précisément la survivance des souvenirs d'un passé ancien, récemment réincarné dans la personne de Scipion l'Africain. A l'époque archaïque, la classe des jeunes hommes était fonctionnelle ; même s'il y avait des *tirones* en marge de la vie des adultes, ils étaient encadrés et entraînés pour se préparer à cette vie. Les différences psychologiques et physiologiques de la jeunesse ne la coupaient pas du corps social, mais au contraire lui permettaient de remplir des fonctions précises, religieuses en particulier, guerrières naturellement et sans doute politiques. Dans les deux derniers siècles républicains, la situation est toute différente. Les adolescents constituent une classe d'âge, mais privée de fonctions ; c'est parce qu'ils n'ont pas de fonctions précisément, et parce qu'ils ont le même âge qu'ils prennent conscience de former une classe. La tension entre les forces physiques et l'absence de responsabilité sociale et politique explique l'attitude des *adulescentes* républicains, attitude contradictoire, à l'image des réactions contradictoires du monde adulte envers eux. La jeunesse recherche la différence ; sa conduite, son vêtement, son langage visent à l'originalité, voire à une quasi-ségrégation vis-à-vis des adultes qui attendent avec plus ou moins de patience que tout cela se passe ; c'est l'aspect « nouvelle vague » de cette jeunesse occupée de camaraderie et de flirt. Mais les traditions sont présentes qui rappellent que la jeunesse a un rôle dans la cité ; les adultes d'ailleurs s'intéressent à elle dans la mesure où elle peut avoir une importance politique. Les jeunes dandys sont donc aussi désireux de jouer un rôle ; les adultes l'attendent d'eux, mais les lois, en particulier la loi annale, brident les ambitions juvéniles. Dès lors la jeunesse cherchera à affirmer sa singularité par le scandale et la révolte. La tradition annalistique présentait des jeunes gens agités et violents, mais défenseurs de l'ordre établi, des jeunes gens que nous avons appelés « de droite » (61) ; les adolescents de la République finissante seront politiquement moins définis, et ils auront tendance à soutenir les agitateurs et à souhaiter souvent l'effondrement d'un système qui empêche leur épanouissement.

Si nous cherchons à situer socialement cette jeunesse, nous ne serons pas surpris de constater qu'il s'agit de la jeunesse équestre. Depuis l'intégration des *equites* à l'ordre timocratique, elle groupe les fils de sénateurs et ceux des chevaliers. Ces jeunes gens n'ont pas encore accès au *cursus* et ils sont pratiquement des *minores*. Pourtant ils sont différenciés de la masse des *iuniores,* car ils sont les héritiers de l'ancien *equitatus* et ils portent encore les noms de *Trossuli* et de *Flexuntes* (62). On voit ainsi comment cette jeunesse, dont nous avons expliqué l'attitude par la position marginale que lui faisaient les lois, se comprend aussi par le souvenir qu'elle conserve des gloires passées. Les sarcasmes de Plaute et de Caton, la réflexion sceptique de Térence ne feront que la renforcer dans sa singularité turbulente, en lui donnant successivement la certitude qu'elle est autre et que le monde adulte la craint et les moyens de fonder sa spécificité sur la différenciation biologique et psychologique qu'on lui reconnaît.

En 129 les sénateurs cessent de pouvoir être inscrits dans les centuries équestres, et cette mesure va renforcer encore le rôle politique de la jeunesse. Il n'y a plus désormais dans l'ordre équestre, pour représenter l'ordre sénatorial, que les fils de sénateurs. Ils forment dans la cité une sorte de charnière entre les deux ordres. L'ensemble de cette jeunesse équestre s'appelle *iuuentus* ; Q. Cicéron la définit en ces termes :

*Iam equitum centuriae multo facilius mihi diligentia posse teneri uidentur. Primum cognosce equites (pauci sunt enim) ; deinde appete (multo enim facilius illa adulescentulorum aetas adiungitur) ; deinde habes tecum ex iuuentute optimum quemque et studiosissimum humanitatis* (63).

Ces conseils que Quintus donne à son frère sont des vérités d'expérience ; pendant tout le Ier siècle, en effet, les chefs politiques cherchent l'aide des jeunes chevaliers : Sylla, de retour à Rome après la campagne contre Mithridate essaye de les attacher à sa politique (64) ; le tribun Sulpicius s'entoure d'une troupe de chevaliers (65), et leur rôle dans les événements de 63 est grand (66). Cicéron compte sur eux pour réaliser la *concordia ordinum* (67), et déjà il cherche dans leurs rangs un chef de file qu'il appelle *princeps iuuentutis*. On ne sait s'il s'agit d'un compliment ou d'un titre ayant déjà une valeur institutionnelle. Cicéron qualifie ainsi L. Domitius Ahenobarbus, qui est *adulescens* (68), le jeune Curion (69) et Brutus (70).

Mais les espérances de Cicéron se heurtent au désordre que certains jeunes entretiennent. Lui-même, après Térence, tente de définir l'adolescence en termes physiques et psychologiques et de lui faire reconnaître un statut moral particulier. Dans le *Pro Caelio* surtout, il prend parti pour l'éducation libérale opposée déjà dans les *Adelphes* à l'austère éducation d'autrefois. Avec amertume, il note le déclin des valeurs stoïciennes et se résigne à accepter l'évolution des mœurs. Dans l'ensemble sa peinture de l'adolescence est morose : l'égarement et la jeunesse vont de pair ; la mansuétude ne peut aller jusqu'à oublier les faiblesses d'un âge qui, somme toute, n'est qu'un mauvais passage dans la vie. La *ferocia* et le *feruor* sont à double entente et permettent aussi bien les excès d'enthousiasme que ceux de la dépravation, le goût des plaisirs ou celui des vices (71). L'idéal cicéronien reste celui de la tradition ; ce sont les jeunes participants de ses dialogues (72) : attentifs et discrets, ils écoutent leurs modèles débattre des grands problèmes politiques et philosophiques.

Mais la sagesse de Cicéron se heurte aux réalités d'un monde politique qui ne vit plus à l'heure de la sagesse. Quand on cherche à faire le portrait de la jeunesse à la fin de la République, on trouve le désarroi moral, le dandysme, la fureur de vivre et souvent l'esprit révolutionnaire (73). Le désaccord entre les *iuuenes* est manifeste ; à côté de ceux qui sont fidèles à Cicéron et qui appuient sa politique contre Catilina, combien suivront les entreprises révolutionnaires de celui-ci ? Il est vrai que les jeunes Romains s'attachent volontiers à un homme qui leur offre un modèle et leur permet de trouver leur identité ; mais ce modèle, au Iᵉʳ siècle, ils ne le trouveront pas nécessairement parmi les *boni*. Cicéron lui-même reconnaît que Catilina exerçait une grande fascination ; mais il l'attribue à l'ambiguuïté de son caractère multiple et trompeur, sans consentir à dire que la jeunesse trouvait en lui l'esprit d'aventure, les rêves de violence et de destruction que le monde adulte, lui-même violent et privé de scrupules, pouvait faire naître (74). Catilina sait faire jouer le réflexe de classe d'âge pour enflammer de slogans meurtriers une jeunesse désemparée à qui il crie : *uiget aetas, animus ualet ; contra illis annis atque diuitiis omnia consenuerunt* (75). L'engouement pour Catilina vient peut-être des authentiques qualités d'héroïsme que Salluste lui reconnaît, et, à lire la dernière page de la *Conjuration de Catilina,* on trouve une certaine grandeur au personnage qui garde dans l'agonie l'air farouche qui exprime son ultime défi à un ordre finissant.

La jeunesse des dernières années républicaines nous semble plus compréhensible si l'on met à l'origine de ses violences désespérées le désaccord profond entre la renaissance d'une classe d'âge et la désuétude de toutes les valeurs qui, dans le passé, avaient cimenté le compagnonnage. La jeunesse équestre est toujours une classe d'âge, mais ceux qui la défendent se bornent à des définitions psychologiques, et n'ont pas assez conscience qu'elle est désemparée parce qu'elle est inemployée, parce que lui manque le lien essentiel qu'avait constitué l'activité guerrière, parce qu'elle n'a plus de fonction précise dans la cité. Les seuls liens de compagnonnage sont désormais les parties fines dans des établissements que Plutarque appelle ἡϐητήρια (76), d'un terme rare, sans correspondant latin exact, synonyme, selon Athénée, du grec συμπόσια (77). Il ne signifie pas qu'il y avait à l'époque de Pompée des collèges de jeunes gens organisés, le caractère péjoratif du mot fait plutôt songer à des lieux de plaisirs, des maisons de jeux et de rendez-vous, où la jeunesse se réunissait pour tout autre chose que des exaltations patriotiques. Pompée s'y rendait lui-même, en compagnie de sa femme, et leur conférait ainsi une sorte de publicité officielle, destinée peut-être à favoriser les affaires de Demetrius, propriétaire des plus beaux de ces cabarets (78).

Ainsi comme sous les rois étrusques, la jeunesse, à la fin de la République, règne par la violence et la licence. Mais, sous les Tarquins elle était sans doute organisée en classe d'âge et, du moins, les rois protégeaient et contrôlaient ses formations ; à la fin de la République, organisée en clubs de jeux, elle profite de l'anarchie du monde adulte pour faire triompher sa *licentia*. Il est probable que Sylla, en restaurant le *lusus Troiae,* voulait déjà faire renaître les anciennes valeurs, et, par des parades où l'élite de la jeunesse prenait le peuple à témoin de ses prouesses, ranimer l'orgueil d'être jeune et d'être Romain... sous Sylla. Ce fut peine perdue. Dès lors on songe de plus en plus au passé, on désire y revenir. Cette nostalgie intervient, certes, dans les descriptions que font de la jeunesse archaïque les écrivains de la République finissante et les propagandistes du principat naissant. Mais assez de faits, religieux surtout, permettent de penser que cette permanence du passé n'est pas une reconstruction arbitraire, mais une réalité appuyée sur des connaissances précises de l'antiquité. Des écrivains aussi sensibles à la grandeur romaine, et aussi imprégnés de l'espoir quasi-mystique du renouveau, auraient-ils falsifié délibérément toutes les données sans craindre de rompre le charme magique qui allait redonner à Rome son éternelle jeunesse ? Mentir était en ce cas un sacrilège, une tricherie par quoi risquait de tourner court la grande œuvre de rénovation. Et cette œuvre, elle se prépare tout au long des deux derniers siècles républicains : désarroi, souvenirs des temps héroïques de la jeunesse, tentative syllanienne de recréer la mystique ancienne, distinction d'un *princeps iuuentutis,* tout affirme le besoin d'une réforme ; ce sera celle d'Auguste.

*La restauration augustéenne :*

Son esprit général :

*Multa exempla maiorum exolescentia iam in nostro saeculo reduxi* (79)

> « *L'âge augustéen voulait atteindre, à travers une rénovation des motifs archaïques, les sphères inaccessibles du monde primitif* » (80).

Tite-Live et Denys d'Halicarnasse ont compris les problèmes posés par la jeunesse, et leur gravité. Ils y ont réfléchi d'autant plus profondément qu'Auguste a voulu restaurer, recréer et accomplir les ébauches du passé. C'est une nouvelle jeunesse que le principat veut établir. R. Etienne la définit en ces mes :

« Certes, n'allons pas imaginer l'exaltation d'une giovinezza fasciste qui croit, parce qu'elle est la jeunesse, que le printemps du monde lui appartient ; mais une jeunesse dont les mérites sont fondés sur la vertu et qui est consciente de ses devoirs à l'égard des *seniores,* du respect, de la *pietas* qui leur sont dus. Une jeunesse qui ne fait que passer, mais qui est la promesse même de la vigueur et de la force militaire de l'Empire » (81).

Cette belle définition est le contraire de celle qu'on pouvait faire à la fin de la République, le contraire aussi de la définition des *adulescentes* de 509 ; mais elle pourrait s'appliquer aux jeunes héros du livre VII de Tite-Live, Manlius Torquatus et Valerius Corvus.

Les bases de l'organisation de la jeunesse impériale n'ont pas été transplantées à Rome sur un sol neuf. Tout indique que l'œuvre d'Auguste était attendue et amorcée depuis longtemps. Tite—Live tire une leçon du passé : il y avait autrefois des *iuuenes,* organisés et aptes à tous les héroïsmes comme soumis à toutes les faiblesses. Le rôle du pouvoir est de contrôler les excès ; s'il ne le fait pas, c'est l'anarchie et la violence, c'est le complot de 509 ou la rue troublée par K. Quinctius. Mais il ne faut pas étouffer les virtualités de la jeunesse, car on s'expose à mettre en attente, pour la révolte, des forces de violence. Il ne faut pas lui laisser toute licence, car, faute de sentir quelque autorité, elle sombre dans l'anarchie. Il faut être parfaitement sûr de ses valeurs pour que la jeunesse consente à les servir. La leçon de l'histoire rejoint celle de la comédie de Térence et celle des réflexions de Cicéron. Il ressort de l'histoire qu'il y a danger à exalter une jeunesse qu'on néglige d'encadrer et à qui on ne donne pas d'idéal : on risque d'additionner des forces tumultueuses et d'organiser, sans le vouloir, des bandes reconnues ou tolérées. Mais il y a risque aussi à laisser inemployée, pendant ses années les plus vives, une jeunesse, par ailleurs prématurément initiée au monde trouble des adultes.

Le *furor* ne doit pas être supprimé, mais sublimé au service de l'Etat. Le problème d'Auguste n'est pas tant de réfréner les élans de violence de la jeunesse que de réveiller son ardeur patriotique. La jeunesse républicaine avait cessé d'être guerrière, et il est des poètes pour avoir préféré le service d'amour au service militaire. Aussi, en réponse à Tibulle et aux élégiaques, Horace tente-t-il de faire renaître la vertu guerrière (82) et le goût pour les exercices préparatoires aux grandes actions militaires (83). Il fait l'éloge de la chasse, dont nous avons dit que les Romains, faute d'avoir établi l'équivalence entre cette activité et la guerre, avaient longtemps professé le mépris. Polybe faisait déjà l'éloge de Scipion, amateur de chasse, par rapport à la jeunesse romaine que l'historien trouvait trop urbanisée. C'est là le point de vue d'un lecteur de Xénophon (84) ; or, ce n'est pas une imitation des pratiques grecques que les propagandistes d'Auguste veulent prôner ; les vertus qu'ils recherchent doivent être italiques (85).

Dion Cassius rapporte un long discours que Mécène aurait prononcé en 29 avant notre ère, sur l'éducation des jeunes gens. Il se résume ainsi : « Voilà mon avis sur les nobles et les chevaliers avec cette suggestion importante : quand ils sont enfants, ils peuvent aller dans les écoles communes, et lorsqu'ils atteignent l'adolescence, ils se livrent à l'équitation et aux armes, ayant des professeurs payés par l'Etat dans ces deux disciplines. Ainsi, dès leur enfance, ils auront une connaissance théorique et pratique de leurs devoirs, et, en atteignant l'âge d'homme, ils seront plus aptes à tout service pour l'empereur » (86).

Ce programme, qui est contraire à l'idéal des anciens (87), il n'est peut-être pas indifférent que ce soit le prince étrusque qui le présente à Auguste. Il prévoit en tout cas l'ingérence de l'Etat dans le système éducatif qui formera la jeunesse des deux ordres principaux, l'ordre sénatorial et l'ordre équestre. C'est par la jeunesse que va se réaliser la *concordia* dont Cicéron déjà espérait qu'elle aiderait la réussite.

Peut-être Mécène avait-il puisé dans les souvenirs de son peuple pour proposer ces méthodes d'éducation. Mais il est surprenant que de tels principes viennent d'un prince délicat, arbitre des élégances et poète baroque. De même il est surprenant qu'Horace chante les vertus guerrières mais rêve, à 50 ans, qu'il rattrape, au Champ de Mars, le beau Ligurinus par qui Vénus est parvenue à séduire son cœur (88). De même, Virgile exalte les actions d'Enée, mais rêve de bocages. Les chantres du régime ne payent pas d'exemple. C'est un signe des temps (89). Et le résultat de la propagande trahit les espérances du prince. Quand on pense que le *lusus Troiae* fut interrompu parce que le petit-fils d'Asinius Pollion s'y était brisé une jambe, on reste sceptique sur la rénovation des vertus militaires et viriles. La génération suivante, celle d'Ovide, ne paraît pas avoir davantage bénéficié d'un regain de combativité.

Cependant il ne faut pas sous-estimer les réussites du régime. L'organisation de l'Empire entreprise par Auguste fut menée à bien ; et il se trouva des hommes pour participer à l'élaboration d'un Etat fort et centralisé. La *nobilitas* républicaine, décimée par les guerres civiles et privée de son rôle politique, fut rajeunie par la promotion d'*homines noui,* recrutés surtout en Italie et qui étaient fidèles à l'idéal des anciennes vertus romaines et du « patriotisme occidental » (90).

C'est cet idéal qu'Auguste voulut ranimer chez les jeunes gens. Après Sylla, et comme lui à l'occasion de jeux donnés pour sa Victoire, César avait fait revivre le *lusus Troiae ;* Cicéron avait esquissé déjà une politique appuyée sur la *iuuentus.* Auguste eut le mérite de poursuivre ces ébauches. En 34, il s'appelle encore Octave, il nomme les garçons de rang équestre *préfets de la cité* pour la période des jeux (91). C'est le premier pas vers la constitution de la *iuuentus,* qui aura son premier *princeps* en la personne de Gaius Caesar en 6 avant notre ère ; trois ans plus tard, Lucius Caesar recevra le même titre. Nous avons eu l'occasion d'évoquer un titre analogue à Syracuse et chez les Ausones (92) ; là encore Auguste n'a pas innové. Et s'il y a retour à des pratiques italiques, l'impulsion en avait été donnée avant le principat, puisque nous avons trouvé le même titre chez Cicéron (93). Marcellus, mort trop jeune pour être prince de la Jeunesse, avait été cependant *patronus* de la jeunesse pompéienne (94). Ainsi, peu à peu, se forme l'institution ; et les parades encouragées par Auguste qui souvent même les inspecta, témoignent de la vitalité des *iuuenes* de Rome.

Dans un esprit « italique », on pourrait dire « vieille Italie » et sur la base de souvenirs anciens remontant à la Rome archaïque, Auguste restaure la mystique de la jeunesse et la met au service du destin de son pouvoir, comme s'il se souvenait des liens antiques de la jeunesse avec le pouvoir monarchique. Une institution comme la *vereiia* a pu fournir un exemple ; mais l'éphébie répandue dans le monde grec, et jusqu'en Campanie — il y a des éphèbes à Capri (95) — a pu intervenir aussi dans l'organisation romaine de la jeunesse. C'est un point encore contesté, parce qu'on connaît mal l'âge des *iuuenes* ; mais il est sûr que les *pueri* sont intégrés à la *iuuentus* et occupent le premier échelon d'une hiérarchie dont le terme coïncide peut-être avec l'âge de la questure, 25 ans.

On retrouve donc une classe d'âge, aristocratique, encadrée, pépinière de magistrats et d'officiers. Héritière des traditions ancestrales, qui n'ont plus de contact immédiat et réel avec les conditions politiques et militaires de l'Empire, elle devient finalement un corps de parade. Elle subit l'évolution des collèges de *néoi* hellénistiques ; sur ce point, l'œuvre augustéenne n'a pas atteint ses objectifs. Ce corps de prestige n'est pas une exclusivité romaine ; les cités de province ont aussi leurs *iuuenes*, et non seulement en Italie, mais dans les provinces les plus éloignées de Rome. C'est là précisément qu'on pourra constater les effets de la guerre, ou de la menace guerrière, sur la cohésion des *iuuenes*.

## Les collegia iuuenum

On parle couramment des *collegia iuuenum* ; l'expression est pratique mais elle est impropre pour les débuts de l'Empire. Elle apparaît, en effet, relativement tard, pas avant 201-202 sur les inscriptions (96), en même temps que se répandent des associations de tout genre à travers l'empire (97). Concurremment à cette appellation, plusieurs autres désignent les associations de jeunes gens et sont antérieures à l'apparition du mot *collegium*. On trouve, mais assez rarement, l'expression équivalente à *Iuuentus Romana* ou à *Vereiia Pompeiana* (98), et, plus fréquemment *sodales iuuenum* ou *sodales lusus iuuenalis*, ou *sodalicium, conuiuium, studium, ordo, corpus, thiasus* ou simplement *iuuenes* défini par une épithète (*iuuenes Herculani* par exemple).

Ces associations, apparues comme spontanément, ont été longtemps rattachées aux créations des *iuuenes Augustani* et des *Iuuenalia* dues à Néron (99). Il est vrai que Néron a donné un nouveau départ à cette institution, cependant, ici et là, dans le Latium, des associations sont attestées dès Auguste, à Bovillae, et dès Tibère, à Tusculum (100). La multitude des appellations plaide en faveur d'une certaine autonomie locale. Si l'exemple de la capitale a pu peser sur les organisations provinciales, il n'a pas étouffé la vigueur des mentalités profondes. On en voit un exemple avec les *iuuenes* de

Saldae (Bougie, dans le Constantinois), dont une inscription relate les exploits contre un ennemi voisin. L. Leschi conclut ainsi l'étude qu'il lui a consacrée :

« Les *iuuenes* de Saldae élèvent un monument en l'honneur de Jupiter... mais, au Jupiter romain, ils associent la *gens Maura* et non pas Junon Reine, ni Minerve. Qui sait combien ce Jupiter lui-même, ce *Rex caelicolum,* ce *summus Tonans,* est différent dans leur esprit de Baal-Hammon-Saturne, le dieu suprême auquel tous sont subordonnés ?... Nous voyons persister sous le caractère romain les idées, les croyances indigènes... (101)

La persistance du sentiment national à Saldae est un cas limite, qui donne une idée de la force des traditions locales. Et l'Italie offre des exemples qui manifestent le même phénomène. Dans le Latium, les cités, du fait de leur proximité de Rome et des liens que crée une longue histoire commune, fondent des organisations de jeunes hommes ; c'est par elles que l'institution promue par Auguste à Rome commence à se répandre. Mais chaque organisation a son originalité qui, malgré bien des ressemblances avec telle ou telle autre association de *iuuenes,* survit et témoigne de souvenirs propres à chaque cité. Ce serait une erreur de vouloir définir un modèle unique de collège ou de sodalité, car ce serait méconnaître l'union entre une impulsion venue de Rome et la redécouverte d'anciennes pratiques locales. On s'exposerait en même temps à négliger un fait qui nous paraît essentiel et qui est la réutilisation dans la politique augustéenne de la jeunesse d'un substrat authentique.

En province, comme à Rome, les *iuuenes* sont l'élite de la jeunesse, même s'il arrive que des affranchis se mêlent à eux. La tendance aristocratique crée le lien entre les diverses associations. Autre point commun, la fonction ludique des collèges est largement attestée, et l'on en a vu un exemple à Pompéi (102). Les jeux et les parades ne sont sans doute que l'aspect spectaculaire d'un entraînement militaire, plus ou moins accentué selon les régions et les époques. L'importance de l'objectif militaire est aujourd'hui sujet de controverses. Dans l'Italie du III⁰ siècle les collèges n'ont pas, ou n'ont plus, une fonction militaire manifeste ; au contraire, dans les municipes frontaliers, l'orientation militaire est nette et justifie la multiplication, à cette époque, des collèges de jeunes hommes. Quand le recrutement de l'armée impériale se faisait en Italie, les collèges y étaient florissants ; quand il a commencé de se faire surtout dans les provinces, c'est là qu'ils se sont répandus (103). Mommsen avait noté que les *iuuenes* formaient une sorte de garde municipale, une milice, surtout aux frontières (104). A Rome, ce sont bien les vertus guerrières que Virgile et Horace voulaient ranimer. Certes, on a fermé les portes du temple de Janus, et la paix souhaitée va régner. Mais, même s'ils ne doivent pas combattre, les *iuuenes,* futurs hauts fonctionnaires et officiers, doivent suivre un entraînement militaire qui les égale aux grandes figures du passé. Nous avons dit l'échec de cette tentative à Rome ; c'est aux frontières, menacées par la proximité de l'ennemi, que les vertus viriles se perpétueront. L'aspect militaire, que M. Della Corte avait tendance à exagérer (105) est seulement une des composantes des organisations de *iuuenes*. Celles-ci s'occupaient des funérailles de leurs membres ; de là à voir en elles de simples associations funéraires, il y a un grand pas qu'il faut se garder de franchir (106), car tous les collèges, professionnels ou religieux, se chargent d'enterrer leurs adhérents. Pas davantage on ne peut réduire les collèges de jeunes à de simples associations religieuses, bien qu'ils soient toujours placés sous la protection d'une divinité. On a parfois voulu mettre en valeur l'aspect péda-gogique, réel naturellement et lié à des objectifs politiques, mais insuffisant pour rendre compte de tous les faits (107). Les *iuuenes* répondent à tous les objectifs à la fois : à Rome, leur formation symbolisait les virtualités du nou-veau régime, la virilité reconquise sur les origines troyennes, considérées par-fois comme la source de toutes les faiblesses, la fidélité au prince et à sa famille, l'éternité retrouvée et l'accord avec les dieux. En province, ils étaient aussi le symbole de la renaissance, et ils assuraient la continuité qui faisait s'épanouir les souvenirs du passé dans l'ordre nouveau, et qui conciliait avec le culte du souverain celui des divinités locales.

Nous achèverons cette brève description par l'étude des liens entre les *iuuenes* et la divinité tutélaire de leur collège. Que cette divinité ne soit jamais *Iuuentas (108)* et qu'elle soit souvent l'objet d'un culte municipal ancien incite à penser que chaque cité a préservé, avec une relative autonomie, quelque chose de son propre passé (109). On peut aller jusqu'à supposer que l'œuvre impériale s'est inspirée des exemples italiens pour définir sa concep-tion de la jeunesse. Il n'est pas question ici de confronter, dans chaque loca-lité, les attributions des *iuuenes* et les formes de leurs associations avec les traditions anciennes. L'exemple de Pompéi est le plus caractéristique (110), il nous suffira, pour le compléter, d'esquisser une idée d'ensemble de la diver-sité des divinités honorées par les *iuuenes* et de préciser quelques exemples choisis parmi les plus anciens et qui, dans les cités voisines de Rome, révèlent le plus clairement la présence de réalités antérieures à l'Empire (111).

Les *iuuenes* sont souvent liés à des cultes guerriers, ce qui n'est pas sur-prenant. Surprenant en revanche le fait que Mars apparaisse rarement. Il pro-tège les *iuuenes* de Mactar (112), et trois téssères signalent ses rapports avec la jeunesse, à Rome même (113), à Tusculum (114) et à Volsinies (115). La rareté des témoignages sur le patronage de ce dieu antique, protecteur du *uer sacrum* (116), et si proche de la vocation guerrière de la jeunesse, peut s'expliquer de diverses façons. Peut-être était-il si évident que les *iuuenes* l'honoraient qu'on pouvait se passer de le préciser ; ou peut-être le silence des sources traduit-il l'abandon de toute vocation militaire. Mais l'explication la meilleure est que Mars a subi la concurrence d'Hercule, dont le culte révèle deux aspects différents : dieu rustique et champêtre, lié à Faunus, il est le pro-tecteur des petites gens et des forces de renouvellement de la nature (117) ;

mais, sous un autre aspect, il est la divinité guerrière dont le culte revêt à Tibur sa forme la plus prestigieuse (118).

Proche de la sphère guerrière, puisqu'elle est la déesse de la chasse, Diane patronne certains collèges ; Némésis, liée à l'amphithéâtre (119), patronne les *Iuuenes Nemesiorum* de Vintium (Alpes-Maritimes) (120) ; Jupiter est aussi attesté (121), et Junon, Apollon, Mercure, Vénus, les Dioscures qu'on s'attendrait à voir plus souvent cités. Une bonne partie du Panthéon est appelée à patronner les collèges de *iuuenes* ; leur choix est fonction des traditions religieuses de chaque cité.

On le voit bien à Bovillae, cité particulièrement intéressante, car elle passait pour continuer les traditions d'Alba Longa. On croit lire son nom sur les listes des colonies albaines que donnent Diodore de Sicile (122), et Pline l'Ancien (123) surtout, à qui on peut faire quelque crédit sur ce point (124). A l'époque impériale, les habitants de la ville sont appelés *Albani Longani Bouillenses* (125), par référence sans doute à une légende perdue qui racontait que les Albains qui avaient survécu à la destruction de leur ville s'y étaient réfugiés (126). La *gens Iulia* avait des attaches avec la ville : une inscription républicaine rappelle, sur un autel archaïque, la dédicace de la *gens* à *Vediouis,* selon les rites albains (127). En 16 de notre ère, Tibère voue un *sacrarium* de la *gens* et des *effigies* au divin Auguste (128). Dans cette cité chargée d'histoire, les *iuuenes* sont attestés par au moins deux tessères (129). Sur l'une on lit IVVEN AVG *(Iuuenes Augustales),* et au revers ALBAN, avec à droite une tête de Minerve. La divinité, guerrière ici, était une déesse antique dont une famille « troyenne », les Nautii, détenait les rites (130). C'est en relation avec les *sacra* de Minerve que l'association des *iuuenes* se développe (131). Domitien créera un nouveau collège à Bovillae en l'honneur de Minerve, sa protectrice (132). Les *iuuenes* de cette cité alliaient au culte de la déesse celui de l'empereur, comme le montre leur épithète d'*Augustales.*

A Tibur, l'exemple est plus riche encore d'enseignement. Les *iuuenes* y honoraient Hercule ; ils s'appellent au Iᵉʳ siècle *iuuenes Tiburtium* et, au siècle suivant, *sodalicium Herculanorum* (133). Des associations pour le culte d'Hercule existaient à Tibur dès l'époque républicaine. L'ancien collège des *Herculanei* se chargea du culte impérial, sans doute vers 40 de notre ère, et ses membres prirent le nom d'*Herculanei Augustales ;* il semble indépendant du collège des *iuuenes* (134). Ceux-ci sont cependant associés au dieu guerrier, sans qu'on puisse dire qu'ils se soient groupés pour assurer son culte ; c'est tout naturellement qu'ils se sont rattachés à un dieu, parfois qualifié de *iuuenis* (135), et proche de *Iuuentas* et de Junon, plus particulièrement de *Iuno Curitis* spécialement honorée à Tibur (136).

Lanuvium aussi honorait à la fois Hercule et Junon, qualifiée de *Sospes* (137) ; les *iuuenes* se sont voués au culte de Junon, la plus prestigieuse des divinités locales. L'une des inscriptions les plus anciennes, de l'époque d'Auguste ou de Tibère, atteste ces liens, et un groupe de tessères les confirme. Toutes ont au revers la représentation d'un ancien sacrifice local : une jeune fille nourrissant un serpent, et au droit, des inscriptions : *sodales Lanuuini, sacra Lanuuina iuuenalia,* à côté de la tête de Junon (138).

Il faudrait ajouter encore d'autres exemples, ceux de Réate, où une inscription de l'époque d'Auguste évoque un *lusus iuuenalis* (139), de Tusculum, qui donne le même témoignage pour les années 32-33 de notre ère (140), de Nepet, en Etrurie, où les *iuuenes* semblent être des *equites* (141), et qui confirment celui, déjà cité, de Tarquinia.

Ceux que nous avons évoqués suffisent à diriger vers deux conclusions : les associations de *iuuenes* sont attestées dans le Latium au début de l'Empire, et elles sont en liaison avec les anciens *sacra* municipaux. L'idée de promouvoir ces organisations peut être attribuée à Auguste (142). Mais il n'a pas créé, il a encouragé des coutumes décadentes peut-être à son époque, mais qui ont vite retrouvé leur vitalité. Cette renaissance s'est faite par la religion, parce que c'est le domaine où se conservent le mieux les structures anciennes même si elles sont dépouillées de leur signification première. Les *iuuenes* ont retrouvé leurs fonctions religieuses et ludiques. Ils devaient constituer une classe d'âge, mais l'évolution des mœurs les a transformés en collèges élégants, qui se sont comportés en classe sociale plus qu'en classe d'âge (143). Le dessein d'Auguste paraît être ce qu'il affirmait bien haut : une restauration d'une institution ancienne. On voit mal d'ailleurs qu'il eût pu en être autrement : les poètes qui participent à « la mise en condition de l'opinion » s'adressent aux classes supérieure et moyenne de la société, à des gens divers mais qui étaient connaisseurs et soucieux de leur passé. L'ancienne *nobilitas* avait des traditions que le principat semblait vouloir à nouveau exalter ; les *noui homines* issus de l'Italie entendaient sans déplaisir célébrer les vertus italiennes qui seraient la force de la nouvelle Rome. Tous devaient être conscients des embellissements que les poètes apportaient aux réalités archaïques, mais auraient-ils accepté une falsification systématique ? De plus, au peuple, s'il n'avait pas accès à la lecture des grandes œuvres qui chantaient le passé, il fallait le support de quelque réalité pour qu'il pût reconnaître, sur les nombreux monuments offerts à sa vue, la traduction en marbre des grands motifs de la rénovation.

Les gloires ancestrales de la jeunesse, organisée en corps autonome et dont la cité récompensait l'héroïsme par des privilèges politiques, n'avaient jamais été oubliées des *equites* romains. Les Italiens, Picéniens, Samnites, Péligniens, qui vinrent siéger au sénat aux côtés des représentants des vieilles familles patriciennes gardaient le souvenir d'une structure sociale, pour certaines cités encore récemment en usage (144), pour d'autres ranimée sans doute par les récents conflits avec Rome (145). C'est grâce à la permanence du passé que put renaître sous le principat d'Auguste la *iuuentus Romana*.

Avec sa renaissance l'histoire de la jeunesse romaine paraît s'inscrire dans un mouvement cyclique et se boucler, en quelque sorte, sur ses débuts.

Elle redevient, adaptée aux réalités politiques de l'Empire, un corps fermé, avec ses gradins spéciaux au théâtre, ses parades, ses exploits athlétiques, et tout son prestige. Mais de l'antique morale de classe d'âge, qui devait prendre en charge les vertus guerrières, elle a seulement hérité les cadres ; elle a perdu le contenu. Aussi les *iuuenes* n'apparaissent-ils plus, hors de leurs parades, qu'en certaines occasions où ils semblent retrouver la turbulence de leurs lointains ancêtres. Tandis qu'à Rome, Néron, adaptant à ses ambitions artistiques l'œuvre d'Auguste, crée les *Iuuenalia* (146) et s'entoure des *Augustiani,* des jeunes gens en vue qui doivent lui être à la fois une garde du corps et une claque admirative de ses talents (147), à Pompéi, en 59, les *iuuenes* ne sont pas étrangers à la grande rixe qui, sur les gradins de l'amphithéâtre, oppose les Pompéiens et des Nuceriens, venus assister à un combat de gladiateurs (148). Une rixe sanglante qui était l'épilogue d'une rivalité de presque trois siècles entre Pompéi et Nocera (149) !

En terre italienne la jeunesse semble avoir oublié, au profit de sa vocation ludique et de son goût de l'agitation, les vertus militaires que conserveront, aux marches de l'empire, les *iuuenes* des provinces. A l'époque de Julien, il faudra soumettre plus tôt à la juridiction réservée aux pubères les jeunes gens qui profitaient de ce que la loi les y avait soustraits pour s'adonner à la licence (150). Turbulents dans la vie municipale, au III^e siècle de notre ère, les *iuuenes,* organisés légalement et de tendance aristocratique, susciteront des émules, qui, indûment parés du titre de *iuuenes* afin de défendre les intérêts du peuple ou de simplement donner libre cours à leur violence, inquièteront le législateur (151). Des jeunes gens usurpant le titre de *iuuenes* et s'opposant aux organisations reconnues par la loi ! on croirait entendre l'écho de l'opposition entre Kaeso Quinctius et ses *sodales* d'une part, et d'autre part les plébéiens, opposition qui dégénérait en batailles de rues, à Rome, en 457 avant notre ère (152).

Ce rapprochement nous incite à quitter les limites du monde romain, car nous sentons bien qu'il serait facile de définir une continuité analogue dans les attitudes de la jeunesse de toute civilisation évoluée. L'exemple, pour nous le plus manifeste et le mieux connu, est celui qu'offre en France la jeunesse universitaire. Depuis ses origines elle constitue une classe d'âge, dont la cohérence se fortifiait jadis par des pratiques initiatiques, manifestement héritées d'une mentalité ancienne. Les statuts universitaires, qui prescrivaient des divertissements collectifs, toléraient des rites d'intégration qui débarrassaient le bizuth, le « béjaune » de sa condition originelle et l'introduisaient dans la grande « tribu intellectuelle » (153). Il serait hors de propos de retracer ici l'histoire tumultueuse des étudiants parisiens ; personne n'en ignore les plus récentes péripéties, mais on pourrait aisément, en remontant les siècles, définir une permanence analogue à celle que nous avons dégagée de l'histoire de la jeunesse romaine (154).

Celle-ci tire sa spécificité d'une part de la solidité des traditions anciennes

dans la mentalité romaine et, en particulier, de la permanence des liens religieux qui, même quand la *iuuentus* tendait à perdre sa cohésion, perpétuait le
souvenir d'une classe d'âge spécialisée dans la célébration de certains cultes.
D'autre part, la volonté d'Auguste de retrouver les structures anciennes de la
société pour cimenter l'union nouvelle des citoyens, donna à la *iuuentus*
l'impulsion que nous avons évoquée et qui nous a fait renouer, au terme de
notre étude, avec les faits les plus archaïques.

Tous les éléments qui constituent notre recherche sont les manifestations
particulières d'un problème fondamental auquel se trouve confrontée toute
société et qui est celui des rapports entre la jeunesse et un ordre, politique et
moral, auquel ceux qui l'ont établi lui demandent de s'intégrer, en acceptant
ses contraintes, en assurant sa continuité. C'est un problème qui présente
divers aspects, politique, social, sociologique et psychologique, que les
Romains ont tous analysés, et ils ont ressenti que la question essentielle, qui
fait l'unité de tous ces aspects, pouvait s'exprimer en termes généraux et reposait sur un conflit entre deux attitudes extrêmes qu'ils ont appelées la *grauitas*
et la *celeritas,* ou encore la *maturitas* et la *ferocitas.*

Nous voudrions, pour finir, exprimer autrement ce conflit, en paraphra-
sant Balzac.

« *Vouloir* nous brûle et *Pouvoir* nous détruit ; mais *Savoir* laisse notre
faible organisation dans un perpétuel état de calme », telle est la leçon que
donne au jeune Raphael le vieil antiquaire de la *Peau de Chagrin* (155) ;
leçon vaine, puisque le jeune homme s'écrie :

« Eh bien ! oui, je veux vivre avec excès » (156),

et oppose à la vieillesse le perpétuel refus de la jeunesse (157). Privée du
*Savoir,* la jeunesse, dans la *Comédie humaine* mais aussi chez Térence et
Cicéron, dans la France désenchantée de la Restauration, comme dans la
Rome de Caelius, de Dolabella et de tant d'autres, et comme en fait à tous les
moments de l'histoire universelle, se définit par une tension constante entre le
*Vouloir* et le *Pouvoir* (158), tension que nous appelons « volonté de puissance » et qui détermine toutes les attitudes des jeunes gens, du dandysme et
de la fureur de vivre à l'enthousiasme et à l'héroïsme. Cette tension, les
Romains la désignent d'un mot, qui définit si régulièrement la jeunesse qu'il
ne peut qu'être le mot de la fin d'une étude qui lui est consacrée, le mot
*ferocitas.*

## BIBLIOGRAPHIE

W. ALLEN : *On the importance of the young men in Ciceronian politics, in
Class. Journ.* XXIII, 1937, 357-359.
P. ARIÈS : *Histoire des populations françaises,* 1971.
G. AUDISIO : *Hannibal,* Paris, 1961.

G. Boissier : *Cultores deorum, in Rev. arch.*, 1872.

M. Delcourt : *L'impartialité comique dans les Adelphes, in Phoibos,* 1950-1951, 29-34.

Al. Dobosi : *Bouillae, in Ephemeris Dacorama, annuario della scuola romena di Roma,* VI, 1935, 240-367.

E. Eyben : *Youth and politics during the Roman republic, in Revue belge de phil. et d'hist.,* 50, 1972, 44-69.

E. Eyben : *The concrete ideal in the life of the young Roman, in A.C.,* 41, 1972, 200-217.

E. Fantham : *Heautontimoroumenos and Adelphoe : a study of fatherhood in Terence and Menander, in Latomus,* XXX, 1971, 970-988.

J. Gagé : *Les organisations de iuuenes en Italie et en Afrique du début du III^e siècle au bellum Aquileiense (238 après J.-C.), in Historia,* 19, 1970, 232-258.

L. Hermann : *L'actualité dans l'Amphitryon de Plaute, in A.C.* 17, 1948, 317-322.

W. Hoffmann : *Hannibal,* Göttingen, 1962.

M. Jaczynowska : *Les collegia iuuenum et leurs liaisons avec les cultes religieux au temps du haut-Empire, Universytet M. Kopernika, Zeszyty Naukowe, Historia,* IV, Torun, 1968, 23-42.

M. Jaczynowska : *Cultores Herculis w Tibur, in Przeglad Historyczny,* 59, 1968.

M. Jaczynowska : *Les organisations de iuuenes et l'aristocratie municipale au temps de l'Empire romain, in Recherches sur les structures sociales dans l'antiquité classique, CNRS,* 1970, 265-270.

Th. Köves : *Zum Empfang der Magna Mater im Rom, in Historia,* 12, 1963, 321-347.

A. Kriekemans : *Geschiedenis van de jeugdpsychologie,* Tielt, 1967.

P. Lambrechts : *Cybèle, divinité étrangère ou nationale ? in Bull. Soc. Belge d'anthropologie et de préhistoire,* 62, 1951, 44-60.

J. Le Goff : *Les intellectuels au moyen âge,* Le Seuil, 1965.

A. Maiuri : *Pompei e Nocera, in Rend. Napoli,* XXXIII, 1958, 35-40.

V. Marmorale : *Naeuius poeta,* 1950.

W. O. Moeller : *The riot of A.D. 59 at Pompei, in Historia,* 19, 1970, 84-95.

S. L. Mohler : *The iuuenes and the Roman education, in TAPhA,* 68, 1937, 442-479.

U. E. Paoli : *Comici latini e diritto attico, Quaderni di studi Senesi,* Milan, 1962.

G. C. Picard : *Ciuitas Mactarina, in Kartago,* VIII, 1957.

L. Robert : *Les gladiateurs dans l'Orient grec,* Paris, 1940.

F. M. de Robertis : *Storia delle corporazioni e del regime associativo nel mondo Romano,* Bari, 1971.

M. Rostovtsew : *The social and economic history of the Roman Empire,* Oxford, 2^e éd., 1957.

P. Salat : *L'adjectif miser, ses synonymes, ses antonymes, chez Plaute et Térence, in REL,* XLV, 1968, 252-275.

A. D. Toledano : *La vie des familles sous la restauration et la monarchie de juillet,* Paris, 1943.

B. H. Warmington : *Nero, reality and legend,* Londres, 1969.

Cf. aussi : B.G., n^os 39, 53, 55, 57, 60.

## NOTES

(1) *Cf. supra*, p. 43.
(2) Sur Térence, *cf. infra*, p.363 *sq* ; sur Cicéron, *infra*, p.366 *sq.*
(3) *Cf. supra*, p. 33 *sq.*
(4) *Cf.* A. Kriekemans : *Geschiedenis van de jeugdpsychologie*, p. 15 ; 285 *sq* ; 297 *sq.*
(5) *Cf. supra*, p. 239 *sq.*
(6) Un contexte déterminé en particulier par la crise de l'après-guerre et la réplique de la bourgeoisie à la poussée des masses laborieuses.
(7) Tite-Live, XXII, 53, 3.
(8) *Id.*, XXX, 30, 11.
(9) Valère-Maxime, V, 4, 2.
(10) *Id.*, V, 6, 7.
(11) Polybe, X, 11, 3.
(12) Sur l'éventualité d'existence de lois annales avant 180, *cf. supra*, p.116 *sq.*
(13) Tite-Live, XXVI, 50, 13.
(14) Polybe, X, 11, 2 et 5.
(15) Valère-Maxime, I, 2, 2.
(16) Silius Italicus : *Pun.* XIII, 400 *sq ; cf.* J. Hubaux : *Les grands mythes de Rome*, p. 76-88 ; − G.C. Picard : *Hannibal*, p. 193-194.
(17) Cornelius Nepos : *Han.* III, 1. Sur la légende d'Hannibal, *cf.* W. Hoffmann : *Hannibal* ; − G.C. Picard, p. 108 ; − G. Audisio : *Hannibal.*
(18) Valère-Maxime, I, 7, 1.
(19) *Cf.* J. Bayet : *Litt. lat.* 1960, p. 119-120.
(20) Tite-Live, XXX, 30, 12.
(21) Valère-Maxime, III, 6, 1.
(22) *Cf.* L. Hermann : *L'actualité dans l'Amphitryon de Plaute ;* − J. Hubaux : *Les grands mythes de Rome*, p. 82 ; − G.K. Galinsky : *Scipionic themes in Plautus ' Amphitruo ;* − T. Frank : *Anatolian Studies presented to W.H. Buckler*, p. 85 *sq.*
(23) Tite-Live, XXVIII, 43, 1 : « et plus nombreux étaient ceux qui louaient la sagesse du vieillard que la fière ardeur du jeune homme ».
(24) Tite-Live, XXVIII, 44, 8.
(25) Plutarque, *Fabius*, XXV.
(26) *Id., ibid.*, XXVI.
(27) *Cf.* G.C. Picard : *Hannibal*, p. 184 *sq* ; − H.H. Scullard : *Roman politics* (220-150 B.C.), 2e éd. Oxford, 1973, p. 56 *sq.*
(28) H.H. Scullard, *op.* cité, p. 75 *sq.*
(29) *Id., passim.*
(30) Tite-Live, XXX, 1, 4-5 ; − P. Lambrechts : *Cybèle, divinité étrangère ou nationale ? ;* − Th. Köves : *Zum Empfang der Magna Mater im Rom*, sp. 325 *sq.*
(31) Tite-Live, XXIX, 10, 7.
(32) *id.*, 11, 6.
(33) *Id.*, 14, 8.
(34) *Cf.* H.H. Scullard, *op.* cité, p. 23, 81 *sq.*
(35) Tite-Live, XXXVI, 36 ; *cf. supra*, p.188 *sq.*
(36) *Cf.* H.H. Scullard, *op.* cité ; − Th. Köves, *op.* cité.
(37) H.H. Scullard, p. 124.
(38) *Cf. Scaenicae Rom. poesis fragmenta*, ed. Ribbeck, I, 8 = *Remains of old Latin* (col. Loeb) II, p. 110 ; cité par Cicéron (*De sen.*, 20) : « Par l'éclosion de nouveaux orateurs, jeunes gens insensés » (trad. P. Wuilleumier, col. Budé) ; ce vers répond à une question posée par Naevius : « voyons, comment avez-vous si vite perdu votre Etat si puissant ? ».
(39) *Old Remains*, p. 146 ; cité par Fronton, *Ep* . II, 10 : « il y a aujourd'hui plus qu'assez de gens qui (comme dit Naevius) même envers les fils de rois observent un silence favorable et sont prêts à dire oui et à se soumettre ».
(40) *Cf.* V. Marmorale : *Naeuius poeta*, p. 47-48 ; 50.
(41) Cato : *Si se M. Caelius tribunus plebis appellasset ; éd. Malcovati, III, 20 ; cf.* H.H. Scullard, *Roman politics*, p. 262-263.
(42) *Ap.* Aulu-Gelle, *N.A.* X, 3, 5 (éd. Malcovati, p. 192, fg. 15) : « jusqu'où vont la passion et l'intempérance des tout jeunes hommes, je vous en donnerai un seul exemple. »

(43) *Ap.* Cicéron : *Ad Fam.* IX, 22, 2 (éd. Peter, p. 136, fg. 40) : « Quant à Pison, il se plaint dans ses annales que les jeunes gens soient livrés à leur verge. »

(44) *Cf.* P. Grimal : *La litt. Lat.* (Que sais-je ?, 327), p. 24 ; — *Le siècle des Scipions.*

(45) Cicéron : *De sen.* 36 ; — *De am.* 99 ; — *De nat. deor.* III, 72 ; — *Pro Caelio,* XVI, 37 ; et R.G. Austin : *Pro M. Caelio,* 3ᵉ éd. Oxford, 1960, *ad loc.*

(46) *Cf.* U.E. Paoli : *Comici latini e diritto attico.*

(47) Cicéron, *Pro Rosc. Am.* XVI, 47.

(48) Cato, *ap.* Macrobe, III, 14, 9.

(49) *Cf.* en particulier la réhabilitation de la courtisane dans l'*Hécyre.*

(50) *Cf.* l'anthologie de M. Casali : *Terenzio, padri e figli,* Paravia, Turin, 1974 : la préface comporte une étude de la permanence du thème dans la littérature italienne, chez C. Pavese en particulier.

(51) Térence, *Adelphes,* II, 152 : « j'espérais qu'il en avait fini avec l'effervescence de la jeunesse ».

(52) *Heauton.* V, 949 : « Le mien, comme on doit faire pour ses enfants, c'est par des paroles que je le mettrai à la raison ». Cette traduction de J. Marouzeau (col. Budé) supprime la métaphore de *confutare,* verbe employé au sens propre dans un fragment de Titinius : *cocus magnum ahenum, quando feruit, paula confutat trua* (*cf.* Ernout : *Recueil de textes lat.* arch. 3ᵉ éd. 1966, p. 255). Il s'agit d'arrêter le bouillonnement d'un liquide. La métaphore rappelle que la jeunesse est semblable au liquide en ébullition ; elle sera reprise par Virgile (*En.* VII, 462 *sq*) à propos de Turnus. A noter, d'autre part, le mot *aequom :* son emploi, fréquent chez Térence (*cf.* Index *uerborum Ter.* de E.B. Jenkins), traduit une idée d'adéquation entre ce que l'on est et ce que sont les autres, une conformité à la situation, à la personne et aux mérites des autres. Sur 72 emplois significatifs du mot ou des mots de la même famille (*aeque, iniquus*) 38 paraissent dans les propos des pères à propos de l'éducation. Une traduction, moins élégante et plus longue que celle de J. Marouzeau, pourrait être celle-ci : pour mon fils, comme il est juste qu'on le fasse pour les enfants, c'est par des paroles que sera contenu le bouillonnement de son esprit.

(53) *Eunuque,* 887.

(54) *Cf.* P. Salat : *L'adjectif miser, ses synonymes, ses antonymes, chez Plaute et Térence :* il montre que les jeunes gens de Térence devancent de loin les autres personnages dans l'emploi de ces mots, alors que ce triste privilège, chez Plaute, revient aux vieillards.

(55) P. Grimal : *Le siècle des Scipions,* p. 255.

(56) *Cf.* E. Fantham : *Heautontimoroumenos and Adelphoe : a study of fatherhood in Terence and Menander,* et M. Delcourt : *L'impartialité comique dans les Adelphes.*

(57) *Cf.* H. Bloch-A. Niederhoffer : *Les bandes d'adolescents* (Petite bibliothèque Payot, n° 48).

(58) *Cf.* P. Ariès : *Histoire des populations françaises,* p. 324 et 327 ; et *id. L'enfant et la vie familiale sous l'ancien régime,* p. 457 *sq.*

(59) *Cf.* Toledano : *La vie des familles sous la restauration et la monarchie de juillet.*

(60) Cicéron : *Pro Roscio Am.* XVI, 46.

(61) *Cf. supra,* p. 253.

(62) Pline, *NH.* XXXIII, 35 et *supra,* p. 264.

(63) Q. Cicéron, *Com. pet.* 33 : « Pour ce qui est des centuries de cavaliers, je crois qu'on peut beaucoup plus aisément se les assurer en s'en donnant la peine. En premier lieu, fais la connaissance des cavaliers (ils sont peu nombreux), puis fais leur conquête (ces très jeunes gens sont à un âge où on se laisse beaucoup plus facilement gagner à l'amitié) ; j'ajoute que tu as pour toi, dans la jeunesse, tout ce qu'il y a d'esprits distingués et ayant le goût des lettres » (trad. L.A. Constans, col. Budé). *Cf.* aussi, Cicéron, *Pro Murena,* 35, 73 ; Salluste, *Cat.* 14, 5 et 17, 6 ; — Tite-Live, VII 10, 1 ; XXI, 59, 10 et XLII, 61, 6 ; — J. Hellegouarc'h : *Le vocabulaire des relations et des partis politiques sous la république,* p. 468-470.

(64) Plutarque, *Crassus,* 6, 2.

(65) Plutarque, *Sylla,* 8, 2.

(66) *Cf.* Cicéron : *Cat.* II, 10 ; 22 ; 23 ; — Salluste, *Cat.* 5, 2 ; 37, 7 ; — Plutarque, *Cicéron,* 10, 3 ; E. Eyben : *Youth and politics during the Roman republic.*

(67) *Cf.* W. Allen : *On the importance of the young men in Ciceronian politics.*

(68) Cicéron, *Verrines,* I, 53, 139.

(69) Cicéron, In Vat. 24.

(70) Cicéron, *Ad Fam.* III, 11, 3 ; — *cf.* J.P. Vyvian Dacre Balsdon : *Princeps, in The Oxford Dictionary.*

(71) *Cf.* Cicéron, *Phil.* V, 47 ; — *De sen.,* 29...

(72) *Cf. supra,* p. 175-176.

(73) *Cf.* G. Boissier : *Cicéron et ses amis,* p. 167-219 ; — J. Granarolo : *La jeunesse au siècle de César, d'après Catulle et Cicéron.*

(74) Cicéron, *Pro Caelio :* V, 12, VI, 13 ; E. Eyben : *The concrete ideal in the life of the young Roman.*

(75) Salluste, *Cat.* XX, 10 : « Nous avons la jeunesse, nous avons le courage ; chez eux au contraire, les années et les richesses ont usé corps et âmes » (trad. A. Ernout, col. Budé).

(76) Plutarque, *Pompée*, 40, 53.

(77) Athénée, 425 e.

(78) Plutarque, *Pompée.*

(79) *Res gestae*, 8, 5.

(80) S. Mazzarino : *Dalla monarchia allo stato repubblicano.* p. 44.

(81) R. Etienne : *Le siècle d'Auguste* (col. U², 1970), p. 35.

(82) *Cf.* A. Grenier, *Le génie romain*, p. 353.

(83) Horace, *Sat.* II, 2, 9-13 ; – *Odes*, III, 2 ; – 24, 54 ; – 7, 25-26 ; – 12, 7-12 ; – I, 8, 3-7.

(84) Xénophon, *Ephesiaca*, I, 12.

(85) *Cf.* R. Syme : *La révolution romaine* (trad. fr. Paris, 1967), p. 423-424. Virgile a le mieux exprimé cette volonté en prêtant à Junon cette exigence : *Sit Romana potens Itala uirtute propago* (En. XII, 827).

(86) Dion Cassius, LII, 26, 1-2.

(87) *Cf. supra*, p.174.

(88) Horace, *Odes*, IV, 1.

(89) *Cf.* R. Syme, *op.* cité, p. 427.

(90) P. Petit : *Histoire générale de l'Empire romain*, Paris, 1974, p. 54.

(91) Dion C. XLIII, 22 et XLIX, 42.

(92) *Cf. supra*, p. 53-54.

(93) *Cf. supra*, p. 366.

(94) *Cf. supra*, p. 59.

(95) *Cf. supra*, p. 55.

(96) *CIL*, V, 4355 ; – XI, 4086 ; – *cf.* Rostovtsew : *Etude sur les plombs antiques*, p. 77-102 ; – 251-286 ; – 457-477 ; – M. Jaczynowska : *Les collegia iuuenum et leurs liaisons avec les cultes religieux au temps du haut-Empire.* Au IIIᵉ siècle de notre ère se répandent des associations de tout genre (J.P. Waltzing : *Etude historique sur les corporations professionnelles chez les Romains, depuis les origines jusqu'à la chute de l'Empire d'Occident*, Louvain, 1895, I ; – F.M. de Robertis : *Storia delle corporazioni e del regime associativo nel mondo Romano*, Bari, 1971, I). Les *Collegia iuuenum* sont assimilés aux autres collèges – professionnels, religieux, funéraires, politiques ou simplement amicaux (de Robertis, I, 21). L'origine des collèges était attribuée à Numa, qui aurait ainsi substitué à une division ethnique, Romains-Sabins un système corporatif (Plutarque, *Numa* ; – Cicéron, *De rep.* II, 14, 27 ; – Pline, *NH.* XXXV, 46, 159). On suit mal leur histoire à l'époque républicaine ; Mommsen déduisait de l'affaire des Bacchanales qu'avant 186 le régime juridique devait leur laisser pleine liberté d'association (*De collegiis et sodaliciis*, 1843, p. 34-35). L'Etat ne semble pas s'être soucié d'eux jusqu'au sénatus-consulte de 64 (Waltzing, I, p. 61 *sq*).

(97) *Cf.* Waltzing et de Robertis.

(98) *Iuuentus Anania* à Trebula Mutuesca.

(99) *Cf.* H. Demoulin : *Les collegia iuuenum dans l'Empire romain :* l'erreur remonte à Juste-Lipse (*Epist. quaest.* I, 1, Plantin, 1637, p. 141).

(100) *Cf. infra*, p. 375 et note 140 *ad loc.*

(101) L. Leschi : *Les iuuenes de Saldae, in Rev. africaine*, 222, 1927, publié à part, Alger, 1928.

(102) *Cf. supra*, p. 59 *sq.*

(103) *Cf.* Rostovtsew : *Etude sur les plombs antiques, op.* cité.

(104) Mommsen, *op.* cité.

(105) *Cf. supra*, p. 66.

(106) *Cf.* G. Boissier : *Cultores deorum*, p. 85, qui fait trop vite l'assimilation entre les *collegia iuuenum* et les associations funéraires.

(107) *Cf.* S.L. Mohler : *The iuuenes and Roman éducation.*

(108) *Cf. supra.* p. 185.

(109) Les relations anciennes entre les *iuuenes* et Junon, que nous avons définies (*supra*, p. 191 *sq*) pour Tarquinies, sont de nouveau sensibles à l'époque impériale.

(110) *Cf. supra*, p. 59 *sq.*

(111) Pour être complet sur ce sujet, il faudrait pousser l'enquête, hors d'Italie, en Gaule, en Pannonie, en Dalmatie et en Afrique, en bref dans tout l'empire romain.

(112) *Cf.* G.C. Picard : *Ciuitas Mactarina, in Kartago*, VIII, 1957, p. 77.

(113) *Cf.* Rostovtsew, *op.* cité, p. 116 (tessère trouvée près du Tibre).

(114) *Id.*, p. 134.

(115) *Id.,* p. 135.
(116) *Cf. supra,* p. 59.
(117) *Cf. supra,* p. 205.
(118) *Cf.* M. Jaczynowska : *Les collegia... et les cultes religieux.*
(119) *Cf.* L. Robert : *Les gladiateurs dans l'Orient grec,* p. 86-87.
(120) *Cf.* H.W. Pleket : *Collegium iuuenum Nemesiorum : a note on ancient youth-organisations.*
(121) *Cf.* M. Jaczynowska, *op.* cité.
(122) Diodore, VII, 5, 9.
(123) Pline, *NH,* III, 69.
(124) *Cf.* A. Piganiol : *La conquête romaine,* 5ᵉ éd. Paris, 1967, p. 79 *sq* ; — A. Bernardi : *Dai populi Albenses ai prisci Latini nel Lazio arcaico, in Athenaeum,* NS. 42, 1964, p. 223-260.
(125) *CIL,* XIV, 2405, 2406, 2409.
(126) *Cf.* G. de Sanctis : *Storia dei Romani,* I, p. 386.
(127) *CIL,* I², 1439 ; XIV, 2387 ; — *ILS,* 2988 ; — *ILLRP,* 270 ; *cf.* Al. Dobosi : *Bouillae, in Ephemeris Dacorama,* VI, 1935, sp. 266.
(128) Tacite, *Ann.* II, 41.
(129) *Cf.* H. Demoulin, *op.* cité ; Rostovtsew, *Et. sur les plombs antiques ;* et Al. Dobosi, *op.* cité.
(130) Servius, *Ad Aen.* II, 166 ; V, 704.
(131) C'est l'interprétation d'Al. Dobosi.
(132) *Cf.* Suétone, *Dom.* 4, 12 ; — Fronton, *Ad Marc.* V, 23-24 ; — C. Dion, LXVII, 1, 2.
(133) *Cf.* M. Jaczynowska : *Cultores Herculis w Tibur, in Przeglad Historyczny,* 59, 1968, résumé en français, p. 437.
(134) *Id.*
(135) *CIL,* V, 5693.
(136) *Cf.* E. Evans : *The cults of the Sabine territory,* p. 138.
(137) *Id.*
(138) *Cf.* M. Jaczynowska : *Les collegia... et les cultes religieux.*
*(139) CIL,* IX, 4696.
(140) *CIL,* XIV, 2592 ; — *cf.* A. Rosenberg : *Der Staat der alten Italiker,* 1913, p. 95.
(141) *CIL,* XI, 3215 ; — *cf.* L.R. Taylor : *Seuiri equitum Romanorum and municipal seuiri : a study on pre-military training among the Romans.*
(142) C'est la thèse de M. Della Corte (*Iuuentus*) et de Rostovtsew (*Et. sur les plombs antiques* et *The social and economic history of the Roman empire,* Oxford, 2ᵉ éd. 1957, p. 127 *sq.)*
(143) *Cf.* M. Jaczynowska : *Les organisations de iuuenes et l'aristocratie municipale au temps de l'Empire romain.*
(144) Pompéi, par exemple, reste samnite jusqu'en 89 avant notre ère.
(145) *Cf.* R. Syme : *La révolution romaine,* p. 423-424.
(146) Les *Iuuenalia* sont donnés en 59 à l'occasion de la *depositio barbae* de Néron (Suétone, *Néron,* XI).
(147) Suétone, *Néron,* 20 ; — B.H. Warmington : *Nero, reality and legend,* p. 115.
(148) Tacite, *Ann.* XIV, 17 ; une peinture, conservée aujourd'hui au Musée de Naples, représente la bagarre (*Inv.* nᵒ 112-122).
(149) *Cf.* A. Maiuri : *Pompei e Nocera,* R. Etienne : *La vie quotidienne à Pompéi,* p. 115-116 ; — W.O. Moeller : *The riot of A.D.59 at Pompei.*
(150) *Cf. supra,* p. 107.
(151) Le jurisconsulte Callistrate parle de ceux qui *uulgo se iuuenes appellant* (*Dig.* XLVIII, 19, 28, 3) ; *cf.* J. Gagé : *Les organisations de iuuenes en Italie et en Afrique du début du* IIIᵉ *siècle au Bellum Aquileiense* (238 ap. J.-C.).
(152) Tite-Live, III, 11, 6 *sq*-15. Le rapprochement avec les *iuuenes* du IIIᵉ siècle de notre ère témoigne plus d'une constante dans l'attitude de la jeunesse en général que d'une continuité caractéristique de Rome.
(153) *Cf.* J. Le Goff : *Les intellectuels au moyen-âge* (Le Seuil, 1965), p. 89, qui cite un document du XVᵉ siècle, le *Manuale Scolarium.*
(154) Dès la fondation de la Sorbonne, ses étudiants entrent en conflit avec le pouvoir royal. De nombreux troubles agitent l'université parisienne au XIXᵉ siècle (*cf.* en particulier les manifestations à la suite de la suspension de Michelet, en 1848, racontées par J. Vallès : *Le Bachelier* ch. 8). Au XXᵉ siècle, les troubles de 1968, par leur ampleur, on fait un peu oublier la participation des étudiants aux événements de 1958, et, avant la seconde guerre mondiale, le rôle de l'Action Française.
(155) *La peau de chagrin,* col. La Pléiade, p. 40.

(156) *Ibid.*, p. 41.

(157) Nous laissons de côté les aspects typiquement balzaciens de la formule et, en particulier, l'obsession de l'économie vitale qui assure la longévité, et l'apologie du *Savoir* « possession imaginaire de toute chose » (G. Picon : *Balzac par lui-même*, 1957, p. 128).

(158) Nous avons défini au cours de notre étude les divers aspects de cette tension : revendication de la liberté de l'*adulescentia* contre la *patria potestas ;* désir de pouvoir politique bridé par les lois (*Lex laetoria* et les lois annales) ; esprit de classe qui se heurte à la constitution politique des comices centuriates ; déchirement psychologique des *adulescentes* de la comédie et des jeunes contemporains de Cicéron.

# BIBLIOGRAPHIE GÉNÉRALE (1)

1. A. ALFÖLDI : *Der frührömische Reiteradel und seine Ehrenabzeichen*, Baden-Baden, 1952.
2. A. ALFÖLDI : *Early Rome and the Latins*, Ann Arbor, 1963.
3. A. ALFÖLDI : *Die Herrschaft der Reiterei im Griechenland und Rome nach dem sturz der Könige Gestalt und Geschichte*, in *Festchrift K. Schefold, Antike Kunst*, 1967, 13-45.
4. A. ALFÖLDI : *Procum patricium*, in *Historia*, XVII, 1968.
5. A. ALFÖLDI : *Die Stuktur des voretruskischen Römerstaates*, Heidelberg, 1974.
6. F. ALTHEIM : *Terra Mater, TGVV*, 22,2, Giesen, 1931.
7. F. ALTHEIM : *Römische Geschichte*, Francfort, 1951-1953.
8. J. BAYET : *Histoire psychologique et politique de la religion romaine*, Paris, 1948.
9. E. BENVÉNISTE : *Le vocabulaire des institutions indo-européennes*, Paris, 1969.
10. A. BERNARDI : *Dagli ausiliari del rex ai magistrati della repubblica*, in *Athenaeum*, XXX, 1952, 3-58.
11. A. BERNARDI : *Dai populi Albenses ai prisci Latini nel Lazio antico*, in *Athenaeum*, N.S. 42, 1964, 223-260.
12. R. BIANCHI-BANDINELLI : *Rome, le centre du pouvoir*, Gallimard, UDF, 1969.
13. R. BIANCHI-BANDINELLI-A. GIULIANO : *Les Etrusques et l'Italie avant Rome*, UDF, 1973.
14. J. P. BRISSON : *Problèmes de la guerre à Rome* (publication de l'EPHE, VIᵉ section, 1969).
15. T. R. S. BROUGHTON : *The magistrates of the Roman republic*, New York, 1952.
16. G. CAMPOREALE : *La terminologia magistratuale nelle lingue osco-umbre*, in *Atti Acc. Tosc. « La Colombaria »*, 1956.
17. G. DUMÉZIL : *La religion romaine archaïque*, Paris, 1966.
18. G. DUMÉZIL : *Heur et malheur du guerrier*, Paris, 1969.
19. M. ELIADE : *Traité d'histoire des religions*, Paris, 1968 (nelle éd. revue par G. Dumézil).
20. J. FRAZER : *The golden bough*, Londres, 1890.
21. N. FUSTEL DE COULANGES : *La cité antique*, 1864 (éd. de 1967).
22. J. GAUDEMET : *Institutions de l'antiquité*, Paris, 1967 (réed. 1972 en précis Donat).
23. A. Van GENNEP : *Les rites de passage*, Paris, 1909.
24. E. GJERSTAD : *Discussions concerning early Rome, Opuscula (inst. suédois de Rome)*, III, 1960, 69-102.
25. E. GJERSTAD : *Legends and facts of early Roman history*, Lund, 1962.
26. E. GJERSTAD : *The origins of the Roman republic, Entretiens XIII*, Fond. Hardt, 1966, 3 sq.
27. A. GRENIER *Le génie romain dans la religion, la pensée et l'art*, Paris, 1925 (rééd. Albin Michel, 1969).
28. J. HELLEGOUARC'H : *Le vocabulaire latin des relations et des partis politiques sous la République*, Paris, Les Belles Lettres, 1972.
29. J. HEURGON : *Rome et la Méditerranée occidentale jusqu'aux Guerres Puniques*, Nouvelle Clio, 1969.

(1) Abrégée en B.G. à la fin de chaque bibliographie particulière.

30. L. Homo : *Les institutions politiques romaines*, 1927 (rééd. Albin Michel, 1970).

31. H. Jeanmaire : *Couroi et courètes, essai sur l'éducation spartiate et sur les rites d'adolescence dans l'antiquité hellénistique*, Lille, 1939.

32. K. Latte : *Römische Religionsgeschichte*, Münich, 1960.

33. A. Magdelain : *Procum patricium, in Onore di E. Volterra*, II, 1969, 247-266.

34. A. Magdelain : *Remarques sur la société romaine archaïque, in REL*, XLIX, 1972, 103-127.

35. A. de Marchi : *Il culto privato di Roma antica*, Milan, 1896.

36. J. Marquardt : *La vie privée des Romains*, Paris, 1892-1893.

37. H. I. Marrou : *Histoire de l'éducation dans l'antiquité*, Paris, 1948 (6ᵉ éd. 1965).

38. F. de Martino : *Storia della costituzione romana*, Naples, 1958.

39. S. Mazzarino : *Dalla monarchia allo stato repubblicano, Ricerche di storia romana arcaica*, Catane, 1946.

40. A. Momigliano : *An interim report on the origins of Rome, in JRS*, 1963, 117 *sq*.

41. A. Momigliano : *Osservazioni sulla distinzione fra patrizi e plebei, in Entretiens XIII, Fond. Hardt*, 1966.

42. A. Momigliano : *Procum patricium, in JRS*, LVI, 1966, 16 *sq*.

43. T. Mommsen : *Le droit public romain*, trad. P. F. Girard, Paris, 1889-1896.

44. G. Niccolini : *Il tribunato della plebe*, Milan, 1932.

45. C. Nicolet : *L'ordre équestre à l'époque républicaine (312-43 avt J.-C.)*, Paris, 1966.

46. C. Nicolet : *Le métier de citoyen dans la Rome républicaine*, NRF, 1976.

47. E. Pais : *Storia d'Italia dai tempi più antichi alla fine delle guerre puniche*, I-II, 1898-1899.

48. E. Pais : *Storia critica di Roma*, I-III, 1913-1918.

49. E. Pais-J. Bayet : *Histoire romaine*, 1950.

50. U. E. Paoli : *Vita Romana, la vie quotidienne dans la Rome antique*, Desclée de Brouwer, 1960.

51. L. Pareti : *Storia di Roma e del mondo Romano*, Turin, 1952.

52. J. Perret : *Les origines de la légende troyenne*, Paris, 1942.

53. P. Petit : *Histoire générale de l'Empire romain*, Le Seuil, 1974.

54. A. Piganiol : *Histoire de Rome*, 5ᵉ éd. Paris, 1962.

55. A. Piganiol : *La conquête romaine*, 5ᵉ éd. Paris, 1967.

56. J. Poucet : *Recherches sur la légende sabine des origines de Rome*, Louvain, 1967.

57. A. Rosenberg : *Der Staat der alten Italiker*, Berlin, 1913.

58. G. de Sanctis : *Storia dei Romani*, I-II, Turin, 1907 ; 2ᵉ éd. Florence, 1956-1960.

59. F. Sartori : *Problemi di storia costituzionale italiota*, Rome, 1953.

60. R. Syme : *La révolution romaine* (trad. de l'édition de 1952, NRF, 1967).

61. L. R. Taylor : *Roman voting assemblies from the Hannibalic war to the dictatorship of Caesar*, Ann Arbor, 1966.

62. N. Turchi : *La religione di Röma antica*, Bologne, 1939.

63. G. Wissowa : *Religion und Kuktus der Römer (RUK)*, 2ᵉ éd. Munich, 1912.

# INDEX DES AUTEURS ANCIENS
## ET DES RÉFÉRENCES (¹)

Les·chiffres renvoient aux pages.

¹ : Les titres des œuvres sont indiqués en français quand l'usage le permet.

# INDEX DES AUTEURS MODERNES

Les chiffres renvoient aux pages.

# INDEX NOMINUM ET RERUM NOTABILIUM

Les chiffres renvoient aux pages.

# TABLE DES MATIÈRES

ACHEVÉ D'IMPRIMER
EN FÉVRIER 1979
SUR LES PRESSES DE
L'IMPRIMERIE DURAND
28600 LUISANT

DÉPÔT LÉGAL : 1er TRIMESTRE 1979.
Nº ÉDITEUR 2088.